《宁夏水利年鉴》编纂委员会　编

宁夏水利年鉴 2011

NINGXIA SHUILI NIANJIAN

水利博览馆

黄河出版传媒集团
宁夏人民出版社

图书在版编目（CIP）数据

宁夏水利年鉴. 2011 /《宁夏水利年鉴》编委会编 .
-- 银川 ：宁夏人民出版社，2012.12
ISBN 978-7-227-05348-4

I. ①宁… II. ①宁… III. ①水利建设—宁夏—
2011—年鉴 IV. ①F426.9-54

中国版本图书馆 CIP 数据核字(2012)第 301493 号

宁夏水利年鉴 2011 《宁夏水利年鉴》编纂委员会 编

责任编辑 杨 皎 马宗明
封面设计 刘幗强
版式设计 虎雪花
责任印制 张国祥

黄河出版传媒集团
宁夏人民出版社 出版发行

地 址 银川市北京东路 139 号出版大厦 （750001）
网 址 http://www.yrpubm.com
网上书店 http://www.hh-book.com
电子信箱 renminshe@yrpubm.com
邮购电话 0951-5044614
经 销 全国新华书店

印刷装订 宁夏精捷彩色印务有限公司
开 本 720mm × 980mm 1/16 印 张 23.75 字 数 700 千
印刷委托书号（宁）0010120 印 数 1000

版 次 2012 年 12 月第 1 版 印 次 2012 年 12 月第 1 次印刷
书 号 ISBN 978-7-227-05348-4/F·376
定 价 198.00 元

《宁夏水利年鉴》(2011)编纂委员会

主 任 委 员:吴洪相

副主任委员:郭进挺　杜永发　崔　莉　毕廷和　郭　浩
方　彦　薛塞光　朱　云　李洪山　闫国伟
陈广宏　任　福

委　　　员:张林海　郜涌权　潘　军　冯　平　王正良
江　静　麦　山　徐宁红　王文秀　李茂书
陆　军　徐光儒　张亚峰　宋正宏　尚中琳
张　刚　周伟华　柳钧正　杜　历　高建国
张　元　叶廷平　马德仁　袁　斌　张建斌
张建桥　杨　志　陈旭东　和志国　赵　欣
吴永花　杨　国　陈学斌　郝建志　曾风发
王效军　王　玲　哈岸英　陈家兴　刘　华
王兆农　张　旭　牛　儒　金　平　周泽云
杨生新　金肖栋　马进林　李国军　周玉斌
李　清　王晓明　茹福华　刘占强　严万祥
田　升　姚自宏　杨彦炜　袁书义　张启伦
张　鹏　李广平　赵玉宝　刘　彤　何昌义
禹恩宽　黄积银　陈天宏　任广业

主　　　编:崔　莉
执 行 主 编:任　福
副　主　编:张林海　郜涌权　王玉寿　陈光华
编　　　纂:王玉寿　赵　杰

编 辑 说 明

一、《宁夏水利年鉴》是记载宁夏水利改革与发展的工具书。编辑中坚持“存史资政、服务水利”的宗旨，客观记录了宁夏各水利部门、单位在水利事业中取得的成就。

二、本卷政策法规、重要文件类目合并为法规文献类目，下分为政策法规、重要文件、重要文件目录分类目；领导讲话、专文类目合并为专载类目，下分为领导讲话摘要刊登、专文、领导讲话目录分类目。

三、本年鉴主要反映2010年全区各水利部门工作发展状况。包括27个类目：1. 综述；2. 大事记；3. 法规文献；4. 水利专报；5. 专载；6. 机构与组成人员；7. 重点工程；8. 党建与精神文明建设；9. 组织人事；10. 规划计划；11. 水政水资源；12. 财务审计；13. 科技教育；14. 建设管理；15. 农村水利；16. 防汛抗旱；17. 节水型社会建设；18. 灌溉管理；19. 水土保持；20. 水利经营；21. 安全生产；22. 信息化建设；23. 水文化建设；24. 水利厅直属单位；25. 各市县（区）水利机构；26. 表彰奖励；27. 水利统计。

四、本卷增加了水利专报、水文化建设类目。

五、本卷在机构与组成人员类目中增加了水利厅社团组织机构及人员名单分类目。

六、水利厅机关的类目按照《宁夏回族自治区人民政府办公厅关于印发自治区水利厅职能配置、内设机构和人员编制规定的通知》（宁政办发〔2009〕83号）中所列的处、室先后次序排列。

七、类目包含文章、条目和表格。标有【】者为条目的题名。

八、本年鉴一般采用法定计量单位。数字用法遵从国家GB/T15835-1995《出版物上数字用法的规定》。技术用语、专业名词、符号等力求符合规范或俗成。

九、本年鉴文稿实行文责自负。文稿的内容、数据、保密等问题均由所在单位审核把关。

七、《宁夏水利年鉴》的编辑出版得到了全区水利系统各部门、单位及宁夏地方志办公室等单位的大力支持和帮助，在此谨表感谢！

《宁夏水利年鉴》编纂办公室

2012年11月

1月23日，自治区党委书记陈建国（前排右一）、自治区党委常委秘书长蔡国英（后排右五）、自治区副主席郝林海（后排右二）视察银川西北水系

5月29日，自治区党委书记陈建国（前排右二）视察水利工作

6月4~7日，水利部副部长周英（前排右三）视察宁夏水利工作

8月11日，自治区党委书记张毅(前排右一)、自治区主席王正伟(前排左一)、副主席郝林海(后排左一)在水利厅检查指导防汛工作

11月3日，自治区党委书记张毅(前排右一)、副书记于革胜(前排右二)检查指导水利工作

8月5日，自治区党委书记张毅、自治区主席王正伟会见中科院院士孙鸿烈带领的大柳树考察组

6 月 25 日，自治区主席王正伟召开专题会议听取自治区水利工作汇报，研究解决水利工作中的困难问题

8 月 8 日，自治区主席王正伟（左一）为宁夏青龙管业股份有限公司上市揭牌

11 月 27 日，自治区领导于革胜(前排左二)、郝林海(后排左一)、崔波(左一)参加永宁南部人饮工程通水仪式

10 月 27 日，自治区党委副书记于革胜（前排右二）、自治区副主席郝林海（前排右三）调研水利工作

11 月 29 日，自治区人大常委会副主任马秀芬（左一）调研农田水利工作

9 月 28 日，自治区人大常委会副主任马秀芬（左一），自治区主席助理屈冬玉（右一）为宁夏水土保持学会揭牌

1月8日,自治区发改委主任袁进琳(右七),自治区水利厅党委书记、厅长吴洪相(右八),副书记、副厅长郭进挺(左四)参加宁夏水务投资集团有限公司、宁夏宁东水务有限责任公司与内蒙上海庙能源化工基地、宁夏红墩子工业园区供水工程合作签字仪式

3月6日,水利厅党委书记、厅长吴洪相(前排左二)在宁夏盐环定扬水管理处检查大型泵站改造工程

5月11日,水利厅党委书记、厅长吴洪相(前排左一)在固海灌域调研

9月28日，水利厅党委书记、厅长吴洪相（前排右二）检查唐徕渠砌护工程

2月3日，水利厅党委副书记、副厅长郭进挺（前排右一）检查安全生产工作

5月1日，水利厅党委副书记、副厅长郭进挺（左二）到厅属水管单位调研

5月31日，水利厅纪委书记崔莉（左二）在惠农渠灌区调研

6月24日，水利厅纪委书记崔莉（右三）在兴庆区、金凤区、贺兰县调研水利政风行风工作

7月22日，水利厅副厅长毕廷和（右三）检查灵武市农村饮水安全工作

10 月 8 日，水利厅副厅长毕廷和（前排右一）检查指导灵武市农田水利建设工作

1 月 10 日，水利厅副厅长郭浩（左二）检查银川西北部水系整治工程

8 月 5 日，水利厅副厅长郭浩（前排右二）检查宁夏水利博览馆建设

4 月 22 日，水利厅副厅长方彦（前排右四），自治区防汛办副主任朱云（前排左一）在南部山区指导水利规划和防汛抗旱工作

10 月 12 日，水利厅副厅长方彦（右二）在宁夏盐环定扬水管理处检查大型泵站改造工程

1 月 27 日，水利厅总工程师薛塞光（前排左三）在七星渠、固海渠道砌护工程现场检查指导工作

水利厅总工程师薛塞光（右三）和参与宁夏不同类型农业水资源分配等领域访问与研究的法国同行在一起

3月7日，水利厅副巡视员李洪山（右一）在宁夏固海扬水管理处调研党建工作

10月9日，水利厅副巡视员闫国伟（左三）带领厅办公室、经济局相关人员到宁夏宁东水务有限责任公司对员工公寓建设进展情况进行督查

3 月 6 日，水利厅副巡视员陈广宏（前排右一）检查灌区续建配套工程

6 月 21 日，水利厅副巡视员陈广宏（前排右二）检查井渠结合灌溉工作

8 月 11 日，自治区防汛抗旱指挥部办公室主任朱云（前排右三）在洪灾现场调查灾情

9 月 15~21 日，宁夏水利行业协会会长任福(右二)带领有关人员对农村饮水安全建设管理工作进行调研

1 月 18 日，自治区政府召开全区水利工作会议

1 月 18 日，在全区水利工作会议上受表彰的部分先进集体和先进个人

12 月 29 日，自治区政府召开防汛总结表彰大会

12 月 29 日，参加自治区防汛总结表彰大会的先进集体和先进个人

12 月 24 日，自治区政府召开全区第一次水利普查工作会议

3月26日，水利厅党委召开党建暨党风廉政建设工作会议

12月21日，水利厅召开2010年水利厅效能目标考核大会

3月26日，水利厅召开引黄灌区2010年灌溉工作会议

3月18日，水利厅召开水利系统2010年民主评议政风行风工作会议

7月6日，水利厅召开水利厅2010年上半年工作总结会议

4月29日，水利厅举行青年文艺汇演

4月6日，水利厅召开水利厅机关廉政风险防范管理工作动员会

8月10日，水利厅召开水利厅深入实施西部大开发战略动员大会

2月24日，宁夏水利工会四届七次全委（扩大）会议在银川召开

目 录

综 述

大事记

水利专报

法规文件

专 载

机构与组成人员

重点工程

党建与精神文明建设

组织人事

规划计划

水政水资源

财务审计

科技教育

建设管理

农村水利

防汛抗旱

节水型社会建设

灌溉管理

水土保持

水利经营

安全生产

信息化建设

水文化建设

水利厅直属单位

市县(区)水利机构

表彰奖励

水利统计

综 述

2010年，宁夏水利厅坚持以科学发展观为指导，继续抢抓落实《国务院关于加快水利改革发展决定的实施意见》和中央深入实施西部大开发战略的重大机遇，紧紧围绕自治区中心工作，以节水型社会建设为统揽，进一步加大水利基础设施建设力度，倾力发展民生水利，着力强化水资源管理，水利事业保持了快速发展的良好势头，为全区经济社会加快发展提供了用水安全保障。2010年，是自治区水利投资规模最大、发展目标实现最好、人民群众受益最多、保障能力提升最快的一年，也是传统水利向现代水利、可持续发展水利加速转变的一年，水利工作凸显七大亮点：

水利投入创历史新高。全区水利投入30.67亿元，比2009年增加11亿元，其中争取中央资金17.28亿元，地方投资7.54亿元，市场融资4.5亿元，群众投劳折资1.35亿元，有力地推动了各项水利建设全面开展。

42万困难群众喝上了安全洁净水。七项重点人饮工程基本建成，盐环定续建宁夏专用饮水工程完成，使涓涓清泉流进了百姓的心田。已论证40余年的中南部地区城乡饮水安全水源工程项目建议书已报国家发改委待批，我区受益范围最广、受益贫困人口最多、建设最为紧迫的民生工程争取获突破性进展。

农田水利基本建设持续上台阶。继续组织各市县发动广大群众深入持久开展农田水利基本建设大会战，新增旱作基本农田2万公顷、新增节水灌溉面积3.5万公顷、改造中低产田4.3万公顷，建设高标准农田3.3万公顷，有效提升了农业综合生产能力，为保障我区粮食安全、饮水安全、防洪安全和生态安全提供了重要支撑。

402千米黄河标准化堤防全线建成。突破传统，超常规划、超常部署、超常推进，主体工程全线贯通，比规划3年时间提前1年建成，撑起了“黄河金岸”的脊梁，创造出黄河堤防建设的“宁夏模式”，为加快建设沿黄城市带、实现跨越发展打造了先导工程，彰显了“小省区干大事”的气魄。

节水型社会建设取得了新成效。加快构建全社会建设节水型社会良性机制，实施最严格的水资源管理制度。农业节水实现新突破，新增节水灌溉面积3.5万公顷、高效节水补灌面积2.1万公顷，建成以色列节灌技术示范区0.49万公顷，全年引黄水量63.9亿立方米，在引水连续3年不超指标的基础上，首次实现耗水不超黄委会指标。

防灾减灾工作保障了人民生命安全。成功战胜“8·11”同心特大山洪灾害，实现了无一人伤亡，创造了奇迹，受到了区党委、政府通报表扬。积极应对中南部严重干旱，保障了41个乡镇17.5万人80.3万头家畜的饮水和特色产业补灌，维护了社会稳定。

重大项目谋划取得重大突破。编制完成水利“十二五”规划报告，与水利部沟通确立了六大方面39项具体目标，初步规划投资176亿元，是“十一五”总投资95.8亿元的1.8倍，涵盖了事关全区经济社会发展的相关重大问题。

一是治水思路进一步丰富完善，水利发展势头日益强劲。根据自治区经济社会发展的新需求，我们按照科学发展观的要求，不断丰富完善"北部节水、中部调水和南部开源"的分区治水思路，更加突出水资源在加快转变经济发展方式中的基础性和导向性作用，更加突出解决好群众反映最强烈、矛盾最集中、要求最紧迫的民生水利问题，更加突出发挥水资源的社会功能、生态功能和环境功能，更加突出提升水环境保护能力和水利社会管理公共服务能力，进一步明确了新时期水利发展改革目标和任务。

二是重点工程建设全面加快，水利发展基础不断夯实。402千米黄河标准化堤防主体工程提前1年建成。立足黄河资源的综合开发利用和经济社会全面发展，以思路创新为先导，以体制创新为突破，以机制创新为核心，以措施创新为抓手，变堤防单一防洪功能为"防洪、交通、生态、旅游、文化和经济"等综合功能，累计动用土方4500万立方米，不仅构筑了两岸群众安居乐业防洪安全屏障，而且为建设沿黄城市带、加快城乡统筹搭建起了全新的平台，撑起了"黄河金岸"的脊梁；继续扩大实施黄河疏浚工作，完成疏浚量21万立方米。续建配套、大型泵站更新改造、盐环定续建三大工程全面推进。年度投资4.4亿元，圆满完成了七星渠、唐徕渠、固海五干渠等工程建设，共砌护干渠40.2千米，改造骨干建筑物18座，促进了节水增效。抢抓3个月有效工期高质量完成了固海扬水大战场、扁担沟一泵站共6座泵站的更新改造，改善了老化失修的严重问题，使持续运行30多年的"生命工程"重新焕发生机；中部干旱带高效节水补灌工程加快实施。完成投资3.02亿元，同心下马关、中卫兴仁综合供水等13项工程基本建成，完成补灌面积2.3万公顷，建成以色列节水技术示范区0.49万公顷，使中部干旱带经济增长方式发生革命性转变。固扩十一泵站以上人畜饮水和节水灌溉工程稳步推进。水源工程建成并向项目区供水，人畜饮水工程铺设配水总管道32.25千米，解决了8万人饮水安全问题，完成节水灌溉面积0.49万公顷；中小河流治理项目建设步伐不断加快。争取国家批复2009~2011年我区治理中小河流19条，投资2.7亿元。今年安排下达资金2.06亿元，实施了汝箕沟、大水沟2条中小河流治理工程。

三是民生水利再创佳绩，群众生活生产条件持续改善。农村饮水安全工程提前超额完成。把农村饮水安全工程建设作为解决群众最关心、最直接、最现实问题的首要任务，全力推进。共完成投资3.87亿元，七项人饮重点工程开始已发挥效益，建成饮水工程42处，解决了397个行政村665个自然村42万人的饮水问题，其中银川市率先实现人饮安全全覆盖，盐环定扬黄续建宁夏专用饮水工程通水到盐池县城，5万老区人民结束千百年喝苦咸水的历史；农田水利基本建设持续上台阶。把农田水利基本建设与打造"黄河金岸"、实施生态移民、发展设施农业和特色农业以及推广农业新技术相结合，实行山、水、田、林、路、庄全面整治，突出解决灌水难、排水难、吃水难、行路难等热点、难点问题。在领导重视、发动充分、行动提前、声势规模、涉及范围、资金投入、群众参与、质量标准、治理效果等方面实现了新突破，新增灌溉面积0.9万公顷、节水灌溉面积3.45万公顷、旱作基本农田2万公顷，改造中低产田4.3万公顷，建设高标准农田3.3万公顷，有效提升了农业综合生产能力，为保障我区粮食安全、饮水安全、防洪安全和生态安全提供了重要支撑；病险水库除险加固改造力度全面加大。强化责任落实，加强监督检查，狠抓质量进度，专项规划内54座病险水库除险加固工程全面完工，新增和恢复库容1.7亿立方米，保护了水库下游9座城市155个村镇100万人、6.3万公顷农田的安全。同时，经积极争取又有61座小型病险水库列入国家专项改造规划，第一批投资计划1.7亿元已下达我区；水土保持生态建设不断加快。加大国家农发项目、中央预算内资金水保项目和退耕还林口粮田三大重点项目建设，完成水土流失治理面积1000平方千米，有效改善中南部群众的生活生产条件，为构筑西部生态屏障做出贡献。特别是我区被列为陕甘宁坡改梯建设县项目重点实施省区，8个项目区获批，改造坡耕地264平方千米。水生态环境建设持续加大。不断完善银川等城市水系工程，综合整治沿黄湖泊湿地0.46万公顷，严格管理和保护饮水水源地，努力构建人水和谐的大生态圈。水库移民后扶政策稳步实施。坚持以项目支持为主，批复实施项目51项,2.96万人受益,实现了"确保政策兑现、确保资金安全、确保社会稳定"的目标。

四是节水型社会建设取得新成效,水利用效率和效益稳步提高。力促建立全社会建设节水型社会的良性机制。完成了《关于进一步加快推进节水型社会建设的实施意见》《节水型社会建设管理办法》等相关制度并上报自治区政府,力促自治区政府把节水任务纳入各级政府和有关部门的考核目标;大力推进农业节水。坚持把农业作为节水重点,围绕自治区农业"三个示范区"建设,大力实施灌区节水改造,大搞农田水利基本建设,加快惠农、红寺堡、青铜峡等节水示范县建设,因地制宜发展高效节水灌溉方式,推广水稻节水控灌5.3万公顷,发展井渠结合面积1万公顷,推行激光平地1.2万公顷,充分发挥出节水整体效益;稳步推进工业和城市节水。加快宁东供排水、污水处理水务一体化进程和宁东节水循环示范区建设,大力推广节水新技术、新工艺,不断扩大工业节水成效;深入开展节水型载体建设和宣传。制订《节水型载体建设标准及考核办法》,积极开展企业、学校、社区等节水载体建设。结合"水周"等纪念日,采取多种方式,利用各类媒体广泛宣传节水型社会建设,努力营造全社会节约用水的舆论氛围。2010年,在用水需求不断增长的情况下,全区引黄水量和耗水量首次实现双不超黄委会下达指标,以有限水资源支撑了全区GDP高增长。

五是严格三条"红线"制度,水资源管理力度明显加大。加快落实最严格的水资源管理制度。完成了全区水资源管理三条"红线"制度各项指标测评上报、95个水功能区确界立碑、全部县界断面设置和《宁夏水资源优化配置方案》编制工作,完成地下水超采区划定工作,明确禁采区和限采区;继续深化水权转换工作。完成了三个试点项目水权转换核验准备工作,启动宁夏水权转换总体规划调整和修编,编制完成扬黄灌区水权转换总体规划并启动了试点;涉水建设项目全部落实水资源论证制度。首次完成国电英力特宁东化工园区和固原盐化工园区规划水资源论证,力争神华宁煤沙索等10多项建设项目水资源论证报告获批,为自治区重大项目核准立项提供了水资源支撑;强化水资源有偿使用管理。加强取水许可管理,经自治区政府同意加快水资源费征收标准调整步伐并完成水资源调价初步方案。

六是推进水资源优化调配,保障了经济社会供水安全和全区粮食安全。面对供用水矛盾加剧、黄河引水严格受限等困难,强化水权管理,严格水量调度,加强用水管理,累计引水63.9亿立方米,保障了473.3万公顷农田均衡受益,为全区粮食产量再创新高做出了重要贡献,实现了农业增效、农民增收和农业节水"三赢"。严格计划用水,优化水量调度。科学编制调度预案,将指标全部配置到各干渠和各市县,实施精细化调度,强化水权管理,严格水量调度,确保了灌区上下游均衡受益;积极开展农业灌溉面积核查。运用卫星遥感技术,对引黄灌区农业灌溉面积和作物种植结构进行分灌域、分市县、分乡镇核查,为水资源优化配置、水利规划设计和促进公平、公正供水提供依据;保证工业供水、生态补水。在确保农业灌溉用水的同时加大各业供水,向工业城市供水1.5亿立方米,为爱伊河、星海湖等湖泊湿地补水换水1.32亿立方米,有效地保障了全区经济发展供水安全和生态安全。

七是强化水利防灾减灾工作,防汛抗旱夺取重大胜利。防汛工作取得全面胜利。针对今年极端天气频发、降雨量偏多、局地暴雨突发等严峻形势,层层落实防汛责任制,加大贺兰山东麓防洪等基础设施建设投资,进一步完善防汛预案体系,有效应对了7次暴雨洪水过程,特别是成功战胜了"8·11"暴雨洪水过程,转移受灾群众1200余人,无一人伤亡。抗旱工作扎实有效。面对去冬今春部分地区干旱、西吉西北部等地10多万人饮水困难及隆德县城供水紧张的严峻形势,安排特大抗旱补助资金重点解决缺水严重地区抗旱水源工程维修、抗旱拉水车辆、抽灌机泵购置、燃油经费不足等困难,确保了灾区没有发生水荒和社会稳定。

八是深化体制机制改革,水利发展后劲和活力切实增强。水利投入长效机制初步建立,争取自治区建立了水利基金,水务投资集团与中国银行宁夏分行签订40亿元信贷支持合同,为重点工程建设提供了资金保障。农村水费改革继续巩固和深化,全面推行面积、水量、水价、水费“四公开”,开票、送票、收费“三到户”和人员工资、工程结算验收“两规范”的管理模式,进一步提高协会管理水平。小型农村水利工程管理体制改革进一步加快,完成了1000处小型水利工程经营权和管理权的改革任务,调动农民和全社会参与水利建设和设施管护的积极性,发挥了工程效益。

九是加强行业发展能力建设,促进水利服务水平持续提升。加快水利立法进程,颁布实施《宁夏实施〈水文条例〉办法》,推进《宁夏实施〈抗旱条例〉办法》调研。对石嘴山工业企业用水进行了全面排查,与黄委会共同开展全区沿黄工业和农业取水口检查。全面加强水利建设管理力度,制订出台“一个意见七个办法”,初步理顺了体制机制,水利工程建设未发生质量事故和安全生产重大事故,确保了水利工程安全、生产安全、资金安全。加大科技创新力度,开展重点攻关项目研究和技术推广交流,落实科技项目30多项,资金820多万元,获省部级科技进步奖6项,水利科技支撑能力有效增强。水利信息化建设加快推进,有力提升了雨情、水情、汛情监测预警和应急保障能力。区政务服务中心水利窗口率先实行网上行政审批。全力抓好水利工程建设领域突出问题专项治理。开展了水利“五五”普法自查和考核验收工作。

11月10日,水利厅开展深入实施西部大开发战略大学习活动总结暨学习贯彻十七届五中全会精神大会

10月,各地掀起农田水利建设新高潮

7月22日,唐徕渠秀色一角

高效节水

大事记

1月8日 宁夏水务投资集团有限公司、宁夏宁东水务有限责任公司与内蒙古上海庙能源化工基地、宁夏红墩子工业园区供水工程合作签字仪式在银川举行。自治区发改委主任袁进琳和水利厅党委书记、厅长吴洪相,副书记、副厅长郭进挺及有关方面负责人参加了签字仪式。该工程年初开工建设,3月完成供水管线建设,10月份建成通水，年供水3000万立方米,年水费收入1000万元以上,工程计划投资3.4亿元。

1月17日 在全国水利厅局长会议上,自治区水利厅党委书记、厅长吴洪相做了题为《政府主导社会参与全面推动宁夏农田水利基本建设新跨越》的交流发言。

1月18日 全区水利工作会议在银川召开。自治区领导于革胜、郝林海、马国权出席会议,自治区副主席郝林海作重要讲话。来自全区水利系统的会议代表200余人参加了会议。会议全面贯彻落实自治区经济工作会议及全国水利厅局长会议精神,表彰先进,总结2009年水利工作,分析当前形势,部署2010年水利工作。

1月21日 在国家防总召开的全国防汛抗旱工作会议上,自治区水利厅党委书记、厅长吴洪相做了交流发言，自治区防汛抗旱指挥部办公室荣获2009年"全国先进防办"荣誉称号,并受到表彰。

1月23日 自治区领导陈建国、崔波、蔡国英、郝林海视察银川西北水系整治工程工地。陈书记一行听取水利厅关于施工进展情况的汇报，实地察看了工程建设情况。

1月 在自治区2009年民主评议政风行风工作中，水利厅以93.28分的成绩位列政府组成部门第一名。

2月2日 水利厅纪委召开传达贯彻自治区纪委十届五次全会精神暨安排部署2010年工作会议。会议学习传达了胡锦涛总书记在中纪委五次全会上的重要讲话、自治区纪委五次全会精神。厅纪委书记崔莉做了题为《认真贯彻四中全会精神,扎实推进党风廉政建设，为水利改革发展提供坚强保证》的讲话,安排部署2010年纪检监察工作。厅属各单位纪委书记、监察室主任,分管纪检工作的领导和机关各处室负责人近60人参加了会议。

2月5日 水利部水规总院在北京召开会议,黄委会、甘肃、宁夏共同签署了引水规模协调会议纪要，确定了宁夏中南部城乡饮水安全水源工程多年平均引水规模为3982万立方米。

2月8日 水利厅领导分别带领机关处室及有关部门负责人走访、慰问了水利厅系统老干部、老党员和困难党员。

2月9日 水利厅举行迎新春团拜会。来自中宁、吴忠和银川等各地的水利厅老领导、基层单位老领导、水利科技工作者、水利系统全国劳模、厅机关和厅属单位主要负责人和厅领导欢聚一堂，互致问候,共庆新春佳节。水利厅党委书记、厅长吴洪相代表厅党委致辞。

2月22日 水利厅召开水利科技工作联席会议。会议对各单位申报的2010年水利科技项目36项和水利新技术推广应用项目19项进行了初审,原则上确定了2010年立项开展的水利科技项目和新技术推广应用项目，对下阶段水利科技工作提出了指导性意见。

2月24日 国务院总理温家宝在中央政策研究室简报(第66期)专门就西吉县缺水问题作出重要批示，要求“要制订规划、措施，下决心解决西吉饮用水问题，国务院有关部门要给予支持”。

2月26日 宁夏水利博览馆建设正式启动。

3月1日 引黄灌区开闸放水，自治区领导于革胜、郝林海出席，自治区党委办公厅、政府办公厅、财政厅、水利厅、农牧厅、农垦局、气象局、林业局、电力公司、黄河上游水电公司宁电分公司、吴忠市、青铜峡市、利通区有关负责人及各渠道管理处、艾依河管理局职工和大坝镇农民群众400余人参加了放水仪式。自治区副主席郝林海宣布宁夏引黄灌区开闸放水。

3月4日 水利厅团委举行了2010年水利厅青年志愿者服务活动启动仪式。水利厅纪委书记崔莉，厅党委委员、组织人事与老干部处处长部涌权以及厅属驻银单位的领导、团员青年代表70多人参加了启动仪式。仪式上，青年志愿者进行了集体宣誓，厅领导为各单位青年志愿者服务队授旗，水利厅纪委书记崔莉作动员讲话。

3月7日 国家防总对宁夏惠农区凌汛工作进行了检查。对宁夏胜利完成2009年度黄河段防凌工作给予充分肯定。

3月8日 水利工会在宁夏水利电力工程学校召开了纪念“三八”国际劳动妇女节100周年大会。水利厅党委副书记、副厅长郭进挺参加大会并致辞，水利厅纪委书记崔莉、副巡视员李洪山、厅机关有关部门负责人、厅属各单位分管工会工作的领导和工会主席、女工主任及宁夏水利电力工程学校的学生共800多人参加了大会。会议对10个先进女工组织、24名优秀女职工进行了表彰奖励，举行了女职工健身操比赛。

3月9日 自治区主席王正伟、自治区党委副书记于革胜在京与水利部部长陈雷就支持宁夏有关水利工程项目建设问题进行会谈。

3月11～13日 水利部水规总院在北京对宁夏中南部城乡饮水安全水源工程项目建议书进行了复审。

3月12日 宁夏银水房地产公司在中宁县城区举行“银水·卓然怡居”项目开工奠基仪式。水利厅党委书记、厅长吴洪相，厅党委副书记、副厅长郭进挺，厅纪委书记崔莉和中宁县的主要领导出席开工典礼并为项目奠基，厅党委副书记、副厅长郭进挺宣布项目开工。

3月13～15日 国家防总派出专家组检查指导自治区抗旱救灾工作。专家组深入中卫市兴仁、蒿川，海原县红羊，西吉县新营、红耀等乡镇及隆德县城，通过走村入户和组织座谈等形式，详细了解自治区当前人畜饮水困难、土壤墒情、应急备用水源工程规划和目前采取的应对措施及急需解决的问题，并提出了意见和建议，指导自治区积极应对日益严峻的旱情。

3月18日 水利厅召开全区水利系统2010年安全生产工作会议。会议传达了全国、水利部和自治区安全生产会议精神，全面总结2009年水利安全生产工作情况，认真分析新时期全区水利系统安全生产形势，总结交流经验，研究部署了2010年的安全生产工作任务。水利厅党委副书记、副厅长、厅安全生产委员会副主任郭进挺，宁夏水利水电建设管理局副局长、厅安全生产委员会副主任郭建繁、自治区安全生产监督管理局副局长杨文栋、安监一处副处长奚武军出席会议，水利厅纪委书记崔莉主持会议。

Δ 水利厅召开宁夏水利博览馆文物征集工作动员会。厅党委副书记、副厅长、宁夏水利博物馆建设领导小组组长郭进挺出席会议并作重要讲话。厅纪委书记崔莉主持会议。

Δ 水利厅召开全区水利系统2010年民主评议政风行风工作会议。会议总结了2009年全区水利系统民主评议政风行风工作，对2010年政风行风建设工作进行了安排部署。水利厅纪委书记、全区水利系统政风行风建设领导小组副组长崔莉做了《围绕中心服务大局 扎实推进全区水利系统民主评议政风行风工作》的讲话。

3月19日　水利厅召开第十八届“世界水日”、第23届“中国水周”纪念座谈会。自治区党委政研室、自治区人大农业与农村工作委员会、自治区政府研究室、自治区政协人口资源环境委员会、自治区政府法制办、自治区发改委、财政厅、建设厅、农牧厅、林业局、气象局等部门领导和专家及新闻媒体的代表参加了会议。

3月22日　水利厅在银川市南门广场组织驻银水利单位开展纪念“世界水日”“中国水周”宣传活动。新华社宁夏分社、宁夏电视台、宁夏日报、新消息报等多家新闻媒体对纪念宣传活动进行了现场报道。

3月22～23日　水利部规划计划司副司长汪安南带队调研了自治区西吉、泾源、中卫、吴忠等地农村人畜饮水规划计划、项目建设和抗旱等工作。调研组对自治区农村饮水安全工程建设和发挥的效益以及当前抗旱工作采取的措施给予肯定，提出了指导性意见。

3月23日　中共中央总书记、国家主席胡锦涛视察了黄河标准化堤防建设、永宁南部农村饮水安全工程，总书记指出“黄河是中华民族的母亲河。要进一步搞好黄河堤防建设，为保护好、治理好我们的母亲河不懈努力”。

3月26日　水利厅党委召开党建暨党风廉政建设工作会议。总结2009年水利厅党建及党风廉政建设工作，安排部署2010年工作任务。会上，水利厅党委书记、厅长吴洪相传达了中共中央总书记、国家主席胡锦涛来宁考察时的重要讲话精神，并作了题为《深入推进学习型党组织建设，全面提高党建和党风廉政建设科学化水平》的重要讲话。水利厅党委副书记、副厅长郭进挺作了题为《以深入开展党的建设年活动为抓手，努力开创党建工作新局面》的报告，厅纪委书记崔莉作了题为《加强领导，强化措施，扎实推进水利党风廉政建设》的报告。自治区防汛抗旱指挥部办公室等4个单位作了交流发言。厅领导与厅属单位党政主要负责人及厅机关各处(室)主要负责人分别签订了党风廉政建设责任书。

Δ　水利厅召开引黄灌区2010年灌溉工作会议。表彰全区农业灌溉节水先进单位，总结2009年引黄灌溉工作，安排部署2010年工作任务。来自各市、县(区)水务局，各水管单位及自治区有关部门的负责同志80余人参加了会议。

3月30日　世行贷款节水灌溉二期项目建议书获国家发改委批复。

4月6日　水利厅召开廉政风险防范管理工作动员会。水利厅纪委书记崔莉作动员讲话，厅机关各处室及厅属有关单位70多人参加了会议。

4月7日　水利厅召开全区水利规划计划与建设管理工作会议。全区市、县(区)水务局、厅属单位主要负责人参加会议。水利厅党委书记、厅长吴洪相到会并作了重要讲话，副厅长方彦主持会议并作会议总结。

4月10日　由水利厅团委、宁夏宁东水务有限责任公司承建的“保护母亲河行动——中日青年鸭子荡水库生态绿化示范林三期工程”启动仪式在宁东鸭子荡水库举行。

4月14～17日　水利厅党委书记、厅长吴洪相随自治区副主席郝林海出访以色列考察了节水灌溉技术。

4月16～17日　水利厅领导干部廉政教育培训班在宁夏水利电力工程学校举办。

4月23日　水利厅召开在全厅基层党组织和党员中深入开展创先争优活动动员部署会议。

4月26日　宁夏水务投资集团有限公司与中国银行宁夏分行签订银企合作协议暨40亿元信贷支持合同。

4月29日　水利厅团委举行“五四”运动91周年纪念表彰大会。厅属各单位300多名团员青年代表、单位领导欢聚一堂，共同庆祝五四青年节。水利厅副巡视员李洪山、闫国伟出席大会。

Δ　水利厅在中宁县对自治区人大代表提出的《关于扶持中宁县引黄自流灌区支干渠及末级渠系节水改造的建议》进行了现场办理。

4月30日　水利厅领导带领机关有关处室局办负责人，慰问了基层渠(河)道管理单位、在建工程工地和灌溉外协单位。

Δ　宁夏全国县级山洪灾害防治试点建设项目顺利通过初步验收，投入试运行。

5月4日　水利厅团委获“全区五四红旗团委”，李彦骅被评为“全区优秀共青团干部”。

5月6日　国家防总召开全国水库安全度汛异地视频会议，自治区防汛抗旱指挥部就贯彻会议精神，确保全年水库安全度汛作了进一步部署。自治区防汛抗旱指挥部副总指挥、政府副秘书长张存平，副总指挥、水利厅党委书记、厅长吴洪相参加会议并讲话。

5月10日　自治区第四次固原工作会议在固原召开，水利厅党委书记、厅长吴洪相作了题为《为固原跨越式发展提供坚实水利保障》的发言。

5月10～17日　自治区财政厅、水利厅组成绩效考评及项目验收小组，对宁夏第一批小型农田水利重点县2009年度项目进行了验收和绩效考评。

5月11日　水利厅召开引黄灌区春季灌溉工作会议，听取各渠道管理处和中卫市水务局关于近期灌溉及安全生产情况的汇报，并就下一阶段工作进行安排部署。副巡视员陈广宏出席会议并讲话。

5月12日　水利厅在南门广场开展了以黄河治理、防洪抢险、抗旱救灾为主题的“5·12防灾减灾日”宣传活动。共制作展板4块，印制《山洪灾害防御常识》5000册、宣传单30000份，印制《防洪避灾自救手册》10000册。

5月16～20日　世行贷款节水灌溉二期项目预评估团李晓凯一行16人来自治区开展项目预评估工作。预评估团听取了自治区世行项目办关于宁夏项目前期工作准备情况的汇报，审阅了宁夏水利设计院和各项目单位编制的可研报告修改稿、实施计划报告初稿及前18个月子项目设计报告初稿，世行有关专家与技术、设计人员进行了分专业讨论，并提出了修改意见。

5月28～29日　水利厅举办宁夏农村饮水安全管理信息系统培训班。全区26个市、县(区)和自治区农垦局负责农村饮水安全管理信息系统建设的专业技术人员参加了培训。这次培训由水利部农水司主办，水利部灌排中心承办，信息系统软件开发单位北京智网科技公司派专业人员就信息系统管理办法、网络配置、系统设置和使用、系统数据采集及相关业务表格等进行了培训和讲解。

5月28日　水利部黄河流域巡视组对灵武市水土保持监督管理能力建设工作进行了督查。巡视组听取了灵武市水务局监督管理能力建设活动开展情况的汇报，查看了相关资料，并就相关问题进行了详细了解和讨论。

Δ　自治区安监局副局长杨文栋带领督查组对水利厅安全生产工作进行了督查调研。水利厅党委副书记、副厅长郭进挺和厅安办的人员陪同检查。

5月29日　自治区领导陈建国、蔡国英调研了同心县下马关镇高效节水示范区、灌区续建配套工程和固海扬水大战场泵站改造工程等重点水利工程。陈建国充分肯定了水利工作，指出水利部门近年来围绕节水这个中心，创新理念、创新思路，转变发展模式，着力发展旱作农业，加大渠系改造力度，灌区续建配套与节水改造和大型泵站更新改造工程建设速度快、节水保灌成效显著，为实现农业增效、农民增收做出了贡献。

5月31日　水利厅在光明广场举行2010年“安全生产月”活动启动仪式。水利厅党委书记、厅长吴洪相，副厅长毕廷和、郭浩，副巡视员李洪山、闫国伟、陈广宏及自治区安全生产监督管理局副局长钮钢等领导出席启动仪式。水利厅党委副书记、副厅长郭进挺作了动员讲话。厅属各单位主要领导、分管领导和职工代表300多人参加了启动仪式。

5月31日～6月3日　水利部综合事业局副局长郑通汉带领水资源管理中心调研组对自治区节水型社会建设工作进行考察。调研组先后与宁夏医科大学、灵武电厂等节水型载体重点就节水管理、节水措施、节水效果，节水效益等有关问题进行了座谈讨论。水利厅副厅长郭浩带领节水办工作人员陪同考察。

5月　由宁夏水利科学研究所中青科研人员自主研发的“微灌系统首部枢纽装置”获国家实用新型专利。

6月4～7日　水利部副部长周英一行对自治

区水法规贯彻执行情况进行了调研。周英充分肯定了近年来宁夏水利工作取得的成绩，认为全社会重视水资源节约保护，民生水利、环境水利、资源水利成效明显，水务一体化、水利投融资等水利改革稳步推进，较好发挥了水资源的综合效益，为全国水利行业积累了很多宝贵经验，值得大力推广。自治区副主席郝林海陪同视察。

6月9日 自治区党委书记陈建国视察了大柳树东西干渠调蓄水库。

Δ 水利厅举办干部选拔任用工作“四项监督制度”专题学习培训班。厅属各单位党组织主要负责人、组织人事科（综合办公室）科长（主任），厅机关各处室负责人70余人参加了学习班。水利厅党委副书记、副厅长郭进挺出席培训班并作讲话。水利厅纪委书记崔莉主持会议。自治区党委组织部干部监督处处长孟占忠亲临培训班进行指导并作专题辅导报告。

6月10日 红墩子、上海庙能源化工基地供水工程开工典礼在水洞沟水库举行。宁夏回族自治区副主席赵小平、内蒙古自治区主席助理賁·阿拉腾别立格为长城水务公司揭牌。

6月18日 银水房地产公司在中宁县开发建设的“银水·卓然怡居”楼盘一期盛大开盘。

6月18～19日 自治区水环境监测中心通过国家计量认证监督评审。

6月22日 水利部南水北调规划设计管理局、国务院发展研究中心社会发展研究部、中国科学院地理科学与资源研究所、黄委会等一行15人对宁夏水资源情势进行了调研。通过考察、座谈和交流，水利部水情势调研组就南水北调西线工程、宁夏受水区的水资源现状、需水要求和水资源对宁夏经济跨越式发展的重要作用进行了深入了解和分析，并对宁夏近年来在水资源管理方面取得的成就给予了高度评价。水利厅总工薛塞光陪同调研。

6月25日 自治区主席王正伟召开专题会议听取自治区水利厅工作汇报，研究解决水利工作中的困难问题。自治区副主席郝林海、主席助理屈冬玉和发改委、财政、城建、国土资源、扶贫开发、科技、环保、电力、物价等部门负责人参加会议。

6月26～29日 水利部安全监督司副司长赵卫带领检查组对自治区2007~2009年稽查项目的整改落实工作进行了复查。检查组重点抽查了黄河宁夏段治理和海原县碱沟水库除险加固两个项目。水利厅副厅长方彦和建设管理处、规划计划处、防汛办等有关部门负责人陪同检查。

6月29日 水利厅党委书记、厅长吴洪相做客宁夏新闻广播《百姓关注 政风行风在线》直播间，解答群众热线电话、社会关注的难点和热点问题。

Δ 中宁县长山头水库除险加固工程泄洪隧洞贯通。

6月30日 水利部召开了签订2010年农村水利工程建设管理责任书视频会议。水利厅党委书记、厅长吴洪相代表自治区水利厅签订了责任书。

7月3～7日 水利部淤地坝安全生产检查组对自治区已建及在建淤地坝安全生产工作进行了检查。

7月4日 自治区人大常委会副主任马瑞文、张小素、刘天贵一行考察了银川、吴忠黄河标准化堤防工程。

7月5日 中卫兴仁综合供水工程沙坡头片区工程开工建设。

Δ 国家开发银行宁夏区分行与宁夏水务投资集团有限公司战略合作协议签约仪式在悦海宾馆会议中心举行。水利厅党委书记、厅长吴洪相，副书记、副厅长郭进挺，水利厅副巡视员闫国伟出席了签约仪式，国家开发银行宁夏区分行行长傅小东，副行长靳涛，宁夏水务投资集团有限公司党委书记、董事长杨国，总经理顾耀民参加了签约仪式。靳涛副行长、杨国董事长分别代表银企双方签订了战略合作协议书。

7月6日 黄河宁夏段标准化堤防竣工暨黄河金岸滨河大道通车仪式在永宁县举行，402千米标准化堤防全线建成。水利部总工程师汪洪、自治区领导王正伟、于革胜、崔波、蔡国英、马瑞文、郝林海、李锐等参加了仪式。

Δ 水利厅召开2010年上半年工作总结会。检查总结上半年目标任务完成情况，部署和推进下半年工作,确保全年目标任务的圆满完成。会上,传达学习了自治区政府主席办公会议精神,银川市、厅规划计划处等10个单位和部门进行了交流发言,签订了2010年农村水利工程建设管理和大型灌区续建配套节水改造工程建设管理责任书，水利厅党委书记、厅长吴洪相作重要讲话。

Δ 宁夏引黄灌区夏灌工作结束。灌区各大干渠累计引水32.69亿立方米,比2009年同期少引水3.29亿立方米,少9.1%。

7月8日 水利部国家级水利风景区考察验收组一行对石嘴山市星海湖国家水利风景区进行了复查。

7月9日 宁夏太阳山水务有限责任公司被自治区企业家协会授予“宁夏诚信企业”的光荣称号,总经理徐林被授予“宁夏优秀企业家”称号。

7月12日 水利厅召开党委扩大会议,传达学习贯彻中央西部大开发工作会议精神。水利厅党委书记、厅长吴洪相主持会议并对全厅学习贯彻工作提出了具体要求。

7月16日 水利厅召开引黄灌区农民用水者协会工作会议。水利厅纪委崔莉书记、副巡视员陈广宏、吴忠市副市长何旭东出席会议。

7月20日 黄河水利委员会专家调研了盐环定扬水续建工程建设。

7月23日 水利厅举办了以“安全发展、预防为主”为主题的演讲比赛。水利厅党委副书记、副厅长郭进挺讲话。

7月29日 国家农发水土保持坡耕地综合整治宁夏项目区启动仪式在西吉县硝河乡郎岔村举行。

7月30日 水利厅召开水土保持重点治理区工作会议。水利厅副厅长郭浩出席会议并讲话。

Δ 宁夏中南部城乡饮水安全工程秦家沟水库泄洪隧洞顺利贯通。

7月 水利厅政务服务中心窗口率先在全区开展政务服务网上审批。

Δ 宁夏61座小型水库列入《全国小型病险水库除险加固规划》。

8月3~5日 以中科院院士孙鸿烈为组长的考察组对大柳树水利枢纽工程前期准备情况、永大线高效节水补灌农业发展情况进行了考察。自治区领导张毅、王正伟、齐同生会见了考察组一行,并进行了座谈。

8月4日 原水利部部长汪恕诚对青铜峡市黄河标准化堤防工程建设情况进行了调研。

8月6日 水利厅廉政文化建设“六进”示范点现场观摩会在吴忠秦汉渠管理处召开。厅属单位党委(总支、支部)书记、纪委书记、监察室主任共93人参加了现场观摩会。水利厅党委书记、厅长吴洪相、水利厅纪委书记崔莉参加现场观摩会并作重要讲话。

8月10日夜~11日凌晨 自治区同心、盐池、红寺堡、中宁、海原、沙坡头等地降中到大雨,局地降大到暴雨,引发山洪,造成房屋进水倒塌,农作物受淹,交通水利设施受损等严重灾害。

8月11日上午 自治区领导张毅、王正伟、于革胜、蔡国英、郝林海,宁夏军区副司令员高雷、武警宁夏总队副总队长石兵到自治区防汛抗旱指挥部,部署防汛抗灾工作。下午,自治区领导张毅、王正伟、郝林海等一行到同心县河西镇建新村实地查看了灾情,慰问抢险官兵和受灾群众。

8月11日晚 自治区政府紧急召开全区防洪防汛工作电视电话会议,通报全区汛情灾情、地质灾害和近期天气趋势,安排部署下一步防汛工作。自治区防指成员单位负责人在主会场参加了会议;各市、县(区)党政主要负责人、防指成员单位负责人在各分会场参加了会议。

8月18日 2010年黄河流域九省(区)人大环境与资源保护工作座谈会在银川召开，水利部黄委会党组书记、主任李国英作了题为《黄河水资源供需形势分析及节水途径》的专题报告。

Δ 水利厅2010年“清凉宁夏”专场文艺演出在银川市光明广场举行。

8月18~20日 水利厅召开全区农村饮水安全工程建设管理现场会，并在平罗县召开了经验交流大会。会议总结交流了农村饮水工程建设管理工作经验，安排2010年下半年农村饮水安全工作，110名会议代表对隆德县、固原市原州区、中卫市沙坡头区、吴忠市利通区、贺兰县、平罗县农村饮水工程建设管理和运行管理情况进行了现场观摩。

8月23～24日 自治区政府督查室对10项民生计划中的农村饮水安全工程实施情况进行了专项督查。水利厅副厅长毕廷和陪同督查。督查组认为，水利厅积极争取国家项目资金21546万元，及时下达了项目资金计划和实施方案批复，强化建设管理和运行管理，已解决了272个自然村23.3万农村居民饮水不安全问题，项目建设进展顺利，群众满意，为全面完成今年的民生计划任务奠定了基础。

8月25日 自治区党委、人民政府下发通报，表彰在“8·11”抗洪抢险中表现突出的自治区防汛抗旱指挥部、自治区水利厅、自治区防汛抗旱指挥部办公室、宁夏水文水资源勘测局、宁夏固海扬水管理处、盐池县水务局、同心县水务局等15个先进单位。

Δ 宁夏水利学会第六次会员代表大会在银川召开。水利厅党委书记、厅长吴洪相，中国水利学会组织部部长张文雷、宁夏科学技术协会学会部副部长成德立、水利厅纪委书记崔莉、水利厅副厅长毕廷和、郭浩、水利厅副巡视员李洪山、陈广宏、自治区防汛办主任朱云、水利厅老领导刘汉忠、袁钟、王昕华出席大会开幕式。

Δ 水利学会举办了2010年宁夏水利论坛系列讲座。

8月27日 水利厅对自治区政协九届三次会议提出的《关于尽快解决农村安全饮水问题的提案》进行了现场办理。自治区政协副主席袁汉民参加了现场办理。

8月28～29日 国家水利部农村水利司副司长倪文进对中宁县、贺兰县秋季农田水利基本建设工作进行了调研。

8月30日 宁夏青龙管业股份有限公司成功发行A股，并在深圳证券交易所上市。自治区领导王正伟、崔波、齐同生、杨春光等参加了庆典仪式。

8月30日～9月1日 水利部督查专员贾泽玉一行对海原县水库安全运行管理工作进行了督查。

8月31日 江西省副省长陈达恒一行对固海田营泵站以及宁夏扶贫扬黄灌溉工程的运行管理、更新改造和灌区效益等情况考察。

8月 水利厅被评选为全区财政“五五”普法知识竞赛优秀组织单位。

9月1日 人民日报、宁夏电视台、宁夏日报、新消息报、银川电视台、华兴时报等多家媒体组成的采访组对黄河标准化堤防建设情况进行了深度采访。

9月1日下午15时 同心县下马关镇、马高庄乡、预旺镇突降暴雨，下马关镇西侧老城沟暴发山洪，造成西沟村1人死亡。

9月3日 第十届全国人大常委会原副委员长盛华仁在自治区人大常委会副主任马瑞文等领导的陪同下第七次深入自治区同心、海原、原州等县区考察农村饮水安全工程建设情况。

Δ 水利部科技推广中心批复同意与水利厅共同设立水利部科技推广中心宁夏推广工作站。

9月5～6日 水利厅举办“深入实施西部大开发战略大学习活动专题研讨班”。

9月8日 《宁夏水利年鉴》首发仪式暨编纂工作会议召开。来自各市县(区)水务局、厅属各单位、水利厅机关处室的负责人、撰稿人及新闻媒体记者共90多人参加了会议。水利厅党委书记、厅长、《宁夏水利年鉴》编委会主任委员吴洪相出席会议并作重要讲话。

9月10～14日 全国人大常委会委员长吴邦国来宁夏视察，强调要充分做好“水”和“煤”两篇文章，着力推动解决宁夏中南部地区水的问题，让困难群众的生活一天天好起来。

9月12～14日 全国人大常委会副委员长陈昌智第三次深入自治区泾源、原州、海原、同心、吴忠等地视察水利工作。视察中，自治区水利厅党委书记、厅长吴洪相、副厅长方彦分别介绍了全区水利有关方面的工作，陈昌智副委员长对宁夏水利工作取得的成绩给予了充分肯定，对水资源综合利用和节水工作给予殷切期望，对宁夏水利工作提出新的更高的要求。自治区人大副主任何学清、自治区副主席郝林海陪同视察。

9月13～18日　水利部水资源司在宁夏举办了两期水资源论证培训班。

9月14日　水利部水资源司司长孙学涛来宁参加了2010中国能源化工“金三角”高峰论坛。

Δ　水利厅组织申报的2010年度水利部公益性行业科研专项经费项目《宁夏中部干旱带扬黄延伸区限额灌溉技术研究》和《宁夏扬黄灌区水量分配及水权研究》获得水利部、财政部批准。

9月16日　自治区节约用水办公室荣获2010年度自治区非税收入收缴管理先进单位。

9月17日　自治区党委、政府在贺兰县召开全区秋冬农田水利基本建设暨植树造林大会战动员大会。自治区领导于革胜、崔波、刘天贵、郝林海、张乐琴及水利部党组成员陈小江出席大会。自治区水利厅党委书记、厅长吴洪相对全区秋冬农田水利基本建设作了全面部署。

Δ　国家水利部原部长杨振怀视察盐环定扬水工程。

Δ　水利部党组成员、办公厅主任陈小江考察了平罗县小农水建设工作。

9月28日　宁夏水土保持学会第一届会员代表大会暨学会成立大会在银川召开。自治区人大常委会副主任马秀芬，自治区主席助理屈冬玉出席大会，并为宁夏水土保持学会揭牌。水利部水土保持司巡视员张学俭、中国水土保持学会秘书长吴斌、宁夏水利厅党委书记、厅长吴洪相、宁夏水利学会理事长薛塞光到会祝贺并讲话。大会由水利厅副厅长、新当选的宁夏水土保持学会理事长郭浩主持。

10月9日　黄河中游水土保持委员会第十次会议在河南洛阳市召开。自治区政府副秘书长张存平代表自治区出席会议并作了题为《总结经验，提升拓展，力促宁夏水土保持生态建设再上新台阶》的大会发言。水利厅党委书记、厅长吴洪相及水保局负责人参加了会议。

10月12日　盐环定扬水续建共用工程调度中心开工建设。

10月15日　水利厅召开引黄灌区2010年冬灌工作会议。总结秋灌工作，安排部署冬灌工作。

10月18日　第十届全国人大常委会副委员长盛华仁在《国务院关于切实加强中小河流治理和山洪地质灾害防治的若干意见》上批示“清水河、苦水河防洪抗灾改造，南部山区面上防洪改造、库井灌区改造，应根据这个文件要求，统一规划，加强实施。”

Δ　青铜峡河西总干渠开闸放水，引黄灌区2010年冬灌工作正式开始。

Δ　自治区人民政府举行陕甘宁盐环定扬黄续建三省共用工程和宁夏专用饮水工程建成通水新闻发布会，标志陕甘宁盐环定扬黄续建三省共用工程和宁夏专用饮水工程建成通水。

10月26日　自治区领导于革胜、郝林海调研了自治区农田水利基本建设工作。于革胜指出，搞好农田水利基本建设，是强化农业基础、推进农村改革发展的重要举措。要总结完善好经验好做法，高标准、严要求地做好各项工作，不断夯实现代农业发展基础，努力实现农民持续增收。

10月29日　自治区党委书记张毅专题听取了水利工作汇报。

10月30日　在水利部召开的全国水利财务工作会议上，自治区水利厅党委副书记、副厅长郭进挺就宁夏水利财务工作作了交流发言。水利厅获“全国水利财务工作先进集体”称号。

11月1日　《宁夏回族自治区实施〈中华人民共和国水文条例〉》正式颁布实施。

11月2日　自治区人大常委会副主任马秀芬一行视察了贺兰县、平罗县、灵武市、青铜峡市农田水利基本建设工作。马秀芬强调，农田水利建设一定要突出科学发展观，科学规划，持之以恒，要充分发挥机械化的作用，高效高质量地完成各项任务。

11月3日　自治区领导张毅、于革胜、崔波、蔡国英调研了唐徕渠砌护工程、望洪镇农田水利建设、永宁县南部农村饮水安全工程和小坝镇中干沟综合整治工程。自治区党委书记张毅强调“水既是生命之源，也是财富之源，宁夏富在水，穷也在水，我们一定要通过水利建设把水这篇文章做好，让水利建设成为为民造福的民心工程，让有限的水资源得到最大限度的利用，使广大群众得实惠，为宁夏经济社会发展提供强有力的支撑”。

11月5日 审计署西安特派员办事处派出审计组进驻水利厅，开展以“黄河治理”和“农田水利建设”为主要内容的专项审计。

11月8日 自治区国资委副主任王静波一行来督导水利厅国有企业“小金库”专项治理工作。

11月10日 水利厅召开开展实施西部大开发战略大学习活动总结暨学习贯彻十七届五中全会精神大会。对全厅3个月来的大学习活动进行深入总结，对巩固和扩大大学习活动成果，掀起学习贯彻十七届五中全会热潮进行了安排部署。水利厅党委副书记、副厅长郭进挺代表厅党委对大学习活动进行总结，水利厅党委书记、厅长吴洪相作重要讲话。

Δ 《宁夏半干旱区现代节水农业技术研究与集成》通过科技部验收。

11月15日 由水利厅、水利学会主办的“水资源管理高研班”在银川举行。水利厅党委书记、厅长吴洪相作了题为《宁夏水资源情势分析及应对策略》的专题报告。

Δ 水利厅推荐申报的5项成果获自治区科技进步奖。

11月19～25日 宁夏固原地区（宁夏中南部）城乡饮水安全水源工程项目建议书通过国家发改委技术评估。

11月20日 青铜峡灌区河西总干渠关闸停水，引黄灌区冬灌结束。

11月25～26日 全区水利系统办公室主任暨宣传信息工作会议在贺兰县召开。水利厅纪委书记崔莉出席会议并为获奖的先进集体和先进个人颁奖。全区水利系统办公室主任、信息宣传工作人员100余人参加了会议。

11月28日 《宁夏黄河流域重要河道采砂管理规划》通过水利部黄委会审定。

11月29日 水利厅党委书记、厅长吴洪相在自治区十届人大常委会第二十一次会议上，就自治区农田水利基本建设情况作专题报告。

11月29日～12月11日 自治区农田水利基本建设指挥部组成“黄河杯”竞赛评比考核委员会，对各县（市、区）农建工作进行了评比考核。

11月 水利厅被自治区支援基层教育工作领导小组评为全区支教工作先进集体，宁夏红寺堡扬水管理处吴振荣被评为全区支教工作先进个人。

12月3日 第一届全区水利行业财会知识电视大赛决赛在宁夏广电总台演播中心举行。水利厅党委书记、厅长吴洪相、副书记、副厅长郭进挺和水利厅、财政厅、审计厅有关领导、五大市水务局负责人和水利厅属单位共计300余人观看了比赛。

12月7日上午 全国防汛抗旱暨舟曲抢险救灾总结表彰大会在甘肃省兰州市隆重举行。自治区防汛办荣获“全国防汛抗旱先进集体”荣誉称号。

12月14日 水利厅出台《水利宣传工作管理办法》。

12月24日 在全国水利工作会议上，自治区水利厅党委书记、厅长吴洪相作了题为《凝心聚力 全面推进 奋力打好农村饮水安全工程建设攻坚战》的发言。

Δ 水利部审查通过《宁夏水资源管理系统建设实施方案》

Δ 宁夏回族自治区第一次全国水利普查工作会议在银川工会大厦召开。自治区党委宣传部、武警宁夏总队、环境保护厅、住房城乡建设厅、水利厅、财政厅、统计局、发改委、农牧厅、国土资源厅及各市县人民政府、水务局及水利厅各有关部门80余人参加了会议。

Δ 在2010年“宁夏标准创新贡献奖”表彰大会上，水利厅组织的《压砂地建设技术规范》《水稻节水高产控制灌溉技术规程》《宁夏南部山区旱情与旱灾评定标准》分别获一、二、三等奖。

12月29日 自治区党委、政府举行全区防汛抗旱暨“8·11”抢险救灾总结表彰大会。自治区领导于革胜讲话，何学清、李淑芬、高雷出席大会。自治区防指副总指挥、水利厅党委书记、厅长吴洪相主持大会。大会向同心县水务局等16个“全区防汛抗旱先进集体”和陈淑梅等55名“全区防汛抗旱先进个人”进行了颁奖。

12 月 29～31 日 惠农渠和汉渠灌域水权转换项目通过竣工验收。

12 月 30 日 9 时 黄河宁夏段石嘴山麻黄沟出现首次封河，封河上首至麻黄沟上游 1 千米。

12 月 31 日 宁夏列入《全国病险水库除险加固专项规划》的 54 座病险水库竣工验收全部完成。

12 月 水利部正式批准宁东鸭子荡水库为第十批国家级水利风景区。

改造后的扁担沟扬水一泵站

小农水重点县郭家桥乡片区建设现场

海原新区供水水源工程—南坪水库

马河水库除险加固工程

6 月 30 日，伊朗朋友来青铜峡市参观学习

5 月 1 日，青铜峡市水务局为民服务获好评

水利专报

关于引黄灌区湖泊湿地补水工作情况的报告

尊敬的陈书记：

在您的亲切关怀和指导下，近年来水利厅和有关市县着力实施生态水系建设，人水和谐的大生态圈日趋完善，大大改善了人居环境，提升了城市品位。遵照您的指示，3月1日青铜峡河西总干渠开闸放水，自治区领导于革胜、郝林海出席了放水仪式。

自开闸放水以来，我厅抓住黄委会要求我区实施防凌分流的有利时机，专门召开引黄灌区湖泊湿地补水工作会议，积极协调银川、石嘴山、吴忠市有关部门和用水单位，制订引水计划和补水实施方案，各渠道管理单位克服天气异常导致气温低、冰凌多等困难，全面做好保证行水和补水各项措施，目前，引黄灌区湖泊湿地补水工作进展顺利。

针对爱伊河水质差的情况，3月4日唐徕渠开始向爱伊河放水，目前已换水183万立方米，水质由Ⅴ类提高到Ⅳ类。针对缺水情况，向星海湖、沙湖和银川东部水系、南部水系、西北部水系补水227万立方米；向镇北堡拦洪库、金波湖、流芳湖补水100万立方米；向吴忠清宁河补水59万立方米。目前，我厅抢抓有利天气，全面加快补水进度，计划于3月20日前基本完成补水任务。

特此报告。

宁夏水利厅

2010年3月10日

关于赵小平副主席批示意见办理情况的报告

尊敬的赵小平副主席：

遵照您对《关于请求解决国道211联络线古窑子至青铜峡高速公路跨越西夏渠桥梁施工问题的请示》的批示及5月27日协调会议精神，水利厅高度重视，积极协调落实。现就有关情况报告如下：

一、关于渠道损坏赔偿费给付办理情况

按照5月27日协调会议精神，“交通方面路桥承担500万元，剩余由宁西公司解决”，水利厅及宁西公司先后于6月3日、7日、9日三次到宁夏公路建设管理局进行协调解决，最终得到宁夏公路建设管理局答复：赔偿困难，公路建设管理局没有专项经费，主管副厅长外出，无法落实赔偿经费。目前，渠道损坏赔偿费仍未得到解决。

二、关于高速公路施工问题办理情况

自协调会议至今，水利厅及宁西公司未收到宁夏公路建设管理局前来办理高速公路施工审批手续的函件。

为确保西夏渠损坏工程早日得到恢复，不影响西夏水库的正常供水，水利厅将会同公路建设部门继续就高速公路施工问题进行协调。

特此报告。

宁夏水利厅

2010年6月15日

抢抓机遇　突出民生
七项水利专项规划成果上报国家

自治区人民政府：

为把《国务院关于切实加强中小河流治理和山洪地质灾害防治的若干意见》(国发〔2010〕31 号)(以下简称《若干意见》)精神贯彻好、落实好，水利厅按照自治区党委、政府的要求和水利部的安排部署，高度重视，精心组织，抽调精兵强将全力做好规划编制工作。现就有关情况报告如下：

一、行动快、谋划早，规划编制全面完成

按照国家发改委、水利部开展《全国中小河流治理和中小水库除险加固、山洪地质灾害防治、易灾地区生态环境综合治理总体规划》的具体部署，水利厅超前谋划，快速行动，召开专题会议，紧急部署七个水利规划编制工作。成立了厅长挂帅，分管副厅长主要负责，水利厅相关处室、局办和各市县水务局以及设计单位 50 余名技术人员组成的规划编制组。自 10 月 19 日以来，采用集中封闭工作的方式，放弃节假日休息，加班加点开展工作。目前，流域面积 200～3000 平方千米中小河流治理工程，清水河、苦水河防洪治理工程，小型病险水库除险加固工程，大中型病险水闸除险加固工程，防洪非工程措施建设，山洪地质灾害防治(水利部分)，易灾地区生态环境综合治理(水利部分)等七项专项规划全部编制完成并上报国家有关部委汇总。规划到 2015 年，全区治理中小河流 69 条，治理清水河干流 243 千米，治理苦水河干流河段 177 千米，小(Ⅰ)型病险水库除险加固 61 座，小(Ⅱ)型病险水库除险加固 112 座，大中型病险水闸除险加固 19 座，治理山洪沟 17 条，建立起较为完善的防洪减灾预警系统，治理易灾地区生态环境 800 平方千米，规划项目总投资超过 60 亿元。

二、盯项目、抓落实，规划成果汇总进展顺利

在规划编制过程中，及时将规划汇总成果向自治区党委、政府领导汇报，为张毅书记、正伟主席、同生常务副主席到国家发改委、财政部协调工作提供信息数据。2010 年 11 月 3 日，林海副主席带领自治区发改、水利等部门同志到国家发改委、水利部衔接工作，七个专项规划的阶段性成果得到了国家有关部委的认可。在规划编制期间，水利厅主要负责人多次专程赶赴北京、郑州向水利部、黄河水利委员会进行汇报沟通，争取支持。目前，规划汇总成果总体顺利，七个专项规划主要成果已基本汇入国家总体规划中。我们将全力以赴，进一步紧盯国家汇总过程，以民生水利为核心，使我区防洪减灾薄弱环节的突出问题在“十二五”期间得到基本解决，防御洪涝和山洪灾害的能力显著增强，确保广大人民群众的生命财产安全。

特此报告。

宁夏水利厅

2010 年 11 月 29 日

宁夏煤炭间接液化项目水资源论证通过黄委审查

自治区人民政府：

神华宁煤集团煤炭间接液化项目是目前国家唯一同意开展前期工作的煤制油项目，也是宁东能源化工基地的标志性工程，近日，该项目水资源论证顺利通过黄委审查，为项目报请国家核准提供了水资源保障。

为全面加快项目水资源论证工作，切实落实自治区人民政府专题会议纪要精神(〔2010〕第(55)号)，水利厅高度重视，积极协调，及时成立了推进煤炭间接液化项目用水前期工作组，指定专人负责，先后多次到水利部黄委会沟通汇报，多层级协调，全力争取支持，加快用水前期工作。2010 年 8 月 6 日，黄委组织专家对神华宁煤煤炭间接液化项目《水资源论证报告书》和《水权转换可行性研究报告》进行了审查。根据审查意见，业主单位进一步优化了项目工艺，确定了生产规模和工艺流程。在可研最终确定后，我厅及时协调黄委，黄委组织专家复审了该项目《水资源论证报告书》。12 月 3 日，该项目水资源论证顺利通过审查。

宁夏水利厅

2010 年 12 月 6 日

法规文件

政策法规

宁夏回族自治区实施《中华人民共和国水文条例》办法

第一条 为了实施《中华人民共和国水文条例》,结合自治区实际,制订本办法。

第二条 在本自治区行政区域内从事水文站网规划与建设,水文监测与预报,水文水资源调查与评价,水文监测资料汇交、保管与使用,水文设施与水文监测环境的保护及其管理活动,应当遵守本办法。

第三条 自治区人民政府水行政主管部门主管全区水文工作,其直属的水文机构(以下简称自治区水文机构)接受上级业务主管部门的指导,并在当地人民政府的领导下具体负责组织实施管理工作。

专用水文测站和从事水文活动的其他单位,应当接受自治区水文机构的行业管理。

第四条 自治区人民政府应当将水文事业纳入本级国民经济和社会发展规划，所需经费纳入财政预算,并从水工程建设、防汛抗旱、水资源等有关专项经费中安排相应的比例用于水文测报、水文基础设施的建设和运行维护。

设区的市、县(市、区)人民政府应当支持水文基础设施的建设和运行,建设并完善水情、旱情灾害监测和洪水预警预报系统,保障水文事业的发展。

第五条 自治区人民政府水行政主管部门根据全国水文事业发展规划、流域水文事业发展规划和自治区国民经济发展需要，组织编制自治区水文事业发展规划,报自治区人民政府批准后实施,并报国务院水行政主管部门备案。

水文事业发展规划应当依据国家水文技术标准编制,并与流域综合规划、土地利用总体规划、城乡规划、交通运输规划相衔接。

第六条 自治区对水文站网建设实行统一规划。

自治区行政区域内国家重要水文测站的设立、迁移与调整,由自治区水行政主管部门报国务院水行政主管部门直属水文机构批准。一般水文测站的设立、迁移与调整,由自治区人民政府水行政主管部门批准,报国务院水行政主管部门直属水文机构备案。

第七条 自治区水文机构应当根据国民经济发展需要及水文情势变化，适时提出水文站网规划调整建议,并报自治区人民政府批准。

第八条 新建、扩建国家基本水文测站所需建设用地，由所在地县级以上人民政府国土资源管理部门按照公益性事业建设用地的有关规定，办理用地手续。

第九条 申请在国家基本水文测站覆盖区域内设立或撤销专用水文测站的，应当报自治区水文机构批准。

专用水文测站由设立单位建设和管理，也可以委托自治区水文机构建设和管理,其建设、管理和运行费用由设立单位承担。

第十条 设立专用水文测站应当符合下列条件:

(一)符合国家和行业有关设站的技术标准。

(二)具有符合国家规定标准的监测设施和计量器具。

(三)具有相应的专业技术人员。

第十一条 申请设立专用水文测站，应当提交下列材料：

(一)申请文件。

(二)设立专用水文测站基本情况说明。

(三)监测专用技术装备和计量器具清单以及检测合格证明。

(四)申请单位从事水文水资源监测的资质证书。

第十二条 自治区水文机构受理设立专用水文测站申请后，应当自受理申请之日起二十日内决定批准或者不批准。予以批准的,应当签发设立专用水文测站批准文件,不予批准的,应当书面说明理由。

第十三条 自治区水文机构应当建立健全突发性水污染事件应急监测机制,编制应急监测预案。发现水质变化,可能发生突发性水体污染事件的,应当及时启动应急监测预案,进行跟踪监测和调查,并及时将监测、调查情况报告所在地人民政府水行政主管部门和环境保护行政主管部门。

第十四条 大中型水库及闸坝、城市防洪工程、重要取水口和退水口等管理单位，应当设置水文监测设施,确定专人负责,并在自治区水文机构的指导下,开展相应的水文监测工作。

大中型水库以及对防洪安全有重大影响的小型水库的管理单位应当按照国家、自治区有关规定承担报汛任务。

第十五条 水文工作人员借助公路、桥梁进行水文监测作业时,公安、交通运输等相关部门应当予以配合。

第十六条 水文情报预报实行统一发布制度。

洪水、干旱和黄河凌情等水文情报预报由县级以上人民政府防汛抗旱指挥机构或者自治区水文机构按照规定权限向社会统一发布。

广播、电视、报纸和网络等新闻媒体,应当按照国家有关规定和防汛抗旱要求,播发、刊登水文情报预报,并标明发布机构和发布时间。

禁止其他单位和个人向社会发布水文情报预报。

第十七条 县级以上人民政府水行政主管部门应当根据当地经济社会发展要求，会同有关部门组织相关单位开展水文水资源调查评价工作。

需要进行水文水资源调查评价、论证的建设项目,建设单位应当委托具有相应资质的单位承担。

第十八条 取用水单位应当按照水资源管理和节约用水的要求，委托具有水文水资源调查评价资质的单位定期实施水平衡测试工作。

第十九条 自治区对水文监测资料实行统一汇交制度。

在本自治区行政区域内从事地表水和地下水资源、水量、水质监测的单位,应当无偿向自治区水文机构汇交水文监测资料。

汇交的水文监测资料包括河流、湖泊、渠道、水库的水位、流量、水质、水温、岸温、泥沙、水下地形和地下水资源,以及降水量、蒸发量、墒情等监测资料。

第二十条 自治区水文机构负责水文监测资料的存储和保管，并根据国民经济建设和社会发展需要对水文监测资料进行加工整理形成水文监测成果,予以刊印。

自治区水文机构应当建立自治区水文数据库,并依法向社会公开基本水文监测资料。

第二十一条 除国家机关决策和防灾减灾、国防建设、公共安全、环境保护、公共交通等公益事业需要使用水文监测资料和成果以及依法公开的基本水文监测资料外，水文机构为特定项目提供的水文监测资料,只供使用单位用于该特定项目,未经自治区水文机构同意,任何单位和个人不得擅自转让、转借、出版水文监测资料和成果或者用于其他营利性活动。

第二十二条 从事下列活动所依据的水文资料应当经自治区水文机构审查：

(一)编制自治区国民经济和社会发展规划、土地利用总体规划、城乡规划、流域总体规划。

(二)直接从河流、湖泊或者地下取水需要申请领取取水许可证的建设项目。

(三)开展水资源评价、论证,防洪影响评价、水环境影响评价、重大基础研究、水土保持规划和工程设计。

（四）编制防汛预案、黄河水权分配和水量调度方案。

（五）法律、法规规定的其他活动。

第二十三条 水文测站所在地县级人民政府应当按照下列标准划定水文测站站房、监测场地和专用道路的保护范围，设立保护标志：

（一）水文监测河段基本断面上、下游各500米，两岸有堤防的河段以河堤为界，无堤防的河段以两岸最高洪水位以上1米为界。

（二）水文监测设施的支柱、锚座、标志桩等四周3米以内。

（三）雨量、蒸发器观测场地边缘外20米以内。

（四）地下水观测井四周3米以内。

（五）水文专用水准点四周5米以内。

（六）水文监测作业专用道路两侧2米以内。

第二十四条 违反本办法规定的行为，法律、法规已有处罚规定的，从其规定。

第二十五条 违反本办法第二十一条规定，擅自转让、转借、出版水文机构为其提供的水文资料和成果，或者利用水文机构提供的水文监测资料进行营利性活动的，由自治区水行政主管部门责令停止违法行为，没收违法所得，视情节轻重，并可处以五千元以上三万元以下罚款。

第二十六条 本办法自2010年11月1日起施行。

重要文件

自治区人民政府关于开展第一次全区水利普查的通知

（2010年3月23日 宁政发〔2010〕49号）

各市、县（区）人民政府，自治区政府各部门、直属机构：

为全面了解水利发展状况，提高水利服务经济社会发展的能力，实现水资源可持续开发、利用、保护，根据《国务院关于开展第一次全国水利普查的通知》（国发〔2010〕4号）要求，自治区人民政府决定于2010年至2012年开展第一次全区水利普查。现就有关事宜通知如下：

一、普查的目的和意义

开展全区水利普查时为了查清我区河流湖泊基本情况，掌握水资源开发、利用和保护现状，摸清经济社会发展对水资源的需求，了解水利行业能力建设状况，建立全区基础水信息平台，为自治区经济社会发展提供可靠的基础水信息支撑和保障。搞好全区水利普查，有利于完善“北部节水、中部调水、南部开源”之水斯库，科学制定自治区经济社会可持续发展战略；有利于实行最严格的水资源管理制度，推进水资源合理配置和高效利用；有利于深化水利管理体制改革，增强水利公公服务能力；有利于提高全社会水患意识和水资源节约保护意识，推进资源节约型、环境友好型社会建设。

二、普查的对象和内容

普查对象：我区境内的所有河流湖泊、水利工程、水利机构以及重点社会经济取水用户。

普查内容：一是河流的基本情况，包括数量、分布、自然和水文特征等；二是水利工程基本情况，包括数量、分布、工程特性和效益等；三是经济社会用水情况，包括分流域人口、耕地、灌溉面积以及城乡居民生活和各行业用水量、水费等；四是河流湖泊治理和保护情况，包括治理达标状况、水源地和取水口监管、人河湖排污口及废污水排放量等；五是水土保持情况，包括水土流失、治理情况及其动态变化等；六是水利行业能力建设情况，包括各类水利机构的性质、从业人员、资产、财务和信息化状况等。

三、普查的时间和安排

普查的标准时间为2011年12月31日，时期资料为2011年度。2010年，开展普查方案设计、试点、培训和宣传动员等工作。2011年，开展清查登记、台账建设和现场调查等工作。2012年1月至5月，填表上报、数据处理和审核验收。2012年6月至12

月，普查成果验收、汇总发布和资料开发。

四、普查的组织和实施

为加强对此项工作的领导、自治区人民政府决定成立第一次全区水利普查领导小组，负责普查的组织和实施工作。普查领导小组办公室设在水利厅，承担领导小组日常工作。具体负责普查工作的业务指导和督促检查。领导小组各成员单位要各司其职、各负其责、通力协作、密切配合，共同做好普查工作。

各市、县（区）人民政府要设立相应的普查领导小组及其办公室，专门负责水利普查的组织和实施工作。要结合当地实际，制订具体实施方案，进一步明确普查任务，细化普查要求，健全工作机制，落实普查责任，认真做好本地区普查工作。要充分利用报刊、广播、电视和互联网等媒体，广泛深入宣传水利普查的重要意义和要求，为普查工作顺利实施创造良好舆论环境。

五、普查的经费

按照国务院要求，水利普查所需经费由中央和地方各级人民政府共同负担，分别列入相应年度财政预算。各市、县（区）人民政府要依据水利普查方案科学测算所需经费，分年度列入地方财政预算，按时拨付，确保到位。

六、工作要求

凡在我区境内水利普查范圈内的单位，都必须严格按照《中华人民共和国统计法》的有关规定和此次普查的具体要求，如实填写、按时报送普查数据，确保数据真实可靠。任何地方、部门、单位和个人都不得虚报、瞒报、举报、迟报、伪造、篡改普查资料。

各级普查机构及其工作人员，对在普查中所获得的涉密资料和数据，必须严格履行保密义务。

各市、县（区）要尽快开展水利普查前期准备工作，并于2010年3月底前将普查牵头单位负责人和联络人员名单，5月底前将普查领导小组成员名单分别报自治区水利普查领导小组办公室。

附件：

自治区第一次全区水利普查领导小组成员名单

组　长：郝林海　自治区副主席

副组长：张存平　自治区人民政府副秘书长

吴洪相　自治区水利厅厅长

梅廷彦　自治区统计局局长

成　员：房全忠　自治区党委宣传部副部长

吴占东　自治区发展改革委副主任

董　锋　自治区财政厅副厅长

张玉英　自治区国土资源厅副厅长

金国兴　自治区环境保护厅总工程师

潘多俊　自治区住房城乡建设厅副厅长

方　彦　自治区水利厅副厅长

张　柱　自治区农牧厅副厅长

金国华　自治区统计局副巡视员

赵国武　宁夏军区后勤部副部长

李彦林　武警宁夏总队后勤部副部长

领导小组办公室主任由水利厅副厅长方彦兼任。

自治区人民政府关于批转宁夏回族自治区重大水利工程建设基金征收使用管理暂行办法的通知

（2010年5月17日　宁政发〔2010〕83号）

各市、县（区）人民政府，自治区政府各部门、直属机构：

自治区人民政府同意财政厅、发展改革委、水利厅制定的《宁夏回族自治区重大水利工程建设基金征收管理使用暂行办法》现转发给你们，请认真贯彻执行。

宁夏回族自治区重大水利工程建设基金征收使用管理暂行办法

第一条　为筹集自治区重大水利工程建设资金，确保自治区重大水利工程建设的顺利实施，促进经济社会可持续发展，根据财政部、国家发展改革委、水利部《关于印发国家重大水利工程建设基金征收使用管理暂行办法的通知》（财综〔2009〕90号）有关规定,制订本办法。

第二条 自治区重大水利工程建设基金(以下简称重大水利基金)是国家为加强中西部地区重大水利工程建设而设立的政府性基金。

第三条 重大水利基金利用三峡工程建设基金停征后的电价空间设立，征收标准按4厘/千瓦时执行。

第四条 重大水利基金在全区范围内筹集,按照扣除国家贫开发重点县农业排灌用电后的全部销售电量和规定征收标准征。自治区全部销售电量包括自治区级电网企业销售给电力用的电量、自治区级电网企业扣除合理线损后的趸售电量(即实际销售给转供单位的电量)、自治区级电网企业销售给予公司的电量和对境外销售电量、企业自备电厂白发自用电量、地方独立电网销售电量(不含自治区级电网企业销售给地方独立电网企业的电量,下同)。跨自治区(省、直辖市)电力交易,计入受电省份销售电量。

第五条 重大水利基金从2010年1月1日起开始征收,至2019年12月31日止。

第六条 除企业自备电厂自发自用电量和地方独立电网销售电量外，重大水利基金由自治区级电网企业在向电力用户收取电费时一并代征。

第七条 自治区电网企业代征的重大水利基金号由自治区财政厅负责征收,并全额上缴自治区国库。

第八条 对企业自备电厂自发自用电量和地方独立电网销售电量应缴纳的重大水利基金，经自治区财政厅经济和信息化委、发展改革委、水利厅、物价局联合组织人员,根据各电厂的装机容量,在年初一次性核定用电量，由自备电厂按月向自治区财政厅申报,自治区财政厅直接审核收缴。

第九条 重大水利基金由自治区财政厅按月征收,实行直接缴库。自治区级电网企业、拥有自备电厂企业和地方独立电网企于每月20日前向自治区财政厅申报上月实际销售电量(自发自用电量)和应缴纳的重大水利基金。自治区财政厅应于每月25日前完成对申报的审核,确定重大水利基金征收数额,并向申报企业开具《非税收入一般缴款书》。自治区电网企业、拥有自备电厂企业和地方独立电网企业应于每月月底以前,按照自治区财政厅开具《非税收入一般缴款书》所规定的缴款额,足额上缴资金。

第十条 拥有自备电厂企业、地方独立电网企业应准确计量自发自用电量和销售电量，不能准确计量的，由自治区财政厅会同相关部门按照其最大发电(售电)能力核定自发自用电量和销售电量,并确定重大水利基金征收数额。

第十一条 重大水利基金收入列政府收支分类科目第103类01款58项“国家重大水利工程建设基金收入”项下03目“省级重大水利工程建设资金”。

第十二条 自治区级电网企业代征重大水利基金，由自治区财政厅按代征额的2‰付给代征手续费,代征手续费从重大水利基金支出预算中安排,按季支付给代征的电网企业。代征电网企业不得从代征收入中直接提留代征手续费。

第十三条 自治区级电网企业应将代征的重大水利基金与其正常业务收入分账核算。自治区级电网企业、拥有自备电厂企业和地方独立电网企业应及时足额上缴重大水利基金,不得拖延缴纳,如逾期不缴纳的,自治区财政厅责令其限期缴纳,并从滞纳之日起按日加收滞纳部分2‰的滞纳金。滞纳金纳入本金一并核算。

第十四条 未经国务院批准,任何地方、部门和单位均不得擅自减免重大水利基金，不得调整基金征收范围和征收标准。

第十五条 对重大水利基金征收增值税而减少的收入,由财政预算安排相应资金予以弥补并计入“国家重大水利工程建设基金收入”科目核算。缴入自治区级国库的重大水利基金，纳入自治区财政预算管理,由自治区发展改革委纳入固定资产投资计划,专项用于自治区人民政府确定的重大水利工程建设。

第十六条 重大水利基金的使用，由自治区财政厅根据基金入库情况,会同自治区发展改革委、水利厅提出年度重大水利基金投资安排意见，报自治区人民政府确定,经自治区人民政府批准后,由自治区发展改革委纳入固定资产投资计划，由自治区财政厅编制年度基金收支预算。自治区财政厅根据批准的年度投资计划、基金收支预算和基金实际征收入库情况安排资金。

自治区财政厅、发展改革委、水利厅要将重大水利基金年度收支情况报财政部、国家发展改革委、水利部备案。

第十七条 重大水利基金应严格按规定安排使用,实行专款专用,年终结余结转下年度继续使用。

重大水利基金的资金支付按照财政国库管理制度有关规定执行。

第十八条 重大水利基金支出在政府收支分类科目中列第213类04款72项“国家重大水利工程建设基金支出(地方重大水利工程建设)”。

第十九条 自治区财政厅、发展改革委、水利厅、审计厅、经济和信息化委、监察厅应按照职责分工,加强对重大水利基金征收、拨付、使用和管理情况的监督检查,确保基金按规定征缴和使用。

第二十条 对违反本规定,多征、减征、缓征、停征,或者侵占、截留、挪用重大水利基金的单位及责任人,依照《财政违法行为处罚处分条例》(国务院令第427号)和《违反行政事业性收费和罚没收入收支两条线管理规定行政处分暂行规定》(国务院令第281号)进行处罚或行政处分,涉嫌犯罪的,移送司法机关处理。

第二十一条 本办法由自治区人民政府负责解释。

第二十二条 本办法自2010年1月1日起执行,三峡工程建设基金同时停止征收,原涉及三峡工程建设基金征收使用管理的文件一律废止。

水利厅党委关于书记 副书记委员工作分工的通知

(2010年3月3日 宁水党发〔2010〕12号)

厅属各单位党委(总支、支部),厅机关党委:

现将水利厅党委书记、副书记、委员工作分工通知如下:

吴洪相同志主持水利厅党委全面工作。

郭进挺同志负责党的建设、精神文明建设和思想政治工作,分管厅机关党委。

杜永发同志主持宁夏水利水电工程建设管理局党委日常工作。

崔莉同志主持水利厅和水利水电工程建设管理局纪律检查委员会工作。

毕廷和同志负责抓好行政分管工作。

郭浩同志负责抓好行政分管工作。

方彦同志负责抓好行政分管工作。

薛塞光同志负责抓好行政分管工作。

部涌权同志负责工会、共青团、妇女等方面的工作,分管工会、团委。

自治区水利厅关于领导工作分工的通知

(2010年3月3日 宁水发〔2010〕37号)

厅属各单位,各市、县(区)水务局:

现将水利厅领导工作分工通知如下:

一、吴洪相厅长

主持水利厅全面工作。

二、郭进挺副厅长

负责组织人事、财务管理、离退休干部、水利经济和安全生产等方面工作。

分管组织人事与老干部处、财务审计处,经济管理局。

联系水利企业、水利行业协会。

三、杜永发副厅长

主持宁夏水利水电工程建设管理局工作。

负责自治区防汛抗旱、大柳树水利枢纽前期等方面的工作。

分管自治区防汛抗旱指挥部办公室、大柳树水利枢纽前期工作办公室。

四、纪委崔莉书记

负责监察、行风政风、效能建设和水利宣传工作,负责厅机关政务、信访及后勤管理等方面的工作。

分管办公室、监察室、机关服务中心。

五、毕廷和副厅长

负责农村水利、水库移民后扶开发、世行水利项目等方面的工作。

分管农村水利处、水库移民管理办公室、世界银行贷款项目办公室、自治区农田水利建设指挥部办公室。

六、郭浩副厅长

负责水政、水文、水资源管理、节约用水、水土保持等方面的工作。

分管水政水资源处、水土保持局、自治区节约用水办公室。

联系自治区水文水资源勘测局。

七、方彦副厅长

负责水利规划计划、水利工程建设与管理、水利工程质量监督、水利定额管理、水利稽查、水利信息化建设等方面的工作。

分管规划计划处、建设管理处、水利工程质量监督中心站。

联系水利工程建设中心。

八、薛塞光总工程师

负责水利科技创新和技术管理，水利专业技术职称资格评审等方面的工作。

分管科技教育处，联系水利科学研究所、水利学会。

九、李洪山副巡视员

负责职工教育、劳动工资等方面的工作。

联系水利学校。

十、闫国伟副巡视员

负责水利审计、督查、检查等方面的工作。

协助郭进挺同志分管财务。

十一、陈广宏副巡视员

负责灌溉管理工作。

分管灌溉管理局，联系各渠道管理处、艾依河管理局。

十二、厅领导出差期间，分管工作实行接替制度，具体如下：

吴洪相厅长的工作由郭进挺副厅长代管。

郭进挺副厅长的工作由崔莉同志代管。

杜永发副厅长在水利厅分管的工作由方彦副厅长代管。

崔莉同志的工作由郭进挺副厅长代管。

毕廷和副厅长的工作由郭浩副厅长代管。

郭浩副厅长的工作由毕廷和副厅长代管。

方彦副厅长的工作由薛塞光总工程师代管。

薛塞光总工程师的工作由方彦副厅长代管。

李洪山副巡视员的工作由郭进挺副厅长代管。

闫国伟副巡视员的工作由李洪山副巡视员代管。

陈广宏副巡视员的工作由郭浩副厅长代管。

若分管、代管领导同时出差，两者的工作由在家主持工作的领导代管。

水利厅党委　水利厅关于印发 2010年全区水利工作目标责任分解的通知

（2010年4月8日　宁水党发〔2010〕26号）

厅属各单位党委（总支、支部）、厅机关党委，厅属各单位：

为进一步明确责任，推动工作，确保各项目标任务的完成，现将2010年全区水利工作目标任务分解下达给你们。

完成今年的各项目标任务，关键是要抓好落实。各责任领导和责任部门要深入贯彻落实科学发展观，切实发扬求真务实、埋头苦干的作风，建立健全抓落实的领导机制和工作机制，不断完善和严格执行责任制度、督查制度、考核制度。按照“年初建账，年中查账，年底交账”的要求，对分解的各项工作目标任务的措施、进度和亮点，进一步细化责任，狠抓落实，确保各项工作取得实实在在的成效，圆满完成所承担的目标任务。

各项目标任务和亮点要作为各处室和有关单位年终考核的主要内容。对工作有创新、有亮点、超额完成的要奖励，对目标任务未完成的进行通报批评；考核结果将在全厅范围内公布和通报。

厅督查室要加强对工作目标任务完成情况的督

促检查，对重点工作每月督查一次，一般性工作每季度督查一次，督查结果要及时通报，并作为年终考核的依据。

附件：

2010 年水利工作要点主要目标任务责任分解表

2010 年水利工作要点主要目标任务责任分解表

部门	序号	主要工作任务	工作措施及进度安排	工作亮点	责任领导	配合部门
办公室	1	进一步完善目标责任考核制，建立激励机制，落实奖惩措施，形成一级抓一级，层层抓落实的良好局面。	4 月份对照自治区党委、政府下达的年度水利工作考核指标和水利厅重点工作任务，将年度目标任务逐项分解，责任到领导、到部门、到人员。		崔 莉	机关各处室厅属有关单位
	2	加大督查督办力度，确保工作有部署、有要求、有检查、有评价、有奖惩，推动全年水利各项目标任务全面完成。	重点工作每月督查一次，责任分解任务每季度督查一次，坚持对每次厅长办公会议决议事项完成情况予以督查。		闫国伟	机关各处室厅属有关单位
	3	创新宣传方式方法，加大宣传力度，着力营造水利发展的良好氛围。	3 月份下发宣传工作要点，制订《水利宣传管理办法》，上半年召开水利宣传信息工作会议，根据各阶段水利中心工作组织好宣传报道工作。强化政务信息采编和报送工作。		崔 莉	信息中心
	4	强化机要保密和档案管理工作。	不定期组织对机关和厅属单位保密工作进行检查指导；组织厅属单位保密工作人员参加区保密局培训班，确保全厅不发生一起泄密事件。强化基层档案管理指导，积极推进档案管理达标工作，力争厅属 2~3 个单位达到国家二级标准。	全厅不发生失泄密事件；水利系统稳定和谐。	崔 莉	信息中心
组织人事与老干部处	1	加强理论武装，坚持用中国特色社会主义理论体系武装党员干部头脑。	1. 抓好党员干部理论学习，做到有安排、有检查、有总结，举办领导干部学习班、学习经验交流会，定期不定期检查干部学习情况，年终对领导干部进行述学、考学，不断提升党员干部理论素养和解决实际问题的能力。 2. 认真抓好党组织中心组学习，完善制度，加强指导检查。 3. 不断巩固和深化学习实践科学发展观活动成果，抓好整改落实工作。		郭进挺	厅机关党委厅属各单位党委（总支、支部）
	2	加强能力培养，切实抓好领导班子和干部队伍建设。	1. 切实抓好领导班子和领导干部思想政治建设。认真落实民主集中制，抓好厅属单位议事规则的完善和贯彻落实，不断提高领导班子决策的科学化、民主化、制度化水平。组织开好 2010 年度民主生活会。 2. 做好干部培养、选拔任用工作。做好规范选人用人行为试点工作，认真做好干部选拔交流各项工作。推进科级干部竞争上岗工作，做好有关岗位科级干部交流试点工作。加强对年轻干部、后备干部的培养、锻炼、选拔，组织好处级领导班子、领导干部年度述职、述廉考核工作。 3. 抓好干部培训工作。制订《2010 年干部理论学习计划》，安排 40 名左右的处级干部和公务员参加自治区党校、行政学院脱产培训。安排 30 名左右的市县水利部门领导干部参加水利业务知识更新培训。安排 100 名左右的处级干部、高级专业技术人员、企业经营管理人员赴区外进行业务培训。选派 20 名企业中层管理人员参加区外培训。安排 100 名左右的科级干部到水利党校参加政治理论学习。		郭进挺	厅机关党委厅属各单位党委（总支、支部）

续表一

部门	序号	主要工作任务	工作措施及进度安排	工作亮点	责任领导	配合部门
组织人事与老干部处	3	抓基层夯基础，进一步加强基层党的建设。	1. 抓好"党的建设年"活动和学习型党组织建设。做到有安排、有检查、有总结。 2. 抓好党建工作责任制和党员领导干部基层党建工作联系点制度的落实，加强监督检查。继续抓好四个长效机制文件的贯彻落实。 3. 及时指导基层党组织做好换届工作；4. 建立水利党校教师库，切实加强党支部书记培训。		郭进挺	厅机关党委厅属各单位党委（总支、支部）
	4	提升工作水平，大力推进精神文明建设。	1. 召开水利厅精神文明建设工作会议，安排部署精神文明建设工作。 2. 指导地方水利部门、厅属单位扎实开展文明行业、文明单位和文明家庭、文明职工创建活动，争创全国、省、部级文明单位，为争创文明行业奠定基础。争取2个以上单位通过省部级文明单位验收。 3. 组织修订厅属企事业单位、渠道管理单位年度工作考核办法，并组织检查考核。 4. 指导厅机关党委、水利工会、厅团委广泛开展文化体育活动。	启动创建水利文明行业工作，力争厅机关及1~2个厅属单位获得省（部）级文明单位。	郭进挺	厅机关党委厅属各单位党委（总支、支部）
	5	务求实效，加强思想政治工作。	1. 大力开展向先进模范人物学习活动。 2. 充分发挥政研会作用，积极探索思想政治工作的新思路新方法。抓好对政研会换届工作。 3. 大力开展思想政治工作和水文化研讨活动。强化职工思想道德教育，深入开展社会公德、职业道德、家庭美德、个人品德教育活动。		郭进挺	厅机关党委厅属各单位党委（总支、支部）
	6	做好劳动工资管理工作。	1. 举办劳动工资政策学习班，提高厅属单位劳动工资工作水平。 2. 对厅属单位职工及劳动工资进行一次核查。		李洪山	厅属各单位
	7	主动积极，扎实做好离退休人员服务管理工作。	1. 加强离退休党支部建设，完善工作制度，建设必要的活动场所，引导和组织创建"五好"离退休党支部。 2. 抓好离退休人员服务管理工作，关心离退休人员生活，切实落实离退休人员政策，帮助解决实际困难。		郭进挺	厅属各单位
	8	全面落实《宁夏水利人才队伍发展规划》，实施人才战略工程。	启动水利厅高层次人才培养选拔工程，实施百名研究生引进培养工程，引进博士，考录一批硕士研究生。6月底完成厅属一、二层次人才推选工作。		郭进挺	科教处
规划计划处	1	继续推进中南部地区城乡人饮安全水源项目主体工程建设进程。	主动加强与甘肃省的沟通联系，上半年项目建议书通过水利部批复，年底前工程由国家发改委批复实施；完成秦家沟主体工程建设。	项目通过批复，工程全面开工建设。	方　彦	水投公司
	2	全力做好国家已批项目的落实工作。	组织各市县水利部门、厅机关处室局办"跑步进京"，全力以赴扩大成果、多争投资，为加快水利发展、夯实水利基础，创造更有利的条件。全年争取各类投资不少于下达计划数。		方　彦	业务处室及局办
	3	编制完成水利"十二五"规划。	6月底完成总体报告初稿，协调完成13个专项，4个专题报告。年底完成规划编制。		方　彦	业务处室及局办
	4	加快重点建设项目的报批。	争取中南部地区城乡人饮安全水源、黄河宁夏段近期防洪、沙坡头南北干渠节水改造和小型水库除险加固改造等项目年内批复实施；促进清水河和苦水河综合治理等项目立项建设。		方　彦	业务处室及局办

续表二

<table>
<tr><th>部门</th><th>序号</th><th>主要工作任务</th><th>工作措施及进度安排</th><th>工作亮点</th><th>责任领导</th><th>配合部门</th></tr>
<tr><td rowspan="3">规划计划处</td><td>5</td><td>进一步完善水利规划体系。</td><td>完成《抗旱规划》《中型灌区改造“十二五”规划》《小型病险水库除险加固规划》《2009~2015年农田水利建设规划》《2010~2013年全区农村饮水安全工程规划》《贺兰山东麓防洪规划》《水利科技中长期发展规划》《库井灌区规划》《地下水开发利用保护规划》《水文事业发展规划》《河西总排水干沟工程规划》编审工作。</td><td></td><td>方　彦</td><td>业务处室及局办</td></tr>
<tr><td>6</td><td>进一步完善水利项目数据库建设。</td><td>利用电子数据库和地理信息系统,建立区市县三级水利项目电子数据库体系和年度更新滚动机制,年底前完成初步规划项目名录和电子数据库系统框架。</td><td>实行水利项目动态管理。</td><td>方　彦</td><td>科教处</td></tr>
<tr><td>7</td><td>及时做好项目计划工作。</td><td>协调相关处室、局办及时下达年度项目计划,确保按时完成项目建设任务。</td><td></td><td>方　彦</td><td>业务处室及局办</td></tr>
<tr><td rowspan="4">水政水资源处</td><td>1</td><td>开展全区水资源工作专项检查,继续推进水务一体化管理改革,严格水资源管理</td><td>1. 联合发改委、财政厅共同开展全区水资源专项检查工作,并形成专题调研报告,为严格水资源管理摸清家底。
2. 加强五市大中型企业用水管理,逐步落实最严格水资源管理“三条红线”制度。
3. 加快宁东排水、污水处理水务一体化进程和宁东节水循环示范区建设,积极探索符合我区实际的市县水务一体化管理改革模式。</td><td></td><td>郭　浩</td><td>水文局节水办</td></tr>
<tr><td>2</td><td>严格水资源论证,严格执行《宁夏水资源论证管理办法》,全面实行规划和新建、改建、扩建涉水项目水资源论证制度,把好水资源开发利用关口。</td><td>1. 做好新建、改建、扩建建设项目水资源论证,指导、批复固原盐化工循环经济示范区、上海庙工业园区、英力特红墩子工业园区等重点工业园区的水资源论证规划,切实做到以水定产。
2. 开展黄委会、自治区已批复的建设项目水资源论证制度的后评估工作。</td><td></td><td>郭　浩</td><td>业务处室及局办</td></tr>
<tr><td>3</td><td>强化水资源取水许可和有偿使用制度,推行行政区域地表水用水总量、地下水可采总量、取水户取水总量等“三个总量”控制。</td><td>1. 贯彻落实国务院《取水许可和水资源费征收管理条例》《宁夏回族自治区取水许可和水资源费征收管理实施办法》,按照取水许可分级管理权限,规范取水许可行为。核清全区取水总量,核验清理县区两级取水许可情况。
2. 全面推进自治区管辖取水户计量设施安装工作。
3. 指导全区各市县开展取水许可调查工作,逐步对所有用水户建立用水计量和统计报表制度,及时掌控全区用水情况。
4. 开展水资源费征收标准和范围调整调研工作,5月份完成水资源费调价方案上报自治区政府,年底前完成水资源费调价工作;年内完成固原盐化工项目、上海庙等项目水价制定和宁东供水价格的调研、调整方案并上报自治区政府工作。</td><td></td><td>郭　浩</td><td>节水办</td></tr>
<tr><td>4</td><td>加强水资源保护,进一步强化水功能区监督管理。</td><td>1. 年内提出全区主要水功能区纳污能力控制初步意见。
2. 严格城市和农村饮用水源管理保护制度。
3. 开展工业地下水自备水源封闭工作。</td><td>完成全区地表水功能区勘界立碑工作。</td><td>郭　浩</td><td>节水办水文局</td></tr>
</table>

续表三

部门	序号	主要工作任务	工作措施及进度安排	工作亮点	责任领导	配合部门
水政水资源处	5	完善水权转换机制，抓好水权转换、落实监督工作，积极试点扬黄灌区水权转换，进一步增强工业、城市保障能力。	1. 完成《水权转换总体规划》修编工作；全面落实《水权转换管理办法》，完善水权转换制度建设，探索水权流转机制，深化水权转换价格计算改革，规范审批及费用支付程序。 2. 开展扬黄灌区水权转换 1~2 个试点项目。	完成水权转换资金 8000 万元。	郭　浩	灌溉局
	6	加大初始水权分配方案的执行和监督，严格初始水权制度。	1. 按照《宁夏黄河水资源县级初始水权分配方案》，在全区开展行业和市县用水总量指标测算和公布工作。 2. 开展引黄灌区县界排水沟监测，加大初始水权分配方案的执行和监督。		郭　浩	灌溉局
	7	进一步加快水利立法进程，不断完善水法规体系，切实增强依法治水保障能力。	1. 完成《宁夏回族自治区实施水文条例办法》和《宁夏节水型社会建设管理办法(草案)》调研起草上报政府，争取年内出台。完成《宁夏水资源管理条例(草案)》和《宁夏实施〈抗旱条例〉办法(草案)》前期调研事项拟定和起草工作。 2. 制定《水利厅行政执法争议协调制度》《水利厅行政执法评议考核制度》《水利厅行政执法案卷评查规定》《自治区水行政处罚自由裁量权细化标准办法(试行)》。 3. 制定水利厅行政复议法律文书示范文本。		郭　浩	节水办
	8	加大水政执法力度，强化水政执法队伍建设，提高人员素质、执法能力和水平，推进水利综合执法；严厉查处刑事、治安等违法案件。	1. 配合黄委会开展专项执法检查。组织开展区、市、县三级联合执法检查，全面开展建设项目水资源论证制度落实情况检查。 2. 组织开展市县、厅属单位水事案件查处。 3. 扩大水法规宣传教育力度，增强群众的水法制观念和节水意识。 4. 配合当地执法部门依法查处刑事、治安案件。		郭　浩	水文局
	9	进一步优化行政审批事项，缩短审批时限，提高公信力和执行力，梳理水利行业新形象。	1. 制定《水利厅政府信息主动公开制度》《水利厅信息申请公开制度》《水利厅政务公开工作考核办法》《水利厅政务公开工作责任追究制度》。 2. 积极推进自治区政务服务网上审批工作。 3. 制定《水利厅行政审批责任追究制度》，并梳理、规范和优化行政审批流程。		郭　浩	办公室
财务审计处	1	逐步建立合理的水价形成机制。开展不同地域，不同行业的水价核算研究，不断完善水价形成机制，充分发挥市场经济调节在优化配置水资源中的作用。	1. 做好水价跟踪测算工作，规范农业用水和生态用水价格调整工作。 2. 对水价形成机制进行调研，落实水价政策。	制定生态用水价格	陈广宏	灌溉局节水办
	2	以健全完善审计制度为重点，不断加强审计基础工作，促进审计工作程序化、规范化，有效发挥审计监督作用。	1. 制订《水利厅领导干部任期经济责任审计办法》《水利厅审计工作实施方案》，切实开展好领导干部任期经济责任审计工作，强化审计监督职能；完成对同一岗位任职满五年和离任行政一把手的审计。 2. 对 2008 至 2009 年度县市区三级水资源费和水权转换资金的管理使用情况开展专项审计调查，调查范围不少于 1/3 的县市区。 3. 加强对厅属单位审计工作的检查指导，促进审计职能作用的有效发挥。		郭进挺 闫国伟	组织人事与老干部处

续表四

部门	序号	主要工作任务	工作措施及进度安排	工作亮点	责任领导	配合部门
财务审计处	3	适应财政管理制度改革要求，加强厅属单位财务管理，严格预算(计划)执行;加强财务监督检查，提高资金使用效益，推进财务管理科学化、精细化。	1. 对厅属单位2009年度财政补助的各类水利专项资金进行检查。开展上年度市(县)水利专项资金检查“回头看”。对市(县)列入2009年度基本建设的人蓄饮水安全和病险水库除险加固工程进行核查，核查面不低于30%。 2. 组织对水利工程管理单位新水价政策执行情况进行专项检查。 3. 加强对集中采购的抗旱物资及设备管理，严防资产流失。对市县通过自治区集中采购的物资进行检查，检查面不低于30%。		郭进挺 闫国伟	厅属有关单位
	4	积极争取项目配套资金和各类专项资金。	1. 最大限度争取2010年自治区发行的地方债券资金和项目配套资金，确保自治区项目配套资金到位; 2. 多方协调，积极争取各类水利专项资金和项目前期费等资金，资金量不少于1500万元，着力解决我厅实际问题。		郭进挺 闫国伟	业务处室及局办
科技教育处	1	大力实施科技兴水战略，健全完善水利科技创新体系，进一步落实“工程带科研，科研促发展”机制，积极开展防汛抗旱、灌溉管理、水文水资源等重大水利科技研究。	1. 继续实施国家“863”重点项目《宁夏半干旱区现代节水农业技术研究与集成》、2009年公益性行业专项《宁南山区坝系水资源联合调度及高效利用研究》及科技支撑计划《宁夏中部干旱区设施蔬菜综合节水技术研究与示范》、自治区科技成果转化专项《引黄灌区井渠结合灌溉综合示范与水资源高效利用研究》等课题研究。 2. 完成水利科技进步奖评审工作。争取国家科研项目1项，自治区科技攻关项目不少于1项，科技成果转化专项不少于1项;落实水利厅工程带科研资金不少于100万元。 3. 年内争取自治区科技进步一、二等奖2项、三等奖2项以上。		薛塞光	厅属有关单位
	2	不断完善水利科技管理体制，健全水利科技推广体系，大力引进、消化和吸收国际先进水利技术，加快科研成果的推广应用。	1. 2月底前出台《宁夏水利科技发展规划(2009~2015)》《水利厅关于加强水利科技教育工作的意见》,6月底前修订《宁夏水利科技项目管理办法》。 2. 争取成立水利部科技推广中心宁夏推广工作站，完成水科所试验中心站国家级重点水利试验室规划建设，协调水科所编制完成建设现代科研院所方案，争取上报批复。		薛塞光	水科所
	3	认真落实专业技术人员继续教育条例，加强专业技术人员管理，逐步建设一支结构合理、专业齐全、素质精良的专业人才队伍。	1. 实施人才知识更新工程，全年开展专业技术人员继续教育不少于2000人次。举办水资源管理高级研究班1期、节水灌溉高级研讨班1期。 2. 与组织人事与老干部处开展水利行业技能竞赛、技术比武活动。依托水利电力工程学校开展高级工技术培训。 3. 组织安排1000人次以上基层水管人员和农民用水者协会管理人员脱产培训。 4. 开展水利行业各类技术达标考核活动。		李洪山	水利水电工程学校
	4	加强专业技术人员职称评审及管理。	1. 力争4月10日前出台《宁夏水利专业正高职、高级专业技术职务资格预评审补充规定》。 2. 严格制度和程序，做好职称评审工作。		薛塞光	组织人事处

续表五

部门	序号	主要工作任务	工作措施及进度安排	工作亮点	责任领导	配合部门
建设管理处	1	切实加强水利建设管理，规范水利建筑市场。出台《关于加强水利工程建设管理的意见》，建立健全水利建设管理体系，建立项目法人考核制度，组建水电工程质检中心；强化市场信用体系建设，切实加强水利建筑从业单位和人员管理；以扩大内需新增投资项目为重点加大稽查检查和执法检查力度，确保项目建设质量、进度和投资的完成。	1. 4月底前审议通过《关于加强水利工程建设管理的意见》、6月底前修改《宁夏水利工程质量监督管理规定》、10月底前出台《水利工程质量检测监督检查办法》、年底前出台《宁夏水利工程建设项目法人考核办法》。 2. 强化投标单位资格预审管理，规范招标评标办法，加大资质挂靠、围标串标、暗箱操作等违法违规行为的查处和惩治力度。 3. 上半年出台《宁夏水利重点建设项目稽查暂行办法》，全年开展稽查2次以上。		方　彦	监察室
	2	全面完成专项规划内54座病险水库除险加固任务，积极争取一批小型病险水库除险加固工程立项实施。	1. 6月底前完成工程扫尾，年底前完成竣工验收。 2. 2月底前审定上报《宁夏小型病险水库除险加固规划报告》和安全鉴定报告，力争年内列入国家规划的小型水库启动改造。	提前完成建设任务，力争实现全区小型病险水库除险加固全覆盖。	方　彦	计划处
	3	切实促进工程效益发挥。制订《宁夏水利工程管理办法》，明确工程建后管理机构、运行机制和经费来源等，确保工程效益充分发挥。	1. 明确项目前期工作阶段重点工程运行管理机制及机构，分类定性，落实经费。 2. 明确建设期运行管理机构参与建设管理工作。 3. 建立工程管理达标考评体系，推动建设管理标准化工作。		方　彦	财务审计处 监察室
	4	加强已建工程的验收工作。	组织和督促已建成工程的验收，对2008年以前已建成的各类水利工程全部完成竣工验收。		方　彦	计划处
	5	抓好水利工程建设领域突出问题专项治理工作。	与监察室共同抓好水利工程建设领域突出问题专项治理工作，及时提出明确的整改要求，重点督查，限期整改，确保专项治理工作达到预期目标。		方　彦	监察室
农村水利处	1	积极争取各类农村水利投资，争取落实解决35万人饮水安全的国补投资，力争小型农田水利补助项目中央财政专项资金1.2亿元。结合中央财政现代农业生产发展项目，做好项目资金整合和技术方案批复。	1. 5月底前下达第一批7个小农水重点县资金计划0.56亿元和第一批饮水安全项目资金计划1.3亿元。 2. 9月底前下达新增3个县（市、区）小农水建设重点县资金计划和第二批饮水安全项目资金计划。 3. 确保2010年农村人饮安全、小农水等项目投资不低于计划下达数。		毕廷和	计划处
	2	以中南部为重点，继续把农村饮水安全工程作为重中之重，建成集中供水工程30处，解决35万农村人口的饮水安全问题。突出抓好已建工程运行管理，确保农村饮水安全工程建得好、管得好、用得好、长受益。	1. 1月中旬完成规划新增人口复核工作上报水利部，5月底完成农村饮水安全“十二五”规划上报水利部审查。 2. 11月底前建成固原东部引水工程，完成同心东部扩建供水工程和中卫兴仁重点供水工程，30处集中供水工程建成通水。 3. 6月份初步完成全区部分农村饮水安全工程管理信息化系统建设，进行试运行。推广新技术、新工艺，建立奖罚机制和责任追究制度。 4. 完成2008年以前面上人饮工程竣工验收30项以上、4项重点人饮工程竣工验收。	七项重点人饮安全工程基本建成。	毕廷和	计划处

续表六

部门	序号	主要工作任务	工作措施及进度安排	工作亮点	责任领导	配合部门
农村水利处	3	加快实施中部干旱带高效节水补灌工程，建成同心东部和中卫兴仁综合供水工程，完成补灌面积2万公顷。	4月份前主要完成泵站调试运行、蓄水池具备蓄水条件、初步组建运行管理机构，开工建设综合自动化、净水厂及管理用房工程。4月20日前节灌工程实现骨干工程通水。8月底水厂正式投入运行，人饮工程主管道实现通水。	力争将下马关项目区建成高效节水示范区。	毕廷和	水投公司
	4	推动农田水利基本建设再上新台阶，新增灌溉面积0.67万公顷、改造中低产田3万公顷、新增旱作基本农田2万公顷、新增节水灌溉面积3万公顷、建设高标准农田3.3万公顷。	进一步创新完善机制，扎实开展"黄河杯"竞赛活动，进一步完善规划，尽早落实各项任务，3月初下达全区农田水利基本建设实施方案、奖励办法、竞赛评比办法；4月底完成春季建设任务；11月底完成全年建设任务；12月验收评比。	实现农田水利基本建设新跨越，夯实农业基础，提高农业生产能力，推进现代农业。	毕廷和	水保局
	5	切实加大农业节水力度。围绕自治区建设北部引黄灌区现代节水农业、中部旱作节水农业、南部生态节水农业"三个示范区"建设，整合项目资金，各市县(区)都要建立节水示范区。	1. 完成2009年度永宁县、中宁县节水示范项目建设任务；完成2008年度项目验收；完成2010年度项目的立项、批复、计划下达和年度建设任务。 2. 完成《全区节水灌溉"十二五"规划》，启动实施北部引黄灌区中粮集团惠农特色种植区建设节水示范区、中部干旱带红寺堡灌区综合节水示范区和南部山区库井灌区节水示范区试点建设。	完成节水型灌区详查工作。	毕廷和 郭　浩	业务处室及局办厅属有关单位
	6	大力推广节水灌溉技术。实施水稻节水控制灌溉面积5.3万公顷。特色、设施农业大力推广管道输水，喷灌、滴灌、沟灌和穴灌等高效节水技术，在引黄灌区实施小畦灌溉6.7万公顷，积极推行激光平地技术。	1. 3月前下达各项任务，落实到市县、到项目，并开展宣传。 2. 4~8月抓好技术推广和实施工作，适时召开现场观摩会。 3. 3~11月抓好小畦、垄沟、平地的实施工作，11月底完成年度任务。		毕廷和	灌溉局
	7	加快农业综合开发中型灌区节水改造工程。	1. 4月底前编制完成农垦黄羊滩、隆德县三里店和平罗县陶乐中型灌区改造实施计划。 2. 年内完成中宁北滩、西吉葫芦河灌区及农垦黄羊滩农场泵站的年度建设任务。		毕廷和	计划处
	8	开工建设世行贷款二期项目。	力争上半年可行性研究报告和部分专题报告通过水利部审查；完成项目前18个月的实施计划、采购计划、采购管理办法、追溯贷款计划等。下半年完成国内审批程序，通过世行预评估团和评估团的考察评估，项目启动实施。		毕廷和	财务审计处
	9	稳步推广小型水利工程产权制度改革，积极引导和组织农民投工投劳建设和经营小型农村水利工程	完成1100处小型水利工程的改制任务。		毕廷和	建设处
监察室	1	加强反腐倡廉建设，强化工程领域突出问题专项治理工作，切实抓好领导干部廉洁自律工作，扎实推进廉政风险防范管理工作，切实加强反腐倡廉教育，切实落实党风廉政建设责任制，着力推进制度建设，着力加强执法监察，惩防体系进一步完善，确保四个安全。	1. 2月底前组织对市县水利工程建设领域突出问题专项治理工作进行一次检查，检查市县不少于50%，并形成专项检查报告。 2. 6月、11月分别对稽查、财务检查、区纪委和水利部专项检查中发现问题的整改情况进行督查。		崔　莉	组织人事与老干部处厅机关党委厅属各单位党委(总支、支部)

续表七

部门	序号	主要工作任务	工作措施及进度安排	工作亮点	责任领导	配合部门
监察室	1	加强反腐倡廉建设，强化工程领域突出问题专项治理工作，切实抓好领导干部廉洁自律工作，扎实推进廉政风险防范管理工作，切实加强反腐倡廉教育，切实落实党风廉政建设责任制，着力推进制度建设，着力加强执法监察，惩防体系进一步完善，确保四个安全。	3. 3月份组织协调厅属单位层层签订党风廉政建设责任书；7月、11月组织对厅属单位落实党风廉政建设责任制情况进行检查考核。 4. 3~4月，采取座谈、集中学习、专题讲座等形式，组织开展廉洁自律教育。 5. 认真坚持任前廉政谈话制度、纪委书记同下一级党政主要负责人谈话制度、领导干部个人重大事项报告制度、述职述廉制度和谈话诫勉制度。 6. 扎实推动厅机关处室廉政风险防范管理工作，查找廉政风险点，制定前期预防、中期监控、后期处置等管理制度；7月份启动厅属各事业单位廉政风险防范管理工作。12月底前，对各处室廉政风险防范管理工作进行专项检查和考核。 7. 在厅属单位全面推行廉政文化“六进”创建活动。在全厅组织开展制度学习活动，增强干部职工学制度、用制度的自觉性。 8. 扎实抓好“反腐倡廉制度建设推进年”活动。督促厅机关各处室、厅属各单位6月底前完成对现有制度的梳理，10月底前完成对现有制度的修改、完善和健全。狠抓制度的贯彻落实，组织对各项规章制度的执行情况开展监督检查，并督促整改。 9. 加大对重点水利工程建设的执法监察力度。		崔　莉	组织人事与老干部处厅机关党委厅属各单位党委（总支、支部）
	2	加强组织协调，着力推进政风行风建设，力争2010年全区民主评议政风行风水利厅排名靠前。	1. 3月份，下发《2010年水利系统民主评议政风行风工作方案》，召开动员大会，安排部署工作，表彰先进。 2. 4月份，深入实际调查研究，摸清人民群众的所思、所想、所求，抓好政风行风建设基础工作。 3. 5~7月，以关注民生、服务群众、构建和谐水利为主线，切实发挥组织协调职能，督促解决灌区群众最关心、最直接、最现实的利益问题，以实实在在的水利工作成绩赢人民群众拥护。 4 编印政风行风建设工作简报，及时总结推广工作中的新经验和好做法，同时，充分发挥报刊、电视等新闻媒体的作用，加大宣传力度，努力营造社会各界了解水利、理解水利、支持水利的良好舆论氛围。 5. 不断创新工作机制和工作方法，积极探索政风行风建设的长效机制。		崔　莉	厅属各单位
	3	完善目标考核机制，着力推进效能建设，力争2010年全区效能目标考核水利厅排名靠前。	1. 完善效能目标考核机制，量化考核指标，强化日常管理。3月底前，下达效能目标任务指标，4月底前修改完善效能目标管理考核办法。 2. 建立健全效能督查考核机制。每季度组织一次效能目标督查，进一步发挥效能监察在提高效能、促进工作落实的有效作用。6月底前组织进行半年考核，12月底前组织全年效能目标考核。	争取水利政风行风建设和机关效能建设再上新台阶。	崔　莉	厅机关党委，厅属各单位党委（总支、支部）

续表八

部门	序号	主要工作任务	工作措施及进度安排	工作亮点	责任领导	配合部门
监察室	3	完善目标考核机制，着力推进效能建设，力争2010年全区效能目标考核水利厅排名靠前。	3. 强化宣传。编发效能建设简报(每月不少于1期)，及时总结、宣传各处室(单位)工作中的新亮点、新经验、新成绩，形成鼓励先进、鞭策后进，注重绩效、激发创新，奋发向上、协调发展的良好发展环境。	争取水利政风行风建设和机关效能建设再上新台阶。	崔　莉	厅机关党委，厅属各单位党委（总支、支部）
信息中心	1	完成灌区一级骨干网络建设。	完成水利信息化骨干工程建设、扩展、延伸启动专项信息化建设工程。组织项目单位完成一批重点工程通信系统实施方案。	争取首批列入国家试点建设计划。	方　彦	科教处
	2	逐步扩大覆盖地市级、县级水利行政主管部门间的网络互连。	积极争取实施市县水利部门信息化网络建设项目。	搭建全区水利信息化统一网络平台，建成厅属单位二级会商系统，实现音、视频实时传输。建成灌溉、防汛视频监测系统，加大水利重点建筑物及贺兰山东麓及城市防洪的实时监测能力。	方　彦	业务处室及局办
	3	加快水资源视频监测、防洪抗旱异地会商、灌溉调度、电子政务等系统建设。	1. 完成国家防汛抗旱指挥系统一期工程建设。根据国家政策启动二期工程建设。 2. 新建10处信息采集点，逐步完善集灌溉、防汛、水保等功能于一体的信息采集体系。 3. 在现有17家厅属单位会商系统基础上，启动市县水利部门会商系统建设。		方　彦	业务处室及局办
水利工程建设管理局	1	完成扶贫扬黄工程移民开发验收。	抓好扶贫扬黄农业移民工程建设任务，做好竣工决算和审计，年底前完成竣工验收。		杜永发	建设处
	2	建成固扩十一泵站以上人饮安全及灌溉节水工程。	1. 3月底完成海原片区人饮工程招标，10月底完成工程建设任务； 2. 年内开发节灌面积0.36万公顷。	解决4万人的饮水问题。	杜永发	建设处
	3	加快建设固原彭堡水源地地下水库工程。	2010年4月开工建设，2011年建成。	本年完成投资6000万元。	杜永发	计划处
防汛办	1	高标准、高质量完成黄河标准化堤防工程。	1. 全面完成402千米堤防主体工程建设和完工验收，出台《黄河标准规划堤防管理办法》。 2. 协调相关部门和市县完成堤顶路面铺设200千米、生态绿化0.13万公顷、土地整治及中低产田改造0.67万公顷。		方　彦	建设处
	2	加快推进黄河宁夏段治理步伐。	1. 上半年完成国家发改委批复黄河宁夏段治理项目并组织实施。 2. 继续加强黄河治理，实施吴忠城市段5千米河道的综合整治，完成5处重点险段整治，进一步归顺河势，确保标准化堤防运行安全。 3. 编制《宁夏黄河河道疏浚规划》，实施河道疏浚整治，完成疏浚土方10万方，积极探索河道疏浚整治工程建设和砂石资源综合利用新路子。 4. 完成黄河宁夏段治理1998~2007年项目竣工验收。		方　彦	计划处建设处

续表九

部门	序号	主要工作任务	工作措施及进度安排	工作亮点	责任领导	配合部门
防汛办	3	加快中小河流治理工程建设步伐,进一步完善贺兰山东麓防洪体系。	1. 启动重点中小河流治理,实施汝箕沟等两条中小河流治理项目建设; 2. 实施银西防洪第四、第五滞洪区连通工程;维修加固贺兰山东麓防洪工程设施5处。		方 彦	计划处
	4	加快黄河准化堤防两侧湖泊湿地综合整理。	深度挖掘和开发利用黄河景观、生态、文化功能,为沿黄城市带建设添彩,为城市化发展服务。		方 彦	计划处
	5	北部加快黄河治理和贺兰山东麓防洪体系建设步伐,确保黄河、重点城市、重点水库及重要设施安全度汛和人民生命财产安全;中部强化应对干旱气候变化能力建设,加强抗旱应急水源工程建设,挖掘现有工程的供水潜力,大力推广高效节水补灌技术,提高蓄、供水能力,保障不发生大面积水荒;南部加强山洪灾害防治和中小河流治理,充分发挥改造后的水库调蓄作用,结合水土保持生态建设,完善防洪调控体系,努力实现雨洪水资源化。	1. 推行防汛责任考核制度和责任追究制度,开展1市2县责任考核试点工作。 2. 组织预案编制培训,指导地方做好预案的修编。 3. 组织汛前、汛中和汛末3次检查督查。 4. 完成隆德、大武口山洪灾害试点县建设,建成水雨情监测、预警点120处。推动试点县山洪灾害预案到乡(镇),预警到村工作,建立15个乡(镇)50个村的预案体系。 5. 组织开展旱情调查,组织各地修编抗旱预案。采购抗旱拉水车辆、机泵、拉水胶囊等设备,继续作好"旱地龙"等抗旱新产品、新技术的引进和推广利用。 6. 做好《宁夏回族自治区实施〈抗旱条例〉办法》的调研工作,促进依法抗旱。		方 彦	业务处室及局办
节水办	1	加快建立政府推动节水型社会建设工作机制。建立自治区政府联系会议制度,开展节水型社会建设竞赛活动,把节水型社会建设纳入自治区各部门和各市、县(区)政府日常管理和效能目标考核中,促使相关部门、各级政府推动节水型社会建设工作。	1. 制定《宁夏节水型社会建设管理办法》《关于进一步加快宁夏节水型社会建设的实施意见》《宁夏节水型社会建设领导小组成员单位职责分工》《节水型社会领导小组联系工作制度》《宁夏节水型社会建设工作考核办法》等制度。 2. 4月份召开自治区政府节水型社会建设联系会议,上半年制定节水型社会建设竞赛活动方案,争取年内启动。 3. 深入开展节水型社会建设调研,研究制定有关节水政策、制度建设等。	创新机制,全面加速节水型社会建设。	郭 浩	水政处业务处室及局办
	2	稳步推进工业节水。实行新建、改扩建工业项目"三同时"制度,大力推广节水新技术、新工艺,不断扩大工业节水成效。	1. 起草新建、改扩建工业项目"三同时"制度,逐步建立工业节水良性机制; 2. 联合督促工业企业进行节水改造、开展水平衡测试、推广先进节水技术,努力创建各行业节水典型示范。	联合有关部门建立推动工业节水良性机制。	郭 浩	水政处
	3	深化节水型社会载体建设。继续选择一批企业、学校、社区等载体开展节水试点,充分发挥示范带动效应。	1 研究建立节水产品准入制度,积极推广节水器具,加大再生水推广使用,促使生活节水。 2. 联合有关部门出台《节水型载体建设标准及考核办法》,全面完成4个企业、3个学校、1个社区的节水型载体建设任务,继续扩大节水型载体建设的范围。		郭 浩	水政处
	4	完成"十二五"节水型社会建设规划的编制工作。	6月底提交规划报告初稿,8月中旬完成。		郭 浩	水政处
	5	水资源费征收工作	年底前完成3000万水资源费征收任务。		郭 浩	水政处

续表十

部门	序号	主要工作任务	工作措施及进度安排	工作亮点	责任领导	配合部门
节水办	6	加强节水宣传工作。在继续做好日常宣传的基础上,联合自治区党委宣传部、教育厅等有关部门开展面向全社会和学校节水宣传活动,共同促进节水型社会宣传广泛深入开展。	做好2010年《中国水周》《世界水日》宣传,充分利用广播、电视、报刊、互联网等各种媒体,深入宣传灌区、企业、学校和社区节水经验,定期举办节水知识讲座、培训等相关活动。	联合自治区党委宣传部、教育厅开展社会和学校节水宣传活动,共同促进节水型社会宣传广泛深入开展。	郭　浩	水政处
灌溉局	1	加快实施青铜峡、沙坡头和固海灌区续建配套与节水改造工程。	1. 完成2009年度灌区续建配套与节水改造建设任务,落实2010年度建设任务,完成方案审批、计划下达、招投标和部分建设任务。 2. 6月底完成灌区续建配套与节水改造"十二五"规划(初稿);7月底力争编制完成灌区续建配套2010年工程可行性研究报告、建设方案、初步设计报告;10月开工建设。 3. 上半年完成汉延渠大银河段、七星渠白鹁子沟段、固海五干渠砌护等工程建设任务。 4. 完成灌区续建配套2007年完工的镇北堡拦洪库、河西总排行干上段和船闸、芦草洼整治等已建成工程竣工验收。	争取落实中央资金1.2亿元。	陈广宏	农水处
	2	加快实施大型泵站更新改造工程。	1. 4月底前全面完成固海大战场泵站等2009年度建设任务;下半年按下达投资计划组织实施2010年度固海大柳木、新老黑水沟等泵站更新改造工程。 2. 开展甘城子泵站改造前期工作,争取年内完成安全鉴定工作和可研编制工作。	争取落实中央资金7000万元。	陈广宏	计划处
	3	开工建设沙坡头灌区南北干渠节水改造工程。	2月底前完成项目移民安置规划编报工作,力争上半年国家发改委批复可研;年底前完成初步设计报批工作,年内开工建设。	国家批复可研,争取年内工程开工建设。	方　彦	计划处
	4	完成银川西北部水系工程。	2月10日前完成土方主体工程,6月20日前完成配套水工建筑物及土方整理工作。	完善城市水系,提高城市品位。	陈广宏	建设处
	5	构建引黄水量统一调度体系。加强用水计划和水量统一管理,实施多水源联合调度,做好灌溉面积遥感调查成果的应用,强化水权,健全机制,力争全年农业用水不超指标。	1. 按照"总量控制、定额管理"和"同比例丰增枯减"的原则,坚持"月计划、旬调度、周例会"的工作模式,将黄委会分配我区的引水指标,分配到各大干渠和各市县,明确供用水双方的职责和任务。 2. 把严格执行黄委会调度指令与满足灌区用水需求相结合,随时分析解决问题,合理安排灌区用水,切实增强水量调度的计划性和执行力,确保年引、耗水量不超黄委会下达指标。 3. 加强与自治区农业部门的联系与沟通,促进农业种植结构调整,压减高耗水作物种植面积。	1. 力争全年不超黄委会下达的用水指标。 2. 推广井渠结合灌溉面积1万公顷。	陈广宏	各管理处 农水处

续表十一

部门	序号	主要工作任务	工作措施及进度安排	工作亮点	责任领导	配合部门
灌溉局	6	加大灌区节水改造力度。积极争取中央投资，加快老灌区干渠、支斗渠续建配套节水改造，进一步完善灌排体系，不断夯实水利基础设施，促进灌区节水增效。	1. 整合灌区续建配套、水权转换等资金，按照"除险保安与集中连片建设相结合"的原则，通过集中连片和整体推进，努力形成节水规模效益。 2. 完成马莲渠砌护工程，按下达计划实施大清渠灌域等水权转换项目。 3. 完成唐徕渠、惠农渠、汉渠水权转换试点项目竣工验收。 4. 确保各类项目投资不低于计划下达数。		陈广宏	各渠道管理处
	7	强化灌溉安全管理。加快渠道险工段治理，改造老化失修机电设备，切实提高渠道安全标准。落实安全生产制度，完善防汛抢险预案，增强安全责任意识，确保渠道行水安全。	1. 加大岁修资金投入力度，加快渠道险工段治理，改造老化失修机电设备，切实提高渠道安全标准。落实安全生产制度，完善防汛抢险预案，及时消除安全隐患，不断增强责任意识，确保渠道行水安全。 2. 全面开展安全生产大检查，发现并解决潜在的不安全问题，消除隐患杜绝事故，做到安全施工、文明施工，确保工程建设无重大伤亡事故。	力争实现渠道行水、施工、设施管理安全生产无事故。	陈广宏	经济局
	8	巩固水利工程管理体制改革成果，加快建立水管单位良性运行机制。	进一步深化水管体制改革，巩固"管养分离"管理模式，落实自治区财政补贴等相关政策，形成良性运行的长效体制机制，增强水管单位事业发展后劲。	厅属渠道管理处全面实行管养分离。	陈广宏	建设处
	9	进一步深化农村水费改革，积极推广"四公开、三到户、两规范"的管理制度，进一步提高协会管理水平。	1. 推广2009年试点协会运行模式，坚持面积、水量、水价、水费"四公开"，全力助推农村基层民主建设。 2. 进一步深化协会财务管理制度改革，推行水管单位代管协会财务的好做法，切实解决好村级协会账目不规范、白条入账等问题，遏制搭车收费等行为。	在渠道管理处全面试点。	陈广宏	农水处
水保局	1	加强水土保持生态建设重点项目建设，加快水土流失综合治理步伐。	1. 抓好农业综合开发水土保持三期、坡改梯工程、淤地坝以及小流域综合治理等重点项目实施，开展10个项目区15条小流域综合治理，建设3条坝系10做淤地坝工程，治理水土流失面积1000平方千米。 2. 3～11月，开工新建国家农业综合开发陕甘宁梯田建设项目6个片区治理工程；实施农发水保三期项目4个项目区8条小流域工程；开展中央财政预算内专项资金水土保持项目小流域治理和淤地坝坝系工程建设。 3. 组织对淤地坝工程，曹家沟等7条流域综合治理项目、杨达子沟等4个农业综合开发水土保持综合治理三期项目2009年度项目开展验收工作。 4. 抓好在建和已建水保工程和小型水库的安全生产及防汛工作。		郭　浩	计划处
	2	抓紧抓实项目前期工作，加大项目和资金争取力度，完成一批项目可行性研究、初设审查批复及有关规划编制工作。	1. 5月底前完成原州区马渠等8个农业综合开发陕甘宁梯田建设工程初步设计审查和批复。7月完成水土保持"十二五"规划编制工作。适时开展一批小流域试点项目的科研工作。 2. 做好农发水保三期、农发坡改梯、中央预算内资金水保等项目的2010年计划下达和2011年计划上报工作。做好水土保持返还治理费计划下达工作。 3. 确保各类项目投资不低于计划下达数。		郭　浩	计划处

续表十二

部门	序号	主要工作任务	工作措施及进度安排	工作亮点	责任领导	配合部门
水保局	3	加强水土保持预防监督，开展监督执法能力建设，积极开展水保监督执法检查工作，遏制开发建设项目人为水土流失。	1. 积极开展水保法颁布19周年纪念宣传和水土保持国策宣传教育活动。 2. 组织开展全区水土保持监督管理能力建设培训工作，推进我区第一批监督能力建设市、县试点工作，完成试点方案确定的各项任务。 3. 对开发建设项目进行监督检查，重点抓好宁东等重点地区大中型开发建设项目方案申报、审查与审批工作，做好开发建设项目水土保持“三同时”制度落实的督察工作，提高大中型开发建设项目水土保持方案实施率和验收率。		郭　浩	建设处
	4	继续开展水土保持监测工作。	1. 对水土保持重点治理工程、开发建设项目水土保持监测工作进行监督检查。 2. 开展全国水土保持监测网络和信息系统二期建设宁夏监测站点建设工作。		郭　浩	信息中心
经济局	1	认真落实水利工程建设安全生产责任制，组织开展隐患排查工作，积极开展宣教及培训活动，确保不发生安全生产大事故。	1. 组织召开全区水利安全生产工作会议，全面部署工作，分解落实目标责任。 2. 组织开展水利安全生产观摩交流活动。 3. 继续深化隐患排查治理，促使这项工作制度化、规范化、经常化。 4. 进一步健全完善各类事故防范、预警、响应和应急处置机制，全方位组织开展应急救援演练，完善应急救援体系。 5. 深入开展工程建设、车辆交通、工程运行等重点领域专项治理，确保水利安全生产态势稳定好转。针对重大节日、重点时段、重要领域组织开展安全生产督查。 6. 组织厅属单位开展安全生产知识竞赛活动。进一步加大安全文化建设，强化对单位主要负责人、企业“三类人员”、水利施工现场作业人员及农民工和特种作业人员的安全教育培训。 7. 6月份组织开展“安全生产月”活动，指导开展全方位、多层次安全生产宣传教育活动。	确保安全生产，安全伤亡事故控制在自治区下达计划内。	郭进挺	建设处
	2	完成宁夏水博物馆工程建设。	4月底完成方案审定并开工建设，9月底前完成主体工程和展馆搭建。		郭进挺 郭　浩	水投集团厅属有关单位
	3	建立完善经营目标责任制，做好政策研究及服务，加强经验交流及培训工作，积极做好水利风景区建设与管理。	1. 组织召开全区水利经营工作会议，总结并部署工作，签订综合经营目标责任书，进一步落实目标责任。编制下达2010年水利综合经营目标计划。建立完善综合经营考核奖励体系。 2. 研究提出有利于加快水利经营发展的政策建议。出台《水利经营发展规划》，强化指导，规范经营。 3. 组织综合经营培训及外出学习调研活动。组织厅属单位观摩交流工作经验。按季完成对厅属单位综合经营工作进行检查、指导。 4. 推荐上报1~2个国家级水利风景区。争取成立自治区水利风景区建设与管理领导小组及评审委员会。完成全区水利风景区摸底调查工作。	出台《宁夏水利经营发展规划》。厅属水管单位综合经营利润较上年增长6%，施工企业净利润率不低于5%，新增土地66公顷。成立水利风景区建设与管理领导小组及评审委员会。	郭进挺	厅属各单位

续表十三

部门	序号	主要工作任务	工作措施及进度安排	工作亮点	责任领导	配合部门
经济局	4	进一步加强对厅属企业监督指导。	强化对厅属企业国有资产监管，指导企业依法经营，确保完成各项目标任务，指导督促企业抓好安全生产，做好企业年度业务考核。		郭进挺	厅属各单位
移民办	1	继续积极稳妥地抓好水库移民后期扶持政策的实施。坚持以项目支持为主改善发展条件，切实保障移民权益，促进移民致富奔小康。	4月份组织召开2010年全区水库移民工作会议；6月底组织各市县完成水库移民后期扶持规划编制工作并上报国家；协调财政厅下达后期扶持直补资金，督促各市县通过"一卡通"兑现资金；组织召开全区水库移民工作现场观摩会议；会同财政、发改委等部门对各市县政策实施情况进行督察。		毕廷和	农水处计划处
	2	抓好已建成项目验收，确保质量和效益发挥。	对2007年以来实施建成的项目进行竣工验收。		毕廷和	建设处
建设中心	1	力争完成盐环定续建共用工程改造。	1. 3月底前完成2009年度共用工程等建设任务；下半年按下达计划做好共用工程实施工作。 2. 完成专用工程竣工验收。	争取落实中央资金8000万元。	方　彦	计划处建设处
质监站	1	指导全区水利工程质量监督检查工作。	加强对全区水利工程质量的监督检查，指导督促各质监单位做好质量监督工作，充分发挥各级质量监督的作用。	初步形成全区质量监督体系。	方　彦	建设处
	2	做好重点工程质量监督。	1. 按照质量监督管理有关规定，对引黄灌区续建配套、黄河宁夏段整治、大型泵站更新改造、水库除险加固等全区水利重点工程，制定工程质量监督计划并进行监督检查。 2. 对主要水利工程的关键部位要求进行见证取样试验。为使监理切实负起责任，各个阶段验收的工程质量数据必须由监理单位进行统计，项目法人核定。		方　彦	建设处
	3	建立完善水利工程质量监督规章制度，加强全区水利水电工程建设质量管理，保证工程施工质量，统一施工质量检验与核备（核定），使质量评定和验收工作标准化、制度化。	4月底前修订《宁夏水利工程质量监督管理规定》《宁夏水利工程质量监督书》；制定《宁夏水利工程重要隐蔽单元工程和关键部位单元工程核备制度》《宁夏水利工程分部工程质量核备（核定）制度》《宁夏水利工程单位工程质量核定制度》等规章制度。		方　彦	建设处

关于印发水利厅机关各处室及具有行政职能局办主要职责的通知

（2010年3月23日　宁水发〔2010〕49号）

厅机关各处室，厅属各单位：

现将修订后的《水利厅机关各处室及具有行政职能局办主要职责》予以印发，请认真执行。

水利厅机关各处室及具有行政职能局办主要职责

一、水利厅机关各处室主要职责

（一）办公室

1. 协助厅领导对厅机关政务、业务等有关工作进行综合协调，组织机关日常工作。

2. 负责厅机关公文处理、政务信息公开、印章管理、档案、财务、保密、信访等工作，指导厅属单位相关工作。

3. 负责水利厅召开的综合性会议、厅务会议、厅长办公会及其他重要会议的组织工作，组织、协调水利厅重要接待工作。

4. 组织水利宣传、新闻发布和舆情分析工作，指导全区水利系统宣传工作。

5. 承担水利政策研究、厅机关综合性文稿起草、规范性文件审核工作，协调重大水利问题的调研。

6. 承担水利厅督查室工作。

7. 指导水利突发公共事件的应急管理工作。

8. 组织办理自治区人大代表建议和政协委员提案工作。

9. 负责厅机关财务及资产管理。

10. 承办厅领导交办的其他事项。

（二）组织人事与老干部处

1. 指导厅属单位及厅机关党建、精神文明建设和思想政治工作。

2. 负责厅属单位领导班子、后备干部队伍建设和领导干部监督管理、教育培训工作。

3. 指导厅属单位党组织做好党员发展、教育管理工作，指导水利厅思想政治研究会的工作。

4. 负责厅机关公务员管理及厅属事业单位机构编制、录用调动、岗位聘用、劳动工资、技能鉴定、工作考核等工作，指导监督厅管企业人员录用、调整。

5. 组织拟订水利系统人才规划及相关配套措施，负责专家管理工作。

6. 组织指导厅属单位干部人事制度改革。

7. 负责厅机关离退休人员的管理和服务工作，指导厅属单位离退休人员的管理和服务工作。

8. 负责党内统计、干部人事统计工作，审查及承办水利厅表彰奖励工作。

9. 承办厅党委及厅领导交办的其他事项。

（三）规划计划处

1. 组织编制全区水利发展战略、中长期发展规划，组织水利发展和改革的重大专题研究。

2. 组织编制流域综合规划，负责水利专业和专项规划的审查工作。

3. 组织编制中央审批（核准）的重大水利建设项目的项目建议书、可行性研究报告。

4. 负责国家规划内的自治区水利基本建设项目可行性研究报告审查和项目初步设计的审查（审批）、核准工作。

5. 提出水利固定资产投资规模和方向，会同有关部门提出自治区水利建设投资安排意见并监督管理。

6. 组织实施水工程建设规划同意书制度，承担水利统计工作。

7. 承办厅领导交办的其他事项。

（四）水政水资源处（水政监察总队，行政审批办公室）

1. 负责水资源管理、配置、节约和保护工作，组织实施取水许可、水资源有偿使用、水资源论证等制度。

2. 组织编制水资源保护规划，拟订水功能区划并监督实施，指导全区饮用水水源保护和水生态保护工作。

3. 负责水权制度建设并监督实施，指导全区计划用水、水量分配和水资源调度工作，组织拟订区域与行业用水定额。

4. 组织指导水资源调查、评价、监测和信息发布工作，组织编制宁夏水资源公报，指导水文工作。

5. 指导城市供水、排水、节水、污水回用等工作，指导城市供水水源规划的编制和实施，指导城市污水处理回用等非传统水资源开发利用工作。

6. 组织审核河流、湖泊、沟道、水库等水域纳污能力，提出限制排污总量建议；组织指导省界、市界水质监督、监测和入河排污口设置工作。

7. 组织指导地下水资源开发利用和保护工作。

8. 组织水利系统法制宣传教育工作，拟定水利法制建设规划，起草地方性配套法规并组织实施。

9. 组织水政监察和水行政执法，承担重大涉水违法事件的查处、水事纠纷协调工作。

10. 负责行政审批的相关工作和行政复议等法律事务。

11. 承办厅领导交办的其他事项。

（五）财务审计处

1. 承担自治区水利资金和厅属单位国有资产监督管理工作，制定水利财务、资金管理、资产管理、政府采购等方面的制度并组织实施。

2. 指导厅属单位财务管理和会计核算工作，承担厅属单位财政性资金的拨付管理。

3. 负责水利厅及所属单位内部审计工作和水利资金的监督检查。

4. 会同有关部门提出农业灌溉等水利价格、行政事业性收费、信贷政策建议，参与水利工程供水价格管理，承担厅属单位行政事业性收费管理工作。

5. 编制水利部门预决算并负责预算的执行，提出水利非建设性财政资金安排的意见和建议。

6. 负责水利财会人员的教育培训、业务考核工作，负责水利财务报表编制上报等工作。

7. 承办厅领导交办的其他事项。

（六）科技教育处

1. 负责水利科技工作，研究拟定全区水利科技发展规划并组织实施。

2. 负责水利科技项目和科技成果的管理，组织重大水利科学技术研究与集成、技术引进与科技推广，组织指导水利科技创新体系建设。

3. 负责水利职工教育培训管理工作，组织拟订职工教育培训计划并监督实施，指导水利职业技术教育。

4. 负责水利专业技术职务任职资格评审和水利行业职业资格管理工作。

5. 指导全区水利信息化规划编制和水利信息化建设工作。

6. 负责水利厅对外科技合作与交流工作，指导学会工作。

7. 组织拟订水利行业的技术标准并监督实施，负责监督管理水利行业计量、认证认可工作。

8. 承办厅领导交办的其他事项。

（七）建设管理处

1. 组织、指导全区水利设施、水域及其岸线的管理和保护工作，组织、指导区内河流、湖泊的治理和开发工作。

2. 组织、指导、监督全区水利工程建设管理，负责水利工程质量监督工作，组织指导水利工程开工审批、蓄水安全鉴定和验收。指导水库、水电站大坝的安全监督。

3. 组织协调具有控制性的或跨市的重要水利工程的建设和运行管理。

4. 负责管理水利建设市场，对水利建设市场准入、项目法人组建、工程招标投标、建设监理、工程造价和工程质量检测等进行管理和监督，组织指导水利建设市场信用体系建设和自治区重点水利工程稽查。

5. 负责管理、监督全区河道采砂工作，组织编制全区河道采砂规划、计划并实施。

6. 承办厅领导交办的其他事项。

（八）农村水利处

1. 指导农村水利建设、管理和农村节水工作，制定农村水利建设标准、制度等，组织拟订全区农村水利发展规划并监督实施。

2. 组织指导全区农田水利基本建设，承担自治区农田水利基本建设指挥部办公室的日常工作。

3. 组织指导农村饮水安全工程建设与管理、村镇供水排水工作，组织实施农村饮水安全工程建设和农村自来水入户工程建设。

4. 指导全区农田灌溉排水、农村雨水集蓄利用工作，组织实施农村节水示范、灌区支斗渠续建配套与节水改造、小型农田水利和世行贷款节水灌溉等项目工程建设。

5. 指导农村水利管理体制改革、农村水利科技服务体系建设和农村水利技术推广工作。

6. 承办厅领导交办的其他事项。

（九）监察室

1. 负责对厅机关、厅属单位贯彻执行国家方针、政策和自治区重大决策以及法律、法规情况的监督检查。

2. 负责制定各项廉政建设制度并监督实施，组织推进惩治和预防腐败体系建设。

3. 配合有关部门开展干部特别是领导干部的政风政纪和职业道德教育。

4. 受理厅机关、厅属单位监察对象违反政纪问题的控告、检举;受理管辖范围内的监察对象不服政纪处分的申诉;维护监察对象的民主权利、合法权益,保障其依法行使职权。

5. 承办监察对象违反政纪案件的调查,提出案件处理意见;积极配合上级监察机关查处违纪违法案件。

6. 组织协调厅机关、厅属单位廉政建设和纠正行业不正之风工作;指导厅属单位行政监察工作。

7. 承担水利厅效能建设领导小组办公室日常工作。

8. 承办厅领导交办的其他事项。

(十)厅机关党委

1. 负责厅机关党群工作。

2. 组织厅机关政治理论学习,宣传贯彻党的路线、方针、政策,开展精神文明创建活动。

3. 承办厅领导交办的其他事项。

(十一)水利工会

1. 负责厅机关及厅属单位工会、妇女工作。

2. 承办厅领导交办的其他事项。

(十二)水利厅团委

1. 负责厅机关及厅属单位共青团及青年工作。

2. 承办厅领导交办的其他事项。

二、具有行政职能局办主要职责

(一)自治区防汛抗旱指挥部办公室

1. 组织、协调、指导、监督全区防汛抗旱工作。

2. 组织协调指导山洪灾害防御和城市防洪工作。

3. 组织编制全区防洪规划、抗旱规划,组织实施重点防洪工程建设。

4. 负责对黄河和重要水工程实施防汛抗旱调度和应急水量调度,指导监督全区大中型水库管理工作。

5. 编制全区防汛抗旱应急预案并组织实施,组织对重要城市、大型水库、重点中型水库防洪预案的审查。

6. 负责全区汛情、旱情和灾情掌握和发布,指导、监督各市、县(区)抗洪抢险工作。

7. 负责自治区防汛抗旱指挥部各成员单位综合协调工作,组织各成员单位分析会商、研究部署和开展防汛抗旱工作,并向自治区防汛抗旱指挥部提出重要防汛抗旱指挥、调度、决策意见。

8. 负责提出防汛抗旱资金安排计划,指导全区防汛抗旱机动抢险队和抗旱服务组织的建设与管理。

9. 负责组织指导防洪保护区的洪水影响评价工作。负责黄河干流、清水河、苦水河等河道管理范围内非防洪建设项目的洪水影响评价的审查。

10. 完成自治区防汛抗旱指挥部和自治区水利厅交办的与其业务相关的其他工作任务。

(二)自治区节约用水办公室

1. 贯彻执行国家和自治区有关节约用水方针政策和管理办法等,指导、监督全区节水型社会建设和节约用水工作。

2. 组织编制节水型社会建设规划和全区节约用水规划并实施,对节水型社会建设、节约用水工作进行评价和专项检查、验收,监督实施区域与行业用水定额。

3. 负责取水许可证的办理和水资源费的征收、使用管理工作。

4. 负责节水新技术、新工艺、新设备、新器具以及其他节水科技成果的推广工作。

5. 承担自治区节约用水领导小组的日常工作和自治区水利厅交办的与其业务相关的其他工作任务。

(三)水利厅灌溉管理局

1. 负责引黄灌区灌溉排水工作,编制引黄水量分配方案并组织实施。

2. 负责全区灌排工程管理,编制灌区节水改造规划并组织实施。

3. 负责全区灌溉水量调度工作,检查指导厅属水管单位机电设备、渠道安全运行。

4. 参与农业灌溉水价调整、厅属水管单位年度水费征收计划编制,并进行监督检查。

5. 指导用水户协会工作。

6. 完成自治区水利厅交办的与其业务相关的其他工作任务。

(四)水利厅水土保持局

1. 宣传、贯彻执行国家和自治区有关水土保持法律、法规、规章和政策。

2. 负责拟定水土保持和水土保持生态环境监测规划、年度计划并组织实施。

3. 负责水土保持预防监督工作和水土保持方案的审查工作，依法查处违反水土保持法律、法规的行为。

4. 负责水土保持监测和水土保持生态环境监测网络的建设和管理工作。

5. 负责水土流失动态监测、预报、公告工作，承担水土保持生态环境监测任务。

6. 指导监督全区小型水库、治沟骨干坝管理工作。

7. 负责全区水土保持政策研究、宣传教育、技术培训、科学研究及科技成果推广，负责拟定水土保持技术标准、技术规范。

8. 完成自治区水利厅交办的与其业务相关的其他工作任务。

（五）水利厅经济管理局

1. 指导、监督全区水利安全生产工作，承担水利厅安全生产领导小组办公室的日常工作。

2. 指导、协调厅属单位水利经营工作，组织编制水利综合经营规划、年度计划，负责水利经营统计工作。

3. 负责厅管企业国有经营性资产、股权的监督管理，提出有关经营性国有资产运营方案，负责厅管企业国有经营性资产运营统计工作。

4. 负责有关水利旅游资源开发、协调工作，指导水利风景区建设管理工作。

5. 指导水利行业协会工作。

6. 完成自治区水利厅交办的与其业务相关的其他工作任务。

（六）自治区水库移民管理办公室

1. 贯彻落实国家有关水库移民政策，负责全区水库移民后期扶持政策的具体实施工作。

2. 负责全区大中型水库移民后期扶持规划及库区和移民安置区基础设施建设和经济发展规划的编制和审查工作。

3. 负责水利基本建设等项目移民安置规划、方案的审查工作。

4. 负责全区水库移民后期扶持项目建设管理工作。

5. 完成自治区水库移民工作领导小组及自治区水利厅交办的与其业务相关的其他工作任务。

水利厅关于报送2010年水利工作总结及2011年重点工作安排的报告

（2010年10月21日　宁水发〔2010〕122号）

自治区党委办公厅：

现将2010年全区水利主要工作开展情况及2011年重点工作安排汇报如下：

一、2010年水利工作成效突出

（一）围绕中心，服务大局，保障了自治区经济社会加快发展用水安全

今年以来，在自治区党委、政府的坚强领导下，水利厅以科学发展观为指导，继续抢抓落实国务院《意见》和中央深入实施西部大开发战略的重大机遇，紧紧围绕自治区中心工作，坚持以节水型社会建设为统揽，进一步加大基础设施建设力度，倾力发展民生水利，着力强化水资源管理，水利事业继续保持了快速发展的良好势头，为自治区跨越式发展提供了有力的水利保障。

2010年水利工作凸显八大亮点：

水利工作备受领导关注和重视。胡锦涛总书记视察水利工作，吴邦国委员长、周永康书记对水利作出指示，全国人大陈昌智副委员长第三次、原盛华仁副委员长第七次考察调研自治区水问题，水利部和自治区领导多次检查指导水利工作。

水利投入创历史新高。全区水利投入近30亿元，其中：争取中央资金16.5亿元，为前三年平均数的3.84倍，地方投资5.4亿元，市场融资4亿元，群众投劳折资4.6亿元，有力地推动了各项水利建设全面进展。

402千米黄河标准化堤防全线建成。突破传统，超常规规划、超常规部署、超常规推进，主体工程比

规划的3年时间提前一年建成全线贯通，创造出黄河堤防建设的“宁夏模式”和典范，彰显了“小省区干大事”的气魄。

大型泵站更新改造年度任务圆满完成。大型泵站更新改造工程泉眼山、大战场等泵站全部完成并投入春灌运行，使持续运行30多年的“生命工程”重新焕发出勃勃生机，为中部干旱带经济社会发展提供有力的水资源保证。

解决最困难群众的饮水安全问题取得突破性进展。全区受益范围最广、受益贫困人口最多、建设最为紧迫的中南部地区城乡饮水安全水源工程可研已报国家发改委待批。七项重点供水工程基本建成，解决了34万人的饮水安全问题。盐环定续建宁夏专用饮水工程完成，老区人民从此告别饮用苦咸水的历史。

节水型社会建设实现了新突破。加快构建全社会建设节水型社会良性机制，实施了最严格的水资源管理制度。节水高效补灌工程全面实施，建成以色列节灌技术示范区，现代节水型灌区建设加快推进，实现了连续3年引黄水量不超指标。

重大项目谋划取得重大突破。编制完成水利“十二五”规划报告，与水利部沟通确立了六大方面55项具体目标，初步规划投资320亿元，是“十一五”总投资70亿元的4.6倍，涵盖了事关全区经济社会发展和人民生命财产安全的重大问题。

防灾减灾工作保障了人民生命安全。成功战胜“8·11”同心特大山洪灾害，确保了无一人伤亡，受到了自治区党委、政府通报表彰。积极应对中南部严重干旱，千方百计开辟抗旱水源，保障了41个乡镇17.5万人80.3万头家畜的饮水和特色产业补灌。

1. 治水思路进一步丰富完善，水利发展势头日趋强劲。

按照中央深入实施西部大开发战略总体部署，根据自治区经济社会发展的新要求、水资源条件的新变化、水利实践的新发展，不断丰富、发展和完善“北部节水、中部调水和南部开源”的分区治水思路，以强化水资源管理为核心，在加快节水型社会建设的同时，更加突出水资源的基础性和导向性作用，在全面加大水利建设的同时，更加突出解决好群众反映最突出、矛盾最集中、要求最紧迫的民生水利问题，在充分发挥水资源经济功能的同时，更加突出发挥水资源的社会功能、生态功能和环境功能，在不断提升供水保障和防灾减灾能力的同时，更加突出提升水环境保护能力和水利社会管理公共服务能力。通过进一步深化完善治水思路，不断优化用水结构和水资源配置格局，促进经济社会发展与水资源承载能力和水环境承载能力相适应，推动现代水利加快进展，有力地保障了自治区快速发展的供水安全、粮食安全和生态安全。

2. 重点工程建设力度全面加大，水利发展基础不断夯实。

一是黄河标准化堤防工程提前一年全面建成。在沿黄各市县的共同努力下，402千米主体工程比规划提前一年全线贯通，累计动用土方4500万立方米，搭建了沿黄城市带发展的平台，“防洪保障线、抢险交通线、经济命脉线、生态景观线、特色城市线、黄河文化展示线”的功能初步显现。扩大实施黄河疏浚工作，累计完成疏浚量20多万立方米。二是高效节水补灌溉工程加快实施。同心下马关、中卫兴仁综合供水骨干工程建成通水，田间工程正在抓紧建设；引进以色列技术的1133公顷示范区建设基本完成。彭阳刘塬、西吉吉强等4处补灌项目实施完成；红寺堡茅头墩、海原西安等8处补灌工程正在实施，年底前建成高效节水补灌面积2万公顷，累计完成5.6万公顷，占总任务的73%，工程的实施促使中部干旱带农业种植方式发生了革命性转变。三是盐环定续建和大型泵站更新改造工程顺利推进。盐环定扬黄续建共用工程实现阶段通水，宁夏专用工程全部完成，顺利通水到盐池县城，具备供水运行条件，将对解决沿线水资源严重不足、改善群众健康状况、促进生态环境建设、移民扶贫开发、区域经济发展发挥基础保障作用。大型泵站更新改造工程泉眼山、大战场等泵站全部完成并投入春灌运行，大柳木、黑水沟泵站年底前将全部完成，机组引水能力增大，将为中部干旱带经济社会发展提供有力的水资源保证。四是灌区节水改造工程快速推进。青铜峡和固海灌区已纳入《全国大型灌区续建配套与节水改造总体规划》不断加大建设力度，今年投资达2亿元，已砌护干渠57.5千米、支渠42千米，改造骨干建筑物23座。加快推进农业综合开发中型灌区节水改造工程，中宁北滩长鸣中型灌区工程全部完工；葫芦河、黄羊滩、陶乐中型灌区改造项目全面启动实施。节水增效综合效益持续发挥。五是城乡水环境整治工程继续推进。按期完成银川西北部水系工程，形成水面90公顷，"塞上湖城"生态景观日臻完善；组织沿黄市县综合整治标准化堤防两侧湖泊湿地，形成水面4000公顷，"黄河金岸"特色美景初步呈现。六是大柳树水利枢纽工程前期工作继续推进。全面开展移民等关键专题研究，大柳树开发方案的《黄河流域综合规划修编》完成并通过预审。

3. 民生水利实现了新突破，群众生活生产条件持续改善。

一是农村饮水安全工程快速推进。中南部地区城乡饮水安全水源工程前期工作取得实质性进展，确定年引水量3982万立方米，规划解决中南部地区112万城乡居民的饮水安全问题，骨干工程总投资15.2亿元，标志性项目泾源县秦家沟水库泄水隧洞已经贯通，力争年底前完成主体工程建设，为工程早日建成发挥效益奠定了坚实基础。七项重点人饮工程基本建成，全面完成农村饮水安全工程22处，年底将有35万饮水困难群众喝上安全洁净的自来水。二是农田水利基本建设持续上台阶。继续以"黄河杯"竞赛为抓手，组织各市县发动广大群众深入持久的开展农田水利基本建设大会战。截至目前，新增灌溉面积0.7万公顷、改造中低产田3万公顷、新增旱作基本农田2万公顷、新增节水灌溉面积3万公顷、建设高标准农田3.3万公顷，有效提升了农业综合生产能力，为保障自治区粮食安全、饮水安全、防洪安全和生态安全提供了重要支撑。三是病险水库除险加固改造工程提前一年建成。列入全国专项规划的54座病险水库已全部完工48座，剩余6座年底前将全部建成，将新增和恢复库容1.17亿立方米，新增供水能力970万立方米，恢复灌溉能力1.8万公顷，为保障山区人民生命财产安全和经济发展发挥重要作用。同时，自治区62座小型病险水库已列入国家专项改造规划，已下达国补资金2.3亿元。四是水土保持生态建设不断加大。坚持预防保护、综合治理、生态修复相结合，坚决遏制人为水土流失破坏，加快建设生态环境，有效改善中南部群众的生活生产条件，为构筑西部生态屏障做出了贡献。今年已争取水保中央投资9000万元，是去年的1.5倍，特别是陕甘宁坡改梯建设县项目争取工作取得突破，全区共8个项目区获批，实施坡耕地改造264方千米，自治区成为该项目的实施重点省区。五是水库移民后扶政策稳步实施。坚持以项目支持为主，切实保障移民权益，积极推进政策落实，批复实施项目51项，2.96万人受益，实现了"确保政策兑现、确保资金安全、确保社会稳定"的目标。

4. 节水型社会建设取得新成效，水资源利用效率和效益明显提高。

一是力促建立全社会建设节水型社会的良性机制。完成了《关于进一步加快推进节水型社会建设的实施意见》《节水型社会建设管理办法》等相关制度，争取年内自治区政府批准实施。二是大力推进农业节水。围绕自治区建设北部引黄灌区现代节水农业、中部旱作节水农业、南部生态节水农业"三个示范区"建设，整合小农水、灌区续建配套、土地整理、现代农业等项目资金，大力实施灌区节水改造，加大末级渠系节水改造力度，加快惠农、红寺堡、青铜峡等节水示范区建设，因地制宜发展管灌、喷灌、滴灌等高效节水补灌方式，进一步提高农业用水效率和效益。三是稳步推进工业和城市节水。加快宁东供排水、污水处理水务一体化进程和宁东节水循环示范区建设，大力推广节水新技术、新工艺，不断扩大工业节水成效。四是深入开展节水型载体建设和宣传。制订《节水型载体建设标准及考核办法》，积极开展企业、学校、社区等节水载体建设。结合"水周"等纪念日，采取多种方式，利用各类媒体广泛宣传节水型社会建设。全区总用水量比2005年减少5.85亿立方米；灌溉水利用系数由0.38提高到0.41，万元GDP用水量由1288立方米下降到541立方米，城市节水器具普及率由40%提高到60%。

5. 严格三条“红线”制度，水资源管理力度进一步加大。

一是加快落实最严格的水资源管理制度。初步提出自治区水资源管理三条“红线”制度各项细化指标，加紧制定有关落实措施和制度。二是继续深化水权转换工作。全面完成三个试点项目水权转换核验准备工作，开展宁夏水权转换总体规划调整和修编，编制完成扬黄灌区水权转换总体规划并启动了节水改造工程试点。三是涉水建设项目全部落实水资源论证制度。首次完成国电英力特宁东化工园和固原盐化工园区规划水资源论证，开展了神华宁煤集团沙索项目、鸳鸯湖电厂二期等10多个项建设项目水资源论证工作。四是强化水资源有偿使用管理。加强取水许可管理，加快调整水资源费征收标准，经自治区政府同意初步完成水资源调价方案。

6. 引黄灌溉和防汛抗旱切实加强，供水保障和防灾减灾能力显著提升。

针对灌区三季连旱、黄河引水指标核减及春季气温持续偏低等困难，科学编制调度预案，严格用水管理，综合调配水资源，保障了46.7万公顷农田灌溉用水和湖泊湿地供水，保证了自治区粮食安全和生态安全。一是严格计划用水。将分配的引用水指标全部配置到各干渠和各市县，严格执行水量调度、节约用水奖励等制度，力促灌区用水由被动压减向主动节约转变。二是优化水量调度。采取适度提前放水、细化用水单元、加大水情通报等措施，科学调度水量，确保了灌区上下游均衡受益。三是扩大井渠结合灌溉。继续在平罗、惠农、灵武三地扩大井渠结合灌溉面积到1.02万公顷，新增机井283眼，缓解了梢段灌溉难的问题，促进了水资源优化配置和有效利用。四是圆满完成湖泊湿地补水、工业供水任务。为爱伊河、星海湖等各类湖泊湿地补水、换水7015万立方米，创造了近年补水量之最，保证了水功能的发挥。宁东、太阳山等供水企业积极应对前期运行各项困难，累计供水3953万立方米，已完成年初供水计划的90%，为工业、城市发展提供了强有力保障。截至目前，引黄灌溉水量54.43亿立方米，与去年同期基本持平，耗水量比黄委会分配指标少4.88亿立方米，实现了连续3年引黄水量不超指标。

防汛准备取得全面胜利。针对今年极端气候天气频发、降雨量偏多、局地暴雨冰雹突发、沟道来洪次数多、量级大等严峻形势，层层落实防汛责任制，加大防洪基础设施建设投资，进一步完善防汛预案体系，有效应对了7次暴雨洪水过程，特别是成功战胜了“8·11”暴雨洪水过程，转移受灾群众1200余人，没有出现人员伤亡，受到自治区党委、政府通报表彰。隆德、大武口两个山洪灾害试点县建设通过了初步验收并投入试运行。抗旱工作扎实有效。面对去冬今春部分地区干旱、西吉西北部等地10多万人饮水困难及隆德县城供水紧张的严峻形势，安排特大抗旱补助资金重点解决缺水严重地区抗旱水源工程维修、抗旱拉水车辆、抽灌机泵购置、燃油经费不足等困难，确保了灾区没有发生水荒，维护了社会稳定。

7. 体制机制改革不断深化，水利发展活力有效增强。

一是水利工程管理体制改革全面完成。积极推进全区水管单位“事企分开、管养分离”，加快建立市场化、专业化和社会化的水利工程维管体系。深化城乡水务一体化管理，逐步实现区域水资源全方位、全领域、全过程的统一管理。二是农村水费改革继续巩固和深化。全面推行面积、水量、水价、水费“四公开”，开票、送票、收费“三到户”和人员工资、工程结算验收“两规范”的管理模式，进一步提高协会管理水平；加大对水价政策的宣传力度，确保“一价制”和“一票制”的水价机制落到实处，有效促进了节约用水和减负增收。三是水利投融资体制改革进一步推进。积极适应市场经济要求，加快搭建融资平台步伐，大力推进水利投入多元化。水务投资集团与中国银行宁夏分行签订40亿元信贷支持合同，为重点工程建设提供了资金保障。四是继续推进农村小型水利设施产权制度改革。加快对小型农村水利工程实行承包、租赁、拍卖、股份制等形式的改革，完成了1000处小型水利工程经营权和管理权的改革任务，调动农民和全社会参与水利建设和设施管护的积极性，发挥了工程效益。

（二）多措并举，狠抓落实，确保2010年各项目标任务全面完成

为切实落实好各项工作任务，我们着力强化了“五项”措施。

一是坚持以大学习活动为契机，全力促进水利大发展。认真学习中央、自治区西部大开发工作会议精神，迅速掀起水利深入实施西部大开发战略学习活动热潮，将大学习活动与创先争优活动、学习型党组织建设紧密结合，与当前水利工作有机结合，通过宣传发动、学习培训、专题讲座、讨论交流等多种形式广泛深入开展大学习活动。举办了180人参加的专题培训活动，邀请专家进行专题辅导，厅领导结合中央、自治区精神就事关水利长远发展的重大问题作了专题报告。通过学习培训，进一步加深了水利干部职工对中央、自治区西部大开发重大决策部署的理解，对区情、水情和民情的认识，在全厅形成上下一心谋发展、促发展的生动局面，切实以大学习的成效检验工作成绩，用工作成绩推动大学习活动的开展。

二是坚持以项目带动战略为重点，全力加快水利建设。牢固树立“大抓项目、抓大项目、促大发展”的理念，强力推进项目带动战略，千方百计争取国家资金投入。抢抓国务院《意见》和中央新一轮西部大开发机遇，进一步加强领导，精心组织，上下联动，分工合作，全力推进。厅领导、有关处室和部门积极主动到国家有关部门汇报工作，争取项目支持，尽早批复实施。积极与自治区有关部门协调，整合资金，加快水利建设步伐，确保了自治区在前期工作上赢得先机，在国家立项审批上争取主动，在重大水利工程实施上快速推进。通过不懈努力，目前清水河、苦水河综合治理项目水利部已同意列入规划，总投资近13亿元；黄河宁夏段近期防洪工程已经国家发改委批复；沙坡头南北干渠及灌区节水改造工程正待国家发改委批复。

三是坚持以加强行业管理为根本，全力提升服务水平。加快水利立法进程，自治区人民政府颁布实施《宁夏回族自治区实施〈水文条例〉办法》。对石嘴山工业企业用水进行了全面排查，与黄委会共同开展全区沿黄工业和农业取水口检查。自治区政务服务中心水利窗口率先实行网上行政审批。完成地下水超采区划定工作，明确禁采区和限采区。全力抓好水利工程建设领域突出问题专项治理。开展了水利“五五”普法自查和考核验收工作。强化水利科技管理，落实各类水利科技项目30多项，估算总投资1000多万元，创历年新高。全面加强水利建设管理力度，水利工程建设未发生质量事故和安全生产重大事故。

四是坚持以严格目标责任制为抓手，全力促进任务落实。进一步建立健全抓落实的领导和工作机制，不断完善和严格执行责任制度、督查制度、考核制度，按照“年初建账，年中查账，年底交账”的要求，将全年目标任务逐项分解，责任到部门，落实到领导，并作为半年总结汇报、年终考核的依据，形成了一级抓一级，层层抓落实的良好局面。加大督查督办力度，厅督查室多次对机关各处室、厅属有关单位目标责任完成情况进行了督查，不定期地对党委会、厅长办公会、专题会议决定事项进行督查，及时办理自治区党委、政府督查事项，较好地保证了目标任务和决策事项的落实。

五是坚持以提升效能为动力，全力提高工作效率。紧紧围绕水利厅向政府承诺的效能目标任务，强化绩效管理和目标责任考核，加强重点项目和民生水利工程的跟踪效能监察，深入推进效能建设各项制度的落实。进一步优化36项行政审批事项，缩短了审批时限，提高了工作效率。把政风行风建设贯穿于各项水利工作始终，采取明察暗访、背靠背征求意见等形式督察政风行风建设。各水管单位克服自身困难，积极为灌区群众办好事、办实事，在水量锐减、灌区持续干旱的严峻形势下，确保了适时灌溉。

2010年，水利工作取得了一定成绩，但也存在着一些问题。主要表现是：一是供用水矛盾日益突出。因干旱加剧，黄河来水减少，随着人口增长、工业化和城镇化进程加快及生态建设用水的快速增加，水资源供需矛盾日趋尖锐，瓶颈制约日益凸显。二是水利基础设施依然薄弱。水利工程仍面临建设标准低、老化失修严重等问题，水利用效益仍比较低下，夯实水利基础任务依旧十分繁重。三是节水型社会

建设还需加快。节水工程投入不足，社会节水意识不强，水资源管理仍较粗放，水利用效率较低，用水结构失衡、浪费仍较突出，要求全社会形成合力、共同加快推进节水型社会建设。四是加强工程建后管理充分发挥效益任务艰巨。重建设轻管理、重项目轻效益、重短期轻长远的现象仍未从根本上改变。

二、抢抓机遇，加快发展，全面推动2011年工作再上新台阶

2011年，是全面贯彻落实深入实施中央西部大开发战略和水利"十二五"规划的开局之年，我们将紧紧围绕自治区中心工作，把西部大开发大学习活动成果转化为促进水利大发展的具体项目、措施和效果，以节水型社会建设为总揽，以确保经济社会跨越式发展用水安全为目标，着力强化水资源管理，加大水利基础设施建设，创新水利发展理念，转变水利发展模式，拓宽水利服务领域，有效提高水利保障能力，以水资源的可持续利用促进全区经济社会的可持续发展。

目标任务：

大力实施项目带动战略。加快落实已报重点建设项目，全面落实水利"十二五"规划，争取中央投资15亿元，力争全社会完成各类水利投资25亿元，进一步加强重点工程建设。

继续加快人饮安全工程建设。建成七项人饮重点工程，全面开工建设中南部地区城乡饮水安全水源工程，加大面上人饮工程建设力度，解决35万农村人口饮水安全。

全面加速节水型社会建设。以农业节水为重点，加大节水示范区建设，全面落实水资源管理"三条红线"制度，完善水权制度体系，严格取水许可和水资源论证制度，提高用水效率和效益。

进一步强化灌溉管理。保障46.7万公顷农田灌溉用水，确保引水不超黄委会下达指标，确保灌区均衡受益、农业增效和农民增收。

大兴农田水利。结合自治区生态移民、黄河金岸、现代农业示范区及新农村建设等重大决策部署，再掀农田水利基本建设新高潮，全年新增灌溉面积0.67万公顷、新增节水灌溉面积3万公顷、高效补灌面积2万公顷，新增旱作基本农田2万公顷，改造中低产田3万公顷、建设高标准农田3.3万公顷。

高度重视防汛抗旱。加大黄河宁蒙段综合治理、中小河流治理、贺兰山东麓防洪等防洪工程建设，构建完善防灾减灾体系，努力减轻水旱灾害损失。

加快水土保持生态建设。治理水土流失面积1000平方千米。

工作重点：

(一)紧紧围绕"一大目标"

以保障自治区跨越式发展用水安全为目标，抢抓中央深入实施西部大开发历史机遇，加大水利基础设施建设，加快发展现代水利，加快构建配套完善水资源统一调配体系和水法规制度框架，科学合理配置有限的水资源，增强"水资源、水安全、水环境"为经济社会发展的服务保障能力，以水资源的可持续利用确保自治区可持续发展。

(二)着力推进"两项关键"

1.加速节水型社会建设，努力破解水资源瓶颈制约。

一是全力构建全社会建设节水型社会的良性体制机制。落实全社会建设节水型社会各项制度，充分调动公众参与节水型社会建设的积极性和主动性，推动节水型社会建设工作深入开展。二是全面推进农业节水再上新台阶。坚持工程、技术、管理节水综合措施齐抓，加快实施北部引黄灌区节水改造、中部干旱带高效节水补灌和南部山区库井灌区节水改造工程。完成惠农区下庄子微灌示范区、隆德渝河库灌节水示范区等15处节水示范区建设。大力调整农业种植结构和耕作制度，加大高效节水灌溉新技术推广，加快形成有效地整体节水效果，实现农业节水和农民增收的双跨越。三是着力推进工业节水取得新突破。全面落实新建涉水企业节水设施与主体工程同时设计、同时实施、同时验收的"三同时"制度，加强对现有企业的节水技术革新，加快建设宁东节水循环示范区，加大推广节水新工艺，提高水循环利用率，实现工业节水的新突破。四是深化节水型社会载体建设。在不断加大农业节水示范区建设的同时，深入推进工业、城市的节水型企业、社区、校区创建工作，

充分发挥示范带动效应。五是加大节水宣传工作。采取各种方式、通过各类媒体,广泛深入地宣传节水型社会建设,增强全社会惜水、节水、护水的意识。

2. 强化水资源管理,提高水资源利用效率和效益。

一是坚持依法管理水资源。依据全区水资源“总量、保护、效率”三条“红线”指标体系,抓紧制定节约用水管理、水资源有偿使用、水资源保护等配套法规,加快建立适合区情和水情、较为完备的水资源管理法规体系。加强水行政执法,规范行政行为,重点强化取水许可和水资源费征收使用、节水管理、入河排污口审批等制度落实情况的专项检查,严厉查处违法取用水、破坏水资源等行为。二是坚持水资源总量控制。以国家分配的用水量为全区总量控制刚性约束指标,全面落实《宁夏黄河水资源县级初始水权分配方案》和黄河年度水量调度预案,严格实行各市县地表水用水总量、地下水可开采总量、排污总量和取水户取水总量四个总量控制管理,实现全区水资源供需总体平衡。三是坚持水资源节约保护优先。贯彻“先节水、后调水,先治污、后通水,先环保、后用水”的“三先三后”原则,加强水功能区监督管理力度,根据各地水资源承载能力和经济社会发展的用水需求,在保障水资源可持续利用和保护生态环境的前提下,统筹安排生活、生产和生态用水,促进自治区经济社会和资源环境的协调发展。四是坚持水资源高效利用。农业节水以现代节水型灌区建设为重点,在节水增效上下工夫,加快节水工程体系建设,引进推广国内先进节水技术,全面提高用水效率与效益。工业节水以自治区确定的工业基地和特色园区为重点,在节水降耗减排上下工夫,抓好“循环用水、密闭用水、污水利用、一水多用、中水回用”等节水技术,不断提高水重复使用率。生活节水以创建节水型城市为重点,在示范带动上下工夫,大力普及节水器具,加快改造供水管网系统,有效降低供水漏损率。

(三)全面抓好“六项重点”

1. 以发展民生水利为核心,着力改善群众生活生产条件。

一是继续把农村饮水安全工程作为重中之重。建成七项人饮重点工程,加快固原地区城乡饮水安全水源工程建设,加大面上人饮工程建设力度,确保解决35万生态移民的饮水安全问题。不断创新体制机制,突出抓好工程运行管理,保证饮水安全工程建得好、管得好、用得好、长受益,确保农民群众喝上洁净水、放心水。二是坚持不懈大搞农田水利基本建设。不断完善组织和投入机制,广泛动员各方力量,抓好小型农田水利重点县建设,实现“参与群众更多、声势规模更大、标准质量更高、综合效益更好、社会影响更广”,有效提高农业综合生产能力,不断改善农民群众生活生产条件。三是如期完成病险水库除险加固任务。全力做好新纳入规划的61座小Ⅰ型病险水库除险加固工作,在保证工程质量和安全的前提下,千方百计加快工程建设步伐,确保如期完成建设任务,全面提高山区防洪安全标准,保障农民群众的生命财产安全。四是加快水土保持生态建设。坚持预防保护和综合治理并重,结合六盘山区扶贫开发,抓好水土保持生态建设重点项目实施,大力推进流域综合治理示范区建设,每年治理水土流失面积1000平方千米,使水土保持工程成为构筑西部生态屏障和增加农民群众收入的亮点。

2. 加大水利基础设施建设,全面提升水资源调控能力。

全面加快固原地区城乡人饮安全水源工程,青铜峡、沙坡头和固海三大灌区续建配套、大型泵站更新改造、病险水库除险加固、中部干旱带节水高效补灌等工程建设;全面完成七项重点人饮、盐环定扬黄续建、红墩子上海庙供水、固原彭堡水源地地下水库等工程,争取开工建设沙坡头南北干渠节水改造工程、大中型病险水闸除险加固、清水河和苦水河综合治理、黄河宁蒙段综合治理等项目,积极推进固原盐化工循环经济扶贫示范区园区供水工程前期工作并做好开工准备;千方百计推进大柳树水利枢纽工程前期工作,力争水利部尽快审查《黄河黑山峡河段开发方案补充论证报告》,力争取得新突破。通过一批重大水利项目的建设,构建引得进、蓄得住、排得出、可调控的水网体系,保障经济社会加快发展对水资源的合理需求。

3. 抓好引黄灌溉管理，保障农业和生态供水安全。

积极应对黄河来水日益减少和灌溉面积不断增加的形势，进一步建立完善引黄灌区调度体系，对灌区内的黄河水、地下水等水资源实施统一调配。加快灌区节水改造，实施唐西合并、东干渠、惠农渠下段、固海五干渠等骨干渠道砌护改造工程。抓好支斗渠配套、末级渠系改造、小型农田水利建设，坚持不懈大搞农田水利基本建设，不断完善灌排体系。加大用水结构调整，大力推广节水新技术，继续扩大实施渠井湖沟结合灌溉面积1.3万公顷，引扬黄灌区全面推行节水灌溉。进一步强化用水管理，实施精细化调度，灵活配置水量，保障灌区46.7万公顷农田适时灌溉，确保农业增效、农民增收和农村社会稳定。

4. 增强水利防灾减灾能力，全力保障人民群众生命财产安全。

北部加快黄河综合治理和贺兰山东麓防洪体系建设步伐，力争早日批复实施贺兰山东麓防洪工程；连通第一、第二拦洪库，增强调蓄能力，新建和加固改造拦洪、滞洪、排洪工程，建设完善的洪水管理调控体系，实现洪水有序排泄和洪水资源化利用，确保黄河、重点城市及重要设施安全度汛。中部强化应对干旱气候变化能力建设，加强抗旱应急水源工程建设，挖掘现有工程的供水潜力，大力推广高效节水补灌技术，提高蓄、供水能力，保障不发生大面积水荒。南部加强山洪灾害防治和中小河流治理，充分发挥改造后的水库调蓄作用，结合水土保持生态建设，完善防洪调控体系，充分利用雨洪资源。继续开展黄河疏浚工程，完成年度疏浚任务6万立方米。

5. 深化水利投融资体制改革，破解水利建设资金瓶颈。

深化城乡水务一体化管理，逐步实现区域水资源全方位、全领域、全过程统一管理。深入推进水利投融资体制改革，做大水务投资集团资产规模，提升项目开发、运营能力和科学化管理水平，实现水利建设投资多元化。巩固水利工程管理体制改革和农村水费改革成果，完善引黄灌区一体化供用水管理体制，建设“水量统一调度、灌区民主管理、用水户广泛参与”的服务体系。加大小型水利工程产权制度改革，采取多种形式引导和组织农民建设和经营好小型农村水利工程，促进工程建后效益的充分发挥。

6. 强化行业能力建设，有力提升水利社会管理能力。

全力加快立法进程，进一步加大行政审批、水行政执法和监督检查等工作，推动水利法制政府和效能政府建设；出台水利工程建设管理相关制度，尽快理顺全区建设管理体制机制，加强工程建后管理。启动河道采砂管理工作，联合开展执法检查，严厉打击非法采砂活动。进一步加大稽查检查力度，强化行政监管，保证水利工程建设“四个安全”；进一步加强水利科技体系建设和新技术推广工作，充分发挥科技的引领和支撑作用，有力推动现代水利建设。

三、请求解决的问题及建议

请求协调和支持建立全社会建设节水型社会的机制。请求自治区尽快出台《关于加快节水型社会建设工作的实施意见》，建立节水型社会建设联席会议制度和评比考核制度，建立以奖代补资金和节水奖罚机制，开展全区节水型社会建设竞赛活动，把建设节水型社会的目标、任务和实效纳入自治区有关部门和各级政府考核体系中，做到按职责分工，各司其职，密切配合，推动节水型社会建设工作深入开展。

重要文件目录

序 号	文件名	文件号及时间
1	宁夏印发宁夏节水型社会建设工作领导小组及成员单位职责分工的通知	(宁节水组发〔2010〕1号)2010年8月25日
2	关于印发宁夏节水型社会建设工作领导小组会议制度的通知	(宁节水组发〔2010〕2号)2010年8月25日
3	水利厅党委关于认真学习贯彻《中国共产党党员领导干部廉洁从政若干准则》的通知	(宁水党发〔2010〕13号)2010年3月5日
4	水利厅党委关于推进学习型党组织建设的实施意见	(宁水党发〔2010〕31号)2010年4月14日
5	水利厅党委关于印发开展"党的建设年"活动实施方案的通知	(宁水党发〔2010〕32号)2010年4月14日
6	水利厅党委印发《关于领导干部报告个人有关事项的规定》的通知	(宁水党发〔2010〕44号)2010年7月9日
7	水利厅党委关于认真学习贯彻西部大开发工作会议精神的通知	(宁水党发〔2010〕48号)2010年7月23日
8	关于印发《水利厅学习型党组织建设考核评价办法(试行)》的通知	(宁水党发〔2010〕52号)2010年7月23日
9	水利厅党委关于印发《规范领导班子用人行为试点工作实施方案》和《关于规范领导班子用人行为暂行办法》的通知	(宁水党发〔2010〕54号)2010年4月28日
10	水利厅党委关于深入推进大学习活动的通知	(宁水党发〔2010〕72号)2010年9月30日
11	自治区水利厅关于报送2009年防汛抗旱应急工作总结的报告	(宁水发〔2010〕19号)2010年2月8日
12	关于印发《宁夏回族自治区水工程建设规划同意书制度管理办法实施细则(试行)》的通知	(宁水发〔2010〕56号)2010年4月13日
13	自治区水利厅关于加强水利科技教育工作的意见	(宁水发〔2010〕72号)2010年5月25日
14	自治区水利厅关于贯彻落实中央和自治区重大决策落实情况的报告	(宁水发〔2010〕76号)2010年6月2日
15	水利厅关于上报2010年上半年效能目标管理考核自查自评情况的报告	(宁水发〔2010〕98号)2010年7月30日
16	关于贯彻落实《中共中央 国务院关于深入实施西部大开发战略的若干意见》分工方案	(宁水发〔2010〕104号)2010年8月25日
17	关于印发《宁夏水利厅效能目标管理考核办法(试行)》的通知	(宁水发〔2010〕135号)2010年12月4日
18	效能目标管理责任自查情况的报告	(宁水发〔2010〕150号)2010年12月24日
19	自治区水利厅关于报送宣传贯彻中央1号文件精神活动督导报告工作方案的报告	(宁水办发〔2010〕2号)2010年2月5日
20	自治区水利厅关于印发《水利厅2010年督查工作要点》的通知	(宁水办发〔2010〕18号)2010年4月12日
21	自治区水利厅关于印发《2010年水利信访工作要点》的通知	(宁水办发〔2010〕21号)2010年4月20日
22	自治区水利厅关于印发《2010年水利宣传工作要点》的通知	(宁水办发〔2010〕23号)2010年4月21日
23	自治区水利厅关于印发《2010年保密工作要点》的通知	(宁水办发〔2010〕28号)2010年五月11日
24	关于认真宣传贯彻《宁夏回族自治区实施〈中华人民共和国水文条例〉办法》的通知	(宁水办发〔2010〕55号)2010年10月21日
25	关于印发《水利厅依申请公开政务信息工作制度》的通知	(宁水办发〔2010〕64号)2010年11月25日
26	自治区水利厅关于印发《宁夏水利厅宣传工作管理办法(试行)》和《宁夏水利厅宣传工作考核办法(试行)》的通知	(宁水办发〔2010〕66号)2010年12月14日

专　载

领导讲话

抢抓机遇　攻坚克难
为自治区跨越式发展提供坚实水利保障

——水利厅党委书记、厅长吴洪相

在全区水利工作会议上的工作报告

（2010 年 1 月 18 日）

各位领导，同志们：

在宁夏回族自治区农村工作会议刚刚闭幕之际，自治区政府决定召开全区水利工作会议，这充分体现了自治区党委、政府对水利工作的高度重视。这次会议的主要任务是：全面贯彻落实自治区经济工作会议及全国水利厅局长会议精神，表彰先进，总结 2009 年水利工作，分析当前形势，部署 2010 年水利工作。

下面，我就水利工作报告如下：

一、抢抓机遇，真抓实干，2009 年水利工作成效显著

2009 年，是进入新世纪以来我国经济发展最为困难的一年，也是全区水利工作任务最为繁重、水利发展与改革取得重大进展的一年。在自治区党委、政府的坚强领导下，我们坚持以科学发展观为统领，紧紧抓住落实国务院《意见》和中央扩大内需的重大机遇，砥砺奋进，共克时艰，认真践行新时期治水思路，统筹优化水资源配置，加大重点工程建设，着力发展民生水利，加快节水型社会建设，深化水利改革，创新水利发展，水利事业保持了快速发展的势头。全区水利投入 20.4 亿元，比 2008 年增加 8.3 亿元，其中：争取中央资金 13.4 亿元，是2009 年的 2.8 倍、前三年平均数的 3.2 倍，市场融资 2.4 亿元；编制重点规划 20 余项，上报国家项目总投资达 110 亿元； 全年引黄灌溉水量 64.51 亿立方米，比 2009 年少引水 3.09 亿立方米；农村饮水安全工程超额完成任务，解决了 38.8 万最困难群众的饮水安全；列入专项规划内的 54 座病险水库基本建成；规划中的黄河标准化堤防工程超额完成；农田水利基本建设新增灌溉面积 7066 公顷，改造中低产田 4.3 万公顷，改善灌排条件面积 13.3 万公顷；完成治理水土流失面积 1020 平方千米。

在全区水利干部职工的共同努力下，2009 年水利工作亮点凸显，取得了落实国务院《意见》涉及水利十大项目、水利投资“两个历史突破”，夺取了农村饮水安全工程建设、农田水利基本建设、黄河标准化堤防建设“三个新的胜利”，实现了水资源管理、中部干旱带高效节水补灌、病险水库除险加固、工业城市供水工程建设“四个快速推进”。

（一）突出科学发展，创新治水思路，水利发展势头日趋强劲

紧密结合区情、民情、水情，以科学发展观为指导，从全区水资源开发利用现状和为跨越式发展提供水资源保障的要求出发，进一步深化和完善了新时期分区治水思路，实现了“三个转变”：以自治区党委、政府分类指导区域经济发展的方略为指导，确立了“北部节水、中部调水和南部开源”的分区治水思

路，实现了二分法向三分法的转变；以自治区工业化、城市化发展战略为要求，拓展和延伸水利服务的内涵和外延，实现了传统的农业水利向农业、工业、城市和生态的现代水利发展的转变；以市场经济为导向，实现了由单纯的建设、管理水利向建设、管理和经营水利的转变。实践表明，新的治水思路是科学发展观在自治区水利工作中的具体体现，是破解自治区水资源制约“瓶颈”的成功探索和必须长期坚持的战略。

（二）突出项目带动，加快水利建设，水利保障能力不断增强

大力实施项目带动战略，落实国务院《意见》涉及水利十大重点项目取得巨大成效。中部干旱带高效节水补灌、盐环定扬黄续建、大型泵站更新改造等五大项目批复实施，总投资32.5亿元；沙坡头南北干渠节水改造、黄河宁夏段近期防洪综合治理两大项目国家已审查待批，总投资13亿元；中南部地区城乡人饮安全水源项目可研报告水利部正在审查，总投资22亿元。一批重大水利项目的相继实施，有力提升了水利保障能力。

高效节水补灌工程使农业种植方式发生革命性转变。通过优化布局，统筹人、水、地三大资源，整合高效节水补灌、人饮安全和生态移民三大项目，创新输水、灌溉、种植三种方式，开工建设同心下马关、中卫兴仁综合供水等18项工程，建成补灌面积2.2万公顷。项目的实施，在不增加引黄水量的情况下，亩均耗水量比传统减少4/5，中部干旱带经济增长方式将得到根本性转变，从而改变当地群众千百年来靠天吃饭、广种薄收的局面。

黄河标准化堤防建设创造“宁夏模式”。突破传统，通过创新“政府推动、水利规划、部门指导、地方实施”的组织模式，创新“整合项目、拼盘资金、集中力量、社会参与”的建设模式，着力打造集“防洪、交通、经济、生态、文化、旅游”综合功能于一体的黄河标准化堤防。规划402千米的主体工程基本完成，累计动用土方约4500万立方米，完成投资近20亿元。该工程战线之长、规模之大、建设之快，创造了自治区水利建设之空前，打造了现代堤防建设的“宁夏模式”，撑起了“黄河金岸”的脊梁，彰显了“小省区干大事”的气魄，得到了水利部、黄委会领导的高度赞赏。同时，积极探索新的治河方式，把河道疏浚与标准化堤防建设结合起来，组织设计制造挖泥船，开创了自治区专业化、机械化疏浚整治黄河的先河。

七项重点饮水安全工程成为水利最大的惠民工程。2010年完成投资2.81亿元，全面建成同心窑山和西吉西部2项工程，基本建成固原东部、海原南部和八斗3项工程，同心东部和中卫兴仁2项综合供水工程铺设管道120千米，共完成自来水入户2万余户，21.86万人受益。

灌区续建与更新改造工程夯实了发展基础。灌区续建配套中央投资1.2亿元，是2008年的1.5倍，创历史新高。砌护干渠36.6千米、支渠3700千米，整治沟道16.8千米，改造骨干建筑物19座，加快了现代节水型灌区建设进程。在全国人大、自治区人大和政协及社会各界的关心支持和力促下，固海等大型泵站更新改造工程启动，当年争取中央投资1亿元；通过五年艰苦争取，盐环定扬黄续建工程终于全线开工建设，年度中央投资2亿元，对有效解决中南部地区群众生活生产缺水起到了根本性作用。

工业城市供水工程为区域社会经济发展提供了有力支撑。备受自治区党委、政府关注的海原新区供水工程从开工到建成通水仅用半年时间，在各项基础设施中率先完成，开创了自治区同类工程建设速度之最，为海原新区快速建设发挥了关键性保障作用。投资近6亿元的西夏渠供水工程也于年内建成通水。金积供水工程克服资金严重短缺等困难，一期工程提前建成供水。宁东、太阳山供水工程进一步完善供水功能，实施水源工程周边生态绿化、污水处理厂等项目。

生态水系工程彰显了人水和谐。完成了银川南部水系建设，净增湿地面积220公顷，近期开工建设银川西北部水系整治工程，使首府“塞上湖城”景观、人水和谐的大生态圈日趋完善；石嘴山、吴忠、中卫、固原精心打造城市水系，鲁宁水利首次合作的盐池花马池生态水资源综合利用工程建成蓄水。这些工程的建设，大大改善了人居环境，提升了城市形象和

品位。

大柳树水利枢纽工程前期工作继续深入推进。积极配合黄委会做好专题论证，开展了大柳树生态经济区生态影响、移民安置等分析研究，积极争取水利部尽快审查《黄河黑山峡河段开发方案补充论证报告》。

(三)突出服务民生，为民利民惠民，水利发展成果与民共享

农村饮水安全工程加快推进。解决农村饮水安全问题是自治区10项民生计划30件实事的首要任务，2009年共完成投资4.63亿元，七项重点人饮安全工程建成5项，开工建设中小型集中供水工程46处，解决了38.8万困难群众的饮水安全，确保了人民群众的身体健康。

农田水利基本建设再上新台阶。以解决群众最迫切、最直接的“灌水难、排水难、吃水难、行路难”等热点难点问题为根本，以“黄河杯”竞赛为抓手，通过“政府推动、部门联动、宣传发动、项目带动、竞赛撬动、干群互动、人机齐动、学习促动”等措施，调动社会各方力量，实行渠、沟、田、林、路、庄综合治理，深入持续地开展农田水利基本建设大会战，无论从组织、机制、投入上，还是在规模、质量、效益方面，均实现了前所未有的突破，有效提高了农业综合生产能力，切实夯实了农业发展基础，有力地推动了新农村建设，为保障自治区粮食安全、饮水安全、防洪安全和生态安全提供了重要支撑。青铜峡等7个市县被列为全国小型农田水利建设重点县。自治区的做法受到国务院领导的肯定和水利部领导的高度赞赏，昨天还在全国水利会议上作大会交流发言。

病险水库除险加固改造工程提前一年建成。列入专项规划内的54座病险水库基本建成，工程质量和进度名列西北省区第一。这将新增和恢复库容1.17亿立方米，新增供水能力970万立方米，恢复灌溉能力1.8万公顷，为保障山区人民生命财产安全和经济发展发挥重要作用。

水土保持生态建设成为富民带动工程。坚持预防保护和综合治理并重，大力推进生态文明建设，水土保持工程成为改善生态和增加收入的亮点。全年完成中央投资9763万元，开展综合治理项目区20个、小流域56条，开工建设淤地坝124座，治理水土流失面积1020平方千米。原州区河川沟、彭阳县小河、隆德县温堡3条流域被水利部命名为“全国水土保持生态建设示范区”。

水库移民后扶政策稳步实施。坚持以项目支持为主，切实保障移民权益，积极推进政策落实，提前完成2009年资金直补工作，实现了“确保政策兑现、确保资金安全、确保社会稳定”的目标。

(四)突出灌溉管理，优化水量调配，灌区粮食安全得到保障

面对秋冬春三季连旱、黄河引水指标核减及冬灌气温骤降、河渠结冰等困难，灌区各市县与渠道管理单位紧密配合，积极应对，强化用水管理，保障了灌区476.6万公顷农田适时灌溉，确保了农业增效、农民增收和农村社会稳定。在全社会用水量不断增加的情况下，做到了引黄水量比近期最高年份少引水近25亿立方米。一是严格计划用水。自治区政府颁布了《黄河宁夏段水量调度实施办法》《宁夏引(扬)黄灌区节约用水奖励办法》等，力促灌区用水由被动压减向主动节约转变；按照“总量控制、定额管理”的原则，将黄河引耗水指标分配到各市县和各大干渠、明晰到各支斗渠和农民用水者协会。二是优化水量调度。采取适度提前放水、细化用水单元、加大水情通报等措施，分旬下达水量调度方案，实施精细化调度，各市县精心组织，加强管理，确保了灌区上下游均衡用水。三是扩大实施井渠结合灌溉。为有效缓解渠道梢段灌溉难问题，在灵武、平罗、惠农三个灌区下游县区采取井渠结合、以灌代排的方式，恢复启用机井514眼，抽取地下水494万立方米，面积达6533公顷，特别是保障了惠农区中粮集团番茄种植基地的用水，坚定了该集团落户宁夏的决心。

(五)突出节水高效，实施综合措施，节水型社会建设快速推进

一是水资源管理力度加大。首次开展了全区水资源详查，进一步摸清了家底；率先在全国把黄河初始水权细化配置到各市县及干渠直开口，通过修订农业用水定额，更加完善了农业、工业和城市生活用

水定额标准体系，为强化水资源管理奠定了基础；调整了农业供水价格，严格取水许可制度，颁布试行《宁夏水资源论证实施办法》，水资源管理逐步由粗放型向集约型转变。二是水权转换步伐加快。在有关市县和企业的支持配合下，全面完成三个水权转换节水改造试点项目，与六家企业签订了水权转换协议，通过农业节水确保了宁东化工基地等重点工业项目用水，实现了农业节水支持工业，工业反哺农业的政策得到了落实。三是农业节水效果明显。加快灌区节水示范区建设，大力调整种植结构，积极推广节水技术，实施井渠结合灌溉，水资源利用效率和效益进一步提高。四是节水宣传深入开展。以"中国水周""世界水日"为契机，充分发挥媒体作用，大力开展节水宣传活动，增强全民节水意识。通过实施节水综合措施，引黄灌溉水利用系数由0.36提高至0.41；城市节水器具普及率由40%提高到60%。

（六）突出防汛抗旱，加快两个转变，水利防灾减灾效益显著

切实转变防汛理念，实现了安全度汛。围绕洪水资源化做文章，变控制洪水为管理洪水，坚持工程和非工程措施结合，层层落实防汛责任制，完善防汛预案体系，战胜了去冬今春凌汛灾害和贺兰山北部百年不遇及海原、西吉局地50年不遇的暴雨洪水，最大限度地减少了灾害损失。

切实转变抗旱理念，实现了大旱之年无大灾。围绕"水源、特色、生态、转移"做文章，变单一被动抗旱为主动应对，完善了抗旱预案体系，积极争取中央资金，增配抗旱器具、机械和车辆，支持各地抗旱救灾，提高了应对干旱气候变化的能力，确保了大旱之年没有发生水荒，维护了社会稳定。

（七）突出水利改革，创新体制机制，水利发展活力不断增强

一是全社会大干水利的新机制初步形成。打破水利一家唱"独角戏"的格局，初步构建了政府主导，整合力量，市县部门协作"大干水利、干大水利"的良好局面，办了过去想办而办不了的大事。二是水利工程管理体制改革全面完成。积极推进全区水管单位"事企分开、管养分离"，逐步建立市场化、专业化和社会化的水利工程维管体系。三是水务一体化管理改革取得重大进展。在各市县党委、政府的高度重视和大力支持下，市县水利部门全部成立了水务局，为实现城乡供排水一体化管理迈出了可喜步伐。四是水利投融资体制改革进一步推进。积极适应市场经济要求，大力推进水利投入多元化，新组建的水务投资集团公司不负众望，全年融资2.4亿元，为重点工程建设提供了资金保障。

（八）突出行业能力，强化自身建设，水利发展基础不断夯实

水利建设管理不断加强。进一步建立健全建设管理制度体系，规范项目法人组建，强化招投标全过程监管，加强水利建设从业单位和管理人员监管，加大对重点项目的监管和稽查；强化安全生产监管和水行政执法，确保了水利工程安全、生产安全。

水利科研与转化取得新成果。加大科技创新力度，坚持工程带科研，科研促发展，开展了国家"863"项目、自治区重点科技攻关项目研究，完成科研项目13项。大柳树工程专题研究等4项科研成果分获自治区科技进步二、三等奖。扶贫扬黄灌溉一期水利骨干工程获中国水利工程优质（大禹）奖。

水利信息化建设加快推进。全面完成国家防汛抗旱指挥系统一期工程建设，开工建设水利信息化一期工程，建成石嘴山、吴忠市二级会商系统，加快隆德、大武口山洪灾害防治示范区建设，完成厅属视频监测系统及信息资源整合改造工程，有力提升了雨情、水情、汛情监测预警能力和应急保障能力。

总结一年的工作，我们深刻体会到，建设现代水利、可持续发展水利，必须按照科学发展观的要求，积极探索和完善水利发展思路，拓宽领域谋发展，突破传统抓水利，全力推进现代水利进程；必须坚定不移地贯彻自治区党委、政府的决策部署，紧紧围绕自治区中心工作，谋划水利发展，加快建设步伐，为自治区跨越式发展提供强有力的水资源保障；必须坚持以人为本，把解决广大人民群众最关心、最直接、最现实的水利需求作为工作的出发点和落脚点；必须坚持统筹水资源优化配置，以水促发展、以水定结构，确保水资源可持续利用；必须坚持政府推动、部

门参与、整合力量、发动群众,形成全社会群策群力、团结治水,办大水利的合力;必须不断深化水利改革,大力推进体制机制创新,为新时期水利发展注入生机和活力。

回眸2009年水利工作,成绩来之不易,这是自治区党委、政府坚强领导的结果,是社会各界关心支持的结果,是广大水利干部职工齐心协力、开拓创新、务实苦干的结果。借此机会,我代表水利厅向长期关心支持水利工作的各级党委、政府,自治区相关部门和社会各界,表示衷心的感谢!向长年奋战在水利一线的广大干部职工,表示崇高的敬意和亲切的慰问!向受到表彰的先进集体和先进个人,表示热烈的祝贺!

二、认清形势,抢抓机遇,切实增强加快水利发展的责任感和使命感

2010年是自治区水利发展与改革任务十分繁重的一年,也是加快现代水利、可持续发展水利转变的关键之年。我们既要把握难得的机遇,也要应对严峻的挑战。

从发展机遇和有利条件看:一是国家继续实施积极的财政政策和适度宽松的货币政策,加之国家"十二五"规划的制订、西部大开发战略第二个十年规划的启动实施、国务院《意见》和《分工方案》的逐步落实,为加快自治区水利发展带来新的重大机遇;二是中央经济工作会议、农村工作会议都明确提出把水利作为农业基础设施建设的重点,中央1号文件继续把"三农"作为实施积极财政政策的投入重点;三是经济社会发展对水资源的刚性需求,以及国家实施最严格的水资源管理制度,将有力地推动宁夏节水型社会建设进程;四是随着区市县财力日益增强,为自治区水利投入稳定增加提供了有力的资金保障;五是有一支"敢打硬仗、能打硬仗、能打胜仗"的水利队伍,是推动自治区水利快速发展的根本所在。

从面临挑战和存在困难看:一是水资源严重短缺的矛盾更加突出。近年来,伴随着持续干旱,造成绝大部分河道断流、水库干涸,水资源短缺问题日益突出。随着人口增长、工业化和城镇化进程的加快及生态建设用水的快速增加,水资源供需矛盾更趋尖锐。按照现状用水水平预测,到2020年全区缺水将达7亿立方米。二是水利基础设施仍然薄弱。目前,自治区水利工程老化失修严重,水资源利用效益仍比较低下。特别是人民群众最关心、要求最迫切的一些民生水利需求还没有得到有效解决,加快水利建设,夯实水利基础任务依然繁重。三是节水型社会建设更显急迫。水资源短缺制约经济社会发展的形势日趋严峻,节水型社会建设投入不足,用水效率偏低,用水结构失衡、浪费仍较突出,要求全社会形成合力、共同加快推进节水型社会建设。四是加强工程建后管理充分发挥效益任务艰巨。近年来,一大批水利重点工程相继建成,但重建设轻管理、重项目轻效益、重短期轻长远的现象仍未有效改变,亟须强化工程建后管理,保证水利工程持续发挥效益。五是水利改革任务依然艰巨。随着市场经济发展,水资源管理体制、水利投融资机制、水价改革等还需进一步深化,影响水利科学发展的体制、机制等制约因素,仍需我们下大力气研究解决。六是水利服务社会能力还需进一步提升。依法行政、依法治水、行业监管、涉水事务管理、队伍自身建设仍是薄弱环节,行业能力建设亟待加强。

面对新机遇和新挑战,我们要以强烈的责任感和使命感,进一步认清形势,解放思想,明确目标,强化措施,利用一切有利条件,调动一切积极因素,实现水利可持续、健康发展,为促进全区经济社会又好又快发展提供坚实水利保障。

三、突出重点,扎实推进,全力做好2010年工作

2010年,是实施水利"十一五"规划的最后一年,也是国家实施西部大开发战略第二个十年规划的起步之年,做好今年的水利工作意义重大。全区水利工作总体要求是:全面贯彻落实党的十七大和十七届三中、四中全会精神,深入学习实践科学发展观,继续落实国务院《意见》和《分工方案》,紧紧围绕自治区中心工作,大力推进节水型社会建设,着力强化水资源管理,倾力发展民生水利,全力实施项目带动战略,加快水利基础设施建设步伐,创新水利发展体制机制，以水资源可持续利用保障经济社会跨越式发展。

主要目标任务：

加强重点工程建设。争取中央投资8亿元，力争全社会完成各类水利投资20亿元。

加快人饮安全工程建设。解决35万农村人口饮水安全。

强化灌溉管理。加强全区水量统一调度，力争不超黄委会下达指标，确保灌区均衡受益、农业增效和农民增收。

大兴农田水利。新增灌溉面积0.7万公顷、新增节水灌溉面积3万公顷、高效补灌面积2万公顷，新增旱作基本农田2万公顷，改造中低产田3万公顷、建设高标准农田3.33万公顷。

加速节水型社会建设。强化水资源管理，完善水权制度体系，严格取水许可和水资源论证制度，提高用水效率和效益。

高度重视防汛抗旱。高标准、高质量完成黄河标准化堤防工程建设任务。构建完善防灾减灾体系，努力减轻水旱灾害损失。

加快水土保持生态建设。治理水土流失面积1000平方千米。

大力实施项目带动战略。加快落实已报重点建设项目；完成《水利发展与改革“十二五”规划编制工作》，做好项目储备。

着重抓好以下工作：

(一)不断完善治水思路，奋力推动水利科学发展

不断以新的理念、新的认识、新的举措，推进分区治水新思路的深化和完善。北部引黄灌区以节水为中心，围绕发展现代节水农业，加大灌区节水改造和农田水利基本建设力度，加快中低产田改造和盐荒地改良，实现地表水和地下水联合调度及洪水、湖泊湿地资源化管理和利用。调整农业种植结构，压减高耗水作物，大力推广节水灌溉技术，进一步完善灌排及防洪体系，提高水资源利用效率，实现可灌、可排、可调。中部干旱风沙区以调水和雨洪水集蓄为中心，围绕发展旱作高效节水农业，全面推广节水灌溉，提高扬水灌区效益，坚持北扬南引，拓展延伸扬水工程供水范围，集蓄雨洪，保障特色、设施农业用水，有效解决中部干旱带群众生活、生产用水难题。南部黄土丘陵区以水资源开发保护为中心，围绕发展生态节水农业，合理开发利用当地水资源，加快库井灌区节水改造，大力发展特色设施农业，加快水土保持生态工程建设投入力度，涵养保护、有效配置、合理调节流域间水资源，提高水资源综合利用效率和效益。

通过不断完善分区治水思路，近期形成“北扬南引、南北配置、丰枯补济”的水资源配置格局，远期结合大柳树水利枢纽工程，进一步完善水资源配置格局，保障自治区经济社会跨越发展对水资源的合理需求。

(二)打好民生水利攻坚战，倾力保障和改善民生

一是继续把农村饮水安全工程作为重中之重。以中南部为重点，完成同心东部、中卫兴仁综合供水工程，七项人饮重点工程建成全面发挥效益，开工建设面上集中供水工程30处，解决35万农村人口的饮水安全。不断创新体制机制，突出抓好已建工程运行管理，确保农村饮水安全工程建得好，管得好，用得好，长受益。二是推动农田水利基本建设再上新台阶。认真贯彻中央1号文件精神，不断完善组织和投入机制，广泛动员各方力量，更加扎实开展农村水利建设“黄河杯”竞赛活动，要立足集中连片、高标准、高质量，实现“参与群众更多、声势规模更大、标准质量更高、综合效益更好、社会影响更广”。三是加快水土保持生态建设。抓好农发水保三期和坡改梯工程、淤地坝以及小流域综合治理等重点项目实施，治理水土流失面积1000平方千米。要更加重视贺兰山东麓、宁东及太阳山等经济热点地区的水土保持预防监督工作，坚持谁破坏谁治理，坚决遏制人为水土流失破坏。四是继续积极稳妥地抓好水库移民后期扶持政策的实施。坚持以项目支持为主改善发展条件，切实保障移民权益，促进移民致富奔小康。

(三)加快重点工程建设，着力提升水资源调控能力

水资源管理与配置工程。加快实施中部干旱带高效节水补灌工程，建成同心东部和中卫兴仁综合

供水工程，完成补灌面积2万公顷。继续推进中南部地区城乡人饮安全水源项目主体工程建设进程。加强水文监测站网建设。

灌区续建与更新改造工程。全力争取中央投资，加快实施青铜峡、沙坡头和固海灌区续建配套与节水改造和大型泵站更新改造工程；力争完成盐环定续建共用工程改造，基本建成固扩十一泵站以上人饮安全及灌溉节水工程；开工建设沙坡头灌区南北干渠节水改造工程；加快农业综合开发中型灌区节水改造工程，完成中宁北滩、西吉葫芦河灌区节水改造，加快推进世行贷款二期项目，力争年内开工建设。

防洪减灾工程。高标准、高质量完成黄河标准化堤防工程。加快推进黄河宁夏段治理、贺兰山东麓防洪体系、清水河和苦水河流域综合治理和中小河流治理工程建设步伐。

病险水库除险加固工程。全面完成专项规划内54座病险水库除险加固任务，积极争取一批小型病险水库除险加固工程立项实施。

工业城市供水工程。做好海原新区供水、金积供水工程后续建设。开工建设上海庙红墩子供水工程、固原彭堡水源地地下水库工程。积极推进固原盐化工循环经济扶贫示范区园区供水工程前期工作并做好开工准备。

城乡水环境整治工程。完成银川西北部水系工程，综合整治黄河标准化堤防两侧湖泊湿地，加快构筑人水和谐城市景观和沿黄水系，提高供水和防洪能力，努力改善人居环境。

信息化工程。完成灌区一级骨干网络建设，积极争取市县水利部门信息化网络建设项目，加快水资源视频监测、防洪抗旱异地会商、灌溉调度、电子政务等系统建设。

水文化工程。完成宁夏水博物馆工程建设和展馆搭建，充分利用自治区水资源优势，大力发展水利风景旅游业，积极挖掘古老灌区塞上古渠伟大文明和深厚的水文化底蕴，做好做强水文化这篇大文章。

(四)抓好引黄灌溉管理，大力提高灌区供水保障能力

一是构建引黄水量统一调度体系。加强用水计划和水量统一管理，实施“渠井沟湖洪”多水源联合调度，做好灌溉面积遥感调查成果的应用，强化水权，健全机制，力争全年用水不超指标。二是加大灌区节水改造力度。积极争取中央投资，加快老灌区干渠、支斗渠续建配套节水改造，进一步完善灌排体系，不断夯实水利基础设施，促进灌区节水增效。三是大力推广节水灌溉技术。实施井渠结合灌溉面积1万公顷、水稻节水控制灌溉面积5.3万公顷。特色设施农业要大力推广喷灌、滴灌、沟灌和穴灌等高效节水技术，积极推行激光平地技术。四是强化灌溉安全管理。加快渠道险工段治理，改造老化失修机电设备，切实提高渠道安全标准。落实安全生产制度，完善防汛抢险预案，增强安全责任意识，确保渠道行水安全。

(五)加速节水型社会建设，努力提高水资源利用效率和效益

一是加快建立政府推动节水型社会建设工作机制。制定《宁夏节水型社会建设管理办法》《关于进一步加快节水型社会建设的实施意见》等制度，逐步建立自治区政府联系会议制度，并把节水型社会建设纳入自治区各部门和各市、县(区)政府日常管理和效能目标考核中，开展节水型社会建设竞赛活动。二是切实加大农业节水力度。围绕自治区建设北部引黄灌区现代节水农业、中部旱作节水农业、南部生态节水农业“三个示范区”建设，整合项目资金，凡有条件的市县都要建立节水示范区。大力调整农业种植结构和耕作制度，大力推广节水灌溉技术，力争用五年时间使扬黄灌区全部、引黄灌区50%以上面积实行节水灌溉，中部干旱带旱作农业区全部推广高效节水补灌模式。三是稳步推进工业节水。加快宁东供排水、污水处理水务一体化进程和宁东节水循环示范区建设。实行新建、改扩建工业项目“三同时”制度，大力推广节水新技术、新工艺，不断扩大工业节水成效。四是深化节水型社会载体建设。继续选择一批企业、学校、社区等载体开展节水试点，充分发挥示范带动效应。五是加强节水宣传工作。在继续做好日常宣传的基础上，联合自治区党委宣传部、教育厅开展面向全社会和学校节水宣传活动，共同促进节

水型社会宣传广泛深入开展。

(六)严格水资源管理,强力提升水资源保障能力

一是严格"总量、保护、效率"三条红线制度。争取出台《宁夏水资源管理条例》,开展全区各行业和市县用水总量指标测算和公布工作,推行行政区域地表水用水总量、地下水可采总量、水功能区纳污总量、取水户取水总量"四个总量"控制,争取进一步调整水资源费标准,全面落实最严格的水资源管理制度。二是强化水功能区监督管理。力争出台全区主要水功能区纳污能力控制意见,严格城市和农村饮用水源管理保护制度,全面推进取水户计量设施安装使用和地下水自备水源封闭工作。三是完善水权转换机制。规范水权转换办法,严格监督机制,完善转换价格计算、规范审批及费用支付程序,启动扬水灌区水权转换试点,进一步增强工业、城市供水保障能力。四是全面推行水资源论证制度。落实规划和新建、改建、扩建涉水项目水资源论证制度,健全完善水资源有偿使用制度,使各类用水取之有道、行之有法。五是逐步建立合理的水价形成机制。开展不同地域,不同行业的水价核算研究,不断完善水价形成机制,充分发挥市场经济调节在优化配置水资源中的作用。

(七)加强防汛抗旱管理,极力保障人民群众生命财产安全

北部加快黄河治理和贺兰山东麓防洪体系建设步伐,确保黄河、重点城市、重点水库及重要设施安全度汛和人民生命财产安全。中部强化应对干旱气候变化能力建设,加强抗旱应急水源工程建设,挖掘现有工程的供水潜力,大力推广高效节水补灌技术,提高蓄、供水能力,保障不发生大面积水荒。南部加强山洪灾害防治和中小河流治理,充分发挥改造后的水库调蓄作用,结合水土保持生态建设,完善防洪调控体系,努力实现雨洪水资源化。

(八)深化水利改革,全力构建良性发展体制机制

深化城乡水务一体化管理,逐步实现区域水资源全方位、全领域、全过程统一管理。巩固水利工程管理体制改革成果,加快建立水管单位良性运行机制。深入推进水务投资体制改革,做大集团资产规模,提升项目开发、运营能力和科学化管理水平,实现水利建设投资多元化。进一步深化农村水费改革,积极推广"四公开、三到户、两规范"的管理制度,进一步提高协会管理水平。稳步推广小型水利工程产权制度改革,积极引导和组织农民投工投劳建设和经营小型农村水利工程。

(九)强化行业能力建设,竭力提升水利社会管理能力

一是切实加强水利建设管理。建立健全水利建设管理体系,出台《关于加强水利工程建设管理的意见》,建立项目法人考核制度,组建水电工程质检中心;强化市场信用体系建设,切实加强水利建筑从业单位和人员管理;以扩大内需新增投资项目为重点加大稽查检查和执法检查力度,确保项目建设质量、进度和投资的完成;认真落实水利工程建设安全生产责任制,确保不发生安全生产事故。二是切实促进工程效益发挥。制定《宁夏水利工程管理办法》,明确工程建后管理机构、运行机制和经费来源等,确保工程效益充分发挥。三是切实增强依法治水能力。进一步加快水利立法进程,不断完善水法规体系。加大水行政执法力度,强化水政执法队伍建设,提高人员素质、执法能力和水平,推进水利综合执法,严厉查处水事违法行为。不断扩大水法规宣传教育力度,增强群众的水法制观念和节水意识。

四、强化措施,务求实效,确保水利又好又快发展

(一)以项目带动战略为重点,加大水利工程建设投入

牢固树立"不抓项目就是不得要领"的意识,把大抓项目、争取投资作为水利工作最重要的抓手,以大项目带动大发展,掀起贯彻落实国务院《意见》的新一轮热潮。一是全力做好国家已批项目的落实工作。各市县水利部门、厅机关处室局办要进一步深化目标管理责任制,定人员、定任务、定责任,"跑步进京",全力以赴扩大成果、多争投资,为加快水利发展、夯实水利基础,创造更有利的条件。二是编制完成水利"十二五"规划。各市县水利部门要紧紧围绕

国务院《意见》、"十二五"和西部大开发战略第二个十年规划要求，把相关项目、政策、战略布局纳入"十二五"规划和有关文件中，落实好节水型社会建设、黄河防洪、渭河近期重点治理等规划项目，解决好中长期水利发展问题。三是加快重点建设项目的报批。加快黄河宁夏段近期防洪、沙坡头南北干渠节水改造和中型灌区节水改造等项目批复实施；促进中南部地区城乡人饮安全水源、清水河和苦水河综合治理等项目立项建设。四是进一步完善水利规划体系。完成宁夏地下水资源开发利用与保护规划、小型农田水利工程建设规划、农村饮水安全"十二五"规划，为争取后续项目打好基础。

(二)以严格目标责任制为抓手，狠抓工作落实

进一步完善目标责任考核制，对照自治区党委、政府下达的年度水利工作考核指标和重点任务，将年度目标逐项分解，责任到部门、到领导、到人员。坚持日常考核和半年考核、年终总评相结合，建立激励机制，落实奖惩措施，形成一级抓一级，层层抓落实的良好局面。加大督查督办力度，确保工作有部署、有要求、有检查、有评价、有奖惩，推动全年水利各项目标任务全面完成。

(三)以水利科技创新为核心，引领水利加快发展

大力实施科技兴水战略，健全完善水利科技创新体系，进一步落实"工程带科研，科研促发展"机制，积极开展防汛抗旱、灌溉管理、水文水资源等重大水利科技研究。不断完善水利科技管理体制，健全水利科技推广体系，大力引进、消化和吸收国际先进水利技术，加快科研成果的推广应用。

(四)以人才队伍建设为根本，增强水利发展后劲

全面落实《宁夏水利人才队伍发展规划》，把实施人才战略作为一项重要工作来抓，逐步建设一支结构合理、专业齐全、素质精良的人才队伍。启动水利厅高层次人才培养选拔工程，实施百名研究生引进培养工程。实施人才知识更新工程，加大干部和专业技术人员培训力度，大力提高水利队伍整体素质。

(五)以深化效能建设为动力，提高工作效率和服务水平

以提高执行力为突破口，紧紧围绕水利厅向政府承诺的效能目标任务，进一步转变水行政主管部门职能、管理方式和工作作风，强化绩效管理和目标责任考核，加强重点项目和民生水利工程的跟踪效能监察，深入推进效能建设各项制度的落实。进一步优化行政审批事项，缩短审批时限，提高公信力和执行力，树立水利行业新形象。

(六)以创建文明行业为基础，提升水利可持续发展能力

认真落实党的十七届四中全会精神，切实加强党的建设、干部队伍建设、反腐倡廉建设和精神文明建设。继续把政风行风建设贯穿于各项水利工作始终，大力弘扬水文化和"献身、负责、求实"的水利行业精神，继续发扬"敢打硬仗、能打硬仗、能打胜仗"的作风，始终保持蓬勃向上的朝气、奋发有为的状态、干事创业的激情，推动精神文明建设再上新台阶，争创自治区文明和谐水利行业。

同志们，新的一年，机遇和挑战考验着我们，责任和使命激励着我们。让我们在自治区党委、政府的坚强领导下，以更加昂扬的精神、更加扎实的作风、更加有力的措施，扭住发展不放松、坚持发展不动摇、加快发展不停步，以水资源的可持续利用为自治区跨越式发展提供坚强保障！

深入推进学习型党组织建设　全面提高水利厅党建和党风廉政建设科学化水平

——水利厅党委书记、厅长吴洪相在水利厅2010年党建暨党风廉政建设工作会议上的讲话

（2010年3月26日）

同志们：

这次党建暨党风廉政建设工作会议，是经厅党委研究召开的一次重要会议。对开好这次会议，厅党委专门进行了研究，提出把今年作为"党的建设年"，以进一步加强党建和党风廉政建设。会上传达了胡

锦涛总书记来宁考察时的重要讲话精神；进挺同志和崔莉同志分别作了党建工作和党风廉政建设工作报告，我完全同意；防汛办等4个单位作了会议交流发言，签订了党风廉政建设责任书。希望大家认真学习、借鉴，结合实际抓好贯彻落实。

下面，我就做好今年的党建及党风廉政建设工作，提升水利厅党建工作水平讲几点意见。

一、肯定成绩，坚定推进党建和党风廉政建设工作的信心

2009年是自治区水利发展与改革加快推进的一年，也是水利厅党建和党风廉政建设工作取得显著成效的一年。各级党组织和广大党员干部牢固树立围绕发展抓党建、抓好党建促发展的理念，充分发挥基层党组织的战斗堡垒作用和党员的先锋模范作用，保证了中央、自治区重大战略决策、厅党委重大部署和各项水利中心任务的顺利完成。一是学习实践科学发展观活动圆满完成。严格按照中央和自治区党委的部署和要求，在全厅各级党组织、全体党员中开展了深入学习实践科学发展观活动，落实了整改方案的各项任务，实现了“党员干部受教育，科学发展上水平，职工群众得实惠”的目标，受到了自治区领导小组的充分肯定。二是领导班子和干部、人才队伍建设不断加强。强化领导班子思想政治建设，坚持民主集中制，认真开好专题民主生活会，领导能力和领导水平进一步提高；顺利完成了厅机关机构改革，加大了竞争性选拔任用干部和干部交流力度，建立了人才培养、引进、激励机制，营造了良好的用人环境，优化了领导班子和干部、人才队伍结构。三是基层党组织的战斗堡垒作用和党员的先锋模范作用进一步发挥。坚持抓基层、打基础，以党建工作责任制为重点，认真落实保持共产党员先进性长效机制，深入开展讲党性、重品行、作表率活动，大力表彰先进典型，进一步增强了基层党组织的创造力、凝聚力、战斗力，激发了党员干部干事创业的积极性。四是党风廉政建设扎实推进。坚持不懈地抓好党性、党风、党纪教育，强化对领导干部的监督，坚持集体谈话和廉政谈话制度，增强了党员干部为民、务实、清廉的意识；建立完善了惩防体系和一系列反腐倡廉制度，加大专项治理和工程建设等重点领域督查力度，清理了“小金库”。五是政风行风建设成效显著。加强效能建设，制定和落实工作目标、责任，工作效率和效能大大提高；深化水利行风建设，改善和提高服务质量和水平，在2009年全区政风行风评议中水利厅名列政府部门第一。六是和谐水利建设不断推进。突出抓好新中国成立60周年庆祝活动，广泛开展爱国主义教育，大力开展文明创建活动，举办丰富多彩的文化体育活动，加强宣传思想政治工作，形成了心齐气顺、风正劲足、民主和谐的良好局面。七是水利工作取得重大突破。认真贯彻落实国务院《意见》和中央扩大内需促进经济增长重大决策部署要求，以节水型社会建设为统揽，积极践行新的治水思路，切实推进重点水利工程建设，深化水资源管理体制改革，着力发展民生水利，以水资源的可持续利用促进了全区经济社会的可持续发展。

这些成绩的取得，是自治区党委、政府坚强领导的结果，也是厅属各级党组织、纪检监察部门和广大党员干部共同努力的结果。在此，我代表厅党委向全厅广大党员和各级党务工作者、纪检干部致以崇高的敬意！希望各级党组织和广大党员干部再接再厉，发扬成绩，坚定信心，进一步做好水利厅党建和党风廉政建设工作。

二、认清形势，进一步增强抓好党建和党风廉政建设工作的责任感

2010年是全面贯彻落实党的十七届四中全会和中央纪委第五次全体会议精神、加强和改进新形势下党的建设的重要一年。做好今年的党建和党风廉政建设工作，对促进自治区水利平稳较快发展，加强和改进党的建设具有重要意义。

当前，国际、国内形势严峻而复杂。自治区党委、政府继续把确保经济平稳较快发展作为首要任务，号召各级党组织和广大党员，团结一心，奋力拼搏，共克时艰。水利作为国民经济的基础设施和命脉，水利工作作为经济社会发展的重要保障，所担负的责任和面临的任务，需要广大水利工作者的共同努力，需要各级党组织在团结、教育、引导、稳定、鼓劲等各个方面发挥坚强的领导作用。长期以来，我们形成了一个勤政廉洁、艰苦奋斗的优良传统，有一支党性强、业务精、作风硬的党务工作者队伍，有一支爱岗敬业、务实苦干、能够发挥先锋模范作用的党员干部队伍，党建基础工作扎实，党风、政风、行风社会反响好，这个有利局面是我们做好党建和党风廉政建设的基础。但也应当看到，水利行业也是一个高风险行业，尤其当前水利投资大、项目多，更容易受到社会上不良风气和腐败现象的影响。对此，我们深感责任重大，压力巨大，必须引起高度警惕。刚才，进挺同志和崔莉同志所作的报告，比较客观、全面地总结了水利厅党建及党风廉政建设工作及取得的成效。同时，也指出了存在问题和不足。我认为，总结工作实事求是，查找问题客观准确，分析原因符合实际。如有的单位对抓党建工作方法不多，措施不够得力，工作任务落实得还不够到位；有的领导干部开拓创新精神还不够，抓重点、出亮点上起色不大；有的对党风廉政建设和反腐败斗争的重要性、长期性、复杂性认识不高，落实党风廉政建设责任制不够得力，特别是在干部廉政教育、管理、监督上还存在薄弱环节，缺乏风险防范意识，执行廉政制度不坚决，致使个别干部铤而走险，违法乱纪等。各级党组织和广大党员领导干部，一定要充分认识加强党建及党风廉政建设的长期性、复杂性和艰巨性，充分认识建设学习型党组织的重要性和必要性，进一步增强责任感和使命感，扎扎实实开展好“党的建设年”活动，为推进水利可持续发展发挥坚强的组织和政治保证作用。

三、深入推进学习型党组织建设，全面提高党建和党风廉政建设科学化水平

建设马克思主义学习型政党，是党的十七届四中全会提出的一项重大战略任务。各级党组织必须把加强党建及党风廉政建设作为建设学习型党组织的重大政治任务，坚持不懈地抓紧抓好，抓出成效。

（一）强化学习，着力推动学习型党组织建设取得新成效

按照党的十七届四中全会精神要求，中央和自治区党委相继制订下发了《关于推进学习型党组织建设的意见》。近期，厅党委将制订下发《关于推进学习型党组织建设的实施意见》。各级党组织要把学习型党组织建设纳入党建工作责任制，主要领导必须切实负起责任，立足本单位实际和工作特点，制订好实施方案，明确学习重点，强化保障措施，确保建设学习型党组织的各项任务落到实处。

建设学习型党组织目的就是要不断提高各级党员领导干部的思想政治素质，增强领导科学发展的能力。我们要按照建设学习型政党的要求，结合实际，高标准、严要求，扎实有效地开展好学习型党组织创建活动。

第一，要端正态度，增强学习的自觉性。学习，对于一个单位来讲，是持续发展的基础；对于一个人来讲，是成长成才的阶梯。建设学习型党组织，关键是每个党员干部都要端正学习态度。各级党组织要加强对党员干部终身学习理念的教育，引导党员干部把学习作为一种政治责任、一种精神追求、一种生活方式，不断激发学习的内在动力。领导干部要在建设学习型党组织活动中走在前列，做勤奋学习、学以致用的表率，不断提高应对复杂局面、领导科学发展的能力，更好地担负起推进水利发展与改革的重任，带动党员干部形成人人崇尚学习的良好氛围。广大党员干部要增强学习的主动性，把学习融入工作中，坚持学习工作化，工作学习化，使工作的过程成为深化学习、更新知识、积累经验、提高素质的过程。

第二，要联系实际，增强学习的实效性。学习的最终目的是要解决问题。要大力弘扬理论联系实际的学风，注重学用相长，解决问题，增强实效。一要把加强学习与提高思想水平结合起来。要把强化理论武装作为创建学习型党组织的首要任务，认真组织党员干部深入学习中国特色社会主义理论体系特别是科学发展观，深入学习党的十七大、十七届三中、四中全会精神。要加强政治形势任务教育和党性党风党纪教育，认真学习践行社会主义核心价值体系，自觉增强党的意识、宗旨意识、责任意识和纪律意识。二要把加强领导班子思想政治建设作为创建学习型党组织的关键。要突出抓好党委（总支、支部）中心组理论学习，重点抓好处级以上干部的学习，要在研究新情况，总结新经验，探索新规律，提高运用理论指导实际工作的能力上下工夫，不断提高学习质

量和效果。三要把加强学习与提高业务能力结合起来。坚持从事业需求、岗位需求和个人需求出发，干什么学什么、缺什么补什么，科学设置学习内容，精心安排学习活动，增强学习的针对性和实效性。四要把加强学习与解决实际问题结合起来。要把学习型党组织建设的出发点和落脚点放在解决实际问题上，紧密联系水利发展中存在的突出问题去学习、去研究，积极探求解决问题的途径和办法，努力把学习成果转化为谋划发展的正确思路、促进发展的政策措施、领导发展的实际能力。

第三，要加强管理，增强学习的持久性。加强对学习的科学管理，是建设学习型党组织的必然要求，也是持续推进学习的重要保证。一要健全机制。着力建立健全中心组学习、党组织集体学习、领导干部培训学习、基层党员轮训学习和党员个人自学制度，建立健全学习激励、考核评价、监督检查和成果转化机制，推进学习教育的制度化。二要创新形式。把形势教育、典型教育、警示教育结合起来，把领导讲党课、专家讲理论、先进讲事迹、自己讲体会结合起来，整合学习资源，创新学习载体，努力打造形式多样、党员干部喜闻乐见的学习活动平台。要建立和落实党员干部学习培训制度，加强日常学习、脱产学习、短期集中培训和岗前培训、任职培训等，特别是要紧密联系本单位实际开展学习讨论，努力提高学习效果。三要加强考核。适时开展学习考评工作，及时总结推广经验，大力宣传学习典型，形成重视学习、鼓励学习、推动学习的正确导向；要把学习情况作为民主评议党员、考核评价领导班子和领导干部的重要内容，把理论素养、学习态度、学习能力作为选拔任用领导干部的重要依据，努力形成注重学习的用人导向。

（二）勇于创新，着力提高党的建设科学化水平

提高党的建设科学化水平，是党的十七届四中全会提出的重大命题和重大任务。各级党组织要按照新形势下加强和改进党的建设的总体要求和主要任务，围绕加强党的执政能力建设和先进性建设这条主线，结合实际，勇于创新，努力提高水利厅党的建设科学化水平。

第一，以科学理论为指导，推进党建工作的科学发展。各级党组织要在加强理论武装的同时，积极开展基层党建工作研究和探索，认真借鉴加强党的建设和先进性建设的好做法、好经验，按照十七届四中全会《决定》对党的建设提出的新要求，不断创新党建工作的方式方法、工作内容、活动形式。在组织活动、开展工作时，力求多些互动式、少些灌输式，多些创意性、少些一般化，多些自主性、少些一刀切，使党建工作更加生动活泼，更加富有成效。要始终把服务水利科学发展作为党建工作的根本任务，把党建工作放在水利中心工作中去思考、去谋划、去推进，围绕推进水利发展确立党建工作主题，针对工作中的薄弱环节突破党建工作难点，使党建工作与水利中心工作相互促进、相得益彰，努力在服务、保障和促进水利科学发展中发挥重要作用。

第二，以科学制度为保障，进一步健全党建工作机制。制度建设是加强党的建设重要保证。要根据形势和任务的变化，不断完善党建工作制度和机制，推进党建工作科学化、制度化、规范化。一要健全党建工作责任制。进一步完善各级党委（总支、支部）认真抓，书记带头抓，分管领导具体抓，有关部门齐抓共管，一级抓一级、层层抓落实的党建工作格局，使党建工作与业务工作同步推进、协调发展。二要完善党建工作考核评价体系。要进一步完善、细化党建工作考核指标，注重考核结果的运用，把党建工作的考核结果作为评价领导班子、领导干部工作实绩的重要依据。三要加强党建工作长效机制建设。不断完善“三会一课”、民主评议党员、党性定期分析、党员领导干部基层联系点等党建工作制度；要以建立健全惩治和预防腐败体系为重点，以制约和监督权力运行为核心，以提高制度执行力为抓手，建立内容科学、程序严密、配套完善、有效管用的反腐倡廉制度体系。要认真抓好去年底厅党委下发的《关于实行党政领导干部问责的暂行办法》等3个文件的贯彻执行，切实提高制度执行力，增强制度实效性。

第三，以科学方法为手段，不断提高党建工作水平。科学方法的运用对提高党建工作水平至关重要。我们在这方面有不少经验和成效，要结合新形势、新情况不断加以丰富和完善。一要抓分类指导。

根据基层党组织所在单位的不同性质和特点，有的放矢地开展党的各项工作。厅机关党组织要围绕学习教育、服务中心这两大任务，以作风建设为重点，以创建一流作风、争创一流业绩作为工作目标，使机关党建在建设学习型党组织上走在前头，在探索提高党的建设科学化水平上走在前头，在服务水利发展上走在前头。事业单位党组织要以贯彻落实自治区党委、政府和厅党委重大决策、谋划本单位发展大计、做好党员干部职工思想政治工作、促进事业发展为重点，引导党员努力提高服务能力和工作水平；企业单位党组织要把建设高素质职工队伍、增强经济活力贯穿党组织活动始终，保证党组织参与决策、带头执行和有效监督，充分发挥好政治核心作用。二要抓不同群体。党的工作既要为完成水利中心任务服务，也要为党员干部服务。要关心生产一线党员和业务骨干，使他们以最佳状态投入到工作之中。要关注青年干部教育、培养，不断提高业务本领和实践能力，为他们成长进步提供舞台。要关爱离退休老同志，注重发挥老同志余热，继续为水利事业发展做出贡献。三要抓有效载体。要把开展"讲党性、重品行、作表率"活动和创先争优活动结合起来，把丰富传统手段、运用网络技术、探索现代载体结合起来，增强党建工作的吸引力、感染力和影响力，进一步激发党员干部立足本职、争创一流、发挥表率示范作用的积极性和创造性。

(三)认真贯彻《廉政准则》，切实抓好领导干部廉洁自律工作

1月18日，中央印发的《中国共产党党员领导干部廉洁从政若干准则》，详细规定了领导干部从政行为八大方面的"禁止"和52个"不准"行为，这是领导干部廉洁自律的一面镜子，也是廉洁从政不可逾越的高压线，更是对领导干部严厉的关爱。各级党组织要从政治和全局的高度，充分认识学习贯彻《廉政准则》的重要性，把学习贯彻《廉政准则》作为一项重要政治任务来抓，与学习贯彻中央和自治区关于党风廉政建设的各项规定结合起来，纳入中心组学习的重要内容，列入党员干部党课教育和干部培训计划。4月上旬，厅党委将举办处级领导干部廉洁从政学习班，重点学习《廉政准则》，通过专家讲课、观看电教片、开展讨论，撰写学习体会，使党员领导干部加深理解，入脑入心。厅纪委和组织人事与老干部处要认真准备，各单位党组织要积极配合，提前做好工作安排，培训班除留1名领导值班外，其他的都必须参加，不得请假。各单位党组织也要举办科级干部《廉政准则》培训班，逐章逐条学习，熟稔于心。各级领导干部特别是主要领导干部要带头执行《廉政准则》，时刻自重、自省、自警、自励，在思想上筑起拒腐防变的坚固堤防。纪检监察部门要加强贯彻《廉政准则》的监督检查，及时发现和纠正违反准则的行为，对违反《廉政准则》的典型案件要严肃查办，做到发现一起查处一起，形成有效震慑。

(四)加强监督，坚持把反腐倡廉融入各项工作之中

加强对领导干部的监督，是有效防治腐败的关键。只有预防在先，关口前移，加强监督，及时发现领导干部的苗头性倾向，才能把问题消除在萌芽状态，促使领导干部廉洁从政。应该讲，水利厅系统干部队伍总体上是勤政廉洁、奋发向上的，多年来没有出现大的问题，但并不是说我们的干部队伍中就没有问题，最近在我们个别干部身上发现了违纪违法的问题，虽然是发生在个别人身上，但影响极坏。究其原因，主要是个别干部放松了世界观、人生观、价值观改造，淡化了宗旨意识，忘掉了党纪国法，同时也是我们有些单位制度不完善，落实不好，缺乏有效的监督。加强反腐倡廉建设，健全制度很重要，加强监督更为重要。今年的廉政建设重点要抓好以下几个方面工作：

一要强化投资项目和资金监管。要加大水利工程建设领域突出问题的专项治理力度，加强重大水利投资项目、专项资金的检查、稽查和审计监督。要针对当前水利建设管理中存在的问题，继续加强对项目审批、招标投标、施工分包、物资采购、工程变更、资金拨付等方面的监管。厅纪委要对全区水利重点工程项目实施全过程监督，各单位纪检组织也要对本单位的工程建设项目进行全程监督，使每项工程都成为阳光工程、廉洁工程和安全工程。要继续开

展“小金库”治理工作，任何单位、任何人都不得私设“小金库”，一经发现，严肃处理。各单位要积极推进行政经费支出预算和执行情况公开，让职工群众清清楚楚地知道单位花了多少钱、办了什么事，确保各单位和领导干部廉洁从政。

二要加强厅属企业反腐倡廉建设。要认真落实企业负责人薪酬管理相关规定，使其收入与本企业职工收入保持合理比例；要严格执行《企业领导人员廉洁从业若干规定》，建立企业领导人员报告个人有关事项等制度，加强对企业负责人特别是主要负责人的监督管理。

三要加强决策和办事程序建设。要以贯彻落实民主集中制为核心，按照“集体领导，民主集中，个别酝酿，会议决定”的要求，修订完善党委（总支、支部）议事规则、行政议事规则，建立健全决策工作机制，凡属集体决策的重大事项都要严格按照规定程序实行集体议事。要建立和完善行政办事程序，各单位及工作人员特别是领导干部，要树立程序意识，严格按程序办事，对违反行政程序损害群众利益或造成严重后果的行为，要加大查处力度，严肃追究责任。

四要加强政风建设。要认真执行水利厅效能制度，全面推行党务、政务、水务公开，凡是与职工群众利益相关的事，都要进行公开，增强工作透明度。要严格执行《关于改进水利厅领导考察接待等公务活动的规定》，严格控制领导出差和非正常开支，特别是借外出考察变相公费旅游等，对公务接待、公车使用、因公出差经费要严格管理，力争各项非生产性支出经费都要有所减少。

五要坚决查办违纪违法案件。这一手任何时候都不能放松。要强化经济责任审计，积极推进任期内审计，对任期满五年和离任的行政主要负责人必须进行经济责任审计，要把审计工作延伸到基层，延伸到工程建设、物资采购等重点领域。各单位要对工程公司每年进行一次审计，对存在问题早发现、早处理，对个别腐败分子要严厉惩处。

六要深入开展巡视督察工作。从2010年起，水利厅党委要建立巡视督查制度，由厅纪委和组织人事与老干部处牵头，采取听取领导班子及其成员述职述廉汇报、查看资料、与干部职工谈心、设立举报箱等方式，对厅属单位随机抽样进行巡视督察。巡视督察的重点对象是厅属单位领导班子及其成员，特别是党政主要负责人；巡视督察的重点内容是贯彻落实党的十七大及十七届三中、四中全会精神和自治区党委、政府以及厅党委的重大决策部署情况，贯彻民主集中制、落实党风廉政建设责任制和廉洁自律、干部选拔任用、领导干部作风状况以及工程项目管理等情况。被巡视督察单位党组织要全面总结近三年的工作，深入查找存在的问题和不足，特别是在党风廉政建设、领导班子建设和干部队伍建设等方面存在的问题，并形成书面汇报材料，领导班子成员要结合分管工作实际，撰写述职述廉材料。领导班子及其成员特别是主要负责人要自觉接受巡视监督，积极配合巡视督察组开展工作。

（五）加强领导，为推进水利厅党建和党风廉政建设提供强有力保证

今年党建和党风廉政建设工作的任务比较繁重。全厅各级党组织要切实担负起党要管党的政治责任，强化领导，扎实工作，以改革创新精神全面推进党的建设，努力开创水利厅党建和党风廉政建设工作新局面。

一要强化责任。各级党组织要牢固树立“抓好党建是本职、不抓党建是失职、抓不好党建就不称职”的观念，坚持“党要管党、从严治党，围绕中心、服务大局，分类指导、整体推进，与时俱进、开拓创新”的原则，以“组织坚强有力，党员作用突出，工作得到促进，人民群众满意”为工作目标，建立责任明确、领导有力、运转有序、保障到位的工作机制，把党建和党风廉政工作与业务工作同部署、同检查、同考核，确保思想到位、措施到位、工作到位。

二要注重创新。各级党组织要紧紧围绕水利发展这一中心，以理念常新推动思路创新，以机制创新推进工作规范，以方法创新提高工作水平，以作风创新提高工作实效，在开拓创新中突出党建和党风廉政工作新亮点。

三要建好队伍。各级党组织要把加强干部队伍建设作为党建工作的重要环节来抓，把学习和实践

作为提升干部队伍素质的两个根本途径，突出重点、有针对性地解决有关问题，确保干部队伍素质提升。要坚持德才兼备，以德为先的原则，加大干部人事制度改革，严格规范用人行为，加强对干部的培养和考察、管理和监督，要积极推行干部竞争上岗，扩大选人用人视野，为优秀年轻干部脱颖而出提供平台。最近西干渠管理处将通过竞争上岗的方式，在全厅范围内选拔几名科级干部，这在公开选人用人上迈出了可喜的一步。各单位要积极动员，为西干渠管理处输送人才。要加大干部交流力度，特别是要对组织人事、财务、工程公司主要负责人进行交流轮岗，组织人事、财务主要负责人任职满5年的必须交流，工程公司经理任职满3年的必须交流，不得打折扣，不得自己找理由。要按照"党性强、业务精、作风正"的要求，选好配强基层党务干部，并通过集中培训、轮岗交流、实践锻炼等途径，帮助党务干部提高政治素质和业务能力。

四要形成合力。要以大局为重、包容为要、和谐为先的理念，加强领导班子成员之间、领导干部与职工之间的团结，坚持相互理解，相互支持，心往一处想，劲往一处使，依靠强大的工作合力推动各项工作的开展。全体党员干部特别是领导干部一定要做到思想上始终保持清醒、政治上始终坚定、作风上始终务实，确保各项工作任务圆满完成。

四、认真学习胡锦涛总书记来宁考察时的讲话精神，切实抓好水利发展改革各项工作

3月21日~3月23日，胡锦涛总书记来自治区考察，期间专门到吴忠黄河标准化堤防、水利厅安排的兰州军区给水团为永宁县人饮安全水源打井工程和星海湖生态湿地保护区进行了考察，并听取了我们的工作汇报。考察结束时，胡锦涛总书记听取了自治区党委和政府的工作汇报后发表了重要讲话。我们一定要把胡锦涛总书记来宁考察时的讲话精神学习好、领会好、贯彻好、落实好。

一是要认真学习，深刻领会，迅速掀起学习贯彻新高潮。各单位党组织要把学习贯彻胡锦涛总书记重要讲话精神作为当前一项重要的政治任务，加强领导，精心组织，采取多种有效形式，迅速将胡锦涛总书记重要讲话精神传达到广大党员干部职工中。党员领导干部要带头学习领会，带头贯彻落实。中心组要制订学习计划，集中一段时间开展专题学习，领会精神实质，把握总体要求、重点任务和今后努力方向，切实把思想和行动统一到胡锦涛总书记的重要讲话精神上来。要以学习贯彻胡锦涛总书记的重要讲话精神为动力，坚定信心，克服困难，努力加快水利发展，不辜负党中央、国务院对我们的期望。

二是要紧密联系实际，创造性地开展工作。各单位要把学习贯彻胡锦涛总书记的重要讲话精神与深入贯彻落实党的十七届四中全会精神和国务院《关于进一步促进宁夏经济社会发展的若干意见》相结合，与学习贯彻全国"两会"精神相结合，与做好当前水利各项工作相结合，与抓好党建党风廉政建设相结合，与本单位工作实际相结合，以创新的思路，扎实的作风，献身、负责、求实的精神，抢抓新一轮西部大开发机遇，强力推进本单位各项工作。要按照胡锦涛总书记重要讲话中关于深入实施西部大开发战略，加快经济发展方式转变，着力推进产业结构优化升级，着力增强自主创新能力，着力夯实农业农村发展基础，着力搞好节能减排和生态环境，着力深化改革开放，切实做好保障和改善民生工作，促进社会和谐稳定，加强和改进新形势下党的建设，继续加强各级领导班子能力建设，进一步优化干部队伍结构，继续加强基层党组织建设，切实加强高素质干部队伍建设的总体要求，结合"十二五"规划的编制，广泛开展调查研究，精心谋划、深入研究本单位大发展、快发展的工作思路和重要举措，下决心查找影响本单位发展的突出问题和根本原因，进一步解放思想，开拓创新，科学制订好发展规划、工作计划，逐一研究提出解决问题的具体措施。当前要抢抓机遇，抓好"十二五"规划编制、重点项目争取、各类工程建设管理、节水型社会建设、水资源管理、民生水利、抗旱保灌等工作，切实把胡锦涛总书记的重要讲话精神落实到具体工作中。

三是要切实抓好维护稳定工作。发展是第一要务，是硬道理，稳定是第一责任，是硬任务。各单位要

把稳定作为保证水利改革发展的重要工作来抓，坚持一手抓发展改革，一手抓维护稳定，尤其要针对当前容易发生群体上访事件的重点环节，加大工作力度，切实解决职工群众的实际困难，把不稳定因素消灭在萌芽状态。

同志们，今年党建工作及党风廉政建设的工作目标已经明确，主要任务和重点工作已经确定。做好今年的党建工作和党风廉政建设工作，使命光荣、责任重大。希望各单位党组织、各级党员领导干部要以高度的党性原则履行好职责，进一步解放思想，振奋精神，以更加旺盛的斗志，更加务实的作风，更加创新的活力，更加扎实的措施，为实现水利又好又快、可持续发展做出新的更大的贡献！

水利厅党委书记、厅长吴洪相在引黄灌区2010年灌溉工作会议上的讲话

（2010年3月26日）

同志们：

刚才，广宏同志对去年的引黄灌溉工作做了全面总结，特别是对今年如何做好灌溉工作进行了安排部署。农牧厅、气象局、黄河上游水电开发公司宁电分公司从不同角度，对相关情况做了通报，灌溉局对2010年3~9月引黄水量分配及调度预案编制情况作了详细说明，讲得都很好，我完全同意，特别是提出了几点具体要求，希望大家抓好贯彻落实，确保全面完成今年引黄灌溉各项任务。按照水管体制改革和节水型社会建设的要求，财政厅、水利厅联合对2009年“全区节约用水先进单位”进行了表彰，鼓励水管单位和市县水务局节约用水。今年我们首次对灌区节水成绩突出的水管单位和市县水务局进行了表彰奖励，奖励总金额达135万元。今后，我们还要继续加强这项工作，并使之常态化。

2009年，在自治区党委、政府的正确领导下，在灌区各市县及自治区有关部门的大力支持下，面对秋冬春三季连旱、黄河引水指标核减及冬灌气温骤降、河渠结冰等困难，灌区各市县水利部门与各渠道管理单位紧密配合，积极应对，保障了全灌区农田适时灌溉，为确保农业增效、农民增收和农村社会稳定做出了重要贡献。一是灌区水资源统一管理体系进一步完善。自治区政府颁布了《宁夏回族自治区黄河宁夏段水量调度办法》(以下简称《黄河宁夏段水量调度办法》)，自治区政府办公厅印发了《宁夏黄河水资源县级初始水权分配方案》，把黄河初始水权分配到各市县及干渠直开口，修订了农业用水定额，为落实“总量控制、定额管理”，实施水资源优化调配奠定了基础。二是灌区农业节水效果明显。通过大力实施续建配套、大型泵站更新改造、盐环定续建等重点工程，加快灌区节水示范区建设，大力调整种植结构，积极推广节水技术，扩大实施井渠结合灌溉面积，水资源利用效率和效益进一步提高。出台《宁夏引(扬)黄灌区节约用水奖励办法》等，力促灌区用水由被动压减向主动节约转变。在全社会用水量不断增加的情况下，做到了引黄水量比近期最高年份少引水近25亿立方米。三是供水保障能力不断增强。采取适度提前放水、细化用水单元、加大水情通报等措施，分旬下达水量调度方案，实施精细化调度，各市县精心组织，加强管理，确保了上下游均衡受益，灌区连续六年获得丰收，粮食产量达22亿公斤，创历史新高，为自治区粮食安全和经济社会发展奠定了坚实基础。

下面，我就进一步做好灌区节水和管理工作讲几点意见。

一、把握形势，深刻认识节水工作的重要性和紧迫性

水资源是基础性的自然资源和战略性的经济资源，是生态与环境的控制性要素。在全世界致力于应对水危机的21世纪，中国作为经济社会快速发展的人口大国，面临着更为紧迫的水资源压力。自治区地处西北干旱地区，当地水资源量少质差，是全国水资源最匮乏的省区之一，加上国家分配的黄河水，人均可耗水量600立方米左右，不足全国平均值的1/3，经济社会发展完全依赖国家限量分配的黄河过境水，严重缺水是制约全区经济社会加快发展的主要“瓶颈”。特别是近年来，随着全区经济社会的快速发

展，一方面是水资源严重短缺、供用水矛盾日益突出；另一方面是用水结构失衡、用水效率低和效益不高。自治区现状农业用水量占全区总用水量的91.6%，高出全国27个百分点，工业用水占了不到5%，较全国低18个百分点；农业灌溉水分生产率0.8公斤，是全国平均水平的2/3。当前，自治区水资源总量与发展需求之间、农业用水与工业和城市用水之间、生产用水与生态用水之间的矛盾日显突出，已不能完全适应经济社会发展的需要。因此，我们必须清醒地认识到，自治区节水工作与自治区经济社会又好又快发展的要求还存在较大差距，用水结构与工业化、城市化发展的要求不相适应，节水工作的力度与粮食稳定增产、农民持续增收的要求不相适应，浪费水的问题相对突出，加快农业节水已经成为推动自治区快速发展的一项重要而又紧迫的任务。我们必须增强做好引黄灌区节水工作的紧迫感和责任感，提高认识，加强领导，完善措施，大力发展现代节水农业，为自治区跨越式发展提供有力的水资源保障。

二、采取综合措施，全面推进灌区节约用水

引黄灌区节水潜力还比较大，我们必须继续实施行之有效的综合节水措施，才能形成有效的整体节水效果，实现灌区农业节水和农民增收的双跨越。一是要继续抓好工程节水。抢抓国家实施西部大开发、增加农业基础设施投入的重大历史机遇，特别是持续加大灌区工程建设契机，全面加快现代节水型灌区建设。进一步加大灌区续建配套、大型泵站更新改造、盐环定续建、水权转换、节水改造等骨干工程建设力度，有效提高水资源调控和供水保障能力。切实抓好支斗渠配套、末级渠系改造、小型农田水利等工程，继续坚持不懈大搞农田水利基本建设，不断完善灌排体系。坚持整合项目、整片推进，进一步扩大节水示范区建设，发挥整体效益，尽快形成与节水增效相适应的工程基础。二是要继续抓好农艺节水。要紧紧围绕自治区加快发展现代农业要求，坚持以水定发展、以水定结构，围绕节水和增效，调整灌区农业种植结构，积极推进生产方式转变，大力发展高效节水农业。采取压稻增旱、压夏增秋措施，控制水稻等高耗水作物面积，发展特色节水高效经济作物和设施农业。要结合种植结构调整和耕作制度改革，大力推广水稻控灌、小畦灌、膜上灌、沟灌、滴灌、喷灌等节水技术，继续扩大实施渠井湖沟结合灌溉面积，加快形成与节水增效相适应技术手段，力争用五年时间使扬黄灌区全部、引黄灌区50%以上面积实行节水灌溉，推动传统农业向现代农业、节水农业转变。三是要继续抓好管理节水。加快从供水管理向需水管理转变，即由“以需定供”向“以供定需”转变，采取总量控制、定额管理、水价调控等措施，实施水量分配的精细化管理，逐步扭转传统灌溉方式，促使漫灌向控灌、高效节水灌转变。进一步完善生态用水、工业用水超用水量加价措施，强化节水有奖、超用受罚激励约束机制，促进灌区用水从被动压减向自律节约转变，对管理有效、节水效果明显的单位加大奖励力度。

三、强化服务意识，着力提升灌区管理水平

(一)切实加强水资源的统一管理和监督检查

灌区各级水利部门要严格执行《黄河水量调度条例》和《黄河宁夏段水量调度办法》，坚持“总量控制、定额管理”的原则，强化水权管理，规范各类取水行为，切实增强水量调度的计划性和执行力。重点加强新增用水指标的管理，各市县新增用水项目，一律按照总量控制的原则，在本市县总的用水指标内调剂解决。依据《宁夏回族自治区水资源论证管理办法》，没有进行水资源论证，没有经过水利厅审批的项目，一律不予供水。同时，要加大对无指标用水和超指标用水的监督检查力度，进一步规范新增用水的申报审批，对无指标用水和超指标用水的市县或单位，其取用或超用的水量将在下一年度的水量分配中加倍扣除。

(二)进一步巩固和深化灌区供水管理体制改革

在继续深化水管体制改革同时，加快建立完善“水管单位、协会、用水户”一体化的供用水管理体系，推进“水量统一调度、灌区民主管理、用水户广泛参与”的服务体系建设。水管单位要加强内部管理，转变传统的管水方式，加大延伸服务力度，及时返还水费，逐步从干渠专管向灌区综合管理转变，

从粗放管理向精细管理转变，扩大供水服务领域。要加强对农民用水者协会运行的指导和管理，进一步巩固和深化协会管理农村涉水事务的功能，坚持面积、水量、水价、水费"四公开"，不断提高支斗渠管理水平，促进灌区节水、农民增收，全力助推农村基层民主建设。

(三)有效确保渠道安全运行无事故

各市县、各渠道管理单位要强化安全意识，树立安全第一的思想，加强安全管理，落实安全责任，确保渠道无事故。要建立良性的安全投入保障机制。各水管单位要建立、健全渠道行水和防汛、沟道管理、水库运行等安全生产工作责任制，并将责任落实到具体单位、具体岗位和具体人员；要加大岁修工程的投入，不能以经费紧张、工资上涨为理由，随意压减岁修投入，更不能有等、靠、要思想。要严格按照水管单位财务管理的有关规定，提够、用足岁修资金；开灌前要对渠道工程进行一次全面的、认真的、彻底的检查，加强防护措施。凡重点设防部位，要备足抢险物料，将责任落实到人，指定专人看护，一有问题，及时抢修，确保安全，万无一失。

(四)大力推进灌区行风建设

水利行风建设是水利可持续发展的重要保证。灌区各市县和各级水利部门要努力转变工作作风，不断增强服务意识，认真做好灌区气象、水情监测、灌溉预测预报和节水高效技术引进推广工作。要针对群众反映的工程老化、淌水难、测量水精度不高等问题，进一步加大投入力度，采取有力措施，积极帮助群众解决实际困难，及时公开水量、水费等信息，努力树立良好服务形象。

同志们，做好今年的引黄灌溉工作，任务艰巨，责任重大。让我们在自治区党委、政府的正确领导下，深入贯彻落实科学发展观，坚定信心，迎难而上，团结一致，埋头苦干，创新灌溉管理，加大节水力度，为切实保障自治区供水安全、粮食安全和生态安全做出新的更大的贡献。

以深入开展党的建设年活动为抓手 努力开创党建暨党风廉政建设工作新局面

——水利厅党委副书记、副厅长郭进挺在水利厅2010年党建暨党风廉政建设工作会议上的报告

(2010年3月26日)

同志们：

按照会议安排，下面我就2009年水利厅党建工作进行总结回顾，对2010年的工作提出安排意见。

一、围绕中心，服务大局，2009年党建工作取得显著成效

2009年，在自治区党委、政府的坚强领导下，水利厅党委坚持以邓小平理论和"三个代表"重要思想为指导，深入学习实践科学发展观，全面贯彻落实党的十七届三中、四中全会精神，坚持"围绕发展抓党建，抓好党建促发展"，坚定不移地加强党的思想、组织、作风建设，为我区水利建设保持快速发展的强劲势头提供了坚强的组织保证和政治保证。

(一)结合实际，突出特色，学习实践科学发展观活动取得明显成效

按照中央和自治区党委的部署，从2008年10月到2009年9月，分两批在全厅33个基层党组织、216个党支部、2582名党员中扎实开展学习实践科学发展观活动。各单位坚持按照"重点环节重点抓，突出问题针对抓，整改落实切实抓"的要求，结合各自实际，明确活动主题，突出实践特色，切实推进整改方案的落实工作，圆满完成了各阶段各环节的工作任务，党员干部科学发展的意识不断增强，水利发展的体制机制不断创新和完善，解决了一批职工群众普遍关心的问题，党员参学率达到98.8%，群众满意率达97%，实现了"党员干部受教育，科学发展上水平，职工群众得实惠"的目标，受到了自治区领导小组的充分肯定。

(二)抓好班子，带好队伍，领导班子和干部人才队伍建设不断加强

一是切实抓好领导班子建设。按照建设学习型

党组织、学习型领导班子的要求，以处级以上领导干部为重点，通过认真落实中心组学习制度、开展领导干部讲党课活动、举办学习班、辅导报告等多种形式，深入学习中国特色社会主义理论体系以及党和国家的方针政策，不断强化各级领导班子和党员干部思想政治建设。全年选派32名处级以上干部参加了区内外院校理论培训班，开展了理论学习经验交流会，举办了学习贯彻党的十七届三中、四中全会精神培训班，培训处级以上干部500多人次。以坚持民主集中制和推进党务公开为重点，不断完善各级党委议事制度，提高决策水平，增强各级领导班子决策的科学化、民主化。对重大决策、重要事项通过会议纪要、情况通报、党员干部大会等形式及时向党员干部进行通报，保障广大党员干部的知情权、参与权和监督权。以认真落实民主生活会制度和深化"讲党性、重品行、作表率"活动为载体，在各级领导班子中积极开展批评与自我批评，形成大事讲原则，小事讲风格，相互信任、互相支持的良好工作作风，达到了相互理解、提高党性修养、增进班子团结、改进工作的目的。二是切实抓好干部队伍建设。坚持德才兼备、以德为先的用人标准和民主、公开、竞争、择优方针，严格干部选任工作，注重对优秀年轻干部的培养和使用，积极推进干部竞争上岗。2009年提拔交流处级干部45名，其中通过竞争上岗选拔4名，进一步优化了干部队伍结构，提高了选人用人公信度。进一步完善领导班子和领导干部考核评价机制，加强了对领导班子、领导干部年度考核，促进了各级领导干部勤奋敬业，激情干事，干净干事。三是切实抓好人才队伍建设。坚持把加强人才队伍建设作为一项重要工作来抓，制订了《宁夏水利人才发展建设规划(2009~2015)》《水利厅高层次人才选拔管理办法(试行)》，为人才成长创造条件，为长远发展打好基础。选派专业技术人员到国内外考察学习，拓宽视野，更新知识；公开招录了一批高素质水利人才，奠定水利发展的人才基础。四是切实抓好职工队伍建设。鼓励广大干部职工学政治、强素质，学业务、强本领，不断提高职工队伍政治素质、业务水平和工作能力，举办各类培训班15期，培训1500多人次。

(三)抓基层，打基础，基层组织的凝聚力、战斗力不断增强

一是切实加强基层党组织建设。以推进党建工作的制度化、规范化为目标，进一步完善保持党的先进性长效机制，坚持党建工作联系点制度，推行党建工作目标责任制，不断创新基层党组织工作方式方法。"三会一课"、民主评议党员、党员定期分析等制度不断完善和规范，争创"五好党支部"、争做"优秀共产党员"等活动经常化开展，党内关怀及激励机制进一步健全和完善。厅党委召开了建党88周年纪念大会，表彰和树立了近年来在水利发展与改革中涌现出的先进典型，极大地激励、激发了水利系统广大党员干部为水利事业负责和奉献的激情。特别是基层党组织的凝聚力、创造力、战斗力不断增强，党员的先锋模范作用有效发挥。2009年，盐环定扬水管理处党委被评为全区先进基层党组织。二是切实加强基层群众组织建设。重视基层工会和共青团建设，支持他们按照各自章程独立开展工作。各级工会和共青团组织紧紧围绕水利中心工作，大力开展"巾帼建功""青年文明号""青年志愿者服务"等形式多样的活动，有力促进了水利各项工作的开展。

(四)惩防并举，注重预防，党风廉政建设扎实推进

一是深入开展廉政教育。在全体党员中经常性开展党性、党风、党纪教育，有针对性地开展示范教育、警示教育、岗位廉政教育，使广大党员干部从思想上筑牢拒腐防变的道德防线。二是重视廉政制度建设。制定了水利厅领导干部问责暂行办法、厅属企业领导人员廉洁从业暂行办法、廉政风险防范管理实施方案、落实党风廉政建设责任制和推进惩防体系建设考核办法等廉政制度，坚持领导干部个人重大事项报告、述职述廉、诫勉谈话、干部任前谈话和经济责任审计等制度，强化了对权力运行的约束。三是重视落实责任。认真执行党风廉政建设责任制，层层签订责任书。四是强化纪律约束。对公款出国出境和公务出差、压缩会议规模和文件数量，减少会议和公务接待开支、严控公车购置和新建、装修办公楼等事项进一步作出了具体规定，各类支出同比大幅下

降，有效制止了铺张浪费现象的发生。同时，我们还深入开展了“小金库”等专项治理工作和工程建设等重点领域的督察检查工作，进一步规范、强化了水利工程项目审批、物资采购、招标投标、工程建设管理工作。组织举办了以“廉洁水利、和谐水利”为主题的廉政文化作品展等系列活动，大力推进廉政文化建设，有力地推动了学风廉政建设。

（五）狠抓作风，力求实效，效能建设和行风建设不断深入

以提高执行力为突破口，狠抓党员干部队伍作风建设，推进效能建设和行风建设不断深入。制订了《效能目标管理考核办法（试行）》，紧紧围绕水利厅向政府承诺的效能目标任务，制订分工方案，明确目标任务，强化责任考核，落实工作责任，特别是加强重点项目和民生水利工程的跟踪效能监察，有力推进了效能建设各项制度的落实。把政风行风建设贯穿于各项水利工作始终，进一步优化行政审批事项和办事程序，深入推进政务（水务）公开，采取了明察暗访等形式加强政风行风督察，行业社会形象持续提升。在2009年全区政风行风评议中水利厅名列政府部门第一。

（六）创建结合，多措并举，精神文明建设水平不断提升

进一步强化社会主义核心价值体系教育，深入开展社会公德、职业道德、家庭美德教育，大力开展创先争优活动和向先进模范人物学习活动，13名职工被评为自治区、地市级道德模范。进一步完善文明单位创建体制、机制，积极开展群众性精神文明实践活动，举行了庆祝新中国成立60周年系列活动，组织水利职工参加了自治区和水利部举办的体育运动会，展示了宁夏水利职工的良好精神风貌。注重平时考核与年终考核相结合，增强考核的针对性和有效性，加大对厅属各单位考核力度，促进各项工作全面完成。2009年，先后有6个单位被评为全国、全区和水利部文明单位。

一年来，全厅各级党组织始终坚持围绕中心，服务水利发展大局，坚持抓党建、促发展、保稳定，党的建设进一步加强；执政能力建设和先进性建设深入进行；理论武装卓有成效；学习实践科学发展观活动取得重大成果；党内民主不断扩大；领导班子和干部队伍建设特别是干部教育培训取得重要进展，人才工作进一步加强，干部人事改革、制度创新不断深入；党风廉政建设和反腐败工作成效明显，为水利科学发展、快速发展提供了坚强、有力的政治和组织保障，确保了自治区党委、政府的重大决策部署和各项水利中心任务的完成：民生水利取得新的进展，重点工程建设夯实发展基础，水资源配置能力进一步提升，节水型社会建设进一步推进，水利改革不断深化，体制机制不断创新，水利投入再创历史新高，农田水利基本建设在全国树立了一面旗帜，率先在全国建成了“六位一体”黄河标准化堤防，首次对黄河宁夏段进行了历史性疏浚。水利发展势头日趋强劲，水利保障能力、发展活力不断增强，水利发展基础不断夯实，取得了落实国务院《意见》涉及水利十大项目、水利投资“两个历史突破”，夺取了农村饮水安全工程建设、农田水利基本建设、黄河标准化堤防建设“三个新的胜利”，实现了水资源管理、中部干旱带高效节水补灌、病险水库除险加固、工业城市供水工程建设“四个快速推进”，在全区水利工作会议上，自治区领导对我厅工作给予了高度评价。

回顾2009年党建工作，我们深刻体会到：做好水利党建工作，必须始终坚持围绕中心、服务大局，为我区水利又好又快发展提供坚强的思想、组织和作风保障；必须按照科学发展观的要求，积极探索和完善党建工作体制机制，全力提升党建工作的科学化水平；必须坚持以人为本，把解决广大干部职工最关心、最直接、最现实的需求作为工作的出发点和落脚点；必须坚持抓基层、强基础，充分发挥党组织的战斗堡垒作用和党员的先锋模范作用；必须坚持推动基层民主建设，保障广大党员、干部和职工的知情权、监督权和参与权，调动干部职工的积极性，全力推动水利发展；必须坚持抓党风、带政风、促行风，形成全社会关心水利、支持水利的良好氛围。

在肯定成绩的同时，我们也必须清醒地看到当前我们党建工作与自治区党委的要求、与广大党员的期待、与形势任务的需要还有一定差距。主要是个

别领导班子和领导干部思想还不够解放，推动水利又好又快发展的能力还不强；有的基层党组织抓党建工作一般化，工作方式、方法创新不够，缺乏吸引力、感染力，党建工作内容不丰富，责任制落实还不到位，党组织的战斗堡垒作用和党员的先锋模范作用发挥不够；个别领导干部学习意识不强，工作方法简单、作风漂浮，缺乏工作激情和奋发有为的精神；干部职工队伍和人才队伍结构不尽合理；个别单位落实制党风廉政责任还不到位，未能下工夫认真解决好自身存在的问题，监督工作还存在薄弱环节，个别领导干部廉洁自律的自觉性有待进一步提高；精神文明建设水平有待进一步提高，基层职工工作生活条件亟待改善，等等。对这些问题，我们要高度重视，认真研究，努力加以解决。

二、2010 年党建工作的目标任务和要求

2010 年是全面贯彻落实党的十七届四中全会和中央纪委第五次全体会议精神、加强和改进新形势下党的建设的重要一年，也是全面实现水利厅第三次党代会各项目标任务的重要一年。做好 2010 年的党建和党风廉政建设工作，对不断提升我厅党建工作科学化水平，迎接建党 89 周年具有十分重要的意义。

2010 年总体工作要求是：以邓小平理论和“三个代表”重要思想为指导，深入贯彻落实科学发展观，以“党的建设年”为载体，以建设学习型组织为抓手，以党的执政能力建设和先进性建设为主线，以加强党员干部党性锻炼和落实党员领导干部廉洁从政若干准则为重点，以创建文明行业为龙头，牢牢把握服务中心、建设队伍两大任务，全面推进党的思想建设、组织建设、作风建设、行业文明建设和反腐倡廉建设，使我厅党的建设走在全区基层组织建设的前列，为水利又好又快发展提供坚强保证，奋力开创水利工作新局面。

2010 年主要目标任务是：

不断推进党的思想理论建设。扎实开展“党的建设年”活动，努力构建学习型党组织，扎实推进社会主义核心价值体系建设，加强水利文化建设，加强思想政治工作，不断提高各级领导班子的领导能力、领导水平和干部、职工队伍的整体素质。

切实加强党的基层组织建设。坚持抓基层强基础，进一步落实党建工作责任制，加大对基层组织的考核监督，加强对工会、共青团组织的领导，动员各方力量推动水利发展。

切实加强干部队伍和人才队伍建设。认真抓好规范用人行为试点工作，严格干部选任工作，加大干部交流和年轻干部培养力度；认真落实水利厅《人才队伍建设规划》，推动全厅人才队伍结构更趋合理。

继续深化党风廉政建设和行风政风。加强作风建设，认真抓好“廉政制度建设年”活动，巩固和深化行风建设、效能建设成果，力争在年度效能考核和行风评议中取得更好成绩。

扎实推进精神文明建设。大力开展群众性精神文明创建活动，丰富活动内容，创新活动载体，争创 1~2 个省、部级文明单位，争创全区文明行业。

切实保障全区水利工作会议安排部署的各项工作目标任务全面完成，实现水利发展新突破。

三、以开展党的建设年活动为抓手，努力开创水利厅党建工作新局面

水利是国民经济的基础产业，是全面建设小康社会的重要支撑。宁夏水利要为自治区跨越式发展提供强有力的支撑，需要我们水利系统全体党员干部职工的共同努力，需要各级党组织发挥坚强的领导作用。各级党组织一定要深刻认识水利发展形势、发展任务对我们提出的新要求，进一步增强责任感和使命感，按照总体目标任务和要求，以开展“党的建设年”活动为抓手，着力加强党建和党风廉政建设工作，努力提高党的建设科学化水平，为实现水利发展新突破提供坚强的思想、组织和作风保证。

（一）深入开展“党的建设年”活动，努力推进学习型党组织建设，提高各级领导班子建设水平

把深入学习贯彻党的十七届四中全会精神作为当前和今后一个时期的重要政治任务，深入开展“党的建设年”活动，努力推进学习型党组织建设。一是全面贯彻落实十七届四中全会精神。党的十七届四中全会作出的《关于加强和改进新时期党的建设若干重大问题的决定》是新形势下加强和改进党的建

设的纲领性文献。厅党委已就学习贯彻十七届四中全会精神印发了意见，明确了工作目标、任务，关键是抓好落实。各级党组织要按照厅党委的安排部署，坚持以科学发展观为指导，紧密结合本单位工作实际，着力在创新党建工作制度和机制上下工夫，制订具体实施方案，明确工作措施，落实工作责任，努力探索和不断建立符合水利实际、适应发展要求的新思路、新机制，不断提高全厅党建工作的科学化水平。二是努力推进学习型党组织建设。坚持不懈地用马克思主义中国化最新成果武装党员、教育人民，认真学习贯彻全国"两会"精神，以建设学习型党组织为抓手，加强和改进党委(总支、支部)中心组学习，发挥各级领导班子、党员领导干部学习教育的示范作用。严格落实中心组学习制度，建立学习型党组织考核评价机制和督查、命名办法，完善领导班子和领导干部述学、评学、考学、督学机制，促进学习的经常化、制度化。开展建设学习型党组织调研活动，抓好基层党员教育示范联系点建设和"学习宣讲党的十七届四中全会精神理论下基层"活动，在各级中心组和领导干部中开展"精读一本好书、发表一篇理论文章、开展一次专题调研、作一场学习辅导报告、帮建一个基层党支部"活动，培育一批学习型党组织示范点。三是切实转变学风。要以中心组理论学习为基本形式，以处级以上领导干部为参学重点，以中国特色社会主义理论体系为基本内容，大力倡导爱读书、读好书、善读书的良好氛围，组织党员干部认真学习哲学、历史、科技、经济等各方面知识，掌握做好水利工作的新思想、新知识、新技能，不断提高领导干部的理论政策水平和领导科学发展的能力。要始终坚持理论联系实际的优良学风，带头把理论学习与贯彻落实国务院《意见》、中央和自治区党委、政府各项决策部署结合起来，与推动水利发展结合起来，深刻领会精神实质，深入研究区情、水情，广泛开展调查研究，切实把理论学习的成效体现在水利科学发展和党的建设新成果上来，推动各项工作再上新台阶。

(二)切实加强基层党组织建设，为水利发展提供坚强的组织保证

坚持按照"六个贯穿始终"的要求，明确工作重点，大力推进基层党组织工作创新。一要进行分类指导，突出工作重点。要区分党组织的不同类型，找准工作的切入点，提高党组织建设的成效。机关党组织建设要紧紧围绕加强机关干部队伍建设，推动机关各项工作"提质、增效"，不断增强机关党建工作活力，提高执行力、工作效率和工作水平，提升机关整体建设水平；厅属各水管单位党组织要紧紧围绕水利中心工作，进一步夯实党建工作基础，提高党组织推动水利发展的能力和水平；厅属各企业党组织要紧紧围绕企业经营、管理，充分发挥党组织的政治核心作用，建立和完善党组织参与企业重大经营决策的工作机制，推动企业快速发展；学校党组织要紧紧围绕职业教育发展方向、发展方针，充分发挥党组织在深化教育改革、教书育人、师德师风建设中的政治核心作用，着力提高教学和管理水平。二要创新工作机制，强化考核评价。全面落实党建工作责任制，建立和完善对基层党组织的考核监督机制，对各级党组织战斗堡垒作用的发挥和工作业绩的优劣进行考核评价，督促各级党组织不断加强自身建设，不断完善工作机制，不断创新工作方法，更好地围绕中心，服务大局。指导各级党组织建立对党员的考核评价机制，坚持把党员培养为骨干，把骨干发展为党员，做到"关键岗位有党员、技术攻关有党员、困难面前有党员"，注重对党员先锋模范作用和工作实绩的考核，不断加强党员队伍的教育和管理。三要巩固学教成果，开展创先争优。进一步巩固学习实践科学发展观活动成果，认真开展学习实践活动"回头看"，督促抓好整改方案的落实，确保各项整改措施事事有落实，件件有回音。大力开展创建"先进基层党组织"、争当"优秀共产党员"活动，努力把各级党组织建设成为领导班子好、党员队伍好、工作机制好、工作业绩好、群众反映好的"五好党组织"，把党员队伍建设成为理想信念好、思想作风好、岗位业绩好、服务群众好、履行义务好的"五好党员"，不断夯实推动水利发展的组织基础。四要发展党内民主，提高党员素质。坚持民主集中制，积极推进党务公开，进一步完善领导班子工作机制和议事规则，认真落实党员知情权、参与权、

选举权、监督权，拓宽党员意见表达渠道，充分发挥党员主体作用，营造党内民主讨论、民主监督的宽松环境。深化“讲党性、重品行、做表率”活动，完善保持共产党员先进性的长效机制，认真落实党内激励、关怀、帮扶机制，进一步提高党员素质。

（三）抓好规范用人行为试点工作，切实加强干部队伍建设

按照自治区党委部署，我厅被列为“规范党委领导班子用人行为试点”单位。这既是自治区党委对水利厅党委的信任，也是对我们工作的鞭策。我们要以此为契机，进一步加强干部队伍建设。一要切实抓好试点工作，大胆探索积累经验。要坚持民主、公开、竞争、择优的原则和德才兼备、以德为先的用人标准，制定好规范用人行为工作制度和实施方案，在全厅各级党组织中积极稳妥地推行试点工作，确保试点工作顺利进行，取得实效。二要进一步完善干部选拔任用机制和干部监督与考核评价机制，积极推进干部竞争上岗，建立“分类分级考核、考人考事结合、群众广泛参与、扩大考察范围、奖惩使用挂钩”的考核新机制，扩大群众参与范围，做到以发展眼光发现干部，以工作业绩考察干部，以群众呼声评价干部，真正把政治上靠得住、工作上有本事、作风上过得硬、职工群众信得过的干部选拔上来。要强化考核结果的运用，实行考核结果与评优评先、表彰奖励、选拔任用、调整交流“四挂钩”，真正让干得好的考得好，能力强的选得上，作风实的出得来，激励引导各级干部真正把心思和精力用在干事创业上来，在全厅干部队伍中营造勤奋干事、激情干事、干净干事的良好氛围。三要坚持把优秀年轻干部培养当作一项战略任务来抓，研究制订年轻后备干部队伍建设长远规划，组织推荐、考察一批优秀年轻干部进入后备干部队伍，充实完善后备干部库。要坚持备用结合、动态管理，建立健全后备干部培养管理制度，采取分类培养、多岗锻炼的办法，有计划地选派年轻干部到基层和生产一线，到艰苦岗位和复杂环境中工作，经受历练，积累经验，提高能力，促进成长。四要加大干部教育培训工作力度，进一步丰富培训内容，创新培训方式，强化培训效果。要紧紧围绕推动水利事业又好又快发展这一主题，按照加强思想理论教育、加强知识能力教育、加强党性观念教育的总目标，深入基层开展培训需求调研，切实掌握干部的培训需求，围绕干部最想学到的知识、最想知道的情况、最想解决的问题，本着少而精、有效管用的原则，完善培训计划。依托自治区党校、行政学院、水利党校以及高校、科研机构等培训资源，努力形成“学习、研究、实践”紧密结合的培训格局，着力提高各级班子和领导干部领导科学发展的能力。

（四）大力实施人才兴水战略，扎实推进人才队伍建设

充分认识人才队伍建设的重要性、紧迫性，以找准定位、理顺关系、形成合力为重点，把人才队伍建设作为保证水利可持续发展的基础性工作常抓不懈。继续加大对人才工作的领导，完善人才工作制度，认真落实《宁夏水利人才发展建设规划（2009~2015）》《水利厅高层次人才选拔管理办法（试行）》，充分引入激励机制，紧密结合节水型社会建设、水资源管理、水利投融资体制改革等事关水利发展的重大课题，通过“请进来”与“送出去”相结合，经常性培养与给任务、压担子相结合等方式，分层次抓好专业技术人才、企业经营管理人才、高技能人才培养，着力提高人才队伍业务水平和实践能力，抓好学术带头人、专业技术骨干、经营管理人才的培养和作用发挥大力实施“优秀人才聚集工程”，努力推进人才队伍结构调整。在注重从基层发现和培养人才的同时，积极引进一批博士、硕士研究生等学识高、能力强、符合水利发展要求的专业人才，着力改善水利人才队伍结构失衡的状况。加大优秀人才激励力度，深化“水利十佳青年”评选工作，开展“优秀科技人才”和“学科带头人”评选工作，探索建立优秀人才奖励基金，对为水利事业发展做出重大贡献的优秀人才进行奖励，以优越的政策制度留才、引才、聚才，努力建设一支政治坚定、业务精通、作风过硬、能担重任的高素质人才队伍。

（五）坚持标本兼治、惩防并举，切实抓好党风廉政建设和反腐败工作

认真学习贯彻中纪委十七届四次、五次全会精

神,严格执行党风廉政建设责任制,认真落实建立健全教育、制度、监督并重的惩治和预防腐败体系,建立健全党员领导干部行为规范、内部控制、权利制约等制度,认真落实领导干部问责、厅属企业领导人员廉洁从业、廉政风险防范管理、廉政承诺制、领导干部个人重大事项报告、诫勉谈话和函询等各项规定,扎实做好领导干部经济责任审计工作,认真落实效能建设制度,强化绩效管理和目标责任考核,加强重点项目和民生水利工程效能监察,进一步规范工程建设管理工作,确保"工程安全、资金安全、干部安全"。进一步加强效能建设,深化水利行风建设,完善效能目标责任考核制度,巩固扩大行政审批、水务公开、延伸服务等工作成果,实现队伍素质、工作效率、服务质量、行业形象"四个提高"。

(六)坚持四个结合,落实四项要求,切实加强作风建设

充分认识作风建设对凝聚人心、凝聚力量,推动水利事业发展的巨大力量,切实加强党员干部特别是各级领导班子和党员领导干部作风建设。一是要把加强作风建设与推动工作相结合,去懒求勤,全面落实各项工作任务;把加强作风建设与加强党性锻炼相结合,去俗求雅,切实维护班子形象;把加强作风建设与效能建设相结合,去粗求细,不断提高执行力;把加强作风建设与行风建设相结合,去冷求暖,不断提高服务水平。对本单位本部门重点工作任务集中精力进行统筹谋划,结合实际创新工作措施,振奋精神狠抓工作落实,少一些迎来送往,多一些深入思考,建立健全各项规章制度,不断加强监督检查,提高精细化管理程度,经常性开展自查自纠,提高服务全区经济社会发展的能力。二是要坚持做到不违法、不违纪、不违背群众意愿、不违背上级要求。自觉加强政策法规学习和教育,提高依法行政、依法办事、依法管理的水平,严格遵守各项规章制度,认真贯彻落实群众工作路线,实现好、维护好广大职工群众的合法权利,对上级下达的任务,要坚决完成,上级要求的事项,要全面做到,上级的安排部署,要不折不扣地贯彻执行,努力把作风建设的成效转化为推动水利发展的实际行动,转化为解决职工群众利益问题的实际行动,转化为锐意开创水利工作新局面的实际行动,以优良的作风促政风、带行风。

(七)坚持创建结合、上下联动,扎实推进精神文明建设

坚持按照贴近实际、贴近生活、贴近群众的要求和"创""建"结合的原则,不断创新精神文明建设工作机制,扎实开展精神文明创建活动,着力在巩固成果、提高水平、拓展深化、增强实效上下工夫,进一步提高全行业文明程度。一要不断创新工作机制。探索建立党委统一领导,工团组织配合,引导群众参与的精神文明建设工作联动机制,积极支持工会、共青团按照各自的章程开展工作,通过教育引导、典型引路,活动带动、实践推动等方式,创新创建机制,丰富创建载体,强化创建效果,取得创建成果。二要不断丰富活动内容,创新活动载体。深入开展"思想道德宣传年"活动,大力宣传道德模范的先进事迹,发现和树立系统内的道德模范;深入开展"迎世博、讲文明、树新风"活动,突出抓好行业文明礼仪实践活动,健全岗位文明行为规范,评选礼仪标兵,促进行风转变;大力开展全民阅读和资源节约活动,营造全民读书氛围,培育勤俭节约的社会风尚;深化文明单位创建,争创全区文明行业,广泛开展志愿服务活动,努力实现争创1~2个省、部级文明单位,争创全区文明行业工作目标。三要不断加大宣传力度,扎实做好思想政治工作。充分利用报纸、电台、网络、小报、橱窗等新闻媒体和宣传载体,大力宣传水利发展的新成效、精神文明建设的新成果、各项工作的新进步、行业涌现的新典型,力促全社会形成关心水利、支持水利、参与水利的良好氛。进一步加强思想政治工作,结合实际制定重点调研课题,组织撰写一批调研文章。重视做好信访和维护稳定工作,为水利发展营造和谐稳定的社会环境。四要大力推进水文化建设。要以"水利博物馆"建设为契机,不断加强水文化建设。要在挖掘、整理传统农耕文化、引黄灌溉文化的基础上,注重总结、提炼由传统水利向工业水利、城市水利、生态水利转变中形成的水利文化。要在大力提倡"献身、负责、求实"的水利行业精神的基础上,注重挖

掘、凝炼老一辈水利人形成的甘于奉献、艰苦奋斗的创业精神、新时期水利人形成的“敢打硬仗,能打硬仗,能打胜仗”的拼搏精神,展现出的“工程安全、资金安全、干部安全”的职业操守,在全系统培育共同的理想信念和思想道德基础,把全体干部职工的力量凝聚到推动水利事业发展中来。

(八)坚持围绕中心,服务大局,致力于推动水利发展实现新突破

坚持党建保障和服务水利发展大局,凝聚水利系统广大党员干部心智气力,为我区的水利健康快速发展大显身手。抢抓国家继续实施积极的财政政策和适度宽松的货币政策、西部大开发战略第二个十年规划的启动实施以及国务院《意见》深入落实的机遇,推动水利工作实现新突破。一要以更宽视野、在更高层次推进分区治水新思路的深化和完善,保障自治区经济社会跨越发展对水资源的合理需求;二要坚持大抓项目、抓大项目,促大发展,大力实施项目带动战略;三要着力推进民生水利新发展;四要加快重点工程建设步伐,着力提升水资源调控能力;五要抓好引黄灌溉管理,大力提高灌区供水保障能力,为我区粮食安全做出新的贡献;六要加速节水型社会建设;七要严格落实“总量、保护、效率”三条红线制度,不断提升水资源保障能力;八要提高防灾减灾能力,维护社会稳定;九要不断深化水利改革,全力构建水利良性发展体制机制;十要强化行业基础能力建设,提高水利科技创新和应用能力,提高依法治水、科学治水的能力,改善基层生产生活条件。

同志们,围绕水利中心工作,加强党的建设,服务水利科学发展,是新形势下各级党组织的重要任务。“骏马自知前程远,不需扬鞭自奋蹄”。水利系统各级党组织和各级领导干部都要以高度的责任感和强烈的事业心,紧密结合工作实际,找准突破点,抓住结合点、创出新亮点,深入贯彻落实科学发展观,以改革创新的精神、饱满的工作激情、扎实有效的措施,全面推进党的建设,为确保全年水利发展改革各项任务的顺利完成、奋力开创水利党建和党风廉政建设工作新局面做出新的更大贡献!

加强领导　强化措施
扎实推进水利党风廉政建设

——水利厅纪委书记崔莉在水利厅2010年党建暨党风廉政建设会议上的讲话

(2010年3月26日)

同志们:

按照会议安排,下面,我代表厅纪委就做好今年党风廉政建设和反腐败工作讲三点意见。

一、总结成绩,认清形势,切实增强反腐倡廉工作的责任感和紧迫感

2009年,水利厅各级党组织紧紧围绕水利中心工作,以教育党员干部“干干净净干事创业”为基础,以建立党政干部问责制和企业领导人员廉洁从业规范为突破口,全面落实党风廉政和惩防体系建设任务,取得了新的明显成效。

具体来讲,主要做了以下八个方面的工作:

(一)构筑防线,廉政教育针对性进一步增强

坚持把廉政教育作为惩防体系建设的基础工作来抓,着力提高党员干部廉洁从政的自觉性。一是围绕干干净净干事,加强党纪政纪教育;二是围绕为民利民惠民,加强干部作风教育;三是围绕增强教育的趣味性,组织开展职工廉政文化活动。

(二)强化监督,党纪政纪的约束力进一步增强

从确保“三个安全”入手,强化对重大水利工程建设、大宗物资采购、工程招标投标、工程竣工验收的监察力度。厅纪委组织相关业务处室先后6次深入银川、石嘴山、吴忠、中卫、固原五市各重点水利工程建设工地,对全区2009年新增中央水利投资项目落实情况进行监督检查,力促工程建设项目进度、质量、资金“三落实”;主动防范、正确引导,适时组织召开了规范招投标工作座谈会;强化对领导干部的监督,坚持纪委书记同厅属单位党政主要负责人谈话制度、领导干部个人重大事项报告制度、述职述廉制度、谈话诫勉制度,坚持干部任前廉政谈话制度。

(三)强本固基,反腐倡廉制度建设有所突破

认真贯彻落实中央四个文件精神,制订了《水利厅党政领导干部问责暂行办法》和《水利厅厅管企业领导人员廉洁从业暂行规定》;按照水利部和自治区纪委的统一安排,制订下发了《宁夏水利工程建设领域突出问题专项治理工作实施方案》《水利厅廉政风险防范管理实施方案》,加强组织协调,着力抓好工作落实。

(四)正本清源,信访核查工作进一步强化

全年共受理信访举报26件(次),其中,重复件10件,初核4件,转下属单位办理12件。集中力量用一个多月的时间,对反映个别单位领导干部的问题进行了核查,澄清了事实,做到了给群众一个明白,还干部一个清白。

(五)服务民生,水利政风行风建设成效显著

把政风行风建设作为推动水利科学发展的强有力抓手,以关注民生、服务群众、构建和谐水利为主线,在突出行业特色上下工夫,着力解决群众关心、领导关注、社会关切的水利热点难点问题,彰显了全区水利系统亲民、爱民、为民、惠民的良好形象,得到社会各界的高度认可,水利厅民主评议政风行风工作名列自治区政府19个参评部门首位。

(六)强化督查,效能监察助推中心工作提速增效

牢固树立廉政必须勤政的观念,以效能建设促进党员干部改进作风,提高效率。下发了《效能目标管理考核暂行办法》《2009年全区水利工作要点主要目标任务责任分解》和《2009年水利厅效能建设目标责任分解》,将具体目标任务分解到分管厅领导、机关处室和厅属单位,责任落实到人头,明确了完成时限。实行厅长督办副厅长、副厅长督办分管处室负责人、处室负责人督办处室工作人员的机制。采取单位自查、督查组抽查、专项督导、明察暗访、跟踪问效等措施,重点加大了对贯彻落实自治区党委、政府和水利厅重大决策、重点工作等情况的效能监察。在全厅上下形成了“五加二”“白加黑”加班加点赶工期,你追我赶抓落实的良好局面,促进了各项水利工作又好又快推进。

(七)认真督导,党风廉政建设责任制得到有效落实

把落实责任制、推进惩防体系建设作为反腐倡廉建设的龙头来抓,始终贯穿于水利各项业务工作之中,定期分析各单位实际工作中出现的新情况、新问题。结合水利部门特点,采取下发《关于认真贯彻执行〈宁夏回族自治区党风廉政建设责任制和推进惩防体系建设考核办法(试行)〉的通知》、层层签订党风廉政建设责任书的方式,把党风廉政建设和构建惩防体系的工作任务分解到领导,细化到部门,量化到岗位,落实到人头。厅纪委先后多次深入厅属单位进行督查,及时发现和解决存在的问题,较好地推动了党风廉政建设工作的深入开展。

(八)增强素质,纪检队伍的适应能力和业务水平有所提高

组织开展了“六个为什么”“强素质、树形象、促工作”等主题实践活动,举办了“学习王瑛同志,做党的忠诚卫士,当群众贴心人”主题演讲活动,先后选派21人次参加了水利部和自治区纪委组织的纪检监察业务培训。

回顾一年来的工作,我们深刻体会到,取得党风廉政建设和反腐倡廉工作的新成效,必须认真贯彻落实中央、自治区各项方针政策和重要工作部署;必须加强各级党组织对反腐倡廉工作的领导,认真落实党风廉政责任制;必须坚持党委统一领导、党政齐抓共管、纪检监察组织协调、部门各负其责的工作机制,形成监督合力;必须紧密联系水利工作实际,围绕中心,服务大局,突出工作重点;必须坚持关口前移、注重制度建设、惩防并举、重在预防。

过去的一年,得益于各级党政组织和广大党员干部的共同努力,我厅党风廉政建设和反腐败工作有了新的进展。但是,不可否认,我们的工作还存在不少问题,概括起来讲,主要表现在以下四个方面:

(一)党风廉政教育尚未做到常态化

一是教育的针对性不强。有些单位放松了对党员的经常性教育,普遍存在着以时事政治的学习代替廉政教育的倾向,不能很好地结合本单位党员干部的思想动态和苗头性问题选择教材,往往是上级

安排什么就组织学习什么，与党员干部的思想实际结合得不紧密；二是教育形式单一。大多数单位满足于集体学习上级文件或领导讲话，即便是组织专题讲座，也大多采取填鸭式的教育方式进行灌输，结合党员思想动态和问题隐患开展启发式、引导式或警示性教育的不多；三是针对个人的提醒教育开展不够。一些单位的党委书记、纪委书记对党员干部的思想动态掌握不准确、不及时，特别是对一些关键岗位的干部处理敏感问题的作为和工作效果，了解不深、监督不够，缺乏有针对性的个别提醒教育。

(二)部分单位加强党风廉政建设的自觉性不高

一是缺乏风险意识。未能结合单位或部门的实际，深入查找关键岗位、重要部位潜在的风险隐患，并采取有效措施加以防范，而是满足于表面上的平静，甚至视而不见、放任自流，等到出了问题，又束手无策。二是廉政制度不健全、不完善。部分部门、单位没有结合自身工作特点制订相应的廉政制度和规定，即便原来有一些，也难以适应发展变化的形势和现实工作的需要，操作性不强。三是执行廉政制度不严。有的领导干部忘记了自己肩负的神圣职责，要么担心丢选票、遇事躲着走，自作聪明地要滑头，要么无所用心、做太平官，发现问题推三诅四、不闻、不问、不管，平庸地追求“你好我好大家好”，为个别干部违法违纪、铤而走险提供了可乘之机。

(三)个别领导干部廉洁自律意识不强、廉洁从政的表率作用发挥得不好

一方面，未能很好地学习领会中央、自治区关于领导干部廉洁从政和廉洁自律的各项要求，不清楚哪些事情可以做，哪些事情是禁止的，以其昏昏，使人昭昭，糊里糊涂地混日子，浑浑噩噩地为不法分子做“挡箭牌”“保护伞”；或者放弃了党员领导干部的基本标准，“揣着明白装糊涂”，嘴上说一套，实际做的又是另一套，放着胆子在自己管辖的“一亩三分地”里捞好处，抱着难以被发现的侥幸心理顶风违纪，甚至与相关利益者订立攻守同盟，逃避组织监督；另一方面，特权思想严重，凡事总想搞特殊，只要组织照顾，不要组织纪律，该坚持的原则不坚持，该履行的职责不履行，总觉得组织上亏欠了自己，牢骚满腹，刻意滋事。

(四)有些单位纪检监察机构履职不到位

个别纪检干部只当“和尚”不“撞钟”，遇事“怕”字当头，能抹就抹，能躲就躲，不敢监督、不愿监督，纪律保障作用发挥得微乎其微。

对于上述问题，我们必须采取有力措施，切实加以解决。我之所以用这么大的篇幅列举我们工作中存在的问题，就是希望同志们能清醒地认识到我们面临的严峻形势。当前和今后一个时期，是我区水利建设的高峰期，也是腐败问题的易发期。就全区而言，水利建设项目多、投资大、时间紧、要求高，工作任务繁重，这对在座的每一位领导干部来讲是一次重大的政治考验。经验告诉我们，越是在水利建设的高峰期、重点工作的关键期，反腐倡廉的警钟越要敲得响，反腐倡廉的弦越要绷得紧，特别是对一些已经暴露出来的苗头性、倾向性问题，必须痛下决心，坚决将其消灭在萌芽状态。对于这一点，同志们一定要有清醒的认识。因此，希望各级党组织必须充分认识加强党风廉政建设和反腐败工作的重要性和紧迫性，进一步增强责任感，以更加坚定的信心、更加坚决的态度、更加有力的措施、更加扎实的工作，把党风廉政建设和反腐败斗争推向前进。

二、围绕中心，服务发展，努力取得水利党风廉政建设和反腐败工作新成效

2010年，水利厅党风廉政建设工作总的要求是：全面贯彻党的十七届四中全会和中纪委、自治区纪委五次全会精神，以邓小平理论和“三个代表”重要思想为指导，深入贯彻落实科学发展观，推动全区水利工作会议各项工作任务的落实，坚持标本兼治、综合治理、惩防并举、注重预防的方针，强化四项工作，突出三个重点，推进两大建设，扎实抓好一项活动，努力取得党风廉政建设和反腐败工作的新成效。

(一)强化四项工作，为水利科学发展提供坚强的纪律保障

一是强化监督，确保中央、自治区和水利厅各项重大决策部署的贯彻落实。厅属各单位党政组织在全力抓好党建和水利中心工作的同时，要高度重视纪检监察工作，给纪检监察机构交任务、压担子，督

促其认真履行工作职责。厅属各单位纪检监察部门要按照“加强监督是本职，疏于监督是失职，不善于监督是不称职”的衡量标准，切实履行职责，加强对贯彻中央、自治区和水利厅重大决策部署落实情况的监督检查；加强领导干部执行政治纪律情况的监督检查，严肃查处违纪违规行为，坚决维护党纪政纪的严肃性，确保政令畅通；加强领导干部行政行为的监督，加大对重大决策、重要干部任免、重大项目安排、大额度资金使用等重要事项的监督检查力度；认真贯彻执行党内监督条例，加强对民主生活会、述职述廉、诫免谈话和函询等制度执行情况的检查；紧紧围绕落实新时期治水思路和全区水利工作会议确定的目标任务，整合监督资源，突出监督重点，对重点水利工程和民生水利建设项目加大检查密度，发现问题，限期整改，推动水利建设健康发展。

今年，厅纪委将按照厅党委的要求，在直属单位推行巡视制度，对厅属各单位领导班子及其成员，特别是党政主要负责人贯彻落实十七大和十七届四中全会精神的情况、贯彻落实科学发展观的情况、贯彻执行民主集中制的情况、落实党风廉政建设责任制和廉洁自律的情况、干部选拔任用工作情况、领导干部作风状况等进行巡视。

二是加强领导干部作风建设，进一步密切干群关系。培养领导干部加强党性修养的自觉性，着力增强领导干部立党为公、执政为民的坚定性。大兴密切联系群众、求真务实、艰苦奋斗、批评与自我批评之风，着力解决少数领导干部不思进取、漠视群众、形式主义、官僚主义、弄虚作假、以权谋私以及铺张浪费、奢靡享乐等问题；坚决反对和纠正上下级和干部之间逢迎讨好、相互吹捧等庸俗之风；严格执行中央、自治区和水利厅关于坚持勤俭节约、反对铺张浪费的各项规定。严格因公出国境管理，加强公务用车和公务接待管理，严禁用公款大吃大喝，严禁以参加会议、学习培训、联谊活动等名义用公款请客送礼，严禁违反规定购建、装修办公用房。各级党委、纪委要加强对领导干部作风状况的督促检查，及时发现和解决领导干部在作风方面的苗头性、倾向性问题。

三是加强领导干部廉洁自律工作，着力规范领导干部从政行为。水利事业的发展，需要一支为民、务实、清廉的干部队伍。我们之所以反复强调加强领导干部廉洁自律工作，就是从关心、爱护、保护干部的角度出发，使领导干部不犯错误、少犯错误、少走弯路。今年，我区水利投资项目将接近 2009 年任务，建设任务重、管理难度大，从另一个角度看，这也是对水利干部拒腐防变和抵御风险能力的现实考验。在这一非常时期，各级领导干部一定要以平和之心对待“名”，以淡泊之心对待“位”，以知足之心对待“利”，以敬畏之心对待“权”，以进取之心对待“事”，带头遵守党纪国法和廉政规定，带头营造风清气正的建设环境。各单位要把《中国共产党党员领导干部廉洁从政若干准则》和《水利厅厅管企业领导人员廉洁从业暂行规定》作为中心组学习和干部培训的重要内容，采取多种形式学深学透；要认真分析本单位（部门）党员领导干部廉洁从政方面存在的薄弱环节，采取有效措施堵缺补漏。各单位纪委要切实负起责任，协助党组织认真抓好领导干部廉洁自律各项规定的贯彻落实，认真坚持任前廉政谈话制度、纪委书记同下一级党政主要负责人谈话制度、领导干部报告个人有关事项制度，严格禁止领导干部利用职务上的便利谋取不正当利益，着力规范领导干部从政行为。

四是强化教育，夯实党员干部廉洁自律的思想道德基础。要积极探索党性党风党纪教育的新形式，加强党员干部特别是领导干部的廉政教育。厅党委准备于 4 月上旬举办处级干部培训班，专题学习《中国共产党党员领导干部廉洁从政若干准则》以及中央、自治区各项廉政规定，届时每位处级干部都必须写一篇学习体会。同时，希望各单位以廉政勤政典型为榜样，以违纪违法案例为警示教材，结合关键岗位潜在风险，深入开展廉政教育和警示教育；提倡各单位党政主要负责人结合单位实际讲党课，每人每年应不少于 2 次。厅属各单位要结合文明单位创建活动，选择 1~2 个辐射范围广、有带动效应的所站，采取设置廉政教育室、悬挂廉政书画、固定反腐倡廉标语等有效形式，开展“廉政文化示范点”创建活动，把廉政教育渗透到干部职工的学习、生活、工作之中，充分发挥教育示范和引导作用，不断提升廉政文化建设水平。

(二)突出抓好三项重点工作，扎实推进惩防体系建设

一是突出实效，深入开展工程建设领域突出问题专项治理工作。按照《宁夏水利工程建设领域突出问题专项治理工作实施方案》确定的指导思想、目标任务、工作重点、方法步骤和阶段性要求，紧紧抓住项目决策、规划审批、招标投标、物资采购、计划执行、资金安排使用、质量安全、工程进度等重点环节和内容，全面排查水利工程建设领域存在的突出问题。针对自查、抽查中发现的问题，制定和完善整改方案，落实责任，明确目标、进度要求，做到领导、任务、责任、措施、管理、监督六到位，保证按期完成任务。要巩固治理成果，对发现的问题，举一反三，从制度约束、监督管理等层面防止类似问题重复发生。继续加大“小金库”专项治理工作力度，完善治理工作的长效机制。

二是突出预防，扎实推行廉政风险防范管理。厅机关各处室、厅属各事业单位要坚持关口前移、预防在先，以教育为基础、制度为保证、监督为关键，按照《水利厅廉政风险防范管理实施方案》的部署要求，扎实推进廉政风险防范管理工作。尤其要认真查找在岗位职责、业务流程、制度机制等方面可能导致不廉洁行为和不作为、乱作为行为的廉政风险点，有针对性地采取前期预防、中期监控、后期处置和加强制度建设等措施，有效规避风险。要突出人、财、物等重点部位的风险防范管理，重点岗位的干部要定期轮岗。今年，厅属各单位对任职满4~5年的组织人事、财务科长，任职满3年的工程公司经理，必须进行交流轮岗。

三是突出治本，切实加强案件查处工作。各级纪检监察机构要规范信访举报受理流程，加大调查核实和协调处理力度，实实在在地维护群众的合法权益。加强对基层办理举报件的指导、协调，严格审核把关，提高基层受理信访举报的能力。继续深入开展治理商业贿赂专项工作。认真查办发生在水利工程建设、物资采购和资源开发等领域的商业贿赂案件。

(三)加强两大建设，助推水利中心工作又好又快发展

一是着力推进政风行风建设，切实解决群众最关心、最直接、最现实的利益问题。坚持以关注民生、服务群众、构建和谐水利为主线，克服自满思想，早部署、早发动、早宣传，抓落实、抓提高。着力解决群众反映强烈的突出问题，杜绝乱收费、不给好处不办事等热点和敏感问题的发生；切实清理和纠正拖欠工程款和农民工工资问题，保障人民群众的合法权益。各级纪委要在同级党委的正确领导下，切实发挥好组织协调职能，深入实际调查研究，摸清群众和职工所思、所想、所求，从群众和职工关切的实际问题抓起，以实实在在的工作成效赢得群众拥护；重视宣传，充分发挥报刊、电视、网络等媒体的作用，及时总结推广工作中的新经验和好做法，广泛宣传民生水利的成效和倾听民声、服务群众方面的典型事例，让群众及时了解、掌握水利行业民主评议工作动态。同时，要加强与各级纠风办的联系沟通，及时报告反馈工作开展情况，主动接受指导，积极争取支持和配合。尊重基层的首创精神，不断创新工作机制和工作方法，积极探索政风行风建设的长效机制。总之，多管齐下，努力营造让社会各界了解水利、理解水利、支持水利的良好舆论氛围。通过上下共同努力，力争保持水利系统民主评议政风行风工作的优良成绩。

二是着力推进效能建设，鼓励创新，争创亮点。今年，要进一步完善效能目标考核机制，认真总结2009年效能目标管理考核的经验和不足，以绩效为本量化考核指标，在抓基础、强化日常管理上做文章。建立健全效能督查工作机制，每季度组织一次督查，半年进行一次考核，进一步加大效能督查力度，发挥效能监察在提高效能、促进工作落实方面的有效作用。厅里将及时总结、宣传各单位工作中的新亮点、新经验、新成绩，形成鼓励先进、鞭策后进，注重绩效、激发创新，奋发向上、协调发展的良好工作形态。

(四)扎实推动“反腐倡廉制度建设推进年”活动

制度建设是惩治和预防腐败体系建设的重要内

容，也是加强反腐倡廉建设的紧迫任务。胡锦涛同志在中央纪委五次全会的重要讲话中突出强调了制度建设，提出了明确要求，自治区纪委把今年确定为“反腐倡廉制度建设推进年”。厅属各单位要充分认识加强反腐倡廉制度建设的重要性和紧迫性，增强责任感，把制度建设作为构建水利惩防体系的核心和重要载体，贯穿于党风廉政建设和反腐败工作的各个方面和各个环节，真正形成用制度管权、按制度办事、靠制度管人的有效机制，不断提高反腐倡廉制度化水平。

一要抓好制度的废、改、立。要结合惩治和预防腐败体系建设、水利工程建设领域突出问题专项治理、廉政风险防范管理等工作，在增强制度的科学性、有效性和可操作性上下工夫，按照必要、明确、管用的原则，突出抓好重要领域和关键环节反腐倡廉制度建设，对于滞后于实践的抓紧修订，有明显漏洞的及时完善，刚性不强的尽快细化，既要有实体性制度，又要有程序性制度，既要明确规定应该怎么办，又要明确违反规定怎么处理，着力加强教育、监督、预防、惩治四个方面的制度建设。

二要加强制度的学习宣传。把制度学习宣传作为反腐倡廉教育和廉政文化建设的重要内容，在全厅广泛开展制度学习活动，既要宣传制度规定了什么，又要宣传制度如何执行、如何落实、怎样监督，最大限度扩大制度透明度和影响力。教育引导干部职工特别是领导干部树立法律面前人人平等、制度面前没有特权、制度约束没有例外的意识，自觉接受组织和群众监督，带头学习制度、严格执行制度、自觉维护制度，做严格执行制度的表率。

三要提高制度的执行力。再好的制度只有严格执行，才能发挥其根本性、全局性、稳定性的作用。各单位要加强制度执行的组织领导，建立健全制度执行的监督机制，每项制度都要明确监督执行的责任部门，使制度执行的监督责任无可推卸，保证各项制度得到切实执行。各单位纪检监察部门要加强对制度执行情况的监督检查，把制度执行情况纳入党风廉政建设责任制和领导干部述职述廉内容，建立健全制度执行问责机制，毫不留情地严肃查处违反制度的人和事。

三、加强领导，密切配合，扎实抓好党风廉政建设和反腐败任务的落实

第一，进一步落实党风廉政建设责任制。落实党风廉政建设责任制，既是加强党风廉政制度建设的重要组成部分，也是切实做好党风廉政建设和反腐败工作的重要保证。要坚持一岗双责，把落实党风廉政建设责任制同中心工作一起部署、一起落实、一起检查。一要细化分解责任。紧紧围绕本部门、本单位党风廉政建设的关键性、深层次问题，人民群众和干部职工反映强烈的突出问题，党风廉政建设中出现的新情况、新问题，及时调整充实责任内容，不断赋予新的任务，提出新的要求。二要严格责任考核。要把党风廉政责任制考核与各项水利工作督促检查结合起来，与领导班子和领导干部年度考核结合起来，进一步修改完善责任制考核内容和办法，努力提高考核范围的全面性、内容的针对性、结果的客观性。每半年对下一级领导班子、领导干部落实党风廉政建设责任制和推进惩防体系建设的情况进行一次检查考核，并把考核结果作为领导干部业绩评定、奖惩、任用的重要依据。三要加大责任追究力度。对党风廉政建设抓得不紧、问题突出的部门和单位负责人，要严格按照党风廉政建设责任制规定追究责任；对领导干部管辖范围内发生重大问题的，不管是不是当事人，是否直接参与，只要负有失教、失管、失察、失误、失责中任何一种责任，都要严格追究。

第二，进一步强化党风廉政建设工作的协调配合。一要坚持和完善党风廉政建设的领导体制和工作机制。厅属各单位党政负责同志要切实履行党风廉政建设第一责任人的职责，做到重要工作亲自部署、重大问题亲自过问、重点环节亲自协调、重要举报亲自督办。领导班子其他成员和责任部门要按照“谁主管、谁负责”的原则，结合各自的任务分工，抓好职责范围内的党风廉政建设工作，真正落实好一岗双责。二要加强各职能部门的协调配合。厅系统有许多职能部门负有监督的职责，要加强协调配合，充分发挥各自优势，共同开展好监督工作。要集纪律检查、行政监察、工程稽查、财务监督、内部审计等各方之合力，努力形成分工明确、责权清晰、密切配合、互相支持的厅系统内部监督体系。部门之间要经常通报情况、交换意见、相互支持，既要防止监督检查工作不到位、出现死角和盲区，又要避免不必要的多头检查和重复检查。三是纪检监察部门要切实发挥作用。要紧密联系水利工作实际，认真总结党风廉政建设的好经验、好做法，深入研究党风廉政建设和反腐败斗争的新情况新问题，及时就重大问题和重要工作，主动向单位党政组织提出工作建议。

第三，进一步加强纪检监察队伍自身建设。水利反腐倡廉任务繁重，纪检监察干部责任重大。我们必须按照政治坚强、公正廉洁、纪律严明、业务精通、作风优良的要求，以更高的标准、更严的纪律，不断加强自身建设，切实增强“五种意识”，提高“五种能力”。各单位纪检监察干部要以高度的政治责任感，克服一个“怕”字，树立一个“敢”字，在创新和突破上下工夫，做到敢于监督、善于监督。要从工作最薄弱的环节和最基本的要求抓起，进一步建立健全行为规范和内部管理、权利制约等相关机制，加强工作的科学化、制度化和规范化。对职责范围内的工作，要装在心里，抓在手上，经常对照党风廉政建设和反腐倡廉工作要求，对照年度工作要点，看看工作做得怎么样，还有那些问题尚未解决，需要采取何种措施，等等。总之，要切实负起责任，挑起担子，脚踏实地地做好工作，做到有为有位。

各单位党组织要全力支持纪检监察部门依纪依法履行职责、开展工作，帮助解决工作中遇到的困难和问题，当好纪检监察部门的坚强后盾。对纪检监察工作者，政治上要严格要求，工作上要信任支持、使用上要一视同仁，为纪检监察干部健康成长和全面提高创造条件。

同志们，做好党风廉政建设和反腐败工作，使命光荣，责任重大。我们要进一步增强政治意识、责任意识、创新意识，激情工作，开拓进取，不断取得水利反腐倡廉建设新成效，为水利改革发展提供强有力的保证。

谢谢大家！

抓住机遇　乘势而上
努力开创小型农田水利工作新局面

——水利厅副厅长毕廷和在全区小型农田水利重点县建设现场观摩暨座谈会上的讲话

（2010 年 9 月 8 日）

同志们：

小型农田水利工程是重要的农业基础设施，是农民群众热切期盼的民生工程。自治区财政厅、水利厅联合召开这次全区小型农田水利重点县建设座谈会暨现场会，主要目的是总结、交流近年来全区小型农田水利工程建设的经验和成效，安排部署下一步工作，进一步统一思想、明确目标、抢抓机遇、乘势而上，努力开创我区农田水利建设新局面。限于时间，这次会议我们只组织大家观摩了平罗县小型农田水利重点县建设现场，安排 4 个县做了交流发言。当然，其他县也有一些好的典型，各有亮点，各有特色。为此，我们编印了《全区小型农田水利工程建设经验交流材料汇编》，请大家会后学习和交流。自治区财政厅对此次会议十分重视，董锋副厅长出席会议并将做重要讲话，请大家认真领会，狠抓落实。同时，也借此机会，感谢各级财政部门对全区水利工作的高度重视和大力支持。下面，我讲几点意见。

一、认真总结经验，进一步增强做好小型农田水利设施建设的信心

2005 年中央财政设立小型农田水利专项补助资金以来，中央和自治区财政不断加大投入，尤其是 2009 年以来，在继续组织开展面上小型农田水利建设的同时，启动小型农田水利重点县建设，为我区小型农田水利工程建设带来了历史性的发展机遇。全区各级水利部门、财政部门密切配合，认真组织项目实施，取得了明显成效。

（一）近年小型农田水利工程建设呈现以下几个特点

一是资金投入逐年大幅增加。2005~2010 年，全区共投入小型农田水利专项资金 7.55 亿元，其中中

央财政由2005年的700万元增加到2010年的1.52亿元,增长21.7倍;自治区财政由2005年的800万元增加到2010年的0.72亿元,增长9倍;市县配套及群众自筹由2005年的874万元增加到2010年的0.83亿元,增长9.5倍;同时,2009年以来,中央财政现代农业生产发展资金项目用于农田水利设施配套的资金与小农水资金整合投入,两年中央财政投入现代农业水利资金1.38亿元。资金的大量投入,为小型农田水利建设注入了巨大的生机和活力。

二是治理规模和范围不断扩大。2005年以来改造各类渠道2219千米,修建小型水源工程324处、改造泵站82座,配套建筑物2.8万座,改善灌溉面积6.2万公顷,改善排水面积4.85万公顷,建设节水灌溉面积4万公顷。在工程治理规模不断扩大的同时,治理范围和涉及领域也不断增加,项目县由过去的每年几个县到现在的覆盖全区各县;治理面积由2005年0.27万公顷,2009年达到1.8万公顷;建设内容由过去主要用于面上小型农田水利工程维护扩展到末级渠系节水改造、高效农业节水灌溉、中部干旱带高效节水补灌、骨干排水沟道整治等农田水利建设的各个方面。

三是建设思路不断创新。经过几年实践,小型农田水利项目建设思路不断创新,不论是重点县建设还是专项工程建设,都实现了由过去的分散投入向集中投入转变,由平均分配向突出重点转变,由单项建设向整体推进转变,由各自为战向整合资金转变,由小修小补向全面治理转变,由重建轻管向建管并重转变,由一般监管向绩效考评转变。尤其是2009年以来实施重点县建设,通过整合资金、集中投入,实现了较大规模投入和连片配套改造。平罗县通过整合中北部土地整理、农业综合开发等项目资金,大范围集中连片推进农田水利工程建设,年发展节水灌溉面积近0.67万公顷,大规模治理加快了现代农业进程。

四是工程建设质量标准明显提高。自治区水利厅严格执行国家及水利行业的有关技术标准、规范和规程,加强行业管理和技术指导,加强项目水资源评估论证和技术方案审查。每个单项工程都由厅有关业务处室组织审查、下达工程初设方案批复。项目建设中逐步推行了项目法人制、施工合同制、大宗材料集中招标采购制、项目公示制,逐步规范了小农水项目建设管理程序。近年来,为提高小型农田水利项目建设的质量效益,自治区水利厅、财政厅先后开展了《宁夏灌区末级渠系节水改造标准化及农民用水者协会规范化研究》《宁夏设施农业灌溉定额研究》《宁夏支斗渠衬砌结构定型设计》等专题研究,积极探索引进了澳大利亚全渠道控制系统、玻璃钢防渗渠道等新技术、新材料和新工艺。每年都组织各市县水利人员进行项目建设管理、工程技术等方面的业务培训。同时,自治区水利厅还经常性地会同财政厅有关人员深入项目区检查,及时查看项目进展情况,检测工程质量,对存在的问题及时处理整改。通过这些措施,有效提高了我区小型农田水利的质量和科技含量。

(二)近年小型农田水利建设项目效益明显

一是有效改善了农田水利基础设施条件。近年我区安排小农水项目时,大部分项目区安排在灌排矛盾突出的中低产田和荒滩地,通过实施小农水项目,重新规划布局沟渠田林路,平整土地,配套沟渠,实施高标准综合治理,治理后的项目区灌排设施完备,沟、渠、田、林、路面貌焕然一新,灌排顺畅,基础设施条件显著改善,昔日的低产田已变成良田。利通区在实施马莲渠撒达湖和金积镇叶滩灌区改造时,打破条田界限顺直沟渠,实现沟渠田林路庄综合整治,项目区灌排畅通,面貌焕然一新。沙坡头区宣和赵滩项目区昔日受土壤盐碱影响,农田撂荒现象严重,生产难以维系,部分农民外迁打工。通过实施小农水项目后,对项目区排水沟道和输水渠道进行了系统的整治和全面改造,地下水位降低近1米,灌排条件大为改善,昔日盐碱土地变成了良田,小农水项目真正成为群众的"民心工程"。

二是促进了农业产业结构优化调整。通过工程设施的配套改造,为发展特色农业、设施农业保障了供水,有效促进了项目区农业结构调整,推动了设施蔬菜、硒砂瓜、枸杞、葡萄、马铃薯等特色产业的发展。2005~2009年,我区小型农田水利项目区加大力度调整农业种植结构，发展设施农业 0.22 万公顷、特色农业 0.79 万公顷、经果林 0.1 万公顷、优质粮食生产基地0.83 万公顷。青铜峡市实施中支渠和大鸭子渠灌区节水改造后，项目区灌排设施条件完备，现已发展成为供港蔬菜基地。隆德县实施三里店灌区北干渠上游段节水改造工程后，为 243 公顷日光温棚、79.8 公顷设施小拱棚提供了供水保障，项目区产业结构由传统的粮食作物调整为冷凉型花卉、美国菊芋、中药材等品种，实现了田间变车间，农民足不出村就能打工赚钱。

三是提高了水资源利用效率。小型农田水利建设主要实施末级渠系节水改造、高效节水农业配水工程建设，为节水创造了有利条件。同时，项目区因地制宜推行小畦灌、水稻节水控灌、高效节水补灌等田间节水措施，大大提高了灌溉保证率和灌溉水利用率，有效推进了节水灌溉。2005~2009 年，全区通过小型农田水利工程建设，新增节水能力 1.85 亿立方米。惠农区实施沿山井渠结合节水灌溉工程后，渠灌节水率达到 20%，管灌节水率达到 30%，单次灌水时间缩短 4~5 天，年节约水电费 20%，深受群众欢迎。

四是提高了农业综合生产能力。农田水利设施的改善，有效提高了农业综合生产能力。2005~2009 年，全区小农水项目区新增粮食生产能力 3692 万公斤，新增经济作物产值 1.66 亿元，农民年人均纯收入增加 250 元以上。

五是项目产生了明显的社会效益。小型农田水利工程带动了面上农田水利基本建设的深入开展，实行农田水利设施和农村环境综合治理，解决了群众生产生活中的难题，水事纠纷大为减少，融洽了邻里关系，促进了经济发展和社会和谐。应该说，我区小型农田水利的社会影响不断扩大，越来越多的群众得到了实惠。

（三）近年开展小型农田水利工程建设的几点体会

第一，加强协作配合是项目实施的组织保障。自治区财政厅、水利厅加强沟通，紧密配合，从项目的立项筛选、技术审查、资金分配、申报立项、建设监管、竣工验收等环节有序衔接，全程联合监管；各县（区）财政、水利部门也密切配合，及时联合上报文件和材料，抓好项目实施，确保每年的项目顺利立项和实施。

第二，加强前期工作是争取项目资金的重要前提。2005 年以来，中央财政投入小农水力度逐年加大，对项目前期工作的时效性和质量要求随之更高。自治区财政厅、水利厅立足早安排、早准备，组织编制了《县级农田水利建设规划》，每年在中央项目《立项指南》下达之前，安排各县尽早建立项目库，编制项目方案，加快审查技术方案，科学筛选项目。几年来，宁夏项目申报及时，标准质量较高，受到财政部、水利部肯定，为争取项目打下了良好的基础。

第三，健全管理制度是抓好项目建设管理的必然要求。自治区财政厅、水利厅根据小型农田水利项目的属性，结合工作实际，制订了《自治区小型农田水利设施建设补助专项资金管理实施细则（暂行）》《自治区小型农田水利重点县建设管理实施细则（暂行）》和《自治区小型农田水利重点县建设资金绩效考评办法（暂行）》3 个办法，对项目建设、质量控制、资金监管、内业编制、竣工验收、绩效考评等环节进行了规范性要求，使项目建设管理有章可循。在资金分配上建立激励机制，综合考虑自然因素、经济因素和绩效因素，实行因素法分配；同时结合农田水利基本建设开展情况实行“大干大支持、小干小支持”，发挥了财政支农资金的引导和重点扶持作用。自治区水利厅制定出台了《宁夏农田水利建设标准》《宁夏支斗渠衬砌结构定型图集》等行业技术标准，为项目建设管理提供了有力的技术支撑。

第四，发动群众广泛参与是项目顺利实施的基础工作。小型农田水利工程建设点多面广，涉及千家万户，与群众利益息息相关。小农水项目工程虽小，但也是一项系统工程，涉及到群众投工投劳、施工占地、农田档向调整、土地界限调整、平田整地、作物结构调整、工程运行维护等方方面面，单靠水利部门和财政部门难以做好。实践证明，实施好小农水项目，必须做好群众工作，从项目立项之初就要对群众深入宣传，讲明政策，让群众知晓利弊，充分调动群众积极性，取得群众支持，使群众广泛参与、全过程参与工程建设和管理。平罗县在2010年小农水项目实施中，早计划、早宣传，不等不拖，对项目建设的利益和群众应尽的义务进行充分宣传，得到了广大群众的理解、支持、配合，出现了群众争着出工、抢着砌渠的良好局面，为项目顺利实施赢得了主动。

第五，实行综合治理是确保项目发挥效益的关键措施。近年实施小农水项目过程中，我们感受到如果就单考虑农田水利工程的配套建设，难以保障项目实施的综合效益。成功的经验是将小型农田水利项目实施与农田水利基本建设相结合，与发展设施农业、特色农业相结合，与农业新技术的推广相结合，与农村环境整治相结合，工程、农艺、林业等措施并举，实行沟、渠、田、林、路、庄点环境综合治理；要在创新管理体制和运行机制方面下工夫，在保障工程良性运行、持续发挥效益方面求突破，确保工程良性运行，才能保证工程发挥良好效益。

回顾近年我区小型农田水利项目建设的历程，各地涌现了一批好典型，探索了很多好的做法，成绩令人鼓舞，经验弥足珍贵，增强了我们搞好小型农田水利项目建设的信心和决心，为今后更大规模地开展小农水建设积累了经验。

二、认清形势，切实增强做好小型农田水利项目建设的责任感和紧迫感

（一）要充分认识小型农田水利建设中存在的问题

虽然我区小型农田水利设施建设取得了较大进展和明显成效，但也存在一些不容忽视的问题。

一是部分县项目前期工作不够扎实。一些县不重视项目前期工作，人力和资金投入不足，有的存在闭门造车现象，有的上报材料不及时、项目方案编制粗糙、技术方案不够合理，给项目立项、审查和实施带来了诸多困难。有的县由于前期工作不扎实，致使项目实施中存在较多变更现象。

二是部分工程质量有待提高。部分项目未能严格按照设计要求和技术标准实施，条田栏向不规整，灌排设施布局凌乱的问题依然存在；一些县对渠道砼板预制工程监管不力，砼板强度不够、外观粗糙；渠道砌护土方不实、超高不够等通病依然普遍存在。许多县对工程批复中要求的项目标示设置不重视。

三是工程运行管护不到位。小型农田水利建设中重建轻管的现象依然存在，个别县甚至存在工程刚建好即被破坏的现象，有的是因为设计原因，导致群众灌水不便而引起破坏，有的是在实施中标准质量不高而引起的，但大部分是因为管护责任不落实、管理不到位、维修养护不及时造成的。

四是个别县对小型农田水利建设工作认识不到位。个别县对小农水建设的重要性和必要性认识不到位，尤其是对重点县建设的政策精神和要求没有认真领会，认为重点县无非是钱给的多点，多干点活而已，对三年《建设方案》不重视，没有结合《县级农田水利建设规划》慎重筛选年度项目，导致去年制订的规划，今年推翻重选项目。个别县对《县级农田水利建设规划》编制工作认识不到位，存在敷衍塞责、应付交差、编制进度滞后的问题。

五是部分县项目实施准备工作不到位。有的县不认真分析小农水项目建设的特性，没有提前谋划，不去主动做好实施准备工作，只是抱怨项目批复迟，对项目实施的整体工期安排不合理，导致有效施工期短、劳力不足、工期滞后、质量难以保证等问题。

（二）要充分认识当前小型农田水利建设面临的形势

我区地处干旱缺水地区，农业对灌溉用水的依赖性非常大，农田水利设施是农业发展最基础的物质条件。受自然、经济等多方面条件的制约，我区农田水利工程建设标准低，投入不足，老化失修和管护缺位等问题依然突出，抗御水旱灾害的能力还比较弱，还存在大量的中低产田。总体上讲，全区小型农田水利设施建设仍滞后于经济社会发展、滞后于农民群众的迫切要求，影响了农业综合生产能力提高、现代农业发展和群众致富。

目前，我区正处于经济结构战略性调整的关键阶段，传统农业正在向优质、高产、高效、节水农业发展，以及新农村建设、生态建设都需要更加稳固的水利基础设施作支撑。新一轮西部大开发也将进一步加大农田水利设施建设提上更重要的位置。加强小型农田水利设施建设事关粮食生产安全和“三农”工

作全局,是一项全面促进农村经济社会发展、惠及广大农民群众的民心工程,是我区经济社会发展的客观需要和重要保证,也是建设社会主义新农村,实现跨越式发展、可持续发展必不可少的基础条件。

今年,财政部、水利部进一步加大投入力度,安排我区小型农田水利资金达到1.52亿元,加上现代农业生产发展资金8785万元和自治区财政配套小农水项目资金7200万元,国家支持资金达3.1亿元,全国800个小型农田水利重点县,安排比例是29%;宁夏占了14个,占全区县区数的64%。同时,财政部、水利部相应加大了对项目的跟踪检查和动态监管力度,对重点县建设实行一年一考核、一年一确定,今年安排的项目在明年三月就要进行绩效考核,并且将推行末位淘汰制。面对如此大的投资强度和如此严格的项目管理要求,应该说,我区小型农田水利建设迎来了一个千载难逢的重大机遇,机遇与挑战并存,压力与动力同在。做好小型农田水利建设工作是历史赋予我们的职责和要求,各级水利部门必须倍加珍惜这一机遇,切实增强责任感和紧迫感,抢抓机遇,乘势而上,扎扎实实做好小型农田水利建设工作。

三、强化措施,扎实开创小型农田水利建设工作新局面

按照财政部、水利部的要求,结合我区实际,下一步全区小型农田水利建设要以提高农业保障能力为目标,以县级农田水利规划为统筹,以中央和自治区财政资金为支撑,切实加快工程配套改造和工程运行管护机制建设,为自治区现代农业发展和新农村建设做出贡献。今年小农水建设任务繁重,原则上要求今年要基本建成,迎接明年三月的绩效考核,因此,有效工期只有两个月。各地要对照任务目标,切实理清思路,算好时间账,打好主动仗,确保任务完成。要重点抓好以下几项工作。

一是要加强领导,精心组织。全区各级水利部门要认真贯彻落实中央和自治区关于小型农田水利建设的决策和部署,将小型农田水利工程建设,特别是重点县建设作为水利工作的重中之重来抓。各重点县政府要将小型农田水利建设工作纳入重要议事日程,成立领导小组,建立有效工作机制,细化工作目标,分解工作任务,落实各个层次、各个环节、各项任务的责任。要精心组织,周密部署,抢抓时机,尽早行动,加快建设进程,确保任务顺利完成。按照五部委的要求,目前,我区县级农田水利规划修编工作大部分已编制基本完成,各地要加快提请政府、人大审查或审批速度,建立保障规划严肃性和权威性的监管机制,使规划真正成为指导县域内小农水建设的依据,确保各类各部门按照“全县一盘棋”的要求实施好农田水利工程。

二是要创新理念,高标准建设。现代农业发展对小型农田水利建设提出了更新要求,赋予了更丰富的内涵。各级水利部门要从理念思路、规划设计、施工建设等各个方面,抓好工程建设管理。今年的项目涉及灌区改造较多,在整体布局上一定要坚持高标准规划和综合治理,按照灌排畅通、生产便捷的要求,该规整、顺直的条田档向必须调整,要切实加大平田整地的力度,尽可能消除弯沟、弯渠、弯路,尽可能平整农田。要借鉴青铜峡、平罗、隆德等县(市)的经验做法,在优化工程设计方案、提高工程质量方面狠下工夫,建出精品、创出典型,确保工程建一处、成一处、受益一片地区,治理一方水土,营造一道风景,致富一方百姓。水利厅农水处、计划处等部门要严把项目方案审查审批关,确保工程方案的合理性,要进一步加大技术指导力度,加快农田水利定型化设计,积极探索引进新技术、新材料、新工艺,加快提高我区农田水利科技含量步伐。

前一段时间的检查中,我们发现部分县市的工程设计思路陈旧、质量徘徊不前,一些质量通病没有整改。希望有关单位本着对国家负责、对群众负责、对自己负责的态度,进一步提高质量意识,把好工程质量关。这里重申,对于工程质量,国家规定实行质量责任终身制,如果出现问题,绝不姑息。下一步,水利厅将会同财政厅加大对项目实施情况的检查督查力度,对建设管理混乱,验收不合格,存在严重质量问题的项目县,适时作出调整,调减投资或者取消重点县资格。

三是要高度重视运行管护,确保工程效益发挥。

要坚持建管并重，认真抓好各项水利工程的建后运行管理，切实改变以前小农水工程建、管、用分离，所有权模糊，管理权缺位，有人用、无人管的局面。要不断适应社会主义市场经济体制的要求，适应农业农村发展形势的变化，继续在调动农民群众参与小农水建设与管理的积极性上下工夫，鼓励受益群众全过程参与工程运行管理和维护，切实落实管理主体和责任主体。加快改革创新步伐，以改革促建设、以改革促管理、以改革增效益，积极探索切合实际、职责明确、便于操作、农民接受的工程建后管护长效机制，确保工程良性运行、充分发挥效益，真正走上平时有人管、损毁有人修、更新有能力的良性轨道，确保工程安全运行和农民长期受益。

下一步，水利厅将把工程运行管护提上更重要日程，进一步加大监管考核力度，对重视工程运行管护、健全管护责任机制、工程运行良好的给予项目支持，予以通报表扬；对工程管理责任不落实、管护不到位的取消“黄河杯”评奖资格，并坚决实行项目制裁。各县市项目实施完成后，要及时健全管理机构和管理制度，落实管理人员，办理工程移交手续，核定工程水价，建立监管、考核、奖罚机制，确保工程良性运行。

四是要加强宣传，营造良好氛围。各地要对小农水项目实施过程中的经验、做法及时进行梳理，加以总结和宣传。充分利用电视、广播、报纸等新闻媒体和宣传舆论工具，大张旗鼓地宣传小农水建设在构建和谐社会、推进新农村建设中的重要意义，引导和发动群众自觉履行义务，努力营造受益农民自觉投入、社会参与共建小型水利建设的良好氛围，真正让农民成为“政策的明白者、项目的建设者、工程的受益者”。

按项目建设要求，各县项目都要设置项目的标志，标注工程编号、项目名称、建设时间、技术参数、管理单位等，希望各市县在这方面引起足够的重视。尤其是重点县要在合适的位置树立“全国小型农田水利重点县”标志牌，在各单项工程的显著位置作出“小农水重点县项目”标识，便于全社会的监督，形成良好的氛围。

五是要抓紧做好秋冬农田水利基本建设大会战准备工作。今年，按照自治区党委、政府的安排部署，继续深入开展农田水利基本建设。三月份，自治区农田水利基本建设指挥部已下发了实施方案、奖励办法和验收评比办法。目前，全区秋冬农田水利基本建设大会战即将开始，平罗、贺兰等县已率先拉开战幕。各地要认真做好各项准备工作，不等不拖，尽快完善规划、落实方案，尽早动员部署，尽早开工建设。各市县在今年的农田水利基本建设布局上，要紧密结合自治区打造“黄河金岸”、建设现代农业示范区、新农村建设等重大决策部署，立足大干、实干、快干，要以更大的气魄和更硬的措施来深入推进，力争实现规模更大、质量更高、效益更好。北部引黄灌区要继续以节水改造、排涝工程为重点，坚持“砌护渠、大挖沟、挖大沟”，加快现代节水型灌区建设。中部干旱带要以实施农村饮水工程和高效节水补灌为重点，构建农村饮水安全和旱作高效节水农业保障体系。南部山区以水保生态建设和农村饮水工程建设为重点，加大库井灌区节水改造力度，加快病险水库除险加固工程建设。

各级水利部门要积极加强技术指导和技术服务，切实履行好行业监管和农建指挥部办公室的职能，精心谋划、认真组织，为各级组织、各行业、各部门及社会各界投资水利、建功立业创造良好的氛围。

同志们，做好小型农田水利建设责任重大、使命光荣，我们一定要以高度负责的精神，切实增强紧迫感和责任感，扎实做好小型农田水利建设管理的各项工作，确保各项任务圆满完成，为自治区跨越式发展做出积极贡献。

谢谢大家!

精心组织　科学实施
扎实推进水土保持重点治理工程建设

——水利厅副厅长郭浩在全区水土保持重点治理区工作会议上的讲话

（2010年7月30日）

同志们：

大家好!

这次会议是在中央西部大开发会议闭幕之际，为加快推进全区水土保持重点治理工程建设召开的一次重要会议。会议的主要任务是：深入贯彻西部大开发会议和全国水土保持工作会议精神，启动国家农业综合开发水土保持坡耕地综合整治项目，总结交流水土保持重点工程建设的经验与做法，分析存在的困难与问题，安排部署下一阶段水土保持重点工程建设任务，加快水土保持事业发展，推进生态文明建设。会议期间我们还举行了国家农发水土保持坡耕地综合整治宁夏项目启动仪式，观摩了西吉县、隆德县、彭阳县水土保持工程建设，旨在乘西部大开发工作会议之东风，鼓足干劲，扎实苦干，再掀全区水土保持重点治理工程建设新高潮。

刚才，亚峰局长传达了2010年全国水土保持工作会议精神，望认真贯彻落实。吴忠市、彭阳县、西吉县、隆德县、原州区、盐池县水务局做了典型经验交流发言，讲得很好，望再鼓实劲，再创佳绩。下面，我就水土保持重点治理区工作讲几点意见。

一、全区水土流失防治情况

近年来，在自治区党委、政府的坚强领导下，在上级业务部门的大力支持下，全区各级水利水保部门以科学发展观为指导，积极实践“北监督、中修复、南治理、局部保护”的水土保持分区防治思路，加强水土保持监督管理，大力实施项目带动战略，积极争取国家支持，加快水土流失治理步伐，呈现出治理提速、内容拓展、竞相发展的新态势，为全区经济社会又好又快发展提供了有力保障。截至2009年底，共治理水土流失面积2.17万平方公里，建成淤地坝1100余座。各种治理措施每年减少入黄泥沙4000万吨，增产粮食1亿公斤以上，为改善生态环境，促进农民增收，提高群众生产生活水平起到了重要作用。归纳起来讲，体现在以下五个方面。一是防治思路与治理模式进一步完善。各地因地制宜、卓有成效地开展了一系列水土保持防治思路与治理模式的探索和实践。“北部工业产业带及经济热点地区重点坚持预防监督为主，中部干旱带坚持封山禁牧生态修复，南部黄土丘陵区以小流域为单元综合治理”的分区防治思路得到较好贯彻落实。以彭阳县为代表的山、水、田、林、草、路小流域综合治理，隆德县为代表的坡耕地梯田化建设，西吉县为代表的库、坝、池、窖联合高效利用水资源，海原县为代表的高山封育，沟岔造林，当川打坝用洪用沙的小流域综合治理，盐池县为代表的以小面积治理促进大面积封育保护的综合治理，沿黄经济热点地区市县的生产建设项目水土流失预防监督管理，都做到了尊重和顺应自然规律，实现了生态建设和经济发展的双赢。二是流域综合治理步伐进一步加大。在水土流失严重地区先后启动实施了国债水土保持、黄河水土保持生态工程、黄土高原淤地坝试点工程、农业综合开发水土保持等一批大型综合治理项目，年治理进度由2000年的1%左右提高到2009年的3%左右，全区水土流失治理以每年1000平方公里的速度规模推进。随着生产条件改善，群众改变了长期以来广种薄收的生产方式，乱砍、乱开、滥牧的现象大为减少。三是重点区项目建设后劲进一步增强。全区各级水利部门抢抓国家重视生态环境建设、落实《国务院关于进一步促进宁夏经济社会发展若干意见》和扩大内需等机遇，狠抓项目储备，组织完成了《全区水土保持综合治理规划》等专项规划，编制了清水河、渭河、苦水河流域综合治理及近期重点建设项目等流规划，完成了小流域综合治理、坡耕地综合整治、淤地坝建设三大工程63个项目实施方案。这些科研的开展，规划的编制，建立和完善了我区水土保持前期工作体系和项目库，为争取资金、科学防治水土流失打下了基础，赢得了主动。四是山区农业基础条件进一步改善。山区累计建设高标准“旱作三田”和小片水地已达到34万公顷，人均达到0.17公顷。水土保持骨干工程形成总库容4.45亿立方米，有效解决了15.5万人、6.1万头大家畜、14.8万只羊的饮水困难，改善了沟壑两岸的交通。加上其他措施，治理区农业基础条件大为改善，群众出行方便，农副产品外运畅通，先进农机具进入田间地头，高效农业新技术得到广泛推广。特别在全区退耕还林草耕地总面积减少四分之一和近年持续干旱的情况下，粮食总产量保持了相对稳定，水保工程功不可没。五是涌现出许多宝贵的治理经验和精品亮点工程。在各县区的不懈努力下，一批精品工程频频闪现。彭阳县坚持“一届接着一届干，一张蓝图干到底”的经验已经超出工作范畴，上升成为一种具有地域特色的人文精神。西吉县的库坝池窖联合利用，作为一种创新和突破，对南部山区如何高效利用水资源起到了示范指引作用。隆德县坚持坡改梯建设不动摇，实现了经济和生态的可持续发展。吴忠、灵武等川区市县认真落实“预防为主”的水土保持方针，狠抓生产建设项目水保方案前置审批，落实“三同时”制度，涌现出了枣泉煤矿、宁东供水、马莲台电厂等一批水土保持示范工程。全区先后有7个县（区）的40条小流域被水利部和财政部命名为示范工程，彭阳、隆德和盐池3县被水利部和财政部命名为全国水土保持生态环境建设示范县，隆德县被水利部命名为“全国梯田建设模范县”，石嘴山市荣获“全国水土保持生态环境建设示范城市”。

成绩来之不易。这是各级党委政府高度重视、正确领导的结果，是发改、财政、农发等各部门同心协力、大力支持、密切协作的结果，是全区水利系统广大干部职工务实苦干的结果，借此我谨代表水利厅表示衷心的感谢。

虽然我们在水土保持工作中取得了很大的成绩，但也要清醒地认识到，水土流失依然是宁夏的头号环境问题。当前，全区水土流失防治还面临着一些突出问题和困难。一是水土流失防治进程与全区生态建设总体目标还有差距。宁夏仍需治理的水土流失面积有近2.5万平方公里，约占自治区国土面积的三分之一多，尚有近20万公顷坡耕地亟待治理。且待治理区多在自然条件恶劣、沟壑纵横、交通不便的偏远地区，是治理任务中的“硬骨头”。已建梯田存在标准不高，人均占有量不均衡的问题。二是人为水土流失预防监督工作还存在差距。受经济发展模式和工农业产业结构调整的影响，边治理边破坏的现象依然存在。水土保持方案“三同时”制度在国家和自治区立项的生产建设项目上落实得比较好，市、县立项的开发建设项目水土保持方案报告审批、实施、验收等制度执行的比较差，落实“预防为主，保护优先”的原则不到位。基层水土保持监督机构和人员有待加强。三是水保工程建后管理存在差距。宁南山区属于水资源匮乏地区，但目前淤地坝水资源的拦蓄利用程度还不高，水土保持工程管护责任落实不够。对这些问题和困难需要我们在今后的工作中认真加以研究解决。

二、坚定信心，明确任务，切实增强做好水土保持工作的责任感

水是生命之源，土是万物之本。宁夏的区情水情、现阶段的水土流失现状，决定了加强水土保持、防治水土流失，已成为一项重大而紧迫的战略任务。从发展形势来看，宁夏的水土保持事业正在面临着千载难逢的机遇。一是国家对西部水土保持生态建设高度重视，支持加大。从党的十七届三中全会对水土流失防治的明确要求，到刚刚闭幕的中央西部大开发会议提出“加强生态建设和环境保护，构筑国家安全生态屏障”的战略任务，明确“将宁夏纳入黄土高原水土保持区和西北草原荒漠化防治区，开展以防治水土流失、坡耕地水土流失治理、淤地坝建设、小流域山水田林路综合治理和以防风固沙为主要内容的综合治理。在投资政策方面，加大中央财政性投资投入力度，向西部地区民生工程、生态环境等领域倾斜，提高水利建设项目国家投资补助标准，对公益性建设项目取消县以下配套资金。在生态补偿政策方面，要逐步建立流域和矿产资源开发领域生态补偿机制，加大筹集水土保持生态效益补偿资金的力度”。从《中共中央、国务院深入实施西北大开发战略的若干意见》对生态建设着墨程度来看，中央的重视程度前所未有，从《意见》对水土保持建设任务部署来看，面临的机遇前所未有。二是《国务院关于进一步促进宁夏经济社会发展的若干意见》突出把加强生态建设和环境保护放在更加重要的位置，提出了加快中南部地区重点流域水土流失治理，加快实施泾河、葫芦河、祖厉河流域重点治理工程和清水河流域水土流失综合防治工程的要求，从政策、项目和资金给予支持。中央扩大内需重大决策继续把水土保持工程作为投资重点，水土保持中央投资部分大幅度提高，为大规模开展新一轮水土保持生态建设提供了强有力支撑。三是自治区党委、政府在跨越式发展战略中将水土流失防治作为生态建设的重点来抓,为水土保持事业的发展绘就了宏伟蓝图。四是改革开放以来,经过坚持不懈努力,我区已经探索出一条适合宁夏区情、符合自然规律和经济规律的水土流失防治路线和技术体系。各县区结合实际,不断创新和完善治理思路,形成了各具特色的发展模式,建成了一批治理典型和示范样板,为水土保持工作加快发展奠定了基础。五是全社会对水土保持生态建设的认识普遍提高,水土保持的功能和作用正在得到全社会认同,大型工业企业建设项目履行水土保持防治义务的自觉性逐步加强,水土流失防治工作环境正在逐步改善。这里要告诉大家一个好消息,7月21日国务院常务会议讨论并原则通过了《中华人民共和国水土保持法(修订草案)》,由国务院提请全国人大常委会审议。这次修订工作将对明确政府目标责任制度、完善方案制度、建立补偿费制度、完善设施验收制度、强化法律责任等起到重要作用。水土保持工作无疑将站在新的起点之上,面临着重大突破和变革。

船直帆高风正劲。水土保持工作面临前所未有的发展机遇,处在加快发展的关键时期,当前要深刻领会中央西部大开发、全国水土保持工作会议和自治区农村工作会议精神,准确把握新形势,顺应发展新需求,牢牢抓住新机遇,努力在新的起点上做好水土保持各项工作。当前和今后一个时期,全区水土保持工作要以科学发展观为指导,遵照新一轮西部大开发"更加注重水土保持生态建设"的要求,紧紧围绕构建生态安全屏障的目标,按照"北监督,中修复,南治理,局部保护,沿黄提升"的防治布局,以水土资源的保护和高效利用为核心,以改善民生需求为基础,坚持预防保护和综合治理并重,人工治理与生态修复、监督管理与服务经济相结合,加强统筹规划,整合各类资源,从分散治理向集中治理、从单一措施向综合措施、从偏重数量向提升质量转变,全面建设宁夏大六盘水土保持生态安全屏障、宁夏中部风沙区水土保持生态保护、宁夏沿黄防风固沙水土保持综合治理护河三大工程,实行最严格的水土流失监督监测制度,着力建设美好家园。"十二五"期间,力争全区建设高标准基本农田10万公顷,实现人均0.2公顷的目标,建设淤地坝500座,小型提灌600处,开展小流域综合治理150条,治理水土流失面积5000平方公里。全区大型开发建设项目水土保持方案的编报审批率达到100%以上,实施和验收率达到90%以上,中小型项目的方案编制率提高到80%以上。全区水土保持的综合防治能力明显增强,水土资源高效利用的水平进一步提高,水土保持服务的领域进一步拓宽,预防监督工作进一步加强,人为水土流失得到有效控制。

为保证目标任务高质量完成,需要把握好以下几个方面。第一,要以人为本,发展民生水保。实践表明,水土保持生态建设能否顺利推进,治理成果能否巩固,关键在于能否解决好项目区的民生问题,关键在于能否把水土保持重点建设同改善农业生产基础条件、调整农业结构、增加农民收入、改善人居环境等需求结合起来。实施国家水土保持重点建设工程必须毫不动摇地贯彻以人为本,树立全面、协调、可持续的发展观,注意处理好生态建设与改善农民群众生产、生活条件以及农民增产增收的关系。在安排项目前要摸清项目区基本情况,加强与农牧、林业、扶贫、科技等部门联系,要将水土保持项目与种草养畜、经果林、设施农业、集雨节灌、能源建设等结合起来落实,形成项目联动效应,解决好群众的生产生活出路,形成可持续发展能力。我们实施项目只有服从了民生需求,才能经得起时间的考验和群众的检验。第二,要注重转型,加快防治步伐。按照新一轮西部大开发"推进重点生态区综合治理"要求,在全面规划的基础上,做到预防、保护、监督、治理和修复相结合,因地制宜,因害设防,优化工程、生物和耕作措施,宜林则林,宜草则草,形成有效的水土流失综合防护体系。要以坡耕地水土流失综合整治为突破口,推动小流域综合治理,加大梯田、小型蓄水工程建设力度,科学配置水土资源,提高水土资源的利用效率和效益,从偏重数量向提升质量转变。要按照新形势下国家对水土保持生态建设的新要求,集中连片治理,突出规模效应。第三,要预防为主,突出保护优先。我们要充分认识到水土流失治理仅仅是一种事后手段,水土流失的预防保护才是根本。水土资源一旦遭到破坏,恢复难度大,甚至不可逆转。在加大治理的同时,必须始终坚持预防为主、保护优先的原则,严格保护自然植被,禁止随意取土挖沙、无序采矿、过度放牧、毁林开荒等行为。对扰动地表、可能造成水土流失的各类生产建设项目,必须编报水土保持方案,全面落实水土保持“三同时”制度,实行最严格的水土流失监督监测制度。要从严控制生态保护区、水源涵养区和生态脆弱区的开发建设活动,深入开展水土保持监督管理能力建设活动,推进水土流失防治由事后治理向事前保护转变。第四,要精心实施,打造精品工程。要把创建精品流域、精品工程作为搞好重点工程建设上台阶的重要举措,结合经济社会发展对水土保持的多样化需求,创新理念,丰富内容,坚持高起点、高标准、高质量,实施精细管理,创建精品工程。要在总结经验的基础上,对流域治理内涵和外延进行拓展,将水保重点工程项目和其他支农项目融为一体。要通过政府强有力的推动、水利部门的组织、农发部门的支持、其他各部门的配合,使治理区形成集坝系建设、基本农田、林草、道路与产业结构调整、科技推广、新农村建设为一体的示范区。达到治理一条流域,总结一条经验,探索一条路子,形成一种模式,改善一片面貌,造福一方百姓的效果。

三、加强管理,扎实推进水土保持重点工程建设

今年我区已经落实中央财政预算内专项资金水土保持项目、国家农业综合开发水土保持项目资金近1亿元,要开展小流域综合治理、坡耕地综合整治、淤地坝建设三大工程,完成水土流失治理面积1000平方公里。与往年相比任务大、责任重。对今年的水土保持重点工程建设,我提四点要求:

(一)要切实加强工程建设管理

今年水土保持重点项目类别多、任务重,不同项目在建设要求上存在着一定差异。凡是确定今年要开工建设的项目,一定要精心组织、统筹安排,确保既定项目高质量完成。一要抓好质量和进度。高标准、高质量是工程建设的生命,要始终把质量放在工程建设的首位,既要保证全面开工,又要正确处理质量和进度的关系,宁缺毋滥,宁高勿低,在保证质量的前提下抓进度。二要请项目区各县区加大行政推动力度,积极研究探索社会力量支持水土保持生态工程建设的政策措施,整合项目和资金,提高工程建设的质量与效益,加快推进重点治理区建设。三要抓好管理责任落实。各级水利部门要切实承担起管理职责,建立和完善工程管理办法、检查验收办法和资金管理办法,规范运作程序,治理完善各类技术资料,加强监督检查。要严格执行有关政策规定,积极推行项目法人责任制、重点工程招投标制、工程监理制、项目公示制、资金使用报账制,确保工程安全、资金安全和干部安全。同时要加强信息报送,按时上报治理进度。会后,各县区要对近期工作进行认真研究、周密部署,以正式文件上报下一步工作安排的具体意见,明确各时间段工作任务、保障措施、责任落实等情况。

(二)要重视淤地坝安全防汛工作

目前,淤地坝安全问题是水保工作的软肋。尽管我们已经组织开展了大检查,针对存在问题落实了相关责任,但淤地坝数量多、分布广,整体管理薄弱,淤地坝的安全隐患一直是个难题。加之今年的防汛形势严峻,任务异常艰巨,各级水利水保部门要高度重视,以对党和人民高度负责的态度,全面抓好淤地坝安全隐患排查工作,认真抓好防汛责任落实,确保安全度汛,不出问题。同时,要认真抓好淤地坝等各类在建工程的安全问题,在施工管理中细化安全责任,确保各类在建工程安全管理责任到位、人员到位、措施到位,绝不能因为工作疏漏、麻痹大意出现安全问题。会后请各县区水务部门就此项工作进行一次再检查、再安排。

(三)要切实加强项目资金监管

管理和使用好工程建设资金是项目能否取得成效的关键。要高度重视资金管理工作,把确保资金安全作为水土保持工程建设管理工作的重中之重,把国家有限资金用到解决群众生产生活实际问题上来,用出效益来,真正把项目建设的好事办实,实事办好。资金管理重在制度,要认真落实工程建设公示制、监理制、报账制等制度,按制度办事,靠制度管

人，严格管理程序。要严肃财经纪律，坚持专账专人管理，严格按照规定使用和管理资金。资金使用必须按照批复的项目列支，不得发生挪用和挤占中央资金的现象。哪个县在资金管理使用上检查、审计出问题，要停止或削减项目投资。

（四）要深化水保工程建后管理

各县区政府要高度重视水土流失治理成果巩固工作，结合退耕还林、封山禁牧等，通过推行水保工程产权制度改革、出台制度等办法，进一步完善工程建后管理，落实管护责任，提高工程效益，巩固建设成果，遏制“边治理、边破坏”情况发生。对水保骨干坝、中型於地坝，要积极研究探索水资源节水利用工作，让有限的水资源为当地经济发展服务。

同志们，让我们以党的十七大精神和科学发展观为指导，深入贯彻西部大开发会议精神，按照全国水土保持工作会议的部署，奋发进取，开拓创新，扎实工作，推动水土保持重点治理区建设再上新台阶，为促进我区经济社会可持续发展和建设生态文明做出更大的贡献。

谢谢大家！

抓住重点　扎实工作
全力做好2010年引黄灌区灌溉工作

——水利厅副巡视员陈广宏在2010年引黄灌区灌溉工作会议上的讲话

（2010年3月26日）

同志们：

今天召开2010年引黄灌区灌溉工作会议，这次会议的主要任务是：贯彻落实全区水利工作会议精神，总结2009年引黄灌区灌溉工作，安排部署2010年灌溉工作。一会儿，吴洪相厅长还要作重要讲话，下面我先讲两点意见：

一、2009年灌溉工作任务全面完成

2009年，在自治区党委、政府的正确领导下，在灌区各级政府和有关部门的大力支持和共同努力下，各市县水务局和各渠道管理处认真贯彻全区水利工作会议和灌溉工作会议精神，克服灌区气候持续干旱、引水指标不足、时段性用水矛盾突出、工程建设任务重等困难，强化管理，扎实工作，切实保障了灌区47.33万公顷农田的适时灌溉，工程建设进展顺利，全面完成了夏秋灌溉各项工作任务，为保障灌区农业生产正常开展做出了积极贡献。

总结今年夏秋灌溉工作，主要抓了以下几个方面：

（一）加强计划用水，优化水量调度，确保了灌区均衡受益

由于黄河来水逐年减少，黄委会分配宁夏引水指标不能满足灌区用水需求，灌溉矛盾日益凸显。为此，我们进一步加强了水权管理，强化计划用水，不断优化水量调度，规范水量分配程序，使有限的水资源发挥了最大的社会效益。2009年，灌区全年共引水64.5亿立方米，比水利厅下达计划少引2.0亿立方米，少3%；各市县共用水47.6亿立方米，比水利厅下达计划少用1.32亿立方米，少2.7%。

一是加强水量调配管理，实现黄河宁夏段水量统一调度。以优化配置水资源为出发点，从加强各大干渠引水管理入手，将卫宁灌区的七星渠、跃进渠、美利渠，青铜峡河东灌区的秦渠、汉渠、马莲渠等6条干渠引水口的调度管理权收回，由渠首管理处统一管理，进一步加强了灌区水量统一调配，这是贯彻落实国务院《黄河水量调度条例》的具体体现，同时也是加强全区水资源管理的内在要求，对加强计划用水，实现灌区均衡受益意义重大。

二是精心编制调度预案，保障灌区有序用水。开灌之前，水利厅按照“总量控制，定额管理”的原则，把黄委会分配给我区的引用水指标全部分配到各行业，下达到各渠道管理处和各市县，作为计划内用水指标保障供给；以各大干渠2005、2006、2007年实际引水量为基数，按照“同比例增减”的原则，确定了各大干渠限定引水指标，并印发夏秋灌和冬灌水量调度预案，较好地统筹解决工业、农业、生态、旅游等各业用水需求，为夺取农业丰收、促进经济社会又好又快发展提供有力保障。红寺堡扬水管理处针对灌区用水需求快速增加的实际，分片召开由灌区水务局及乡镇、村队和水管人员参加的灌溉会议，宣传水

情,公布各市县各支渠的用水指标分配情况,强化了群众的水权观念,加强了灌区用水的计划管理。

三是提前放水,积极应对春季旱情。去年,我国北方遭遇了新中国成立以来最为严重的春季旱情,我区气温回升较快,土壤失墒严重,中部干旱带及冬麦种植地区也出现了不同程度的旱情。根据自治区党委、政府安排,青铜峡河西总干渠于3月1日开闸放水,提前向湖泊湿地和林草地补充水量。唐徕渠管理处、渠首管理处提前全员上岗,克服干渠水位调控工程不足等困难,在干渠打坝壅高水位,按时完成了爱伊河、银川东南水系的补水任务,避免了湖泊湿地与农业灌溉争水的矛盾,为提前开始冬、春小麦头水灌溉创造了条件。扬水灌区4月1日开机上水,为中部干旱带人畜饮水提供可靠水源,充分发挥了扬水工程作为中部干旱带生命线的作用。

四是加强协商沟通,优化水量调度。在灌区进入灌溉用水高峰期,我们积极做好水情信息的上传下达,加强沟通协调,形成上下一致,团结调水的局面。尤其是7月20日前后,黄河来水出现了少见的小流量过程,灌区用水缺口在150立方米/秒以上。为此,水利厅一方面向灌区各市县和水管单位通报水情,要求采取应急措施,维护好正常的灌溉秩序,另一方面积极向黄委水调局、西北电网调度中心反映我区用水困难,请求增加刘家峡下泄流量,由于协调及时,黄河来水增加,基本保障了灌区秋施肥和伏泡复种用水。在严格执行水利厅批准调度预案的基础上,灌溉局及时召集有关渠道管理处协商,在保持灌区引水总量不变的情况下,协商调整各大干渠用水过程,实施干渠大小水轮灌,有效利用了各大干渠用水高峰的时间差,一定程度地解决了高口高地灌溉难题。

(二)坚持以水定植,大力调整作物种植结构

各级农业部门、水利部门、各渠道管理处加强联系、密切配合,按照"以水定植、保障灌溉、节水高效"的原则,采取有力措施,切实把作物种植结构调整工作落到了实处。据农业部门统计,2009年引黄灌区麦套玉米种植面积为9.2万公顷,水稻种植面积7.8万公顷,两大作物种植面积和上年基本持平;单种玉米13.33万公顷,比上年增加4.33万公顷;设施农业发展到5万公顷,比上年增加8666.67公顷。青铜峡市早安排,早动手,由水利局牵头,各乡镇配合,开灌前对全市灌溉面积进行了丈量核实,对各类农作物的种植面积进行了准确统计,并根据分配水量,合理调整作物布局,既化解了灌溉矛盾,又减少了灌溉用水。2009年,青铜峡市节水4600万立方米,节水幅度达5.4%。

(三)狠抓安全生产,确保灌溉正常开展

灌区水管单位按照硬件不足软件补的工作思路,狠抓安全生产工作。一是坚持预防为主,狠抓渠道隐患排查和维护保养工作。七星渠渠管理处制定了特殊天气、险工险段、新建工程的巡护检查制度,确保渠道行水安全。二是健全和完善各项制度。水管单位进一步完善了《渠道建筑物养护细则》等制度,细化量化了工程管护内容和责任;厅属各渠道管理处按照"管养分离"的要求,及时组建工程维修养护大队,对渠道实行标准化养护和合同化管理,有效提高了维修养护水平和效率。三是狠抓责任落实。各单位以开展安全活动为载体,以安全运行为目标,层层签订安全责任书,坚持安全生产关口前移,确保各项工作落到实处。四是加大对职工的业务培训和教育,通过开展岗位练兵、事故预演、座谈讨论等活动,不断提高干部职工业务能力和安全意识。五是处置渠道运行突发事件的能力不断提高。去年7月7日,贺兰山汝箕沟发生百年一遇的特大山洪,造成唐徕渠第二农场渠15公里漫堤,多处渠道决口。灾害发生后,水利厅立即成立抢险领导小组,靠前指挥,现场制订抢修方案。唐徕渠管理处克服时间紧、任务重等困难,精心组织,周密安排,夜以继日,抢进度,保质量,经过4昼夜的艰苦奋战,于7月11日18时顺利完成干渠清淤工作及水下工程任务,第二农场渠顺利通水,保证了下游灌区正常用水。

(四)工程建设迎来可喜发展机遇,工程安全标准进一步提高

2009年,我们抢抓"扩内需、保增长"发展机遇,工程建设投资再创新高。一是续建配套工程建设加速。2009年,灌区续建配套项目顺利争取国家投资

1.2亿元,创项目投资历史最高水平。先后开工建设了银川南部水系整治、惠农渠昌渠砌护、东干渠山水沟渡槽翻建、银川高家闸沟改线和唐徕渠八一桥段砌护等重点工程,完成投资8500万元。共砌护干支渠21.8公里,整治沟道16.8公里,新建和改造补水泵站6座,改造渠道骨干建筑物13座,更换压力管道1.2公里。二是水权转换工程建设稳步推进。上半年,已完成惠农渠昌渠13.6公里和5.5公里支渠砌护,马莲渠16.2公里砌护工程也已启动实施,突显了灌区集中连片改造模式,为我区后续水权项目的开展创造积极条件和良好环境。三是大型泵站更新改造工程启动实施。固海、南山台子、扁担沟和甘城子4处泵站已列入全国大型灌排泵站更新改造规划。2009年国家下达中央资金1.0亿元,启动实施固海泉眼山、大战场、田营泵站、南山台子一泵站、扁担沟一泵站和五里坡一泵站共六座泵站的更新改造。目前,固海和扁担沟泵站更新改造已全面开工建设,预计2010年4月完成年度建设任务。

在争取国家投入的同时,2009年,各水管单位已累计完成维修养护投资1045万元,进行渠道清淤111.3公里,渠堤加固23公里,维修建筑物635座,更换闸门及启闭机160台套,更换水泵、电机36台套。渠道安全标准进一步提高。

（五）适时调整农业供水价格,促进灌区良性运行

为了保护和合理利用水资源,促进水资源可持续利用,改善水管单位财务状况,经自治区人民政府同意,对自流和扬黄灌区水价分别上调了0.6分和2.0分,推进了灌区水价的良性运行。通过调整农业供水价格,改善了水管单位的经济状况,充分发挥了价格杠杆作用,调整和优化了用水结构,促使农民自觉节水。为确保水价调整平稳执行,灌区各级水利部门和水管单位开展了广泛的宣传工作,共编制印和发放水价政策宣传读物近20万份。中卫市水务局组织人员深入灌区各用水单位、农民用水者协会、农户家中,发放宣传单、讲解水情,使水费调价政策家喻户晓、深入人心,有力地保障了水价政策的平稳执行。

（六）推行井渠结合,有效解决干渠梢段的灌溉难问题

灌区梢段灌溉难的问题始终困扰着各级水管部门。为了有效解决灌溉难问题,去年我们在平罗、惠农、灵武三地继续扩大井渠结合灌溉规模,抗旱保灌成效显著。各县市克服自身困难,多方筹措资金,对试点区515眼机井、34公里输配电线路和50台变压器进行了维修改造,着力提升机井供水保障能力。据统计,2009年,井渠结合灌溉区共投入运行机井361眼,累计运行7.68万小时,共抽取地下水494.3万方,占当地支渠计划配水量的5%,单井平均抽水212.7小时,平均抽水量达1.37万立方米,有效缓解了试点区6533.33公顷农田的灌水困难。

（七）加强行风建设,切实解决群众反映的难点热点问题

各市县、各管理处切实转变工作作风,以延伸服务为纽带,变群众上访为干部职工下访,想群众之所想,急群众之所急,深入乡、村、农民用水者协会和田间地头,现场解决问题,妥善解决了平罗、惠农、灵武、贺兰以及西干渠沿线各农场等地的灌溉难的问题及一些水事纠纷;在灌溉高峰期,灌区水利职工坚守工作岗位,向群众做耐心细致的解释工作,取得了群众的理解与支持,在维护灌溉秩序的同时,也维护了社会稳定。水利厅在连续两年免评后,2009年再次参评并名列第一,这就是灌区干部群众对我们行风工作的最好的肯定。

（八）加快灌区管理体制改革,逐步建立良性运行体制和机制

2009年,按照水利部的要求和自治区政府《关于进一步加快水利工程体制改革的意见》,全区各级水利部门按照自治区的统一部署,在自治区财政、编办、人力资源与社会保障等部门的大力支持下,积极开展改革各项工作,改革的主要任务基本完成,初步建立了新的管理体制和机制。固海等三大扬水落实2000万元电费补贴,并从2009年起列入财政预算;唐徕渠等7个自流灌区水管单位落实200万元信息化和自动化建设补贴;各水管单位按照“事企分离、管养分离”的原则,结合水利工程管

理实际，将水管单位维修养护与运行管理全面分离，组建了维修养护大队，为建立市场化、专业化和社会化的水利工程维修养护体系奠定了基础；区属渠道管理单位按照“精简高效、公平竞争”的原则，全面实施内部人事制度改革；渠首管理处在灌域选择了9个村级协会，选派延伸服务人员参与协会灌溉管理、水费征收、工资发放等工作，得到用水户的高度信任，农村水费改革进一步巩固；西干渠管理处联合永宁县监察局、水务局、胜利乡政府对群众反映强烈的永宁县胜利乡征沙渠协会有关问题进行调查，对协会对多收取的10多万元水费进行全额退赔，得到当地群众的普遍欢迎。

2009年，灌溉工作虽然取得了较好的成绩，但还存在一些问题和不足，主要表现在：一是渠道安全隐患依然存在，二农场渠、跃进渠等傍山渠道防汛、抗洪能力不足，安全问题依然突出；二是粮食播种面积的不断扩大和农业节水的矛盾依然突出，种植结构单一，时段性供水压力大，种植结构仍需进一步优化；三是干渠调控手段和抗旱应急能力弱；四是引黄灌区供水安全保障体系还不完善，水资源统一管理和优化配置工作还需要不断加强。这些问题，还需要我们在今后的工作中逐步研究解决。

二、抓住重点，扎实工作，全力做好2010年引黄灌区灌溉工作

2010年，引黄灌溉工作要坚持以建立节水型灌区为目标，以安全抗旱保灌为重点，以加强计划用水、优化调配、强化灌溉管理为抓手，加快工程建设进度，深化灌区改革，把灌溉管理推向新的阶段，为灌区农业和农村经济发展再做贡献。

（一）今年灌溉工作的总目标

今年灌溉工作总的目标是：全面完成47.67万公顷的农田灌溉任务，力促灌区粮食丰收；加强计划用水，力争年度用水不突破黄委下达指标；加强渠道安全生产和渠道工程建设，全面完成年度工程建设任务，力保全年干渠运行无决口。

（二）2010年灌溉面临的形势

今年灌溉仍面临新的严峻挑战，主要表现在：

一是受降雪影响，作物种植结构调整幅度较大，时段用水矛盾将更趋集中。2月以来，灌区2次普降中到大雪，加上持续低温，中北部地区农田土壤普遍处于过湿状态，田间泥泞，部分田块甚至出现积水，给春播生产带来了较为严重的影响，全灌区约7.33万公顷春小麦播种严重滞后，部分低洼地基本无法播种，并将改种玉米等秋作物。在近几年秋作物普遍增加的情况下，今年6~7月份用水高峰将更趋集中，时段性缺水矛盾将更加突出。

二是水利部黄河水利委员会分配我区春灌引耗水量偏少，春灌形势不容乐观。从总体来看，虽然今年3~6月黄委分配我区黄河干流耗水指标22.29亿立方米，比去年同期分配指标多0.92亿立方米，多4.3%；但仍比去年同期实际耗水量少1.32亿立方米，少5.3%。从引水量分析，2010年4~6月份共分配我区黄河干流引水指标31.5亿立方米，比去年同期实际引水量32.0亿立方米少0.5亿立方米，少1.5%。加上我区工业、城市生态用水以每年30%以上的增速增长，因此，既要满足各业用水需求，又要确保不超黄委指标的难度很大。

三是据气象部门预测，今年灌区4~5月份气温较常年略偏高，降雨接近常年或略偏多，仍属干旱年份，加上中部干旱带高效节水补灌项目陆续建成运行，灌溉水量供需矛盾仍十分突出。

（三）作好今年灌溉工作要重点抓好以下几个方面

1. 要抓好湖泊湿地补水和冬麦头水灌溉工作。

按照自治区党委政府的要求，河西灌区的唐徕渠已于3月1日开闸放水，西干渠、汉延渠以及河东灌区的东干渠也于3月10日后陆续开闸放水，提前对爱伊河等湖泊湿地进行了补水换水工作。4月1日以后，扬水灌区及自流灌区其他干渠也相继开闸放水，主要解决冬麦头水和扬水灌区播前灌水。3月19日，水利厅、农牧厅召开协商会议，针对今年的特殊墒情，研究确定冬麦开灌日期为4月上旬，在4月20日前要全部完成头水灌溉，以促进冬麦返青壮苗，确保今年冬麦再获丰收。

2. 抓紧做好灌前的各项准备工作。

各渠道管理单位要抓紧渠道春修工程建设，抓紧做好放水前的各项准备工作，不得因工程施工进

度影响放水时间。七星渠白鹅子沟至石磺沟段渠道整治工程、大战场泵站更新改造工程已于今日通水试机,对存在的问题要在3月底以前彻底解决,其他渠道工程必须在4月1日前完成,确保按时顺利放水开灌。各市县要积极发动农民群众大搞农田水利基本建设,搞好支斗渠沟的清淤;支斗渠改造工程必须在4月10日前完成,不得贻误灌水时机。各市县水务部门、各渠道管理处要加强和农业部门的联系,把今年小麦播种情况和作物结构调整情况掌握清楚,并按照作物用水需求,做好干渠水量调度预案和支斗渠配水方案。机井灌区要做好机井的维修保养,实施井渠结合灌溉,发挥机井的作用,平罗、惠农、灵武三市县要在去年井渠结合灌溉的基础上,继续扩大规模,将井渠结合灌溉面积扩大到1万公顷。

3. 加强水资源管理,从供给管理逐步转向需求管理。

自1998年黄河实施统一调度以来,由于黄河来水持续偏枯,黄委会每年分配我区黄河干流耗水指标平均为30.29亿立方米,仅占正常年份我区黄河干流耗水指标37亿立方米的81.8%。黄委分配我区耗用黄河水量已经不能完全满足我区工农业及生态用水需求,必须转变管水思路,农业用水必须实施以供定需的原则,宏观上以水权理论为指导实行用水总量控制到县、引水总量控制到干渠,各市县继续将用水指标分配到支渠、农民用水者协会。水利厅已将黄委分配我区的黄河水量作为今年水权总量,以2005年、2006年、2007年三年实际引用水量的平均数为基数,按照丰增枯减的原则分配到了各市县和各干渠,编制完成了《2010年3~9月份水量调度预案》,进一步明确了各市县的用水权,并将该用水权作为计划内用水保障供给,在黄委会分配的指标之外,我们将尽最大努力争取引水指标,同时对超限定指标引水要严格限制。各水管单位要与所属管理所、各受益乡镇,各管理所要与各受益村组、协会签订2010年度供用水管理目标责任书,将各用水单位计划内用水量和最大限定用水量指标予以明确。各市县要认真落实,通过加强管理,推广节水措施等,把灌溉总用水量严格控制在分配指标内。同时,各有关单位要从讲政治和促进灌区可持续发展的高度认识节水的重要意义,结合规范和提高农民用水者协会的运行管理,加强对节水工作的指导,明确目标,落实责任,严格控制超计划用水。把农业用水从供给管理逐步转向需求管理。

4. 加强水量调度,严肃供水纪律,确保灌区上下游均衡用水。

各级水利部门要加强用水管理,严格水量调配制度,严格按计划用水。各市县、各水管单位要明确责任,加强协作,确保计划的贯彻落实。按计划供不够水量的由各渠道管理处负责,按计划供够水灌不上地或灌水秩序混乱造成损失的由县市负责。水管单位要严格按照水量调度预案供水,各支渠计划外用水要采取节水措施来解决,水利厅将视黄河来水情况适时调节。各类农作物开灌时间、灌水时段、供水量严格按各渠道管理处的供水计划执行,逾期不开口灌水的,责任由县市自负。严格执行所段交接水制度,先交够再用水,尤其在灌溉高峰期,上游县市要采取有力措施,保障下游市县的用水权,确保灌区上下游均衡用水。严肃供水纪律,严禁放人情水,对砸口、抢水的支渠,水管单位有权限制供水。要加强水量调度的计划性、安全性、及时性和准确性。今年要把灌区高口高地及干渠梢段灌水难作为灌溉工作的重点工作来抓,要通过强化水量调度,优化运行方式,结合抗旱工程等各种措施,千方百计地解决好灌水难的问题。高口要及早动手,做好干渠低水位运行时的引水应急措施。水管单位要以延伸服务为切入点,加大对协会工作的服务和指导,帮助协会解决好水费收缴等实际问题,推进专群结合的管理体制不断完善。

5. 狠抓安全生产,确保全年安全运行无决口。

近年来,灌区骨干工程标准有了较大提高,安全保障程度逐步加强。但是一些渠段工程老化失修问题仍然没有得到彻底解决,安全问题依然突出,同时,每年汛期,山洪对干渠安全也造成很大威胁。因此,各级水利部门、水管单位,要以对国家和人民高度负责的精神,切实加强对安全生产工作的领导。坚持"预防为主,安全第一"的方针,牢固树立警钟长鸣，居安思危的意识，克服麻痹侥幸心理，把安全生产作为灌溉工作的重中之重来抓。开灌前，各渠道管理处要集中对渠堤、斗口、重要建筑物进行一次彻底检查，消除事故隐患。认真贯彻落实自治区和水利厅有关安全生产的规章制度，加强对水管职工的安全教育，增强安全意识和责任感，把各项安全生产的规定、制度和措施落到实处。进一步完善各项规章制度，行水期间要严格执行渠道巡查制度，坚持领导带班和巡渠查岗制度；严禁干渠超警戒水位运行，严禁脱岗和酒后上岗。要继续强化安全生产责任制，层层签订安全责任状，把安全指标分解到所段，落实到人头，形成各尽其职、各负其责、密切配合的安全生产管理体制，确保渠道安全。

6. 加强测量水管理，加大水务公开力度，树立水利行风新形象。

测量水工作是关系到供用水双方利益的一项重要工作。近年来，随着灌区水价逐步调整，农民水费支出增加较快，群众对水量计量更加关注，群众来信来访反应的大部分问题，都与量水收费有关。因此，水管单位要切实转变工作作风，从加强测量水管理，规范量水程序，提高量水精度着手，切实做到准确计量，合理收费。对粗估冒算、不执行水价政策、有损群众利益的做法要坚决制止并严肃处理。各水管单位要配合市县水利部门，开展对农民用水者协会人员的测量水技术培训工作，保障农民用水的知情权和监督权。树立水管单位清正廉洁、服务灌区、服务群众的良好形象。要加大水务公开力度，及时公开水量、水价、水费等，按照送票到户的要求，把水费票据送到农户手中，让农民清清楚楚用水、明明白白交费。

7. 进一步深化水管体制改革。

2010 年，按照水管体制改革的总体目标和任务，总结经验，巩固已有成果，深化改革，进一步落实改革各项政策和措施，探索实践水利工程管理新体制、新机制将是我们主要做的工作。一是加快落实自治区《意见》有关政策和措施；二是按照“管养分离”的原则，进一步完善各项管理制度，规范水管单位和维修养护大队工作职责及程序；三是继续深化水管单位内部改革；四是加大对水价成本测算的研究，建立水价合理调整机制；五是加快灌区信息与自动化建设，提高管理水平。

同志们，今年的灌溉任务艰巨，我们要在自治区党委、政府的正确领导下，在各部门和各市县的大力支持下，按照科学发展观要求，求真务实，开拓创新，全力以赴，扎实工作，圆满完成今年各项工作，为全区农业丰收、农民增收和农村稳定做出新的贡献。

专 文

全面落实最严格的水资源管理制度
保障自治区经济社会可持续发展

——水利厅党委书记、厅长吴洪相

3 月 22 日是第十八届“世界水日”，3 月 22～28 日是第二十三届“中国水周”。联合国确定今年“世界水日”的主题是“清洁用水、健康世界”，我国今年纪念“世界水日”和开展“中国水周”活动的宣传主题为“严格水资源管理，保障可持续发展”。

水资源是基础性的自然资源和战略性的经济资源，是实现经济、社会和环境可持续发展的重要物质基础。宁夏地处西北干旱地区，人均水资源量约为全国平均水平的 1/3，世界平均水平的 1/24，经济社会发展完全依赖于限量分配的黄河过境水，水资源严重短缺是制约全区发展的主要“瓶颈”。近年来，我们以科学发展观为指导，积极践行可持续发展治水思路，以节水型社会建设为统揽，以水资源配置、节约和保护为重点，围绕政策制定、制度落实、执法监督，不断强化水资源管理的约束力，为自治区经济社会快速发展提供了有效的水资源保障。

水资源管理与保护制度体系不断完善。先后颁布了自治区《水工程管理条例》《节约用水条例》《实施〈水法〉办法》《取水许可和水资源费征收管理实施办法》《宁夏水资源论证管理办法》等地方法规规章，制定了黄河宁夏段水量调度办法、引黄灌区节

(超)水奖罚办法、水权转换管理办法等制度,确立了水利部门对水资源实行统一管理与保护的主体地位。编制完成了《宁夏水资源综合规划》《水功能区划》《黄河水权转换总体规划》等29项区域和专项规划,初步构建了水资源管理与保护法律制度框架和规划体系,有力推动了全区水资源管理与保护工作的开展。

水资源配置和调控能力明显提升。按照"北部节水、中部调水和南部开源"的分区治水新思路,加快水资源调配工程建设,全区水资源"南北配置,丰枯补给"的格局初步形成,水资源调控能力明显增强。北部引黄灌区以节水改造和黄河治理为重点,大力实施续建配套与节水改造、爱伊河延伸、黄河标准化堤防等重点工程,实行沟渠井站联合调配,优化"三水"配置,完善灌排体系,水资源调配能力显著增强。中部干旱带以人饮安全重点工程和高效节水补灌项目为重点,实施扶贫扬黄移民开发、固海扬水灌区续建配套、海原新区供水等工程,增强了供水保障能力。南部黄土丘陵区以人饮安全、病险水库除险加固和水土保持生态建设为重点,加快实施固原地区城乡饮水安全工程和小流域综合治理等,提高了水资源综合利用效率。

水资源利用效率和效益持续提高。一是率先在全国开展省级节水型社会建设示范区。制订了节水型社会建设规划和实施方案。以农业节水为重点,大力实施农业综合节水措施。严格控制高耗水、高污染项目,提高水重复利用率,减少洁净水用量,推进工业产业升级。积极推广城市节水生活器具,实行阶梯式水价,建设了节水型社会载体。开展了形式多样的节水宣传,增强社会各界的节水意识。节水型社会试点建设取得初步成效,引黄灌溉水利用系数由0.36提高至0.41;城市节水器具普及率由40%提高到60%;万元GDP用水量由2005年的1288立方米下降到2008年的675立方米。二是率先在全国开展水权转换试点。积极探索"农业综合节水—水权有偿转换—支持发展工业"的高效用水模式。通过投资节水、转换水权的方式,优化配置水资源,提高水资源利用效率和效益,农业节水支持工业发展,工业发展反哺农业,实现了政府、企业和农民多赢的局面,开辟了解决干旱地区经济社会发展用水的新途径、创新了水资源管理模式。

水资源管理能力切实增强。实行取水许可、水资源有偿使用和水资源论证制度。全区县级以上水行政主管部门发放取水许可证1100多户。对涉水新建、改建、扩建项目开展了水资源论证工作,把好新增用水入口关。连续三年调整水资源费征收标准,扩大征收范围。不断完善水资源管理监控基础设施,加大信息化工程建设力度,加快水文测站改造,建成水情中心,实施了银川城市水资源实时监控体系与管理试点,有效提高了水资源管理水平和决策能力。

城乡水务体制改革实现突破。全区所有市县全部成立了水务局。银川市将城市节水职能划归水务局。盐池县实现了城乡供水统一管理。自治区组建了水务投资集团,近年通过市场融资20多亿元,先后建成了沙坡头水利枢纽和宁东、太阳山、金积、海原新区等供水工程,逐步实施区域水务一体化管理。

水环境综合治理稳步推进。完成全区入河排污口普查,严格排污口的行政审批,促进了节能减排和水资源保护。加大地下水保护力度,初步完成地下水功能区划和开发保护规划。中卫市关闭城区所有自备井,石嘴山市对辖区全部地下水水源地实行统一管理,银川市对自备井进行实时监测。实施了爱伊河、星海湖等水生态工程,大大改善了人居环境,提升了城市形象和品位。编制了《自治区突发水污染事件应急预案》,坚持重大水污染事件月报制度,应对突发性水污染事件的能力得到加强。

尽管我们在水资源管理与保护方面,做了大量工作,但全区水资源形势依然严峻:一是水资源严重短缺,与经济社会发展不相适应。目前国家分配自治区的用水量已基本用完,加之近年来黄河来水日益减少,干旱不断加剧,水资源总量与加快发展需求之间的矛盾日显突出,已不能完全适应自治区经济社会发展的需要。二是行业用水结构不尽合理,供需矛盾日益突出。自治区现状农业用水量占全区总用水量的93%，工业用水仅占4%，城乡生活用水占2.2%，生态用水占1.7%。随着全区工业化、城市化进程加快，各行业之间需水矛盾日益凸现。三是水资源调控手段不完善，严重制约了合理配置。自治区水利基础设施依然薄弱，工程老化失修严重，现状主要采取直接引、提方式，缺乏有效田间节水工程，水利用率低。四是水资源管理体制不顺，运行机制不健全。全区还没有实现水资源的统一管理，且以行政手段为主，水价、水资源费和排污费等经济调控手段不足。五是社会节水意识不高，仍存在水资源浪费现象。水资源严重短缺形势还没有成为社会和大众的共识，水资源浪费现象还很普遍，全社会推进水资源节约和保护的氛围尚未形成。

水资源严重短缺问题将我们长期面对的基本区情，实行最严格的水资源管理制度，保障水资源的可持续利用，已经成为推动自治区又好又快发展的一项重要而又紧迫的任务。我们要以科学发展观为指导，紧紧围绕自治区跨越式发展大局，积极践行可持续发展治水思路，以制度建设为基础，以工程节水为手段，以改革创新为动力，促进水资源的优化配置、科学利用和严格保护，以水资源的可持续利用保障经济社会的可持续发展。

实行总量控制制度，抓好水资源优化配置。以国家分配的用水量为全区总量控制刚性约束指标，全面落实《宁夏黄河水资源县级初始水权分配方案》和黄河流域年度水量调度指标，严格实行各市县地表水用水总量、地下水可采总量、排污总量和取水户取水总量“四个总量”控制管理制度，对取水总量已达到或者超过初始水权控制指标的地区，暂停审批建设项目新增用水；对取水总量接近初始水权控制指标的地区，限制审批建设项目新增用水。

加大水资源配置工程建设，提高供水资源保障能力。尽快开工建设固原地区城乡人饮安全水源项目。加快实施中部干旱带高效节水补灌工程，建成同心东部和中卫兴仁综合供水工程。加快实施青铜峡、沙坡头和固海灌区续建配套与节水改造和大型泵站更新改造工程。力争完成盐环定续建共用工程改造，基本建成固扩十一泵站以上人饮安全及灌溉节水工程。开工建设沙坡头灌区南北干渠节水改造工程。全面完成专项规划内54座病险水库除险加固任务，积极争取一批小型病险水库除险加固工程立项实施。开工建设上海庙红墩子供水工程、固原彭堡水源地地下水库工程。积极推进固原盐化工循环经济扶贫示范区园区供水工程前期工作并做好开工准备。完成银川西北部水系工程，综合整治黄河标准化堤防两侧湖泊湿地。全面加快水资源视频监测、灌溉调度等信息化工程建设。

加速节水型社会建设，提高用水效率和效益。出台《关于进一步加快推进自治区节水型社会建设实施意见》，进一步加强对节水型社会建设工作的组织领导和指导协调。逐步建立节水型社会建设联席会议工作制度和年度考核制度，建立以奖代补和节水奖罚机制，努力推进全民节水。不断完善节水型社会建设制度体系，严格建设项目“三同时”制度。深化节水型社会载体建设，通过加大农业节水示范区、工业企业、社区、学校等节水型社会载体建设，以点带面，整体推进全区节水型社会建设。

落实水资源规划制度，为经济发展提供决策依据。加强水资源规划工作，切实转变规划思路，把节约保护放在首要位置，贯彻“先节水、后调水，先治污、后通水，先环保、后用水”的“三先三后”原则，根据区域水资源承载能力和经济社会发展的用水需求，统筹规划生活、生产和生态用水。

坚持水资源论证制度，把好开发利用决策关口。把落实水资源论证制度作为加强水资源管理的关键环节，实行一票否决制。今后各类涉水规划及取用水的建设项目严格按照《水法》和《宁夏水资源论证管理办法》规定，在项目前期工作阶段，必须编制水资源论证报告书，对项目取用水进行可行性论证。对凡不经水资源论证或论证未通过的涉水规划及建设项目，水行政主管部门依法不得出具取用水支持性文件。

严格取水许可和水源费征管制度，强化经济调节手段。全面落实水资源有偿使用制度，按照自治区《取水许可和水资源费征收管理实施办法》的取水许可管理权限，严格取水许可审批，严禁随意、越权、变相审批取水许可，新上的建设项目必须先办理取水许可,然后再审批项目,新增用水必须通过水权转换方式解决用水问题,充分发挥经济手段对水资源的调节管理作用。

严格水功能区管理,加强水资源保护。加强水功能区监管力度,抓紧完善监督站网和监测手段,开展省界、县界水量水质监测,切实履行监管职责。开展水功能区达标考核和主要水功能区纳污能力控制相关指标和政策研究,加强对水功能区的动态监测,强化水功能区达标监督管理。严格入河排污口监督管理,加强入河排污总量统计,强化对入河排污口设置审查和已有入河排污口的监督检查,使入河排污口管理制度真正成为保障水功能区限制纳污红线强有力的手段。

加强执法监督,规范水资源管理行为。逐步建立科学、完整、统一的"三条红线"统计、监测和考核体系,促进水资源管理法律和规章制度的贯彻落实,确保最严格的水资源管理制度落到实处。进一步加大水资源管理执法力度,重点对取水许可、水资源论证、入河排污口、水资源费征收等情况的专项检查,加大对违规取水许可清理工作,坚决纠正越权审批等违规行为,全面推进水资源管理依法行政和规范化建设。

水资源的节约与保护,关系到社会每个人的生产生活,需要社会共识和人人参与。要落实最严格的水资源管理制度,加强对水资源形势的宣传教育,增强全社会爱水、节水、护水的意识,要让节约和保护水资源成为全社会的共同责任,成为我们生活的一种时尚,成为每个人的自觉行为,让宁夏的河流湖泊永远造福宁夏人民!

(刊于2010年3月22日《宁夏日报》)

善用水　巧用水　用好水

——水利厅党委书记、厅长吴洪相

水资源是基础性的自然资源和战略性的经济资源,是生态与环境的控制性要素。宁夏地处西北干旱地区,经济社会发展完全依赖于限量分配的黄河水,严重缺水是制约全区发展的主要因素。特定的区情决定我们必须在加快发展和深化改革的进程中,把加快经济发展方式转变的要求与破解水瓶颈有机结合起来,善用水,巧用水,用好水,以水资源可持续利用保障自治区经济社会可持续发展。

善用水,巧用水,用好水,就要不断完善水利发展思路。进一步完善"北部节水、中部调水和南部开源"的分区治水思路,以强化水资源管理为核心全面加快水利发展方式转变,加快从水资源开发利用为主向节约保护并重转变,加快从供水管理向需水管理转变,加快从被动防御自然灾害向主动防灾减灾转变,加快从控制洪水向洪水管理转变,加快从水利投资以国家为主向以争取国家投资、吸引社会投入和市场融资并举转变。通过进一步完善治水思路,不断优化用水结构和水资源配置格局,促进自治区经济、社会、资源和环境的协调发展。

善用水,巧用水,用好水,就要全面落实最严格的水资源管理制度。进一步强化水资源的基础性和导向性作用,坚持以水定发展、定结构,处理好当前与长远、速度与效益、局部与整体的关系,促进经济社会发展与水资源和水环境承载能力相适应、相协调,大力推动经济结构调整、农业和经济发展方式加快转变。深化区域涉水事务一体化改革,逐步建立与水资源供需要求相适应的管理体制和水价形成机制,充分运用经济杠杆促进水资源的节约和保护,努力破解实现跨越式发展的水资源瓶颈。

善用水,巧用水,用好水,就要切实加快节水型社会建设。不断完善节水型社会建设制度体系,建立以奖代补和节水奖罚机制,进一步强化对节水型社会建设工作的领导和协调。全面加快以节水示范区建设为重点的灌区节水改造,大力调整农业种植结构和耕作制度,大力推广节水灌溉技术,力争农业节水取得突破。加大工业企业、社区、学校等节水型社会载体建设,增强全社会爱水、节水、护水的意识,有力提高水资源利用效率和效益,保障自治区经济社会加快发展用水安全。

善用水,巧用水,用好水,就要着力加大水利基础设施建设。牢固树立以人为本的理念，全面加快灌区续建配套、大型泵站更新改造、盐环定续建等工程建设，尽快开工建设固原地区城乡人饮安全水源、沙坡头灌区南北干渠节水改造等工程，加快构建完善全区水资源“北扬南引、南北配置、丰枯补济”的体系，有效提升水资源的配置和调控能力。着力抓好农村饮水安全、中部干旱带高效节水补灌、中小河流治理、小型农田水利、水土保持生态建设等工程建设，有力夯实农业发展基础，有效提高农业综合生产能力，保障全区粮食安全，全力构建保障民生、服务民生、改善民生的水利发展格局，在更大范围、更宽领域、更好水平上造福人民群众。

善用水，巧用水，用好水，就要不断增强水利防灾减灾能力。北部加快黄河治理和贺兰山东麓防洪体系建设步伐，确保黄河、重点城市、重点水库及重要设施安全度汛和人民生命财产安全。中部强化应对干旱气候变化能力建设，加强抗旱应急水源工程建设，挖掘现有工程的供水潜力，大力推广高效节水补灌技术，提高蓄、供水能力，保障不发生大面积水荒。南部加强山洪灾害防治和中小河流治理，充分发挥改造后的水库调蓄作用，结合水土保持生态建设，完善防洪调控体系，努力实现雨洪水资源化。

（刊于2010年4月7日《宁夏日报》）

把转变方式要求与破解水瓶颈结合起来

——水利厅党委书记、厅长吴洪相

胡锦涛总书记在宁夏考察期间，对水利工作作出了“加强水利基础设施建设、大力改善生态环境、解决群众饮水安全、做好抗旱救灾”等重要指示。全区水利系统的干部职工，应当始终贯彻落实胡锦涛总书记视察重要讲话精神，把加快经济发展方式转变的要求与破解水瓶颈有机结合起来，为自治区跨越式发展提供有力的水利支撑和保障。

首先，要完善一个思路，即完善和创新分区治水思路，不断优化用水结构，加快形成“北扬南引、南北配置、丰枯补济”的水资源配置格局，促进自治区经济、社会、资源和环境的协调发展。

其次，要大力推进“全面落实最严格的水资源管理制度”和“切实加快节水型社会建设”这两项工作，促进经济社会发展方式与水资源和水环境承载能力相适应、相协调，大力推动自治区经济结构调整、推动农业和经济发展方式加快转变。

第三，就是要抓好六个重点。

一是抓好水利重点工程建设，着力提高水资源配置和调控能力。高标准、高质量完成黄河标准化堤防工程，全面加快灌区续建配套、大型泵站更新改造等工程建设；尽快开工建设固原地区城乡人饮安全水源、沙坡头灌区南北干渠节水改造等工程，积极推进固原盐化工循环经济扶贫示范园区供水工程前期工作并做好开工准备；加快推进黄河宁夏段治理、贺兰山东麓防洪体系、清水河和苦水河流域综合治理和中小河流治理工程建设步伐。

二是抓好民生水利建设，着力保障和改善群众生活生产条件。全力构建保障民生、服务民生、改善民生的水利发展格局，在更大范围、更宽领域、更好水平上造福人民群众。继续把农村饮水安全工程作为重中之重，建成同心东部和中卫兴仁综合供水工程，开工建设面上集中供水工程30处，解决35万农村人口的饮水安全。不断创新体制机制，突出抓好已建工程运行管理，确保农村饮水安全工程建得好、管得好、用得好、长受益；坚持不懈大搞农田水利基本建设，不断完善组织和投入机制，广泛动员各方力量，抓好小型农田水利重点县建设，实现“参与群众更多、声势规模更大、标准质量更高、综合效益更好、社会影响更广”，有效提高农业综合生产能力。

三是抓好引黄灌溉管理，大力提高灌区供水保障能力。加快构建引黄水量统一调度体系，加强用水计划和水量统一管理，实施“渠井沟湖洪”多水源联合调度，强化水权，健全机制，力争用水不超指标；加大灌区节水改造力度，坚持整合项目、整片推进，进一步扩大节水示范区建设，加快老灌区干渠、支斗渠续建配套节水改造，尽快形成与节水增效相适应的工程基础；大力推广节水灌溉技术，实施渠井湖沟结合灌溉面积1万公顷、水稻节水控制灌溉面积5.33万公顷。特色、设施农业要大力推广管道输水，喷灌、滴灌、沟灌和穴灌等高效节水技术，积极推行激光平地技术，加快形成与节水增效相适应技术手段。力争用5年时间使扬黄灌区全部、引黄灌区50%以上面积实行节水灌溉，推动传统农业向现代农业、节水农业的转变。

四是抓好防汛抗旱，着力提升水利防灾减灾能力。北部加快黄河治理和贺兰山东麓防洪体系建设步伐，确保黄河、重点城市、重点水库及重要设施安全度汛和人民生命财产安全；中部强化应对干旱气候变化能力建设，加强抗旱应急水源工程建设，挖掘现有工程的供水潜力，大力推广高效节水补灌技术，提高蓄、供水能力，保障不发生大面积水荒；南部加强山洪灾害防治和中小河流治理，充分发挥改造后的水库调蓄作用，结合水土保持生态建设，完善防洪调控体系，努力实现雨洪水资源化。

五是抓好生态水利建设，着力构筑西部生态屏障。加大水土保持生态建设力度，坚持预防保护、综合治理、生态修复相结合，坚决遏制人为水土流失破坏，加快建设生态环境，有效改善中南部群众的生活生产条件；进一步完善银川等城市水系，综合整治黄河标准化堤防两侧湖泊湿地，加快构筑人水和谐城市景观和沿黄水系，全面提高城乡水生态环境质量和防洪能力，努力改善人居环境。

六是抓好水利改革，着力构建良性发展体制机制。深化城乡水务一体化管理，逐步实现区域水资源全方位、全领域、全过程统一管理；巩固水利工程管理体制改革成果，加快建立完善"水管单位、协会、用水户"一体化的灌区供水管理体系，推进"水量统一调度、灌区民主管理、用水户广泛参与"的供水服务体系建设；深入推进水务投资体制改革，做大集团资产规模，提升项目开发、运营能力和科学化管理水平，实现水利投资多元化；进一步深化农村水费改革，积极推广"四公开、三到户、两规范"的管理制度，进一步提高协会涉水事务管理水平；稳步推广小型水利工程产权制度改革，积极引导和组织农民投工投劳建设和经营小型农村水利工程。

（刊于2010年6月3日《宁夏日报》）

宁夏水利建设的创举
黄河标准化堤防工程建设启示

——水利厅党委书记、厅长吴洪相

宁夏因黄河而存在、依黄河而发展、靠黄河而兴旺。沿黄地区聚集着全区57%的人口、43%的土地、80%以上的产业、90%的地区生产总值，是宁夏的精华、未来和希望。

特殊重要的地位，决定了黄河防洪特殊重要的作用。为保障沿线城乡防洪防凌安全，解放以来，自治区先后在不同地段建成黄河堤防，但基本上是在历次洪灾过程中抢修而成，建设标准低、病险隐患多、工程配套差，加上河道淤积，行洪能力不断下降，直接影响黄河两岸群众生命财产安全，不能满足经济社会发展要求。

近年来，自治区党委、政府按照科学发展观的要求，统筹山川城乡发展，作出了"建设沿黄城市带，打造'黄河金岸'"的战略决策。首先从解决黄河防凌防洪这一重大民生问题，综合治理和有效利用黄河及其岸线资源的要求出发，率先启动实施了黄河标准化堤防工程，以构建黄河"防洪保障线、抢险交通线、经济命脉线、生态景观线、特色城市线、黄河文化展示线"为目标，推动沿黄城市带建设，将沿黄地区打造成现代产业发展的重要聚集区、统筹城乡改革发展的示范区、生态文明建设的先行区、内陆开放的试验区。

工程自2008年全面启动实施，在自治区党委、政府的坚强领导和强力推动下，我们以思路创新为先导，以体制创新为突破，以机制创新为核心，以措施创新为抓手，采取"组织推动、宣传发动、示范带动、考核促动"等方式，组织沿黄各地攻坚克难，真抓实干，实现了工程建设高标准、高质量地快速推进。原规划三年建成402千米标准化堤防，仅用一年多时间全面完成。累计完成土方4500万立方米，建成交通桥梁50座，整治改造河道湿地4000公顷，生态绿化 4666.67 公顷，种植各类乔灌木 8000 多万株。工程建设战线之长、动用土方之多、投资强度之大、速度之快、标准之高，在自治区水利建设史上都是空前的，干成了过去想干而干不了、干不成的事，创造了堤防建设的"宁夏模式"。

工程的建成，大大提升了黄河防洪防凌能力，确保了黄河安澜。同时，将沿黄 10 个市县连为一体，为发挥城市集群辐射带动作用，促进产业结构调整和经济增长方式转变，推动城乡协调发展奠定了基础，撑起了"黄河金岸"的脊梁，搭建起沿黄城市带建设平台。

黄河标准化堤防工程建设，是宁夏水利建设的一大创举，是对水利工程建设理念和建设方式的全新探索。工程建设给我们的启示是：

一、科学决策，坚强领导是标准化堤防建设的保证

工程从规划决策到建设实施，自始至终凝结着自治区领导的智慧与心血，工程的每项重大举措都能感受到领导的关怀和支持。陈建国书记、王正伟主席多次听取汇报、现场调研指导工作。自治区政府成立工程建设领导小组，主管领导亲力亲为，及时协调解决工程建设中的重大问题，不断丰富和完善工程建设思路、举措，确保工程高标准、高效率推进。在自治区党委、政府的坚强领导和强力推动下，沿黄各市县积极行动，自治区各部门全力配合，掀起了标准化堤防建设的高潮，使这项工程成为自治区协调最好、进度最快的典范工程之一，成为自治区集中财力、物力建设的一项惠及子孙后代的德政工程。

二、突破传统，创新理念是标准化堤防建设的灵魂

理念创新的过程，就是解放思想的过程，就是突破传统的过程，就是推动发展的过程。按照自治区党委、政府的决策部署，我们立足经济社会发展全局，从服务民生的角度，审视、探索水利和防洪工作思路，确立了统筹黄河防洪与区域城乡建设、交通发展、水土资源利用、生态环境改善，以及文化、旅游资源开发的建设理念，变堤防单一防洪功能为"防洪、交通、生态、旅游、文化和经济"等综合功能，实现"一堤六线"，推动黄河资源的深度开发利用，促进区域经济社会可持续发展，受到了自治区党委、政府的高度重视和社会各界的广泛关注。

三、创新体制，整合力量是标准化堤防建设的关键

实现水利的快速可持续发展，离不开创新的精神和创新的办法。为干成、干好这项百年大计工程，我们起草制订了《黄河标准化堤防项目管理办法》《黄河标准化堤防建设方案》，确立了"自治区政府领导、市（县、区）政府负责、部门监督"的建设管理体制，"项目市（县、区）自筹、自治区财政'以奖代补'、国家投资补助相结合"的资金投入机制。打破了基础设施建设"条块分割"的旧有体系和水利一家唱"独角戏"的格局，建立起了"整合项目、拼盘资金、渠道不乱、用途不变、各负其责、各记其功"的建设模式，形成了"上下互动、部门联动"，共同推动工程建设的良好局面。

四、团结拼搏，务实苦干是标准化堤防建设的保障

实践告诉我们：小省区要办成大事，必须要有一张蓝图绘到底，一竿子插到底，一以贯之抓到底的气魄和勇气，心想一家，劲使一处，合力推动。为加快工程建设，保证工程质量，水利厅在率先抓好示范工程的基础上，强化综合协调、督查指导和宣传引导；各参建部门、单位各司其职，同心协力，密切配合；沿黄各地突重点、攻难点，深入发动，精心组织，狠抓落实；工程建设者顶风雪、冒严寒、战风沙、斗酷暑，不畏艰难、连续作战，严把工程质量，抢抓工程进度，形成了上下一心、步调一致、相互配合、群策群力、苦干实干的良好氛围。

五、以人为本，造福人民是标准化堤防建设的根本

黄河安澜，是水利人的"百年梦想"，也是沿河群众的长久期盼。标准化堤防建设在规划思路、设计理念、工程布局、组织实施等各个方面，始终坚持以为民、惠民、富民为根本出发点和落脚点。通过进一步完善黄河堤防工程体系，提高防洪标准，保障群众安居乐业；合理调整堤防布局，改造灌排体系，实现土地集约利用，提升农业生产水平，夯实农业发展基础;改善沿河地区交通条件,拓展城市发展空间,带动新农村建设,激发沿黄地区活力,促进产业结构调整,推动城乡经济协调发展,着力解决沿河群众最关心、最直接、最现实的利益问题,体现了民生工程的根本宗旨,赢得了群众的普遍欢迎。

黄河标准化堤防建设的成功实践,使我们深刻体会到,面对艰巨的水利建设任务,必须打破传统水利建设思维,冲破就水利干水利的定式,必须将水利发展与国民经济建设需求紧密结合,将水利建设融入社会经济全局之中,才能赢得更为广泛的支持,调动各方面的积极性,突破资金、资源、行业等制约,使水利建设和发展水平达到一个全新高度。

(刊于2010年7月6日《宁夏日报》)

转变发展方式　建设现代水利
以水资源的可持续利用保障自治区跨越式发展

——水利厅党委书记、厅长吴洪相

(2010年7月)

水资源是经济社会发展的基础性条件,水利是加快经济发展方式转变的重要保障。宁夏地处严重缺水地区,随着人口的增长、现代农业、工业化和城镇化进程加快以及生态建设用水的快速增加,经济社会发展与水资源、水环境承载能力不足的矛盾日益突出,水资源短缺制约经济社会快速发展的瓶颈作用日趋凸显。加快自治区经济发展方式转变必须转变水利发展方式,我们要进一步深刻领会中央和自治区对水利工作提出的新任务,积极适应加快经济发展方式转变的新要求,以加速节水型社会建设和强化水资源管理为核心,加快从水资源开发利用为主向节约保护并重转变,加快从供水管理向需水管理转变,加快从用水模式粗放管理向高效利用转变,加快从国家单一投资水利向以国家投资为主、市场融资和吸纳社会资金多元化投入转变,在发展中促转变,在转变中谋发展,不断优化用水结构和水资源配置格局,着力推动传统水利向现代水利转变,以水资源的可持续利用保障自治区跨越式发展。

继续实施一个战略:即分区治水战略

围绕自治区党委、政府的总体部署,全面贯彻"北部节水、中部调水、南部开源"的分区治水思路,北部引黄灌区以节水为中心,围绕发展现代节水农业,加快现代节水型灌区建设,通过节水支持经济社会发展对水资源的需求。中部干旱风沙区以调水和雨洪水集蓄为中心,围绕发展旱作高效节水农业,扩展扬黄、集蓄雨洪,全面实施节水高效补灌工程,大幅提高水资源综合利用效率和效益,有效解决中部干旱带群众生活、生产用水难题。南部黄土丘陵区以水资源开发保护为中心,围绕发展生态节水农业,加快库井灌区节水改造和库坝窖池水资源联用体系建设,加大水土保持生态工程建设,涵养保护、有效配置、合理调节流域间的水资源,大力发展节水高效农业。通过不断强化对水资源的综合治理与严格管理,有力提升供水保障能力、防洪保安能力、水环境保护能力、社会管理公共服务能力,有效发挥水资源的经济功能、社会功能、生态功能、环境功能,全面加快自治区水利现代化建设。

着力突出两项重点

(一)加速节水型社会建设,破解水资源瓶颈制约

一要全力构建全社会建设节水型社会的良性体制机制。加快建立节水型社会建设联席会议和年度考核制度,建立以奖代补和节水奖罚机制,进一步强化对节水型社会建设工作的领导和协调,充分调动公众参与节水型社会建设的积极性和主动性,推动节水型社会建设工作深入开展。二要全面推进农业节水再上新台阶。自治区农业用水占总用水量的90%以上,农业节水是节水型社会建设的关键。以自治区北部现代节水农业、中部旱作节水农业、南部生态节水农业"三大示范区"建设为重点,坚持工程、技术、管理节水综合措施齐抓,加快实施北部引黄灌区节水改造、中部干旱带高效节水补灌和南部山区库井灌区节水改造工程,大力调整农业种植结构和耕作制度,加大高效节水灌溉新技术推广,加快形成有效地整体节水效果,实现农业节水和农民增收的双跨越。三要着力推进工业节水取得新突破。全面落实

新建涉水企业节水设施与主体工程同时设计、同时实施、同时验收的"三同时"制度，加强对现有企业的节水技术革新，加快建设宁东节水循环示范区，加大推广节水新工艺，提高水循环利用率，实现工业节水的新突破。四要深化节水型社会载体建设。在不断加大农业节水示范区建设的同时，深入推进工业、城市的节水型企业、社区、校区创建工作，充分发挥示范带动效应。五要加大节水宣传工作。采取各种方式、通过各类媒体，广泛深入地宣传节水型社会建设，增强全社会惜水、节水、护水的意识。

(二)强化水资源管理，提高水资源利用效率和效益

一要坚持依法管理水资源。要依据全区水资源"总量、保护、效率"三条"红线"指标体系，抓紧制定节约用水管理、水资源有偿使用、水资源保护等配套法规，加快建立适合区情和水情、较为完备的水资源管理法规体系。加强水行政执法，规范行政行为，重点强化取水许可和水资源费征收使用、节水管理、入河排污口审批等制度落实情况的专项检查，严厉查处违法取用水、破坏水资源等行为。二要坚持水资源总量控制。以国家分配的用水量为全区总量控制刚性约束指标，全面落实《宁夏黄河水资源县级初始水权分配方案》和黄河年度水量调度预案，严格实行各市县地表水用水总量、地下水可开采总量、排污总量和取水户取水总量四个总量控制管理，实现全区水资源供需总体平衡。三要坚持水资源节约保护优先。贯彻"先节水、后调水，先治污、后通水，先环保、后用水"的"三先三后"原则，加强水功能区监督管理力度，根据各地水资源承载能力和经济社会发展的用水需求，在保障水资源可持续利用和保护生态环境的前提下，统筹安排生活、生产和生态用水，促进自治区经济社会和资源环境的协调发展。四要坚持水资源高效利用。农业节水要以现代节水型灌区建设为重点，在节水增效上下工夫，加快节水工程体系建设，引进推广国内先进节水技术，全面提高用水效率与效益。工业节水要以自治区确定的工业基地和特色园区为重点，在节水降耗减排上下工夫，抓好"循环用水、密闭用水、污水利用、一水多用、中水回用"等节水技术，不断提高水重复使用率。生活节水以创建节水型城市为重点，在示范带动上下工夫，大力普及节水器具，加快改造供水管网系统，有效降低供水漏损率。

切实抓好三大工作

(一)优化配置水资源，保障全区供水安全

一要大力调整用水结构。坚持以水定发展、定结构，处理好水与经济发展、水与保障民生的关系，处理好当前与长远、速度与效益、局部与整体的关系，结合自治区重大产业布局，综合运用法律、行政、经济等手段，积极引导水向"高"处流，向改善民生流，农业用水压缩高耗水作物，工业用水严格限制高耗水、高污染工业项目审批，坚持水资源优化配置与产业结构空间布局调整同步实施，逐步形成结构合理的节水型产业体系。二要加快建立全区水资源统一配置体系。近期要通过引黄、扬黄、跨流域调水及调蓄工程的建设和连通，引输蓄配工程齐抓，大中小微工程并举，构建引得进、蓄得住、排得出、可调控的"南北配置、丰枯补给"的水网体系，根据丰枯变化在不同区域间调水引流，实现水资源的统一科学配置，有效提高水资源调控和供水保障能力。远期结合大柳树水利枢纽和南水北调西线工程建设，进一步提高全区水资源配置和承载力，保障经济社会可持续发展对水资源的合理需求。三要实施水资源优化调配。北部引黄灌区依靠内部挖潜，实现地表水、地下水和非常规水的统一调配；中部干旱带拓宽扬黄供水范围，实现扬黄水与当地水的统一调配；南部黄土丘陵区坚持开源节流并重，实现雨洪水资源在流域间和季节性的统一调配。全区通过对渠沟、机井、库坝等水利工程和调蓄工程进行联合调度，对黄河水、地下水、洪水及非常规水等不同水源实施统一优化调配，在确保人饮及城市和工业用水安全的前提下，保障农业和生态用水需求，全面提高供水的可靠性和保证率。

(二)以发展民生水利为核心，着力改善群众生活生产条件

一要继续把农村饮水安全工程作为重中之重。建成七项人饮重点工程，加快固原地区城乡饮水安全水源工程建设，加大面上人饮工程建设力度，确保2013年全部解决规划内饮水不安全人口的饮水问题。不断创新体制机制，突出抓好工程运行管理，保证饮水安全工程建得好、管得好、用得好、长受益，确

保农民群众喝上洁净水、放心水。二要坚持不懈大搞农田水利基本建设。不断完善组织和投入机制，广泛动员各方力量，抓好小型农田水利重点县建设，实现“参与群众更多、声势规模更大、标准质量更高、综合效益更好、社会影响更广”，有效提高农业综合生产能力，不断改善农民群众生活生产条件。三要确保如期完成病险水库除险加固任务。在全面完成好规划内54座中型和重点小型病险水库除险加固任务的基础上，全力做好新纳入规划的61座小Ⅰ型病险水库除险加固工作，在保证工程质量和安全的前提下，千方百计加快工程建设步伐，确保如期完成建设任务，全面提高山区防洪安全标准，保障农民群众的生命财产安全。四要加快水土保持生态建设。坚持预防保护和综合治理并重，结合六盘山区扶贫开发，抓好水土保持生态建设重点项目实施，大力推进流域综合治理示范区建设，每年治理水土流失面积1000平方千米，使水土保持工程成为构筑西部生态屏障和增加农民群众收入的亮点。

（三）深化水利投融资体制改革，破解水利建设资金瓶颈

一要坚持水利的公益性质，积极争取扩大公共财政投入，支持事关国计民生的水利重点项目建设。积极争取国家对黄河和重点城市防洪、农村人饮安全、灌区节水改造、病险水库和病险水闸除险加固、水土保持生态建设等项目建设投资；积极争取加大小型农田水利、中小河流治理等项目专项资金支持；不断加大重大水利工程建设基金、水资源费等各项水利规费征收力度；建立区市县三级水利专项基金，并随财政增长稳步增长。二要面向市场经营水利，积极推进水利多元投资。加快建立完善水权、水市场体系，立足供水等经营水利的优势，充分发挥投融资平台的作用，大胆走向市场，用好中央转贷地方国债资金、地方政府债券、银行贷款等政策性资金，积极争取外来资本包括国际投资，努力发挥市场机制作用，进一步扩大水利投融资渠道，全面加快经营性水利产业发展。三要加大产权制度改革，实现水利工程可持续利用。加大小型水利工程产权制度改革，进一步放宽民间资本的投资领域，采取租赁、拍卖、股份合作等形式鼓励农民和受益群众投资水利建设，实现水利工程资产和资本的重组，盘活国有水利资产，从根本上解决小型水利工程重建轻管，建管脱节的矛盾，最大限度地发挥工程的应有效益。

（刊于2010年7月《宁夏工作研究》）

建设精品生命工程　打造民生水利品牌

——水利厅党委书记、厅长吴洪相

（2010年10月18日）

成也在水，败也在水。水是制约西北地区经济社会发展和人民群众健康生命的最主要要素。陕甘宁盐环定扬黄工程受水区涉及的宁夏盐池县、陕西省定边县和甘肃省环县，均属革命老区、贫困地区、少数民族地区和氟病高发区。由于地表水资源奇缺，地下水埋藏深、储量少、矿化度高，含氟量平均超过4.5毫克/升，老百姓长期饮用，导致氟中毒，患上斑釉症、氟骨症，弯腰驼背、四肢畸形、瘫痪现象十分普遍，世世代代深受其害；由于缺水，当地的生态建设成果难以巩固和发展；由于水资源极度匮乏，当地土地、矿产等资源优势得不到开发利用，制约了工业发展。

党中央、国务院始终关心和支持这一地区的发展。1984年批复兴建陕甘宁盐环定扬黄工程。历经十多年建设，通过盐池老区人民实施灌区开发、管理单位辛勤维护和艰辛运营、自治区积极地财政补贴，建成了盐环定扬黄骨干工程和大部分灌区工程，解决了部分群众温饱和饮水困难，取得了显著的社会、经济和生态效益，但各省专用工程尚未达到预期的规模和效益。为从根本上解决该地区的人畜饮水困难、改善生态环境、加快经济发展。2008年，国家批复了盐环定扬黄续建工程。进一步体现了党中央、国务院对革命老区人民的关怀，是少数民族地区实现全面建设小康社会目标的一项重大举措，是实现好、维护好、发展好贫困地区广大人民群众根本利益的重大决策。

盐环定扬黄续建工程受水区涉及宁夏盐池县、

陕西省定边县和甘肃省环县3个县，规划2020年三省区受益总人口52.9万人。宁夏受水区基本覆盖了盐池全县，约占全县国土总面积的70%。受水地区包括花马池、高沙窝、王乐井、青山、冯记沟5个乡镇的全部地区和大水坑、惠安堡、麻黄山3个乡镇的大部分地区，共95个行政村，570个自然村。受水对象涉及城镇居民生活、农村人畜饮水、农业灌溉和工业企业四大主要用水户。

在党中央、国务院的亲切关怀下、在国家发改委、水利部等国家部委的大力支持帮助和自治区党委、政府的正确领导下，陕甘宁盐环定扬黄续建工程建设顺利推进，三省(区)共用工程已于今年4月顺利实施阶段通水，宁夏专用饮水工程按计划圆满完成了建设任务，成功与盐池县城城市城管网进行对接并已具备了通水运行条件。这项事关老区百姓福祉的民生工程建成通水，将对提高当地群众健康生活水平、建设祖国西部生态屏障和建成全面小康社会等各方面产生深远的意义。

这是一项“生命工程”，突出解决了受水区最关键紧迫的民生问题。盐环定扬黄续建工程的重点是解决城镇居民生活和农村人畜饮水，同时为促进工业发展，发展节水高效农业提高水源，首先，工程的建设解决了当地群众最基本的生存问题。盐池县除惠安堡、大水坑和麻黄山3个乡镇的部分地区外，其他乡镇及农村群众将彻底告别饮用苦咸水的历史，喝上干净、健康的生命之水。盐环定扬黄续建工程建成后，到规划水平年，盐池县受益人口19.06万人，其中城镇居民6.61万人，农业人口12.45万人。受益人口约占全县总人口的90%。其次，“小开发，大保护”，保障农牧业发展，增加农民收入。盐环定扬黄工程在盐池县发展灌区1.31万公顷，保障了县域农牧业发展，利用国土总面积15%的杨黄灌区，生产了占全县两市粮食总产70%的粮食及饲草料。形成了“封山禁牧恢复生态——灌区生产粮食及饲草料——发展舍饲圈养羊畜——深加工羊畜产品”的工业、农牧业经济互补发展格局。农业总产值较开发前增加5倍、粮食产量增长2.5倍、农民纯收入增长2.7倍。为盐池县率先在全区实施封山禁牧、退牧还草创造了条件，巩固了生态建设成果。

这是一项可持续发展的保障工程，促进了受水区产业结构调整和水资源的优化配置。首先，以盐环定扬黄续建工程为载体，统筹工业与农业、城镇与乡村，调整了“三个结构”。产业结构调整发面，受水区一、二、三的产业比重由30∶35∶30调整为19∶43∶38；用水结构调整方面，变单一的农业用水调整为综合用水，农业、工业和城乡人畜饮用结构由原规划设计的96.2∶1.0∶2.8，调整为76.3∶10.6∶13.1；工程结构调整方面，由单一的渠道输水、季节性供水，调整为渠道、管道联合输水，调蓄工程调蓄全年供水。农业产业方面，重点发展高效节水的特色经济，目前，在灌区内和通过延伸供水，在盐池县花马池镇、王乐井乡发展高效节水设施、特色农业灌溉面积2666.67公顷，主要种植枣树间作马铃薯和甘草等高效节水作物。其次，工程建设是黄河水资源和当地水资源实现优化配置，当地水资源主要用于畜用、生态环境治理及自然恢复和井灌区，黄河水用于保障人饮及工农业发展。通过产业结构调整和水资源优化配置，促进经济、社会和生态协调可持续发展。

这是一项工业经济的催化工程，促进了工业的发展。盐环定扬黄续建工程工业供水范围包括盐池县花马池、惠安堡等5个乡镇和太阳山、萌城2个工业园区。目前，以盐环定工程扬水为水源，建成了太阳山工业供水工程，实现了太阳山能源新材料工业基地供水，并正在筹建盐池县萌城工业供水工程。盐环定扬黄续建工程建成后，将具备为年总产值16.8亿元的工业企业提供水源。破解了工业发展受水资源制约的瓶颈，为合理开发当地矿产资源，发展工业，促进经济社会发展提供了水源保障。

这是一项示范工程，将高扬程、远距离输水、人饮、工业、灌溉及生态综合用水工程的管理，探索良性运行的管理体制及运行机制。一方面建立健全工程管理体制及运行机制，为工程良性运行和长期发挥效益提供了组织保障。续建工程建成后，将在由水利部和三省区政府成立的协调领导小组指导下，创新大型扬黄管理工程管理、运行、服务的新模式，形成统一协调、专用与共用分开、产权清晰、责权分明、管理规范的管理体制和运行机制。建立供用水购销合同制，推行“两部制”水价，落实运行维护资金。建立保障工程良性运行的管理体制和运行机制。另一方面，盐环定扬黄续建工程建成后，将达到工程供水规模，通过用水结构调整，增加工业用水，将有效平抑供水价格，形成以工补农的供水价格形成机制，促进工程良性运行。

中共中央政治局常委、中央政法委书记周永康9月5日至8日在宁夏考察时对宁夏运用好水资源提出殷切的期望。他指出，今后10年，水灾一定程度上将是制约宁夏发展的最大因素。要做好水的文章，使每一立方米水都能发挥最大效益。在新一轮西部大开发中，我们将在自治区党委、政府坚强领导下，加快盐环定灌区节水改造力度，发展高效节水农业，优化配置水资源，保障受水区城镇居民生活、农村人畜饮水安全，以水资源的优化配置促进工业、农业和城乡统筹发展，以水资源的可持续利用，促进经济社会协调发展，为宁夏的可持续发展提供有力的水资源保障。

（刊于2010年10月《宁夏工作研究》）

宁夏水资源情势分析及应对策略

——水利厅党委书记、厅长吴洪相

（2010年11月15日）

近年来，随着全球气候变暖，黄河来水连年减少，国家分配宁夏的可利用黄河水量也呈减少趋势，加之持续干旱，当地水资源量锐减，使得水资源短缺形势进一步加剧。同时，随着西部大开发战略的深入实施和人民生活水平的不断提高，现代农业、工业化和城镇化进程加快以及生态建设用水的快速增加，经济社会发展与水资源、水环境承载能力不足的矛盾日益突出，水资源严重短缺的瓶颈制约问题日趋凸显。有效解决发展需求与水资源约束之间的矛盾，实现水资源的可持续利用，成为宁夏实现全面协调可持续发展必须解决的首要问题。我们要深入研究分析宁夏水资源分布规律和用水矛盾，以实行最严格水资源管理制度为核心，以节水型社会建设为抓手，构建“南北统筹、城乡兼顾、丰枯补给”的水资源工程调配格局，统筹处理好水资源开发、利用、配置、节约和保护的关系，有效发挥水资源的经济功能、社会功能、生态功能、环境功能，以水资源的可持续利用保障自治区经济社会的可持续发展。

一、宁夏水资源现状及特点

宁夏地处西北干旱地区，降水稀少、水资源严重短缺是基本区情。当地人均占有水资源量仅为黄河流域的1/3，全国的1/12，加上国务院“87”分水方案分配给宁夏的40亿立方米黄河可利用水资源量，人均水资源可利用量670立方米，也仅为全国平均值的1/3，全区资源型、工程型和水质型缺水并存，主要呈现以下特点：一是区域降水稀少，且时空分布不均。宁夏地处西北内陆，降水稀少、蒸发强烈。多年平均降水量289毫米，不足黄河流域平均值的2/3和全国平均值的1/2，且主要以暴雨形式出现，开发利用难度大。年降水量400毫米以下的干旱地区占全区总面积的80%。全区平均蒸发量高达1250毫米，是降水量的4倍。二是当地水资源禀赋差，且呈减少趋势。宁夏当地水资源量少，且与地形地貌相对应，呈明显的带状分布。全区水资源总量11.63亿立方米，人均当地水资源占有量186立方米，仅为黄河流域的1/3，全国的1/12。三是水资源质差，且分布范围广。宁夏当地地表水资源量9.49亿立方米，全区当地可利用水资源量4.5亿立方米，其中1.5亿立方米为贺兰山倾斜平原与引黄灌区降水入渗的可利用量，3.0亿立方米为南部黄河主要支流清水河、葫芦河与泾河的可利用水资源量。四是黄河来水量减少，分配水量有限。根据国务院“87”黄河分水方案，在南水北调工程生效之前，分配给宁夏可利用的黄河水资源量40亿立方米。近年来，由于黄河流域天然径流量大幅减少，实际平均每年分配的耗用黄河水指标仅为33.0亿立方米，较“87”分水方案分配水量减少了17.5%。五是水污染形势不容乐观，加剧了水资源短缺程度。目前，自治区城镇废污水排放总量已达3.0亿立方米，实际污水处理率仅为67%。随着宁东能源化工基地煤炭开采力度的加大，目前年矿井涌水量约2200万立方米，回用率仅22%。全区主要水功能区达标率不足30%。由以上分析可以看出，降雨量的减少，当地水资源量和黄河来水偏枯，使宁夏可利用水资源量刚性减少已成不争的事实。

二、水资源供需矛盾日趋尖锐

水资源在确保农业粮食安全、能源安全和生态安全方面具有重要的战略地位。目前，自治区经济发展整体欠发达，农业用水比例占总用水量的90%以上，高出全国平均水平22个百分点，工业用水中能源、重化工等高耗水项目所占比重较大。随着国家西部大开发的深入、呼包银经济区和宁东、鄂尔多斯、榆林能源金三角等战略的实施和城市化进程的加快，宁夏经济社会呈现出跨越式发展，用水需求旺盛且呈刚性增加态势，全区水资源供需矛盾将进一步加剧。经预测，2020年宁夏需水总量将达到86.4亿立方米、配置供水量73.27亿立方米，其中地表供水量64.7亿立方米，全区缺水率达15.2%。2030年宁夏需水总量将达到91.16亿立方米，若不考虑南水北调西线工程生效，全区缺水率将达19.6%，缺水矛盾更加尖锐，水资源短缺将严重制约自治区经济社会的发展。即使考虑南水北调西线工程生效后给自治区新增15.3亿立方米的用水指标，全区仍将缺水1.86亿立方米。一是城镇化进程加快，民生用水需求呈刚性增长。随着城镇化进程的加快，城乡居民生活水平和生活质量的不断提高，对水环境质量的要求不断提高，改善生态、美好环境的任务越来越重。目前，自治区城镇化率仅为46%，低于全国平均水平。据预测，今后20年间城镇化率将提高10~20个百分点，城镇生活需水量将达到3.5亿立方米左右。同时，随着人们对人居环境的不断改善，城镇湖泊湿地、公园等补水量也将呈刚性增长趋势。二是为保障区域粮食安全，保证农业用水至关重要。宁夏作为全国十大商品粮基地之一，现状引扬黄灌溉面积达47.33万公顷，为了保障自治区粮食生产安全，满足粮食需求，必须通过加强农田水利、高标准基本农田等基础设施建设，保障农业灌溉用水，提高灌溉保障程度，达到灌区粮食的稳产、增产。三是工业化进程加快，用水需求呈刚性增长。宁夏经济社会要实现跨越式发展，必须在解决饮水安全、脱贫致富的基础上，充分发挥当地资源优势，加快新型工业化进程，实施以宁东能源化工基地建设为重点的优势资源开发转换战略。据预测未来10~20年，全区工业用水需求将是现状工业用水的2~4倍、工业用水需求呈刚性增长。

三、解决水资源短缺的策略

水资源严重短缺已成为宁夏经济社会可持续发展中全面性、战略性的重大问题。要满足今后一个时期全区经济社会发展和生态建设不断增长的用水需求，只能通过内涵式挖潜来解决，而在宁夏中长期经济发展中，开源是解决缺水的唯一出路。

（一）近期破解宁夏水资源短缺“瓶颈”的措施

1. 实行最严格水资源管理制度，切实提高水利用效率和效益。

一是坚持依法严格管理水资源。加快建立全区水资源“总量、保护、效率”三条“红线”指标体系，抓紧制定节约用水管理、水资源有偿使用、水资源保护等法规。推进行政审批，规范行政行为，加强水行政执法，严厉查处违法取用水、破坏水资源等行为。

二是严格水资源总量控制。以国家分配的用水量为全区总量控制刚性约束指标，全面落实《宁夏黄河水资源县级初始水权分配方案》和黄河年度水量调度预案，严格实行各市县地表水用水总量、地下水可开采总量、排污总量和取水户取水总量“四个总量”控制，实现全区水资源供需总体平衡。对取水总量已经达到或超过初始水权分配指标的地区，暂停审批新增用水建设项目；对取水总量接近初始水权分配指标的地区，限制审批新增用水建设项目。

三是坚持水资源节约保护优先。按照“先节水、后调水，先治污、后通水，先环保、后用水”的“三先三后”原则，加强水功能区限制排污总量控制监督管理，强化入河排污口设置审批管理，严格控制入河排污总量。饮用水源地保护区内，严禁破坏水源地的开发和建设项目，禁止一切排污行为；禁止在地下水禁采区和限采区内新建、改建、扩建地下水取水工程；禁止在供水管网覆盖区新增地下取水工程，有计划地关闭现有水源井，逐步实现地下水采补平衡。

2. 加快节水型社会建设，努力破解水资源瓶颈制约。

一是强力推进农业节水，提高水资源利用效率。一要切实加大农业节水示范区建设。凡有条件的地区都要建立节水示范区，力争扬黄灌区全部实行节水灌溉，扩大引黄灌区节水灌溉面积，中部干旱带旱作农业区积极推广高效节水灌溉方式。全区农业节水示范区达到75个，其中万亩节水示范区达到10个，红寺堡灌区建成自治区级农业节水示范区，沙坡头区建成节水示范基地，充分发挥示范区的带动效应。二要大力推广农业节水新技术。要继续把节水灌溉作为一项根本性措施来抓，科学制订节水灌溉发展规划，确定节水灌溉发展模式，推广节水灌溉技术。要把推广节水灌溉与大中型灌区节水改造、小型农田水利重点县建设、集雨节灌等结合起来，提高整体效益。要根据水资源条件，合理调整农业种植结构和农业产业结构，大力推广水稻控灌、小畦灌、沟灌、喷灌、滴灌、补灌等节水灌溉技术，按照自治区13个农业产业带布局，因地制宜地发展节水高效农业。三要调整农业种植结构和耕作制度，压缩高耗水作物种植比例。以自治区北部现代节水农业、中部旱作节水农业、南部生态节水农业"三大示范区"建设为重点，科学调整粮、经、草种植比例，增加产值高、经济价值高、耗水低的经济作物和果蔬比例，不断提高农业综合用水效益。四要继续坚持大搞农田水利基本建设。不断完善组织和投入机制，广泛动员各方力量，要立足集中连片、高标准、高质量，加快农田基本建设步伐，完善田间工程配套体系，减少跑冒滴漏，全面提高水资源利用效率。经过五年努力，将农业灌溉水利用效率由现状的0.42提高到0.46。

二是全力推进工业节水，加快提高用水效益。围绕自治区确定的"六大工业园区"和"十个特色园区"，以高耗水行业为重点，落实新建涉水企业节水设施与主体工程同时设计、同时实施、同时验收的"三同时"制度，加强对现有企业的节水技术革新，促进节能降耗，提高工业用水重复利用率。全区万元工业增加值用水量由现状91立方米下降到65立方米，工业用水重复利用率由现状60%提高到75%。

三是积极推进城市节水，提高用水循环效率。加快城市供水管网改造，使全区城市供水管网漏损率不超过15%。加快城市中水厂和中水利用设施建设，城市污水集中处理率提高到80%以上，城市再生水利用率提高到30%以上。服务行业严格实行计划用水和定额管理。大力推广节水型用水器具，全区城市生活节水器具普及率提高到90%以上。

四是全面构建全社会建设节水型社会的良性体制机制。尽快建立符合区情、水情的节水型社会建设法规制度体系，采取各种方式、通过各类媒体，广泛深入地宣传节水型社会知识，强化全社会惜水、节水、护水的意识，充分调动公众参与节水型社会建设的积极性和主动性，加快形成建设节水型社会的合力。

3. 加大水利基础设施建设，不断提升水资源调控能力。

一是加快建立全区水资源统一配置体系。加快青铜峡、沙坡头和固海三大灌区续建配套、大型泵站更新改造、盐环定扬黄续建等工程建设，开工建设沙坡头南北干渠节水改造工程，努力建成现代节水型灌区；开工建设固原地区城乡人饮安全水源工程，加快固原彭堡水源地地下水库等工程建设。通过引黄、扬黄、跨流域调水及调蓄工程的建设和连通，引输蓄配工程齐抓，大中小微工程并举，构建引得进、蓄得住、排得出、可利用、可调控的"南北配置、城乡兼顾、丰枯补给"的供水体系，根据丰枯变化在不同区域间调水引流，实现水资源的科学配置，有效提高水资源调控和供水保障能力。

二是进一步推进水资源优化调配。北部引黄灌区依靠内部挖潜，实现地表水、地下水和非常规水的统一调配；中部干旱带拓宽扬黄供水范围，实现扬黄水与当地水的统一调配；南部黄土丘陵区坚持开源节流并重，实现雨洪水资源在流域间和季节性的统一调配。全区通过对渠沟、机井、库坝等水利工程和调蓄工程进行联合调度，对黄河水、地下水、雨洪水及中水等不同水源实施统一优化调配，在确保人饮、生活和工业用水安全的前提下，保障农业和生态用水需求，全面提高供水的可靠性和保证率。

三是加强水资源管理信息化工程建设。加快水资源管理信息化建设,以水源、取水、输水、供水、用水、耗水和排水等水资源开发利用主要环节的监测为重点，加强县界断面水量水质监测与控制设施建设。实行计划用水,严格计量,强化重点用水单位节约用水监督管理;在取用水户退水、入河排污口安装计量监控设施,实行限制超标排污。

4. 深化水利改革,构建水资源管理长效机制。

一是加快城乡水务一体化进程。推进“一龙管水,多龙治水”,尽快理顺行政区域涉水行政事务的综合管理职能,由水利部门统筹城乡水资源评价、规划、配置、调度、节约、保护,逐步实现对水资源全方位、全领域、全过程的统一管理。

二是深化完善水权转换机制。在《宁夏黄河水资源县级初始水权分配方案》的基础上,加快探索水交易制度,积极培育水市场,积极开展行业间、地区间水权交易试点,对农民、企业等用水户节约出来的水进行市场交易,逐步建立水资源合理流转机制,实现水资源向高效益、高效率行业和区域转移。

三是建立合理的水价形成机制，发挥经济杠杆作用。开展北部、中部和南部不同地域,农业、工业、生活和生态不同行业的水价核算研究,以“小步快跑”的方式，加快调整供水水价和水资源费征收标准,不断完善水价形成机制,充分发挥市场手段在优化配置水资源中的调节作用。

四是深入推进水利投融资体制改革。立足供水等经营水利的优势,充分发挥投融资平台的作用,大胆走向市场,用好中央转贷地方国债资金、地方政府债券、银行贷款等政策性资金,积极争取外来资本包括国际投资,努力发挥市场机制作用,进一步扩大水利投融资渠道,全面加快经营性水利产业发展。

(二)中远期保障宁夏可持续发展用水安全的战略

1. 立项建设黄河大柳树水利枢纽工程。

黄河是中华民族的母亲河，治理和保护黄河是治国安邦的大局。大柳树水利枢纽工程是有效解决黄河宁蒙河段防凌、防汛问题,实施全河调水调沙不可替代的控制性工程；是解决黄河上中游水量调度和电力调度矛盾的有效手段；是承接南水北调西线工程入黄水量，实行全流域水资源合理配置的重要骨干工程；更是构筑西部生态屏障和宁东、鄂尔多斯、榆林能源金三角的主要水源工程。50 多年来我们已做了大量卓有成效的研究论证工作，大柳树水利工程的建设对维持黄河健康生命，满足周边地区近、远期经济社会发展要求,确保国家能源战略的顺利实施具有十分重要的意义。

2. 加快南水北调工程前期工作。

南水北调工程是为了补充我国黄河流域和东部主要省区水资源不足，为国家经济社会可持续发展提高水资源保障的重要的跨流域调水工程。其中东、中线工程主要是解决京津地区、河北、山东等省的水资源不足。西线工程是补充黄河流域水资源不足,从根本上解决西北地区干旱缺水问题的重大战略工程。一是南水北调东、中线工程建成后,增加黄河上游省区调剂水量。根据南水北调工程总体规划,东、中线工程通水后,将向淮河、海河流域供水 140 亿立方米,河北、天津及山东胶东地区的严重缺水局面将大大缓解。短期内,将“87”黄河分水方案中给河北、天津分配的 20 亿立方米黄河水,重新分配给西北上中游缺水地区使用,缓解该区域严峻的缺水状况,以支撑新一轮西部大开发经济发展用水需求。二是增加南水北调西线工程分配的调水量指标。宁夏 2030 年总用水指标已完全不能满足经济社会发展需求,水资源总量严重不足是经济社会发展最主要的制约因素。随着黄河流域水资源总量的衰减,要保障区域供水安全,必须实施一定规模的外调水,补充黄河用水总量。南水北调西线工程的建设,对实施西部大开发战略，加快沿黄缺水省区的区域经济发展具有重要的战略意义，可为宁夏经济社会发展用水需求提供有效支撑。

(刊于 2010 年 11 月《宁夏水利工作研究》)

领导讲话目录

序号	文件名	时间
1	水利厅党委书记、厅长吴洪相在水利厅2010年迎新春团拜会上的讲话	(2010年2月9日)
2	水利厅党委书记、厅长吴洪相在全区水利系统2010年安全生产工作会议上的讲话	(2010年3月18日)
3	扎实做好水利规划计划工作　全力推动水利又好又快发展——水利厅党委书记、厅长吴洪相在全区水利规划计划工作会议上的讲话	(2010年4月7日)
4	团结拼搏　再接再厉　奋力做好下半年水利工作——水利厅党委书记、厅长吴洪相在水利厅上半年工作总结会上的讲话	(2010年7月6日)
5	提高认识　把握原则　扎实推进水利廉政文化建设——水利厅党委书记、厅长吴洪相在水利厅廉政文化建设"六进"活动示范点现场观摩会上的讲话	(2010年8月6日)
6	围绕中心　服务大局　努力开创水利学会工作新局面——水利厅党委书记、厅长吴洪相在宁夏水利学会第六次会员代表大会上的讲话	(2010年8月25日)
7	水利厅党委书记、厅长吴洪相在宁夏水土保持学会成立暨第一次代表大会上的讲话	(2010年9月28日)
8	水利厅党委书记、厅长吴洪相在水利厅廉政风险防范管理工作座谈会上的讲话	(2010年10月8日)
9	水利厅党委书记、厅长吴洪相在水利厅领导干部大会上的讲话	(2010年12月21日)
10	水利厅党委副书记、副厅长郭进挺在水利工会四届七次全委(扩大)会议上的讲话	(2010年2月24日)
11	水利厅党委副书记、副厅长郭进挺在水利厅团委六届六次全委(扩大)会议上的讲话	(2010年3月2日)
12	落实责任　强化措施　严格监管切实保障自治区水利安全生产科学发展——水利厅党委副书记、副厅长郭进挺在全区水利系统2010年安全生产工作会议上的讲话	(2010年3月18日)
13	水利厅党委副书记、副厅长郭进挺在水利厅处级干部廉政教育学习班结束时的讲话	(2010年4月17日)
14	水利厅党委副书记、副厅长郭进挺在水利厅干部选拔任用工作四项监督制度培训班上的讲话	(2010年6月9日)
15	水利厅党委副书记、副厅长郭进挺在水利厅开展深入实施西部大开发战略大学习活动总结大会上的讲话	(2010年11月10日)
16	围绕中心　服务大局　扎实推进全区水利系统民主评议政风行风工作——水利厅纪委书记崔莉在全区水利系统民主评议政风行风工作会议上的讲话	(2010年3月18日)
17	水利厅纪委书记崔莉在水利厅机关廉政风险防范管理工作动员会上的讲话	(2010年4月6日)
18	水利厅纪委书记崔莉在水利厅处级干部廉政教育培训班上的动员讲话	(2010年4月16日)
19	水利厅纪委书记崔莉在2010年上半年信访稳定工作会议的讲话	(2010年7月13日)
20	水利厅纪委书记崔莉在水利厅廉政文化建设"六进"示范点现场观摩会上的讲话	(2010年8月6日)
21	抢抓机遇　乘势而上　在新一轮西部大开发中开创办公室工作新局面——水利厅纪委书记崔莉在全区水利系统办公室主任暨宣传工作会议上的讲话	(2010年11月26日)
22	加强领导　狠抓落实　全力推进农村饮水安全事业又好又快发展——水利厅副厅长毕廷和在全区农村饮水安全工程建设管理现场会上的讲话	(2010年8月20日)
23	水利厅副厅长、宁夏水土保持学会理事长郭浩在宁夏水土保持学会成立大会上的表态发言	(2010年9月28日)
24	总结经验　扎实推进　不断加强农民用水者协会建设管理工作——水利厅副巡视员陈广宏在引黄灌区农民用水者协会工作会议上的讲话	(2010年7月16日)
25	总结经验　抓好冬灌　全面完成2010年灌溉任务——水利厅副巡视员陈广宏在水利厅2010年冬灌工作会上的讲话	(2010年10月15日)

机构与组成人员

水利厅厅级干部名单

（2010 年 12 月 31 日在职）

水利厅

党委书记、厅长	吴洪相
党委副书记、副厅长	郭进挺
副厅长	杜永发（回）
纪委书记	崔　莉（女）
副厅长	毕廷和
副厅长	郭　浩（满）
副厅长	方　彦
总工程师	薛塞光
副巡视员	李洪山
副巡视员	闫国伟（回）
副巡视员	陈广宏
自治区防汛抗旱指挥部办公室主任（副厅级）	朱　云

宁夏水利水电工程建设管理局

党委书记	吴洪相
局长、党委副书记	杜永发（回）
副局长	哈　双
副局长	张国福
副局长	周京梅（女）
副局长、总工程师	郭建繁
纪委书记	崔　莉（女）

水利厅处级干部（含企业高管）名单

水利厅机关

办公室

主　任	张林海
副主任	王岚海

组织人事与老干部处

处　长	部涌权
副处长、厅团委书记	李小龙
调研员	张玉铭
副调研员	金秀英（女、回）
副调研员	郝　青（女）
副处级干部	李　毅

规划计划处

处　长	潘　军（女）
副处长、调研员	苏立宁
副调研员	李　东
副调研	李振琪

水政水资源处

处　长	冯　平
副处长	王景山
调研员	王连生
副调研员	史燕斌
副调研员	刘槐亮

财务审计处

处　长　王正良(回)
副处长　撒玉红(女、回)
调研员　安力华(女、回)
副调研员　张增强

科技教育处

处　长　江　静(女)
副处长　赵东辉

建设管理处

处　长　麦　山
副处长　李新山
调研员　寇效忠

农村水利处

处　长　徐宁红(女)
副处长　高　宏
调研员　李有成
副调研员　郭文锋

监察室

主　任　王文秀
副调研员　姚宁生
副处级干部　柴向东

机关党委、水利工会

专职副书记、工会主席　李茂书
副处级干部　胡永喜

水利厅厅属单位

宁夏水利水电工程建设管理局

办公室主任　范勤高
副主任　尹胜荣
副主任　邵建华
计划处处长　胡安民
副处长　杜中良
前期处处长　张岫岩
副处长　靳敏生(女)
副处长　付正锋
财务处处长　马振亚(回)
建设管理处处长　马赞林(回)
副处长　高春林(女)
副处长　刘学文
副处长　高海林
质量安全处处长　马葛明(回)
副处长　韩金龙
副处长　李生玉

宁夏回族自治区防汛抗旱指挥部办公室

主任(副厅级)、党支部书记　朱　云
副主任　王新军
副主任　张国军

宁夏回族自治区节约用水办公室

主任、党支部书记　陆　军
副主任　司建宁

宁夏回族自治区水利厅灌溉管理局

局长、党支部书记　徐光儒
副局长　杨海宁(回)

宁夏回族自治区水利厅水土保持局

局长、党支部书记　张亚峰
党支部副书记(正处级)　魏　兴
副局长　卜崇德
副局长　张　宁

宁夏回族自治区水利厅经济管理局

局　长、党支部书记　宋正宏
副局长　刘建勇
副局长　蒋　锋

宁夏回族自治区水库移民管理办公室

主任、党支部书记　尚中琳

宁夏回族自治区水利厅机关服务中心

主任(副处级)、党支部书记　张建华

宁夏水利工程建设中心

主任、党总支书记　张　刚
副主任　孙建军
副主任　周小生
副主任　李平顺
副主任　张　旭

宁夏回族自治区水文水资源勘测局

党委书记、局长　周伟华
党委副书记、纪委书记　杨　富
副局长　李振玺
副局长(聘)　魏礼宁
副局长(聘)　李　硕
副局长　马如国(回)

宁夏回族自治区水利电力工程学校

党委书记　杨克胜
校长、党委副书记　柳钧正
党委副书记、纪委书记　张建保
副校长　蔡　渝
副校长　吕旭日
副校长　陈建国

宁夏回族自治区水利科学研究所

所长、党总支书记　杜　历
党总支副书记、副所长　何卫东
副所长、总工程师　刘学军
副所长　鲍子云

宁夏回族自治区艾依河管理局

局长、党支部书记　高建国
副局长　黄国锋

宁夏回族自治区唐徕渠管理处

党委书记　李　兵
处　长　张　元
副处长　马朝阳(回)
纪委书记　海天相(回)
副处长　朱宝荣
副处长　王文刚

宁夏回族自治区西干渠管理处

党委书记　高铁山
处　长　叶廷平
副书记(正处级)副处长　刘志强
副处长　吴晓峰
纪委书记　尤金萍(女)
副处长(聘)　张　恭

宁夏回族自治区惠农渠管理处

党委书记　周有寿
处　长　马德仁(回)
副处长　马维都(回)
副处长　马长仁(回)
纪委书记　唐凤琴(女)
副处长　李银才

宁夏回族自治区汉延渠管理处

党委书记　梁福贵
处　长　袁　斌
纪委书记　孙培之(女)
副处长　张晓林
副处长、总工程师　牛保安
副处长　吴国万

宁夏回族自治区渠首管理处

党委书记　花向阳
处　长　张建斌
副处长　王玉寿
副处长　杨国雄(回)
副处长　甄德隆
副处长　郝明辉

宁夏回族自治区秦汉渠管理处

党委书记 霍鹏喜
处　长 张建桥
纪委书记 吴克亚(回)
副处长 哈　斌(回)
副处长 张建勋

宁夏回族自治区盐环定扬水管理处

党委书记 窦元之
处　长 杨　志
副处长(聘) 马　林
副处长(聘) 杨永春
副处长 李　明
副处长 周跃华
纪委书记 毕高峰

宁夏回族自治区七星渠管理处

党委书记 李克文
处　长 陈旭东
副处长(聘) 余　洋
副处长 朱　洪
纪委书记 许志军

宁夏回族自治区固海扬水管理处

党委书记、处长 和志国
副处长 张　峰
纪委书记 杨永福(回)
副处长(聘) 尹兴安
副处长 陶　东
副处长 李建宏

宁夏回族自治区红寺堡扬水管理处

党委书记 刘福荣
处长、党委副书记 赵　欣
副处长 马玉忠(回)
副处长(聘) 桂玉忠
副处长(聘) 张玉忠
副处长 马晓阳(回)
纪委书记 翟　军

宁夏回族自治区水利水电工程质量监督站

站　长(副处级) 吴永花(女)

水利厅企业高层管理人员

宁夏水务投资集团有限公司

董事长、党委书记 杨　国(回)
监事会主席 邱少宣
总经理、党委副书记 顾耀民
党委副书记、纪委书记 李礼善
副总经理 李昌盛
副总经理 马　渊(回)

宁夏回族自治区水利水电工程局

局长、党委副书记 陈学斌
党委书记、副局长 余自业
副局长(聘) 许文其
副局长 张忠智
总工程师(聘) 尚海平
总会计师(聘) 傅连林
纪委书记 柴兴旺
副局长、总经济师 顾　宁
副局长 高维力

宁夏宁东水务有限责任公司

董事长、党委书记 郝建志
监事会主席 姚玉成
总经理 王兆农
党委副书记、纪委书记 许　飚
副总经理 王敬尧
副总经理 王学福
总工程师 齐敦哲

宁夏太阳山水务有限责任公司

董事长、党总支书记 曾风发
监事会主席 方吉良

总经理、党总支副书记　徐　林
副总经理　张志军
副总经理　夏进喜
副总经理　尚艳芝(女)

宁夏新海水务有限公司

总经理、党总支书记　王效军
副总经理　沈光勇
副总经理　张天鹏(回)

宁夏长城水务有限公司

董事长　王兆农
监事会主席　钱达愣
总经理　杨文勇
副总经理　田建林
副总经理　黄继军

宁夏银水房地产开发有限责任公司

董事长　徐光儒(兼)
监事会主席　赵　欣(兼)
总经理、支部书记　王　玲(女)
副总经理　沈全周
副总经理　梁　琳
副总经理　史苏寅

宁夏水利水电勘测设计研究院有限公司

董事长、党委书记　哈岸英
总经理　李　治
党委副书记、纪委书记　贾光林
副总经理、总工程师　顾　军
副总经理　刘　文
副总经理　孙建书
副总经理　胡莲英(女)

宁夏青龙管业股份有限公司

党委书记、董事长、总经理　陈家兴
党委副书记、纪委书记、副总经理　方吉良
副董事长、副总经理　杜学智
副董事长　路立新
副总经理　栾新祥
副总经理　王　力

宁夏沙坡头水利枢纽有限责任公司

董事长　孙国胜
副董事长　杨　国
副董事长　牛　儒
总经理　周明兹
党委书记、副总经理　刘　华
党委副书记、纪委书记
副总经理、工会主席　许　荣
副总经理　徐宪平
副总经理　王世钦
总会计师　张　华

宁夏宁西供水有限公司

董事长、总经理　牛　儒
党总支书记　张　敏
副总经理　黄金栋
副总经理　郭玉明
总工程师　魏光辉
总经济师　芮加强
工会主席　马吉山(回)

宁夏水利水电工程咨询公司

经　理　张　旭(兼)

水利厅社团组织机构与人员名单

宁夏水利行业协会

会　长　任　福
副会长　陈光华
副会长　樊玉峰
副会长、秘书长　王玉寿

宁夏水利学会

名誉理事长	吴洪相
理事长	薛塞光
副理事长	田军仓
副理事长	郭建繁
副理事长	周 涛
副理事长	徐光儒
副理事长	哈岸英
副理事长	杜 历
副理事长	卜崇德
秘书长	江 静(女)
副秘书长	赵东辉
副秘书长	苏立宁
副秘书长	刘学军

宁夏水土保持学会

理事长	郭 浩
副理事长	江 静(女)
副理事长	张亚峰
副理事长兼秘书长	卜崇德
副理事长	蒋 齐

市县(区)水务局干部名单

银川市水务局

局 长	金 平
副局长	李建荣
副局长	杨全林
副局长	雍 辉
纪检组长	肖晓华

兴庆区水务局

党委书记、局长	周泽云
副局长、防汛办主任	朱占才

金凤区农牧水务局

局 长	杨生新
党委书记、副局长	吴春江
副局长	孙岩龙
副局长	马文静(女、回)

西夏区农牧水务局

局 长	肖金栋
纪工委书记、党工委书记	冯应忠
副局长	伏志军
副局长	周玲(女)
副局长	侯小成

永宁县水务局

党总支副书记、局长	李国军
党总支书记	蒋 河
副局长	唐清宁
副局长	丁 志
防办主任	李立峰(回)

贺兰县水务局

党支部书记、局长	马进林
副局长	贾志银
副局长	闻国considerable
副局长	高学东

灵武市水务局

党委书记、局长	周玉斌(回)
副局长	冯为民
副局长	杨 斌
副局长	王忠平
农业综合开发办公室主任	吴学智
市防汛抗旱指挥部办公室主任	范永胜

石嘴山市水务局

党组书记、局长	李 清
副局长	李占清
副局长	李振国
调研员	杨金福
副调研员	卞占强

副调研员　郑新荣
副调研员　王金喜
副调研员　张新元

大武口区园林和农牧水务局

局　长　王晓明
副局长　韩俊德
副局长　张鸿图
副局长　杨俊丽(女)

惠农区水务局

党支部书记、局长、防汛办主任　刘占强
副局长　任存东
副局长　王家邦

平罗县水务局

局　长　茹福华
党委书记　郭福平
副局长　卢军国
副局长　李振华
副局长　李自斌
副局长　陈小龙

吴忠市水务局

党组书记、局长　严万祥
党组副书记、副局长　袁金荣(女)
副局长　孙武刚
副局长　严清宁
副局长　蒋习忠
副调研员　吴汉成
副调研员　马文林(回)

利通区水务局

党委书记、局长　田　升
副局长　马光义(回)
机关党支部书记　张建业

青铜峡市水务局

局　长　姚自宏
书　记　田学军
副局长　戴良斌
副局长　王志远
副局长　李海文

同心县水务局

党委书记、局长　杨彦炜(回)
副局长　杨正武(回)
副局长　杨　林(回)
副局长　周晓生(回)
副局长　马　旭(回)
扬黄办副主任　马佐明(回)

盐池县水务局

局　长　袁书义
书　记　宋来发
副书记　张建军
副局长　李鹏程
副局长　张德龙
副局长　彭文霄

红寺堡区水务局

局　长　张启伦
副局长、供水公司经理　杨彦俊(回)
副局长　伏志梅(女)
综合服务中心主任　宋立忠
综合服务中心副主任　王志清

固原市水务局

党组书记、局长　张　鹏(回)
副局长　张志利
副局长　龚国栋
副局长　李喜生

原州区水务局

局　长　李广平
党委书记、副局长　金　琳(回)
副局长　薛光成
副局长　刘杏萍(女)

西吉县水利局

局　长	赵玉宝
党委书记、副局长	田玉才(回)
副局长	赵宗荣
副局长	冯建洲
工会主席	马　存(回)
总工程师	何建勋

隆德县水务局

局　长	刘　彤
副局长	陈国光
副局长	魏先学
总工程师	苏生科

彭阳县水务局

党总支书记	何昌义
党总支副书记、局长	王永贤
副局长	王武帮
副局长	杨志让
总工程师、县水土保持工作站站长	虎维军

泾源县水务局

局　长	禹恩宽(回)
党支部书记、副局长	陈　宝(回)
副局长	于三学(回)

中卫市水务局

局　长	黄积银
党委书记、副局长	穆俊强
副局长	李学明
副局长	张彦龙
总工程师	常　军

中宁县水务局

党委书记、局长	陈天鸿
党委副书记	胡志仁
副局长	何宝国
副局长、防办主任	田安国
工会主席	沈天德

海原县水务局

局　长	任广业
党委书记	单进虎
副局长	陈学明
副局长	田兴明
副局长	马应财

2010年度干部任免名单

赵东辉　任自治区水利厅科技教育处副处长，免去自治区水利厅规划计划处副调研员职务。

李振琪　任自治区水利厅规划计划处副调研员，免去自治区水利厅农村水利处副调研员职务。

张国军　任自治区防汛抗旱指挥部办公室副主任、党支部委员。

杨海宁　任自治区水利厅灌溉管理局副局长、党支部委员。

张　宁　任自治区水利厅水土保持局副局长、党支部委员。

蒋　锋　任自治区水利厅经济管理局副局长、党支部委员，免去宁夏秦汉渠管理处副处长、党委委员职务。

鲍子云　任宁夏水利科学研究所副所长、党总支委员。

朱宝荣　任宁夏唐徕渠管理处副处长、党委委员，免去宁夏红寺堡扬水管理处副处长、党委委员职务。

刘志强　任宁夏西干渠管理处党委委员、副书记(正处级)、副处长，免去宁夏汉延渠管理处副处长、党委委员职务。

吴晓峰　任宁夏西干渠管理处副处长，免去宁夏西干渠管理处总工程师职务。

哈　斌　任宁夏秦汉渠管理处副处长、党委委员，免去宁夏惠农渠管理处总工程师、党委委员职务。

马晓阳　任宁夏红寺堡扬水管理处副处长、

党委委员，免去宁夏秦汉渠管理处副处长、党委委员职务。

顾　宁　任宁夏水利水电工程局副局长兼总经济师、党委委员。

高维力　任宁夏水利水电工程局副局长、党委委员。

宋正宏　任自治区水利厅经济管理局局长、党支部书记，免去自治区水利厅组织人事与老干部处副处长职务；提名宋正宏为宁夏水务投资集团有限公司董事、宁夏沙坡头水利枢纽有限责任公司董事。

杜　历　任宁夏水利科学研究所所长、党总支书记。

吴安琪　免去宁夏水利科学研究所所长、党总支委员职务。

王玉寿　提名为宁夏水利行业协会副会长兼秘书长。

许　飚　任宁夏宁东水务有限责任公司党委副书记。

王敬尧　任宁夏宁东水务有限责任公司党委委员。

王学福　提名为宁夏宁东水务有限责任公司副总经理，不再担任宁夏宁东水务有限责任公司总工程师职务。

齐敦哲　提名为宁夏宁东水务有限责任公司总工程师，任党委委员。

夏进喜　提名为宁夏太阳山水务有限责任公司副总经理，任党总支委员，免去宁夏唐徕渠管理处副处长、党委委员职务。

尚艳芝　提名为宁夏太阳山水务有限责任公司副总经理，任党总支委员，解聘尚燕芝宁夏水利工程建设中心副主任职务，免去宁夏水利工程建设中心党总支委员职务。

王兆农　提名为宁夏长城水务有限公司董事、董事长。

马　渊　提名为宁夏长城水务有限公司董事。

田建林　提名为宁夏长城水务有限公司副总经理，不再担任宁夏新海水务有限公司副总经理职务，免去党总支委员职务。

黄继军　提名为宁夏长城水务有限公司副总经理，不再担任宁夏太阳山水务有限责任公司副总经理，免去党总支委员职务。

沈光勇　提名为宁夏新海水务有限公司副总经理，任党总支委员，免去宁夏渠首管理处纪委书记、党委委员职务。

张天鹏　提名为宁夏新海水务有限公司副总经理，任党总支委员。

王　玲　任宁夏银水房地产开发有限公司党支部书记。

史苏寅　提名为宁夏银水房地产开发有限责任公司副总经理。

王新军　不再担任宁夏沙坡头水利枢纽有限责任公司董事职务。

李恒隆　撤销宁夏七星渠管理处副处长职务，行政降一级，按正科级对待。

王岚海　任自治区水利厅办公室副主任，免去宁夏秦汉渠管理处副处长职务。

吴永花　任宁夏水利水电建设工程质量监督站站长，免去宁夏水利工程建设中心副主任、党总支委员职务。

李　硕　聘任为宁夏水文水资源勘测局副局长、任党委委员。

马如国　任宁夏水文水资源勘测局副局长、党委委员。

何卫东　任宁夏水利科学研究所副所长、党总支委员、副书记，免去宁夏七星渠管理处纪委书记、党委委员职务。

李平顺　任宁夏水利工程建设中心副主任、党总支委员。

张　旭　任宁夏水利工程建设中心副主任、党总支委员，聘任为宁夏水利水电工程咨询公司经理。

郝明辉　任宁夏渠首管理处副处长、党委委员。

许志军　任宁夏七星渠管理处党委委员、纪委书记。

方树星　免去宁夏水文水资源勘测局副局长、总工程师职务。

徐春明　解聘宁夏水利水电工程咨询公司经

理职务。

潘　军　任自治区水利厅规划计划处处长。

麦　山　任自治区水利厅建设管理处处长。

苏立宁　任自治区水利厅规划计划处调研员。

周伟华　任自治区水文水资源勘测局局长。

张建斌　任宁夏渠首管理处处长、党委委员，免去自治区水利厅灌溉管理局副局长、党支部委员职务。

刘赛光　免去自治区水文水资源勘测局局长、党委副书记、委员职务。

刘福荣　任宁夏红寺堡扬水管理处党委委员、书记，免去自治区水库移民管理办公室副主任职务。

胡安民　任自治区水利水电工程建设管理局计划处处长。

赵国胜　免去宁夏渠首管理处处长、党委委员职务。

张　薇　免去自治区水利水电工程建设管理局计划处处长职务。

李　浩　辞去宁夏水务投资集团有限责任公司副总经理、宁夏宁东水务有限责任公司董事、沙坡头水利枢纽有限责任公司监事会主席、监事职务，免去宁夏水务投资集团有限责任公司党委委员职务。

郭　浩　兼任宁夏水土保持学会理事长。

张亚峰　兼任宁夏水土保持学会副理事长。

江　静　兼任宁夏水土保持学会副理事长。

蒋　齐　兼任宁夏水土保持学会副理事长。

卜崇德　兼任宁夏水土保持学会副理事长、秘书长。

司建宁　任自治区节约用水办公室副主任。

姚海峰　免去宁夏艾依河管理局副局长、党支部委员职务。

吴丽辉　免去自治区水利水电工程建设管理局财务处副处长职务。

王玉寿　免去宁夏渠首管理处党委委员职务。

马玉福　免去宁夏固海扬水管理处党委副书记、委员职务。

6月11日，自治区水利厅2010年公开招考高层次专业技术人员面试考场

7月15日，水利厅事业单位2010年招聘工作人员面试考场

重点工程

【黄河宁夏段防洪工程】 黄河宁夏段防洪工程初步设计主要建设内容为：加高培厚区段干流堤防114千米，新建支流堤防31.55千米，合并改造穿堤建筑物281座，对34处重点河段进行整治，新建坝垛144道，改造利用21道，新建护岸12.52千米，工程长度28.83千米；新建和改造管理房屋2036平方米，配套防汛抢险机械、观测、通讯等设备，同时，完成河道地形测绘和河道断面测量，加强河段演变特点研究。核定工程初步设计概算投资64494万元。

截至目前，项目累计下达投资计划24000万元，累计到位16000万元，累计完成6000万元。2010年计划投资18000万元，到位投资10000万元，项目初设正在批复中，未开工。 （朱 云 夏 宇）

【宁夏沙坡头水利枢纽南北干渠及灌区节水改造工程】 7月份，国家环境保护部对宁夏沙坡头水利枢纽及南北干渠及灌区节水改造工程环境影响复核报告书进行了批复，10月27日，国家发改委对该工程可行性研究报告进行了批复，工程静态投资62586万元。

宁夏沙坡头水利枢纽南北干渠及灌区节水改造工程是沙坡头水利枢纽的配套工程，也是《全国加快灌区建设保障粮食安全近期重点建设规划》的9个新建灌区之一，在全区经济社会发展及水资源配置中具有重要地位和作用。工程规划将河南灌区现有的角渠、寿渠连接起来，自沙坡头水利枢纽右岸取水，形成南干渠，设计引水流量12.0立方米/秒；将河北灌区现有美利渠和跃进渠两条干渠连接起来，自沙坡头左岸取水，形成北干渠，设计引水流量54立方米/秒。灌区设计灌溉面积5.85万公顷。

（朱迎胜 冯有亭）

【宁夏灌区续建配套与节水改造工程】 2010年，国家发改委、水利部以发改投资〔2010〕1115号、2534号文下达年度投资计划24250万元，其中中央预算内资金19400万元，地方配套资金4850万元，创项目投资历史新高。自治区发改委、水利厅以宁发改农经〔2010〕648号、785号文下达了分解计划，项目实施范围为青铜峡灌区和固海灌区，安排单项工程49项，计划砌护干支斗渠道216.59千米及建筑物改造工程。

2010年，完成《唐徕渠高庙桥至李银桥段改造工程可行性研究报告》《惠农渠永治闸至尾闸改造工程可行性研究报告》《大清渠改造工程可行性研究报告》等灌区节水改造工程项目前期工作。

2010年，全年完成投资1.43亿元，共完成砌护改造干支斗渠122.6千米，改造翻建骨干建筑物18

10月12日，唐徕渠新桥段砼板砌筑

座。4月中旬前，完成了汉延渠大银河渠段、七星渠白鹅子沟段、大清渠等渠道砌护改造工程工程，砌护干支渠21.8千米，改造渠道骨干建筑物13座，完成续建项目投资0.62亿元；夏秋灌停水后，开工建设唐徕渠新桥至满达桥段、、波浪渠、固海五干渠等渠道衬砌工程，共砌护干渠28千米，改造各类水工建筑物161座，完成投资0.81亿元。

实施唐徕渠杨显所、南梁所、周城所、西干渠防洪所、惠农渠三所、汉延渠五所、七星渠恩和所管理房共7处基层所危房改造，建筑面积3850平方米，改善了一线职工的生产生活条件。

渠道改造工程通过集中连片实施，消除险工段，打通了输水卡脖子段，解决安全隐患，保障安全运行的任务，有效改善了灌溉条件，解决了灌溉难问题。实现了规模节水、安全运行、改善环境等综合效益。

（朱迎胜　冯有亭）

【宁夏大型泵站更新改造】 2010年，国家发改委、水利部以发改投资〔2010〕1846号文下达年度投资计划11875万元，其中中央预算内资金9500万元，地方配套资金2375万元。自治区发改委、水利厅以宁发改农经〔2010〕703号文下达了分解计划，计划固海重建大柳木和黑水沟泵站，改造唐圈泵站出水管道，以及配套设施改造等；南山台子更新改造一泵站及变电所，以及配套设施改造等；扁担沟重建扁担沟一泵站及变电所改造，重建五里坡一泵站，以及配套设施改造等。

2010年宁夏大型泵站更新改造工程于8月份

大柳木出水池及管道安装

田营泵站厂房外观

初开工建设，新开工建设固海扬水大柳木和黑水沟泵站两座泵站，对唐圈泵站出水管道进行更换，更新主水泵17台，更新主电机17台，以及附属设施改造。2010年底，两座泵站土建主体工程和设备制造基本完成，计划2011年3月底完工并投入运行。

工程的实施将有效提高泵站工程设备完好率以及装置效率，能源单耗降低到4.5度/千吨米，灌溉保证率达到75%，确保我区中部干旱带“生命线”健康运行，为生态移民和高效节水补灌提供可靠的水源保证。

（朱迎胜　冯有亭）

【农村人饮安全项目】 自治区党委、政府高度重视农村饮水安全工程建设，2010年第四次将保障农村饮水安全列为实施十项民生计划为民办30件实事的重要内容，提出“建设30处中小型集中供水工程，基本建成同心东部扩建和中卫兴仁重点供水工程，解决35万农村人口的饮水安全问题；实施农村自来水‘百村千户’入户工程，解决150个村3.5万户群众的饮水问题”，水利厅坚持把保障农村群众饮水安全作为水利工作的首要任务，狠抓前期工作，加快工程建设，强化运行管理，全力做好农村饮水安全各项工作。

2010年，水利厅争取农村饮水安全项目资金34802万元，其中中央预算内专项资金21546万元，自治区财政资金6100万元，地方配套及群众自筹7156万元。全年开工建设集中供水工程47处，建成中小型集中供水工程42处，建成集雨水窖、砼集水场等分散供水工程4200处，共完成投资3.87亿元，其中中央投资2.2亿元，解决了397个行政村665个自然村42万农村人口的饮水安全问题，超额完成了保障农村饮水安全民生计划任务。（何　锋）

【中部干旱带高效节水补灌项目】 中部干旱带高效节水补灌项目分为重点工程和面上项目，面上项目主要为小农水及现代农业专项资金项目以及农发专项资金项目。

2010年，国家发改委下达资金2亿元（下马关8000万元，兴仁12000万元），其中中央预算内投资1亿元（下马关4000万元，兴仁6000万元），要求地方配套1亿元（下马关4000万元，兴仁6000万元）。下马关项目建设规模1.01万公顷，批复投资24730万元，主要建设内容为扩建及新建泵站3座，新建压力管道7.23千米，建设蓄水池3座320万立方米，铺设干、支、斗1092千米，配套各类建筑物1187座；项目实施后，新增高效节水补灌面积1.01万公顷，农产品产量达到38580万公斤，其中马铃薯15480万公斤，红枣3600万公斤，瓜菜19500万公斤，年净效益7022万元。兴仁项目建设规模2.55万公顷，批复投资29440万元，主要建设内容为改造干渠15千米，新建进水闸1座，新建引水管道1.57千米，新建泵站8座，新建蓄水池3座305万立方米，新建片区蓄水池10座34.45万立方米，铺设干、支、斗管道881.3千米，配套各类建筑物481座；项目实施后，新增高效节水补灌面积2.55万公顷，农产品产量达到116703万公斤，其中红枣2725万公斤，马铃薯7905万公斤，瓜类103500万公斤，枸杞1200万公斤，其他1373万公斤，年净效益13159万元。

（朱迎胜　冯有亭）

【小型农田水利项目】 宁夏2010年中央财政小型农田水利项目共投入资金33888万元，其中中央财政小型农田水利专项资金15200万元，中央财政现代农田专项资金2600万元，自治区财政补助资金7711万元，项目县财政配套4693万元，项目区群众投劳折资3684万元。共发展节水灌溉面积2.37万公顷，其中高效节水灌溉面积6733公顷。项目资金主要用于三个方面建设：一是第一、第二批14个重点县工程建设；二是6个县专项工程建设；三是8个中部干旱带县高效节水补灌工程建设。第一批7个重点县项目分别是平罗县头闸、贺兰县潘昶、永宁县北渠、利通区马莲渠中片和东干渠四支渠、青铜峡市大坝镇西贴渠末级渠系、原州区上店子水库灌区、沈家河水库灌区节水改造工程及二营设施农业供水工程；第二批7个重点县项目分别是灵武市吴家湖农田、中宁县跃进渠灌区石空、红寺堡区南川乡新庄集四支干末级渠系、隆德县好水灌区、彭阳县乃河灌区、惠农区下庄子、西吉县蒋台、东坡、兴平节水改造工程；6个专项工程分别是兴庆区通贵乡新开渠节水改造工程、金凤区良田镇设施农业高效节水灌溉工程、西夏区镇北堡镇芦花村渠道改造工程、大武口区兴民村扬水灌区节水改造工程、泾源县香水河苗木示范灌溉工程、平罗县前进农场排水系统改造工程；8个高效节水补灌工程分别是灵武市下桥、利通区孙家滩、红寺堡区阎家庙子、同心县王大套、盐池县城西滩、花马池及王乐井、沙坡头区永康、中宁县大青山、海原县西安高效节水补灌工程。

主要建设内容为：衬砌渠道2158千米，配套渠系建筑物12976座，新建蓄水池45座，新建或改造泵站28座，新打或改造机井92眼，整治沟道885千米，铺设低压管道900千米。

截至2010年底，项目完成总计划的65%，完成投资22620万元。共衬砌渠道1623千米，配套渠系建筑物7360座，新建蓄水池26座，新建或改造泵站21座，新打或改造机井82眼，整治沟道866千米，铺设低压管道520千米。（何　锋）

【中型灌区节水配套改造项目】 2010年，自治区农

大柳木管道安装

业综合开发中型灌区节水配套改造项目启动实施了平罗县陶乐(一期)和农垦局黄羊滩灌区改造项目。

1. 平罗县陶乐扬水灌区(一期)改造项目。批复投资1608.75万元,其中中央财政资金980万元,地方财政资金392万元（其中自治区财政配套314万元),自筹236.75万元。项目实施后,翻建扬水站3座,砌护干支渠道36.74千米,配套渠道建筑物402座，清淤整治沟道44.3千米，配套沟道建筑物22座，配套水位监测设备3台套，全渠道控制系统6套,恢复灌溉面积800公顷,改善灌溉面积2620公顷，新增节水灌溉面积3420公顷，灌溉周期缩短2~5天,农产品增收911万公斤,增收708万元,农民人均增收424元,灌溉水利用系数由0.50提高到0.61,年节水401.2万立方米。

2. 农垦局黄羊滩灌区改造项目。项目实行“先干后补”政策,批复投资1723.99万元,其中中央财政资金980万元,地方财政资金392万元(其中,自治区财政配套314万元),自筹351.99万元。项目实施后,砌护干支渠道43.43千米,配套建筑物183座,配套水情监测设施3台套。可恢复灌溉面积400公顷，改善灌溉面积3600公顷，新增节水灌溉面积4000公顷,农产品增收663万公斤,增收1959.70万元,项目区人均增收570元,渠系水利用系数由实施前0.45提高到现在0.6,年节约水量459万立方米。

（朱迎胜　冯有亭）

【水土保持生态建设工程】 水土保持生态建设工程包括中央预算内水土保持项目和农业综合开发水土保持项目（2009~2011年农业综合开发水土保持项目和2010~2012年陕甘宁地区水土流失综合治理项目)。2010年,中央预算内水土保持项目计划下达投资6250.0万元,其中中央资金5000.0万元,地方配套1250.0万元,涉及16个县(区)14条流域综合治理、9条流域试点示范项目和5个县（区)20座病险淤地坝加固改造工程目，新增治理水土流失面积84.85平方千米;农业综合开发水土保持项目计划下达投资8861.21万元,其中中央资金3800.0万元,地方配套及自筹5061.21万元,涉及9个县(区)12个项目区18条小流域(片区),新增治理水土流失面积

7月29日,固原地区举行农田水利会战

115.63平方千米。截至2010年底,中央预算内水土保持项目完成投资3337.48万元，完成治理水土流失面积20.49平方千米；农业综合开发水土保持项目完成投资7837.37万元，完成治理水土流失面积115.23平方千米。

（管文斌）

【病险水库除险加固工程】 2010年,水利厅全面实施完成中小型病险水库除险加固工程建设54座,其中中型3座,小型51座,工程主要分布在固原市所辖县区、中卫市海原县及贺兰山西麓滞洪区。累计完成土石方883万方,完成混凝土9.82万方;完成投资34183万元,其中中央资金26344万元,地方配套资金7863万元。

项目实施后,在经济、社会、生态等多个方面均取得了显著效益。54座水库防洪标准均达到设计标准,新增和恢复防洪库容1.6亿方,有力地保护了水库下游9座城镇155个村镇、100万人、318千米道路、39千米通信线路、17千米输电线路和6.33万公顷农田的安全。水库大坝、输水、泄洪建筑物配套齐全,坝前普遍采取了防护措施。配套了必要的管理和监测设施,为建后管理创造了良好的条件。54座水库新增或恢复兴利库容883万立方米，年新增和恢复灌溉水量2930万立方米、灌溉面积1.8万公顷、灌溉效益8238万元，年新增和恢复供水人口18.6万人。部分水库成为农村饮水安全重要的水源地,对改善群众生产生活条件,发挥了重要作用。3座水库除险加固后,承担了城市供水任务,解决了3个城市17万人的供水。另外,个别水库与城市景观改善相结合,提升了城市品位。

（朱　云　夏　宇）

党建与精神文明建设

【概况】 2010年是水利厅党委确定的“党的建设年”。一年来，水利厅党委按照自治区党委和党建工作领导小组的部署，坚持以邓小平理论、“三个代表”重要思想为指导，深入贯彻党的十七大和十七届三中、四中、五中全会精神，全面落实科学发展观，坚持围绕水利抓党建，抓好党建促发展，完善目标，落实责任，强化措施，全面加强基层党建工作。（王文刚）

4月16日，水利厅举办领导干部廉政教育培训班

【落实党建工作责任制】 始终把党建工作列入重要议事日程，与水利业务工作紧密结合，做到同部署、同检查、同落实、同考核。印发《水利厅党委2010年工作要点》，召开党建暨党风廉政建设工作会议，主要领导与厅领导班子成员、厅属35个基层党委（总支、支部）签订了党建目标责任书，将党建工作总体要求、工作任务、工作目标、主要责任和工作措施等进行责任分解，纳入工作目标责任考核体系，形成了党委统一领导、班子成员分工负责、部门齐抓共管、一级抓一级、层层抓落实的党建工作格局。同时，加强对厅属单位党建工作情况的督查和指导，强化基层党委（总支、支部）书记“第一责任人”意识，促进各单位党建工作有效开展。（王文刚）

【学习型党组织建设】 坚持把学习型党组织建设作为当前和今后一个时期加强党的建设重要政治任务，全面推进学习型党组织建设。切实抓好中心组学习。认真落实中心组学习制度，制订《党委中心组学习计划》，以处级以上领导干部为重点，每月至少组织一次中心组学习，全年厅党委中心组共组织学习14次。学习中做到有计划、有安排、有记录、有重点发言人，保证了学习质量。扎实推进学习型党组织建设。制订《水利厅党委推进学习型党组织建设实施意见》《水利厅学习型党组织建设考核评价办法》，确定5个学习型党组织建设试点单位，召开学习型党组织建设座谈会，对14个学习型组织先进集体、31名知识型职工进行表彰；分四个片区召开了学习型党组织建设座谈会，组织80名处级干部参加“科学发展大讲堂”，及时配发《七个怎么看》《划清四个重大界限》等学习资料，指导各基层党组织建立和完善“五个一”学习制度，大力推进“职工书屋”建设，通过举办领导干部专题研讨班、培训班、学习论坛、编发《学习交流》内部刊物等多种形式，加深党员干部对党的路线方针政策的理解，不断用中国特色社会主义理论体系武装党员干部职工头脑、推动工作。

（王文刚）

【创先争优活动】 以创先争优活动为载体，按照“基础工作抓规范、重点工作抓创新、整体工作抓推进”的要求，切实加强基层党组织建设。一是深入开展创

先争优活动。召开全厅创先争优活动动员大会,分类明确创先争优活动的主题和载体,开展了党群共建、党员示范岗和党员示范窗口创建、党组织和党员公开承诺、征文评比、"金点子"征集等活动,组织党员在灌区服务、防洪抢险、工程建设、技术创新等工作实践中发挥先锋模范作用。积极抓好"五个好"离退休干部党支部创建工作。二是认真落实各项党建工作制度。认真落实中心组学习、"三会一课"、党员定期分析和民主评议党员等制度,建立了厅领导党建工作联系点制度、厅机关处室党支部与基层单位党支部共建制度,厅领导、机关党支部定期与联系点和共建支部开展活动,指导工作。三是加强厅属单位党组织建设。建立水利行业协会党组织,指导任期届满的基层党组织换届,在经济管理局党支部开展"公推直选"工作。加强基层党务干部培训,积极做好发展党员工作,不断为党组织增添新鲜血液。

(王文刚)

【作风建设】 一是不断加强机关效能建设。认真落实岗位责任制、服务承诺制等9项效能制度,精简审批事项,简化办事程序,精简会议和文件,改进会风和文风,切实转变机关工作风、提高办事效率和服务质量;建立完善机关绩效考核管理办法,加强对机关工作人员效能建设情况的检查考核。二是不断深化政风行风建设。进一步优化行政审批事项,缩短审批时限,提高了工作效率。紧紧围绕"保安全、保灌溉、保稳定",广泛开展"真情进灌区""送技术到灌区""下基层、进农户、心连心"等主题实践活动。把落实整改作为行风建设的重中之重,坚持做到热点问题及时改、难点问题全力改、重点问题集中改,真心实意为群众办实事、办好事。三是密切联系基层,解决实际困难。班子成员带头转变工作作风,深入基层、深入一线,就人饮安全工程、节水型社会建设、行业能力建设、水价形成机制、节水灌溉及水资源开发利用保护等6个重点研究课题深入调研,为科学制订自治区水利"十二五"规划奠定了基础。加快灌区基础设施改造工程建设,千方百计筹措资金590万元对渠道管理处的7个管理所进行翻建改造,有效改善了职工生产、生活条件,赢得了干部职工和群众的信任和赞誉。

(王文刚)

【基层党组织建设】 一是抓好党建工作责任制的落实。制定了《水利厅党委2010年工作要点》,组织召开了党建暨党风廉政建设工作会议,层层签订了党建目标责任书。推行了厅领导党建工作联系点制度、厅机关处室党支部与基层单位党支部共建制度;开展了水利党校专题授课教师遴选工作。二是加强党组织建设。指导经济管理局党支部开展了"公推直选"工作,指导防汛办、秦汉渠管理处等任期届满的基层党组织换届。坚持发展党员预审制和公示制,积极做好发展党员工作,举办了入党积极分子培训班,培训入党积极分子50名。三是抓支部书记能力建设。举办基层党支部书记培训班2期,培训支部书记180人,通过专家讲座和到部分基层党支部实地观摩学习,提高了基层党务干部的业务能力。四是抓好

11月26日,宁夏新海水务有限公司开展党建活动

党建规范化建设工作。对各单位中心组学习、"三会一课"、党员定期分析和民主评议党员等制度落实情况进行了督查,组织编印了《水利厅基层党支部工作手册》,进一步规范党建基础工作。

(王文刚)

【开展深入实施西部大开发战略大学习活动】 按照自治区党委的部署,从2010年8月开始到10月,在厅党委的领导下,在全厅精心组织开展了大学习、大讨论活动。组织召开了动员大会,举办了专题培训班,开展了研讨活动,编发了学习资料,组织召开了大学习活动总结暨学习贯彻十七届五中全会精神动员大会,通过抓好培训,领导带头学、深入调研,结合实际学、因地制宜,突出特点学,举办专题培训班、深入基层开展调研等有效措施,达到了"以大学习推

动思想大统一、以大学习促进思想大解放、以大学习催生发展大举措、以大学习带动作风大转变、以大学习推进水利大发展”的总体要求，实现了统一思想、推动工作的目标。圆满完成了各阶段的工作任务，确保了活动取得实效。（王文刚）

【精神文明创建活动】 高度重视精神文明建设，组织开展共植中日友好林活动、向青海玉树地震灾区捐款活动、真情助困进灌区、“感动宁夏年度人物”推选等道德实践活动，引导干部职工自觉践行社会主义荣辱观，自觉加强社会公德、职业道德、家庭美德和个人品德建设。深入开展文明单位和文明家庭、文明职工等群众性精神文明创建活动，自治区防汛办被评为“全国水利系统先进集体”，1人被评为“全国水利系统劳动模范”，1人被评为“全国水利系统先进个人”。广泛开展丰富多彩的文体活动，举办了全厅青年歌手比赛、“清凉宁夏”专场文艺演出、水利系统第三届职工乒乓球比赛、组队参加全区第十三届运动会、深入基层所站开展慰问演出等，活跃了基层文化生活。坚持以党建带工、团建设，深入开展“当好主力军、建功十一五、和谐奔小康”主题竞赛活动，深化“职工之家”建设，2个“职工之家”被评为全国水利系统“模范职工之家”；举办了青年理论武装培训班，开展了青年志愿服务、青年安全生产行动、青年文明号创建等活动。坚持落实好离退休老干部政治和生活待遇，定期向离退休老干部通报水利工作，组织120余名离退休老干部参观水利工程建设、参观世博会，组队参加全区首届离退休老干部运动会，使他们老有所养、老有所乐、老有所为，营造了团结和谐的水利发展环境。（王文刚）

【全面落实党风廉政建设责任制】 把责任制落实作为党风廉政建设的首要任务，注重“三个突出”，加强领导，强化措施，逐级推进，层层落实。一是突出“齐抓共管”，确保责任明确到位。在吃透上情、摸清下情的基础上，下发了《水利厅2010年党风廉政建设和反腐败工作责任分工》，将全年工作任务细化为8类35项。按照“一岗双责”的要求，结合厅领导班子成员业务分工和部门职能，逐一确定目标责任，明确牵头单位和协办单位，落实责任、落实措施、落实要求。厅属30个单位党组织“一把手”与班子成员，班子成员依照分工与中层干部层层签订了责任状，切实把工作责任落实到每一个层面，在全厅建立起了责任明确、目标具体、上下贯通、左右协调、分级负责的责任体系，形成了齐抓共管的工作合力。二是突出“责任考核”，确保责任落实到位。把严格责任考核，作为推动责任制落实的重要抓手。按照“年初有布置、平时有检查、年终有考核”的要求，制定了《落实党风廉政建设责任制和推进惩防体系建设考核细则》，建立了“四结合、两突出”考评体系，即：党风廉政建设考核与业务工作考核相结合、个人述职述廉与组织人事部门考核相结合、组织考核与群众评议相结合、平时检查与年终考核相结合；突出对领导班子、领导干部廉政情况的考核，突出对“一把手”的考核。厅纪委先后7次深入厅属单位进行督查，及时发现、解决存在的问题。年底，对30个厅属单位党政领导班子和150余名处级干部进行了责任考核和民主测评，促进了责任制的落实。三是突出“结果运用”，确保奖惩兑现到位。将考核结果纳入年度总体考核，将考核结果与领导班子、领导干部的业绩评定、奖励惩处、调整使用结合起来，凡是责任范围内发生的慵懒不廉洁行为，年终实行一票否决制，有效地防止了单凭业务工作成绩评价干部政绩的片面做法。（姚宁生）

【廉政教育】 坚持把廉政教育作为以人为本的“基础工程”，贯穿水利工作始终，着力筑牢党员干部的思想道德防线。一是把握引导性，将领导干部推向廉政教育“前台”。突出党员领导干部示范教育这个“重点”，坚持“领导抓”“抓领导”，举办了处级干部廉政教育培训班，厅党委书记、厅长亲自讲课，产生了巨大的带动效应。厅属各单位纷纷举办各种形式的廉政教育培训班，主要领导亲自讲课。二是把握实效性，创新廉政教育载体。根据新形势发展要求，因地制宜，探索新方式，开辟新途径，增强教育的实际效果。创新信息载体，充分运用现代科技手段，积极开发网络教育功能，在宁夏水利网开辟了党风廉政专栏，及时发布廉政信息、宣传廉政法规，并制作廉政电脑屏保，使党员干部打开计算机就能受到直观的廉政教育。创新教育形式。充分运用专题讲座、报告会、播放警示录像、讨论交流、党内法规知识竞赛、组织党员干部到监狱听取服刑人员现身说法等多种形式，多层次、多角度、多渠道地开展廉政教育，寓教于乐，潜移默化，增强教育的趣味性和吸引力。区分层次、因人施教。在职务序列上，突出对各级党员领导干部的党风廉政教育，通过民主生活会、述职述廉、专题教育活动等，对各级领导干部进行党风廉政理论教育和立党为公、执政为民的权力观教育；在管理序列上，突出对基层和一线职工依法治水、廉洁服务的教育，采取领导干部分片包干联系基层的方式，随时了解掌握干部职工思想动态，针对问题探求解决办法，正确指导干部职工廉洁奉公；在岗位序列上，突出人、财、物等要害岗位人员的教育管理，不断加大岗位轮换力度。三是把握“长效性”，建立廉政教育保障机制。创新考核机制。把廉政教育纳入厅机关处室、厅属各单位年度工作考核、效能考核和政风行风考核，制定具体的考核内容和评分细则，增强廉政教育的刚性约束。创新运行机制。牢固树立“廉政大宣教”的理念，充分利用组织人事、科技教育等部门的资源，把廉政教育纳入职业道德和职业教育培训，变一家独抓为多家参与，形成了党委领导，纪委监察组织协调，组织人事、科教、机关党委等部门共同参与的运行机制。创新经费保障机制。把廉政教育经费投入、订阅廉政书刊、电教设备等纳入对厅属单位的年度工作考核，为廉政教育持续开展奠定了基础。（姚宁生）

【廉政文化建设】 结合近几年水利投资不断增加、项目监管难度逐年加大的实际，充分发挥文化的熏陶、引导、渗透、影响和支持功能，在厅属单位以“五个一”为抓手，搭建廉政文化建设新平台。一是打造一个“廉政文化长廊”。指导厅属各渠道管理单位把廉政文化建设与基层所站环境整治有机结合，精心选择党的四代领导人有关廉政建设的精辟阐述、短小精悍的廉政格言警句、小故事、漫画等，在基层站所围墙院落精心设计制作了图文并茂、发人深省的廉政文化墙，形成了眼触心动的空间廉政宣传形态，成为驻地的人文景观，在引黄灌区形成了纵贯南北的“水利廉政文化长廊”，使干部职工在工作环境中时刻感受到徐徐廉政清风，在“润物细无声”中受到廉政教育，增强了廉政教育的渗透力、亲和力、吸引力和感召力。二是建好一个“廉政教育室”。厅属各单位设置专门的“廉政教育室”，将“廉政建设目标”“《廉政准则》主要内容”“领导干部廉政承诺”“本单位廉政制度”等内容搬上宣传栏；设置流动廉政书箱，安装视听设备，配备反腐倡廉题材影视片并适时组织播放，引导干部及时了解反腐倡廉形势和廉政建设的重要举措，学习廉政法规，自觉遵守有关规定，增强党风廉政教育的艺术性和感染力。三是办好一期“廉政培训班”。结合学习贯彻执行《廉政准则》，厅里集中用两天的时间，聘请自治区党校教授讲课、观看警示教育片、分组讨论，运用典型案例集中强化教育。在此带动下，厅属单位普遍举办了不同形式的廉政教育培训班。四是开展好一项“专题实践活动”。组织开展读廉政书籍，学廉政格言，写廉政书法，创作廉政警句的读、学、写、创“四位一体”的专题实践活动。厅纪委在全厅组织开展了廉政书画征集活动，积极为自治区推荐选送廉政书画作品。五是树立一批“廉政文化建设示范点”。采取以点带面、典型引路的方法，选择基础条件好、廉政教育工作规范、制度健全、辐射范围广的几个基层所站，作为厅纪委的廉政文化建设示范点，精心指导重点抓，于8月6日以几个示范点为依托，召开全厅廉政文化建设现场观摩会，带动面上廉政文化建设均衡发展。厅属单位都结合自身实际，建成2个以上各具特色的示范点。

（姚宁生）

【惩防体系建设】 1.坚持“三个强化”，扎实推进廉政风险防范管理工作。一是强化组织领导，落实工作责任。厅党委高度重视，两次专题研究廉政风险防范管理工作，成立领导小组，印发《实施方案》，进行全面部署。机关各处室和厅属各单位按照厅党委的部署要求，精心制订实施方案，将廉政风险防范管理工作的具体要求落实到每一个岗位，形成主要领导负总责亲自抓、主管领导具体抓、纪检监察组织全力抓的工作机制。二是强化宣传教育，增强防范意识。采取层层召开动员会、专题学习、出板报简报、悬挂横幅等形式广泛宣传，使廉政风险防范管理工作的主要内容、基本精神和工作要求深入人心，在全厅营造了“人人议风险、找风险”的浓厚氛围。三是强化风险排查，制定防控措施。厅机关处室、厅属各单位结合自身工作职责和现行工作运行机制，采取自上而下、自下而上相结合的方式，从岗位职责、制度机制、业务流程、外部环境等方面，分层次逐一查找廉政风险点。据统计，全厅共排查出廉政风险点1756个，采取措施1760个。

2. 加强制度建设，着力构筑“防火墙”。把制度建设作为构建惩防体系的主线，在全厅开展“反腐倡廉制度建设推进年”活动，着力构建用制度管权、管事、管人的体制机制。一是围绕工程建设，狠抓制度建设。为此，水利厅纪委从最直接、最需要、最管用的地方抓起，积极探索和创新工程管理制度和机制，陆续制定了《宁夏水利工程验收管理细则》《宁夏水利工程质量检测监督管理办法》《宁夏水利建设市场主体信用管理办法》等9项制度，形成了比较完善的水利工程建设管理制度体系。二是围绕权力运行，狠抓约束机制建设。制定了《水利厅党政领导干部问责暂行办法》《水利厅厅管企业领导人员廉洁从业暂行规定》等制度。三是围绕依法行政，狠抓制度建设。制定了《水利厅政务信息公开暂行办法》《水利厅行政审批责任追究暂行规定》等11项制度。厅属各单位结合水利工程建设领域突出问题专项治理、廉政风险防范管理等工作，在增强科学性、有效性和可操作性上下工夫，对现有制度进行了梳理，进一步修改完善并狠抓落实。

3. 突出治本，切实加强案件查处工作。全年共受理信访举报12件（次），直接办结4件，转下属单位核查6件。依据党政纪处分规定，对2名处级干部、1名科级干部进行了调查核实和处理。同时，注意发挥查办案件的惩戒和治本功能，将违法违纪案件在全厅予以通报，以身边事教育身边人；针对现阶段暴露出的问题，要求厅属各单位轮岗交流任职期满3年的工程公司经理、财务科长和组织人事科长，做到查处一个案件，教育一批干部，完善一套制度。

4. 整合资源，执法监察力度进一步加大。紧紧围绕水利中心工作，改变以往单打独斗的做法，增强配合意识，发挥组织协调职能，整合监督资源，发挥建设管理、财务审计、质量监督等相关处室（部门）的作用，对重点工程和民生水利建设项目加大了监督检查力度。结合工程建设领域突出问题专项治理工作，组织对2008年建设的340个工程，21.2亿元资金进行了执法监察，共排查问题181个；加强对全区各市县水利工程建设领域突出问题专项治理工作的指导检查，检查面达50%，其做法受到自治区专项治理办公室的充分肯定，两次以简报形式予以转发。此外，今年以来，厅监察室还全过程参与了灌溉局调度员资格考试、水利厅高层次专业技术人员录用考试以及高级工程师职称评审等项工作的监督。全年先后参加工程招投标45次，监督资金量达6亿元，通过严格评审，节约投资899万元。（姚宁生）

【水利政风行风建设】 把政风行风建设作为推动水利科学发展的强有力抓手，在落实“强、广、诚、快、新”五字诀上下工夫，着力解决群众关心、领导关注、社会关切的水利热点难点问题，以“抓党风、促政风、带行风”的实际成效，彰显水利系统惠民、便民、利民的良好精神风貌。

1. 组织领导力求“强”。一是高度重视，精心安排。结合行业特点，制订下发了《宁夏水利系统2010年民主评议政风行风工作实施方案》，针对自治区确定的侧重点，及时印发了《关于进一步加强民主评议水利基层站所行风工作的指导意见》，明确了指导思想、评议内容、方法步骤、责任措施、整改时限，与业务工作同部署、同推进、同检查、同考核，形成了主要领导亲自抓，分管领导具体抓，部门各负其责，群众广泛参与的工作格局。二是条块结合，加强指导。水利系统政风行风建设领导小组坚持既抓“点”又抓“面”，抓基层夯基础，利用近4个月时间，先后深入各市、县（区）和厅属单位的65个基层站所（段），对基层站所行风建设工作进行指导，有针对性地提出改进意见和要求；同时，根据工作开展情况，不定期地召开专题会议，及时调整工作思路，跟踪督促整改，确保行风工作整体推进、取得实效。三是推广亮点，巩固提高。自治区纠风办以工作简报——《水利厅以基层站所为重点，全面加强政风行风建设》方式予以推广。9月26日，利用《新消息报》一个整版版面，有重点地宣传报道了全区水利行业及银川市等6家单位政风行风建设的具体做法和成功经验，推动全区水利政风行风建设健康发展。

2. 宣传发动力求“广”。3月18日，全区水利系统民主评议政风行风工作动员大会后，各市、县（区）水务局和厅属各单位层层召开动员大会115场次，参加人数4600多人次。在此基础上，各单位利用“世界水日”和“中国水周”等契机，组织职工深入乡村、协会和用水户，采取召开征求意见座谈会、发放宣传材料、悬挂宣传气球、刷写宣传标语等形式，广泛进行宣传；据不完全统计，全区水利系统共散发各类宣传资料3.4万份，制作水务公开栏300多块，在宁夏行风网刊登信息600余条，编印政风行风建设工作简报80期，较好地营造了全社会关注水利、理解水利、支持水利的良好氛围。

3. 征求意见力求“诚”。全区各级水务部门拓宽渠道，开门纳谏。一是召开各种会议征求意见。诚邀人大代表、政协委员、纠风办、用水协会、服务对象和群众代表，帮助查找政风行风工作中存在的问题；二是上门访谈，面对面征求意见。组织干部职工深入灌域、乡镇、用水户，面对面与群众交谈听取意见；三是设立意见箱和投诉电话，背靠背征求意见。全区水利系统共选聘行风监督员280人，设立意见箱200个、公布举报电话100部、电子邮箱60个，广泛征求意见，接受社会各界、服务对象的监督。四是发放意见表，采取无记名方式征求意见。全区水利系统共召开座谈会300余场，发放征求意见表和问卷调查表2万余份，走访用水户2560人（户），收集整理意见建议5大类282条。

4. 整改落实力求“快”。把落实整改作为行风建设的重中之重，边评边改、边整边改。一是热点问题及时改。面对今年反常的气候和严峻的旱情，各市、县（区）水务局、厅属单位积极组织干部职工深入田间地头，向群众讲水情、讲政策，变以往农民群众“上访”为水利干部职工主动“下访”；采取科学编制调度预案、合理分配市县水权、适度提前春灌时间，错开用水高峰等措施，全力抗旱保灌，确保了灌区47.33万公顷农田适时灌溉。二是难点问题全力改。各渠道管理单位直面资金短缺、水利设施年久失修等老大难问题，多方筹措资金1570万元，完成渠道清淤133千米，渠堤加固12千米，建筑物维修85座，闸门及启闭机维修更换169台，斗口维修翻建207座，机电设备维修424台套，有效保证了农田灌溉。三是重点问题集中改。积极办理人大、政协提案和建议。2010年现场办理了自治区人大重点督办建议“关于扶持中宁县引黄自流灌区支干渠及末级渠系节水改造的建议”和自治区政协重点督办提案“关于尽快解决农村饮水安全问题”，受到自治区人大、政协的高度评价。截至目前，梳理出的意见建议已整改252条，占90%；正在整改的13条，占4%；解释答复的17条，占6%，切实做到了件件有回音、事事有着落。

5. 塑造行业形象力求“新”。把加强干部职工队伍建设，作为从源头上推进水利政风行风建设的根本措施来抓，采取集中学习、专题辅导、读书竞赛等形式，全面加强职业道德和技能教育，全面推行岗位责任制、一次性告知制、服务承诺制等制度，使队伍综合素质得到显著提升，实现“四个提高”（队伍素质、工作效率、服务质量、行业形象）。（姚宁生）

【学习型工会组织建设】 深入开展“当好主力军、建功十一五、和谐奔小康”主题竞赛活动和“创建学习型组织，争做知识型职工”活动，广泛开展合理化建议、技术革新、技术改造等经济技术创新活动，对14个学习型组织先进集体、31名知识型职工先进个人进行了表彰奖励。（李茂书）

【工会民主管理建设】 充分发挥职代会的作用。指导厅属26个单位召开了职代会（职工大会）。通过召开职代会（职工大会）积极了解反映职工的意愿和要求，对涉及职工切身利益的问题，提出工会的建议，推动了职工最关心、最直接、最现实利益问题的解决。

（李茂书）

【工会帮扶工作】 组织开展节假日送温暖、金秋助学活动和为职工生日送祝福活动，努力为职工办实事办好事。在全总困难职工帮扶网站完善了水利厅困难职工档案；春节期间，水利工会筹集5万元，慰问特困职工100名，申请资助7名困难职工子女助学金2.1万元；采取送蛋糕和鲜花等形式，为机关全体职工生日送祝福，使职工充分感受到组织的关怀和温暖。

水利工会和组织人事与老干部处承办了自治区先进工作者的推荐上报工作。徐宁红、曹君、马国民被授予自治区“先进工作者”荣誉称号。（李茂书）

【工会“职工之家”建设】 对2009年评审复验合格的2个“模范职工之家”、14个“模范职工小家”进行了命名授牌。秦汉渠管理处、西干渠管理处被中国农林水利工会评为全国水利系统“模范职工之家”；惠农渠管理处第六管理所、固海扬水管理处龙湾泵站被评为全国水利系统“模范职工小家”。（李茂书）

【“职工书屋”建设】 西干渠管理处、渠首管理处获得自治区总工会“职工书屋”建设示范单位；固海扬水管理处获得全国总工会“职工书屋”建设示范单位。

（李茂书）

【职工开展文体活动】 组织水利厅机关及厅属部分单位开展“迎新春”文体活动、水利厅安全生产月活动启动仪式文艺演出、水利厅系统第三届职工乒乓球比赛。组织参加全区职工“奔牛杯”环星海湖越野赛，获优秀组织奖。组织参加全区“创争”活动暨职工读书月主题演讲比赛，获优秀奖。组织参加全区第十三届运动会，获乒乓球女子团体第一名、女子单打第一名、男子单打第六名、女领导干部单打第三名、第五名，男领导干部单打第三名；羽毛球男子单打第三名；桥牌团体第二名，双人赛第二名、第六名；总成绩第七名、体育道德风尚奖。组织参加第二届全国水利系统象棋比赛，获团体第六名；全国水利系统第九届桥牌比赛，获团体第二名；全国水利系统首届“水歌曲”演唱大赛，获原创作品演唱优秀奖、民族唱法优秀奖。

组织开展“三八”国际劳动妇女节100周年纪念活动。3月8日，组织全厅女职工健身操比赛，对10个先进女工组织、24名优秀女职工进行了表彰奖励。同时，组织参加了自治区纪念“三八”国际劳动妇女节100周年活动，推荐固海扬水管理处女职工李彦迪为“自治区三八红旗手”。（李茂书）

【工会组织建设】 指导2个单位调整了工会委员会主席、2个单位工会换届选举工作。4月份组织7名工会主席，参加了自治区农林水财工会干部培训班，6月份组织3名女工干部参加自治区妇联和区总工会女工部在上海举办的培训班。（李茂书）

【共青团工作】 一年来，水利厅团委以中国特色社会主义理论为指导，深入学习实践科学发展观，认真学习贯彻党的十七大精神，坚持以党建带团建，以活动促团建，围绕中心抓团建的思路，开展了内容丰富、形式多样、特色突出的创建活动。2010年厅团委被评为“全区五四红旗团委”，厅团委与宁东水务公司承建的中日青年志愿林项目被国家林业局、日中绿化交流基金授予“绿色丰碑奖”。一是加强青年理论武装。组织召开了厅团委六届六次全委扩大会议，举办了基层团干部培训班、十七届五中全会精神学习班，及时传达上级党团组织会议精神。二是广泛开展创争活动。评选表彰水利厅五四红旗团组织、优秀团员、优秀团干部和2009年度水利厅“青年安全生产示范岗”集体和个人。宁东水务公司调度中心荣获第七届“全国青年安全生产示范岗”称号。开展了青年文明号创建活动。三是大力开展志愿服务。组织青年志愿者开展了义务献血活动；深入开展“真情助困进灌区”活动，筹资1万元资助灌区24名家庭困难学生；组织团员青年参加了中日青年志愿林三期项目的义务植树活动，完成了三年的项目建设任务。四是丰富青年文化载体。举行了纪念“五四”运动91周年文艺汇演，并下基层慰问演出3场；举办了首届“水投杯”全区水利系统青年歌手大赛；参加区直机关“党群共建·创先争优——我身边的共产党员”演讲活动，获优秀组织奖；编发了《宁夏水利青年》内部刊物。五是加强自身建设进一步加强基层团建工作，及时指导厅属各单位团组织进一步做好团组织换届、团员发展、团费收缴管理和团内统计工作等经常性工作，使团的基础工作更加规范。（李小龙）

【共青团活动】 1.由水利厅团委、宁东水务公司4月10日承建的“保护母亲河行动——中日青年鸭子荡水库生态绿化示范林三期工程”启动仪式在宁东鸭子荡水库举行。日本“绿色之桥”代表团一行8人、中国国际青年交流中心主任助理洪桂梅等一行3人和自治区团委副书记余瑞东、水利厅党委副书记、副厅长郭进挺以及厅团委、宁东水务公司、厅属各单位的团干部、青年学生100多人参加了启动仪式。

2. 水利厅团委4月29日在银川市秦腔剧团剧院隆重举行"五四"运动91周年纪念表彰大会。厅属各单位300多名团员青年代表、厅属各单位的领导欢聚一堂，共同庆祝五四青年节。水利厅副巡视员李洪山、闫国伟出席大会，厅党委委员、组织人事与老干部处处长部涌权作讲话。大会表彰了惠农渠管理处团委等水利厅五四红旗团委、五四红旗团支部和15名优秀团干部、25名优秀共青团员。

3. 水利厅团委、唐徕渠管理处6月21日在周城管理所举行了"真情助困进灌区"活动启动仪式，并向周城中学10名品学兼优、家庭困难的学生赠送了书包、图书等学习用品和助学金。唐徕渠管理处、周城中学领导及厅属驻银各单位的团组织负责人、部分管理所青年职工、周城中学学生70多人参加了活动。

4. 厅团委7月6日带领秦汉渠管理处团委、盐环定扬水管理处团委、渠首管理处团委团组织负责人分别深入到秦汉渠灌域、盐环定扬水灌域、渠首灌域慰问灌区贫困生，先后来到高闸镇周闸村、白土岗乡、青铜峡镇等6名结对救助的家庭困难学生家中进行了走访慰问，为困难学生带来了书包、书籍、笔记本等学习用品，并向每人发放了500元助学金。

5. 厅团委8月11日~8月13日在水利学校举办2010年水利厅基层团干部培训班，自治区团委副书记杨文，厅党委委员、组织人事与老干部处处长部涌权出席开班仪式，部涌权处长作了开班讲话。厅属各单位团委(总支、支部)书记、基层管理所(站)的团支部书记58人参加了培训。 (李小龙)

11月6日，水利厅举行认真学习贯彻党的十七届五中全会精神为经济社会又好又快的发展提供水利保障研讨会

7月23日，水利厅举行"安全发展　预防为主"演讲比赛

组织人事

【队伍建设】 始终坚持“抓班子、带队伍、树正气”的原则，大力实施“人才兴水、人才强水”战略，切实加强领导班子、干部队伍和人才队伍建设，努力提高推动水利科学发展的能力。狠抓领导班子建设。进一步加强民主集中制建设，健全领导班子工作机制，坚持集体领导与个人分工负责相结合的制度，努力提高决策的科学化、民主化水平，领导班子的凝聚力、创造力和战斗力不断增强。带头发扬民主，努力改进领导班子思想作风，对重大决策、重要事项通过会议纪要、情况通报、党员干部大会等形式及时向基层党员干部进行通报。严格落实民主生活会制度，认真开展批评与自我批评，不断增强领导班子的工作合力与团结和谐。班子成员注重讲党性、重品行、作表率，强化责任意识，严以律己，比较好地树立了为民、务实、清廉的领导干部形象。加强干部队伍建设。认真贯彻执行《干部任用条例》和干部选拔任用四项监督制度，不断深化干部人事制度改革。开展了规范用人行为试点工作，结合水利厅实际，制订规范领导班子用人行为实施方案和暂行规定，从干部动议、初始提名、民主推荐、组织考察、酝酿、讨论决定等环节进一步进行了规范细化，严格执行干部推荐、考察预告制、民主推荐制度、公示制、任职试用期制、干部选拔任用全程记实制度，干部考察失误责任追究制等制度。在干部选拔任用工作中，坚持正确的用人导向和德才兼备、以德为先的用人标准，严格条件，规范程序，实行了差额推荐和差额考察、差额酝酿以及票决制办法选拔任用干部，进一步规范了干部选拔任用工作，提高了选人用人公信度。2010 年，通过差额选拔和票决办法共提拔正处级干部 8 名，提拔副处级干部 9 名，交流处级干部 13 名。2010 年，对厅属单位组织人事、财务、工程公司等重点岗位的主要负责人进行了轮岗交流，推动干部合理流动。自治区党委组织部对水利厅近三年来干部选拔任用工作进行了检查，认为水利厅干部选拔任用工作程序严格，资料齐全，在方法上有所创新。2010 年，加强干部教育培训工作，先后选派 21 名厅、处级干部参加自治区党校理论培训，举办干部理论培训班 4 期，培训干部 640 人次。坚持实施人才兴水战略，不断完善人才培养、吸引、使用、评价和激励机制，优化人才成长环境。重点抓好高层次人才、高技能人才队伍建设，首次在全国范围内公开考录博士、硕士 10 名，在全厅范围内遴选高技能人才 35 名。加强职工业务技能培训，强化对职工进行现代管理、现代水利科技、水利法规以及实用技术的培训，组织开展了第四届水利行业职业技能竞赛、水利行业财会知识电视竞赛等活动，举办各类业务培训班 20 期，培训 3500 多人次。 （张玉铭　王文刚）

【教育培训】 先后安排 21 名厅、处级干部到区外和自治区党校培训，2 批 28 名厅、处级干部至区外考察，分期安排 5 名公务员和 20 名厅属单位科级干部参加业务培训。办理了 15 名干部出国考察手续，会同监察室举办了处级干部廉政准则学习班，举办了四项监督制度培训班、深入实施西部大开发战略研讨班和干部人事档案管理培训班、组织人事干部培训班。 （李小龙）

【人才队伍建设】 认真落实水利厅人才发展规划，

开展了"高层次人才工程"评选活动,遴选候选人 30 名，在全国范围内为厅属事业单位公开考录大学本科及硕士研究生 41 名，为企业考录工作人员 32 名(都属职工子女)。组织开展了第四届全区水利行业职业技能竞赛,87 人进入决赛,3 人获得"全区技术能手"称号,取得技师资格,12 人获得"全区水利行业技术能手"称号,35 人获得高级工资格。竞赛工作得到自治区人力资源和社会保障厅的高度评价。

（李小龙）

【水利厅机构编制工作】 1. 水利厅机构设置。根据《自治区水利厅主要职责内设机构和人员编制规定》(宁政办发〔2009〕83 号)和宁人社发〔2009〕133 号文件规定,水利厅内设 9 个处(室),办公室、组织人事与老干部处、规划计划处、水政水资源处、财务审计处、科技教育处、建设管理处、农村水利处、监察室,同时按规定设机关党委,群团组织设水利工会、水利厅团委。行政编制 64 名(含纪检监察编制 3 名,新增军转专项编制 3 名),其中:厅长 1 名、副厅长 4 名、纪委书记 1 名、总工程师 1 名,副巡视员 2 名;正处级领导职数 10 名（含纪委副书记兼监察室主任 1 名、机关党委专职副书记 1 名),副处级领导职数 11 名;调研员 6 名(含 2 名本次机构改革使用的专项职数), 副调研员 12 名（含 1 名团委书记专项职数、1 名机构改革使用的专项职数、3 名军转干部专项职数)。实有公务员 63 名(含监察室 3 名),实配厅级领导干部 1 正 7 副,副巡视员 3 名,处级领导干部 8 正 8 副,调研员 6 名,副调研员 10 名。

2010 年 3 月,印发《水利厅机关各处室及具有行政职能局办职责》(宁水发〔2010〕49 号),规范和明确了机关各处室及具有行政职能局办具体职责。

2. 事业单位机构设置。厅属事业单位 26 个,其中正厅级单位 1 个,正处级单位 22 个,科级单位 1 个,不定级别单位 2 个;其中财政全额拨款事业单位 13 个,财政差额拨款的事业单位 4 个,自收自支事业单位 9 个。

2010 年 7 月,自治区编办批复同意将红寺堡扬水管理处管理的固海扩灌扬水系统的 12 座泵站、1 个管理所及 140 名定额补助事业编制、13 正 26 副科级领导职数调整给固海扬水管理处管理（宁编办发〔2010〕121 号)。

3. 水利企业。股份制企业 6 家:宁夏水务投资集团有限责任公司、宁夏水利水电工程局、宁东水务有限责任公司(控股企业)、太阳山水务有限责任公司(控股企业)、新海水务公司、沙坡头水利枢纽有限公司(参股企业)。

房地产企业 1 家:银水房地产开发有限责任公司。

保留党团组织关系的非公经济股份公司 2 家。青龙管道有限责任公司、水利水电勘测设计研究院有限责任公司。

咨询类企业 1 家:水利水电工程咨询公司。

（李小龙）

【人事劳资管理】 顺利完成固扩扬水工程人员编制审批工作，积极争取盐环管理处扩编和水利定额站设立等工作;对 5 名正高职高工、36 名高级工程师和 75 名工程师的晋级进行了考察，报经厅党委研究后已经聘用。制订了《不具备领导职责七、八级职员晋级管理暂行办法》，争取为全厅 91 名管理人员申报聘用了七八级职员岗位,兑现了待遇;加强借调人员管理,制订了《水利厅借调人员管理暂行办法》,规范了机关处室(局)办借调人员工作;举办了劳资管理培训班，对厅属各基层单位劳动工资管理进行了检查,进一步规范工资管理;对厅属单位职工队伍整体建设情况、劳动工资管理和职工教育情况进行深入调研，研究制订了进一步加强事业单位岗位管理的意见初稿,不断规范用人管理;认真做好信访工作,全年共妥善化解和处理人事劳资信访 500 余人次。

（李小龙）

【离退休老干部工作】 坚持以落实好离退休老干部政治和生活待遇为重点,努力提高老干部工作水平。继续深化"五个好"离退休干部党支部创建工作,对厅属单位离退休干部党支部建设情况进行了全面检查；协助水利部离退休干部管理局在银川成功举办了全国水利系统老干部工作宣传员会议，得到高度赞誉；先后组织 120 余名离退休老干部分别参观上海世博会、太阳山供水、标准化堤防建设等重点水利建设项目，让老干部切身感受国家和水利发展的巨大变化；组队参加全区首届离退休老干部趣味运动会和全区老干部工作业务知识竞赛活动，获得优秀组织奖；经常性探望生病、住院老同志，为 8 名离退休老干部申报提高了医疗保障待遇，协助办理了 2 名去世离休干部后事，保证了离退休老干部队伍稳定，有力维护了全厅和谐发展的良好局面。

（金秀英　王文刚）

【自身建设】 认真抓好全体工作人员理论和业务学习，努力提高政治素质和业务水平。深化“讲党性、重品行、作表率”活动，组织开展下基层活动，建立了党支部联系点，定期到联系点开展活动，树立组织人事干部良好形象。认真履行处室职能，切实提高工作效能，高质量组织召开了党建暨党风廉政建设工作会议等重要会议以及培训班，加班加点起草了领导讲话、会议材料和有关安排、总结、报告 40 余份，圆满完成了各项工作任务。　　（李小龙　王文刚）

7 月 29 日，自治区直属机关工委、宁夏水利电力工程学校党委举行党日活动

5 月 28 日，水利厅机关普通党员讲党课

7 月 1 日，水利厅机关党委组织党员参观红军长征纪念馆

6 月 28 日，水利厅举行党员志愿服务活动

宁夏银水房地产有限责任公司党员大会

固原水平梯田

规划计划

【概况】 2010年全区水利基本建设继续保持较好势头，全年争取水利投资330979万元，再创历史新高。实施了农村人畜饮水安全工程、病险水库除险加固工程、引黄灌区续建配套与节水改造工程、黄河宁夏段防洪工程、大型泵站改造工程、水土保持生态建设工程、扶贫扬黄灌溉一期工程、盐环定扬黄续建工程、固扩十一泵站以后人畜饮水工程、中部干旱带高效节水补灌工程、西夏渠工程、海原县城新区供水工程、上海庙能源化工基地供水工程等一批重点水利建设项目。为自治区经济社会的发展提供了强有力的水利支撑。 （张彩虹）

【规划】 编制完成了《宁夏水利发展"十二五"规划》以及高效节水灌溉、防洪、农村饮水安全等13项专项规划。配合黄委有关部门开展了黄河流域综合规划修编。完成《抗旱规划》《农发中型灌区规划修编》《小型病险水库除险加固规划》《水文事业发展规划》《农村水电增效减排工程规划》《河道采砂规划》《水政基础设施》等规划的编制、初审，并上报国家审查、汇总。完成《贺兰山东麓防洪及洪水资源综合利用规划》编制、初审，并经黄委审查。编制完成《全国千亿斤粮食宁夏产区增产规划水利骨干工程部分》，并经自治区发改委审查。编制完成《水利科技中长期发展规划》《黄河河道疏浚工程规划》等规划和隆德、青铜峡等6个县（市）水利信息化总体实施方案。

（张彩虹）

【投资计划执行情况】 2010年水利项目下达投资计划318706万元，（中央172842万元、地方145864万元）。其中中央预算内水利项目投资计划146701万元（中央103009万元、地方43692万元）；中央财政水利项目投资计划99709万元（中央69833万元、地方29876万元）；地方水利项目投资计划26296万元；市场融资46000万元。

2010年落实到位资金306780万元。其中中央预算内资金103009万元，中央财政资金69833万元，到位率100%；地方资金88998万元，到位率89%；市场融资44940万元，到位率98%。

2010年完成投资289874.42万元，其中中央投资156196万元，地方投资133678万元。 （张彩虹）

【指标完成情况】 2010年全区灌溉面积530.75千公顷，其中有效灌溉面积464.6千公顷，林地灌溉面积18.46千公顷，果园灌溉面积26.27千公顷，牧草灌溉面积8.7千公顷，其他灌溉面积12.72千公顷。机电排灌面积187.36千公顷。全区节水灌溉面积达到297.24千公顷。全区农村饮水安全达标人口新增41.7万人，累计达标人口达到343万人。水土流失治理面积新增100.86千公顷，累计治理面积达到1865.78千公顷。全区设计灌溉面积万亩以上灌区有24处，设计灌溉面积522.53千公顷，有效灌溉面积368.65千公顷。有效灌溉面积万亩以上灌区有20处，有效灌溉面积366.79千公顷，其中3.33万公顷以上灌区有3处：青铜峡灌区、卫宁灌区和固海扬水灌区；2万公顷至3.33万公顷灌区有1处，红寺堡灌区；3333公顷至2万公顷灌区有1处，盐环定扬水灌区。全区已建水库226座，总库容269475万立方米。已建机电井7328眼，其中配套机电井7196眼，装机容量77.86千千瓦；取排水泵站工程1109处，装机容量 528 千千瓦。全区堤防长度 572 千米，达标堤防 501 千米。全区水利工程设计供水能力 94 亿立方米，2011 年实际供水能力 82 亿立方米，全区供水量为 53 亿立方米，其中向农业供水 52 亿立方米，占总供水量的 98%。青铜峡水库全年来水量 272 亿立方米，年末蓄水量 0.35 亿立方米。（张彩虹）

平罗县小农水新建田间工程

12 月 3 日，平罗县金色河扩整工程

1 月 17 日，永宁县“黄河金岸”湿地改造保护工程

永宁县千亿斤粮食项目联合建筑物

11 月 1 日，永宁县南部 10 万人农村饮水安全工程主管道安装工程

水政水资源

【概况】 2010年，水政水资源工作在水利厅党委的正确领导下，坚持以邓小平理论和“三个代表”重要思想为指导，认真贯彻落实党的十七届五中全会精神，紧紧围绕新时期自治区治水新思路，推进依法治水，依法管水，着力抓好水资源管理、水利立法、行政复议、行政应诉、法制宣传教育，为水利改革发展创造良好法制环境，保障水资源可持续利用。

（史燕斌）

【法规建设】《宁夏回族自治区实施〈中华人民共和国水文条例〉办法》于2010年9月16日自治区人民政府第76次常务会议讨论通过，自2010年11月1日起施行，填补了自治区水文水资源勘测没有地方管理制度的空白，《办法》的施行，标志着宁夏水文水资源勘测工作进入更加规范化管理阶段。

全年先后起草了《宁夏回族自治区节水型社会建设管理办法》《宁夏回族自治区防汛抗旱条例》《宁夏回族自治区水资源管理条例》三部地方性法规、规章草案，并开展了区内外立法调研，召开座谈会、立法论证会。截至目前，自治区颁布实施了《宁夏回族自治区实施〈中华人民共和国水法〉办法》《宁夏回族自治区实施〈中华人民共和国水土保持法〉办法》《宁夏回族自治区水工程管理条例》《宁夏回族自治区节约用水条例》《宁夏回族自治区实施〈中华人民共和国水文条例〉办法》《宁夏回族自治区取水许可和水资源费征收管理实施办法》《宁夏回族自治区黄河宁夏段水量调度管理办法》和《宁夏回族自治区艾依河管理办法》8部地方法规、规章和政府规范性文件。（史燕斌）

【行政改革】 按照自治区人民政府办公厅《关于深化行政审批制度改革工作实施方案的通知》要求，组织开展了水行政审批事项集中清理工作，提请自治区人民政府取消和调整行政审批事项6项，其中取消行政审批事项3项，调整2项，新增1项。集中清理了由水利厅代政府起草的规章、规范性文件，建议自治区政府集中废止涉及水利方面的政府规章和规范性文件6件、修订3件、继续执行的6件，水利厅废止规范性文件1件、继续执行8件。全面开展政务公开工作，进一步明确政务公开名目及内容，制订了《水利厅政务公开暂行办法》《水利厅信息依申请公开管理办法》《水利厅行政审批管理办法》等，进一步规范政务公开工作。编辑了政务公开工作手册，为公众获取有关水利信息提供了便利。优化行政审批事项流程，在全区率先实行网上行政许可事项审批试点工作。组织人员对水利法律法规授予水行政主管部门的行政处罚自由裁量权进了细化，并印发全区执行，规范行政执法行为。（史燕斌）

【水政监察】 全年举办水行政执法人员、水行政许可和水资源管理培训班3期，培训人员350余人次。开展了水行政执法人员资格及证件清理，对厅属单位调离或退休人员的行政执法证件进行了收缴，制定了水行政处罚法律文本标准格式、行政许可文本格式和行政复议法律文本格式，评查了厅属十五个有行政执法主体资格单位的执法案卷，并把评查结果作为单位年终考核内容，全年共评查水行政处罚案卷50余宗，推进了水政执法工作规范建设。

依法处理了2010年4月23日青铜峡市峡光造

纸厂排污管爆裂，造成秦汉渠农业灌溉中断，灌溉水源被污染的突发水污染事件。在全区开展了水资源管理专项执法检查，自治区发改委、财政厅参加了检查活动。全年共收到行政复议案件4个，行政应诉6个，行政复议经审查，受理2件，维持2件，行政应诉经人民法院审理5件，胜诉5件。（史燕斌）

【法制宣传与“五五”普法】 “世界水日”“中国水周”和“12·4”全国法制宣传日，水利厅系统先后组织在全区各市、县、乡开展大型法治宣传活动40余次。据统计，仅“世界水日”“中国水周”宣传活动期间，共悬挂横幅、张贴标语4800余条，制作展板500多块，发放宣传画10万余份、传单80余万张，受教育人数超过12万余人次。3月22日纪念“世界水日”期间，水利厅组织驻银川20余个水利单位和部分用水企业在银川开展了集中宣传活动，驻银各大新闻媒体报道了宣传活动情况。

制订了自治区水利厅《“五五”普法总结验收方案》和《“五五”普法验收考核内容》通知，考核验收了厅属单位“五五”普法工作，总结和上报了水利厅“五五”普法工作开展情况。（史燕斌）

【水资源状况】 2010年，全区降水总量为151.789亿立方米，折合降水深293毫米，较上年增加25%，较多年平均增加2%。

2010年，当地地表水资源量6.983亿立方米，比上年增加16%，较多年平均偏少26%；地下水资源量22.765亿立方米，水资源总量9.322亿立方米，地下水与地表水资源之间的重复计算量20.426亿立方米。

2010年，全区总取水量72.370亿立方米，比上年72.234亿立方米增加了0.136亿立方米。2010年全区总耗水量35.786亿立方米，比上年38.639亿立方米减少2.853亿立方米，耗水量减少主要是因为引黄灌区的农业耗水量减少。

2010年，全区人均取水量1148立方米，万元GDP（当年价）取水量440立方米，农业灌溉亩均取水量868立方米，工业万元增加值（当年价）取水量64立方米。

2010年，黄河干流宁夏段实测入境水量为296.047亿立方米，实测出境水量为262.500亿立方米，进出境水量差为33.547亿立方米。灌区引扬黄河水量64.599亿立方米，灌区排水量33.189亿立方米，引排差31.410亿立方米，比上年34.836亿立方米减少3.426亿立方米。（史燕斌）

【优化水资源配置方案】 在全区水资源详查的基础上，完成《宁夏水资源优化配置方案》编制，结合宁东能源化工基地产业集群规划，完成《宁东能源化工基地水资源配置方案》。开展了煤矿矿井疏干水的调查与研究。（史燕斌）

【强化水权管理】 以建立水权约束为手段，强化取用水管理。一是落实水权转换政策，积极筹措水权转换资金1.3亿元。二是积极协调黄委对目前黄河流域用水最大的工业项目，神华宁煤集团沙索煤炭间

5月24日，全区水土保持监督管理能力建设培训班

接液化项目水权转换可研报告进行了审查。三是结合国家最新颁布的产业名录，在宁东产业集群规划的基础上，组织修编《水权转换总体规划》。四是积极探索扬水灌区实施水权转换工作，通过研究，认为不宜在扬黄灌区开展水权转换工作。五是落实国务院关于火电厂上大压小用水指标的异地（宁夏境内）使用政策；与内蒙古水利厅就长城水务公司向上海庙化工园区供水指标的异地取用形成统一意见。六是开展了全区取水许可证换发工作，强化取水许可管理，纠正越级审批、随意审批的违规行为。（史燕斌）

【建立水资源论证制度】 把好水资源开发利用关。一是印发了开展工业园区规划水资源论证工作的通知，全面推进工业园区规划水资源论证工作。完成国电英力特宁东煤基多联产化学工业园、固原盐化工、盐同红工业园区、高沙窝工业园区规划水资源论证，

园区四个项目规划水资源论证报告书的审查和审批。规划水资源论证工作的开展和推进，使自治区水资源论证工作上升到了一个新水平，走在了全国的前列。二是开展了神华宁煤集团沙索项目、宁东供水工程、鸳鸯湖电厂二期、国土整治项目、农垦2万公顷葡萄基地等10余项工业、农业、水利多个行业建设项目的水资源论证。通过水资源论证纠正了银川东部热电利用自来水作为电厂备用水源的不合理行为。三是开展了黄委会、水利厅批复的灵州电厂、灵武电厂、甲醇厂、金凤煤矿水资源论证后评估工作。（史燕斌）

【水资源保护】 以水功能区管理为载体，加大水资源保护力度。严格水功能区和入河排污口的监督管理，一是完成全区95个水功能区确界立碑工作，编制完成《宁夏引黄灌区县界排水监测实施方案》。全面开展了县界排水监测工作，为落实县级初始水权及年度水量调度掌握第一手资料。编制完成《水功能区监测实施方案》和《入河排污口监测实施方案》，为科学核定自治区实际耗水量、水域纳污能力及水功能区纳污能力控制意见做好了前期准备工作。二是完成了中宁电厂排污口设置论证报告，经黄委会审查批复，石嘴山市第二污水处理厂入河排污口设置论证报告黄委会审查原则通过。完成宁夏境内沿黄河工业、农业取水口调查摸底工作，为下一步实行计量管理和在线监测打下基础。三是推进取水户计量设施安装和地下水自备水源封闭工作。向自治区政府提出关于银川市关闭西夏区工矿企业自备井意见和建议，推进西夏渠和贺兰山水库受水区地下水压采。督促吴忠市关闭了部分金积工业园供水工程管网覆盖范围内企业自备水源井，有效保护了地下水资源，促进了已建水工程发挥效益。（史燕斌）

【提高水资源利用效率】 以节水为先导，提高水资源的利用效率和效益。加强高用水行业企业的用水管理，积极协调经信委和相关部门推进企业使用国家公布的节水、环保设备，积极帮助企业落实国家和自治区有关节水财政税收优惠政策，开展以节水技改为先导的节水型企业创建活动和企业水平衡测试，完成了国电石嘴山发电有限责任公司（4×330MW）机组等三个项目用水合理性分析和水平衡测试，并通过了黄委会审查验收，提高了水的重复利用率和用水效率。（史燕斌）

【水资源管理投入】 以争取投入为切入点，夯实水资源管理基础。一是积极争取中央2010年度和2011年度分成水资源费，通过努力，今年首次争取国家水资源管理经费900万元，已下达300万元。二是为改善宁夏当前水政执法基础设施薄弱的现状，组织完成宁夏水政监察能力建设方案，申请国家资金1600万元。（史燕斌）

【专题研究】 以专题研究为重点，破解水资源管理瓶颈。一是组织完成“十二五”规划相关专题研究。积极开展宁夏水资源优化配置和实行最严格水资源管理制度对策措施研究专题，完成节水型社会建设十二五规划的编制。二是完成红寺堡、盐环定等四大扬水灌区水资源调查报告，为中部干旱带高效节水补灌工程水资源配置提供决策依据。（史燕斌）

9月26日，固海五干渠砼板细石砼勾缝

财务审计

【概况】 2010年水利财务审计工作在厅党委的正确领导下，以党的十七届四中、五中全会和全区水利工作会议精神为指针，认真学习实践科学发展观，紧紧围绕水利中心工作，强化财务预算管理，加大检查监督力度，按照《年度水利效能目标任务的通知》和《年度全区水利工作目标责任分解的通知》要求，真抓实干、履行职责，圆满地完成了年度工作任务。财务审计处荣获全国水利财务工作先进集体，全区财政“五五”普法法规知识竞赛优秀组织奖，全区内审工作先进集体，水利厅先进党支部等荣誉称号。 （张增强）

【财务管理】 一是根据自治区财政厅《关于批复2010自治区本级部门预算的通知》对厅属14个全额拨款单位、5个差额补贴单位和1个纳入预算的自收自支单位下达了2010年预算批复。全年预算收入2.02亿元，比上年度增加36%，有力地保障了厅属单位各项工作的顺利开展。二是为保障水利事业又好又快发展，在各相关部门的配合下，2010年共下达各类水利专项资金3.47亿元，比上年增长40.5%。其中水保、农田水利补助费2.09亿元，水利建设基金3000万元，水资源费3000万元，中央特大抗旱、防汛及岁修等专项经费2400万元，为水利建设和发展发挥了极其重要的作用。三是按照水利基本建设资金计划和拨付程序，及时拨付水利基本建设资金4.37亿元。全年共收取水权转换资金1.3亿元，拨付5650万元。四是为宏观控制水管单位的财务收支，提高供水收入的使用效益，按照各单位年度水量分配预案，在上年度实际支出的基础上，对财务收支计划进行逐单位逐项核定，下达各单位执行。并要求各单位大力开展增收节支活动，严格控制会议费、差旅费、出国考察费、业务招待费等非生产性支出；严格控制贷款额度，加大还款力度，力争做到量入为出，精打细算。五是保质保量按期完成了2009年度各项决算报表10套。其中水利部、黄委4套，自治区财政厅5套，自治区国有资产管理委员会1套。自治区行政事业单位部门决算、财政性资金投资基本建设项目决算报表分别获得一等奖，国有企业决算报表获得三等奖。六是为建立行政事业单位资产管理信息数据资源库，实现行政事业单位资产的动态监管，增强对资产利用的宏观调控能力和管理水平，按照财政厅要求，认真组织厅属17家行政事业单位对国有资产进行了核实、登记上报工作。指导固海扩灌工程资产移交工作顺利进行。组织召开固海扩灌工程资产移交座谈会，对资产移交过程中存在的问题和意见进行收集，并按照资产管理相关要求提出了解决问题的办法和建议，保证工程资产的顺利交接。七是为解决基层单位实际困难，2010年积极主动与财政厅联系，及时汇报各项工作进展情况，在部门预算以外争取地方国债转贷资金3亿元，占自治区本级债券资金的50%；争取各类水利专项资金和项目前期经费等5920万元，其中黄河整治工程建设资金1950万元；固原秦家沟水库拆迁安置补偿资金1500万元；宁夏红寺堡扬水管理处设施农业改造、技术推广资金105万元；宁夏水利电力工程学校建设资金1000万元；水利前期工作经费300万元；三大扬水电费补助800万元；世行贷款节水灌溉二期前期工作经费50万元；财会人员培训经费55万元；其他资金160万元。争取财政解决工作用车2辆，自筹资金解决工作用车1辆。八是按照《宁夏回族自治区关于在国有企业及社会团体开展“小金库”专项治理工作实施方案的通知》要求，成立了“小金库”专项治理领导小组，制订下发《水利厅“小金库”专项治理工作实施方案》，多次召开专题会议安排部署国有企业及社会团体“小金库”专项治理工作。通过自查，水利厅27家企业和3家社会团体存在有“小金库”或违规资金的单位有5家，涉及金额共计320.67万元，其中隐匿收入设立“小金库”197.03万元，账外经营性资产形式设立“小金库”123.64万元。针对自查存在的问题，督促存在问题的单位及时整改，并按规定调整账簿，通过一系列有效措施，使“小金库”专项治理自查自纠工作扎实有效，在自治区组织的重点检查过程中，没有发现“小金库”的问题。 （张增强）

【财务监督检查】 开展多项专项资金检查活动，共检查资金总量4.6亿元。一是6月中旬至7月下旬，组织人员对唐徕渠、西干渠等11家厅属单位2009年度财政补助的各类水利专项资金和新水价执行情况进行专项检查。二是8月至9月上旬，对青铜峡、平罗等12市、县2008年度水利专项资金检查整改情况进行“回头看”，对列入2009年度基本建设资金的人畜饮水安全工程和病险水库除险加固工程资金进行了核查。三是对各市县通过自治区集中采购的抗旱物资及设备进行了专项检查。四是6~7月份，组织人员对厅属7家企业2007年度至2009年度运营情况进行了专项检查，针对存在的问题，制定《自治区水利厅关于进一步加强厅属单位所属企业经营活动监督管理的通知》，并对2009年中央扩大内需重点水利项目陕甘宁盐环定扬黄续建和固海扬水泵站更新改造工程资金拨付情况进行专项督查。在对市县的专项经费检查中，对没有列入年度重点工作任务的小型农田水利补助、防汛抗旱、小流域治理等专项资金也进行了全面检查。 （张增强）

【内部审计】 一是加强审计制度建设，夯实审计工作基础。制定了《水利厅领导干部经济责任审计规定》和《水利厅厅属单位领导干部经济责任审计实施方案》。二是突出重点，扎实稳妥地做好领导干部经济责任审计工作。对宁夏唐徕渠管理处等4家单位的主要领导进行任中和离任经济责任审计。三是开展水权转换资金财务决算审计和水资源费管理使用情况专项审计调查。审计惠农渠、汉渠灌域水权转换节水改造工程资金4860万元，审减329.47万元，审减率为6.78%，占年度水权转换资金总额的55%，对青铜峡、平罗等12市、县2008~2009年水资源费的使用管理、效益发挥等情况进行了审计调查，提出审计意见建议20条。四是共委托开展黄河宁夏段治理一期工程、二期工程、盐环定扬黄续建工程、水利学校新校区基建工程、引黄灌区续建配套等工程竣工决算审计，共审计决算值约6.65亿元。五是结合水利工作实际，加强对厅属单位审计工作的检查指导，重点从提出合理的审计意见和建议入手，帮助被审计单位建立健全规章制度，堵塞漏洞。六是协调配合国家审计署西安特派审计组做好专项审计工作。11月上旬，国家审计署西安特派两个审计组进驻水利厅，开展以“黄河治理”和“农田水利建设”为主要内容的专项审计。精心组织，周密安排，协调厅属各单位、各部门、相关市县（区）水务局、水利项目建设及参建单位积极支持、配合审计组工作。全力做好后勤服务保障工作，为审计组顺利开展工作提供了最大的便利条件，确保审计工作正常有续开展。七是进一步加大审计培训力度，提升内审人员的业务素质。6月份，组织厅属单位8名业务骨干赴水利部培训中心进行专题审计业务培训；全年共抽调厅属单位审计人员22人（次）参与交叉审计，取得较好效果；组织厅属单位内审人员参加审计岗位资格证书培训考试，共有46人通过考试并取得内审资格证书。

（张增强）

【业务培训】 一是根据全区水利工作实际和水利行业财会队伍现状，从3月份起举办了四期财会人员专业知识培训班，共培训财会人员492人。在厦门国家会计学院举办的首届宁夏水利行业财会人员培训班，培训财会骨干80多名。二是举办了第一届全区水利行业财会知识电视大赛。大赛共分三个赛程，经过激烈角逐，共决出集体一、二、三等奖及单位组织奖。三是组织参加全区财政“五五”普法法规知识竞赛及文艺汇演活动。4月份按照自治区财政厅的安排，组织水利干部职工参加了财政厅举办的宁夏财政“五五“普法法规知识竞赛活动，水利厅共有3600多人参与了答题活动，水利厅荣获优秀组织奖。 （张增强）

科技教育

【概况】 2010年，水利科技教育工作坚持科教兴水战略，紧紧服务水利中心工作，不断提高科技教育工作水平，努力为水利可持续发展提供科技支撑和人才保障。2010年新增水利科技项目资金820万元。落实国家、自治区水利科技资金550万元；年内新开水利厅重点项目21项，科技推广项目12项，落实工程带科研资金210万元；建立水利科技专项基金，落实2010年科技专项基金60万元，开展了小型渠道防渗砌护新材料试验示范研究。 （张晓玲）

【科技项目】 争取国家公益性水利科技项目《宁夏中部干旱带扬黄延伸区限额灌溉技术研究》和《宁夏扬黄灌区水量分配及水权研究》两项；自治区科技攻关项目《艾依河补水机制及水平衡调控研究》和《高含沙条件下双吸离心泵转轮优化设计研究》两项，自然科学基金项目《节水灌溉条件下扬黄灌区延伸区特色作物土壤水分运移规律研究》和《气侯变化背景下宁夏降水时空变化及其对农业灌溉的影响研究》两项，争取自治区国土整治项目及自治区科技支撑项目、科研院所转制项目各1项；国家“863”重点项目《宁夏半干旱区现代节水农业技术研究与集成》、科技支撑计划《宁夏中部干旱区设施蔬菜综合节水技术研究与示范》完成验收，2009年公益性行业专项《宁南山区坝系水资源联合调度及高效利用研究》、自治区科技成果转化专项《引黄灌区井渠结合灌溉综合示范与水资源高效利用研究》进展顺利。

（张晓玲）

3月9日，水资源与农田水利研究的关系及发展趋势专题讲座现场

7月20日，玻璃钢防渗渠道应用技术研讨会现场

【职工教育】 举办宁夏扬黄灌区灌溉现状遥感调查、防汛抗旱统计报表系统应用、山洪灾害防治、水利工程质量管理、支渠测量水水文测验CAD制图、水库移民信息系统、农村人饮管理信息系统、水保监督管理能力建设和水利工程项目法人等20期培训班，培训人员3500人次。落实《2010年全区基层水利管理人员培训资金计划》，落实财政资金50万元，2010年底前完成培训1500人次。

（张晓玲）

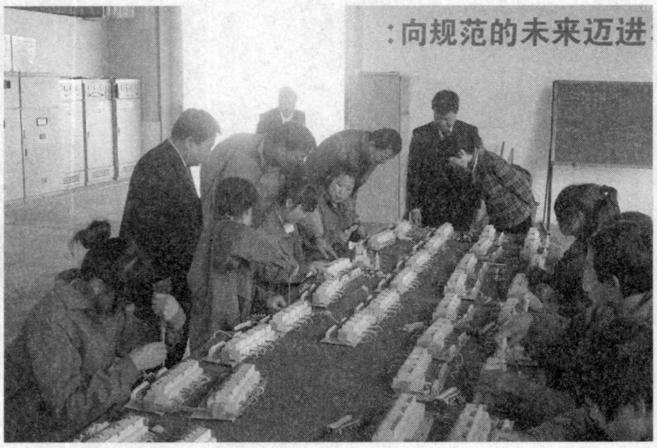

5月13日，宁夏水利电力工程学校校内工厂为学生实习提供平台

6月12日，水利厅组织有关人员参观考察湖北洪城通用机械股份有限公司阀门设备

【技术规范】 2010年开展了全区水利行业贯彻执行水利行业技术标准、水利工程质量监督、水利计量、认证认可和地方水利标准制定工作调研，分析了目前存在的主要问题，提出改进措施，向水利部提交报告，并向厅长办公会提交建议。（张晓玲）

【水利科技交流】 一是积极开展新技术应用推广。开展节水灌溉技术典型展示，邀请水利部农水司副司长倪文进和中国工程院院士茆智进行《中国农村水利发展状况与科技需求》及《现代节水防污型灌区构建及节水防污作用》专题讲座，区内外24家技术使用单位和技术持有企业就节水灌溉新材料、新技术、新工艺应用展开交流，向全区200多名水利技术骨干展示节水灌溉领域最前沿的科技成果；与水利部科技推广中心联合开展保水剂、竹塑渠道砌护、微润灌溉等8项新技术推介，将其中两项列入了2010年水利科技示范推广计划并实施；与农水处举办玻璃钢渠道防渗新技术现场观摩会；举办全区引扬黄灌区渠道砌护技术研讨会，制定了技术导则。二是广泛推进科技文化交流。举办宁夏水资源管理高级研讨班，聘请中国工程院院士王浩及水利部、黄委会专家就水文水资源研究前沿及热点、最严格的水资源管理、黄河水资源问题等进行交流，水利厅党委书记、厅长吴洪相作了《宁夏水资源情势及应对策略》主旨报告，150多名水利专业技术人员参加研讨。

（张晓玲）

【水利科技进步奖评选及各奖项评选结果】 2010年12月，水利厅组织开展了2010年度宁夏水利科技进步奖评审工作，经评审及公示，评定出一等奖2项，二等奖2项，三等奖3项。2010年水利厅组织申报并获得省部级科技进步奖6项，自治区标准创新贡献奖3项；获自治区科技进步二等奖2项，获自治区科技进步三等奖3项；《宁夏大厚度自重湿陷性黄土的工程特性与地基的预浸水处理方法研究》获得2010年度大禹水利科学技术奖三等奖；《压砂地建设技术规范》《水稻节水高产控制灌溉技术规程》《宁夏南部山区旱情与旱灾评定标准》分别获得宁夏标准创新贡献一、二、三等奖。（张晓玲）

2010年度宁夏水利科技进步奖(水利厅颁发)

序号	获奖等次	获奖项目	参加单位	获奖者
1	一等奖	宁夏回族自治区县区水资源详查与评价	宁夏水文水资源勘测局	魏礼宁 张万宝 张 华 包淑萍 李淑霞 陈 丹 马如国 王彦兵 李海霞 李占生 张学文
2	一等奖	宁夏半干旱区现代节水农业技术研究与集成	宁夏水利科学研究所、中科院水利部水保所、宁夏固原市农科所、宁夏彭阳县人民政府	刘学军 薛塞光 刘 平 翟汝伟 蒋正文 罗登科 徐 洁 赵世伟 程炳文 黄占斌 岳国强 王 勇 罗世武 任希贵

续表

序号	获奖等次	获奖项目	参加单位	获奖者
3	二等奖	《宁夏水利工程设计概算编制规定（试行）》《宁夏水利建筑工程预算定额(试行)》	宁夏水利水电建设经济定额站、宁夏水利水电勘测设计研究院有限公司	张　旭　褚文勇　张汝春　张晓飞　张　敏　张晓燕　柳朝晖　郭宏峰　杨庆胜　陈　璠　郝素芝　魏　明　张艺春　左欣丽　张玉兰
4	二等奖	宁夏七星渠志	宁夏七星渠管理处	和志国　余　洋　周嘉琳　朱　洪　陈旭东　李克文　姚宁生　康发有　李恒隆　李勇旗　王治涛
5	三等奖	宁夏中卫市海原县棉山湾水源工程	宁夏固原市水利勘测设计院	李世虎　辛殿文　马志坚　李文坛　王付林
6	三等奖	惠农渠井渠结合灌溉技术应用与推广	宁夏惠农渠管理处	马德仁　周有寿　马长仁　李银才　周喜忠　张　汉　罗阳春　孙宏明　廖万虎　蒋海霞
7	三等奖	盐环定三道井扬水干渠砌护工程破坏原因分析及应对技术研究	宁夏水利工程建设中心、宁夏水利科学研究所	孙建军　陆立国　张　刚　刘学军　麦　山　张海晨　杨庆胜　徐丽娟　郭宏峰　陈　慧

（张晓玲）

8 月 25 日，宁夏水利学会先进集体颁奖合影

8 月 25 日，宁夏水利论坛暨学术报告会

9 月 26 日，宁夏红寺堡扬水管理处组织职工进行函授学历教育

5 月 19 日，科技活动周水利展区

建设管理

【概况】 2010年，全区水利工程建设管理工作按照水利厅安排部署，圆满完成了病险水库除险加固、水利工程建设管理、水利建设市场监管、重点项目竣工验收等各项工作任务。 （杨远志）

【病险水库】 全年完成54座专项规划病险水库除险加固工程建设任务，完成投资3.6亿元。积极协调水库除险加固项目市县、设计、计划部门，上报自治区重点小型水库规划，争取到61座小型水库列入《全国小型病险水库除险加固规划》，总投资3亿元。（杨远志）

【建设管理】 认真分析近年来全区水利投资形势，制订出台了《关于进一步加强水利工程建设管理的意见》《宁夏水利建设市场主体信用管理办法》《宁夏水利建设市场从业人员信用管理办法》《宁夏〈水利工程建设质量监督管理规定〉实施细则》《宁夏水利工程质量检测管理办法》《宁夏水利工程建设项目法人考核办法》《宁夏水利工程建设稽察办法》和《宁夏水利工程验收细则》"一个意见和七个办法"，进一步配套完善全区水利建设管理的制度框架，理顺建设管理的体制机制。大力整合水利建设管理力量，积极推进整县集中组建项目法人工作，在原州区、彭阳县、隆德县、西吉县、海原县、灵武等市县区深化了打捆组建项目法人的建设管理新模式，突出发挥项目法人在水利建设管理中的责任主体作用。组织开展稽查检查问题自查自纠，分类梳理2008年以来国家、自治区各级稽查、检查、审计中发现问题的工程建设项目，向16个问题项目下发了自查整改通知，实行限期整改。 （杨远志）

【市场监管】 积极促进宁夏水利工程质量检测中心的工作，明确了工作模式和工作任务。启动水利建设市场主体信用平台，完成施工、监理、招投标代理等82家市场主体信用信息的采集和整理，发布了市场主体和从业人员的信用行为评价办法。开展水利市场施工队伍整顿，通过资质审查，将7家不合格施工企业清出水利建筑市场，规范了水利建设市场秩序。下发《关于规范水利招投标工作的通知》，将投资500万元以上的项目招标纳入自治区招标交易中心。严格规范招标程序，全过程监督重点建设项目招投标活动75次，174个标段，累计招标金额10亿多元，未发生一起违规违纪和投诉案件。先后举办水利施工企业安全生产三类人员、五大员、项目法人等培训班4期，培训水利建设市场从业人员近千人次。 （杨远志）

【重点项目验收】 根据《关于做好水利工程竣工验收工作的通知》，排定了10项重点项目验收计划。积极联系区档案局专家指导档案资料整编工作。对具备验收条件的1996~2000年黄河防洪工程、2001~2005年黄河防洪工程和旗眼山水库进行了竣工验收。完成吴忠市、青铜峡、中宁县、平罗县、贺兰县五个市县标准化堤防完工验收，为黄河标准化堤防工程建设画上圆满的句号。制定水利工程竣工验收程序规范文本，细化了竣工验收组织程序，推进了竣工验收工作的标准化管理。 （杨远志）

【河道采砂管理】 组织相关市县开展了河道采砂调查和执法检查工作，编制完成《宁夏河道采砂规划》，将黄河干流及清水河、泾河756千米河道采砂全部纳入规划，划定了可采区、禁采区和保留区，为规范和指导全区采砂管理工作奠定了基础。 （杨远志）

农村水利

【概况】 全年争取国家和自治区投入农村水利资金9.22亿元，拉动各级地方政府、有关部门和社会各界投入近27亿元，农村饮水安全、小型农田水利等项目投入持续加大，创历史新高。农村水利建设步入投资力度最大、建设步伐最快、质量效益最好的时期。全区有14个县列入国家小型农田水利重点县建设项目，占全区市县的64%。中部干旱带同心下马关补灌骨干工程建成通水，建成以色列滴灌项目1167公顷。中卫兴仁补灌工程骨干工程建设进入高潮，管道铺设基本完成，田间工程启动建设。红寺堡阎家庙子、同心王大套等11处补灌工程开工建设，共完成高效节水补灌面积2.33万公顷，超额完成年度计划任务。建设引黄灌区续建配套项目（支渠部分）单项工程17项；完成永宁县胜利乡、中宁县大青山节水示范项目和盐池和海原两县牧区水利项目；中宁北滩长鸣中型灌区节水改造工程全部完工，启动实施西吉县葫芦河、农垦局黄羊滩、平罗县陶乐中型灌区节水改造项目，隆德县渝河、青铜峡甘城子中型灌区项目列入2011年实施计划；组建自治区及各项目县世行贷款节水灌溉二期项目管理机构，完成项目可行性研究报告，开展各专题报告、子项目可研报告和项目实施计划（PIP）报告的编制工作；启动实施了北部引黄灌区中粮集团惠农特色种植区、中部干旱带红寺堡灌区和南部山区库井灌区节水示范区试点建设。（何　锋）

【农田水利基本建设】 按照“北部节水、中部调水、南部开源”的分区治水战略，组织各地修编县级《农田水利基本建设规划》，制订《全区农田水利基本建设实施方案》，制订下发《2010年农田水利基本建设“黄河杯”竞赛奖励办法》和《2010年农田水利基本建设“黄河杯”竞赛验收评比办法》。9月17日，自治区党委、政府召开全区农田水利基本建设动员大会，并安排“以奖代补”资金2300万元，继续在全区开展农田水利基本建设“黄河杯”竞赛活动。10月21～22日，分山川两片区组织召开了现场观摩会，总结经验、宣传典型，激励先进、督促后进，在全区形成比、学、赶、超，争先创优的竞争态势。实行目标管理制、干部包抓制、责任追究制和考核奖罚制，采取县领导包乡、部门领导包片、乡镇领导包村、村干部包队，层层签订责任书，做到“任务、质量、投入、时限、奖罚”五定和“组织、制度、责任”三落实。完善了“以奖代补、群众参与和项目资金整合”三个机制，把农田水利基本建设与打造“黄河金岸”、实施生态移民、发展设施农业和特色农业以及推广农业新技术相结合，坚持高标准规划、高质量建设，实行山、水、田、林、路、庄全面整治。创新组织方式，坚持群众自愿、民主

永宁县综合治理后的中干沟

永宁县杨和镇农田水利基本建设片区大会战

决策的原则，强化组织引导，用足用活“一事一议”政策，实行工票管理和以资代劳，采取兑现“三补一免”惠农政策与农民投工出劳相挂钩，组织群众参加农田水利基本建设与农村社会事务管理、投工与筹资、人力与机械施工等统筹，村队组织形式与协会参与组织形式互补，建立符合市场经济条件下的群众投入机制。通过“统一出工，集中治理，以工换工，轮流整治，均衡受益”的大兵团作战的方式集中解决群众关心的灌水难、排水难、吃水难、行路难等热点、难点问题，形成群众广泛参与和自觉参与的机制。我区农田水利基本建设在全国树立了一面旗帜。

全年农田水利基本建设共投入劳力1637万工日，完成投资近27亿元，创历史之最。累计清挖沟道4.4万条2.8万千米，清挖渠道8.5万条5.5万千米，砌护渠道2.1万条1.2万千米，整修农路4.7万条3万千米，配套建筑物8.5万座，新增和恢复灌溉面积9067公顷、改善灌溉面积12.82万公顷、改造中低产田4.47万公顷、新增基本农田2万公顷、治理水土流失面积11.34万公顷、建设高标准农田3.33万公顷、新增节水灌溉面积5.38万公顷，超额完成了年度各项建设任务。（何　锋）

【农村饮水安全】 编制完成《宁夏农村饮水安全工程“十二五”规划》和“十一五”规划所有单项工程的科研和初步设计工作，组织专家对2010年开工建设的46处集中供水工程进行了分批审查。2010年，国家共下达自治区农村饮水安全项目投资28702万元，其中中央预算内专项资金21546万元，地方配套7156万元。自治区党委、政府继续把保障农村饮水安全确定为10项民生计划、为民办30件实事之首，2010年全区计划建设集中供水工程30处，解决35万人的饮水安全问题，实际完成投资3.87亿元，解决了397个行政村665个自然村42万农村人口的饮水安全问题，占计划任务的120%。一是开工建设集中供水工程47处，建成42处，建成集雨水窖、砼集水场等分散供水工程4800处；二是同心东部重点供水工程主体工程建成，自来水入户1.87万户，9万人受益。中卫兴仁重点供水工程主体工程基本建成，自来水入户2120户；三是完成了农村自来水“百村千户”入户工程54处，解决了227个村，23.7万人自来水入户。中卫、隆德两个全国农村饮水安全示范县基本建成，银川市实现了农村饮水安全工程全覆盖。

永宁县杨和镇旺全村沟渠田林路整治

实现了年初确定的建设农村饮水安全工程最多，解决饮水不安全人口最多，群众得到实惠最多和工程覆盖面最广的目标。（何　锋）

【节水灌溉】 在搞好高效节水补灌、灌区节水改造等节水工程建设的同时，注重非工程措施的应用推广。引黄灌区大力推广渠道防渗、小畦灌溉和水稻控制灌溉技术，中部干旱带和库井灌区推广低压管道输水、小畦灌溉、垄作沟灌技术，设施农业园区推广滴灌技术，特色农业种植区推行高效补灌等节水措施。全年共完成畦田建设14.15万公顷，实施水稻控灌面积5.53万公顷，实施渠道砌护节水灌溉面积3.69万公顷、高效节水补灌2.02万公顷、低压管灌2053公顷、喷滴灌4513公顷、畦灌13.73万公顷、沟灌和穴灌4万公顷，推广激光平地1.2万公顷，超额完成了年度计划任务。（何　锋）

【农村水利改革】 以建设高素质的水利科技人才队伍和改善工作条件为目标，实施基层农技推广服务功能提升、农业科技示范场建设和农技人员继续教育培训三项工程。下达科技服务体系建设资金331.64万元，比上年增加34%。为兴庆区通贵、海原县树台等26个水利工作站配备了办公设备，为原州区彭堡、惠农区庙台等35个站发放了科技服务车，下达科技人员进村入户补贴70万元，扶持了20个农民用水者协会建设。通过承包、托管等方式，完成了1500处小型水利工程改制任务。平罗、贺兰、永宁等县成立农村供水有限公司，按照标准化建设、规模化发展、专业化管理、企业化经营、市场化运作目标，扎实开展农村饮水安全工程建设和管理工作。分四期对基层292名水利科技推广人员进行水利工程管理、节水灌溉技术、农村饮水安全工程建设管理、防汛抗旱等专业知识培训。 （何 锋）

贺兰县农村安全饮水工程施工人员进行管材安装

平罗县新建人饮供水泵房

平罗县北部农村人饮工程头闸水厂建设现场

5月28日，彭阳县红堡灌区改造

原州区除险加固的大马庄水库

贺兰县末级渠系节水改造工程

防汛抗旱

【概况】 2010年,全区气候较为异常,极端天气过程频繁。1~4月份,中南部地区各类水利设施蓄水持续锐减,从去年年底的6400万立方米减少到2月底的4300万立方米,锐减量33%。蓄水主要集中在个别水库,42万眼水窖中的5.7万眼干枯,12.8万眼蓄水不足5立方米。造成部分地区人畜饮水困难问题突出,隆德县城缺水告急,引起国家防办和自治区党委、政府的高度关注。汛期,全区强降雨、短时暴雨冰雹频发,降雨量偏多,沟道来洪次数多,部分沟道暴发大洪水,引发局地洪涝灾害,水利工程设施和农业受损严重,黄河宁夏段局部塌岸险情不断。共发生局地暴雨、冰雹天气过程17次。其汛情、旱情、灾情具有以下几个特点:一是降雨偏多,且高强度暴雨天气过程频繁。二是受灾范围广,灾害损失严重。三是黄河来水不稳,水位变幅大,防洪工程多处出险。四是气温持续偏高,人畜饮水困难,土壤墒情不足。

(朱　云　夏　宇)

【汛情灾情】 据统计,入汛以来全区共有15个县(区)、37个乡镇、131个村、8.9万人受灾,死亡1人,紧急转移1310人;3.14万公顷农作物受灾,绝产9780公顷;4135间房屋受洪水围困,倒塌308间,死亡家畜683头;149千米渠道受损,42千米渠道被淤积、冲毁,6处决口,11座渡槽、5座涵洞、2座退水闸、1座倒虹受损严重;32座塘坝、淤地坝受损;200余千米人饮工程管道受损;23千米河道(排水沟)堤岸坍塌,6.5千米堤防、28座坝垛受损严重;480千米乡村道路受损,3条公路交通被迫中断;造成直接经济损失23900万元,其中水利和防洪设施直接损失9100万元。

(朱　云　夏　宇)

【防汛组织】 自治区防汛抗旱指挥部于5月25日召开了会议,研究部署防汛工作,及时调整了指挥部组成人员,健全了防汛指挥组织。各级政府层层落实以行政首长负责制为核心的防汛责任制,对重点防洪城市、主要拦洪库(滞洪区)、水库及黄河干流堤段,逐级、逐库、逐段明确防汛责任人和技术负责人,层层签订责任书,进一步明确了防汛调度权限和防汛责任。

5月25日,全区防汛抗旱会议

(朱　云　夏　宇)

【备汛措施】 自治区防汛办于3月30日提早安排部署了汛前防汛检查和水毁防洪工程修复工作。自治区防指分别于5月10日、8月13日组成11个督查组,分片深入对全区5市22县(区)和扬黄灌区各大干渠和扬水工程,对防洪防汛重点部位、重点工程安全度汛情况进行了全面督查,针对防汛检查中发现的黄河太中银铁路桥段、苦水河太阳山镇段、四二干沟银川段、银新干沟贺兰县城段等河道(沟道)违章行为,采取强有力措施,严格落实整改责任人,跟踪督查督办，严查整改方案的落实，使以上违章行为得到了清理和整改，消除了安全隐患，确保安全度汛。

各市、县(区)和各有关单位高度重视防汛检查工作，及早研究部署，成立专门检查组，制订具体检查方案，细化检查项目和内容，组织专业技术人员，全面系统地检查了所辖的水库、河道、水保骨干坝、输水干渠、湖泊等水利防洪工程和重点防洪区域，逐一检查了防汛组织机构、行政责任人的落实情况，防汛预案的修订完善，应急抢险队伍的组建、物资储备及水文设施、通讯预警设备等。（朱　云　夏　宇）

【完善预案】 5月31日，自治区防汛办举办了全区防汛抗旱预案编制培训班，邀请国家防办专家授课，对防汛抗旱应急管理、预案体系建设和城市、水库、山洪和抗旱预案的编制进行了讲解，提高了参培人员对预案编制和审批管理体制、运行机制和法律体系的认识。各级防汛部门按照要求，及时修订完善了防洪抢险预案，明确了防汛重点部位、重点工程、险情种类、抢护方式、队伍物资、群众撤离路线、安置地点、山洪灾害预警方式等，进一步提高预案的科学性、实用性和可操作性，形成了较完善的预案体系。强化在建工程施工度汛方案的编制审批工作，所有跨黄河工程和水库除险加固工程的施工度汛方案全部按规定进行了报批。武警宁夏总队、大武口区、隆德县和西干渠、唐徕渠、秦汉渠等单位进行了防汛应急演练，提高应对突发汛情、灾情的水平和协调作战能力。

全区共组建区、市、县三级专业应急抢险队29支，群众机动抢险队184支，抢险人员1.3万人。各地、各部门采取集中储存、分散代储等多种形式，储备了防汛物资。据初步统计，储备挖掘机105台、推土机112台、吊装设备8辆、车辆183辆、冲锋舟8艘等设备，已储备铅丝257.2吨、编织袋67万条、草袋37.7万条、麻袋1.4万条。

各市、县(区)根据水毁工程自查情况，积极开展水库、河道、水保骨干坝、输水干渠、湖泊等水利防洪工程和重点防洪区域水毁修复工作，加强重点险工段、防洪区域的防汛抢险准备工作，并结合全区防汛会议通报情况以及整改要求，进一步做好水毁工程修复工作，消除防洪隐患。（朱　云　夏　宇）

【强化汛期预警】 汛前，下发了《宁夏回族自治区防汛办关于做好2010年防汛值班的通知》，明确值班时间和岗位职责。各级防汛部门自5月中旬开始防汛值班，严格执行24小时值班制度和领导带班制度，严明值班纪律，认真做好雨情、水情、灾情等报送工作，确保信息畅通、及时。

加强对极端灾害性天气的监测力度，完善防汛会商和预警机制，成功预报“8·11”等多次暴雨洪水，及时会商并向各地进行预警，将预警信息以最快的速度发送给有关人员和广大群众，为防汛抢险赢得了宝贵的时间。气象部门密切监视天气变化，加强对中短期天气的预测预报，特别是加强了对极端灾害性天气的监测力度，加密了预报次数，进一步提高了预报精度。水文部门加强了对黄河、清水河、苦水河及贺兰山东麓汝箕沟、苏峪口、大武口沟等重点中小河流、山洪易发区的监测，充分发挥了防汛“耳目”和“尖兵”的作用。隆德、大武口利用山洪灾害预警平台系统，及时将预警信息以最快的速度发送给有关人员和广大群众，为安全转移赢得宝贵时间。

（朱　云　夏　宇）

【科学调度】 充分发挥了防洪工程的防洪保安作用。自治区防汛抗旱指挥部会同吴忠、中卫、固原等市防汛抗旱指挥部及时审批了黄河干流和重点防洪中型水库汛期调度运用计划，并报国家防总和黄河防总备案。各市、县(区)防汛抗旱指挥部认真履行职责，按所属权限完成了水库的汛期调度运用计划和应急抢险预案的修编、审批、备案工作，并按照属地

5月6日，2010年全国水库安全度汛异地视频会议现场

管理的原则，将水库应急抢险预案纳入当地政府防汛预案体系中，服从防汛抗旱指挥部的统一指挥和调度。各地积极转变思路，认真实践“两个转变”，统筹防汛抗旱工作，加强水库管理，强化责任，科学调度。针对除险加固后的水库，科学制订调度方案和汛限水位，汛前将水位降到汛限水位以下，留足防洪库容，在确保安全的前提下，尽量多地拦蓄宝贵的水资源。

加大河流及防洪渠道洪水调度，确保河道行洪安全。“8·11”暴雨前15个小时，水利厅灌溉据根据气象预警信息，及时压减了银川灌区西干、唐徕等干渠及固海、盐环等扬水渠道的引水流量，在暴雨来临前及时关闭机组停水，并打开沿线斗口散水，为应对暴雨洪水赢得了时间，留足了流量空间，分流了部分洪水，减轻了防汛压力。

认真做好汛情通报工作：一是准确反映信息。二是对于较大雨情、汛情、灾情及各地采取的措施，全方位收集，紧急报送，避免出现迟报、漏报和误报，全方位、多视角反应了自治区防汛工作情况。三是提高信息质量。对收集的信息进行归纳整理，分析综合，集零为整，化缺为全，保证了信息的质量。四是丰富宣传手段，拓宽宣传工作的渠道。

（朱　云　夏　宇）

【8·11洪灾】 8月10日晚～11日晨，全区出现一次较大范围的降雨过程，大部地区降小到中雨，中部干旱带同心、盐池、红寺堡、利通、海原、中宁、沙坡头等县区局地降大到暴雨，受其影响，多条山洪沟暴发洪水，造成村庄被困、渠道决口、农田大面积受淹等重大灾害损失。同心、盐池、红寺堡、利通、海原、中宁、沙坡头等7个县(区)26个乡镇74个村2.8万人受灾，紧急转移1310人；600余头大家畜死亡；3973间房屋不同程度受损，287间房屋倒塌，1.1万公顷农作物被淹，4027公顷绝产；142千米渠道受损，40千米渠道被淤积、冲毁，3处决口，11座渡槽、5座涵洞、2座退水闸、1座倒虹受损严重；30余座塘坝、淤地坝受损；23千米河道(排水沟)堤岸坍塌，6.5千米堤防、28座坝垛受损严重；780米乡级道路、480千米村道受损，3条公路交通被迫中断；造成直接经济损失19800万元，其中水利和防洪设施直接损失7640万元。

灾情发生后，固海管理处及时关闭机组停水，并打开沿线斗口泄水。水利厅及自治区防汛办负责人提前赶赴同心，了解灾情，指导救灾工作，组织调用机械设备抢堵决口。同心县党政领导反应迅速、措施得力，全力以赴组织水利、民政、交通、电力、消防等部门，发动党员群众，挨家挨户搜救转移群众，开展救灾工作。吴忠、中卫、盐池、红寺堡、中宁、海原等地党政领导深入一线指挥救灾工作，最大限度地减少灾害损失。水利部门迅速组织调用机械设备，仅用20多个小时就完成了决口抢堵，恢复供水。同时，紧急组织3000余人，调用大型机械设备近百台(套)，全力抢修水毁工程。共清淤各级渠道85千米，维修人饮管道30千米，维修骨干坝13座，加固河道、沟道堤防3.5千米，累计投入抢险资金1600余万元。武警、消防紧急出动150名官兵，公安部门组织410名干警，第一时间抢险救灾、疏散群众、疏导交通、巡查公路，各级公安机关处于临战状态。民政、交通、卫生、供电等部门各司其职，为灾民搭建帐篷，紧急调集生活品，抢修道路和供电线路，实施卫生防疫。

（朱　云　夏　宇）

【黄河标准化堤防】 根据黄河宁夏段现状，着眼沿黄区域城乡一体化发展大局和沿河地区资源综合开发利用的要求，全面加快黄河标准化堤防建设，以黄河防凌防洪为核心，兼顾交通、旅游、生态，打造“防洪保障线、抢险交通线、生态景观线、经济命脉线”。一是创新思路，整合功能，充分发挥基础支撑作用。二是创新模式，整合项目，集中力量办大事。三是创新组织，多方促动，全面加快工程建设进度。

（朱　云　王新军）

【旱情灾情】 据统计，2010年全区共有33个乡镇，近16.5万人，9.7万头大家畜，45万只羊不同程度缺水，其中远距离拉水人口2.8万多人。西吉县、隆德县人畜饮水困难问题尤为突出。西吉县西北部的田坪、红耀、新营、马建等8个乡镇4.34万人、1.85万头大家畜严重缺水；2010年3～5月，隆德县城严重缺水，县政府紧急启动Ⅱ级(橙色)预警，县委、政府多次专门研究旱情和城区缺水问题，并向自治区政府专题汇报旱情，请求支持。旱情最严峻时，隆德县城区居民生活用水水源地清凉、直峡和黄家峡3座水库，总可用水量仅28万立方米，城区日需水量4818吨，日供水量仅为3500吨，缺水率达27%。县城70%居民住宅和办公楼二楼以上断水，居民昼夜排队取水，缺水局面异常严重。（朱　云　夏　宇）

【抗旱措施】 针对前期旱情，自治区党委、政府高度重视抗旱工作，指挥部有关领导带队组成抗旱检查组，先后7次深入旱区调研旱情，指导抗旱工作，帮助地方解决抗旱工作中存在的问题和困难，并督促地方政府和有关部门，立足实际，充分发挥各自职能作用，水务部门挖掘水源，做好抗旱工程与非工程措施的规划，实施现有水资源的科学管理。国家防总密切关注宁夏旱情，3月13～15日，国家防总抗旱专家组深入中卫市兴仁、蒿川，海原县红羊，西吉县新营、红耀等乡镇及隆德县城，走村入户、组织座谈，详细了解人畜饮水困难、土壤墒情，应急备用水源工程规划，采取措施和急需解决的问题，指导抗旱工作。

面对局地旱情的抬头，水利厅组织有关部门组成联合检查组，两次深入受旱地区调研旱情，与当地政府和有关部门研究部署抗旱救灾具体措施，指导各地抗旱救灾。加快大型扬水泵站改造工程建设进度，力争扬黄灌区提早开灌，为沿线群众人畜饮水提供水源保障。今年重点人畜饮水安全工程进展顺利，截至目前，建成了固原东部重点供水工程、海原南部和八斗重点供水工程、同心东部扩建工程、中卫兴仁重点供水工程等22处，解决了33万人的饮水问题。

自治区水利厅积极协调宁夏军区和武警部队支援隆德县城区应急抗旱。宁夏军区给水团针对隆德县城缺水情况，组织技术人员实地调研，为找水打井做好准备；武警宁夏总队抽调官兵、抗旱拉水车辆组成抗旱救灾分队，于4月1～19日开展救灾活动，集中向自来水水源补水，通过县城管网最大限度缓解居民用水紧张局面。共出动车辆228车次，送水2040吨。

自治区防汛办加强与气象、农业、民政、水文等部门和5个地级市联系，密切掌握旱情动态，分析旱情形势，研究部署应对措施。5月31日，举办了全区防汛抗旱预案编制培训班，提高了参培人员对预案编制和审批管理体制、运行机制和法律体系的认识。结合自治区实际，研发了适合自治区防汛抗旱工作需要的宁夏防汛抗旱统计报表系统，并于3月初举办了基层防办防汛抗旱信息报送人员培训班，进一步提高了防汛抗旱信息报送质量，为今后灾情信息及时、准确报送、汇总分析提供了一个较好的工作平台。

地方有关政府和部门不等不靠，多措并举，积极应对。隆德县针对县城缺水情况，紧急启动县城缺水应急响应，统一调配水资源，挖掘各类水源，打抗旱应急井，实行分段、分片和限时供水；在人口集中的居民区、学校、卫生院挖土圆井，建配套设施；停止高耗水企业、行业用水；加大宣传力度，营造节水氛围。西吉县把抗旱工作作为全县工作的重中之重，启动了II级抗旱应急响应，组织县消防队、抗旱服务队有重点的为学校、特困户、五保户送水1000余吨。彭阳县筹措资金30多万元，组织对全县饮水安全工程运行情况进行普查，维修扬水泵站16座、人饮工程5处、灌溉机井30眼，配套流动机泵13台（套），为学校送水180多吨。中卫市及时组织人员深入环香山硒砂瓜基地、蒿川乡等旱灾区，了解人畜饮水情况和硒砂瓜基地土壤墒情及供水工程情况，及时、切实采取措施应对旱情。

各地水文、气象部门发挥防汛抗旱耳目作用，提供科学的抗旱减灾决策依据。针对旱情发展趋势，气象、水文部门加大工作力度，调整工作思路，转变工作方法，提前安排雨情、水情、墒情的实时监测和巡测工作，超前服务，形成地面、空中立体式监测系统，为各级政府提供抗旱减灾决策依据。

各级抗旱服务组织闻旱而动，开展送水工作。各级抗旱服务组织始终将防旱抗旱工作作为长效工作来抓，及时检修抗旱设备和拉水车辆，根据旱情动态，主动地开展送水解困工作，累计出动车辆1260车次，送水5000余吨，临时解决11.2万人吃水困难问题。有关县区及早联系石油部门储备抗旱用油，签订协议，保障了抗旱工作的正常开展。

（朱　云　夏　宇）

【科学指导】 自治区财政紧急筹措300万元抗旱费,支持旱区抗旱自救。农牧厅、民政厅组成由主要厅领导带队的督察组、检查组,多次深入旱区检查指导农业抗旱和救灾工作。农牧厅通过政策引导、新闻媒体报道和现场指导,及时调整种植结构,压夏增秋,压减高耗水农作物种植面积,并重点指导各地加强冬麦区解冻返青期间的田间管理和抗旱保墒工作。出台了2010年种粮农民直接补贴新政策,将补贴资金通过农民补贴网、采取“一卡通”形式,尽快一次性全部兑付给农民,帮助农民渡过难关。民政厅重点保障分散供养五保户、低保户、困难户等特殊群体的饮水,切实解决好饮水、口粮等方面的困难,千方百计解决好受灾群众的生产生活。人力资源和社会保障厅及时制订了70万人的转移就业计划,通过转移就业人口减轻城乡饮水压力,其中,固原市2月份向东南沿海部分省份输出劳务工1万多人,并筹资20余万元作为务工人员交通补助。自治区气象局密切关注天气变化,抓住有利时机,开展人工增雨增雪作业,收到了良好的抗旱效果。(朱　云　夏　宇)

【宣传工作】 认真宣传贯彻《抗旱条例》,认真编制《十二五抗旱规划》,进一步深化抗旱长效机制建设。自治区党委、政府、人大高度重视抗旱工作。2010年,自治区水利厅将《宁夏回族自治区实施〈抗旱条例〉办法》宣贯调研工作纳入到年度目标考核任务,认真组织编制《十二五抗旱规划》,建立健全了抗旱长效机制。自治区人大常委会定于10月中下旬,组织相关部门开展《宁夏回族自治区实施〈抗旱条例〉办法》调研工作。自治区防汛办和各地水务部门结合“世界水日”“中国水周”和“水法宣传月”活动,发放各类宣传材料7000余份,并购置《抗旱条例》读本,首先从自身做起,利用办公室每周一例会组织干部职工认真系统学习,干部职工依法抗旱工作意识得到了进一步提高。(朱　云　夏　宇)

5月12日,防灾减灾广场宣传

水土保持综合治理

原州区沈家河水库灌区节水改造配套工程新衬砌的渠道效益明显

节水型社会建设

【概况】 2010年，在自治区节水型社会建设工作领导小组的领导下及有关部门的大力支持下，自治区节水型社会建设领导小组办公室加大节水型社会建设的工作力度，进一步完善推动节水型社会建设的工作机制，狠抓各行业节水，节水型社会建设取得了可喜成就。 （司建宁 张瑞鹏）

【节水型社会制度实施情况】 一是完善节水型社会建设工作领导机构。增补了自治区党委宣传部等6个部门和5个地级市人民政府为自治区节水型社会建设工作领导小组成员单位。二是制定出台了《宁夏节水型社会建设工作领导小组及成员单位职责分工》《宁夏节水型社会建设工作领导小组会议制度》。三是制订了《自治区人民政府关于进一步加快节水型社会建设的意见》，明确了"十二五"目标任务，提出了落实严格的水资源管理制度，下一步工作重点保障措施，指导"十二五"节水型社会建设规划编制。四是联合经信委起草印发了《关于进一步加强自治区工业节水的意见》，初步建立了工业节水良性运行机制。 （司建宁 张瑞鹏）

3月26日，引黄灌区2010年灌溉会议表彰节约用水先进单位

【节水型社会建设专题研究】 开展了《宁夏城市再生水利用研究与示范》《宁夏建设项目节水"三同时"制度实践与管理研究》《宁夏计划用水管理实施方案与实践》3个节水型社会建设项目专题研究，2010年11月通过了水利部在北京组织的专家验收。2009年度《宁夏扬黄灌区农业高效节水综合示范》《宁东能源化工基地循环经济综合节水体系研究与示范》2

原州区中河万亩马铃薯种薯繁育基地

个节水型社会建设项目专题，也于2010年3月顺利通过水利部验收。对全区农业节水灌溉技术发展现状进行调查，同时认真总结"十一五"节水型社会建设工作，着手编制节水型社会建设"十二五"规划和节水型社会建设试点自评估工作，为节水型社会建设试点验收做准备。 （司建宁 张瑞鹏）

【节水技术推广】 农业方面在平罗、惠农、灵武、贺兰等地，继续推广井渠结合灌溉，发展灌溉面积1.02万公顷。加大农业节水示范区建设，建成惠农中粮番茄滴灌示范区近133.3公顷和同心下马关高效节水补灌示范区3066.6公顷，全区已发展设施农业6.7

11 月 3 日，建成通水的唐徕渠节水改造工程

万公顷，高效节水补灌面积新增完成面积 2.2 万公顷，达到 6.09 万公顷；继续加大农田基本建设，全区新增和恢复灌溉面积 7066.7 公顷、新增旱作基本农田 1.33 万公顷、新增节水灌溉面积 3.47 万公顷、改造中低产田 4.27 万公顷，建成人饮工程 33 处，解决了 39 万农村人口的饮水安全问题。在工业方面，各大型企业积极争取国家资源节约和环境保护以及相关部门资金，加大企业的节能、节水改造、开展水平衡测试，用水效率逐步提高。生活方面，银川市调整了污水处理费价格、城市供水价格，利用价格杠杆促进城市节水初见成效。全区 2010 年新建成污水处理厂 12 座，总的污水处理厂达到 25 座，处理能力达到 95 万吨 / 日，建成中水厂 7 座，在建 1 座，总处理能力达到 22.5 万吨 / 日。（司建宁　张瑞鹏）

【节水宣传】 一是联合自治区党委宣传部、自治区发改委、自治区经信委、自治区城乡建设厅共同下发《关于加强节水型社会建设宣传的通知》，联合自治区教育厅下发《关于在学校开展节水型社会建设宣传系列活动的通知》两个规范性文件，在全社会形成共建节水型社会的局面。二是认真开展第十八届“世界水日”、第二十三届“中国水周”大型宣传活动。在《宁夏日报》专版刊登节水宣传署名文章，编印了《取水许可及水资源费征收管理相关法规选编》《节水型社会建设政策文件汇编》等水法规宣传材料 3800 册，发放节水主题宣传画和节水知识宣传册 1 万份、节水宣传彩页 2 万份。同时，会同自治区建设厅、自治区环保厅开展“全国城市节水宣传周”活动和“‘六·五’世界环境日”节水宣传活动。

（司建宁　张瑞鹏）

【节水效果】 通过一年建设，灌区灌溉水利用系数提高到 0.42，2010 年全区取用水总量为 72.37 亿立方米，全区农业用水量为 66.369 亿立方米，比 2009 年的 66.717 亿立方米，减少 3480 万立方米，农业用水逐年下降，全区粮食产量实现了“七连冠”，上升到 35.65 亿公斤，比 2009 年增加 1.58 亿公斤，农村人饮达标比例提高到 75%以上，全区万元 GDP 用水量由 2009 年的 541 立方米下降 2010 年的 440 立方米（当年价），万元工业增加值由 2009 年的 68 立方米下降 2010 年的 64 立方米（当年价），农业亩均取水量由 897 立方米下降到 868 立方米。

（司建宁　张瑞鹏）

3 月 22 日，水利厅在南门广场开展水法宣传周宣传活动

高速公路宣传

灌溉管理

【概况】 1. 气象信息。2010年全区各地平均气温6.2℃~11.3℃,除大武口偏低0.4℃,其他大部分地区偏高0.2℃~2.3℃。引黄灌区、中部干旱带、南部山区较常年分别偏高1.2℃、0.9℃、1.2℃。全区年平均气温为9.1℃,较常年偏高1.1℃。全区平均降水量为261.4毫米,接近常年略偏少。各地降水量为138.0毫米~609.3毫米。其中,引黄灌区为138.0毫米~212毫米,中部干旱带为毫米236.2毫米~353.5毫米,南部山区为410.7毫米~609.3毫米,与常年相比,引黄灌区大部及南部山区的部分地区略偏多,中部干旱带及南部山区的隆德等地略偏少。各地年日照时数在2264.0小时~3179.0小时之间,引黄灌区除惠农偏多87.7小时外,其他地区偏少30.4小时~145.4小时,中部干旱带及南部山区除固原偏少27.6小时外,其他均偏多7.1小时~118.3小时。

年内各季降水量分布与作物生长需水期比较吻合,属于正常年景。全区年平均气温是1961年以来气温偏高年份的第七位,也是连续14年高于气候平均值0.5℃以上的年份。年内气温阶段性变幅大,其中春季大部分地区降水偏多,位于1961年以来降水偏多年份的第十位;夏季全区平均气温偏高1.4℃,是1961年以来同期气温偏高年份中的第三位;秋季全区平均气温较历年同期偏高1.5℃,为1960年以来秋季平均气温偏高年份中的第五位;冬季平均气温偏高1.2℃,是1961年以来的第二十一个暖冬。

1月26日,全国水利安全生产视频会议宁夏分会场

2. 黄河水情。黄河流域主要来水区合计来水403.4亿立方米,较多年同期均值偏少15%。其中:上游326.3亿立方米,偏多9%;中游59.09亿立方米,偏少58%;下游18.07亿立方米,偏少50%。根据水利部《黄河可供耗水量年度及非汛期干流水量调度计划》(水资源〔2009〕576号),分配各月引水指标如下:1月0.0亿立方米,2月0.0亿立方米,3月0.4亿立方米,4月5.31亿立方米,5月12.46亿立方米,6月13.45亿立方米,7月12.85亿立方米,8月7.69亿立方米,9月1.53亿立方米,10月1.34亿立方米,11月9.07亿立方米,12月0.0亿立方米。

3. 灌区作物种植。2010年,宁夏引(扬)黄灌区灌溉面积47.7万公顷。其中水稻种植面积6.7万公顷,小麦种植面积10万公顷,单种玉米种植面积13.3万公顷。各渠系作物种植结构情况如下:唐徕渠水稻1.5万公顷,小麦1.44万公顷,单种玉米1.23万公顷;西干渠水稻4047公顷,小麦6773公顷,单种玉米1.4万公顷;惠农渠水稻1.66万公顷,小麦1.41万公顷,单种玉米1.22万公顷;汉延渠水稻4013公顷,小麦1.05万公顷,单种玉米4333公顷;渠首水稻3047公顷,小麦4533公顷,单种玉米

2133公顷;秦汉渠水稻1.14万公顷,小麦1.43万公顷,单种玉米9867公顷;七星渠水稻3960公顷,小麦5340公顷,单种玉米6007公顷;跃进渠水稻1213公顷,小麦2720公顷,单种玉米3467公顷;固海扬水小麦7133公顷,单种玉米4.2万公顷;盐环定扬水单种玉米5133公顷;红寺堡扬水小麦2940公顷,单种玉米1.9万公顷。（金大川）

【水量调度与管理】 1. 水量分配。在严格执行《黄河水量调度条例》和黄委会下达的引、耗水指标的情况下,按照"以供定需、丰增枯减"的原则,编制下发了《引黄灌区2010年3~9月份水量调度预案》和《引黄灌区2010年冬灌配水计划》。全年分配各大干渠引水指标65.63亿立方米,其中夏秋灌分配56.0亿立方米,冬灌分配9.63亿立方米。灌区各大干渠分配引水指标如下:唐徕渠11.01亿立方米、惠农渠9.22亿立方米、汉延渠5.58亿立方米、西干渠6.10亿立方米、渠首3.27亿立方米、秦汉渠11.33亿立方米、七星渠3.72亿立方米、跃进渠2.33亿立方米、中卫城区5.35亿立方米、固海扬水4.58亿立方米、盐环定扬水0.83亿立方米、红寺堡扬水2.32亿立方米。

2. 调度原则。(1)黄河干、支流水量实行统一调度原则。(2)计划用水与同比例"丰增枯减"原则。严格按照水利厅下达的用水计划实施水量调度。若水情发生变化,按照黄委会下达的指令,依照同比例"丰增枯减"的原则进行实时调度。(3)河道引水总量与出境断面指标"双控"原则。严格执行《黄河水量调度条例》,河段引水总量和黄河石嘴山断面交水指标严格控制在计划之内。(4)均衡受益的原则。县际断面和干渠控制断面实行"先交后用、交够再用"原则,保障灌区上下游均衡用水。(5)湖泊湿地及水库提前补蓄水原则。在4月15日前要全面完成补蓄任务,之后不得再与农田灌溉争水。(6)红寺堡黄河水源泵站的开启运行,视黄河可供水量及七星渠供水情况确定。

3. 灌区引(用)水情况。2010年灌区引水63.91亿立方米,其中:夏秋灌引水54.51亿立方米,冬灌引水9.41亿立方米。各大干渠实际引水如下:唐徕渠10.48亿立方米、惠农渠9.22亿立方米、汉延渠5.16亿立方米、西干渠5.92亿立方米、渠首2.99亿立方米、秦汉渠11.05亿立方米、七星渠3.61亿立方米、跃进渠2.24亿立方米、中卫城区5.98亿立方米、固海扬水4.27亿立方米、盐环定扬水0.75亿立方米、红寺堡扬水2.26亿立方米。

各市县用水53.86亿立方米,其中自流灌区用水47.47亿立方米,扬水灌区用水6.40亿立方米。各市县用水情况如下:青铜峡5.67亿立方米、永宁4.39亿立方米、兴庆区1.47亿立方米、金凤区0.94亿立方米、西夏区0.65亿立方米、贺兰4.53亿立方米、平罗5.3亿立方米、惠农1.53亿立方米、大武口0.5亿立方米、灵武2.83亿立方米、利通区3.96亿立方米、中宁3.18亿立方米、中卫城区5.16亿立方米、盐池0.48亿立方米、同心1.8亿立方米、红寺堡区1.54亿立方米、海原县0.65亿立方米、原州区0.05亿立方米、农垦农场5.83亿立方米。

4. 灌区排水。2010年灌区各排水沟直接排入黄河水量情况如下:中卫第一排水沟1.335亿立方米,中卫第九排水沟0.758亿立方米,北河子沟0.195亿立方米,南河子沟1.071亿立方米,红柳沟0.192亿立方米,清水沟2.081亿立方米,苦水河1.216亿立方米,第一排水沟2.229亿立方米,第二排水沟0.662亿立方米,第三排水沟1.756亿立方米,第四排水沟2.329亿立方米,第五排水沟1.179亿立方米。

2010年,在总结前两年试点工作经验的基础上,继续扩大平罗、惠农、灵武、贺兰四地的井渠结合灌溉规模,控制灌溉面积1.02万公顷。4月份,水利厅拨付下达井渠结合灌溉试点单位电费补助资金56万元,对前两年机井抽水电费进行补贴。10月份,财政厅下达中央财政小农水重点县建设补助资金175.3万元,对井渠结合灌溉片区机井进行维修。11月份,落实2010年第12次自治区主席办公会议精神,协调宁夏电力公司解决抗旱机井高压输电、变电及配电设施资产和产权移交事宜。当年维修机井150眼,启用机井390眼,累计运行15.2万小时,共抽取地下水896.2万立方米,既节约了有限的黄河

水资源，又缓解了灌区梢段的灌水难问题，节水、改土、经济、社会等综合效益明显。（全大川　孙学平）

【工程建设与管理】 1. 岁修工程建设。各渠道管理处全年累计投入资金1570万元，完成岁修工程建设592项。其中：渠道清淤133千米，渠堤加固12千米，渠道维修8.5千米，草土护坡0.6千米，渠道砼板修复1.34千米，建筑物维修85座，维修更换闸门及启闭机169台套，维修翻建斗口147座，机电设备维修424台套。完成主要工程量：土方234692立方米、砌石3831立方米、砼1285立方米、砼板整修31872立方米。

9月26日，固海五干渠砼板砌护

2. 渠道植树与庭院绿化。督促各渠道管理处筹措绿化造林资金87万元，栽植乔木8.7万株、灌木7.54万株，育苗3.73公顷，绿化干渠40千米。有效美化了渠道周边环境，渠道绿化工程的生物固堤作用，提升了干渠安全供水保障能力。

3. 泵站更新改造。2010年，国家发改委、水利部下达宁夏大型灌排泵站更新改造工程中央预算内投资0.95亿元。8月初，开工建设固海扬水大柳木和黑水沟泵站，更新主水泵17台，更新主电机17台，以及附属设施改造。年内2座泵站土建主体工程和设备制造基本完成，计划2011年3月底完工并投入运行。

9月14日，黑水沟前池及封闭圈施工

5. 涉外工程管理。2010年，各类跨渠、跨沟涉外工程较多，始终坚持"高效、廉洁、规范"的服务宗旨，按照相关程序，积极联系申报单位和运行关联单位，共同现场踏勘，对较大的涉外工程，会同申报建设单位、设计单位、运行管理单位一起对工程进行咨询论证，对存在的问题提出修改意见，完善设计，为申报单位和运行管理单位服好务。工程施工期间，采取督促相关部门进行跟踪检查和现场抽查等方式加强监管，确保工程质量和按期完工。全年累计审批涉外工程项目近77项，超过去年批复件的50%。无一件超过办理时限，受到申请单位的一致好评。

（朱迎胜　李　军）

【经营管理】 1. 财务管理。灌区自流水管单位供水经营实行自收自支、自负盈亏，扬水单位实行财政预算补助的财务管理体制。自流灌区供水收入包括干渠以上水费收入和干渠以下水费收入，干渠以下水费收入由国有水管单位统一收取后，按照执行水价文件标准，返还农民用水者协会管理使用。

2. 水费收缴。灌区全年共收水费28067万元，其中自流灌区水费18994万元，扬水灌区水费9073万元。自流灌区水费中，由国有水管单位支配水费16679万元，由村镇农民用水者协会用于支斗渠运行管理支出2315万元。四大扬水工程管理单位获得自治区财政补助收入6943万元，水利厅直属大中型自流灌区水管单位获得自治区财政补助收入200万元。

3. 水价核算。水利工程供水成本核算包括人员工资、原水费、修理费、动力燃料费、折旧费、其他直接费和期间费用组成。贫困县农业排灌用电1千伏～10千伏，电价为0.24元/千瓦时，35千伏～110千伏电价为0.236元/千万时，固海、盐环定、红寺堡和固海扩灌四大扬水电价自2010年1月1日起，执行0.083元/千瓦时的优惠电价，较上年提价

0.023 元 / 千万时。提价部分,由自治区财政厅和宁夏电力公司各按 50%比例承担。干渠单位供水成本,自流灌区为 0.0507 元 / 立方米,固海扬水灌区为 0.2499 元 / 立方米，盐环定扬水为 0.6395 元 / 立方米,红寺堡和固海扩灌为 0.2454 元 / 立方米(固定资产未移交,不含折旧费)。 （刘耀武）

【灌区改革】 1. 水管体制改革。一是实现固海、固扩两大系统合并运行,降低管理成本,促进扬水工程良性运行。二是落实自治区改革《意见》精神,对青铜峡市水务局等 10 个节约用水先进单位进行表彰,奖励资金 135 万元，初步建立节水激励机制。三是开展“创新载体、健全机制、提高素质”主题教育活动,为水利事业发展提供人才保障。四是编写《调度员必读》,组织业务培训和任职资格考试,逐步推行调度员持证上岗制度。

2. 水价改革。2010 年灌区水利工程供水价格仍执行上年标准。

自流灌区:(1)农业灌溉用水、为农村人畜饮水工程供水每立方米 3.05 分。其中干渠水价每立方米 2.50 分,支渠水价每立方米 0.55 分。(2)水产养殖业、生态用水每立方米 3.40 分。其中干渠水价每立方米 2.80 分,支渠水价每立方米 0.60 分。(3)旅游、城镇和工矿企业用水每立方米 5.95 分。其中干渠水价每立方米 3.74 分,支渠水价 1.61 分,沟道排水费每立方米 0.60 分。扬水灌区:(1)农业用水、为农村人畜饮水工程供水,以支渠进水口为计量点计价,固海、固海扩灌扬水工程每立方米 13.7 分,盐环定扬水工程每立方米 15.7 分,红寺堡扬水工程每立方米 13.5 分;(2)城镇、工矿企业、旅游用水,以支渠进水口为计量点,固海扬水工程每立方米 30 分,盐环定扬水工程每立方米 45 分,红寺堡扬水工程每立方米 30 分,固海扩灌扬水工程每立方米 45 分。(3)生态用水价格。以支渠进水口为计量点,固海、固海扩灌扬水工程每立方米 15.7 分,盐环定扬水工程每立方米 17.7 分,红寺堡扬水工程每立方米 15.5 分。超定额用水价格。自流灌区:农业用水超定额加价每立方米 2.0 分；水产、生态超定额用水加价每立方米 4 分;旅游、城镇、工矿企业超定额用水每立方米加价 8 分；扬水灌区：农业用水超定额加价每立方米 5 分;城镇、工矿企业、旅游超定额加价每立方米 12 分;生态用水超定额加价每立方米 12 分。

3. 农村水费改革。截至 2010 年,自流灌区 13 个县(市、区)、90 个乡镇、680 多个行政村和 17 家国有农牧场共组建农民用水者协会 848 家,控制灌溉面积 38.67 万公顷，占引黄自流灌区灌溉面积的 96.5%。其中乡级协会 94 个,村级协会 754 个;已经注册协会 756 个,占总数的 89%;协会专兼职管理人员 3855 人;水管单位参与延伸服务工作人员 675 人。6 月份,下发《关于进一步加强农民用水者协会建设的通知》，要求各市县和各渠道管理处要加强对协会的检查指导,规范协会运行模式,建立考核奖励机制,拓宽延伸服务领域,加大水务公开力度,严格执行水费收缴政策,推进农民用水者协会健康发展。7 月份,召开引黄灌区农民用水者协会工作会议,分析协会发展面临的形势和问题,并对下一阶段工作进行安排部署。8 月份,由水利厅纪委牵头，对灌区群众反映比较集中的水费收缴不规范、返还水费不到位等问题进行了专项检查,以“收据”代替“明白卡”等违反政策的现象得到一定程度的治理。通过积极推广农村信用社代收水费和定点收费制度,实行“村用、乡管、县监督”的协会财务管理办法,较好地解决了村级协会账目不规范、白条入账、滥开乱支等问题,确保了支斗渠水费按规定用途合理使用。惠农渠管理处通过组建“协会之家”、渠首管理处实行水管所代管协会财务等方式,使延伸服务内容具体化、工作常态化。

（周　涛　刘耀武　孙学平）

水土保持

【概况】 宁夏是全国水土流失最严重的省区之一，除引黄灌区外，水土流失遍布全区。全区水土流失面积36849平方千米，占国土总面积的71.1%。因水土流失每年平均输入黄河泥沙约1亿吨，严重的水土流失是造成宁夏中部及南部山区生态环境恶化、水旱灾害频繁、区域经济落后、人民生活贫困的主要原因，也是制约全区经济社会可持续发展的重要因素。

7月30日，全区水土保持重点治理区工作会议现场

2010年，宁夏共完成治理水土流失面积1134平方千米，落实水土保持投资1.42亿元，开展了35个项目区41条小流域综合治理，新建和加固改造淤地坝22座，审查审批大中型开发建设项目水保方案106项。 （管文斌）

【综合治理】 一是召开了全区水土保持重点治理区工作会议，交流了各地水保工作的经验，对宁夏水土保持重点工作进行了安排部署。

二是积极落实西部大开发工作会议精神，举行了陕甘宁坡改梯宁夏项目区启动仪式，正式启动实施宁夏坡耕地水土流失综合治理工作。

三是开展了水土保持建设领域突出问题专项治理排查工作，并得到水利部检查组的肯定。宁夏2008年以来由政府投资和使用国有资金建设的中央预算内专项资金水土保持项目和农业综合开发水土保持项目等重点工程管理规范，成效显著，达到预期建设目标。

四是加强对已建成项目建后管理工作。开展了水保项目、中央财政预算内资金水保项目年度检查验收工作，对2008年以来建成的原州区等7个县(区)小流域淤地坝工程、自治区财政资金项目水保骨干坝以及黄河水土保持生态工程茹河流域固原项目区(二期)等91座淤地坝进行了竣工验收，落实了工程后期管护运行责任，为工程尽快投入使用并发挥淤地、滞洪、灌溉、人畜饮水等综合效益创造了条件。

2010年，宁夏续建了彭阳等县的石沟6条扩大内需小流域综合治理项目，新开工建设了隆德等县的清流河17条小流域，续建原州区杨达子沟等4县区4个农业综合开发水保三期项目；新开工建设彭阳柴沟等8县区8个农业综合开发坡改梯项目；开展退耕还林口粮田旱作基本农田建设546.7公顷。

五是高度重视安全生产及防汛工作。汛前成立检查组对全区涉及水土保持的安全生产及防汛工作进行了全面的专项检查和5次重点检查，强化基层水利水保部门的防汛责任制，增强了全区水保系统的防汛及安全生产责任意识。

六是全面启动了病险淤地坝除险加固改造工程。在对全区病险坝逐坝进行筛选和查勘的基础上，将26座淤地坝列入首批改造提升计划，对5条坝系

20座淤地坝实施了除险加固改造工程，确保工程安全运行。

七是水土保持科技示范园创建工作取得突破。彭阳县王洼水土保持科技示范园通过了水利部组织的验收，成为宁夏首个集水土保持科研、技术推广、青少年科普宣传、生态观光旅游等为一体的综合性水保科技示范园区。（管文斌）

【预防监督】 一是水土保持监督管理能力建设取得新进展。对全区水土保持监督管理执法人员和水土保持方案编制资质证书单位从业人员共120人进行了技术培训。通过制订方案、动员部署、开展培训、加强交流、检查指导等措施狠抓监督执法能力试点县工作落实，完成了第一批试点县前三个阶段的各项任务，受到了水利部专项检查组的肯定。

二是坚持"预防为主"，实行最严格的水土保持监督管理制度。通过水土保持方案限批、宣传教育、舆论监督、联合执法、督察整改等多种手段，突出抓好生产建设项目预防监督管理，全区开发建设项目水土保持方案编报率和方案验收率明显提高。2010年，自治区审批新能源、煤矿等行业生产建设项目水土保持方案106个。对宁夏石嘴山发电厂（4×330）扩建工程等10个项目水土保持设施进行了竣工验收，配合黄河水利委员会对宁夏11个大型生产建设项目水土保持工作进行了全面执法监督检查。联合有关市县对西气东输二线西段和东段工程等40多个生产建设项目水土保持方案落实情况进行了监督检查，有效促进了水土保持方案实施率的提高。宁夏

7月29日，水利厅组织有关市县观摩交流水土流失治理经验

水利厅水土保持局等4个单位、4名个人被黄河水利委员会授予水土保持监督执法先进集体和先进个人，神华宁煤集团梅花井煤矿等3个建设单位、3名个人获黄河水利委员会大型生产建设项目水土保持先进单位和先进个人表彰。

三是加强水土保持政策研究，创新水土保持发展理念。积极研究探索宁夏水土保持生态补偿机制，完成了《宁夏水土保持生态补偿机制建设开展情况》和《宁夏水土保持生态补偿机制调研报告》；对宁夏水土保持方案审批和验收制度建设与实践情况进行了调研，完成了《宁夏水土保持方案审批与水土保持设施专项验收行政许可总结调研工作的报告》；结合宁夏特点，细化了全区水土保持方案技术评审程序、要求，制定了《宁夏生产建设项目水土保持方案技术评审制度》，提高了水土保持方案行政审批效率和质量。

四是继续加强水土保持宣传工作。下发了《2010年宁夏水土保持国策宣传教育行动工作安排》，对水土保持宣传工作进行了详细部署。水土保持进党校活动取得突破，率先在全国省级党校开设水土保持专题讲座，100多名来自全区各级党委、政府及部门科级以上领导干部听取了"宁夏水土保持与生态安全"专题讲座，收到了良好的宣传效果。利用"世界水周"、《水土保持法》颁布19周年、《宁夏水文条例》颁布实施等纪念日开展水土保持宣传活动，印制分发水土保持国策宣传笔记本4000册。

五是筹备成立了宁夏水土保持学会，选举产生了首届理事会及理事长、副理事长、秘书长，通过了学会内设机构及人选等事宜，为宁夏水土保持行业学术交流、人才培养、技术推广等搭建起了新平台。开展了水利普查水土保持专项普查准备工作。

（管文斌）

【水土保持监测】 一是组织开展了全国水土保持监测网络和信息系统建设二期工程宁夏水土流失监测点建设。

二是对开发建设项目水土保持监测工作开展情况进行了全面检查，先后对宁夏国电大武口发电厂"上大压小"热电联产工程等20多个生产建设项目

水土保持监测业务开展情况进行了检查，规范了行业管理和监测单位的监测技术规范化行为。

三是继续开展《宁东能源化工基地水土保持生态环境动态监测与研究》《黄土高原小流域坝系工程宁夏西吉县聂家河小流域坝系水土保持监测》等监测研究工作。

四是完成了全国2009年水土保持监测公报宁夏基础资料收集上报工作，召开了2010年全区水土保持试验站工作会议、水保治沟骨干工程淤积量调查工作专题讨论会，开展了宁夏水保骨干工程淤积量调查等水土保持监测基础性工作，为及时、准确掌握全区水土流失情况提供了依据。

五是《压砂地建设技术规范》获宁夏回族自治区标准创新奖一等奖，《黄土高原西部地区小流域坝系工程总体布局研究》课题获宁夏回族自治区科学技术进步三等奖。

六是全区水利普查水土保持专项普查准备工作顺利开展。成立了水土保持专项普查工作领导小组，制订了全区水土保持普查方案。确定了普查技术依托单位。参加了国家级普查培训工作，先后组织三批人员参加了国家组织的普查人员综合培训、专业培训及技术骨干培训工作。积极收集准备地形图、卫星影像及培训教材等相关资料。（管文斌）

【前期工作】 一是水土保持投资继续保持增长。2010年落实中央水土保持投资1.38亿元，地方财政水土保持补助资金400万元。中央投资中中央预算内水土保持项目投资5000万元，农业综合开发陕甘宁坡改梯工程投资3000万元，农业综合开发水土保持三期项目投资800万元，退耕还林口粮田旱作基本农田项目投资5019万元。水土保持投资较2009年增加29%。

二是水土保持规划及项目前期工作突出。启动了宁夏水土保持"十二五"规划编制工作，结合中央西部大开发会议精神，完成了《宁夏水土保持"十二五"规划》。规划"十二五"期间全区治理水土流失面积5928平方千米，水土保持投资51.5亿元。编制完成了宁夏清水河、泾河、葫芦河三河源地区水土保持与防洪减灾规划报告，提出了10年规划期内投入资金63.51亿元，治理水土流失面积5439平方千米的目标任务。编制完成了《宁夏易灾地区生态环境治理水土保持专项规划》，规划未来5年内在宁夏西吉等10县区开展易灾地区水土保持综合治理800平方千米，规划投资8.17亿元。编制了《西部大开发后十年宁夏水土保持治理任务及项目建设规划》，规划投资81亿元。开展了一批小流域综合治理及淤地坝项目前期工作，审查了原州区等9个县区11个示范小流域综合治理项目实施方案及西吉等8县26座淤地坝工程除险加固可行性研究报告。（管文斌）

贺兰县机井建设

原州区水厂建成及入户

水利经营

【概况】 2010年，经过各级水利部门和单位的共同努力，全区水利经营取得了新的进展，供水、建筑施工、农林牧渔及其他水利经营收入稳步攀升，水利经营收入继续保持较好的增长势头，有力地推动了水利事业的发展。截至2010年底，自治区水利管理单位、国有和其他重点股份制企业57个，其中，厅属单位和其他股份制企业31个，市县水利单位26个。拥有经营性固定资产原值合计为40.3亿，净值23.3亿元。年度水利经营总收入22.04亿元，较上年增长15.6%，实现利润-5585万元，较上年下降222%。水利综合经营收入14.1亿元，利润0.36亿元。

（马健全）

【完成的主要经济指标】 1.供水经营状况。2010年水利单位供水收入达4.5亿元，占水利经营收入总额的20.5%。其中农业供水（厅属渠道管理单位、市县供水）收入2.9亿元，工业生态供水（厅属企业、厅属渠道管理单位、市县供水）收入1.3亿元，较上年增长78%；城乡供水（市县供水）收入1949万元，较上年下降53%。供水亏损1亿元，较上年增加1424万元。其中厅属渠道管理单位供水亏损5970万，厅属企业供水亏损4260万元，市县供水盈利192万元。

2.水利建筑业经营状况。2010年水利单位实现建筑业收入达13.3亿元，较上年增长20.9%，占水利经营收入总额的60.4%，实现利润1696万元，较上年增长44.5%。其中：厅属单位建筑业收入5.5亿元，较上年下降4.8%，实现利润总额131万元，较上年下降82.2%；市县属单位建筑业收入7.7亿元，较上年增长49.7%，实现利润总额1565万元，较上年增加257%。

3.农林牧渔及第三产业经营状况。2010年农林牧渔及第三产业实现产值7123万元，较上年下降9.7%，利润361万元，较上年下降78.8%。其中厅属单位收入4997万元，实现利润334万元；市县单位经营收入2126万元，实现利润27万元。

4.水利企业经营状况。2010年，宁夏水务投资（集团）有限公司、水利电力工程局等重点水利企业收入达5.3亿元，与上年持平，占水利经营收入总额的24.1%；企业经营亏损0.3亿元，较上年增亏1814万元，主要是企业的工业生态供水亏损较大。

（马健全）

【厅属渠道管理单位综合经营】 2010年，厅属渠道管理单位综合经营总收入达2.82亿元，实现利润2080万元，分别同比上年增长39.6%和13.2%；施工企业实现产值达2.6亿元；种养业收入稳中有升，经营管理进一步规范；工程咨询、工程监理、工程养护等技术服务范围逐步扩大。

研究下达了2010年度水利综合经营目标计划，明确各单位综合经营目标任务。各单位按照厅里的部署和要求，坚持把综合经营工作作为一把手工程，并与供水生产放在同等重要位置，高度重视，加强领导。针对机构调整后撤销职能部门机构编制的实际，进一步强化水利综合经营管理服务职能，配备专业经营人员从事管理工作。同时，明确分管领导及其职责，形成了主要领导亲自抓、分管领导具体抓，部门协调指导、基层组织实施、职工广泛参与的格局，为

综合经营深入开展提供了组织保障。（杨继雄）

【完善机制】 各单位认真总结综合经营管理经验，坚持以市场为导向，以效益为目标，围绕综合经营项目、内容、计划和目标责任，不断完善体制机制，积极探索经营模式，研究制定了《综合经营管理办法》《综合经营奖惩制度》和《综合经营资金使用管理规定》等管理制度，建立和不断完善了经营管理、检查考核、收入分配、奖惩、投入等符合本单位实际的体制机制，把综合经营任务完成情况同单位评优、干部职工工资挂钩考核，使人人头上有指标、有压力，促进了水利综合经营的健康有序发展。

（马健全）

【优化结构】 发展能力持续提升。各单位转变发展方式，优化产业结构，基本形成了以水土资源经营为支撑，以水利工程建设施工、机电维修、监理咨询等为拓展，以房屋租赁等其他副业为补充的经营格局，水利综合经营规模、效益及发展能力不断提升。一是不断扩大水土资源规模。一方面，通过对渠道保护范围确权划界，围地造田、回收保护范围内农田，扩大土地拥有规模。另一方面，通过加强与属地有关部门的联系，争取划转、开发土地和荒地，扩大了土地资源存量。二是大力发展特色产业。各单位大力发展特色种植、养殖业，提高水土资源的生产能力和经营效益。宁夏固海扬水管理处加大土地经营模式和种植结构调整，投资200多万元，建设苗圃39公顷，育栽各类景观绿化种树种苗14种。宁夏盐环定扬水管理处和宁夏红寺堡扬水管理处等单位大力发展苗木育栽等高效益产业，提高土地效益。宁夏唐徕渠管理处有效发挥地理位置优势，扩大道砖预制规模，提高土地经营收入。三是不断拓展工程建设施工市场。各单位工程公司、检修队、监理公司抢抓水利建设投入大、项目多的有利时机，积极参与灌区续建配套、大型泵站改造、病险水库除险加固等工程招投标，承揽工程项目。坚持“走出去”战略，拓宽工程建设施工市场，取得了较好的经济效益。2010年，各单位所属工程公司完成产值达2.6亿元，实现利润1360万元。（杨继雄）

【经营领域拓宽】 各单位坚持以市场为导向，注重分析和研究经营形势，调整经营思路和方向，广开门路，内引外联，大力发展多样化经营，显著提高了经营效益。宁夏固海扬水管理处发挥机电检修优势，分三期投资800万元发展汽车维修、机械加工等优势行业。成立了农林开发公司，拓展经营项目。宁夏红寺堡扬水管理处在形成商业用房租赁稳定发展的基础上，组建了农林开发公司、水电工程材料实验站和物业服务公司3家实体。宁夏秦汉渠管理处发展品牌加工业，通过生产启闭机、启闭阀等增加固定收入。

（马健全）

【发展庭院特色经济】 坚持把发展水利综合经营作为改善职工生产生活条件、稳定职工队伍、增强行业凝聚力的有效手段，进一步发展庭院经济。切实抓好“粮袋子”“菜篮子”工程，实施所(站、段)绿化美化和小菜园、小养殖、小果园、小工程等“五小”工程，大力改善职工工作生活环境和条件，让职工在花园式的环境中生产生活，稳定了职工队伍，基本实现了蔬菜、粮油和肉类自给，提高了职工福利水平。

（马健全）

【强化管理】 各单位坚持以管理促发展，使综合经营管理逐步向规范化、精细化转变，经济效益不断提高。一是规范经营合同管理。各单位积极开展经营合同清理工作，及时纠正合同中存在的问题，尤其对土地、鱼池、房屋等经营性资产的承租，实行了公开竞标承包，提高了土地收益。二是大力实施项目带动战略。各单位通过争取农业、林业和水利等各项资金，组织实施了农田改造配套工程，大大提高了农田生产能力和效益。2010年，各单位共争取落实农田配套改造等各类项目资金、中央造林补助资金400多万元，有力支持了综合经营发展。三是加强服务指导。建立了综合经营季报制度。厅领导、有关部门加强定期指导检查和督导服务，督促各单位认真落实措施、实现各项计划目标。全面完成厅属单位水利综合经营状况摸底调查工作，建立全厅综合经营档案库。加强政策和信息研究，加大对外联系协调力度，努力做好项目引进和对接工作，重点推广发展新兴高效特色产业，培育水利综合经营新增长点。

（马健全）

安全生产

【概况】 2010 年，水利安全生产工作在自治区党委、政府的正确领导下，在自治区安全生产委员会和安全生产监督管理局的指导下，深入贯彻落实科学发展观，认真贯彻落实国务院、自治区和水利部安全生产工作会议精神，坚持以人为本，牢固树立安全发展理念，坚持“安全第一、预防为主、综合治理”的方针，大力开展“安全生产年”活动，严格落实安全生产责任制，强化安全生产宣传培训教育，建立健全规章制度，以深入学习贯彻落实《国务院关于进一步加强企业安全生产工作的通知》(国发〔2010〕23 号)文件为重点，深化“三项行动”和“三项建设”，全区水利安全生产继续保持持续稳定向好的态势，为宁夏水利又好又快发展提供强有力的安全保障。 (巩林虎)

【组织保障】 2010 年多次召开会议，贯彻落实有关会议精神，安排部署安全生产工作。1 月 25 日，组织各市、厅安委会成员单位和厅属各单位参加了水利部安全生产电视电话会议，并对全区水利安全生产作了进一步的部署和安排。3 月 18 日，组织召开了全区水利安全生产工作会议，传达贯彻落实了自治区、水利部安全生产工作会议精神，认真总结了 2009 年安全生产工作，全面分析了当前水利安全生产面临的形势，安排部署了 2010 年的水利安全生产工作，对水利系统继续深入开展“安全生产年”工作提出了明确要求，进一步统一思想，明确目标，落实责任。会后，各级水利单位及时召开安全生产工作会议，贯彻落实会议精神，对安全生产作了进一步的部署和安排。厅安委会坚持每个季度召开一次安委会成员会议，不定期召开安全生产专题会议，传达贯彻上级有关安全生产的指示精神，分析研究水利安全生产形势，部署安全生产工作。

根据“安全生产年”工作部署和《关于批转全区继续深入开展“安全生产年”活动实施方案的通知》(宁政发〔2010〕58 号)以及水利部《关于印发水利行业 2010 年继续深入开展“安全生产年”活动实施方案的通知》(水安监〔2010〕118 号)精神，先后印发了《2010 年水利安全生产工作要点》《宁夏回族自治区水利厅进一步深入开展水利“安全生产年”活动实施方案》等 28 个文件，将今年的水利安全生产工作逐一分解，进一步明确工作目标、重点内容、进度安排和有关要求。尤其是国务院《关于进一步加强企业安全生产的通知》(国发〔2010〕23 号)颁布后，认真研究，针对学习贯彻国发 23 号文件精神，加强了水利安全生产部署，组织职工深入学习，深刻领会文件精神实质，狠抓各项安全措施的落实。 (巩林虎)

【完善体系】 年初与 5 市水务局、31 个厅属单位签订了全年安全生产目标责任书，分解落实自治区下达的目标任务。确保水利安全生产年度工作目标实现，把水利安全生产纳入全区农田水利基本建设“黄河杯”竞赛考核之中，实行安全生产一票否决制度，实现了对市县水利安全生产考核零的突破。各市、县(区)水务局和厅属各单位及时调整充实安全生产领导机构，认真落实安全生产第一责任，主要领导与分管领导、分管领导与所属单位职工个人层层签订目标责任书，将安全生产目标责任落实到每一个岗位，每一个职工，每一个环节，有力确保了各项安全生产工作的落实。据统计，全区水利系统共签订安全生产目标责任书近 6000 份。 (巩林虎)

【隐患治理】 在连续两年隐患排查治理的基础上，

各级水利单位根据水利工程实际，切实加大对安全生产隐患的治理力度。积极争取中央支持，相继对固海、南山台子、甘城子、扁担沟扬水等老化失修工程进行更新改造，对盐环定扬水工程进行续建配套，对七星渠、唐徕渠、秦汉渠病险严重段落进行更新改造；厅属水管单位投资4500多万元，清淤渠道，加固渠堤，砌护渠道，维修渠道，维修建筑物，最大限度消除事故隐患。2010年，全年全区各级水利部门和单位共排查各类隐患799项，整改778项，整改率达到97%。（巩林虎）

【监督检查】 坚持把抓监督检查、提前预防作为进一步严格整顿治理安全隐患，有效防范和遏制重特大事故发生的重要举措，以水利工程建设、工程运行管理、车辆交通以及冬季"四防"为重点，协调组织安委会成员单位深入建设工地、相关单位以及重点部位，全面开展了春节、自治区和全国"两会"前后、重点工程以及汛前、汛期、国庆、冬季等十二次安全生产大检查活动。四月份自治区和水利部做出开展安全生产大检查工作部署后，结合全区水利工作实际，研究制订了水利安全生产大检查活动实施方案，以水利工程建设、渠道运行、防汛管理、病险水库、水土保持淤地坝、水文测验、勘测设计、机电设备、科研实验、水利旅游、车辆交通、综合经营、机关学校、后勤服务等为重点，迅速在全系统开展了大检查活动。12月份就开展冬春季节安全生产大检查活动，又一次作出全面部署，水利厅组成三个督查组，由主管厅长带队，对各单位开展安全大检查情况进行了检查督查，现场指出了存在的问题和整改要求。元旦前夕，又组织开展了"回头看"。

大检查活动中，各市水务局、厅属各单位采取有力措施，从细微处入手，从小事抓起，积极开展自查自纠，建立完善安全隐患销号制度，投入大量的人力、物力和财力，狠抓安全隐患整治工作。惠农渠管理处在春灌前紧急召开安全生产工作会议，对灌溉安全生产大检查进行安排，严格执行上水值班制度，严禁超警戒水位运行，严禁违章指挥和违章操作，实行了新建、改建工程安排24小时专人看护，加强险工险段的巡护，确保责任落实到位，突出了落实安全措施"快、严、实"。盐环定扬水管理处组织开展了水利安全生产查思想认识、查安全措施、查安全隐患和边查边改"四查活动"，组成检查小组，由处长带领机关有关人员，深入到各站所和各渠段，对主副厂房和机电设备、水工建筑物、灌溉安全管理、工程巡护养护、精细化管理等工作进行了全面大检查，有力地促进了安全生产工作。红寺堡扬水管理处等单位进一步修订完善后勤管理、车辆交通等制度，将所有涉及用电的开关全部更换成了带漏电保护装置的开关，有效防范意外事故的发生，保障了职工人身安全。各市水务局成立了以局长为组长的水利安全生产大检查领导小组，采取现场检查、听取汇报、查看相关资料等办法，进行了全面深入的检查，严厉打击非法违法采沙活动，效果明显。七星渠、盐环定等管理处针对职工摩托车管理难度大问题，坚持与职工本人和职工家属签订摩托车双管责任书，对摩托车安全进行全面监管，有效地延伸责任制范围。（巩林虎）

【宣传教育】 充分利用宁夏日报、水利简报、水利厅办公楼电子屏、宁夏水利网等媒介，对各级水利单位在安全文化建设、隐患查处、事故应急预案演练等方面创新且富有成效的做法进行了积极的宣传。3月份，举办了两期企业安全生产培训班，共培训企业负责人、项目经理、专（兼）职安全人员200多人，通过培训，极大地增强了企业安全生产责任意识，强化了企业安全管理。针对水利工程施工环境恶劣、人员集中、设备多，施工队伍相互交叉，彼此干扰，安全事故易发多发的情况，编印了《水利建设工程施工现场作业人员安全知识手册》，组织对现场作业人员及农民工进行培训。各级水利单位、生产经营企业认真做好新选配安全生产专（兼）职安全人员任职前培训或集中学习，推动了本单位安全生产制度、措施的落实。5月份，开展了以"民生水利与安全发展"为主题的有奖征文活动，征集安全征文80多篇，推荐27篇参加水利部组织的征文活动，其中有12篇征文获奖，水利厅荣获水利部优秀组织奖。6～8月份组织4300名水利干部职工开展了安全生产知识竞赛活动，有6名职工获得优秀名次，水利厅荣获水利部优秀组织奖。7月份，在全系统逐层开展了"安全发展、预防为主"水利系统演讲比赛，进一步宣传了党和国家有关安全生产的方针政策、法律法规和安全生产常识，营造了"关爱生命、关注安全"的舆论氛围，有力推进了安全文化建设。（巩林虎）

【安全考核】 坚持实行安全生产目标考核管理和安全生产季度检查制度，每季度深入各水利单位通过听汇报、查看资料、检查设施(备)、座谈讨论、现场反馈等形式进行检查考核，及时指出工作中存在的问题和不足，对安全薄弱环节明确责任人重点监管，对查出的安全隐患限期予以整改。各市水行政主管部门和厅属各单位多年来坚持安全领导小组定期不定期检查考核、所站每月进行一次检查考核、班组每半月进行一次检查考核和群众性的自查，并将检查考核情况作为安全生产目标管理和评价基层单位整体工作的依据，与干部工作绩效挂钩。11月份，结合全区农田水利基本建设"黄河杯"竞赛考核，对各市县水利安全生产进行了全面考核。（巩林虎）

【应急演练】 针对2010年气候异常、极端天气影响频繁等实际，严格要求全区水利系统加强安全生产事故应急救援工作，完善应急预案，扎实开展应急救援演练活动，提高应急处置能力和水平。引黄灌区各渠道管理单位精心组织，周密安排，结合工作实际，6月14~20日，"安全生产月"应急演练周期间，各级水利单位重点针对洪水漫堤、洪水侵入泵房、冲毁压力管道、渠道决口等突发事件、假想险情，组织干部职工开展了范围广、参与人员多的全方位的实战演练，锻炼了队伍，检验了突发安全事故的应急处置能力。西干渠管理处假想镇北堡拦洪库超过警戒水位，迅速启动应急预案，打响了"防汛泄洪，保障银川城市安全"的攻坚战；秦汉渠、唐徕渠、七星渠管理处假想山洪入渠，在最短的时间内，做到"人员、机械、物资、措施、通信"五落实；汉延渠、惠农渠、跃进渠管理处假想渠道决口，调用抢险机械和人员，在最短时间内封堵了决口；固海扬水、盐环定扬水和红寺堡扬水管理处假想输电线路发生故障，造成泵站机组停机，迅速封堵进出水管道，开启沿线斗口散水，最大限度降低停机损失。通过防汛演练活动，检验了水管单位的实战抢险能力和应急反应能力，锻炼了职工队伍，强化了安全意识，完善了防汛预案，为确保渠道全年安全运行无事故奠定了坚实的基础。在"8·11"特大暴雨造成固海五干渠决口抢险过程中，充分印证了水利职工队伍较强的应急抢险处置能力。（巩林虎）

【专项活动】 2010年，按照自治区、水利部的部署要求，进一步加大打击非法违法生产经营建设行为力度，对违反水利建设安全生产准入条件、违反建设项目安全设施"三同时"规定、违反水利技术标准强制性条文规定、无证上岗等行为，采取有力措施，依法依规进行了查处。针对严重影响河道防洪的非法建设物行为，水利厅、自治区安监局等单位开展联合执法行动，有力打击非法违法行为。水利厅组织开展了严厉打击水利工程建设和河道采砂等非法违法生产经营建设行为专项行动，集中4个月时间对违反水利工程建设程序、不执行开工审批和竣工验收制度等行为进行了专项打击。各级水利单位今年共开展执法行动12起，针对黄河标准化堤防穿大古铁路标识不全的问题、彭阳县郑沟水库、马城水库存在重大安全隐患的问题加大执法力度。（巩林虎）

【安全生产月】 研究制订2010年水利"安全生产月"实施方案，对全区水利"安全生产月"活动作出了具体部署，进一步明确了活动的指导思想、内容要求和工作任务。组织成立了以厅安委会为组长单位，安委会成员单位和水利工会、厅团委等为成员的"安全生产月"活动领导小组。5月31日，在银川市光明广

6月1日，宁夏红寺堡扬水管理处处长(左一)，副处长桂玉忠(左二)、马晓阳(左三)，纪委书记翟军(左四)进行安全签名

场隆重举行了2010年全区水利系统“安全生产月”活动启动仪式。全区水利系统干部职工代表300多人参加了活动,观看了以“安全发展、预防为主”为主题的大型文艺节目,开展了安全签名等活动。新华网、中国安全生产报、宁夏日报、华新时报、宁夏电视台等新闻媒体对启动仪式进行了报道。6月13日,组织有关单位开展了“安全生产月”宣传咨询日活动,在银川市光明广场设立水利安全生产咨询点,通过展板、挂图、咨询服务等形式,向职工和群众开展水利安全生产咨询。

针对水利行业青年职工多、工作经验少、安全意识不强、安全技能不高等问题,广泛发动、组织广大水利青年开展创建“青年安全生产示范岗”、争做“青年安全生产标兵”活动,表彰了一批政治素质好、业务技术过硬,在安全生产中做出突出成绩的安全生产标兵。惠农渠管理处开展了“查一处安全隐患、保一处建筑物安全、促一次安全收入、提一条安全建议”的“五个一”活动,增强了职工安全理念和安全意识。红寺堡扬水管理处印制了安全警示卡、安全亲情卡、安全建议卡、岗位安全提示卡,设立了安全生产意见箱,广泛征集干部职工对安全生产管理工作的好想法、好建议、好意见。在全处开展了安全生产十项活动(即:唱响一首安全歌曲、精读一本安全科普书籍、撰写一篇安全生产心得、互发一条安全祝福短信、自办一张安全生产手抄小报、参加一期安全知识培训班、开展一次应急救援演练、消除一条安全生产隐患、争当一周安全生产监督员、为安全生产办一件实事)等。“安全生产月”活动期间,各级水利部门和单位共购买学习书籍3000余册、安全教育光盘20套,印发各类宣传资料4万余份,组织安全生产知识竞赛10余场次,安全演讲40多场次,组织安全知识咨询36次,应急演练20多场次,提高了广大水利干部职工的安全意识。 (巩林虎)

【工作成效】 一是确保了防汛防洪安全。各级防汛部门切实落实以行政首长负责制为主要内容的防汛安全责任制,完善落实防汛预案等安全度汛措施,加强雨情、水情、灾情的测报工作,抢险及时、调度有力,确保黄河、大中型水库、银川市、石嘴山市城市及重要设施的防洪安全。

二是实现了水利建设施工无重大事故。参建各方狠抓施工安全管理,完善建设施工安全生产规章制度,深入开展安全质量标准化活动,进一步完善齐抓共管的工作格局,推行投标人安全生产许可和项目经理安全生产考核合格的审查制度等五项制度,采取定期与不定期检查相结合的方式,加大监督检查力度,有效消除在建工程安全隐患,确保了在建水利工程无重大事故。

三是实现了水利工程安全运行无事故。各级水管单位、水利生产企业认真落实安全生产责任,建立健全安全生产责任制和各项规章制度,加大安全投入,完善生产条件,及时消除事故隐患,实现安全生产无事故。各水管单位强化安全防范措施,加大监督检查力度,开展精细化管理,采取“硬件不足软件补”的办法,认真开展渠道巡护工作,对重点险工段采取加巡、勤检、盯守等措施,克服了渠道老化失修严重、黄河来水不足等困难,确保了引黄灌区46.7万公顷农田的适时安全灌溉,促进农业增产、农民增收和农村稳定。

四是实现了车辆交通无重大安全事故。厅属各单位认真贯彻《道路交通安全法》等交通安全法律法规,全面落实机动车辆综合治理各项措施,明确职责,严格考核,加大驾驶员安全教育和培训,增加投入,改善职工交通条件,加强车辆维护保养,有效地保证了全厅几千辆机动车辆的交通安全,多年无重大交通伤亡事故。

五是实现了水库安全运行无事故。进一步完善了以地方政府行政首长负责制为核心的水库安全责任体系。切实加大病险水库除险加固的力度,采取自治区、市、县地方水行政部门、项目法人层层签订除险加固责任书,将除险加固项目行政责任人名单在中国水利网、宁夏日报、宁夏水利网上进行公布等措施,严格落实各级水利单位责任,加快隐患消除。

(杨继雄)

信息化建设

【概况】 2010年，宁夏水利信息化坚持统一规划、资源整合的思路，紧紧围绕水利中心工作，坚持以水利信息化推动水利现代化，把水利信息化作为提高水利行业服务能力的手段，自治区水利信息化工作呈现出项目逐年增多、投入逐步加大、基础设施加强的新局面。

7月28日，宁夏水利信息化"十二五"规划编制审查会议

按照《宁夏水利信息化规划设计报告》要求，先后编制完成《宁夏水利信息化"十二五"发展规划》(征求意见稿)，规划先后历经2次专家审查；编制完成《宁夏水利信息化工程2009~2010年建设项目实施方案》；编制完成19个县的《山洪灾害非工程措施实施方案》，作为2010年实施建设的6个县的实施方案已于11月26日通过了黄委会审查；编制完成7个县级《水利信息化实施方案》。为下一步的工程实施建设打下基础。 (姜维军)

【水利信息化建设】 1. 陕甘宁盐环定扬黄续建共用工程通讯工程及综合自动化工程项目。

建成一至八泵站SDH光纤传输系统(SDH光缆线路、测控点光缆线路、光电传输设备)，配套完成交换、电源、音频电缆线路系统(数字用户程控交换机、智能开关电源和蓄电池、8个泵站音频电缆线路)，建立了三至八泵站共6座泵站的站级综合自控系统，建立了三至八泵站之间渠系分水口、斗口水量(水位、流速、流量)监测系统，建成了调度中心自控系统服务器、工作站与各泵站综合自动化系统的连接，实现遥控、遥信、遥测、遥视为一体的陕甘宁盐环定扬黄工程水利调度自动化。

该项目建设实现了现地自动化运行控制及远方调度中心与管理处遥控、遥信、遥测功能，所有调控命令都由上级调度中心发出，实现了各泵站主要机电设备远方控制、整个系统的运行特征和水力条件遥测、泵站之间和各站与控制中心之间的通信遥测功能；实现了各泵站计算机监控系统与配套水工建筑物安全监测系统、变电所微机保护测控系统、站内6kV微机保护测控系统、励磁装置、现地各阀门PLC装置、站内公用系统、电机—水泵—蝶阀机组、直流系统等之间的数据通信。新建的SDH(MSTP)光纤同步数字传输网涉及语音、自动化数据、图像及局域网四个方面的业务，在满足综合自动化系统通讯需要的同时，可提高行政管理、灌溉管理及水量调配的科学性、准确性，增强水情和信息传递时的时效性。

2. 固海大型泵站更新改造综合自动化项目。

固海扬水泵站信息化工程是全国20处大型灌排泵站信息化建设试点工程，对提高自治区大型泵站现代化管理水平，促进扬水灌区可持续发展具有

10月5日，水利工程通信自动化设计方案审查会

重要意义。工程建设内容为大战场、田营、大柳木、黑水沟4座泵站站级自动化监控系统和视频监视系统，安装设备包括PLC（可编程逻辑控制器）、超声波水位计、压力传感器、网络交换机、通信服务器、闸门控制装置、工业控制计算机、一体化摄像机、硬盘录像机等设备160余套。目前工程正在建设中，工程建成后，可实现泵站调度人员对泵站机组和电气设备进行实时监测，以及对电机、水泵和风机等设备的启停进行控制，整体提高泵站机组运行效率和自动化管理水平。

3. 艾依河水情遥测一期工程系统建设。

艾依河水情遥测系统一期工程在二排、平二支沟、阅海闸、南梁沟、高荣退水沟建设了5座雷达水情遥测站，建设了管理局中心站和阅海闸分中心站。该系统遥测站设备通过GPRS/GSM（网络和手机短信）移动通信通道传输到中心站，进行定时、实时双向传输水情信息，便于今后水情遥测站扩充功能和站点合网衔接；中心站建立了基于WebGIS平台的水情查询展示软件系统。

4. 会商系统扩展。

2010年建设完成了银川、中卫、固原3个市水务局二级会商系统，实现了5个地市水务局与水利厅之间的会商系统连接，可进行实时语音和图像视频信号传输。

5. 通信与电子政务系统建设。

2010年水利厅加大网络与通信技术应用，提升信息传输效率。完成了汉延渠灌域信息化项目建设工作，实现了渠系水位监测和数据实时传输；建设完成了3套全区偏远水文站地面卫星接收站的安装调试，并投入试运行，可实现语音、视频和数据传输以及网络应用。逐步推进电子政务应用，改变传统水利管理和服务方式。建成了水利厅行政审批系统，实现了与自治区政务大厅的对接；调试完成水利部电子公文交换传输系统，实现了非密公文网上传输。

6. 全区组织系统“大组工网”建设。

按照自治区党委组织部的统一安排部署，水利厅“大组工网”于2010年10月底完成了网络设备的接入和调试工作；11月中旬完成“大组工网”线路布设工作，具备终端电脑接入条件；11月底，接入“大组工网”

2月8日，检查验收自建光缆工程

终端电脑到位，完成了终端电脑设置和客户端安装工作。目前水利厅“大组工网”系统运行正常。（姜维军）

【工程建设管理】 水利厅信息化系统实行统一管理和分级、分部门管理相结合的管理模式，确保系统安全运行。按照“统一管理，各负其责”的原则，水利信息中心负责管理水利厅机关信息系统、全区骨干网络工程、信息化重点专项工程和信息化公用部分的项目建设、管理和维护工作；厅属各单位负责本单位的局域网络建设和专用项目的建设、管理和维护工作。

（苏　海　姜维军）

水文化建设

【概况】 2010年，在自治区党委、政府的正确领导下，水利厅党委贯彻落实党中央关于文化强国的战略要求，大力加强水文化建设，将水利博览馆的建设作为弘扬中国水文化的主要基地、展示宁夏水利历史和文化的亮丽名片紧抓不放，举全厅之力全面推进水利博览馆建设，2010年5月开工建设，11月底圆满完成工程土建任务，为水利博览馆布展工作顺利开展打下了良好基础。（郭 浩 刘建勇 鲍旺勤）

【立项背景】 宁夏山河壮美，地灵人杰，是中华民族的重要发祥地之一。历史上是北方游牧文明与中原农耕文明的重要交汇地带，也是治水历史悠久、水文化积淀深厚的地区。千百年来，前人秉承着“水利是衣食稼穑之源”“河渠乃宁夏生民之命脉”的深刻感悟，天堑分流，屯垦开渠，演绎了一曲曲“白马拉缰”的治水神话，缔造了“塞北江南”的千古美誉与神奇。新中国成立后，宁夏水利迎来发展新纪元，实现了“两分法”治水向“三分法”治水的华丽转变，走出了一条由传统农业水利向工业、城市、生态、民生等多元水利发展的新路子，在巍峨的贺兰山下、壮阔的黄河两岸、雄浑的黄土高原和秀美的宁夏平原上矗立起一座座丰碑，形成了独特而丰富的水文化，与多元的移民文化、神秘的西夏文化、浓郁的回乡文化交相辉映，是中国水文化“百花园”中的一朵亮丽奇葩。综观2000多年宁夏经济社会发展史，其实就是一部波澜壮阔的水利开发利用和兴利除弊的历史。

3月25日，水利厅召开《水利博览馆布展大纲》审查会

为贯彻落实党中央关于文化强国、弘扬黄河文明及建设沿黄经济带战略部署，展示宁夏几千年来深厚的水利发展史和辉煌成就，自治区党委、政府决定建设宁夏水利博览馆。2009年11月9日，自治区主席王正伟主持召开主席办公会议，批准了《青铜峡黄河大峡谷旅游区修建性详细规划》，决定水利博览馆作为景区的一部分，由水利厅负责建设和运营。

（郭 浩 刘建勇 鲍旺勤）

【前期部署】 为了加快推进水利博览馆建设，水利厅于2009年12月4日召开厅长办公会议，成立了以水利厅党委副书记、副厅长郭进挺为组长，副厅长郭浩为副组长，水利厅机关处室及局办负责人为成员的工程项目建设协调领导小组，领导小组办公室设在经济管理局，负责承办领导小组安排事宜及日常工作。明确宁夏水务投资集团公司为工程项目法人，要求各成员单位团结协作，做好选址、征地、规划设计、资金筹措、学习调研等前期工作。工程应在2010年底前建成。宁夏水务投资集团公司明确了副总经理李浩、李昌盛为项目建设负责人，组建了由陈吉平、陈楠等人组成的工程项目部。

（郭 浩 刘建勇 鲍旺勤）

【建址选定】 宁夏青铜峡灌区，是自治区水利的发源地。秦渠、汉渠、汉延渠、唐徕渠、惠农渠、大清渠等九大引黄灌溉渠道从该地引水，造就了沟渠纵横、稻香鱼肥的“塞北江南”田园风光。该地有青铜峡大峡谷、西夏独特的108塔、自然神奇的卧佛山、大气磅礴的黄河圣坛、巍峨耸立的黄河楼等一批精品景观。自治区政府认为这里水文化资源、自然资

5月6日，水博馆筹建组工作人员考证古渠口遗址

源、人文景观资源丰富。决定水利博览馆选址在青铜峡水利枢纽坝下200米黄河右岸，青铜峡大峡谷旅游区入口处。（郭　浩　刘建勇　鲍旺勤）

【规划设计】 2009年12月5日，宁夏水务投资集团公司向宁夏水利水电勘测设计院下达了设计任务书。根据任务书要求，水利设计院联合北京构易建筑设计有限公司于12月26日完成了两种建筑风格的初步规划设计，并向建设领导小组进行了汇报。12月29日，水投集团、水利设计院赴西安征询了青铜峡大峡谷旅游开发区建设领导小组顾问组组长中国西北建筑设计研究院总建筑师赵无超大师的意见，明确了秦汉建筑风格的推荐方案。2010年1月14日，水利厅副厅长郭浩带领水利设计院等单位人员，向青铜峡大峡谷旅游开发区建设领导小组组长区政府主席助理田明进行了汇报，基本确定了秦汉建筑风格和建筑面积。根据区政府主席助理田明的指示，2月5日向自治区主席王正伟进行了专题汇报，最终确定规划设计方案。采用秦汉时期的高台式建筑风格和青铜色扭面屋顶，周围开挖景观水系，并在108米的外墙上运用线刻艺术，以浪花贯穿，行云流水般勾勒秦汉移民屯垦开渠、太宗大会百王、西夏王朝雄风、塞上水利新貌等线雕，全面展示宁夏经济社会发展史就是一部波澜壮阔的水利开发建设史；周边空地上建成300米长的微缩黄河全景沙盘，形象揭示宁夏水利的秦风汉韵和水利人以水为德、以水为魂、以水立业、造福塞上的远大胸怀。5月21日、6月22日、9月3日，自治区发改委主持召开了可研审查会，对水利博览馆可研报告和初步设计进行了审查和批复。

项目建筑层数为两层，平面呈“一”字型布局，屋面上采用坡屋顶形式，总建筑面积为4085.8平方米，建筑物南北宽34.2米，东西长72米。一层建筑面积为2340.68平方米，布展面积为1588.53平方米；二层建筑面积为1745.12平方米；布展面积为1391.53平方米，建筑檐口相对标高为11.1米；采用钢筋混凝土框架和钢框架结构，抗震设防烈度为8度。

建筑高度为14.00米。建筑檐口相对标高为11.1米，一层层高为6.0米，二层层高为5.1米。结构形式为框架结构，主入口位于建筑北侧，正对博览园的中心位置。东西两侧设置辅助入口。建筑中部设有通高吹拔空间，辅助用房位于东西两侧，疏散楼梯位于两端，同时设有一部电梯，作为无障碍与货运用途；建筑物耐火等级为二级的多层建筑。

工程估算投资3971万元。其中：建筑工程费2034.2万元、其他费用238.95万元、预备费182.83万元、布展费1470万元。

（郭　浩　刘建勇　鲍旺勤）

【土建施工】 2009年底，北京构易建筑设计公司完成了建筑规划设计。2010年4月，相继完成环评、土地预审、工程土地规划许可、抗震设防、项目建设用地等各项批复工作。

土建施工与监理招标工作于7月5日在宁夏建设招标中心网站正式发布招标公告。8月10日，经公开开标，确认土建安装工程由宁夏建工集团中标承建，工程监理由宁夏方圆工程监理咨询有限公司中标。

工程于2010年5月24日开工建设。工程累计完成各类土方开挖18000立方米；完成基础砂砾石

1月30日，水利博览馆施工现场

回填8500立方米；完成房心沙砾石回填约7300立方米；完成混凝土1100立方米；完成各类钢筋制安300吨；完成脚手架安装1800平方米；完成模板安装6000平方米；完成钢结构加工安装260吨；完成石材安装2100平方米。累计完成投资约3400万元。2010年11月底，土建工程基本完成，具备了竣工验收条件。

土建工程采用了大量新工艺、新材料：一是一层采用现浇钢筋砼框架结构体系，楼盖采用现浇主次梁楼盖体系；二层梁柱形成大跨度空间结构，框架柱采用箱形钢管砼柱，框架梁采用箱形钢梁，该结构焊

2月5日，水利博览馆土建施工现场

接量较大，钢结构焊缝长度达2000米，这种结构在全区公用建筑中为首次使用。二是屋面设计采用压型钢板底模，上铺现浇砼板。在全区首次引进并使用了硬泡聚氨酯防水保温一体化材料，新材料的使用大大节约了工程施工周期。三是屋面采用扭面造型，融入了水利元素，并使用铝单板实现建筑效果，建筑二层及屋面铝单板面积接近4000平方米，这在宁夏建筑上也是少见的。四是对原设计进行了优化，将一层室外墙面原粘土砖墙改为新型的ASA保温节能板，室内原粘土隔墙改为新型的GRC轻质隔板，两种新技术采用预制厂预制现场安装的工艺，有效缩短了工期。五是二层墙体采用铝单板幕墙，90厚岩棉板保温。（郭　浩　刘建勇　鲍旺勤）

【大纲编写】 在深入调研的基础上，水利厅从七星渠、唐徕渠、汉延渠等管理处抽调业务骨干组成编写组，从宁夏通史、宁夏农业史、宁夏水利志、水利五十年、各市县志、水利志、各引黄渠道史志中搜集了大量史料，明确了宁夏水利博览馆展示的主要内容。2010年3月中旬完成了《宁夏水利博览馆布展提纲》，3月25日厅长办公会进行了审议。5月21日完成《宁夏水利博览馆布展大纲》（以下简称《大纲》）第一稿。6月8日向厅长办公会议汇报，进行了修改。7月20日，水利厅邀请汪一鸣、罗丰等宁夏史地专家，张钧超、户德明、王信铭等水利专家，召集水利厅机关各处室、局办负责人，对《大纲》进行初审。8月27日，邀请宁夏博物馆馆长李进增、史地专家杨新才、水利专家刘汉忠等对《大纲》第六稿进行审查。9月27日，《大纲》第十稿向厅长办公会进行了汇报。12月20日，经过20多次修改的《大纲》通过了水利厅组织的专家评审。为水利博览馆布展提供了基础性资料和设计展陈蓝本。

（郭　浩　刘建勇　鲍旺勤）

水利厅直属单位

宁夏水利水电工程建设管理局

【概况】 截至2010年底，扶贫扬黄工程累计到位资金35.02亿元，完成投资35.1亿元，占概算投资的95.7%。2010年安排项目投资10321万元，完成投资8438万元，实际到位资金7472万元(含生态移民投资4472万元)。骨干工程已通过竣工验收。农业移民工程累计开发土地5.4万公顷，搬迁安置移民40.51万人，实现了工程建设的目标任务。认真开展农业移民工程竣工验收准备工作，完成了设计工作报告、建设管理工作报告、运行管理工作报告、施工管理工作报告、质量监督工作报告等，工程资金清欠、结算、财务决算正在进行，财务审计待资金到位后即可开展。

(邵建华)

【固扩十一泵站以后人畜饮水及高效节水灌溉工程】 该工程总投资2.5235亿元，包括水源工程、人畜饮水工程、节水灌溉工程三部分。主要目标是解决12.03万人的饮水，开发配套节水灌溉面积9653公顷。2010年，计划投资10235万元，实际到位资金6400万元，当年完成投资6893万元。截至目前，累计完成投资16308万元，是概算投资的64.6%；水源工程建成并向受水区供水，主要完成了海原新区供水工程、南坪水库、加压泵站、15千米输供水管道工程建设，完成固扩十一泵站改造，新建泵站3座。节灌工程基本建成，开发配套节灌面积9186公顷，2010年种植8087公顷；人畜饮水工程完成管道铺设900多千米，建成蓄水池20座，共安排12.83万人的供水任务，比初步设计批复多安排了8000多人。目前，已具备向8万人供水的条件，其中4万多人已经通水受益。

(邵建华)

【彭堡地下水库工程建设】 彭堡地下水库是管理局代建项目，2010年计划分两期实施4千米地下截渗墙工程。但由于受资金制约，今年只实施了总投资8303万元的一期工程，即截渗墙中段2千米99981平方米。一期工程共分四个标段，累计完成投资5100万元，是实际到位资金940万元的5.4倍。2千米导墙全部完工。有两个标段完成施工任务，完成截渗墙990米52158平方米。

(邵建华)

【大柳树水利枢纽工程前期工作】 2010年，管理局积极配合黄河设计公司、天津水利设计院开展了黄河黑山峡河段调水调沙、移民安置、环境影响及强化节水、环保、水污染防治措施等四个方面的研究论证工作，完成四个专题报告初稿。组织召开区内外领导、专家座谈会，重点探讨了移民安置补偿方案、正常蓄水位方案、大柳树灌区规划调整等问题。完成了《大柳树生态经济区——农牧交错带上的高效节水型生态绿洲研究报告》《建设大柳树水利枢纽工程对内蒙有利因素研究报告》、大柳树工程移民安置模式及特殊政策研究等。完成了大柳树东西干渠调蓄水库方案的查选工作。圆满完成了中科院院士考察组来宁考察黑山峡河段开发的接待任务。各项工作均取得阶段性成果。一是积极配合黄委会加快四项专题研究，并将宁夏的愿望与意见融入《黄河流域综合规划》之中。二是积极配合、认真负责地完成了中科院院士考察组来宁考察黑山峡河段开发的接待工作,在材料准备、会务服务、宣传报道等各个方面均赢得考察组的好评。三是拓宽呼吁渠道,加强广泛联系。与农工党宁夏区委共同完成《大柳树工程移民安置模式及特殊政策调研报告》;召开专家座谈会10多次,共同研究推进大柳树前期工作的措施与对策;先后多次赴国家发改委、水利部、中科院、黄委会等部门,反映宁夏人民对兴建大柳树工程的夙愿;加强了与甘肃、内蒙古的交流合作,取得了消除隔阂、互相促进的积极效果。（邵建华）

【工程砌护】 提高灌溉基础设施标准。红寺堡地区风积沙地较多,经过冬春两季,大部分毛渠被大风吹坏,或被流沙淹没;平常灌溉时,毛渠极易被水冲坏,出现严重的串灌和深层渗漏,水资源浪费严重,当地群众每年都要花大气力反复修复。2010年,管理局多方筹措资金,加强施工管理,完成了3186公顷农田的毛渠砌护工程,是历年来完成规模最大、质量最好的一年。（邵建华）

【示范引导】 积极推进高效节水农业。举办了1800人次的移民节水灌溉培训班,聘请农业、科技、水利等方面的专家,从增强移民节水意识入手,对农作物种植、优化结构、节水灌溉、节水管道工程的运行操作等进行了讲解、示范,发放实用技术材料3000多份,对节水措施得力、效果好的给予了相应补助(亩均50元)。同时,在干、支管上增设了截止阀和电磁流量计,更加有利于灌溉和管理。为帮助移民实现增产增效,我们在大力推行小畦、沟灌、穴灌的同时,建立了连片267公顷的玉米、食葵、枸杞和苜蓿的种植示范基地,向移民示范如何规范种植,定时、定量灌水。马圈、梁堡两片灌区,与常规灌溉相比,玉米每亩节水80立方米,亩产达1300斤;食葵每亩节水70立方米,亩产450斤;枸杞等其他经济作物每亩节水50立方米以上,每亩增加收入50元~150元。（邵建华）

【提高移民定居率】 由于移民在迁出县还有土地耕种,并且享受退耕还林草的补助政策,部分移民"两头跑",使项目区部分农田撂荒或沙化。水务局领导班子成员带队到各迁出县、红寺堡区沟通协调,共同商议制订了提高移民定居率的办法措施,并组织各县区指挥部认真落实。同时,管理局组织实施了一批改善人居环境的工程项目,提高了防洪工程和乡村道路的标准,对学校进行了维修粉刷,对沙化土地进行了综合治理。通过区、县两级指挥部和各迁出县、项目区党政部门的共同努力,红寺堡开发区移民定居率由去年的85%提高到今年的90.3%,部分移民村达到100%。（邵建华）

【改善移民环境】 红寺堡开发区地处荒漠草原,沙化土地占总面积的13%左右,由于大风天数多,已开发土地容易出现沙化。另外,由于地质条件和节水措施不到位,局部土地出现了盐渍化,致使部分移民无法进行正常的农业生产。针对这两个问题,2010年,我们通过覆盖黏土、种植糜子等措施,完成了1400公顷的防沙治沙任务;针对已盐渍化了的土地,开挖排碱沟3条,有效降低了地下水位,使133.3公顷土地恢复了耕种,有效改善了移民生产条件和生活环境。（邵建华）

【完善供水方案】 加快建设进度,促进供水入户。固扩11泵站以后项目的人饮工程是生命工程。管理局组织设计人员、工程技术人员深入项目区,与县乡村干部群众共同踏勘确定工程管线布设方案,协调解决设计、施工中出现的问题,审查修改了项目施工设计,使工程布局、标准等更加完善合理。由于原有的农村饮水工程水源不能保障,部分村组供水不稳定,当地群众对实施的供水工程供水效果存有疑虑,部分群众等待观望。为了使项目区群众早日用上干净自来水,管理局在加快干、支管道建设的同时,督促原州区和海原县推进入户管道安装,加强与各乡镇村组的沟通协调,深入农户广泛宣传动员,让老百姓进一步了解该工程的水质、水源保障与运行管理情况等。在工程实施中,干、支管道铺设到哪里,效益就发挥到了哪里,用事实进一步消除农民的顾虑,有效提高了供水入户率。（邵建华）

【三支干渠杏树沟渡槽抢险】 2010年8月10日,红寺堡局部地区突降50年一遇的暴雨,导致新庄集三支干杏树沟渡槽垮塌,渡槽下游1067公顷农田断流。在接到红寺堡水务局报告后,管理局领导带队,立即赶赴现场，制订抢险和恢复方案，落实渡槽修复资金，只用了三天时间就实现了向渡槽下游的供水，保证了农田灌溉。在秋灌停水后，又安排人力、物力抢时间修复渡槽，保证了正常冬灌。 （邵建华）

【项目资金】 2010年，管理局先后5次向自治区政府及发改委、水利厅和有关领导请示汇报。先后4次到固原，与市委、市政府及有关部门协商解决彭堡水库建设资金问题。由于自治区政府及有关部门的高度重视，固扩11泵站以上项目的5000万元已得到落实，扶贫扬黄工程和彭堡水库的资金正在研究落实。

（邵建华）

【强化质量管理】 质量是工程的生命。管理局针对固扩11泵站以后项目和彭堡地下水库的特点，修改完善了工程建设施工管理办法、质量管理办法等规章制度，以争创优质工程为目标，全面开展质量管理活动。在施工过程中，严格执行“三检”制度，对出现的问题，按“四不放过”原则进行处理。建立了工程进度、质量观摩制度，定期组织工程参建单位观摩，互相学习，互相借鉴，有效促进了工程管理，保证了工程质量。 （邵建华）

【党建与精神文明建设】 一是重视政治理论学习。2010年，结合深入开展西部大开发大学习活动，坚持集中学与自学相结合、通读原文与重点辅导相结合、讨论与交流相结合、理论与实践相结合，采取集中培训、专题辅导、基层调研等多种形式，深入学习了党的十七届四中、五中全会精神；学习了《中共中央、国务院关于深入实施西部大开发战略的若干意见》及胡锦涛总书记、温家宝总理和李克强副总理在中央西部大开发工作会议上的重要讲话；学习了《国务院关于进一步促进宁夏经济社会发展的若干意见》及胡锦涛、温家宝、贾庆林、习近平、李克强、贺国强等中央领导同志来宁视察时的重要讲话；学习了《宁夏回族自治区党委、政府关于开展深入实施西部大开发战略大学习活动的意见》及张毅书记、王正伟主席在全区深入实施西部大开发战略动员会上的讲话；学习了自治区党委十届十一次全会精神及张毅书记、王正伟主席的讲话；学习了中央和自治区经济工作会议精神。二是加强党风廉政建设，切实增强拒腐防变能力。认真贯彻执行中央、中纪委、自治区纪委关于廉洁从政、廉洁自律的规定和要求，坚持从正风气、建体系、抓教育、强监督等方面入手，认真学习中纪委全会精神和胡锦涛总书记的重要讲话，全面贯彻落实《建立健全教育、制度、监督并重的惩治和预防腐败体系实施纲要》和《关于实行党风廉政建设责任制的规定》，根据水利厅党风廉政建设和反腐败工作会议及贯彻落实党风廉政风险防范责任制会议精神，安排部署了水务局党风廉政建设和反腐败工作任务，签订党风廉政建设责任书，将任务分解到领导、细化到部门、落实到人头，形成一级抓一级，层层抓落实的责任机制，切实加强防范措施，年内没有出现违纪、腐败现象，做到了“工程优良、干部优秀”。

（邵建华）

宁夏回族自治区防汛抗旱指挥部办公室

【概况】 2010年，宁夏回族自治区防汛抗旱指挥部办公室（以下简称“防汛办”），自治区防汛办成立于1985年，曾挂自治区黄河整治工程指挥部办公室（宁政办发〔1992〕74号《自治区人民政府办公厅关于设立自治区黄河整治工程指挥部办公室的通知》）和宁夏防汛机动抢险队的牌子，自治区水利厅所属处级事业单位，经费为财政全额预算拨款。

宁编办发〔2008〕147号核定人员编制19名，内设机构4个（综合科、业务科、计划财务科、抗旱科），办公室设主任1名（正处级，目前防汛办主任高配，副厅级），副主任2名（副处级），科级4名（正科）。

现有在职职工18人，1人空编。其中，专业技术人员12人，占66.6%，管理人员4人，占22.2%，工勤人员2人，占11.1%。其中具有研究生学历1人；大学本科以上学历13人。具有各类专业技术职称人员17人，其中正高1人，副高6人。有1人入选自治区“313”人才库。2010年，防汛办深入贯彻全国防汛抗旱工作会议和全区水利工作会议精神，按照水利厅党委的安排部署，紧紧围绕目标任务，抓效能，促执行，精心组织，扎实推进，圆满完成了各项任务。荣

4月30日，宁夏山洪灾害防治试点项目初步验收会议现场

获“全国先进省级防办”“全国防汛抗旱先进集体”“自治区“8·11”抗洪抢险先进集体”“全区黄河标准化堤防工程建设先进集体”“全区水利行业先进集体”等荣誉称号。（朱　云　夏　宇）

【防汛工作】 全面安排部署，及时调整了指挥部组成人员，与5市签订了防汛工作责任书，并联合监察厅公示了全区防汛行政责任人。召开2次防汛会商会，进一步分析防汛形势，再次安排部署防汛工作。8月11日20时，紧急组织召开了全区防洪防汛电视电话会议，动员各地立即行动，深入一线全面摸排，切实排除隐患。举办了全区防汛抗旱预案编制培训班，进一步增强了基层人员预案编制和审批等方面

永宁县黄河雷台塌岸险段工程

的基础知识，提高了业务水平。加强防汛值班，建成了防汛值班管理系统并投入使用。认真开展险工险点排查，消除防洪隐患。对全区各地备汛工作和水毁工程修复工作进行了拉网式检查，下发整改要求50多项。全力组织抢险救灾，及时修复水毁工程。2010年全区共发生局地暴雨、冰雹天气过程17次，灾害损失大。特别是“8·11”灾害发生后，及时了解灾情，研判汛情，下达调度指令，迅速转移安置受灾群众，指导抢堵决口，封闭警戒受灾村庄，最大限度地减少灾害损失，创造了零死亡的奇迹。受到了自治区党委政府领导的高度赞誉，被自治区党委政府通报表彰。

（朱　云　夏　宇）

【防凌工作】 2010年度凌汛期，全区气温变化大，冷暖交替，前期偏高，后期持续低温。受其影响，2010年12月15日，黄河宁夏段自石嘴山麻黄沟开始流凌，12月30日，出现首封，截至2011年1月30日，封河达到最大长度226千米。领导重视，落实责任。及时召开了全区防凌工作会议，安排部署了全区的防凌汛工作，下发了《关于加强黄河宁夏段防凌工作的意见》，要求沿河各级防汛部门提高防凌减灾意

7月2日，管理处防汛演练

识，切实做好防凌准备工作。2月25日，在开河关键时期，国家防总秘书长、水利部副部长刘宁来自治区检查指导防凌工作，对自治区的黄河治理以及黄河防凌工作给予了高度评价。凌汛前，自治区防指领导带领有关部门对沿黄市县防凌工作进行了全面检查。凌汛期，自治区防指多次组织水文、气象等部门进行会商，分析凌情发展趋势，研究确定防御措施。及时采取措施，消除隐患，保证了防凌安全。全面建成了402千米标准化堤防，改造穿堤建筑物537座，在防凌中发挥了突出作用，阻止了凌洪顺农田沟道、渠道下泄，有效遏制了村庄被淹、设施冲毁等险情。积极筹措资金，维修、加固坝垛50多座，修复水文设施4处，有效增强了工程基础能力，保证了凌情信息的及时、准确。成立防凌机动抢险队15个，落实抢险队员10000多人，并划分了防凌责任段，明确了任

务。储备铅丝150吨、编制袋20万条、木桩5万根、块石4万立方米、砂石料10万立方米，落实挖掘机、载重汽车等其他各类机械设备300余辆，为防凌工作提供了人员准备和物质基础。防凌工作取得全面胜利。（朱 云 夏 宇）

【抗旱工作】 面对中部干旱带严峻旱情形势，多措并举，积极应对。周密部署，精心组织，加强旱情监测，加大资金投入支持。先后7次组成工作组，深入实地调查，指导抗旱救灾。协调财政厅安排特大抗旱补助资金300万元，支持山区抗旱。协调宁夏军区和武警部队组成抗旱救灾分队，出动车辆260台次，送水2200吨，最大限度缓解隆德县城居民用水紧张局面和部分群众人畜饮水困难。积极组织开展旱情调研，指导各地修编完善了抗旱预案。完成了《抗旱规划》的编制、汇总和审查工作。举办了全区防汛抗旱统计报表系统培训班。采购配发抗旱拉水车8辆、机泵128套、抗旱补水器240台。组织人员收集整理相关省区资料，起草了《宁夏抗旱条例(初稿)》。

（朱 云 夏 宇）

【黄河标准化堤防工程】 截至7月6日，标准化堤防主体工程全面完工，共完成土方填筑4500万立方米，建成穿堤建筑物500多座，堤顶路面铺设402千米，提前实现全线贯通通车；整治改造河道湿地4600公顷，完成生态绿化4733公顷，种植各类乔、灌木8000多万株，改造配套灌排设施2.7万公顷。工程"防洪保障线、抢险交通线、经济命脉线、生态景观线、特色城市线、黄河文化展示线"展现出勃勃生机。

组织完成了吴忠等市、县(区)完工阶段验收。8月份，向自治区人民政府上报了《黄河标准化堤防(滨河大道)工程运行管理办法》《黄河标准化堤防工程建设研究》全面启动。（朱 云 夏 宇）

【贺兰山东麓防洪工程体系建设】 组织实施了滑石沟水库坝坡防渗工程，累计完成混凝土6153立方米、土方13万立方米。开工建设了第四、第五拦洪库联通工程，完成明渠开挖砌护325米，完成土方8.8万立方米、石方4100立方米。组织实施了北四沟、贺兰口沟、良渠沟、农牧场泄洪沟、崇岗1#~2#山洪沟、石炭井沟等防洪工程除险加固和苏峪口水文站应急维修。（朱 云 夏 宇）

【清水河同心段洞子沟淤地坝工程建设】 利用1个月时间按时完成了工程建设任务。累计完成土方9万立方米、铅丝笼砌筑1.7万立方米、浆砌石1800立方米。（朱 云 夏 宇）

【山洪灾害防治试点县项目建设】 按照国家要求，顺利完成了隆德、大武口两个山洪灾害试点县建设，建成水雨情监测、预警点129处，建立起县乡村三级防御责任体系，编制县乡村三级预案80个，培训预警监测人员123人，发放乡村山洪灾害防御制度牌260个，开展了防御应急演练，提高了灾害预警能力和实战能力。顺利通过了国家验收并投入运行，为全国山洪灾害防治工作创造了宝贵经验。

在全国率先完成整省(区)县级山洪灾害防治非工程措施建设方案编制，争取将平罗、原州等5县(区)列入2010年度项目计划，年度建设方案已通过黄委审核。拟定了《宁夏山洪灾害防治县级非工程措施建设项目管理办法》，全面做好了项目实施准备相关工作。（朱 云 夏 宇）

【中小河流治理项目建设】 按照《全国重点地区近期中小河流治理建设规划》和国家下达投资计划，落实资金2.06亿元，会同有关部门完成了17条沟道治理初设审查，启动建设了汝箕沟、大水沟等治理工程。（王新军 朱 云）

【应急保障能力】 1.进一步完善了防汛抗旱预案，加快了监测预警体系建设。组织指导各地进一步修订完善防汛抗旱预案，形成了区、市、县配套的三级预案体系。2.充分发挥了水库调蓄作用。树立资源意识、责任意识和安全意识，指导各地深入研究水库汛期调度运行方式，科学制定汛限水位，在确保安全的前提下，及时下闸蓄水。3.举办了全区防汛抗旱统计报表系统培训班。采购配发抗旱拉水车8辆、机泵128套、抗旱补水器240台，出台了2010年种粮农民直接补贴新政策，将补贴资金通过农民补贴网、采取"一卡通"形式，尽快一次性全部兑付给农民，帮助农民渡过难关。组织人员收集整理相关省区资料，起草了《宁夏抗旱条例》(初稿)。开展了抗旱条例调研，为“条例”的制定奠定了基础。4. 加大了抗旱应急水源建设力度。组织对全县饮水安全工程运行情况进行普查，维修扬水泵站16座、人饮工程5处、灌溉机井30眼，配套流动机泵13台(套)，为学校送水180多吨。（朱云 夏宇）

【前期工作】抢抓国家高度重视防洪减灾体系薄弱环节突出问题的契机，组织有关单位加班加点，如期完成了国家批复2009~2011年19条和新增52条流域面积在200~3000平方千米的中小河流、清水河和苦水河河道、中小河流和中小水库防洪非工程措施、21个县区山洪地质灾害防治非工程措施、17条流域面积小于200平方千米的山洪沟治理等4个方面7个专项的规划编制工作。规划投资共58.89亿元。

按照《宁夏水利发展“十二五”规划编制工作方案》要求，编制完成了《宁夏防洪“十二五”规划》《宁夏抗旱“十二五”规划》。（王新军 夏宇）

【党建与精神文明建设】一是以深入开展西部大开发战略大学习活动为契机，狠抓责任落实。坚持支部中心组学习与业务工作同布置、同检查。积极开展了西部大开发战略大学习活动，深刻分析自治区防汛抗旱工作面临的形势和存在的问题，找准切入点、突破点和结合点。对涉及我办的11项重点工作目标任务进行细化、量化和分解，逐项落实到科室，确定具体责任人，明确完成时限，做到了层层抓落实，事事有人抓，项项见实效。二是以学习型党组织建设和创先争优活动为抓手，进一步加强党的建设。坚持民主集中制，始终做到重大问题集体讨论，民主决策，认真开展批评与自我批评，加强组织建设和作风建设。深入开展了“三带三创三满意”“三服务一推进”“讲党性、重品行、做表率”等活动。全体职工立足岗位，勤奋工作，以实际行动创先争优。三是以深入开展廉政风险防范管理为重点，狠抓党风廉政建设。认真组织学习党员领导干部廉洁从政若干准则和四项监督制度等党纪党规，坚持以教育为基础、制度为保证、监督为关键，狠抓“六个”重点环节，扎实推进。全面完成了廉政风险防范管理教育活动各阶段、各环节的工作任务，取得了较好的效果。四是以思想政治工作为突破口，进一步加强精神文明建设。把抓好业务工作与做好干部职工的思想政治工作有机结合，及时掌握干部职工的思想动态，进一步增强了党支部的凝聚力和战斗力。加强对工会、青年工作的领导，支持工会开展了“四德”教育和群众性文体活动，积极参加厅工会各项活动，丰富职工文化生活，尽最大努力解决职工实际问题，调动了职工积极性，激发了爱岗敬业热情。五是以政务信息平台，全力做好对外宣传工作。在《人民日报》《宁夏日报》开辟专版，《宁夏新闻网》开设专栏，全方位、多角度反映了防汛抗旱、标准化堤防建设成就。在多家媒体发布新闻、网络稿件260余篇次，自治区领导作专门批示达4次。加强了沟通，扩大了影响，赢得了社会各界对防汛抗旱工作的关心和支持。（朱云 夏宇）

宁夏回族自治区节约用水办公室

【概况】2010年，宁夏回族自治区节约用水办公室(以下简称“节水办”)现有在编人员7人，实有管理人员处级领导1正1副。按专业技术职务分正高职高级工程师1人，副高职高级工程师1人，工程师1名，助理工程师1人。2010年，节水办紧紧围绕水利厅中心工作，以节水型社会建设为核心，以推广节约用水技术为重点，以节水示范区(示范点)建设为抓手，深入开展调查研究，强化水资源费征收管理，创新机制，完善制度，落实责任，各项工作取得新进展。（张瑞鹏）

【节水型社会单元载体建设】一是引进以色列节水灌溉技术，在同心下马关建成枣薯间作滴灌项目示范区1166.7公顷，在中卫永大线建成枣瓜间作滴灌项目示范区3766.6公顷。中粮集团在惠农建成133.3公顷高标准番茄井渠结合滴灌示范区，红寺堡扬黄灌区海子塘万亩葡萄滴灌项目启动实施。二是指导企业、学校、社区创建节水型示范单位。其中，2个企业、3个单位、3个社区分别被银川市人民政府命名为节水型企业、单位、社区。（张瑞鹏）

【节水宣传】采取广场集中宣传、制作展板与广告牌、发放彩页等多种形式，认真开展第十八届“世界水日”、第二十三届“中国水周”大型宣传活动。在《宁夏日报》专版刊登水利厅党委书记、厅长吴洪相《全面落实最严格的水资源管理制度　保障自治区经济社会可持续发展》署名文章，印发水法规汇编材料3800册，发放宣传画和宣传册1万份、宣传彩页2万份。会同自治区建设厅、环保厅开展了“全国城市节水宣传周”活动和“‘六·五’世界环境日”节水宣传活动。注重日常节水宣传工作。全年，编写节水简报24期，向水利厅报送信息27条，通过“宁夏节水网”发布各类节水信息150条。（张瑞鹏）

【取得的节水效果】　至2010年，全区取用水总量比2005年减少5.7亿立方米，全区总灌溉水利用系数提高至0.43，保障了46.7万公顷农田的灌溉，在持续干旱、灌溉面积逐年增加、用水量逐年减少的情况下，实现了粮食产量“七连增”，粮食产量上升到35.6亿公斤，保证了粮食安全，维护了民族稳定；农村人饮达标比例增长到75%，区域水安全保障程度明显提高；全区万元GDP用水量下降到440立方米，万元工业增加值(当年价)用水量下降为68立方米；城市污水处理率提高到65%，城市节水器具普及率提高到60%；全社会关心水、珍惜水、节约水、保护水的意识明显增强，节约用水正在转变为全民的自觉行动。（张瑞鹏）

【取水许可管理和水资源费征收】　一是严格执行取水许可管理制度。认真贯彻落实《宁夏回族自治区取水许可和水资源费征收管理实施办法》，配合水政水资源处对自治区管辖范围取用水单位开展取水许可证换发工作。二是加大水资源费征收力度。及时深入用水企业第一线，掌握企业取用水量变化情况，水资源费征收到账3433万元。三是水资源费的征收、使用、管理获得2010年度自治区非税收入收缴管理先进单位二等奖。积极努力争取国家资金，首次争取到中央水资源费项目资金300万元。（张瑞鹏）

【党建与精神文明建设】　以“党的建设年”活动为载体，认真组织党员职工学习党的理论、方针、政策，贯彻落实水利厅各项决定。积极开展“创先争优”等主题教育活动。深入开展廉政风险自查，明确风险点，制定具体防范措施，全面落实党风廉政建设责任制。以“贯彻落实廉政准则，切实加强作风建设”为主题，组织召开了专题组织生活会，交流思想，提高认识，增进团结，也增强了贯彻落实党的民主集中制的自觉性。（张瑞鹏）

宁夏回族自治区水利厅灌溉管理局

【概况】　宁夏回族自治区水利厅灌溉管理局（以下简称“灌溉局”）成立于1995年2月，隶属自治区水利厅，为正处级全额拨款事业单位。内设办公室、计划财务科、水利管理调度科、工程管理科和机电排灌科5个科室。核定人员编制32名，领导职数1正2副，科级职数5正5副，工勤人员3名。实配领导1正2副，科级5正。实有人员30人，空编2人。在水利厅党委的正确领导下，灌溉局坚持贯彻全区水利工作会议精神，加大灌溉管理工作力度，全力保障各业用水需求，加速推进节水改造进程，全面深化水管体制改革和农村水费改革，圆满完成了全年各项目标任务，为促进灌区经济社会发展提供了有力保障。（周　涛）

【灌溉管理】　2009～2010年度，黄委会分配自治区耗水指标较常年减少3.24亿立方米，减幅8.1%。为确保农业增产、农民增收，灌溉局科学编制调度预案，着力细化用水单元，实施井渠结合灌溉，全力保障各业用水需求。

1. 编制水量调度预案。按照“总量控制，水权管理、定额配置”的原则，科学编制引黄灌区《2010年3～9月水量调度预案》和《冬灌水量调度预案》，把国家分配自治区的引用水指标全部分配到各行业、干渠和市县，确保灌区均衡用水、均衡受益。

2. 坚持“月计划、旬调度、周例会”的工作模式。把严格执行黄委调度指令与满足灌区用水需求相结合，随时分析解决问题，合理安排灌区用水，切实增强水量调度的计划性和执行力。

3. 完成湖泊湿地补水任务。夏秋灌和冬灌适度提前开闸放水，全年共向艾伊河、星海湖等各类湖泊湿地补水、换水1.32亿立方米，有效改善了生态环境、错开了用水高峰。

4. 井渠结合灌溉。在平罗、惠农、灵武、贺兰四地，推广井渠结合灌溉，全年抽水量896万立方米，发展灌溉面积1.02万公顷，分别较年初下达指标增加10.6%和2%。落实机井电费补贴资金56万元，对2008和2009年灌区实际发生的机井电费进行补贴。

5. 加强联系沟通。在自治区、农牧厅和水利厅召开的相关会议上，多次通报黄河水情、灌区气象、作物布局等信息，共同促进农业种植结构调整。

全年累计行水228天，引水63.91亿立方米，比2009年同期少0.6亿立方米。自治区继上两个调度年耗水不超国家分配指标后，又实现了引水、耗水两项指标不超，引水量为2003年抗旱以来最小。

（周　涛）

【项目建设】 1. 续建配套与节水改造工程。3月底，完成七星渠白鹁子沟段等2009年度工程建设，砌护

永宁县民生渠节水改造工程

干渠13.2千米，改造骨干建筑物13座。夏秋灌停水后，唐徕渠新桥段等秋季工程全面展开，砌护干渠27千米，改造建筑物161座，冬灌放水前全部投运。全年共砌护干渠40.2千米，改造建筑物18座，完成投资9000万元。

2. 大型泵站更新改造项目。3月下旬，泉眼山等2009年度改造的6座泵站全部完成。7月下旬，2010年固海扬水泵站更新改造项目全面实施。自治区大型泵站更新改造进度位居全国第二。

3. 银川西北水系整治工程。2月上旬，银川西北

11月4日，田营泵站厂房内部

水系整治工程完成主体建设任务，共开挖拉运土方125万立方米，新建配套建筑物45座，新修补水、灌溉两用渠道1千米。

4. 水权转换与节水改造工程。按照“除险保安与集中连片建设相结合”的原则，上半年完成大清渠、马莲渠水权转换建设任务。

5. 项目验收工作。完成惠农渠、汉渠水权转换项目竣工验收。完成河西总排干上段、芦草洼整治、镇北堡拦洪库等工程审计报告。整理2005～2007年续建配套工程竣工决算和资料。（周　涛）

【前期工作】 1. 抓好前期工作。编制完成《宁夏大型灌区续建配套与节水改造“十二五”规划》和《宁夏大中型病险水闸除险加固专项规划》2个，2010年续建配套项目的可研报告、初设报告和建设方案21个，灌区信息化和泵站自动化初设报告各1个，为落实国家扩大内需项目三个“百分百”要求奠定基础。

2. 争取水利投资。争取固海等大型泵站更新改造工程中央资金9500万元，较水利厅下达任务

改造一新的大战场泵站

7000万元增加2500万元,增幅36%。争取青铜峡和固海灌区续建配套项目中央资金1.94亿元,较水利厅下达任务1.2亿元增加0.74亿元,增幅62%。《宁夏沙坡头南北干渠及灌区节水改造工程可行性研究报告》获得国家发改委批复,静态投资6.26亿元。

（周　涛）

【工程建设与管理】 1.岁修工程建设。督促水管单位筹措资金1570万元，完成渠道清淤133千米,渠堤加固12千米，草土护坡0.6千米，砼板修复1.34千米,建筑物维修85座,闸门及启闭机维修更换169台,斗口维修翻建147座,机电设备维修424台套。

2.安全生产工作。严格落实安全生产制度,抽调人员对渠堤险工段、水工建筑物、山洪入渠处、通信遥测设施等重点部位进行逐一排查,切实发现问题、查找不足、整改隐患。强化在建工程管理,确保安全施工、文明施工。

3.渠道绿化工作。督促水管单位筹措资金87万元,对渠道宜林段老化坏死树木进行更换、补栽。共栽植乔木8.7万株、灌木7.54万株,育苗3.73公顷,绿化干渠40千米。

4.涉外工程管理。严格按照相关程序,规范工作流程,全年完成涉外工程审批75项,审批期限较过

11月13日,黑水沟压力管道安装

去普遍提前2天左右。通过采取督促检查、现场抽查、参与验收等方式,加强项目监管,确保工程质量和工期。

（周　涛）

【水管体制改革】 实现固海、固扩两大系统合并运行,降低管理成本,促进扬水工程良性运行。落实自治区改革《意见》精神,对青铜峡市水务局等10个节约用水先进单位进行表彰，奖励资金135万元，初步建立节水激励机制。开展“创新载体、健全机制、提高素质”主题教育活动,为水利事业发展提供人才保障。

（周　涛）

【农村水费改革】 指导水管单位开展延伸服务,为“促灌溉、解旱情、维稳定”打好基础;推行四公开(面积公开、水量公开、水价公开、水费公开)、三到户(开票到户、送票到户、收费到户)、两规范(规范市县水务部门监管、规范水管单位延伸服务)的管理模式,坚决遏制搭车收费现象。

（周　涛）

【科技项目】 运用卫星遥感技术，对灌区农业灌溉面积和作物种植结构进行核查。完成2009年全区农业水利用系数测算任务，经水利厅审查后上报国家水利部。完成《固海扬水良性运行机制研究》和《格宾试验技术总结报告》。协助实施《宁夏灌区渠道砌护工程技术导则》《汉延渠灌域农民用水者协会运行体制机制研究》等项目。

（周　涛）

【改善基层工作环境】 1.对唐徕渠杨显所、南梁所、周城所、惠农渠三所、西干渠防洪所、汉延渠5所、七星渠恩和所共7处管理所进行翻建改造。

2.协调自治区农牧厅,为惠农渠管理处等14个单位,争取沼气灶198套,太阳灶844套;为新海水务公司新建水厂安装苦咸水净化装置5台。

（周　涛）

【党建与精神文明建设】 1.核心价值体系教育。印发《2010年理论学习安排的意见》,通过传达文件、座谈讨论等方式，先后组织党支部中心组学习12次。传达学习了中纪委十届五次全会、全国水利厅局长会议、胡锦涛总书记来宁重要讲话、十七届五中全会等有关内容。编发《学习参阅》7期,丰富了党员干部的学习内容。

2.党务管理工作。组织参加党支部书记培训班、组织人事干部培训班和干部人事档案培训班，提高干部队伍业务素质。定期收缴党费，按规定上缴党费,及时报送《党员统计年报》。严格按组织程序转正预备党员1名,培养入党积极分子2名。

3.精神文明创建活动。与七星渠和渠首管理处党委联合举行党员集体活动,考察通湖草原,参观平

遥古城，进一步增强了全体党员的党性观念，激发了党员干部的工作热情。组织职工开展健康体检，更好地调动职工的工作积极性和工作热情。印发了《2010～2015年职工健身活动实施方案》，不定期开展业余文体活动。节假日，组织慰问重点工地。开展了向青海玉树地震灾区捐款活动，发扬“一方有难，八方支援”的传统美德。

4. 党风廉政建设。签订《党风廉政建设责任书》，按照工作分工将廉洁自律工作和“一岗双责”制度落实到人。提拔1名科级干部，公开招考5名专业技术人员，严格按干部任用条例执行。开展廉政风险防范管理，全局共排查出廉政风险点22个，制定防范措施24条。

5. 完善规章制度。出台《考勤管理办法》《网站管理办法》和《效能目标管理考核办法》，修订《政务信息宣传工作办法》。严格按照《人大建议政协提案承办制度》，办理《关于更新月牙湖乡一、二泵站的设备的建议》《关于立项实施清水沟、南干沟的建议》《关于四三支沟清淤整治的建议》《关于引黄灌区冬麦提进早行冬后头水灌溉的提案》4项人大建议和政协提案。 （周　涛）

宁夏回族自治区水利厅水土保持局

【概况】 2010年，宁夏回族自治区水利厅水土保持局（以下简称“水保局”）为水利厅直属事业单位，处级建制，内设办公室、计划财务科、综合治理科、预防监督科和水土保持监测科5个科室。现有人员编制27名，专业技术人员20名，其中正高职高级工程师2名，具有副高职称13名，中级职称3名，初级职称2名。2010年，水保局认真落实水利厅党委分区治水思路，以防治水土流失、保障民生需求为出发点，扎实推进“南治理、中修复、北监督，局部重点保护”的水土保持分区防治战略，转变水土流失防治思路，积极构建预防为主，依法监督，综合防治的水土流失防治体系；以争先创优和加强行政效能建设作为推动水保局各项工作的着力点，强化措施，细化任务，采取有力措施，完成了水利厅下达的各项目标任务。

2010年，全区共完成治理水土流失面积1134平方千米，落实水土保持投资1.42亿元，开展了35个项目区41条小流域综合治理，新建和加固改造淤地坝22座，审查审批大中型开发建设项目水保方案106项。 （管文斌）

【综合治理】 一是筹备召开了全区水土保持重点治理区工作会议，交流了各地水保工作的经验，对全区水土保持重点工作进行了安排部署。

二是积极落实西部大开发工作会议精神，举行了农业综合开发陕甘宁坡改梯宁夏项目区启动仪式，正式启动实施自治区坡耕地水土流失综合治理工作。

三是开展了水土保持建设领域突出问题专项治理排查工作并得到水利部检查组的肯定。自治区2008年以来由政府投资和使用国有资金建设的中央预算内专项资金水土保持项目和农业综合开发水土保持项目等重点工程管理规范，成效显著，达到预期建设目标。

四是加强对已建成项目建后管理工作。开展了农业综合开发水保项目、中央财政预算内资金水保项目年度检查验收工作，对2008年以来建成的原州区等7个县（区）小流域淤地坝工程、自治区财政资金项目水保骨干坝以及黄河水土保持生态工程茹河流域固原项目区（二期）等91座淤地坝进行了竣工验收，落实了工程后期管护运行责任，为工程尽快投入使用并发挥淤地、滞洪、灌溉、人畜饮水等综合效益创造了条件。

7月29日，群众自发参加坡改梯启动仪式

水保局先后6次对2009年、2010年度中央财政预算内专项资金、农业综合开发水土保持等重点项目进行检查、指导，推动各地小流域治理由单纯生态治理向“提质增效、复合型发展”方向转变，积极探索生态经济型、清洁型示范小流域治理新模式。2010年，自治区续建了彭阳等县的石沟6条扩大内需小流域综合治理项目，新开工建设了隆德等县的清流河17条小流域，续建原州区杨达子沟等4县区4个农业综合开发水保三期项目；新开工建设彭阳柴沟等8县区8个农业综合开发坡改梯项目；开展退耕还林口粮田旱作基本农田建设546.7公顷。

五是高度重视安全生产及防汛工作，水保工程安全度汛。水保局下发了《关于做好2010年已建和在建水保骨干坝、中小型淤地坝、小型水库防汛及安全施工工作的通知》，汛前成立检查组对全区涉及水土保持的安全生产及防汛工作进行了全面的专项检查和5次重点检查，强化基层水利水保部门的防汛责任制，增强了全区水保系统的防汛及安全生产责任意识。

六是全面启动了病险淤地坝除险加固改造工程。水保局在对全区病险坝逐坝进行筛选和查勘的基础上，将26座淤地坝列入首批改造提升计划，对20座淤地坝实施了除险加固改造工程，确保工程安全运行。

七是水土保持科技示范园创建工作取得突破，彭阳县王洼水土保持科技示范园通过了水利部组织的验收，成为宁夏首个集水土保持科研、技术推广、青少年科普宣传、生态观光旅游等为一体的综合性水保科技示范园区。（管文斌）

【预防监督】 水保局下发了《关于做好2010年水土保持预防监督工作的通知》，对监督管理工作进行安排部署。对全区水土保持监督管理执法人员和水土保持方案编制资质证书单位从业人员共120人进行了技术培训。通过制订方案、动员部署、开展培训、加强交流、检查指导等措施狠抓监督执法能力试点县工作落实，完成了第一批试点县前三个阶段的各项任务，受到了水利部专项检查组的肯定。

2010年，自治区审批新能源、煤矿等行业生产建设项目水土保持方案106个。对宁夏石嘴山发电厂(4×330)扩建工程等10个项目水土保持设施进行了竣工验收，配合黄河水利委员会对宁夏11个大型生产建设项目水土保持工作进行了全面执法监督检查。联合有关市县对西气东输二线西段和东段工程等40多个生产建设项目水土保持方案落实情况进行了监督检查，有效促进了水土保持方案实施率的提高。水保局等4个单位、4名个人被黄河水利委员会授予水土保持监督执法先进集体和先进个人，神华宁煤集团梅花井煤矿等3个建设单位、3名个人获黄河水利委员会大型生产建设项目水土保持先进单位和先进个人表彰。（管文斌）

【水土保持政策研究】 创新水土保持发展理念。积极研究探索宁夏水土保持生态补偿机制，完成了《宁夏水土保持生态补偿机制建设开展情况》和《宁夏水土保持生态补偿机制调研报告》；对宁夏水土保持方案审批和验收制度建设与实践情况进行了调研，完成了《宁夏水土保持方案审批与水土保持设施专项验收行政许可总结调研工作的报告》；结合自治区自身特点，细化了自治区水土保持方案技术评审程序、要求，制定了《宁夏生产建设项目水土保持方案技术评审制度》，提高了水土保持方案行政审批效率和质量。（管文斌）

【水土保持宣传工作】 下发了《2010年宁夏水土保持国策宣传教育行动工作安排》，对水土保持宣传工作进行了详细部署。水土保持进党校活动取得突破，率先在全国省级党校开设水土保持专题讲座，100多名来自全区各级党委、政府及部门科级以上领导干部听取了“宁夏水土保持与生态安全”专题讲座，收到了良好的宣传效果。利用“世界水周”、《水土保持法》颁布19周年、《宁夏水文条例》颁布实施等纪念日开展水土保持宣传活动，印制分发水土保持国策宣传笔记本4000册。（管文斌）

【水土保持监测】 一是组织开展了全国水土保持监测网络和信息系统建设二期工程宁夏水土流失监测点建设。

二是对开发建设项目水土保持监测工作开展情况进行了全面检查，先后对宁夏国电大武口发电厂

"上大压小"热电联产工程等20多个生产建设项目水土保持监测业务开展情况进行了检查，规范了行业管理和监测单位的监测技术规范化行为。

三是继续开展《宁东能源化工基地水土保持生态环境动态监测与研究》《黄土高原小流域坝系工程宁夏西吉县聂家河小流域坝系水土保持监测》等监测研究工作。

四是完成了全国2009年水土保持监测公报宁夏基础资料收集上报工作，召开了2010年全区水土保持试验站工作会议、水保治沟骨干工程淤积量调查工作专题讨论会，开展了宁夏水保骨干工程淤积量调查等水土保持监测基础性工作，为及时、准确掌握全区水土流失情况提供了依据。

五是《压砂地建设技术规范》获宁夏回族自治区标准创新奖一等奖，《黄土高原西部地区小流域坝系工程总体布局研究》课题获宁夏回族自治区科学技术进步三等奖。

六是全区水利普查水土保持专项普查准备工作顺利开展。成立了水土保持专项普查工作领导小组，制订了全区水土保持普查方案。确定了普查技术依托单位。参加了国家级普查培训工作，先后组织三批人员参加了国家组织的普查人员综合培训、专业培训及技术骨干培训工作。积极收集准备地形图、卫星影像及培训教材等相关资料。（管文斌）

【前期工作】 一是水土保持投资继续保持增长。2010年，水保局落实中央水土保持投资1.38亿元，地方财政水土保持补助资金400万元。中央投资中中央预算内水土保持项目投资5000万元，农业综合开发陕甘宁坡改梯工程投资3000万元，农业综合开发水土保持三期项目投资800万元，退耕还林口粮田旱作基本农田项目投资5019万元。水土保持投资较2009年增加29%。

二是水土保持规划及项目前期工作突出。结合中央西部大开发会议精神，启动了自治区水土保持"十二五"规划编制工作，完成了《宁夏水土保持"十二五"规划》。规划"十二五"期间全区治理水土流失面积5928平方千米，水土保持投资51.5亿元。组织编制了宁夏清水河、泾河、葫芦河三河源地区水土保持与防洪减灾规划报告，提出了10年规划期内投入资金63.51亿元，治理水土流失面积5439平方千米的目标任务。编制完成了《宁夏易灾地区生态环境治理水土保持专项规划》。规划未来5年内在宁夏西吉等10县区开展易灾地区水土保持综合治理800平方千米，规划投资8.17亿元。编制了《西部大开发后十年宁夏水土保持治理任务及项目建设规划》，规划投资81亿元。开展了一批小流域综合治理及淤地坝项目前期工作，审查了原州区等9个县区11个示范小流域综合治理项目实施方案及西吉等8县26座淤地坝工程除险加固可行性研究报告。（管文斌）

【自身建设】 一是加强政治理论学习，争创学习型单位。水保局党支部坚持中心组、党小组和全体职工一月学习一次的制度，学前有计划、有安排，学中有讨论、有记录，学后有心得、有检查，年度有述学、有总结，保障了全年政治理论学习任务的完成。

二是积极开展培训、调研，提升工作水平。领导干部带头参加培训学习，提升干部执政与领导能力。专业技术人员有条件的均结合工作实际，积极提供条件鼓励支持职工通过继续教育和岗位培训更新知识、提高技能。全年班子成员接受自治区党校、水利厅党校的常规培训580学时，全局有27人次参加了水利部水保司、黄委会、水利部水土保持监测中心、水利厅等业务培训和政治理论学习培训。

三是行政效能工作取得实效。中科院院士考察团考察黄河大柳树工程、"宁夏六盘山水源涵养区水资源生态补偿研究"、涉及水土保持的自治区人大、政协议案办理及水利水保宣传等多项工作任务，所有交办的重要工作均件件有落实，事事有结果。积极支持自治区节能减排新能源产业基地，发展绿色GDP经济的重大举措，按照自治区行政审批及行政中心的要求，水保局加大水土保持行政审批的管理和支持力度，规范开发建设项目水土保持方案编报、审批、验收程序，加班加点、优质高效地完成了政府政务大厅交转的太阳能光伏发电、风电等开发建设单位申请的59项行政审批事项，赢得了建设单位的赞誉，向社会展示了水利行业良好的行风和政风。

四是加强政务公开，增强决策和工作的透明度。

组织召开了职工大会，职工积极参与审议年度工作报告、财务报告、职工大会提案和建议办理情况等报告。在重大工作安排、经费开支的决策，认真听取职工的建议和意见，增强决策和工作的透明度。深化政务信息公开，对水保局政务活动中产生的政务信息及时通过宁夏水利网、宁夏水土保持生态建设网向社会进行公示，提高了政务信息公开工作的实效性。

五是筹备成立了宁夏水土保持学会，选举产生了首届理事会及理事长、副理事长、秘书长，通过了学会内设机构及人选等事宜，为宁夏水土保持行业学术交流、人才培养、技术推广等搭建起了新平台。

（管文斌）

【党建与精神文明建设】 一是加强党内民主，认真贯彻落实党的民主集中制制度。水保局领导班子坚持重大事项集体讨论、集体决定。积极推行党务公开，凡属党内规定要求公开的事项主动公开，不涉密的事项及时公开，重要事项均征求党内外职工的意见，鼓励职工为全局发展建言献策。按照程序考察推荐任用1名正科级干部。

二是加强反腐倡廉教育，认真落实党风廉政建设责任制，积极开展廉政风险防范管理工作。开展了“学《廉政准则》，促廉洁从政”主题教育活动。处级干部参加了水利厅举办的《廉政准则》学习培训班。坚持“一把手”对反腐倡廉工作负总责，班子成员分工负责的党风廉政建设责任制。层层签订党风廉政建设责任书，开展廉政谈话。班子成员如实填写收入、住房、出国等重要信息，认真履行领导干部重大事件报告制度。成立了水保局廉政风险防范管理工作领导小组，制订《水保局廉政风险防范管理实施方案》，绘制了《水保局廉政风险防范管理工作流程图》，查找廉政和监管风险点17个，制定防范措施33条。严格执行“收支两条线”规定及水土保持项目管理制度，强化水土保持资金的流转环节和支出环节管理，加强对重点水土保持专项资金的监督检查，防止违规违纪现象的发生，确保工程安全、资金安全，干部安全。

三是认真开展“五五”普法法制宣传教育。坚持职工学法考核、登记备案制度。积极开展保密宣传月活动，签订保密承诺书。组织职工参加《廉政准则》知识、《保密法》、水利厅公共机构节能宣传和“五五”普法知识竞赛等活动。

四是开展廉政文化建设，在单位、各办公室、楼道、楼梯张贴以廉洁自律、文明创建、思想道德建设和格言警句为主要内容的宣传画30幅，美化亮化了办公环境、陶冶了职工情操。制作了廉政文化宣传栏，公示了党风廉政建设承诺，时时提醒警示干部职工干干净净干事，清清白白做人。

五是开展寓教于乐的集体活动，将思想文化教育融入生动活泼的职工活动。在建党89周年纪念日，组织职工到石嘴山、吴忠、青铜峡等地参观自治区水利重点工程建设成就；利用中秋节等节日与职工联欢，积极参加水利厅组织的游泳、乒乓球、羽毛球、排球和篮球等各项体育比赛活动。

六是关心职工生活。走访慰问退休的少数民族职工家庭，坚持春节和重阳节与退休职工座谈，上门看望有病有困难的职工，每年为在职和退休职工全面体检1次。（管文斌）

清淤农沟，整修农田路

宁夏回族自治区水利厅经济管理局

【概况】 宁夏回族自治区水利厅经济管理局（以下简称经济管理局）成立于1991年原名水利综合经营管理总站1998年8月，经自治区编办批准改为水利厅经济管理局属水利厅正处级全额拨款事业单位，内设综合科、经营管理科、资产管理科3个科室,人员编制23名,现有人员22人。2010年,经济管理局认真贯彻自治区党委、政府新时期治水思路,全面落实水利厅党委决策部署,以"拓展发展领域,夯实发展基础,增强发展能力"为目标,全力推进水利安全生产、国有经营性资产、水利综合经营和水利风景区监管,加快水利博览馆建设,加强党的建设、精神文明建设和效能建设,较好地完成了全年各项工作任务。（巩林虎）

【水利安全生产】 一是严格落实安全责任。年初,组织召开了全区水利安全生产工作会议,总结成绩,研究部署全年水利安全生产工作。首次把水利安全生产纳入"黄河杯"竞赛考核中,实行安全生产一票否决。先后印发了26份文件,因时因地对安全生产进行部署,提出工作目标和要求,提高了安全生产工作的针对性和时效性。二是加强安全生产宣传培训。5月31日,会同水利工会、厅团委在银川市光明广场隆重举行了水利系统"安全生产月"活动启动仪式,300多名水利职工以文艺演出、安全签名等形式,积极参与安全法规和知识宣传。新华网、中国水利网、中国安全生产报、宁夏电视台、宁夏日报、华兴时报等多家新闻媒体做了专题报道。组织在银川市光明广场开展了安全宣传咨询日活动,印发宣传材料2万余份,增强了宣传效果。7月份,举办了全区水利系统"安全发展、预防为主"主题演讲比赛,组织4000余名水利干部职工参加了安全生产知识竞赛答题和征文活动。三是积极开展防治结合。加强对以水利工程建设、运行管理、防汛防洪、车辆交通以及冬季"四防"为重点的安全检查工作。开展了工程建设领域、职工交通安全专项治理和严厉打击非法违法生产经营建设行为专项行动,配合自治区安监局对彭阳县两座水库存在重大安全隐患进行了督办。全年协调安委会成员单位开展了大检查10次,多次对重点工程建设工地、各级水利单位以及重点部位开展监督检查,有力维护了水利安全生产秩序和环境。四是扎实开展应急演练。针对全年气候异常、极端天气影响频繁等实际,督促各单位加强安全生产事故应急救援工作,完善应急预案,扎实开展应急救援演练活动,提高应急处置能力和水平。（杨继雄）

【水利综合经营】 2010年,厅属水管单位综合经营收入达2.25亿元,实现利润1898.8万元,分别较去年增长12.6%和8.06%,施工企业净资产收益率达11%,全年新增土地面积67公顷。一是加强服务指导。年初,编制下达了2010年综合经营目标任务,对水利厅水利综合经营工作责任、内容措施和目标提出了要求。充分发挥服务指导职能,积极指导各单位拓宽发展思路,进一步加强对经营政策和产业发展政策的研究,积极调整发展方式和经营结构,强化经营管理,提高经营效益。二是积极争取项目支持。加强与自治区农牧厅、林业局等有关部门和厅计划处、农水处、灌溉局的联系,为厅属单位争取项目、资金资金"牵线搭桥"。帮助6个管理处落实资金195万元,一些项目正在落实中;帮助4个单位通过自治区林业局落实中央造林补助资金160万元。组织编制了2011年厅属单位造林补助资金项目计划并上报。积极与水利部水电局联系,做好2011年小水电改造项目列项和资金各项前期工作。三是深入开展水利经营相关问题研究。在摸底调查的基础上,拟定了《厅属渠道管理单位综合经营发展状况调查成果汇编》,为实施有效指导和监管、宏观决策提供了依据。对实现水土优势、人才优势向经济优势转变,实现粗放经营向规模经营、集约化经营转变,不断提高水利综合经营效益等问题做了一定的探索和研究,开展了土地经营开发、工程公司发展等专题研究,提出了资源、资产、人才优化配置初步方案。组织编写了水利经营"十二五"规划。组织厅属单位综合经营分管

5月20日,水利厅经济管理局局长宋正宏(左三)检查宁夏汉延渠管理处综合经营工作

领导赴山东等地考察学习，通过学习外省市水利综合经营发展的成功实践和先进经验，进一步开阔眼界，转变观念，拓宽思路，加快发展。（杨继雄）

【水利风景区建设与管理】 启动了水利风景区评审委员会筹备工作，拟定了水利风景区评审委员会工作规程，提出了水利风景区评审专家库初步名单。成立了“宁夏水利风景区建设与管理领导小组”，明确了职责和工作任务。组织完成了宁东鸭子荡水库国家水利风景区申报工作。配合水利部专家组开展了宁东鸭子荡水库景区的考察评价和石嘴山星海湖水利风景区复验工作。在中国水利报等媒体积极宣传宁夏水利风景区建设管理成果，组织编写水利风景区发展规划。（马健全）

【水利经营性资产监管】 建立了厅属企业经营情况月报和季报制度，及时掌握企业经营、重点水利项目进展情况，督促落实好水利厅的工作部署和安全生产责任，认真做好数据统计和经营分析，为领导决策提供依据。加强与企业的联系，协助企业解决生产经营中存在的问题。会同厅组织人事与老干部处制定了厅属企业年度考核办法。（杨继雄）

【党建与精神文明建设】 一是以“党的建设年”活动为契机，扎实开展创先争优和学习型党组织建设活动。结合开展“制度规范年”活动，不断完善工作制度，落实党建责任，规范支部工作，丰富内容，创新方式，提高党建工作水平。强化党员干部政治理论学习教育，组织党员干部深入学习中国特色社会主义理论体系和党的十七大、十七届四中、五中全会精神，开展了深入实施西部大开发战略大学习活动，认真贯彻厅党委决策部署，提高党员干部政治理论素养和创新发展意识。加强领导班子建设，认真贯彻执行民主集中制，积极探索党内监督的有效途径和方式，组织开展党支部“公推直选”，推进党内民主建设，提高党员参与决策的积极性。丰富组织活动，与惠农渠管理处扬水所党支部共同开展联合党日活动。二是切实转变工作作风，提高工作效能。坚持周例会制度，明确工作责任和时限，狠抓各项工作部署的落实。以制度建设为重点，规范工作程序和工作行为，党员干部的大局意识、服务意识进一步增强。牢固树立服务意识，积极转变工作理念，变“过程管理”为“全程服务”，积极为厅属单位综合经营发展出谋划策、争取政策支持和项目、资金，做到“真服务、真帮忙”。三是扎实推进党风廉政建设。强化廉政教育，层层签订党风廉政建设责任书，积极推行廉政风险管理，查找廉政风险点，制定整改措施，有效杜绝不良现象的发生。坚持党务政务公开，主动公开重大事项和重要决策等，自觉接受党员干部的监督。四是重视和加强精神文明建设，广泛开展职工思想道德教育和文明创建活动，组织开展职工喜闻乐见的文化体育活动，设置集廉政文化、管理文化、团队文化为一体的文化廊道，营造了浓厚的文化氛围。积极组织干部职工开展为玉树灾区捐款献爱心活动。

（杨继雄）

宁夏回族自治区水库移民管理办公室

【概况】 宁夏回族自治区水库移民管理办公室（以下简称“移民办”）有职工 6 人，其中高级工程师 2 人、工程师 3 人，工勤人员 1 人。2010 年，宁夏水库移民管理办公室认真贯彻落实《大中型水利水电工程建设征地补偿和移民安置条例》《国务院关于完善大中型水库移民后期扶持政策的意见》精神和自治区水库移民工作领导小组的各项部署，紧紧围绕水利中心工作，周密安排、精心组织、扎实工作、开拓创新，通过各级移民干部群众的共同努力，取得

5 月 25 日，水利厅水库移民后期扶持管理信息系统推广应用培训工作会议现场

了"确保政策兑现、确保资金安全、确保社会稳定"工作目标。 （张 荣）

【直补人口核定】 按照《宁夏大中型水库农村移民后期扶持人口核定登记办法》，19 个县（市、区）核定 2010 年度资金直补人口 33662 人，较上年减少 194 人。 （张 荣）

【政策兑现】 2010 年，兑现直补资金2019.72 万元，受益移民 3.37 万人。批复下达后期扶持项目计划总投资 3889 万元，涉及水利、饮水安全、设施农业、乡村道路、生产开发等 78 项，16 个县（市、区）和 14 个国营农场 6.8 万人移民受益。截至 2010 年底，移民办已完成《宁夏大中型水库移民后期扶持规划（2006~2010 年）》，累计兑现直补资金9108.42 万元，累计受益移民 13.49 万人次。在移民安置区累计投入大中型水库移民后期扶持资金18272.52 万元，累计受益移民 27.09 万人次。累计投入 2008 和 2009 年度大中型水库移民后期扶持结余资金 1868.18 万元。 （张 荣）

【规划编制】 2010 年，移民办组织编制了《宁夏大中型水库移民后期扶持规划（2011 ~ 2015 年）》，规划总投资 31185 万元，年度投资 6237 万元。其中规划期直补资金 10098.6 万元，占规划总投资 32.4%；项目扶持以农田水利、饮水安全、交通道路、生产开发、移民劳动技能培训等项目为主，规划期总投资 21086.4 万元，占规划总投资 67.6%。 （张 荣）

9 月 21 日，2010 年全区大中型水库移民后期扶持项目建设管理现场观摩研讨会

【党建与精神文明建设】 2010 年，移民办以加强干部职工的思想教育为入手，以规范管理为手段，以提高效能为目标，以"机关党的建设年""学习型党组织建设""创先争优""三服务一推进""与基层党支部结对共建"等活动为载体，制订学习计划和党建活动方案。重点学习了十七届五中全会精神、《中共中央关于深入实施西部大开发战略的若干意见》《党员干部廉洁从政若干准则》及自治区、水利厅各项重大会议精神。通过抓学习教育和各项活动的开展，党员干部的党性意识和组织观念不断增强，理论素养和业务技能明显提高，工作效率和服务态度明显转变，形成了"团结、高效、廉洁"的工作氛围，党建、精神文明建设和廉政建设再上新的台阶。 （张 荣）

宁夏回族自治区水利厅机关服务中心

【概况】 宁夏回族自治区水利厅机关服务中心核定编制 6 人，现在职人员 5 人，具有独立法人资格、属财政全额拨款的事业单位。主要负责厅机关的车辆管理、文档打印、美化绿化、安全保卫、环境卫生、职工食堂、会务服务、厅办公楼和营业房的物业管理及社区工作等，协助厅办公室及各部门做好重大活动及大型会议的后勤保障和服务工作。中心现管理和使用人员共 37 人。其中，借调 19 人、文印、会务及保洁聘用人员 7 人、食堂聘用人员 5 人。水利厅机关服务中心党支部现有党员 6 人。 （张建华）

【机关服务】 一是认真做好文印工作。全年完成文件印刷 14.3 万页，打印份数 2.9 万页，复印 16.9 万页，发机要 219 件，寄信 30534 件，工作量较去年同期增加 16%。认真做好保密工作，没有发生泄密事件。二是加强车辆管理。狠抓了司机经常性安全教育和车辆管理使用，提高了司机的交通法规基础理论知识，提升了综合素质。合理调度，全年安全行车 49.4 万千米，费用支出 88.16 万元，加班 670 天。三是规范会议服务。提供会议服务 763 次。四是为机关提供优质的餐饮服务。指导餐厅每周精心编制菜单，确保菜肴品种合理搭配，尽量做到人人满意。9 月份，结合自治区开展"地沟油"专项整治活动，进一步加大了对机关食堂食品安全工作的力度，对厅属设

灶单位进行了全面检查。邀请中国农业大学高级讲师张伟作了“食品安全知识”专题讲座。（张建华）

【物业管理】 一是加大出租营业房管理力度。对出租户采取了由年租金分两次收缴为一次收缴，较往年提前半年完成；认真搞好出租房屋维护，努力为租户提供良好的经营环境；根据市场行情大幅调整出租价格等，做好2011年出租房合同的签订工作。二是强化物业服务。认真落实物业服务岗位责任，及时对办公楼和和营业房水、电、暖及其设备设施进行检查、维护、维修，保证了厅机关的正常运行。加强日常保洁工作，及时清理环境卫生。认真做好春季绿化工作。在机关前后院新植景观树17棵，栽种花卉180株、花草300株。组织厅机关20多名干部参加了“黄河金岸”标准化堤防绿化义务植树活动。三是加强了安全保卫工作。加强对保安的管理教育。加强了对出入办公大楼人员的登记管理和对办公大楼的夜间巡视，实行了电话预约制度。加强日常监督检查，修改完善了保安工作考核细则。进行了消防安全教育和检查工作。组织开展了消防安全宣传讲座。重大节日前，对机关大楼和营业出租房都进行了消防安全检查。（张建华）

【职工教育】 一是以开展节能宣传周活动为契机，积极开展节能宣传教育活动。把节约水、电、油、气等作为机关日常工作来抓。积极推广节能新技术、新设备、新工艺和新材料，废水重复利用等，有效降低能耗。2010年，单车用油量3411升，与2009年同比减少52%；用水量同比减少12.2%；天然气用量同比减少15%，超额完成政府要求降耗5%的目标。人均用电量1235kWh，同比减少3.6%，尚未达到自治区规定的5%的降耗目标。对此，于11月中旬将原办公室内普通日光灯管全部更换成节能灯管，仅此一项，即可节约电能30%。二是组织司机班政策法规学习。坚持实际工作与理论学习相结合，坚持每两周组织一次政策法规和交通知识学习。通过业务技能培训，提高技术水平，中心共有5名司机晋升为技师。三是加强理论学习，提高党员干部理论素质。突出学习重点，改进学习方法，以学习科学发展观的系统重要论述和《党章》为重点，以深入学习西部大开发战略大学习活动为契机，认真学习贯彻党的十七大、十七届三中、四中、五中全会精神。组织开展了创建“学习型党组织”争做“学习型党员”活动，积极开展“加强党性修养，弘扬优良作风，促进科学发展”“立足岗位做贡献，科学发展当先锋”等主题教育活动。一年来，组织党员学习10次，听党课2次，人均做读书笔记1万字以上。（张建华）

【党建与精神文明建设】 从加强党的思想建设、组织建设、制度建设入手，认真贯彻落实党建目标责任制，推进党建工作落到实处。一是做好保持党员先进性经常性工作。发挥好党支部在党建工作中的职能作用，深入开展党建工作“创先争优”活动。二是开展党组织帮扶活动。同唐徕渠管理处周城所党支部结为基层党组织共建单位，“五一”“七一”前，组织中心全体党员干部到基层所、段进行座谈、慰问，了解基层职工学习、工作和生活，组织开展了重温入党誓词和慰问灌区困难老党员活动，进一步增强了支部的凝聚力和战斗力。三是加强和改进机关作风建设。坚持教育经常化，将机关作风建设纳入支部学习、干部职工学习的重要内容，通过学习，广大党员干部职工的宗旨意识和服务意识进一步增强。坚持问责原则，严格责任追究。将作风建设纳入考核范围，把考核结果作为干部职工评先评优重要依据。四是推进惩治和预防腐败体系建设。根据厅机关廉政风险防范管理的有关规定，认真分析中心各部门、各岗位潜在廉政和监管风险点，制定了风险等级和各潜在廉政和监管风险点应采取的防范措施，明确细化职能职责，不断完善内部管理制度，健全监督制约机制，筑牢预防腐败体系。开展经常性的反腐倡廉教育。组织学习中纪委、区纪委、厅纪委会议精神、观看有关反腐倡廉警示片等，切实增强了全体党员干部特别是领导干部的自律意识和拒腐防变能力。五是深化精神文明创建活动。把精神文明建设纳入年度目标管理考核内容，积极开展各项文明创建活动。广泛开展世界观、人生观、价值观“三观”和社会公德、职业道德、家庭美德、个人品德“四德”教育活动；组织开展了建党89周年纪念活动，庆“五一”唱红歌联谊活动。

（张建华）

宁夏水利信息中心

【概况】 宁夏水利信息中心(以下简称信息中心)现有在编在职职工6人，其中具有大学本科以上学历4人,占职工总数的66%。具有高级职称1人,中级职称4人,初级职称1人。信息中心成立于2004年7月,是自治区水利厅所属事业单位,经费由财政全额预算拨款。自治区编办核定人员编制6名,2008年12月重新核定编制8名。内设《宁夏水利》编辑部、中国水利报驻宁夏记者站和宁夏水利网。

宁夏水利信息中心工作职能，一是负责组织水利信息化规划的起草，分阶段方案实施的组织、协调、监督和检查工作。二是负责组织水利系统重大信息化建设项目招投标工作。三是负责水利厅计算机网络系统的建设、运行维护和归口管理。四是承担水利厅电子政务信息系统的建设和维护管理。五是组织重点应用系统、应用软件的开发及推广。六是承担《宁夏水利》季刊的编辑发行工作。七是开展《中国水利报》宁夏记者站的新闻宣传。八是负责水利宣传,水利政务信息、水利简报、快报编发,宁夏水利信息和水利科技成果交流及宁夏水利网站日常维护。九是承办自治区水利厅交办的其他工作。 (姜维军)

【网络维护管理】 1.网络设备维护及数据安全备份工作。通过几年的信息化建设和2009年机房改造,水利厅机房网络交换及服务器等设备日益增多,现有服务器23台,路由器12台,交换机30台,防火墙6台，其他网络设备12台，共计大小网络设备83台。网络设备的管理维护是日常工作的重点之一,通过防火墙、入侵防御等设备监控网络安全,及时排查网络故障节点,保障网络畅通运行;按期对网站、办公自动化系统等数据进行备份,保证数据安全。在现有服务器中，有5台已运行了8年,7台运行了6年,设备已经严重老化,备品备件都很难找到,为保障这些设备的正常运行，信息中心人员每天要对机房设备进行多次巡检,确保在第一时间发现问题,及时解决问题。

山洪灾害验收组成员现场检查测试设备

2.计算机安全保密工作。2010年5月,组织机关及楼内事业单位参加计算机网络保密培训班,培训班上技术人员现场演示计算机窃密技术，观看计算机保密警示宣传教育片，增强了广大领导干部的计算机保密意识，最大限度地减少和杜绝泄密事件的发生。

3.水利网站维护管理。按照《宁夏水利厅网站管理办法》和《宁夏水利网信息发布管理办法》,信息中心进一步规范网站的运行管理,促进网站健康发展。2010年7月、8月网站相继遭到黑客的多次恶意攻击,信息中心人员密切监控网站动态,及时更新系统补丁,及时杀毒。在采取了多种常规手段没有取得明显效果的情况下,我们积极与互联网安全专家联系,使用网络入侵防御设备保护网站。

(苏 海 姜维军 姚 彤)

【水利宣传】 1.网站宣传工作。2010年,宁夏水利网继续发挥互联网技术在宣传和推广、提升管理等方面的优势，成为宁夏水利信息化建设的重要组成部分,即广泛宣传宁夏水利各项工作,树立水利行业良好的形象；实现水利厅与网站访问者之间的充分信息交流;实现信息共享、政务公开,提高单位管理水平,降低成本。

依照《宁夏水利网信息发布管理办法》,在资料的采集、整理、审核、上传等环节严格把关,设有专人每天对网站信息进行更新，做到动态性信息及时更新,相对固定性信息适时更新。为宁夏水利工作提供公开、透明、高效的水利公共服务,拓宽交流与沟通渠道,推动宁夏水利事业发展。

全年网站共发布信息2500余条。其中新闻类信息2168条，政务信息230余条，新增栏目更新栏目内容70余条，其他栏目更新栏目内容50余条。截至2010年12月31日，宁夏水利网点击次数由上年同期60万余人（次）上升为740537人次。（姚 彤）

2.水利记者站工作。邀请、协调、配合和组织新华社宁夏分社、人民日报、中央电视台、宁夏日报、宁夏电视台等媒体采访约80次。出外进行水利采访130余次，厅长专访2次。在中国水利报、中国水利网、黄河网、宁夏电视台和宁夏水利网、人民日报、中央电视台、宁夏日报、宁夏电视台、中国水利报、黄河报等媒体共刊登宁夏水利方面的新闻稿件达180余篇。同时，对全区农田水利基本建设、宁夏引黄灌区灌溉、防汛抗旱、水土保持生态环境建设、标准化堤防建设、重点水利工程建设等进行大型宣传策划和专题片制作。在宁夏日报、宁夏电视台、宁夏人民广播电台、中国水利杂志、中国水利报、中国水利年鉴、黄河年鉴、宁夏年鉴等做了大量的深度策划报道，全方位、多角度、立体化的宣传。获得中国水利报好新闻奖，张恭获2010年度优秀记者称号。（姜维军 张 恭）

【政务信息 简报 快报】 2010年，厅属单位报送信息5864条，编辑上报102条。其中中央办公厅采用4条、国务院办公厅采用3条；水利部办公厅采用5条；自治区党委办公厅采用71条（领导批示5条，好信息2条），政府办公厅采用42条（领导批示1条，优秀信息1条）；编辑下发简报80期，水利快报40期（923条信息）。在自治区党委办公厅2010信息考核中名列第八位、政府办公厅2010年信息考核排名中分别名列第五位。（李海英）

【水利刊物与其他重要信息】 1.2010年《宁夏水利》杂志坚持正确的舆论导向和水利治水新思路，围绕水利中心工作，积极宣传治水新思路、新实践，交流水利科学研究新进展。一年来，完成了《宁夏水利》杂志的编辑、出版、印刷和发行工作，全年共接收登记投稿200余份，刊登校对稿件约180份，申请杂志刊号4期，给区内外100多个单位和部门赠送3200本。

2.加强信息工作的指导与交流。结合2010年水利工作重点，拟定了水利信息工作要点，对信息工作进行了部署，提出总体要求，明确了信息工作任务和信息报送的方向。

3.加强信息报送的组织工作。通过系统组织、建立机制、月度考核等手段，加强信息报送工作。2010年报送信息比2011年增加了5%以上。

4.注重信息的时效性、针对性和可采用性。对动态信息及时准确地组织报送；对综合性信息、调研类信息提早筹划，精心准备。

5.开展培训，提高业务能力。10~11月份派专人到自治区政府办公厅文电信息处跟班培训；11月份举办了水利政务信息工作培训讲座，通过学习提高了信息工作人员理论水平和业务能力。

（黄春芳 李海英）

宁夏水利工程建设中心

【概况】 宁夏水利工程建设中心（以下简称建设中心）是自收自支事业单位，内设办公室、规划计划科、工程管理科、质量安全科、财务科，在职职工57人，其中高级工程师11人，工程师13人，助理工程师9人，技术工人高级工11人，技师2人，后勤管理人员11人。2010年，建设中心全面贯彻落实科学发展观，围绕全区水利中心工作，以陕甘宁盐环定扬黄续建工程建设为重点，紧密结合工作实际，创新工作理念，抓管理、促经营、谋发展，团结带领全体干部职工，奋力拼搏、扎实工作，圆满完成了全年各项工作任务，交上了一份满意答卷。

【主要工作】 一是陕甘宁盐环定扬黄续建工程建设稳步推进。累计完成投资2.71亿元，其中共用工程完成投资1.08亿元，完成招标54项，签订合同文件77份，共计价款10333万元；宁夏专用完成投资1.63亿元，完成招标44项，签订合同文件76份，共计价款13117万元。二是宁夏专用人饮工程建设取得突破性进展。宁夏专用人饮工程已具备供水条件，配水管网9条支管通水到37个行政村，10月18日在自治区政府5楼蓝天厅成功举行通水新闻发

布会。（韩永兵）

【综合经营】 建设中心本部全年完成综合经营收入60多万元；夏禹公司2010年承揽工程项目6项，合同总金额1061万元，完成续建项目5项，完成投资1723万元；华正监理中心区内共承接水利监理任务18项，签订合同总金额570.92万元，完成产值300万元；招标中心完成宁夏引黄灌区续建配套与节水改造工程、农村饮水安全重点工程等13个代理项目，完成代理投资项目3.1亿元；检测中心积极承揽试验项目，2010年共承接试验委托项目101个，完成产值23万元。（韩永兵）

【党建与精神文明建设】 一是以开展"党的建设年"活动为抓手，以深入实施西部大开发战略大学习活动为切入点，以推进学习型党组织建设为着力点，认真落实"三会一课"制度，扎实开展"创先争优""三服务一推进""讲党性、重品行、作表率"及"党员干部下工地"等主题活动，全面推进基层党建工作。二是以开展"学《廉政准则》促廉洁从政""学习贯彻《廉政准则》、加强作风建设""加强作风建设、提高服务质量、提升行业形象"主题教育活动为重点，扎实推进廉政风险防范管理工作，坚持不懈地抓好党风廉政建设。三是进一步建立和完善《政务公开办事制度》《服务承诺制度》《政务公开内容备查制度》及《政务公开监督制度》等制度，切实推进政务公开工作。四是进一步加强宣传和信访工作，以陕甘宁盐环定扬黄续建工程建设的宣传为重点，充分利用各种载体，及时向水利厅反映工程建设情况和精神文明创建情况，宣传全体干部职工积极参与工程建设的奉献精神和先进人物事迹。五是深入开展"思想道德宣传年"活动，积极组织向青海玉树地震灾区捐款11350元。六是工团紧密配合，以庆祝建党89周年、新中国成立61周年及"十一"国庆等活动为契机，积极开展内容丰富、形式多样的文体活动，先后参加了水利厅五四文艺演出、水利厅下基层慰问演出及水利厅安全生产月启动仪式文艺演出，不断丰富了职工的文化生活。

（韩永兵）

宁夏回族自治区水文水资源勘测局

【概况】 宁夏回族自治区水文水资源勘测局内设办公室、组织人事科、计划财务科、测验与规划建设科、水情科、水政水资源科、地下水监测科、水质化验科、数据库管理科、总工办、监察审计室11个科(室)，群团组织健全。下设5个分局，管辖全区1106个监测站点。全区现有45处水文站(其中28处国家基本水文站)，8处黄河水位站，179处雨量站，16处蒸发站，230眼地下水动态监测井，41处水质监测站。另有水情、雨情、墒情、冰情测报点79处，洪水及排水调查断面71处。全局现有编制234名，实有在岗在编229人，离退休105人。在职人员中：行政人员18人，占总数的8.2%；专业技术人员118人，占总数的54.1%；工勤人员82人，占总数的37.6%；高级职称25人，占总数的10.9%；中级职称58人，占总数的25.3%。另外有不占编制的委托观测人员414人。

2010年，水文水资源勘测局以水利事业发展和水资源可持续利用为目标，围绕防汛抗旱和经济社会发展需求，转变作风，抢抓机遇，真抓实干，各项工作取得了显著成绩。一是完成年度汛情测报和水文资料整汇编工作，成功测报了"8·11"盐池王乐井、红柳沟特大暴雨洪水过程；二是水文法规建设取得突破，《宁夏回族自治区实施〈中华人民共和国水文条例〉办法》正式颁布实施；三是完成省界监测断面确界立碑和引黄灌区县界排水监测断面设立，开展了水质水量同步监测；四是承担宁夏第一次全区水利普查工作，完成方案编制、机构组建和国家级培训；五是完成国家扩大内需项目——6处水文站危房改造和苏峪口站监测断面综合整治工程；六是完成了宁夏中小河流治理、中小型水库除险加固、山洪地质灾害防治等专项规划和2个山洪灾害防治预警试点县建设；七是深入开展党的建设年、创先争优和西部大开发大学习活动，党组织的战斗堡垒作用和党员的先锋模范作用充分发挥；八是加强党员干部队伍建设，中层干部队伍结构得到改善，政治素质显著提高，思想作风和工作作风实现转变。

2010年水文水资源勘测局荣获全区水利行业先进集体，全区水利行业行风政风建设先进集体，全区防汛抗旱先进集体等荣誉称号。（翟金龙）

【水文测报】 高度重视汛前准备和汛期测报工作，逐站落实汛前准备各项措施。对测验设施设备、报汛线路、计算机网络、交通工具及器材进行全面检查维护。各水文站修订完善测洪方案，健全规章制度，进行模拟实战演习，为汛期测报工作奠定了良好的基础。8月8～9日，银川以南地区降小到中雨，固原地区局地降大到暴雨，清水河、贺堡河及红柳沟相继发生洪水，其中海原贺堡水文站洪峰流量110.0立方米/秒。8月10～11日，吴忠市、盐池、红寺堡区、同心部分地区发生暴雨或大暴雨，吴忠分局郭家桥、鸣沙洲、泉眼山水文站相继发生较大洪水或大洪水，特别是鸣沙洲水文站出现了历年来最大的洪水过程，实测洪峰流量423立方米/秒，为1953年有资料记录以来实测最大值，重现期50年一遇。2010年全区共发生大小洪水127次，实测最大洪峰流量423立方米/秒。（李光伟）

【基础设施建设】 完成胜金关等6处水文站危房改造工程。投资104万元对苏峪口水文站测流断面进行综合整治；投资11万元对石嘴山分局办公楼内部粉刷装修；投资130万元完成固原分局临时办公房的购置和内部装修；投资20万元建成机关职工宿舍和食堂、文体活动中心。先后承担了海原、西吉等6县的52处遥测雨量站建设，全国山洪灾害试点县宁夏隆德县、大武口区山洪灾害水雨情基础建设，黄河视频遥测系统建设，并顺利通过验收。完成3套水利卫星小站的设施设备安装、语音报汛系统软件升级以及宁夏水资源信息查询系统建设工作。完成25处县界排水监测断面水位计基础工程建设。（李光伟）

【水文资料整编】 2月底至3月初组织完成了2009年度全区水文资料复审验收工作。对16个水文站的水流沙及全部雨量资料、2009年度暴雨洪水调查和排水沟水量调查资料进行了全面审查，抽查率达到80%以上，审查结果作为分局评先评优的依据。6~8月组织人员分赴包头、西安、三门峡参加了黄河流域水文年鉴共4卷3册的汇编工作；9月份组织参加了黄河流域及内陆河湖2008年度水文年鉴资料汇编成果流域验收工作；11月份，组织人员参加了水文年鉴资料终审工作。根据水利部水文局安排，完成并上报1956～2009年全区固定点洪水调查系列资料整编工作。（李光伟）

【汛情监测】 2010年共布置各类报汛站180处，其中中央报汛站18处。通过实时水情计算机广域网、电话向多家单位发送各类水情电报近万次，发送水情短信近3万次；通过宁夏水文信息网站发布各类水文情报、简报近120期，凌汛期情报75期，长期预报2期。

7月16日13:00～17:00 固原地区自西向东出现一次较大降水过程，降水量为10毫米～34毫米。受降雨影响，清水河出现入汛以来第一次洪水过程，7月16日19:12清水河韩府湾水文站洪峰流量74立方米/秒，洪水主要来自双井子沟；19:36清水河支流折死沟张湾水文站实测洪峰流量116立方米/秒，洪水持续时间为14小时；7月18日10:00清水河泉眼山水文站洪峰流量12.8立方米/秒。

7月22日下午至23日下午 宁夏中南部地区降中到大雨，西吉、原州区及彭阳局部地区降暴雨或大暴雨。受强降雨影响，自治区南部地区部分河流发生不同程度洪水过程。7月23日6:50黄家河水文站实测洪峰流量22立方米/秒，9:46彭阳水文站实测洪峰流量34立方米/秒，16:45泾河源水文站实测洪峰流量23.4立方米/秒。

8月8～9日 银川以南地区降小到中雨，固原地区局地降大到暴雨，降雨量为2毫米～41毫米。其中，9日16:00～17:00彭阳县城1小时降雨量达34毫米。清水河、贺堡河及红柳沟相继发生洪水。8日1:00清水河韩府湾水文站洪峰流量18.0立方米/秒，19:54海原贺堡河贺堡水文站洪峰流量110.0立方米/秒；9日9:20同心清水河折死沟张湾水文站洪峰流量75.0立方米/秒，11:24中宁红柳沟鸣沙洲水文站洪峰流量107立方米/秒。

8月10日20:00左右至8月11日6:00 吴忠市、盐池、红寺堡区、同心部分地区发生暴雨或大暴雨，暴雨中心在罗山一带，暴雨中心降雨量74毫米。受强降雨影响，吴忠分局郭家桥、鸣沙洲、泉眼山水文站相继发生洪水过程，红柳沟鸣沙洲水文站11日8:42实测洪峰流量423立方米/秒，为1953年有资料记录以来实测最大值，重现期50年一遇。

2010～2011年凌汛期黄河宁夏段累积封河长度达226千米，仅次于2007～2008年度封河260千米，为1968年刘家峡水库运行以来第二长的一年。从2010年12月30日封河至2月5日开始开河，封冻期64天。（张 芳）

【地下水监测】 如期完成了2009年度地下水监测资料复审验收及资料入库，地下水数据库历史资料整编校核入库。完成《中国水资源简报》1期，《地下水通报》3期，《地下水月报》12期以及《宁夏灌区地下水年度动态简报》。编制宁夏地下水监测井网改造方案，按照水利部可行性研究报告编制汇总要求，完成《国家地下水监测工程》宁夏部分资料上报工作。（陈玉春）

12月28日，水文局党委书记、局长周伟华（左一）在石嘴山检查凌汛

【水环境监测】 完成上级部门下达的地表水、地下水、二级水功能区、土壤易溶盐等例行监测任务；完成全区农村安全饮水工程和水利建设工程水质检测分析任务；完成宁夏2009年度水质资料整编；完成玻璃计量器具自检计量标准的复核换证工作。参加了吴忠市辖区和中卫市辖区两次突发水污染事件应急监测及处置工作。2010年5月，完成泾河源头、暖水河、颉河、蒲河、茹河、葫芦河、清水河、渝河8条宁甘省界河流及都思兔河（苦水沟）宁蒙省界河流监测断面确界立碑工作；2010年11月完成宁夏95个二级水功能区确界立碑及其标志桩施工工作。实现省界河流及宁夏水功能区水量、水质同步监测。购置了万分之一全自动内校电子天平、水质多参数快速测定仪、纯水机、原子吸收分光光度计等检测仪器设备。2010年6月通过国家计量认证监督评审。（李占生）

【水文科技咨询】 完成《宁夏水文事业发展规划》《宁夏水文基础设施建设"十二五"规划》《宁夏2010年度山洪灾害防治非工程措施建设年度实施方案》《宁夏中小河流治理防洪工程措施专项规划》《宁夏中小河流治理、中小型水库除险加固和山洪地质灾害防治非工程措施专项规划》等。

配合水利部和黄委会完成了2009年《中国水资源简报》《中国水资源公报》及《黄河流域水资源公报》相关内容。完成2009年《宁夏水资源公报》，完成了《全区主要水功能区纳污能力控制分析》《宁夏"十二五"水资源优化配置》《宁夏工业园区基本情况调查及废污水排放调查》等多个研究项目报告。《宁夏县（区）水资源详查及开发利用研究》项目获水利科技进步一等奖。积极争取对外服务项目，完成水资源评价论证23项、水权转让可研报告2项、工程防洪影响评价2项、中小河流整治及水库除险加固工程水文分析67项、农村饮水安全工程水量分析计算报告19项。

负责实施宁夏回族自治区第一次全国水利普查工作，具体承担第一次全国水利普查领导小组办公室日常工作和技术工作。8月成立综合协调组、普查技术组、河湖专项普查工作组、地下水取水井专项普查工作组，指导全区河湖基本情况普查、水利工程基本情况普查、经济社会用水调查、河湖开发治理保护情况普查、水利行业能力建设情况普查和地下水取水井专项普查6个普查项目。（张万宝）

【党建与精神文明建设】 根据"创先争优"活动对基层党组织和党员的要求，在各党支部中开展以"班子好、队伍好、学习好、作风好、工作好"为主要内容的创建"五好"党支部活动；在全局党员中开展以"思想政治好、理论学习好、工作作风好、完成任务好、先锋

作用好、廉洁自律好”为主要内容的争做“六好”共产党员活动。采取党员自评互评、群众评议等形式，每月给党员考评打分。在全局科级以上干部中开展“精读一本书，开展一次调研，撰写一篇报告（心得体会），开展一次谈心，讲一次党课，作一场学习辅导，建立一个联系点，接受一次警示教育”的八个一活动。结合西部大开发大学习活动，由局领导带队，各分局、各科室负责人、各水文站站长到渠道管理单位和基层分局测站观摩学习。在固原分局召开党建经验交流会，提出了“远学管理处、近学固原局”的号召。严格按照《党政领导干部选拔任用工作条例》和干部选拔任用工作《四项监督制度》的规定，选拔聘用了一批科级干部，在对任期工作全面评价的基础上重新聘任科级干部。

立足于抓载体，树典型。以创建“文明科室”“文明单位”“先进工作者”等为抓手，增强精神文明创建活力。通过开展“优秀勘测工”“优秀测站站长”“优秀专业技术人员”“优秀女职工”等行业评优活动，调动了各类人员的积极性。主汛期和重大节日坚持慰问一线职工，为职工送粮送菜，改善生活；研究制定了职工体检的规定，坚持每年为女职工做一次妇检，每两年为全体职工进行一次体检；通过改造机关旧自行车棚建立机关食堂和单身宿舍，为单身职工解决食宿困难；建造机关健身房和娱乐中心，建立了老干部活动室，召开了老干部座谈会，组织老干部参观水利建设成就，切实把对老干部的关怀落到实处。这一系列举措，使职工感受到了组织的温暖，增强了凝聚力和向心力。（翟金龙）

宁夏回族自治区水利电力工程学校

【概况】 宁夏回族自治区水利电力工程学校（以下简称学校）内设办公室（工会、监察审计室连署办公）、教务处、土木与水利工程系、电力与电气工程系、继续教育处、培训与技能鉴定中心、素质教育处（团委、艺术团连署办公）、招生办公室、资产财务处、青少年拓展训练中心。学校共有在编职工 94 人，非编职工 47 人；其中校级领导 6 人，管理人员 51 人，专业技术人员 72 人，具有高级职称的占到专业技术人员总数的42%。2010 年，学校在水利厅党委、教育工委的正确领导下，坚持党的教育方针，认真践行科学发展观，切实贯彻《国家中长期学校教育改革发展规划纲要》，以申报国家级示范性中等职业学校建设计划为契机，在提高教育教学质量、师资队伍建设、招生就业、培训鉴定、争取项目和党建、党风廉政建设、精神文明建设等方面取得了一定成效。

（刘佩玲）

【教学改革】 学校立足水利水电工程技术、电气设备安装与维修骨干专业，以培养学生职业能力为导向，推动教学工作从学科本位向能力本位转变，积极推进多种模式的课程改革，促进课程内容综合化、模块化，提高现代信息技术在教育教学中的应用水平。召开了教学专题工作会议，进行了两次课程设置和教学计划的修订。着力改革人才培养模式，大力推行工学结合、校企合作、顶岗实习，形成了以学校为主体，校企联教、联管的教育教学方式。尝试将部分课程采取一体化教学模式，实训项目由过去单一的课程实训向多元化和综合化方向发展。在现有实训条件下满负荷开设电工技术、综合制图、钳工、维修电工、工程测量、工程算量等实训课，提高了学生的学习兴趣，改善了授课效果。以赛促教，以赛促学。组织 30 名学生参加了 4 次教育部、水利部和自治区组织的技能大赛，并承办了全区第二届中等职业教育“南方测绘杯”工程算量和工程测量两个项目的技能大赛，区内参赛学生获奖率达 78%以上。在参加全国、全区技能大赛的同时，学校还组织学生开展校内 CAD 工程制图、工程测量、电气设备安装等技能竞赛 6 次，学生参赛率占 30%。这些活动既展示了学校的教学成果，也极大地促进了学生学习知识、掌握技能的求学热情。（刘佩玲）

【基础能力建设】 学校以项目带动战略加快学校基础能力建设。分别向教育部、自治区申报项目四个，落实项目资金 821 万元。其中申请自治区财政厅、教育厅职业教育专项资金 1000 万元，落实 500 万元；争取到教育部支持职业教育专项资金 220 万元；申

12月7日，学校领导柳钧正（左二），陈建国（左一）赴企业看望工学结合、顶岗实习学生

报《节水型循环校区项目建设专题研究》项目资金1000万元，落实80万元；落实教育厅师资培训资金21万元。学校利用上述资金，支付了新校区建设欠账400余万元；完成了机械与电气工程和土木与水利工程2个校内综合实训车间的扫尾工程；初步建成电气工程6个工位的电气安装和20个工位的电焊操作实训基地；完成了掌政镇中心支渠的改造工程；投资10万余元绿化美化校园环境。（刘佩玲）

【师资队伍建设】 推进教育教学改革，教师是关键。一是加强师德师风建设。采取多种形式开展师德师风教育。组织教师观看教师礼仪讲座专题片、赴同行院校和企业参观学习；召开教学研讨会等。与此同时，各种形式的文化体育活动丰富教育文化生活，如举办羽毛球、乒乓球比赛和经典诗歌朗诵等。通过各种生动有益的活动，调整情绪，减轻压力，引导广大教职工树立正确的人生观、价值观和职业道德观。二是加大师资培养培训力度。在加大骨干教师、名师、学科带头人和青年教师培养培训工作力度上，组织教师开展了一系列活动：在第十届校园科技文化艺术节和"教学质量提高月"活动中，开展了教师讲课、说课、课件制作、教案设计比赛、教学能力测试、民主评议等活动，参与率占教师总数的60%；先后组织15名教师参加教育部、人劳部骨干教师专业技能培训班，组织6名教师参加教育厅教材培训班，有44人次参加"广联达造价软件"和心理健康教育公需课培训班；委派两名副校长参加教育部第八、第九期中等职业学校校长改革创新战略专题研究班；重视班主任队伍建设，出台了《班主任聘任管理办法》，通过召开班主任经验交流和聘任大会，加大在评先、职称评聘等方面的政策倾斜力度，鼓励全校教师自觉参与到班主任行列，共同搞好学生管理工作；采取多种形式，引进、补充教师8名。

学校把综合素质讲坛作为一个品牌，全力办成一个集思想教育、学术交流、外请报告于一体的多角度的讲坛，形成一个同事之间相互切磋、相互砥砺、相互提醒、相互借鉴、相互丰富，深化、修正思想，展现校园文化底蕴的一个平台。创办一年来，主讲内容涉及党的十七届五中全会、党的先进性、党史、职教纲领等，共办讲坛8期，使党员干部和教职工获得了新知，武装了头脑，提高了综合素质。（刘佩玲）

【学生素质教育】 学校坚持德育工作贴近实际、贴近生活、贴近学生，注重育人质量。一是学生素质教育贯穿教育教学全过程。通过国旗下的演讲，纪念"五四""一二九"运动，"七一"唱红歌，举办第十届校园科技文化艺术节、第23届体育运动会，组织"心理健康日"文艺活动、军训、"5·12"紧急疏散演练、义务植树、主题班会，诵读《弟子规》等系列活动，引导学生树立正确的理想信念，培养他们的爱国爱校情感，提升他们的道德情操。二是创设工作载体和教育环境。加强校园广播、宣传橱窗、教室园地建设；开辟艺术团活动场地，组建舞蹈、书法、素描、电气安装等各种兴趣小组，开展"第二课堂"活动，为学生综合素质养成提供平台；投资8万元开办了面积400平方米的心理健康教育中心，内设心理社团辅导室、个体咨询治疗室、沙盘游戏室、情绪宣泄室为师生提供了关

10月23日，学校举办新老生联谊会

注心理健康和探求内心世界的新途径（这样的规模目前在全区职业院校中尚属首例）；进一步规范学生管理工作。坚持制度育人，印发了《学生素质教育手册》，包含40多项常规管理制度。严格实行“七查一评”，以此规范学生行为。同时注意加强学生干部队伍建设，培养优秀学生干部，形成了素质教育处、班主任、学生会上下联动的管理机制，对提高育人水平，加强学生管理起到了很好的作用。

创办《素质与就业》校刊和“综合素质提高讲坛”。校刊坚持以弘扬素质教育精髓，探求职业生涯支点，构架校企合作平台，打造校园文化品牌为宗旨。全年办校刊3期，采用稿件110篇，发行量1500册。创办校刊在全区职业院校中尚属首例。

（刘佩玲）

【招生就业工作】 2010年，教育厅下达学校中职招生1500人。春季、秋季开学前，学校集中人力、财力，充分利用网络、短信平台、报纸、电视、广播等媒体宣传，开展增加阿语专业联合办学等多种有效途径进行招生，共发送招生短信80万条，发放招生宣传材料2万份，招收中职生1611人、高级技工生211人，超额完成了教育厅下达的招生计划。成人函授专本科招生200多人。毕业生就业率达98%以上。

（刘佩玲）

【社会培训和技能鉴定】 作为水利厅、人劳厅行业定点培训机构，学校先后举办了财会人员继续教育、农民用水者协会、心理健康教育公需课、电信行业专业培训等各类成人继续教育培训班32期，培训3445人次。开展通用工种和水利行业特有工种技能鉴定1544人次。扩大了办学声誉，增加了学校收益。

（刘佩玲）

【内部管理】 学校狠抓内部管理，规范工作程序，保证了各项工作的有序开展。一是健全完善工作制度。修订完善了部门《工作流程》《参加技能大赛奖励办法》《突发公共事件应急预案》等6项工作制度和《教师工作量百分制考核办法》等5项教学管理制度，进一步完善了学校制度建设。二是加大目标管理和考核。年初，层层签订《党风廉政建设暨师德师风建设目标责任书》《效能目标考核管理责任书》和《安全和综合治理工作目标责任书》，并实行半年度、年度检查考核。三是强化事务管理。通过开源节流、增收节支、盘活资产、争取项目、控制招待费和办公费等方式，在外债数额较大的情况下较好地保证了日常开支；进一步加强效能建设，坚持周一行政例会制度，对值班中发现的问题确定整改事项、明确责任人和整改时限，强化督查督办；牢固树立以学生为本的理念，进一步规范学生学籍、助学金、免学费等的管理工作。完成了今年秋季招收学生助学金的申报工作，落实春季学生助学金138.225万元，惠及学生1054名。完成涉农专业和贫困农村户口学生的免学费信息核查及上报工作，1049名学生享受209.8万元的免学费政策；落实档案管理达到国家二级的各项准备工作，投资12万元完成了档案室硬件设施配置；按照成立机构、明确分工、拟订提纲、修订完善、职代会讨论、校务会议讨论等程序，完成了“十二五”规划的编制工作。

学校始终紧绷“安全”这根弦。一是严格落实“五级”（校领导、科级干部、素质教育处应急管理人员、班主任、门卫）值班制。二是注重安全教育。寒暑假让学生带去“致家长的一封信”，每学期举办一期全校性的法纪教育大会，开展两次紧急疏散演练，不定期地开展安全大检查活动。三是妥善处置突发事件。10月中旬，面对全国部分省份大中专院校学生集体反日活动，学校按照教育厅紧急部署，多次召开会议安排预情防范工作，强化班主任跟班和校科两级干部联系班级制度，落实责任，严密做好周末重点时段的应急防范工作；同时加强校外实习学生的管理，保持

12月16日，水利厅考核组对学校2010年度工作进行考核

了正常有序的教学、工作、生活秩序。（刘佩玲）

【党建与精神文明建设】 以学习型党组织建设为契机促进全员学习。坚持做到“五个结合”，即树立新的学习观，把学习与提高领导水平相结合，以推动学校科学发展；把学习与解决思想、工作和生活中存在的问题相结合，严格党内纪律，不断提高解决自身问题的能力；把学习与生活方式相结合，培养终身学习的理念；把学习与校园文化建设相结合，推进学校精神文明建设；把学习制度与学习方法相结合，不断提高学习效果。在学校形成了以中心组学习为引领、领导带头、全员参与的氛围。

以党的建设年活动为载体“创先争优”。确立了“勤学严谨、创新求实、风正廉洁、团结和谐”的校党委班子建设目标。

1. 进一步加强领导班子建设。一是加强领导班子思想政治建设。把中心组学习作为重要抓手，全年学习12次。二是严格落实民主集中制。按照集体领导、民主集中、个别酝酿、会议决定的原则，决定重大事项。坚持落实党务公开，自觉接受党内外群众监督。三是加强领导班子作风建设。自觉遵守党的政治纪律、组织纪律，“讲党性、重品行、作表率”，讲原则、讲政策、讲友情，珍爱和维护班子团结，以党风引领校风，廉洁自律、勤奋敬业。

2. 进一步加强党支部建设。一是夯实党建工作基础。坚持党建工作联系点制度，将支部建在系部，加强支部班子建设和支部能力建设，完善《党支部工作手册》，认真落实“三会一课”、民主评议党员等制度。二是深入开展创先争优活动。在建党89周年前夕，组织党员、教职工及学生同台献艺唱红歌，隆重庆祝党的生日，并表彰奖励了优秀党员和优秀党务工作者。与区直机关工委联合开展了庆“七一”党日活动。三是在实施西部大开发战略大学习活动中，利用多种宣传途径营造浓厚的学习氛围。四是加强党员教育管理。以提高党员素质为重点，以开展正常的组织活动为保证，开展以保持党的先进性为主题的义务植树、“财政颂”文艺演出、树立党员示范岗等活动，增强党员意识。五是组织全校教职工认真学习贯彻落实党的十七届五中全会精神，举办了专题报告会，召开经验交流大会，下发交流材料。在集中学习期间共撰写学习心得240篇。

10月15日，学校党委书记杨克胜（右二）陪同离退休干部参观宁东水务公司水厂，共度重阳节

3. 进一步加强干部队伍建设。一是加强思想教育。以党的建设年为契机、以“综合素质讲坛”为载体，加强干部队伍思想教育。二是加强干部队伍作风建设。引导干部把心思凝聚到干事创业上，把精力用到教学改革、教书育人上，把工夫下到抓落实、提高解决问题的能力上，切实解决了干部队伍中个别存在作风不够扎实、遇事推诿、组织纪律观念淡薄等问题。三是加大培养选拔干部工作力度。注重培养选拔年轻干部，真正把政治上靠得住、工作上有本事、作风上过得硬、教职工信得过的干部安排在适当的工作岗位。全年调整交流、聘用科级干部8名。四是严格干部考核工作。实行考核结果与评优评先、表彰奖励、选拔任用、调整交流“四挂钩”，积极营造勤奋干事、激情干事、干净干事的良好氛围。五是认真做好离退休干部工作。

以送“清风”进校园活动为载体促进党风廉政建设。在“反腐倡廉制度建设年”活动中，学校认真学习贯彻中纪委十七届五次全会精神和《廉政准则》，严格执行《党风廉政建设暨师德师风建设责任制》，加强内部审计，强化制度建设，修订了《大宗物资招标采购管理办法》。开展学《廉政准则》促廉洁从政“十个一”的主题教育活动，召开党风廉政建设工作会议、观看警示教育片、制作廉政教育专栏、征集廉政摄影书画、开辟《素质与就业》“廉政建设”专栏、给党员干部发送廉政短信、举办廉政书画进校园活动等，突出廉政教育。认真开展廉政风险防范管理工作，查找廉政风险点。实施干部调整交流和任前谈话、设立举报箱、公开监察审计室邮箱。10月份抽调人员代表水利厅参加了区纪委组织的“实施西部大开发战略纪检干部保驾护航”演讲比赛，获得“二等奖”。加强重点项目和各项工程的效能监察，确保了学校“工程安全、资金安全、干部安全”。

学校以促进安全、和谐、文明为目标，不断提高精神文明建设水平，提高文明和谐程度。利用文化长廊、广播站、第二课堂、心理健康教育中心、艺术团阵地、名人名言警句标牌等载体，全面带动精神文明建设、校园文化建设和师德师风建设。经常组织学生开展喜闻乐见的文化娱乐活动、演讲比赛，努力培育团结、求实、创新、进取的校园文化氛围。坚持开展“文明宿舍”周评、“文明班级”学期评比活动。在参加全国、全区职业技能大赛中获得各种奖励8项，其中“优秀组织奖”2项、“一等奖”2项、“二等奖”3项、“三等奖”1项；学校还被自治区教育厅授予“技能人才培养奖”和“最佳组织奖”；被中国教育学会评为“2010年度心理健康教育工作先进实验学校”。在创建平安校园活动中被兴庆区人民政府和绿化委员会联合授予“绿色达标单位”。积极争创银川市级文明单位，完成了“卫生达标单位”“综合治理达标单位”等资料的申报工作。（刘佩玲）

宁夏回族自治区水利科学研究所

【概况】 2010年宁夏回族自治区水利科学研究所(以下简称水科所)在岗工作人员34人，其中专业技术人员30人，占88.2%；具有大学专科以上学历33人；研究生11人，在读博士1人，大学本科20人，大学专科2人。具有各级各类专业技术职称人员25人，其中正高级7人(2人为研究员)，副高级职称4人。有1人为获得国务院政府特殊津贴的专家。

2010年水科所共执行科研、技术服务项目45项，其中科技部项目2项、水利部项目3项、自治区科技厅项目5项，自治区自然科学基金项目2项，自治区发改委项目1项，自治区国土资源局项目1项。科研项目经费突破700万元。在三区建立水利科研、示范基地3个。7个项目通过主管单位验收，7个项目通过审查，1个项目获自治区科技进步三等奖，1个项目获2010年度宁夏水利科技进步一等奖。完成科研、技术报告27篇，在各类学术期刊上发表科技论文15篇，其中在核心刊物上发表9篇。水利部科技推广中心宁夏推广工作站得到批准。被自治区水利学会评为先进集体。（吴海霞）

【科技创新】 主持承担的国家“863”计划现代农业技术领域重点项目《宁夏半干旱区现代节水农业技术研究与集成》，建设技术研究与示范基地面积13.33公顷，提出了大田降水资源就地转化集成技术1套，用水效率提高了36%；提出了玉米、马铃薯、辣椒3种作物的精量补充灌溉制度及集成种植技术模式，研究总结出了适合当地实际的区域现代节水农业技术体系，圆满完成合同任务。宁夏电视台制作专题片进行了宣传报道。课题于2010年11月10日通过科技部验收，获2010年度宁夏水利科技进步一等奖。

合作承担的国家科技支撑计划《宁夏中部干旱区设施蔬菜综合节水技术研究与示范》项目，于2010年9月通过科技部验收。课题组自主研发“微灌系统首部枢纽装置”在灌区推广，取得实用新型专利技术(专利号:ZL200920144124.1)，正在申报国家发明专利。（吴海霞）

【水利科研】 1.围绕分区治水，做实科研服务水利各项工作。2010年，在北部引黄灌区，开展了“宁夏引黄灌区井渠结合灌溉综合示范与水资源高效利用研究”和“渠道防渗砌护新材料的引进与应用”等6项课题。“宁夏引黄灌区井渠结合灌溉综合示范与水资源高效利用研究”课题成功采用黄河水安全净化措施，解决了黄河水滴灌易堵塞等技术难题，创建了引黄灌区节水灌水灌溉新模式。“渠道防渗砌护新材料的引进与应用”课题首次在宁夏引进竹塑渠槽、玻璃钢渠槽、W-OH防渗喷涂材料等防渗砌护新材料和新工艺来部分替代混凝土砌护。在中部干旱风沙区，开展的“宁夏扬黄灌区农业高效节水综合示范”

2010年和2011年水利部公益性项目科研专项经费项目实施方案审查会现场

课题从转变输水方式、灌溉方式、种植方式三个方向，辅以节水管理技术，研究提出4种节水技术模式，建立示范区总面积1.03万公顷，通过水利部验收。“宁夏大型扬黄灌区用水现状调查”课题完成四大灌区用水现状调查报告的编写。“宁夏同心县下马关以色列合作项目灌溉技术示范与推广”课题，在宁夏同心县下马关工程示范区，引进以色列先进农业灌溉技术、设备与管理经验，结合当地条件，建设高效节水示范区1267公顷。“宁夏中部干旱带高效节水补灌技术示范与推广”课题，在固原市原州区初步建立示范区20公顷，编制《宁夏中部干旱带高效节水补灌技术培训手册》下发至当地农民手中。在南部黄土丘陵区，“宁南山区坝系水资源联合调度及高效利用研究”课题建立了4个节水高效利用示范区，提出了水资源高效利用评价体系。“湿陷性黄土地区均质土坝加坝技术集成与研究”课题完成了彭阳县、西吉县、原州区3个水库的变形监测设备的安装、监测和数学模型初步建立工作。同时，还完成了“宁夏计划用水管理实施方案与实践”“宁夏灌区渠道砌护工程技术导则”“设施（日光温室）农业节水灌溉制度试验研究”课题研究报告；出版发行了《宁夏灌区支斗农渠衬砌定型图集》，并下发到各县（区）设计和建设部门，在实际生产中推广应用。

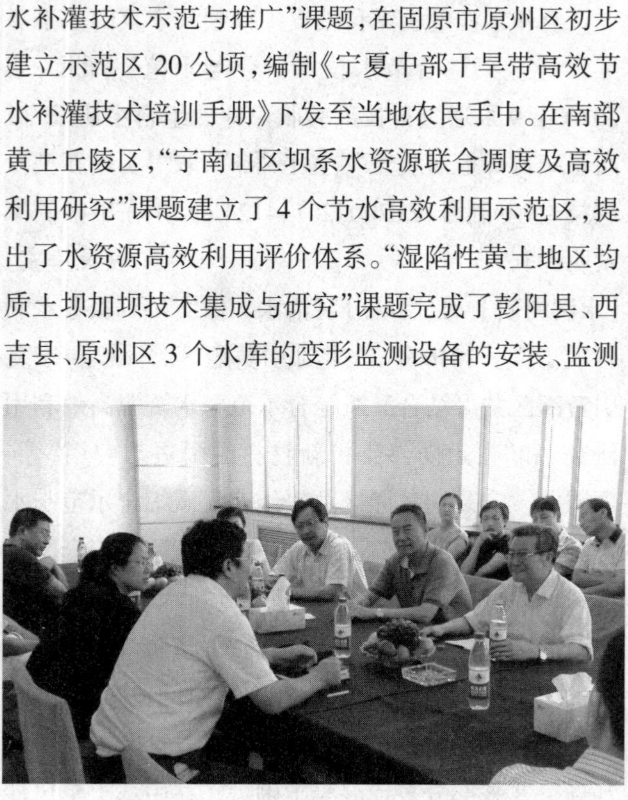

8月27日，茆智院士和水利部发展研究中心武文相主任详细听取水科所汇报

2. 技术服务创先争优，业务领域进一步拓展。采取领导牵头，业务骨干负责的方式，加强内外沟通协调，拓展业务领域。2010年承揽了22项技术服务项目，其中开发建设项目水土保持监测任务5项，新增水土保持设施验收技术评估项目10项，建设项目水土保持方案编制项目1项，水资源论证和水权转换项目1项，调查、规划项目5项。

3. 大抓项目、抓大项目，切实贯彻西部大开发精神。抢抓西部大开发战略机遇，从抓项目入手，紧扣国家政策扶持主题，主动联合水利部发展研究中心、宁夏大学等科研院所，联合申报国家项目。9月份，主持申报的2010年水利部公益行业项目“宁夏中部干旱带扬黄延伸区限额灌溉技术研究”“宁夏扬黄灌区水量分配及水权研究”获得水利部批准。10月份，主持申报的“宁夏干旱半干旱区现代节水高效农业关键技术创新与示范”被列入“十二五”国家科技支撑计划项目；11月底，主持的“宁夏中部干旱带扬黄灌区节水技术集成研究”项目获水利部批准，被列为2011年水利部公益行业项目。竞标争取到自治区国土资源厅“宁夏中北部土地开发整理重大工程项目北部片区盐碱地综合治理和土地利用专题研究”项目；争取到自治区发改委项目“宁夏中部干旱带高效节水补灌技术示范与推广”。另外，落实自治区科技攻关计划项目1项，自治区科研院所转制项目1项，自治区自然科学基金项目2项。在承担重大科研项目的数量、水平和资金方面均取得重大突破。

（吴海霞）

【财务管理】 2010年水科所总收入976.85万元，总支出912.22万元，结余分配8.31万元，转入职工福利基金3.32万元，转入事业基金一般基金4.99万元，年末财政专款项目结余115.13万元。全年财务运行状况良好，资金供给保证了水利科研各项工作

的顺利开展。（刘中华）

【党建与精神文明建设】 一是抓党建，增强单位凝聚力和向心力。围绕水利科研中心工作，积极组织开展“党的建设年”活动，4个党支部进行了换届选举（包括离退休党支部）。开辟阵地，建立了党建活动室和廉政教育活动室。深入开展党性教育和集体主义教育。认真学习中央、自治区、水利厅有关会议和文件精神以及水利厅党建暨党风廉政建设会议精神等，组织科研一线党员干部前往革命圣地延安进行参观学习。与科技教育处党支部开展迎“七一”结对共建活动。严格选拔2名硕士研究生走上科室负责人岗位，认真考察从科研一线发展吸收2名研究生党员。走访慰问老党员，看望慰问生病老同志，组织离退休党员干部职工游览大银川和“黄河金岸”标准化堤防工程等，给38名离退休老干部职工进行了健康体检；重阳节举办离退休职工慰问座谈会，让他们进一步感受到了党的关怀和温暖。

二是加强风险防范，强化廉政建设。安排部署全所2010年党风廉政建设工作，层层签订《党风廉政建设责任书》。开展《廉政准则》专题学习讨论，举办廉政知识答题活动，制作廉政文化宣传板，强化遵守“52个不准”的廉洁自律意识。成立了所廉政风险防范管理工作领导小组，研究制订了《水科所廉政建设风险防范管理实施方案》，实行目标管理和月度考核，有效推进了全所廉政建设。

三是大力开展“学习型党组织”创建活动。研究制订了《宁夏水科所学习型党组织建设实施方案》，出台了《宁夏水科所2010~2012年推进学习型党组织建设三年工作规划》《宁夏水科所学习型党组织建设考核评价办法（试行）》等文件，确定了所属学习型党组织建设试点支部和“党员示范岗”，采取送出去、引进来、专题培训、技能培训、外出交流等形式，选择有潜质的高技术人才进行重点培养，产生了良好的激励效应。全年29人参加各类培训达107人次，合计培训2346学时，在岗职工人均达73学时，使水利科研人才和管理人才得到有效锻炼。

四是促科学发展，深入开展“创先争优”活动。全年围绕分区治水新思路，在宁南山区、中部干旱带、引黄灌区等科研试验站点开展科研工作。3名所领导分工负责主持重点科技攻关项目，带头下基层站点，现场指导，党员干部以创建“党员先锋岗”为载体积极跟进，开展科技攻关和调研工作。40余项科研和服务项目顺利开展。鼓励年轻科技人才承担任务，积极投入到项目中锻炼，开展科技创新，课题组自主研发“微灌系统首部枢纽装置”在灌区推广，取得实用新型专利技术。由1名年轻研究生和1名在读博士生申报的2个宁夏自然科学基金项目首次获得资助。

8月6日，水科所组织离退休老干部参观宁东金水源泵站

五是重视党群共建，推动精神文明建设出成果。开展以“学习型、服务型、创新型、节约型、文明型”为主要内容的“五型单位”创建活动。积极配合西夏区开展文明城市创建活动。重大节日期间，组织开展羽毛球、趣味游戏等系列文体娱乐活动和迎春联欢会，大大提高了单位凝聚力。4月初发动职工在灌溉试验站植树500余株，平整绿化林带3000多平方米。职工生日坚持开展祝福活动：“送一束生日鲜花、送一张生日贺卡、打一个生日祝福电话”。玉树地震后，全所干部职工和离退休老干部积极捐款捐物支援灾区。（殷 锋）

宁夏回族自治区艾依河管理局

【概况】 宁夏回族自治区艾依河管理局（以下简称管理局）为自治区水利厅所属全额拨款处级事业单位，核定人员编制23名，内设办公室、工程管理科、

防洪调度科、银川管理所4个科级机构，管理局设处级领导3名（1正2副），科级领导8名（4正4副），现有在职职工22人。2010年，管理局以邓小平理论和“三个代表”重要思想为指导，全面落实科学发展观，认真按照水利厅工作部署，层层推进，扎实工作，保证了河道安全运行。安排投资244万元，完成了河道水情遥测系统一期工程、四二干沟应急度汛退水涵洞、下段4座尾水工程建设以及船闸机电设备检修维护等，整修河道砂石道路1500米。全年向西湖、阅海等湖泊湿地补水5437万立方米。（吴正光）

【河道管理】 1.坚持依法管理，保障河道安全。2010年，管理局严格按照《艾依河管理办法》的有关规定做好河道管理工作，加强日常巡护，在河道沿线设立25个信息联系通报点，及时掌握河道突发情况，制止私自取水、非法取土、破坏河堤及建筑物、侵占河道等行为，依法处理河道运行中存在的各类问题，消除安全隐患，确保了河道、建筑物、工程设施的安全运行。

2.科学调度水量，做好湿地补水工作。制订了《2010年水量调度实施方案》，完善水量监测设施，协调银川市水务局及河道沿线有关单位的关系，基本实现了全流域水资源的统一调度。全年向沿线湖泊湿地补水5437万立方米，保证了湖泊湿地生态用水需要，维持了河湖景观。积极开展以河补灌工作，较好地解决了河道沿线用水户的灌溉、养殖难题。

3.加强水政执法工作，维护良好水事环境。水政执法人员深入河道实地调查，严密掌控河道动态，对

8月4日，管理局局长高建国（左一）带领技术人员监测河道流域地下水位

破冰网鱼、非法捕捞、破坏水利设施以及私自排污等违规违法行为进行坚决查处和有力的打击。全年巡护112天，出动500人（次），夜间执法21次，下达责令整改通知书5份，制止河道私自取土、取水15人（次），打击非法网鱼、电鱼、毒鱼等48次，没收橡皮船2条、各类网具60多条（件），有效保证了河道安全。

4.做好河道绿化工作，维护河道优美风景。争取到自治区发改委生态绿化资金76万元，实施沙漠段整治工程。加强绿化管理，在船闸补植乔木5014棵，灌木434棵，并做好林地除草、打药、涂白、草坪修剪等工作，艾依河苗圃、速生杨林地长势良好。

（吴正光）

【防汛工作】 一是制订预案，落实责任。制订了2010年防汛抢险预案，明确职责，全面落实防汛抢险行政领导责任制。二是加强值班，实行联防。汛期坚持24小时值班制度，与各级水利调度部门建立联系，确保水量调度和防汛信息及时互通。与银川市沟道所签订了防汛联防责任书，协调河道沿线相关单位共同做好防汛工作。三是加强检查，排除隐患。通过日常河道巡查和专项检查及进行防汛实战演练等，及时发现并排除安全隐患。全年清除行洪障碍6处，清理河道土方3000余立方米。做好防汛抢险器具、物资储备工作。四是完善设施，确保安全。全年工程投资168万元，完成了河道水情遥测系统一期工程、四二干沟应急度汛退水涵洞、下段4座尾水建设以及整修砂石道路1500米，保证了艾依河安全度汛。

（吴正光）

【安全生产】 1.加强组织领导，落实安全责任。建立了局、科（室、所）两级安全网络，层层签订了安全生产责任书，明确各自的职责。

2.开展安全宣教，增强安全意识。参加了水利厅在光明广场举行的“安全生产月”启动仪式和安全生产咨询日活动，举办1期消防安全知识讲座，向河道沿线有关单位、个人发放安全防范宣传单13000份，在河道沿线增设警示牌22块，维修246块，喷写安全标语14条。

3.加强安全检查。全年开展了5次安全大检查，

每半年对三级船闸设备进行一次检修，全年发现并排除安全隐患5起，保证了工程安全、人身安全。

(吴正光)

【科技教育】《艾依河水体富营养化防治研究》项目，经过近3年时间试验，较好地改善了水质，美化了河道环境，该项目获自治区科技进步二等奖。《艾依河水源人工湿地净化技术研究》实施顺利，建立了大盐湖示范区，种植了芦苇、荷花、睡莲等10余种水生植物。《艾依河科学补水机制及水平衡调控研究》于10月通过科技厅审核立项，投资20万元，当年到位资金10万元。

(吴正光)

【闸船运行管理】1.做好船闸机电设备维修保养工作。严格执行机电设备保养制度，定期对阅海、于祥、洪广营三级船闸的设施进行检查维护。在船闸冬保中，研究制订了冬保方案，进行了创新实践，改变以往的打坝堵水方式为蝶阀坑电加热方式，保温效果良好，保证了船闸设施安全越冬。

2.进行船闸操作人员培训。采用邀请技术人员现场讲解，实际操作演练相结合的方式，对船闸设备操作人员进行技能培训，使大家熟悉船闸运行原理，掌握操作技能。

(吴正光)

【党建与精神文明建设】1.管理局以建设学习型党组织为核心，以创先争优活动为抓手，深入开展“党的建设年”活动。狠抓党员干部理论和业务学习，把党员干部的思想统一到对科学发展观和西部大开发的贯彻执行上来。深化“创先争优”活动，以支部“五个好”、党员“五带头”为目标，加强支部建设，抓班子团结，抓民主集中制原则的执行。设立三个党小组，建立了班子成员联系点和党员责任区，开展了“帮扶结对”活动。

2.加强职工教育。制订了2010年职工教育培训计划，组织职工专题学习了党的十七届四中、五中全会精神、《中共中央、国务院关于实施西部大开发战略的实施意见》等。举办各类培训班8期，派员外出参加培训班10期，科级以上党员干部撰写调研文章8篇，其中1篇用于船闸冬保实践。

3.开展了《艾依河管理办法》宣传月活动，从3月25日开始，历时一个月，在银川交通广播电台有关栏目播放《艾依河管理办法》宣传录音片段90次。全年接待外省区到艾依河参观考察人员共16批500多人，有27篇稿件被《宁夏安全生产》《宁夏廉政网》《宁夏水利网》等杂志媒体所采用。

4.开展了为职工生日送蛋糕活动，年底为职工进行健康体检，在宁夏水利工会纪念“三八国际劳动妇女节”健身操比赛中获三等奖，在“扶贫帮困献爱心”活动中，向南部山区干旱带捐款640元，向青海玉树、甘肃舟曲等灾区捐款1620元。(吴正光)

宁夏回族自治区唐徕渠管理处

【概况】宁夏回族自治区唐徕渠管理处（以下简称管理处)成立于1970年。2010年底，有在岗职工364人，有各类专业技术人员112人。其中各类高级职称12人、中级45人、助理级55人，占职工总数的31%；下设7个职能科(室)和工会、团委2个群众组织以及11个基层管理所、2个处属企业。

2010年，管理处明确任务，落实责任，狠抓管理，全年引水量10.48亿立方米，比计划少引0.53亿立方米；供水收入达3143万元；完成了灌区续建配套工程唐徕渠新桥至满达桥段渠道砌护现场施工管理任务和渠道岁修工程，确保干渠连续13年安全运行无事故；加快基础设施改造步伐，实施3个管理所、4个管理段的改造工程；重视新技术新设备应用，DLP监控系统、ADCP流速仪、GPS等一批先进的技术设备被管理处领先应用；加快水利工程管理体制改革步伐，2010年管理处被水利部授予“全国水利工程管理体制改革先进集体”荣誉称号。

(刘　贤)

【灌溉管理】一是早宣传、早准备、早开灌。唐徕渠于3月1日开闸放水，管理处抓住早放水的有利时机，准确掌握种植结构，制订抗旱应急预案，提前解决湖泊湿地和城市景观补水，错开了上下游农田用水高峰期。二是集中水权，编组轮灌，优化调度。针对灌溉实际，按照“先急后缓”的原则，及时灵活调整配水方案，严格执行干渠、支干渠编组轮灌制度和交水

7月12日，管理处党委书记李兵(左一)在水管科指导调水工作

保证制度，确保全年灌溉工作顺利进行。三是采取措施，井渠结合。在唐徕渠平罗灌域推行井渠联合调度，机井数由2009年153眼增加到171眼，灌溉面积2327公顷，共启用机井1095次，机井抽水量达278万立方米，减少了干渠供水成本，节约了水量。四是主动协调，督查并举，全力维护灌溉秩序。管理处成立督查小组，采取管理所自查、督查小组定期抽查、值班领导每周必查等措施，对各管理所斗口开关、水位水量不定期进行专项督察，全年共检查斗口60多次，切实做到斗口水量真实、准确、公开、公平。五是使用GPS开展遥感面积核查。管理处组织80余人，对灌域内24条支渠近4667公顷农田进行了核查，为唐徕渠灌域遥感图的修订工作打下了基础。全年引水10.48亿立方米，供水商品率达到了85%，保证了灌域8万公顷农田灌溉和艾伊河等湖泊湿地的补水任务。（刘　贤）

【工程建设与管理】 全年安排岁修工程193项，投资616.19万元。完成了续建配套工程新桥至满达桥段6.9千米，渠道砌护现场施工管理任务；协调地方政府拆除在唐徕渠上的危桥6座，硬化渠堤95.8千米。同时，对干渠5座节制闸机电启闭设备进行全面检修保养。杨显、南梁管理所，罗渠管理段办公房屋得以更新改造，本年度已投入使用。（王丽宇）

【防汛抗旱】 结合灌区排洪沟道的变化，重新修订《防汛预案》，走访防汛联系单位，召开灌区防汛工作会议，细划防汛责任段落，进一步落实防汛责任；加强汛期检查、调查和疏通排洪沟道；投资4.54万元，补充、备足抢险物资；在二农场渠重点段落举行实地防汛演习。（王丽宇）

【安全生产】 狠抓隐患排查整治，对安全事故隐患和重大危险源监控情况等三大项23项安全工作定期检查，全年统一安排20次专项检查，排查各类事故隐患67项。开展渠道安全评估工作。管理处集中利用10个月时间，对全处314千米渠道、5座进口闸、12座节制闸、29座退水闸、23座渡槽、53座穿渠涵洞、207座交通(生产)桥、630座直开口进行翔实调查，拍摄了5000多张工程照片，收集各类基础资料加以归档整编，完成了35册9800多页200多万字的安全评估报告。加大渠道涉外工程的审核力度，全年审核渠道涉外工程56项，重新调整安全工作机构和职责，修订完善各项制度和防护预案，签订安全责任书，形成了处、所、段"三级安全监控网络"。相继开展"安全日""百日安全督查"等活动，召开座谈会

6月22日，管理处处长张元(左二)深入所段指导工作

6场次、安全例会24次，印发《安全检查情况通报》24期，发放安全宣传材料3万余份，确保干渠连续13年安全运行无事故。（王丽宇）

【水管体制改革】 组建"维修养护大队"，推行"管养分离"，建立"协会之家"35个，编制《协会工作手册》，为协会人员提供方便，规范了工作程序。重新修订了《唐徕渠管理处延伸服务职责及考核办法》，抽调业务骨干参与指导协会工作，帮助协会做好灌前准备、编制用水计划、维护灌溉秩序等服务，特别是在冬灌结束时，投资1.7万元，对永宁县望洪镇北渠村、史庄村高口没有灌上冬水的农田进行了抽水补灌，受到协会及灌区群众的高度赞扬。抓好协会人员

的培训。先后举办协会人员测量水学习班4期，对灌区协会人员进行业务理论、实际操作培训，培训率达100%；冬灌期间，组织60名协会人员到贺兰县惠农渠灌域参观水稻地不淌冬水的做法。加大水务公开力度。加强与协会的联系与沟通，严格执行共监互测、量水成果签字认可制度和计划水量、实用水量、水价、水费、灌溉面积“五公开”制度，让群众淌放心水、缴明白费。（刘　贤）

【科技与教育】 重新修改完善了《职工教育管理办法》，明确目标，设定奖罚标准，将学习成绩与奖励挂钩，推行以考促学、以学促干的养成机制。一是创新模式。以“三学二推一实践”活动为载体，选拔25名业务骨干到宁夏大学进行为期半年的集中脱产培训；分批组织42名基层段长到区外考察学习，开阔了视野；结合渠道工程建设任务，安排60多名专业技术人员到工地实践锻炼30天以上。二是确定研究课题。对全处具有中级以上专业技术职称的人员，安排11个研究课题。经过调查研究，撰写出了9篇有价值的专业技术论文，其中，有8篇论文在杂志上发表。三是加大奖励力度。全年培训投入50余万元，对在公开刊物上发表论文和考取执业资格证书的人员奖励200~800元。全年考取建造师、监理工程师等资格证书的达20人。四是强化培训。举办测水量水、财会各类培训班6期，做到了全方位、有针对性的培训教育。举办了2次业务考试，承办了全区第四届水利行业渠道维护工技能大赛，管理处3名参赛选手有2名获得名次，1名取得第一名的好成绩。加强职称管理，按政策为15名职工申报了专业技术职称，组织专业技术人员较好地完成了继续教育学习任务。重视新技术新设备的应用，全年科技投入106万元，安装了DLP监控系统、购置ADCP流速仪、GPS等一批先进的技术设备。（王丽宇）

【水政与水资源管理】 常年聘请法律顾问，坚持依法管水。全年共查处侵占渠道管理范围违法案件5起，处理水事纠纷1起，审定涉外工程、土地、房屋租赁、拆迁补偿安置、占用水工程补偿等协议47份，依法收回土地1.33公顷；完善了《唐徕渠管理处反恐怖和维护社会稳定应急预案》《突发性群体上访应急预案》《水量调度应急预案》等制度；定期举办“五五”普法培训3期，职工培训率达100%。（王丽宇）

【综合经营】 整合水土资源，增加土地收入。共签订各类土地承包合同218份，土地承包费等收入突破126万元。全年完成综合经营收入2205万元，实现利润202万元，人均创利5519元。立足所、段实际，注重建设小种植、小养殖业、小食堂，改善基层职工生活条件。（王丽宇）

【财务管理】 采用“多支笔会签，一支笔审批”的管理程序，制订了《唐徕渠管理处水费收缴目标责任考核奖励办法》，实行每月检查考核。全年完成供水收入3143万元，返还干渠以下水费326万元。2010年管理费用比计划节约64万元，实现年内节约5%的目标。（刘　贤）

【党建与精神文明建设】 以“党的建设年”活动为主线，深入开展“百名党员联系点”“重温入党誓词”等活动；以“创先争优”活动为载体，在16个党支部、106名党员中深入开展创先争优活动，明确了71个“党员示范岗”和“党员示范窗口”，有力地促进了基层党的建设；全处100多名在岗党员全年深入灌区650多人次，协调帮助解决灌域群众淌水难等问题17个；重视党员教育管理，发展党员6名，按期转正8名，提高了基层党组织的战斗力、凝聚力。继续完善处党委中心组学习，“三会一课”、《领导干部学习联系点制度》《专题调研制度》及党员干部职工学习等一系列制度，领导班子成员率先垂范，带头参加集体学习，坚持自学，发挥了表率作用，把学习的“软任务”变成了“硬指标”。以建设学习型党组织为切入点。处党委中心组集中学习12次，领导班子成员撰写调研报告5篇，做专题辅导报告11场次，以“唐徕教育大讲堂”为阵地，引导党员干部“每天学习一小时，每周写一篇读书心得，每月读一本书、开展一次读书交流会”，集中组织干部职工学习党的十七大、十七届四中、五中全会精神、西部大开发战略大学习活动等内容，使学习制度化、经常化、全员化、工作化，做到人员、时间、内容、效果“四落实”。坚持“访谈”制度，全年处级领导干部走访、慰问困难职工和离退休人员150人次，送慰问金10.9万元，为全处

370名职工兑现9年住房补贴220万元。

强化党员道德素质教育，干部职工为玉树地震灾区捐款14780元；“八一”前夕，与武警宁夏总队后勤基地开展了“警民共建”活动，为武警官兵送去饮水机12台。抓防范，建机制。处党委以学习贯彻《廉政准则》为重点，认真落实党风廉政建设责任制，坚持把党风廉政建设与中心工作同安排、同检查、同落实，层层落实责任，坚持每季度进行一次考核，针对新情况、新任务，专题进行研究；以廉政文化“进科室、进所段、进协会、进家庭、进人心”的“五进”活动为抓手，在管理处办公楼和新翻建的满达桥、杨显桥管理所制作廉政文化墙4面，悬挂廉政漫画54幅，编印《唐徕渠管理处廉政文化建设读本》800册；着力开展廉政风险防范管理活动，从“领导干部、中层干部、重点岗位”三个层次和“思想道德、制度机制、岗位职责风险”三个方面，深入查找廉政风险点。全处共有156人纳入廉政风险防范管理范围，查找廉政风险点30个，使管理处廉政风险防范管理工作落到实处。抓维权、促和谐，工团组织作用有效发挥。处党委定期研究和听取工会、团委工作汇报，支持工团组织按照各自的章程独立开展工作。（刘　贤）

宁夏回族自治区西干渠管理处

【概况】 宁夏回族自治区西干渠管理处（以下简称“管理处”）设7个职能科室和6个基层管理所及一个工程公司，工、团群众组织健全。全处现有职工218人，离退休174人。2010年，管理处坚持以科学发展观为统领，以全区水利大发展为契机，求真务实，拼搏创新，圆满完成了各项工作任务，为灌域农业丰收、农村发展、农民增收做出了积极贡献。2010年管理处工会荣获“全国水利系统模范职工之家”称号，荣获自治区水利安全生产工作“先进单位”称号，荣获水利厅“灌溉管理先进奖”。西干渠全年安全行水202天，总引水量5.92亿立方米，比计划少引0.18亿立方米，商品率达87%，征收水费1633万元。

（张根喜　石天安）

【灌溉管理】 2010年管理处克服了引水指标不足、灌域作物种植结构繁杂、时段性用水矛盾突出等困难，采取适度提前开灌、实施水量统一调度、压减高耗水作物种植面积等措施，保障了灌域4万公顷农田适时灌溉和上下游均衡受益。一是早安排、早部署，认真做好灌前准备工作。管理处及时召开灌溉工作会议，认真部署灌前各项准备工作；干部职工深入乡镇、场（站）、协会宣讲灌溉缺水形势，强化灌域群众节水意识；提前开灌解决了灌域内8000公顷葡萄灌溉、湖泊湿地补水问题，冬灌于10月18日开灌，是西干渠冬灌历史上开灌最早的一次，灌溉期间合理安排，暖泉村多年未见黄河水的160公顷农田也灌上了冬水，受到当地群众和农垦单位的赞誉。二是科学调度，确保了灌域均衡受益。合理安排扬水和自流的灌溉秩序，做到扬水自流协同灌溉；合理安排不同作物的用水次序，拉长灌水周期，有效缓解了干渠供水压力。三是坚持以水定植，大力推行节水灌溉。采取压减水稻、玉米等高耗水作物种植面积，大力推广激光平田整地、畦灌等节水新技术活动，灌域节水灌溉效果明显。四是充分发挥镇北堡拦洪库的调蓄功能，缓解灌溉高峰期压力。2010年镇北堡拦洪库共蓄水3300万立方米，先后补灌7次，有效解决了6700公顷农田灌溉问题。（张根喜　石天安）

【工程建设与管理】 一是投资170余万元，实施岁修工程17项，改造泄洪闸6座，改建支斗口20座，更换闸门启闭机13套，充分发挥了工程效益，保障了干渠工程正常运行。二是筹资180余万元，先后完成了第二管理所、旱草洼、胡家圈、白洋墩管理段的新建改建工程，开工建设了镇北堡拦洪库管理所的主体工程。三是积极推进干渠防汛工程建设步伐，加固防洪渠堤，修复水毁工程，努力提高干渠工程安全标准，为防汛、灌溉提供了强有力的保障。四是信息化工程建设经过多年实施，已完成了干渠水情信息采集系统、计算机网络系统、遥感监测系统、办公自动化系统及电子屏显示系统等信息化建设基础框架。五是投资5万元，栽植各类树木4.8万棵，绿化面积2800平方米；沿渠栽植速生杨4万棵，绿化渠道11000米，同时加强了树木管护力度，树木成活率

达94%。（张根喜　石天安）

【防汛抗旱】 管理处全面落实防汛责任制，完善防汛预案，实现了干渠安全度汛。一是完善防汛预案体系。修订了《西干渠管理处2010年防汛预案》，层层签订防汛责任书，划分了责任段落，落实了防汛抢险责任单位和抢险机械。二是紧绷防汛弦不松懈，成功排除了“9·5”山洪险情。汛期管理处对各条来洪沟道进行了仔细排查，重点排查了多年未见山洪的沟道，9月5日已属汛期尾声，贺兰山大沟、三其沟两处多年未见山洪的沟道突发山洪直入西干渠，最大入渠流量达45立方米/秒，管理处采取有效措施成功地排除了“特殊时期，特殊地点”的山洪险情。三是加大防汛工程投入。2010年共投资近40万元，加固防洪渠堤7000米，维修泄洪闸6座，努力提高干渠防汛工程安全标准。（张根喜　石天安）

【安全生产】 管理处坚持做到“四个不放松”，实现了“渠道安全无事故，职工安全无伤亡”的目标。一是落实安全责任不放松。逐级签订安全责任书，层层落实安全责任，形成了处、所、段“三级安全监控网络”。二是开展安全生产专项整治活动不放松。先后8次对渠道、堤防、渠系建筑物、在建工程和干渠银川中心段19000米防汛设施等重点部位进行了拉网式安全大排查，对11座泄洪闸进行了调试，更换了13套闸门启闭机，并对老化线路及配电箱进行了更换，及时消除了安全隐患。三是加大安全监督检查不放松。加强了对机动车辆、摩托车及锅炉等安全管理和检查的力度，长期开展“四防”工作的监督检查，确保职工人身财产安全。四是强化安全教育不放松。相继开展了“安全日”、安全知识竞赛及“百日安全督查”等活动，提高了职工安全生产意识，有效防止了安全事故的发生。（张根喜　石天安）

【水管体制改革】 一是深化干部人事制度改革，面向全厅竞争上岗选拔了3名科级干部，选拔了4名高学历年轻干部充实到科级干部队伍，推动了干部队伍的知识化、专业化、年轻化。二是注重多岗位培养和锻炼干部，提拔、调整交流了11名科级干部，进一步提高科级干部领导水平和管理能力。三是制订了《西干渠管理处工程公司考核办法》，修改完善了月工作考核制度和细则，认真做好月考核工作，将科室、管理所的工作考核与科级干部个人考核挂钩。（张根喜　石天安）

【科技与教育】 一是坚持以考促学强化职工教育。修定完善了《职工教育管理办法》，设定奖罚标准，将学习成绩与个人绩效工资挂钩，实行以考促学、以学促干的考评机制。二是管理处在明确全年职工教育工作目标任务的基础上，制订了冬季职工教育专项工作计划，并在1~3月份认真开展了冬季职工培训，每月进行一次闭卷考试。三是借助职业技能竞赛平台，在75名渠道维护工中广泛开展了技能竞赛活动，进一步检验和强化了培训效果，职工业务素质得到普遍提升。四是开展各类业务培训，2010年管理处投入资金19.6万元，共举办各类培训班21期，培训1236人次。（张根喜　石天安）

【水政与水资源管理】 一是坚持普法宣传教育“八进”活动，实现了灌域普法宣传全覆盖，灌域群众依法用水的意识明显增强。二是坚持实施“三纳入七结合”措施，确保了“五五”普法工作取得实效。2010年8月，由自治区人大副主任张小素带队的依法治区领导小组对管理处“五五”普法工作进行了检查并给予了充分肯定。三是坚持依法治水、强化水政监察，依法收回了第三管理所渠西80公顷土地，依法制止了外单位在干渠渠堤架设电缆线、违章施工等行为，维护了管理处的合法权益。四是坚持对水政执法人员教育培训，进一步提高了干部职工、水政人员的法律知识水平和依法治水管水的能力。

（张根喜　石天安）

【综合经营】 管理处以土地租赁、承建工程、发展养殖业为突破口，大力发展综合经营，2010年全处综合经营收入达84.9万元。一是继续依托水土资源发展综合经营，加强了对土地资源的经营管理力度。二是继续开发利用镇北堡拦洪库的水面、土地等资源，大力发展经果林项目，种植各类果树，为综合经营发展夯实了基础。三是继续支持开展“小菜园”“小养殖”等“四小工程”建设，基层所段蔬菜种植和畜禽养殖达到了人均拥有0.034公顷菜地及人均拥有5只家禽的标准。四是工程公司在继续做好本处工程建

8月10日，管理处党委书记高铁山（前排右二）在所段调研

设的基础上，积极向外拓展业务，努力提高经济效益，2010年实现总产值700多万元。

（张根喜　石天安）

【财务管理】　一是加强领导责任。处领导加强对财务工作的指导力度，重大财务事项提交会议集体研究决定，支持财务人员履行职责，保证了管理处资金安全使用和规范管理。二是加强财务基础管理工作。不断健全完善财务管理制度，大力推行会计电算化，坚持大宗物品集体采购，严格控制非生产性开支，定期开展财务检查，积极开展“小金库”专项治理工作。三是加强财会队伍建设。管理处通过“自培”和“外培”等形式，提高财务人员的职业道德和业务素质以及责任意识。先后安排20余名财务人员参加了财务知识培训班，有力地推动了全处财务管理工作。

（张根喜　石天安）

【党建与精神文明建设】　一是坚持联系实际强化理论教育。研究出台了三年规划、考核评价标准等9项与学习型党组织建设相关的制度，扎实开展了实施西部大开发战略大学习活动，明确了9个重点项目，在学习成果转化上取得了实效。二是坚持以人为本强化思想教育。管理处投入资金180万元，新建了1个管理所、3个管理段，给基层所段购置配备了办公桌、木床等71台套，购买了通勤车，进一步改善职工工作生活条件；坚持慰问困难职工家庭、离退休人员、一线职工等681人次，购买慰问品和发放慰问金近14万元；加强社会主义核心价值体系和“四德”教育，不断促进职工文明素质的提高，在“抗震救灾”捐款活动中，党员干部职工积极向玉树地震灾区捐款12850元。三是加强基层党组织建设。建立了工程公司党支部，对支部班子不健全的支部及时进行了改选，健全了组织；举办了党务干部培训班，进一步提高了党组织带头人工作能力，从根本上提升党建工作水平。四是加强精神文明建设，全面提升单位软实力。管理处把基层单位创建属地“文明单位”作为重点，2010年有3个管理所被属地县（区）评为“文明单位”，1个管理所顺利通过属地县级“文明单位”验收；加强西干文化建设，继续深入开展“西干精神”“奋斗目标”“工作作风”等学习教育活动；积极创建“五个好”离退休党支部，研究制订实施方案和创建评比标准，制定了《离退休党支部工作手册》。五是以“创先争优”活动为载体，着力体现党的先进性。处党委认真制订了实施方案，广泛开展“五赛五创”“五比五争”的活动，积极创建“党员示范岗”和“党员示范窗口”；各党支部以活动阵地为依托，把思想教育与实践锻炼有机结合，围绕灌溉、防汛、安全等重点工作，深入开展了“八区四岗”责任制和党员公开承诺活动，督促党员将责任和任务落实到位，发挥好模范带头作用。六是管理处党委、纪委以学习贯彻《廉政准则》和党风廉政建设责任制为重点，完善制度、强化教育、落实责任、切实抓好党风廉政建设和反腐败工作。

（张根喜　石天安）

宁夏回族自治区惠农渠管理处

【概况】　2010年，宁夏回族自治区惠农渠管理处（以下简称管理处）设置办公室、防汛工程科、灌溉管理科、组织人事科、计划财务科、水政科、监察审计室7个职能科室和8个渠道管理所、1个扬水管理所、1个工程公司，管理所下设32个管理段，共有职工318人，其中各类技术人员71人，具备初级职称的48人，中级职称的19人，高级职称的3人。2010年，管理处以“深化水利改革，提高经营效益，渠道除险保安，节水抗旱保灌”为重点，创新工作方法，完善工作机制，强化重点突破，圆满完成了全年各项工作任务，被水利厅评为2010年度先进单位。　（段利华）

【灌溉管理】 2010年惠农渠灌区控制面积76000公顷,在册灌溉面积41903公顷。作物种植面积41823公顷,其中水稻14208公顷,小麦、玉米等旱作物27615公顷。灌域作物种植结构调整幅度比较大,春小麦种植(包括小麦套种玉米)面积少6667公顷,水稻种植面积比2009年多1400公顷,单种玉米、油葵种植面积比2009年多5667公顷,作物需水规律、灌溉模式均发生了较大变化,给供需水管理工作带来了新的挑战。针对春季气温低,春播推迟,灌区作物种植结构调整幅度比较大的新情况,管理处及时调研掌握情况,调整工作思路,制订合理用水计划,基本保障了灌域作物的适时灌溉。1. 强化水权分配,明确责任主体。依据水权理论,将水利厅下达的引水指标分解到各市县(区),由各市县(区)分解到各支渠,明确供用水双方责任。2. 科学编制用水计划,准确合理调配水量。严格按照定额管理、宏观控制的原则,编制水量分配方案、应急预案和调度计划,坚持用水申请审批制度。在用水配置上主要围绕"四个字"做文章。一是突出一个"早"字。为化解迟开灌造成的被动局面,积极变"迟"为"早",组织下游所水到就灌,为二轮水及水稻集中用水赢得了错峰时间。二是紧抓一个"难"字。把高口、高地及末梢灌水难点作为灌溉工作的重点来抓,倒排灌期,紧盯不放,有效地缓解了灌溉矛盾。三是体现一个"活"字。针对前期雨水偏多、进口引水流量偏少、中上段过流能力低、上下游争水等供需水不匹配问题,灵活采用上下游间、干支渠间、段与段之间集中轮灌,自流、扬水和机井结合灌溉等措施,有效地避免了上下游和稻旱争水矛盾;四是把握一个"控"字,7月中下旬伏泡伏灌和冬灌期间,灌溉矛盾突出,管理处采取限制上游稻区用水,加大引五济惠、引五济官、四排提水等补灌措施,保障了下游旱作区用水。按照"三个责任主体"的要求,全面落实好三期新增抗旱机井启用,共启用机井139眼,抽水量272.8万立方米,缓解了下游梢段的灌溉矛盾,超额完成水利厅下达的井灌任务。全年计划引水量9.098亿立方米,实际引水量9.229亿立方米,实测用水量7.949亿立方米,对口率86.1%。

(段利华)

【工程建设与管理】 完成《惠农渠灌域2010~2011年灌区续建配套与节水改造项目》实施方案的制订。积极争取水权转换、续建配套项目,实施了二所永二闸、五所永治闸、惠农渠稍段裁弯取直、农场渠涵洞改造和第二、第三管理所新建等工程。完成8处涉外工程建设和196项岁修工程建设,完成各类投资1050万元,其中续建配套593万元,涉外工程204.8万元,岁修及抢险191.9万元,渠堤植树18.3万元,所段改造21.5万元,水位遥测改造22.1万元。强化施工管理,明确技术要求和施工责任。制订《涉外工程建设管理办法》,严格报建、审批、实施涉外工程项目,加强资金管理,严格拨付程序,确保了投资效益的发挥。

(段利华)

【防汛抗旱】 建立健全防汛组织机构,认真落实各项防汛责任制,做到思想到位、责任到位。积极主动与乡村有效衔接,落实防汛抗旱联防组织。组织扬水泵站职工开展了防汛演练,加强日常巡护检查等,实现了安全度汛。

(段利华)

【安全生产】 1. 层层签订并严格落实安全生产目标责任书,与乡村签订了防汛抢险联防协议,落实了抢险物料和机械,形成群防群治的工作格局。2. "安全生产月""安全生产年"活动中,扎开展了安全生产"三项行动"、安全宣誓、发安全短信、发倡议书、安全知识竞赛、隐患排查治理、事故抢险模拟演练等活动,营造良好安全氛围。3. 开展专项检查和隐患排查治理工作,先后进行了7次专项安全检查,共查处各类事故隐患60处,处理53处。4. 加强机动车辆和防火、防电、防煤气中毒管理,对机动车辆和摩托车证照建档管理,购置安装50台烟火报警仪,加强工作场所安全保护措施,确保人、财、物的安全。

(段利华)

【水管体制改革】 1. 农村水费改革。一是积极扩大金融机构代收水费,代收率达98.8%。五所、六所分别选择地处偏僻的惠北村、邵家桥协会实行水费坐收,探索了水费收缴新模式。二是规范协会管理。率先在灌域内成立"协会之家"14个,为村级协会提供集体办公和工作会商场所,真正实现了水管单位与农民用水者协会之间"便于组织、服务及时"的工作目标。建家的成功经验得到水利厅的肯定,7月份在全灌区推广。2. 水管体制改革。全面推广管养分离"双重"管理模式,在保留养护大队总部不变的情况下,将养护大队的部分人员调配到管理所,在管理所成立养护分队,试行管理所和养护大队"双重"管理,创新、推进了水管体制改革,做到改革模式多样化,改革成果巩固化。 (段利华)

【科技与教育】 新装了五套超声波水情遥测仪,为兴惠扬水泵站安装视频监控系统,为精细化水量调配、保障渠道和泵站机组安全运行提供了技术支撑。深入开展井渠结合灌溉和灌域水资源优化配置研究工作,井渠结合灌溉经专家评审,推荐为水利科技进步三等奖。投入24万元,强化职工培训,共举办各类培训班24期460人次。 (段利华)

【水政与水资源管理】 开展了普法学习、举办普法及水政培训班、观看水法宣传片、水法知识答卷。"世界水日"和"中国水周"期间,在灌域设立宣传点9个,解答群众关心的涉水问题。聘请法律顾问,就银新沟土地补偿款被他人冒领、二所土地、老管理处租

管理处开展节水型社会建设宣传活动

赁等,多次与法律顾问沟通,积极寻求法律解决途径。通过诉讼程序追回银新沟土地补偿款7.5万元,维护了单位的合法权益。为强化水资源统一管理,对灌区架设的临时泵、固定泵站、机井等进行了详细调查和统计,明确沟渠结合灌溉的主体责任,对不要求保留水权指标的,扣除其水权指标,在水资源管理方面有了新的突破。 (段利华)

【综合经营】 1. 建立多元投资机制。采取专项扶持和职工入股的方式,对兴惠农业开发有限公司进行了股份制改造。以奖代补支持所段发展"四小工程",增强了所、段谋划综合经营发展的意识。五所职工集资养殖肉牛23头。四所整合现有场地、鱼池、房屋,增加经营性资产14万元,与客商联合开办农家乐,新增收入2.1万元。两所积极对外联系,出租闲置房屋和场地,增加收入2.5万元。2. 完善经营绩效考核。制定《经营性资产绩效考核办法》等制度,加强经营性资产的监督管理和绩效考核。3. 抓好土地资源开发。对可开发土地,放宽政策,让有实力的承包户自己开发土地,产权属于管理处,免收两年承包费,增加了土地资源。对已开发土地实行公开竞包,提高了土地经营效益。4. 加强指导提升效益。加强对工程公司的经营指导,公司通过了ISO质量和安全体系认证,管理进一步规范,竞争市场的能力明显提升,完成产值1800万元,实现利润60万元。全处综合经营实现产值2086万元,利润169.6万元,人均创利6057元。 (段利华)

【财务管理】 1. 抓好财会人员继续教育。在本处培训的基础上,组织财会人员分批参加水利厅业务培训班,委派业务骨干参加区外业务培训,选拔优秀财会人员参加水利厅财会知识电视大赛预赛,进一步提高了财会人员业务工作水平。2. 认真落实目标管理责任制。坚持"量入为出、适度从紧"的原则和"定收入、定支出、超支不补"的办法,与各所、机关各科室签订目标管理责任书,将水费任务层层分解,明确责任,抓好落实,按水量水费同步原则计收水费。水费已全额收缴入库,干渠以下维管费按进度同比例返还,上交资金全部完成。共完成供排水收入3119.4万元(其中干渠以下水费427.3万元),供排水支出3764.1万元。3. 加强财务监督。对基层各单位财务工作、开票到户工作、金融机构代收水费情况进行了2次全面检查。对检查发现的问题及时指导纠正,财务管理水平不断提升。4. 努力增收节支。严格控制公用经费开支,加强车辆管理,紧缩会议、业务招待、差旅费支出,抓好节电、节煤等工作,完成了年初确定的经营收入增长8%、公用经费开支降低5%的目标。 (段利华)

【党建与精神文明建设】 处党委以加强基层组织建

设为核心，强化长效机制，党组织的战斗堡垒作用得到充分发挥；完善机制，夯实了基层党建工作基础；加强教育，提升了党员干部的党性修养；丰富内容，增强了党建工作的吸引力；强化培训，营造了浓厚学习氛围；加大宣传，树立了水利行业形象。在精神文明建设方面，以开展“创先争优”活动为契机，扎实开展管理规范年·工作创新年活动，完善了管理体系创新了工作，切实规范服务行为，树立了良好的水利行业窗口形象；坚持以人为本搞创建，凝聚了人心促进了发展；充分发挥工团组织的引领示范作用，丰富了创建载体，拓展了内涵，提高了创建水平。（段利华）

宁夏回族自治区汉延渠管理处

【概况】 2010年，宁夏回族自治区汉延渠管理处（以下简称“管理处”）共有职工238人。助理级资格以上专业技术96人，其中正高级1人，副高级6人，中级29人，助理级49人。内设7个科室（办公室、组织人事科、灌溉管理科、防汛工程科、计划财务科、水政科、监察审计室、）、五个管理所、一个红星试验站。设有三个公司（汉延工程公司、坤水园林绿化公司、鸿翔林业公司）汉延渠全长88千米。灌域灌溉面积24666公顷，2010年，管理处认真落实全区水利工作会议和水利厅党建暨党风廉政建设会议精神，广大干部职工共克时艰，团结拼搏，全年干渠累计引水5.17亿立方米，商品水率85.9%，水费收入1365万元，综合经营产值1500万元，利润130万元，圆满完成了各项工作任务。干渠连续25年安全行水无事故，单位、灌区和谐稳定发展。（李小玲）

【灌溉管理】 2010年管理处以抗旱保灌为中心，以确保均衡受益为重点，加强用水管理，科学调度，顺利完成了24666公顷灌溉任务，维护了灌区稳定。全年计划用水量5.45亿立方米，干渠实际引水5.17亿立方米，支渠供水4.44亿立方米，商品水率85.9%。

一是结合灌域作物种植结构，制订切实可行的配用水计划，内部实行引水量和流量双指标控制。二是适度早开灌，有效缓解非农用水与农业灌溉用水矛盾。三是根据阶段用水形势、气候特点和灌溉需求，及时调整月、旬用水计划，合理安排灌溉用水秩序，有效提高灌溉效率。四是坚持每月生产例会和每周一调度工作交接班例会制度，及时总结、部署阶段灌溉工作，确保阶段用水平衡。五是充分发挥重点建筑物的调控作用，适时调节干渠局部水位，有效解决灌域高口高地灌溉问题，避免无效退水，保证干渠平稳运行，有效提高灌溉水的利用效率。六是高标准做好各类灌溉用水数据指标的量化分析工作，找准一般性规律，有效解决灌溉重点、难点问题。七是认真做好信访工作，加大矛盾纠纷排查调处力度，发现在早、处理在小，防止因灌溉不及时而引发的群众集体性上访事件的发生。八是全力配合水利厅灌溉管理局实施好灌区信息化建设项目，率先在厅属水管单位中建成了覆盖处、所、段三级管理机构的计算机局域网及无线通信系统。（李小玲　王瑞斌）

【工程建设与管理】 2010年，一是管理处工程总投资109.92万元，合理安排春秋修工程项目，加强管理，确保所有工程顺利完工和干渠安全行水。二是抓好续建配套项目汉延渠砌护改造工程的建设管理，做好各类涉外工程的协调管理工作，对惠银石油管道穿汉延渠等10余项涉外工程项目进行协调管理，争取到建设资金近220万余元。三是第五管理所翻建列入水利厅基础设施改造项目已进入实施阶段。管理处对部分所、段房屋及二、三所采暖锅炉及洗浴设施进行维修改造，并积极联系，为所、段配置了太阳能灶，接通了自来水。四是年初对辖区内的树木进行了清查，更新树木档案，落实管护

4月8日，管理处党委书记梁福贵（左三）、副处长牛保安（左一）在工地检查

责任。（李小玲　王冬霞）

【防汛抗旱】1. 防汛。2010年管理处结合工作实际，完善了防汛抢险工作领导小组，明确了分工及职责，结合实际重新修订了管理处水量紧急调度预案、防汛应急预案，检查落实防汛抢险物资，并与沿渠受益单位签订《抢险协议》。6月份组织开展了渠堤漫溢、内坡滑塌、大闸断电操作等渠道工程突发险情的抢险实战演练，进一步提升了各级防险抢险组织对渠道工程突发事件的应急处置能力。进一步落实防汛责任，抓好日常巡护工作，加大查险排险力度，认真落实定期安全检查和专项安全检查，坚持所、段定期检查上报制度。

7月5日，管理处处长袁斌（右三）组织职工进行防汛演练

2. 抗旱。受黄河来水持续偏少影响，灌区引水形势日趋严峻，干渠时段性缺水矛盾异常突出，加之干渠大部分时间维持中小流量运行状态，无法及时满足部分高口高地的灌溉。针对以上情况，管理处在强化支渠用水管理上下工夫，积极探索井渠结合管理模式，精心水量调度，用水高峰时段采取多种措施，有效拉长灌溉周期，避免用水叠加，共克缺水难关，较圆满地完成了夏秋灌任务。（李小玲）

【安全生产】管理处加强组织领导，不断健全安全生产组织，重新修订了《管理处安全生产管理工作制度》等多项安全生产制度，制订年度安全生产工作计划，全面落实安全生产责任制，加强安全生产监管体系、责任体系和事故应急救援体系建设，强化监督管理，狠抓专项整治。以深入开展形式多样的安全生产月系列活动和水利"安全生产年"各项活动为主线，强化防范措施，加大隐患排查治理力度，在资金十分紧缺的情况下，优先安排80余万元工程建设资金对影响干渠安全运行的隐患及时予以治理，有力确保渠道工程安全运行。加强机动车驾驶员的安全教育管理和五防内保工作，确保全方位安全。一年来，没有发生生产性安全事故，实现了干渠连续25年安全行水无事故和全方位安全，安全生产工作呈现出稳定发展的良好态势。（李小玲　王瑞斌）

【水管体制改革】一是通过推广"一卡通"缴费办法，杜绝水费收缴中可能出现搭车、截留、挪用等问题，建立和完善水费征收管理长效机制，促进水费收缴工作。二是加强协会建设，引导协会规范管理。通过抓协会建设，使协会从建章立制、灌溉管理、水价政策、水费收缴等方面逐步规范。三是坚持把延伸服务作为农村水费改革工作重点，通过抓延伸服务人员落实、制度落实，增强延伸服务人员的积极性、主动性，增强水管单位与协会的联系和沟通，形成水管单位与协会齐抓共管，干、支渠协调发展的和谐局面。（李小玲　张文堂）

【科技与教育】编制了《灌域农业供用水管理体制改革分析与研究》科研项目年度目标任务书，完成了年度目标任务，为进一步规范协会运行管理及水管单位延伸服务提供理论支撑。在新技术、新工艺、新材料的引用推广方面结合渠道工程现状，引进了"上海邦得330胶"新型材料，对渡槽槽壳渗漏问题进行了处理。重视职工队伍建设，加大教育培训力度。2010年对党政人才、专业技术人才和经营管理人才进行了培训，全处共举办和外派参加学习班33期400余人次，有力提高了全体人员的业务素质和知识层次，夯实了人才基础。（李小玲）

【水政与水资源管理】一是在全灌域广泛宣传水利政策和水法律法规，营造依法治水、增强水忧患意识和水法制观念的浓厚氛围。二是认真做好"五五"普法和"五五"保密法制宣传教育检查验收工作，迎接相关部门的检查验收。三是出台了《管理处水事案件（纠纷）预防处理办法》，修改完善了水政监察相关工作制度。及时协调处理永宁县生态景观长廊等4起水事案件。四是利用"世界水日""中国水周"组织开展对渠道沿线垃圾进行清理整治，营造良好供水服

务环境。五是选派8名水政员参加了全区水行政执法人员培训班，提高水政人员的法律素质和办案能力。六是完善《突发事故处理预案》，修改并层层签订社会治安综合治理责任书，加强治安防范检查，落实目标责任考核。（李小玲　张文堂）

【综合经营】 2010年，管理处共完成综合经营收入1500万元，实现利润130万元。工程公司和坤水园林绿化公司积极参与招投标。工程公司先后中标六项工程，坤水园林绿化公司中标四项工程。鸿翔林业公司不断拓展合作范围，并积极申报林业项目，争取国家造林专项补助资金，有效缓解公司资金不足的困难。管理处在认真调研论证的基础上，充分利用水利行业项目特点、行业需求及自身已有人才、技术优势，拓宽思路、拓展经营业务，组建工程监理公司。在不到一年的时间里，完成监理项目6项，为公司的进一步发展奠定了基础。（李小玲）

【财务管理】 2010年，全处供水总收入为1609万元，供水成本费用总支出达2250万元，净亏损641万元。一是加强会计基础工作。严格执行《会计法》《会计基础工作规范》、相关法律法规及内部规章，充分发挥财务管理的职能作用，进一步规范会计核算，促进会计工作的制度化、规范化管理。二是加强水费收缴。与各基层单位签订《水费征收目标责任书》，明确任务，抓好落实。三是落实预算管理。根据管理处的实际，统筹兼顾，合理安排收支计划，严禁超出财力安排支出，大力压缩各种非生产性和一般性支出。四是搞好资金筹划。积极做好资金筹集和分配，灵活调节资金余缺，严格控制支出规模，最大限度缓解资金供需矛盾。五是按照水利厅的要求，做好所属企业“小金库”专项治理等工作。（李小玲　石彩霞）

【党建与精神文明建设】 一是着力加强党的建设，强化政治理论学习，深入开展创先争优活动。吸收3名预备党员，按期转正5名党员。二是严格执行《干部选拔任用工作条例》，调整科级干部12人（其中降职使用1人），副科级干部主持工作4人。1名副科级干部成功竞聘到西干渠正科级干部岗位。三是签订了《党风廉政建设责任书》，开展廉政主题教育活动、廉政风险防范管理工作及党组织和党员公开承诺工作。对15名科级干部进行了廉政谈话，对6名正科级干部进行了离任经济责任审计。四是大力开展精神文明创建活动。充分发挥工会、共青团作用，积极开展文明创建、志愿者服务、“真情助困进灌区”活动和“以处为家，我是主人”教育活动。开展“职工读书月”活动，更新配置400余册图书。参加水利厅庆“三八”健身操比赛取得第一名的好成绩，参加了自治区工委组织的趣味运动会，取得了较好成绩。顺利通过市级文明单位复验。加大宣传力度，全处编发工作简报信息118条，上报宣传信息81条，并通过编印《汉延渠畔》小报等，及时宣传管理处发展成就，展示汉延渠水利职工的良好精神风貌。五是为职工办好事办实事。慰问因病住院职工、生活困难职工，送去慰问金6800元。安排职工进行了体检，发放助学补助金6600元。投资25万元对基层基础设施进行了改造。（李小玲　高　鹏）

宁夏回族自治区渠首管理处

【概况】 2010年，宁夏回族自治区渠首管理处（以下简称“管理处”）内设组织人事科、灌溉管理科等7个科室，大清渠、大坝等6个基层管理所，工会、共青团2个群众组织和工程公司1个经济实体。管理处现有科级干部31人（13正18副），干部职工230人。在水利厅党委、水利厅的正确领导下，管理处认真落实各项制度、措施，求真务实、奋力拼搏，扎实推进和谐水利建设，确保了全年安全生产“零”事故和灌区均衡受益。安全行水270天，青铜峡和卫宁两大灌区各大干渠共计引水55.751亿立方米，比上年少引0.59%；渠首灌域全年引水2.303亿立方米，较2009年少引10.49%，全年商品水率85.5%。获得了宁夏水利工会颁发的“学习型组织先进集体”荣誉称号。（陆　超）

【灌溉管理】 1.认清水情形势。年初，制定了管理处工作要点，召开灌溉工作会议，安排各项工作，对计划用水、调度指标等提出了具体要求；深入灌域开展灌溉面积及作物结构调查工作，对变化较大的陈袁滩镇等进行了详细核查，为支渠水权分配提供重要依据；针对冬灌期间河西总干渠最大引水流量较常年少20%的不利因素，加大宣传力度，在青铜峡电视台连续5天播发紧急通知，通报严峻形势，为冬灌顺利完成奠定了基础。

2. 规范工作流程。编印《灌溉管理工作导则》，将灌溉管理工作细化、量化为20项内容，明确责任、细化任务，使灌溉管理更加精细、规范；全面推行支渠用水申报制度和灌溉情况定期回访制度，深入灌区，掌握灌溉进度，化解灌溉矛盾。

3. 强化水量调度。一是根据引水指标，科学编制各干、支渠水量调度预案，面对春季气温持续偏低、小麦头水推迟、青铜峡灌区频繁开停灌等不利因素，严格按照水利厅灌溉局下达的计划、指令调水，做到水量调度及时准确、操作规范，保障了各干渠按计划引水、适时灌溉。二是配合灌溉局安装使用宁夏引黄灌区水量调度管理软件。

4. 精细测流量水。一是新购置流速仪、水准仪等设备，对全处13个国家二级水文测站进行了全面细致的维护工作。二是通过加强水文监测、提升测流精度、改进测流数据输入模式、科学率定启用水位流量关系曲线等方式，有效降低了年底整编曲线的偏离值，实现了水文整编成果零误差。 （陆　超）

【工程建设与管理】 1. 严格把关，保证工程建设质量。年初，水利厅投资450余万元对渠首灌域老化失修工程进行改造，管理处严把工程质量关，严格按照规范派专人实施监督，对出现的各类问题及时督导整改，保质保量完成了大清渠2.5千米渠道砌护及泰民渠节制闸改造工程。

2. 规范管理，加强岁修工程建设。全年投入资金169.12万元，完成岁修工程95项；编印《工程建设管理规程》，从工程预算、立项、审批、施工、验收等方面制定标准和规范，确保了工程质量。

3. 履职尽责。加强涉外工程审批管理。严格按照水利厅有关标准和规定对涉外工程进行上报审批，签订合同，有力保障了渠道安全、维护单位利益。

4. 健全体系。顺利通过质量认证。切实加强工程质量体系建设，工程公司顺利获得ISO9001标准

4月18日，管理处处长赵国胜（右二）检查科室工作

认证。 （陆　超）

【防汛抗旱】 修订防汛抢险应急预案，配备抢险物资，落实防汛责任，组建18支群防队伍，共1000余人，做到了预案、责任、物资、队伍、措施、通信“六落实”。6月21日，管理处集中组织开展了防汛抢险演练活动，锻炼了防汛队伍，提高了抢险能力，达到了预期效果。 （陆　超）

【安全生产】 1. 落实安全教育培训。以安全生产法规和规章制度为重点，采取板报、挂图、事故图片展、发放安全知识手册、以会代训等形式，广泛深入开展安全教育活动。

2. 落实安全责任分工。召开专题会议，安排部署安全生产工作，层层签订责任书，按照“谁主管、谁负责”的原则，制定下发《2010年安全生产工作安排》，推行险情预知、隐患诊断、安全确认、安全环境改善责任制，做到了安全防范、关口前移、分工明确、责任到位。

3. 落实安全主题活动。深入开展水利“安全生产年”“安全生产月”等活动，全处共悬挂横幅7条，张贴安全标语200多条、宣传画70多幅。6月份，举办了“安全发展、预防为主”演讲比赛，并巡回到各管理所、基层段点演讲。

4. 落实安全整改措施。以渠道安全运行为重点，定期组织开展渠道安全、工程防汛、隐患排查等专项检查，建立安全生产隐患排查登记制度，消除安全隐患137项，更新一氧化碳报警器20台、各类漏电保护开关62个，沿干渠设置了安全警示牌90个。

（陆　超）

【农村水费改革】 在总结经验、深入调研的基础上，提出广泛宣传、座谈讨论、拟定章程、村民直选“四步法”民主组建协会和指导监督、代管财务“双举措”保障协会规范运行，先后投资1.7万元为17个重点协会建立完善各类规章制度、职责公告牌、工作流程图等设施，并定期对各重点协会从执行制度、财务管理、水务公开等9方面14项内容进行督查指导，推进了协会的标准化、规范化、制度化建设。（陆 超）

【科技与教育】 1. 加大科技投入，全年投资30余万元，购置计算机10台、数码相机7台、胶装刻字机2台、流速仪6台、水准仪1台等仪器设备，安装调度管理软件、LED电子屏系统、视频会议系统各1套。

2. 多种形式，强化政治理论学习。采取专题讲座、座谈交流、撰写心得体会、外出参观学习等形式，组织机关、管理所职工政治学习176次，撰写心得体会800余篇，办学习专栏20余期。在认真学习政策理论、法律、时事政治等常规篇目的基础上，观看于丹《论语心得》、翟鸿燊讲《国学》等通俗易懂、职工爱看、容易接受的知识讲座。

3. 加强教育培训，投入教育经费16.3万元，送各类专业技术人员参加区内外培训48人次；制订职工业务技能培训计划，举办各类培训班5期，培训人员136人次，累计达2800学时；顺利完成了24名工勤人员的晋级培训，对全处46名调度人员进行了持证上岗培训考试，均取得了培训合格证。（陆 超）

【水政与水资源管理】 严格水政监察执法，制订了基层水政监察管理办法，明确了责任，细化了分工，有效查处了5起水事案件，依法收回赔偿金10万余元；及时对渠道环境整治情况进行检查清理，有效制止在渠道管理范围内取土、栽杆、违章建设、堆放杂物等违法事件发生，保证了工程安全，维护了单位利益。（陆 超）

【综合经营】 1. 规范管理，夯实基础。对农田、果园、出租房屋进行清查摸底，认真检查梳理了各类经营合同、租赁协议，纠正“带病”合同、无效合同，规范承包、租赁行为。

2. 招标租赁，提升效益。对各管理所土地、农田实行统一公开竞标承包、租赁，收入增加8.7万元，

10月15日，管理处副处长郝明辉（左二）检查管理所综合经营工作

增幅25%。2010年，全处综合经营总产值达1172.9万元，实现利润118.5万元。（陆 超）

【财务管理】 1. 完善财务制度，提高管理水平。对会计核算工作的及时性、数据的准确性、格式的规范性、内容的完整性做出具体规定，严把原始凭证入账关，细化财务工作流程，杜绝了违规开支。

2. 认真执行财务计划，做到收支平衡。坚持“以收定支、量入为出，保证重点、兼顾一般”的原则，压缩非生产性开支，编制管理处财务收支计划，统筹安排经费支出，全程监督预算执行，确保各项工作顺利开展。

3. 加强财务检查，结合水费计收自查、水利专项资金自查和“小金库”专项治理，对基层单位财务进行全面检查2次，专项检查5次，加大对资金使用、经费核算、合同履行等方面的监督指导力度，突显了财务检查效果。提前偿还银行贷款235万元，节约利息支出6万余元。

4. 改进收费方式，将收费责任细化落实到人，实行目标考核，建立奖罚机制，力促水费收缴。截至12月10日，足额收清水费水源费1682万元（其中水费1122万元，水源费560万元）。（陆 超）

【党建与精神文明建设】 1. 抓班子建设。一是党委班子成员坚持中心组学习制度，带头学习交流、撰写心得，全年中心组学习12次，结合实际，每人撰写调研报告2篇。二是坚持重大问题集体研究、民主决策，顺利完成了灌溉管理、干部选拔调整、党组织建设等任务。三是按时召开民主生活会，班子成员能够

正视不足，积极开展批评与自我批评，主动沟通思想，互相批评帮助，促进班子团结和谐。

2. 抓干部队伍建设。按照“德才兼备、以德为先”的原则，选拔交流科级干部8名，优化了干部队伍结构。以中心组带科级干部学习为主要方式，举办科级干部培训班、向科级干部赠书、参观学习，引导科级干部树立学习理念。全年组织科级干部学习13次，外出参观学习2次，向科级干部赠书70余册。

3. 抓党风廉政建设。一是召开党建暨党风廉政建设会议，领导班子公开廉政承诺，层层签订党风廉政建设责任书，认真开展“学《廉政准则》、促廉洁从政”和“四个安全”主题教育；二是以处机关和3个基层所为试点，投资20余万元，制作警示宣传板110余块，营造了“学廉、倡廉、爱廉、崇廉、尚廉、守廉”的良好氛围；三是通过思想发动、排查风险、建立制度、健全防范机制四个阶段开展查找廉政风险点工作。四是建立党员廉政教育室，完成了反腐倡廉制度汇编，印发了《基层纪检工作手册》，切实加强对“重点领域、要害环节和重要岗位”的监督，全程监督大宗物资采购8项、参与工程验收2次，做到适时监督、按章办事。

4. 抓行风效能。一是召开专题会议，制订《民主评议政风行风工作实施方案》，层层签订行风建设责任书，聘请30名政风行风监督评议员，实行“开门评风”，发放调查问卷300份，自查问卷100份，收集意见和建议12条，满意率达97%。二是建立了领导班子、效能建设、风险防范承诺制，严肃会风会纪，加强绩效工资考核制，扎实推进效能建设。三是精心组织、齐心协力，圆满完成了2010年引黄灌区“放水节”仪式的承办任务；全年共接待国家、自治区等参观考察65批次，较好地宣传了宁夏水利；全年报送领导调研、工作动态等宣传信息120余篇，被市、厅级媒体采用67篇。

5. 抓工团建设。一是按时召开五届一次职代会，征集合理化建议43条，采纳实施31条；及时对单位经费支出、预算执行等情况进行统计公开，修改充实政务公开栏20余处；投资5万余元，创建自治区总工会“职工书屋”示范点，存储各类书籍达1000余册；组队参加水利厅庆“三八”健身操比赛荣获一等奖，代表水利厅参加区总工会举办的读书演讲比赛荣获三等奖。二是处团总支认真开展争创“青年安全生产示范岗”、争做“青年安全生产标兵”活动，增强了青年职工的安全意识；举办了创建学习型单位主题演讲比赛，组织参加了水利厅纪念“五四”运动91周年文艺汇演，较好地展现了青年团员的精神风貌；充分利用大坝管理所的地理、人文优势，开展争创自治区级“青年文明号”活动通过验收。

（陆　超）

宁夏回族自治区秦汉渠管理处

【概况】 宁夏回族自治区秦汉渠管理处（以下简称管理处）成立于1964年，现有在职干部职工366人，其中正处级干部2人，副处级干部4人，正科级18人，副科级28人；现有工勤人员245人(其中技师31名，高级工94，中级工78名，初级工42名)，专业技术人员101名(其中副高12名，中级39名，初级50名)。管理处内设7个职能科室、2个群众组织，下设10个渠道管理所、1个工程公司、1个养护大队，47个管水段。担负着青铜峡河东灌区秦渠、汉渠、东干渠、马连渠4大干渠和农场渠、波浪渠2大支干渠共223千米的渠道、1086座水工建筑物的运行管理以及为青铜峡、灵武、利通区和6个大型国营农场共7.33万公顷农田的灌溉供水和防洪防汛任务，同时承担着盐环定扬水工程、太阳山工业园区、金积工业园区和吴忠城市水系的供水任务。全年安全行水178天，计划引水12.138亿立方米，实际引水11.861亿立方米，比计划少引0.277亿立方米，商品率81.8%，保障了灌区农田适时灌溉，为灌区农业丰收、农民增收和农村社会稳定奠定了基础。2010年，管理处先后被命名为“自治区卫生先进单位”“自治区文明单位”“全区依法治理示范单位”。被评为水利厅“先进单位”“全区水利系统行风建设先进单位”“全区农业灌溉节约用水先进单位”“全国水利系统模范职工之家”和吴忠市“依法治理示范单位”，

获吴忠市效能目标考核一等奖。（朱　丽）

【灌溉管理】 2010年针对灌区干旱缺水、水资源供需矛盾日益突出的形势，管理处加强协调，强化管理，精心调度，确保了灌区均衡受益。全年安全行水178天，引水量11.861亿立方米，其中夏秋灌引水10.162亿立方米，冬灌引水1.699亿立方米。

1. 科学管理，精心调度，多措并举抓灌溉。一是严肃调度纪律，强化调度措施，明确交水指标，形成了全处一盘棋，齐心协力抓灌溉；二是处、所、段职工层层签订《安全生产暨灌溉管理目标责任书》，明确安全生产责任和目标，全处上下齐抓共管，左右通力合作；三是精心组织，合理安排灌溉，动员农民适时灌溉，错开了用水高峰，有效地解决了灌溉难问题；四是编制《水量调度应急预案》，将四大干渠编组，引水不足时各干渠进行编组轮灌，干渠内部进行上下游轮灌，集中解决灌溉难点，提高用水效率，缓解了高峰期灌溉矛盾，保证灌溉工作有序进行；五是合理调度，确保灌域冬灌顺利完成。

2. 强化水权理念，加强支斗口管理，确保灌区均衡受益。一是加强计量督察工作，组织有关人员对各干渠直开口用水情况和各干渠交水断面进行多次突击检查，对违反规定不按计划开关口和不执行调度指令的所段当事人给予警告；二是继续推进防盗启闭机在灌区干渠直开口的推广应用，大大减少了偷水抢水的现象，支斗口供用水工作稳定有序，水量调度的灵活性和准确性进一步提高，保证了灌区均衡受益，特别是马莲渠渠道改造，启闭机配套，管理水平明显提高。

3. 强化服务、加强沟通、抗旱保灌。一是经常和市县乡水利部门联系，加强沟通协调，鼓励地方各级政府及农民用水者协会多渠道开源增水，减小水量浪费损失，形成上下齐心协力，左右通力合作的治水局面，有针对性的保重点、保难点地区的灌溉；二是处、所干部职工经常到田间地头看旱情，查水情，排查灌溉矛盾，及时采取有效措施，把有限的水资源送到旱情最严重、需水最迫切的地方，缓解旱情，解决灌溉矛盾，圆满完成了抗旱保灌任务。

4. 全力推进井渠结合灌溉工作，缓解干渠稍段

5月16日，管理处处长张建桥（右三）在灌区调研

淌水难问题。为了加强对汉渠稍段、秦渠稍段、东干渠稍段三个井渠结合片区的管理，管理处成立了井渠结合灌溉工作领导小组，安排6名专职人员负责井渠结合灌溉工作，灌溉期间处、所有关人员经常到灌区指导井渠结合灌溉工作，提高灌溉效率。今年，三个片区共投入运行机井148眼，全年抽水333万立方米，井渠结合灌溉取得了较好的成效，有效地解决了试点区灌溉难和次生盐渍化问题。

5. 加强计量工作，提高测量水精度。管理处进一步强化各个交水断面的测量水工作，灌溉管理科抽调专人成立了测水组，负责灌区干渠交水断面和干渠直开口的测流工作。开灌后，测水组人员对灌区测流工作进行了多次监督检查，对所有断面进行抽测和监测，尤其是对有争议的测水断面的测量水工作进行了重点监测，提高了测流工作的准确性和科学性，保证了各所之间供用水的公平、公正。（陈晓波）

【安全生产】 一是强化安全意识。认真贯彻“谁主管、谁负责”的原则，层层动员部署，签订安全生产责任书160份。结合“安全生产月”活动，采取到用水协会、集市、街道、建筑工地开展安全生产宣传活动，张贴安全标语780份，散发宣传资料3万份，横幅58条。举办安全生产演讲比赛，大造声势，营造了“人人讲安全、人人抓安全”的生产氛围。二是健全规章制度。完善了《秦汉渠管理处安全生产管理办法》《2010年防汛抢险应急预案》《秦汉渠管理处安全生产应急预案》《摩托车管理制度》《巡渠查岗制度》等各项制度。全年安全检查12次；三是落实安全责任。划分了安全管理渠段，明确了老化失修病险工程、新建工

程、大垫方渠段、险工段的具体责任人，储备了防汛物资，落实了防汛抢险组织、机械和队伍，签订了联防协议，开展了防汛实战演练；四是保障信息安全。投资3万余元对全处网络进行内外网物理隔离，和谐稳定的安全发展环境，保证了全年各项任务的圆满完成。（朱　丽）

【工程建设与管理】 严格审核岁修工程项目，把有限的资金用在解决影响渠道运行安全和老化基础设施改造上，确保了安全输水。一是保质保量，抓好岁修工程建设。投资191.63万元完成岁修工程258项，清淤渠道29.83千米，加固渠堤2.81千米，翻建斗口8座；完成土方123988立方米，浆砌石1251立方米，砼211立方米。投入132.24万元完成应急抢险工程75项；二是竭尽全力，抓好重点工程建设。在水利厅的大力支持下，波浪渠节水改造工程于夏秋灌停水后开始实施。管理处高度重视，成立了工程建设领导小组，抽调全处技术人员22名，分段编组负责工地现场管理，积极配合各施工单位做好工程建设任务，确保了波浪渠砌护工程如期完工、按时通水。（唐　娟）

【防汛抗旱】 修订完善了管理处2010年《防汛应急预案》。为夯实防汛基础，提升抗灾能力，结合灌域实际，未雨绸缪，查漏补缺，完善机制，着力构筑责任、工程、管理三大体系。一是构筑责任体系。以行政首长负责为核心，建立以部门负责、技术负责、岗位负责为支撑的责任体系，把防汛工作职责分解到各部门，落实到岗位，具体到个人。努力形成各有关单位密切配合、协调联动的工作合力，认真落实好防汛工作各项任务。对于重点部位、重点设施、重点地段，明确行政责任人和技术责任人，确保事事有人管、段段有人查。严格执行24小时值班制度，保证信息畅通，确保渠道发生险情时，在第一时间迅速上报；二是构筑工程体系。坚持"建重于防、防重于抢"的原则，积极构建起以各滞洪水库为主体、各退水及有散水能力的支渠为补充的防洪工程体系，切实提高工程防汛减灾能力。抓住汛期前的黄金时期，千方百计筹集资金，抓紧对防汛重点工程的加固维修，消除安全隐患，确保渠道畅通、设施稳固、群众安全；三是构筑管理体系。加强预案动态管理，于6月21日开展了有针对性的预案演练，促进各有关单位的协调配合和责任落实，增强预案的科学性和可操作性。制作《秦汉渠管理处防汛通讯录》，涵盖自治区、秦汉渠管理处、基层管理所三级防汛体系以及地方各级防汛组织联系方式，以及机械、车辆、群防组织等，提高信息测报精度，构建技术先进、反应快捷的现代防汛测报体系，努力提高测报的准确性和时效性。提高应急保障能力，进一步完善应急响应机制、协调联动机制，不断增强应急救灾能力。（唐　娟）

【综合经营】 综合经营发展坚持运用市场机制和发挥资源优势相结合，坚持水利经营与水利建设、管理相结合的原则。2010年完成产值3058万元，利润201.6万元；人均创收82878元，人均创利5463元。一是鼓励支持工程公司参与市场竞争，树立品牌意识，争取效益最大化；二是转换经营机制，将合同到期的两处果园实行集体管理，采取目标责任管理；三是选择具有市场前景的树种，大力发展苗圃；四是以开展"八小"活动为载体，有利地改善了职工的工作生活环境；五是巩固加强原有传统项目，增强市场竞争力，利润逐年递增。（查永乐）

【财务管理】 管理处按照"保安全、保吃饭、量入为出"的原则，加大水费收缴力度，2010年完成供水收入3442万元，返还干渠以下水费501万元。同时，严格遵守财经纪律，结合实际，以计划为依据，加强资金统一调度，统筹兼顾、合理安排资金，大力开展增收节支活动，压缩会议费、差旅费，降低车辆消耗等非生产性支出，确保安全灌溉资金需要。结清了灌溉调度大楼和附属工程款，还清了基建贷款，同时为提高改善基层基础设施和办公条件提供强有力的资金支持，有效提高了资金使用效率。（查永乐）

【科技教育】 2010年，投入职教经费27.42万元，举办了测量水、财会等专业技能培训班12期，培训人员833人次，组织32人参加专业技术人员继续教育公共科目考试，组织技术干部参加各类培训班24期112人次；举办了工人技能鉴定考试，61人拿到等级资格证书，选拔3名选手参加全区水利行业技能竞赛，1人取得第3名的好成绩。加大信息化建设投入力度，在维护和使用好现有的20处水位遥测站和5处雨量遥测站的同时，投资21万元，购置电脑25台、打印机23台，投资3万余元对全处网络进行了内外网物理隔离。与中国电信联合打造河东灌区干渠水情及山洪预警实时监控系统。

管理处与河海大学联合开发河东灌区渠道安全运行数字信息管理系统，完成了水位遥测系统更新与软件升级，经冬灌试运行，准确性和保证率都达到了要求，并与中国电信公司联手打造东干渠渠系重点断面水情、汛情视频适时监控点6个，为科学合理调配水量和渠道安全提供了支撑和保障。（毛淑娟）

【党建与精神文明建设】 2010年，管理处党委坚持“抓班子带队伍、促和谐谋发展”的思路，牢固树立“围绕中心抓党建、抓好党建促发展”的理念，以深入开展“党的建设年”“创先争优”、建设“学习型党组织”等活动为抓手，不断创新党建工作内容，提升党建工作水平，为管理处处全面健康发展提供了坚强保证。

1. 强化干部职工队伍建设。严格干部选拔任用程序，坚持正确的选人用人导向，调整交流科级干部11人次，选拔科级干部4名。加大培训教育力度，全年举办各类培训班12期，培训人数830多人次。

2. 注重加强党的组织建设。一是认真筹备召开了第二次党代会，选举产生了新一届“两委”班子。指导基层党支部建立了3人支委，12个党支部完成了换届工作；二是积极开展“创先争优”活动。把“创先争优”活动与“党的建设年”、建设“学习型党组织”“西部大开发大学习活动”相结合，举办了党支部书记培训班，组织参观了盐池革命纪念馆；按照“八有”标准，在农场渠管理所建设了“创先争优”示范点；开展评选岗位创“十优”活动，将原办公楼职工活动中心进行了改造装修，增加办公、娱乐、健身等设备，为离退休人员党支部提供了活动场所。按程序吸收预备党员5人，预备党员转正3人；三是大力弘扬先进典型。表彰了6名优秀共产党员和3个先进党支部。树立了优秀党支部书记马继承、勤政廉政标兵马玉柱两位典型。组织27名年度先进工作者到上海世博会参观学习。

3. 切实加强党风廉政建设。结合学习贯彻《廉政准则》，以“六个一”为建设标准，在汉三所、东三所和管理处机关建立了水利厅首家廉政文化示范点。8月份，水利厅在管理处召开了现场观摩座谈会，管理处做了经验交流，先后有1000多名干部群众参观接受教育。开展廉政风险防范管理工作，水利厅确定管理处为廉政风险防范试点单位。

4. 大力加强精神文明建设。举行了春节文艺汇演；组队参加了水利厅庆“三八”健美操比赛活动并获得二等奖；组织全处干部职工向青海玉树地震灾区捐款18800元；利用春节、“五一”等时机，慰问困难职工、离退休职工和一线职工。召开2010年度退休人员座谈会，选派3名离退休人员到上海世博会参观学习。

5. 加大对基层所、段的基础设施改造。投资约160余万元完成东三所院落整治以及2个管理段、4个管理所的翻建改造。投资40余万元为基层管理所配发新的桌椅、床单被套、简易衣柜等办公用具281套，为机关和基层所配置电脑、打印机等办公设备51台。大力开展以“小种植、小养殖、小环境、小卫生、小文娱、小烹饪、小图书、小体育”为内容的“八小”活动。深化“职工之家”建设，购置400余本图书杂志，建立了12个“流动书箱”，极大丰富了职工业余生活。

（安丽丽）

宁夏回族自治区盐环定扬水管理处

【概况】 宁夏回族自治区盐环定扬水管理处（以下简称“管理处”）机关设10个职能科室，基层有12个泵站和中心水管所、灌溉试验站、养护大队、机电检修队等16个单位。截至2010年底，在册干部职工427人，其中高级职称6人，中级职称25人，初级职称49人；技师15人，高级工18人，中级工234人，初级、普工20人；新进人员1人，退休1人。2010年，管理处被水利厅评为“全区水利行业先进集体”“宁夏水利学会先进集体”荣誉。（李鸿志）

【灌溉管理】 1. 盐环定扬水工程自4月6日开机上

水，11月17日冬灌结束，全年上水共136天，计划用水量6800万立方米，实际引水量7480.86万立方米，实际供水量6764.1万立方米，其中农业供水5926万立方米、生态供水240万立方米、太阳山水库工业供水427万立方米、陕西定边人饮供水171万立方米，甘肃环县供水15.9万立方米；灌溉面积12600公顷，其中玉米7280公顷、油葵1013.3公顷、苜蓿563.3公顷、其他3743.4公顷；商品水率达87.1%。2.逐级层层分解用水指标，优化调度运行模式，在基层站所建立8个水调室，规范调度管理。坚持每周召开用水分析例会，及时解决存在的问题，保证了系统运行平稳，保障了受水区农田适时灌溉。（李鸿志）

【防汛抗旱】 1.健全防汛组织，落实防汛责任，完善防汛预案，安排资金14万元，配备潜水泵、草袋等防汛物资，加大防洪工程建设，新修厂区排水2处，退水设施2座。开展防汛实战演练，成功处置6月17日、8月10日两起突发险情，确保了工程设备安全。2.针对不断蔓延的旱情，处领导深入受水区及时了解民情、水情，分片包干协调解决供用水矛盾；干部职工昼夜坚守岗位，系统开足马力供水，各站所在干渠沿线设立人畜取水点，无偿为当地群众提供生活用水。（李鸿志）

【安全生产】 1.实行安全工作先行安排、物资先行保障、任务先行落实、隐患先行检查、问题先行解决的工作机制，以“安全生产年”“安全生产月”“青年安全生产示范岗”和“百日督查专项行动”等活动为载体，广泛开展安全知识宣传教育。全年共组织观看安全知识电教片18场次，参与人数1400多人次，办安全专栏152期，悬挂安全横幅30条，张贴标语500多条，散发宣传材料2000余份。2.实行月查、季评、年终考核的工作机制，定期组织开展安全生产大检查，排查渠道工程、机电设备等安全隐患。重视安全投入，全年安排资金260多万元，维修渠道工程64项，维修设备800多台套，配备了灭火器、防煤气中毒报警装置等安全用具，实现全年安全生产无事故。（李鸿志）

【机电运行与管理】 投资50多万元，完成机电主附设备维修887台（套），设备完好率达99.5%。严格设备专责和“两票”管理，完善《运行分析制度》《泵站运行规程》。扬水力率为0.97，能源单耗4.38千瓦时/千吨·米。（李鸿志）

【工程建设与管理】 1.配合水利建设中心实施续建项目建设，一期工程建设于3月底结束，完成了三至八泵站机电设备、通讯自动化改造，对一干渠2千米、八干渠2.2千米滑塌渠段进行了治理。4月10日，在盐环定扬水三泵站举行了续建阶段通水仪式，标志着一期工程正式通水试运行。二期工程于9月份开工建设，主要先行实施一泵站维修改造工程，建设内容包括泵站主副厂房维修、进出水池翻建、6台机泵及其配套设备设施的改造，于11月3日通水试运行。2.组织实施自治区财政厅下达的422万元病险工程维修改造项目（宁财（农）发〔2010〕596号），完成八干渠下段维修改造，新建水闸、生产桥，压力管道改造及更换淘汰老化变压器、水泵维修改造。3.实施水利厅下达的55万元防洪工程维修项目，完成苦水井渡槽维修、十一干渠水毁工程及防洪抢险道路修复。（李鸿志）

【科技与教育】 投入培训经费26万元，举办电工进网作业等各类培训班16期，培训职工1200人次。完成了一泵站泵型改造、二至八泵站32SA-19、32SA-10水泵轴承改造等6项技术革新和新技术应用，其中《陕甘宁盐环定扬黄工程水量优化调度研究》获宁夏水利科技进步三等奖。（李鸿志）

【水政与水资源管理】 1.推进普法依法治理，以“世界水日、中国水周”和法制宣传日、宣传月为契机，广泛宣传水利法规政策，开展送水法规“进灌区、进集市、进清真寺、进学校”活动。2.重视水行政执法工作，加强执法队伍建设，11名水政监察人员取得执法证，依法查处案件2起，协调处理水事纠纷3起。3.针对用水类型增多、初始水权不明晰等现状，加强水资源管理，开展水资源优化配置研究项目。推进节水型灌区建设，小畦灌溉得到进一步推广，渠道利用系数较上年度提高0.8个百分点。（李鸿志）

【综合经营】 1.水利施工业。工程公司抓住水利建设高峰期和盐环定续建的机遇，承揽了盐环定续建工程、银川北部水系改造等8项工程，年产值突破2000万元，创利160万元。2. 土地经营业。变过去一包了之的粗放式、低效益的土地经营模式，为自主经营与租赁经营相结合，发展特色高效作物，种植苗圃3.5公顷、红枣7公顷。3. 机电设备维修和运行代管业。检修队等单位发挥职工的机电专业技术特长，对外承揽机电安装和小型扬水泵站的维修和代管业务，全处机电维修代管完成产值330万元，利润106万元。4. 庭院经济建设。整治零星土地20公顷，种植

7月15日，管理处处长杨志(左二)现场指导农业基地前期规划

蔬菜4公顷，新增杂果600株。完成了二、八泵站绿化美化工程。全年完成产值2051万元，实现利润168.6万元，产值和利润分别超额完成水利厅下达指标的78%和55%。 (李鸿志)

【财务管理】 坚持财务预决算制度，全年自治区财政拨工程运行补助费1433.5万元，供水收入1234万元，供排水支出4162万元。加强财务管理，修订完善财务工作管理办法，通过开展节约型单位建设，实行经费包干等措施，压缩行政开支。加强财务人员管理，对全处财务人员进行公开竞聘上岗。坚持实行大宗物品集体采购制度，全面开展“小金库”专项治理，无违纪现象。 (李鸿志)

【党建与精神文明建设】 1. 加强队伍建设、制度建设、效能建设和作风建设，以“治庸、治懒、治不作为、治工作无思路、治工作无计划、治工作无创新”为抓手，治懒问责，治庸问效，奖优罚劣，提高工作效能。2. 结合党的建设年活动，在全处开展创先争优、学习型党组织建设、西部大开发大学习大讨论活动，创建先锋岗、示范区，建立党员示范窗口，引领党员职工立足岗位做贡献，年内1名党员被评为自治区“五一”先进工作者，1名党员获“自治区三八红旗手”荣誉称号。修订干部考核管理制度，推行“5221”的干部考核管理办法，首次采用差额办法选拔任用科级干部。注重廉政文化建设，开展“廉政文化示范点”创建活动。3. 推进精神文明建设，大力弘扬“艰苦创业、勤俭节约、无私奉献、服务老区”的盐环定精神，继续开展文明单位、文明科室、文明职工、文明家庭、青年文明号“五个文明”创建活动，干部职工先后向西南干旱地区、青海玉树地震灾区捐款2.6万元。组织开展职工运动会和文化作品征集活动，创办《今日盐环定》小报。4. 坚持为职工办实事，改善基层单位办公环境，对职工宿舍桌、椅、柜等办公设施全面更换，增配了电脑、打印机等设施，年内累计投资82万元。 (李鸿志)

宁夏回族自治区七星渠管理处

【概况】 2010年，宁夏回族自治区七星渠管理处(以下简称管理处)下设组织人事科、办公室、灌溉管理科、防汛工程科、计划财务科等职能科室和工会、共青团两个群众团体，5个基层管理所，3个综合经营实体。全处在职职工172人，其中，管理人员26人，专业技术人员63人，技术工人79人。大学专科以上学历98人，中级以上职称41人。2010年，全处干部职工解放思想，抢抓机遇，扎实工作，圆满完成了各项任务，为中部干旱带群众脱贫致富和灌区经济社会跨越式发展做出了积极贡献。全年共引水8.88亿立方米，其中自流灌区引水3.63亿立方米，为扬水灌区供水3.73亿立方米，商品水率85.2%，较计划指标节水0.11亿立方米。保障了中部干旱带6万公顷农田灌溉、35万人、26万头牲畜饮水的安全供水和自流灌区2.16万公顷农田均衡灌溉，实现了向中部干旱带优质高效供水和灌区节水增收的双赢目标。全年实现总收入3700万元，其中供水收入1629万元，综合经营收入2071万元，

利润 131 万元。（王治涛）

【灌溉管理】 2010 年，管理处面对灌区引水指标核减、扬水上水量逐年增加、春季气温持续偏低、灌区作物种植结构大幅度调整等不利因素，处所两级严格用水管理，科学调整自流与扬水灌区用水时差，精心调度，确保了扬水和自流灌区 8.33 万公顷农田的正常供水。及时召开灌域灌溉工作会议，通报气候预测、土壤墒情、农业生产及作物种植情况。处、所、段层层签订目标责任书，将水量、水费收缴目标量化分解到个人。严格断面交接水制度，实行直开口两级配水制度；各管理所将高口和小高抽全部上锁管理，强化了水量调配，保证了干渠水位的稳定。灌溉管理科与高干渠管理所联合开展高干渠扬水输水损失分析研究，多次组织人员对渠道损失进行测量，掌握实际用水情况，提高了测水精度，扬水供水保证率达 100%。管理处投入 1 万元，在管理所、段建立"协会之家"，搭建协作管理平台，注重农民用水者协会人员培训，加强对协会工作的指导，推进农民用水组织自主经营管理、县乡村监督协调、水管单位指导服务的农业供水管理体系良性运行。在全灌区 65 个农民用水者协会实施凭票供水，改善了水费收缴环境，促进了水费收缴。自流灌区水费于 11 月 20 日全部收清，较 2009 年提前 20 天。全年共引水 8.88 亿立方米，其中自流灌区引水 3.63 亿立方米，为扬水灌区供水 3.73 亿立方米，商品水率 85.2%，较计划指标节水 0.11 亿立方米。保障了中部干旱带 6 万公顷农田灌溉、35 万人、26 万头牲畜饮水的安全供水和自流灌区 2.16 万公顷农田均衡灌溉，实现了向中部干旱带优质高效供水和灌区节水增收的双赢目标。

（王治涛）

【工程建设与管理】 2010 年，在水利厅相关处室和部门的大力支持下，争取项目投资近 300 万元，实施了一批项目工程。一是实施了清水河坝头子段堤防加固应急度汛工程，整治河道 356 米，建人字垛 6 座，土工格栅笼石护岸 2100 多平方米。二是实施了高干渠梢段农场节水灌溉工程。建成水源泵站 1 座，铺设 UPVC 干管 4.43 千米，支管 47 千米。三是实施了高干渠梢段小流域综合治理项目和防风林建设工程，扎草方格 7.1 万平方米，营造防风林带 16 千米。四是争取投资 30 万元，在高干渠轿子山段开挖疏通排水沟道 3 条，解决了高干渠局部段落排水不畅和附近农田受浸的问题。2010 年，全处共砌护渠道 4.4 千米，治理清水河险工 356 米，维修渠道砼板 1476 平方米，清淤渠道 56 千米，加高加固渠堤 2.4 千米，翻建斗口 2 座，维修闸斗 309 座，更换闸斗启闭机 18 套，基本解决了渠道、闸、斗"跑、冒、漏"问题。不等不靠，扎实做好项目前期工作。（王治涛）

【防汛抗旱】 2010 年，管理处召开了灌区防汛工作会议，修订完善了七星渠防汛抢险、渠道建筑物应急抢险、大中型扬水泵站跳闸停机、机关办公楼和家属区消防安全等预案。各管理所与当地乡（镇）、村及驻军组建了 21 支联防队伍，聘请义务报汛员17 名。投资 4 万多元，购置了发电机、救生衣、铅丝等物资，落实抢险机械 112 台（辆）、防汛物资供应点 6 个。处所组织开展防汛演练 6 次，做到了组织、预案、队伍、物资、通信、机械六落实。8 月 11 日凌晨，红柳沟突发山洪，最大洪峰达 423 立方米 / 秒（超 50 年一遇），管理处领导闻讯而动，紧急调动抢险人员 40 多人，调用机械 12 台（辆）、编织袋 600 条、木桩 200 根、砂石料 100 立方米，果断处置险情，确保了红柳沟渡槽及干渠的安全。（王治涛）

【安全生产】 处、所、段建立健全了三级安全管理网络，层层签订安全生产、摩托车双管、施工安全等责任书，分解落实安全责任，形成千斤重担大家挑、通力协作抓安全的局面。管理处按照"四不放过"的原则，果断处理了"4·16"高干渠梢段决口事故相关责任人，并积极采取补救措施，召开现场会议，总结事故教训，做到警钟长鸣。"安全生产月"期间，处所两级开展了"安全咨询日""安全伴我行"演讲比赛、"安全知识竞赛""民生水利与安全发展"征文、险情现场案例分析研讨会等形式多样的活动，将安全生产教育贯穿到学习、工作、生活的每一个环节。落实"三项行动"与"三项建设"要求，认真开展隐患排查工作，共开展安全大检查 10 次，处理隐患 113 处，养护大队在有关专家指导下对红柳沟、单阴洞、双阴洞 3 座渡槽伸缩缝止水进行了处理。各管理所组织人员对 19

座穿渠涵洞进行了抽水检查。管理处坚持每周两次巡渠查岗，组织查岗48次，落实了“六查六看”。加强“五防”工作，为所段点配备33个一氧化碳报警器。

（王治涛）

【水管体制改革】 管理处在完成2010年水利工程管理体制改革工作目标任务的基础上，按照《七星渠管理处水利工程管理体制改革实施方案》的要求，重点从健全制度、规范运行等方面着手，进一步深化水利工程管理体制改革，推动了全处水利各项工作的稳步推进。一是加强制度建设，为水管体制改革良性发展提供制度保证。修改完善了科室、管理所工作考核办法，制订了《七星渠管理处公司考核办法（试行）》，将工程公司、开发公司、监理公司纳入考核范围。在考核内容上，进一步细化量化了对各单位基础工作、重点工作、创新工作的考核。在考核方式上，注重对科室、管理所、公司平时工作的考核，全部实行月度考核的方式进行，并按照月考、半年考、年终考、处领导综合考评所占不同比例进行打分评比，确定考核结果，进一步规范了各科室、管理所、公司的工作考核。同时进一步深化分配体制改革工作，从每位职工的工资中提取600元作为考核工资，按照确定的岗位系数、考核结果每月进行考核发放，进一步激发了职工工作的热情。二是深化农村水费改革，为水管体制改革注入活力。在灌区65个乡镇、村级农民用水者协会推行凭票供水，涉及灌溉面积2.16万公顷，进一步理顺了供用水关系。积极开展农民用水者协会规范运行试点和延伸服务人员参与协会管理试点工作，5个基层管理所分别确定了1个试点协会，进一步促进农民用水者协会规范运行，形成水管单位与农民用水者协会齐抓共管，干、支渠协调发展的和谐局面。三是规范养护大队运行，积极探索渠道维修养护工作的新路子。根据现有渠道状况、渠道长度、维修养护工作量及维修养护难易程度，将渠道维修养护分为宣古（宣和所和古城所辖段）组、恩鸣（恩和所和鸣沙所辖段）组和高干渠（高干渠所辖段）组三个养护组，按照养护职责，分别负责本组内的渠道维修养护。制订了《渠道维修养护实施办法》《渠道防汛抢险应急预案》《七星渠管理处关于进一步加强渠道维修养护工作的通知》，明确了维修养护大队经常维修和重点维修的工作任务和具体标准，将渠道维修分为集中维修和经常维修两种维修方式，并和管理所的日常管理巡查结合起来，制定了渠道维修养护工作内容定期汇报制度，将渠道及建筑物管理巡查中发现的问题及时上报，管理处将具体维护内容下达给养护大队进行维修养护。为节省维修成本和节约劳力，维修养护大队结合养护工作实际，加工制造了渠道养护刮堤设备，加快了渠道维修速度，并针对全处标准渠堤管理中有重型车辆频繁通行的情况，在主要渠道路口设置了阻碍重型车辆通行的障碍物，防止重型车辆通过毁坏渠堤，效果明显。2010年，共计维修养护渠道长16千米，维修管理房1200多平方米。共投入劳力750工日，机械300台时，沙砾料370余方，投入费用32.86万元。 （王治涛）

【科技与教育】 2010年，全年科技投入65万元。引进石油沥青聚氨酯密封膏新型接缝材料，更换了单阴洞、双阴洞、红柳沟3座渡槽伸缩缝，解决了伸缩缝长期渗漏的问题。在清水河坝头子段应急度汛建设工程中，引进新型材料“土工格栅”，制作石笼，节省了成本，方便了施工。与水利部灌溉排水中心、水利厅灌溉局合作，开展“灌区工程考核”项目研究。与西北农林科技大学合作研究的“大掺量粉煤灰砼试验”项目顺利通过水利厅验收。投入职教经费28.54万元，狠抓科级干部、专业技术人员、技术工人三支队伍的教育培训。10人次参加了水利部灌区普查、人事管理、财务管理、防汛预案编制、水政执法、新闻宣传等培训；156人次参加了水利厅灌溉管理、防汛抢险等培训；836人次参加了管理处渠道维护、财务管理、公文写作等培训；13人次外出参观学习，开阔了视野，增长了见识；组织45名技术人员到白鹅子沟段渠道整治和固海五干渠改造等工地，参与工程施工和监理，锻炼了队伍，增长了才干。宣和管理所被宁夏水利工会评为“学习型组织先进集体”，1名职工被评为“知识型职工先进个人”。 （王治涛）

【水政与水资源管理】 2010年，管理处严格水资源管理，认真分析水情，严格落实建设项目水资源论证制度，科学合理调配水量，优化配置水资源，进一步落实直开口两级配水制度，降低水量损失，切实提高水资源的利用率。科学合理调整自流与扬水灌区供水关系，制定合理的轮灌秩序，优先保证扬水灌区用水，进一步深化农村水费改革和凭票供水工作，确保灌区均衡供水。2010 年，共组织渠道清障 13 次，清除垃圾、柴草杂物等 147 处 1351 立方米，疏通了渠道，保障了行水安全。查处水事案件共 16 起，整治了水事违法行为，维护了水工程和单位的合法权益。“世界水日”“中国水周”和“乡村环境整治”期间，悬挂横幅 14 条，制作展板 20 块，刷写标语 50 条，办橱窗板报 6 期，发放各类宣传材料 2 万余份。出动宣传车 7 次，深入乡村广泛宣传，使水法规政策家喻户晓。 （王治涛）

【综合经营】 一是推进高干渠梢段农场基地建设。积极筹措资金近 100 万元，从山东、山西购置了近万棵果树苗，新栽植各类果树 3.6 万株。二是转变农场经营方式。农林开发公司采取公开拍租方式，将坝头子农场农田公开对外招租，比往年多收承包费1.6 万元；自主经营坝头子果园，聘请果树专家对果园进行大规模整形修剪，培育套袋精品苹果 90 多万个，产量 55.8 万斤，产值 50.78 万元。在恩和农场新增育苗 0.8 公顷。三是千方百计承揽工程。工程公司积极参与市场竞争，承揽银川西北水系整治、七星渠白鹅子沟段整治、宁东水源绿化综合供水等建设项目，实现合同金额 1852 万元，完成利润指标 97 万元。四是大力拓展工程监理业务。监理公司主动出击，先后承揽了引黄灌区续建配套、宁夏农业综合开发、国土整治等工程监理项目，完成合同金额 117 万元，利润 19 万元。五是广辟经营渠道。各管理所利用人才和水土资源优势，开展劳务输出，积极发展种养殖业，通过出租房屋、经营土地、开洗车行、养殖畜禽和培育苗木等多途径发展综合经营，实现经营收入34.3 万元。 （王治涛）

3 月 24 日，处党委书记李克文（右二）、处长陈旭东（右一）、副处长朱洪（左一）在宣和鸡场调研综合经营工作

【财务管理】 2010 年，管理处财务工作以“强化计划管理，提升财务保障能力；强化水费管理、提升财务管理能力；强化资金管控力度、提升资金供给能力；强化资产管理，提升资产使用质量，强化合同管理，提升风险防控能力；强化人员管理，提升理财素质和能力”为主线，紧紧抓住增收、节支两个环节，保证了管理处各项工作目标和任务的全面完成。水利厅下达供水收入计划 1520 万元，实际完成 1629 万元，其中自流灌区水费收入 979 万元，扬水灌区水费收入 635 万元（同心扬水 170 万元；红寺堡 288 万元；固扩 177 万元）。 （黄　娜）

【党建与精神文明建设】 2010 年，处党委以引领发展和先进性建设为目标，以“党的建设年”活动为主线，以学习型党组织建设和“创先争优”活动为抓手，着力思想建设、制度建设、组织建设、党风廉政建设“四项”建设，为各项工作顺利开展提供了强有力的组织保障。以“解放思想，改革创新，推动发展”为主题，开展了“解放思想大讨论”活动，各单位认真查找干部职工在思想观念、精神状态、工作思路、作风、效能等方面存在的不足，破除安于现状、因循守旧、等待观望、作风飘浮和激情不足等思想观念。组织副科级以上干部到西干渠、唐徕渠等 7 个兄弟单位学习观摩；组织年度先进个人到华东五市、“世博会”参观学习，开阔了视野、增长了见识、转变了观念。深入开展实施西部大开发战略大学习活动，紧紧围绕渠道基础设施建设抓项目、拓宽供水服务领域寻突破、创新综合经营理念促发展的工作思路，认真查找在基础设施建设、农村水费改革、水管体制改革、综合经营发展中存在的问题，制定抓落实的办法和措施。管理处广泛征求各方意见建议，制订了《2010 年至 2014 年水利发展规划（纲要）》和深入实施西部大开发战略分工方案，明确了管理处“十二五”及今后十

年的发展目标和主要任务，明确了29项前期工作责任领导、责任部门和配合部门，营造了领导紧抓、部门紧盯、责任到人、上下齐动、激情创业的工作局面。

结合管理处工作实际，处党委制定了《处领导调研工作制度(试行)》。班子成员坚持高效、勤俭、务实原则，深入基层和工作一线，带头开展调研活动，完成了《基层党组织现状调查与对策》《贯彻落实廉政准则的方法研究》《农民用水者协会运行情况调研》等调研课题，撰写调研文章12篇。

按照"党的建设年"活动要求，落实了"四抓"，基层党组织的战斗堡垒作用进一步发挥。一是抓组织建设。处党委制订推进了学习型党组织建设实施方案、三年规划、年度建设计划、考核评价细则，在机关和各基层单位全部建立了学习教育室，在有7名以上党员的党支部健全支部委员会。宣和、高干渠、工程公司和机关第一、二党支部开展了学习型党组织建设试点工作，扎实推进学习型党组织建设。宣和管理所创新组织形式，开展了公推直选党支部委员会试点工作，充分保障了党员民主权利。二是抓活动载体。处机关、管理所和公司分别围绕"五个争先""三带三创三满意""四强四优双先进"主题，深入开展"创先争优"活动。9个基层党支部统一制作党建阵地和党员创先争优评比栏，通过重温誓词、月评月选、建立示范岗、向先进人物学习等形式，激发了党员立足岗位、扎实工作、开拓进取的工作热情。处党委高度重视离退休党支部工作，认真开展"五个好"离退休党支部创建活动，被水利厅推荐为自治区"五个好"离退休干部党支部。三是抓党员发展。各党支部按照"坚持标准，保证质量，改善结构，慎重发展"的方针，严把入口关，做好发展党员工作。今年，发展党员3名，按期转正1名，壮大了党员队伍。四是抓工团建设。处党委坚持"党建带工建、党建带团建"，加强对工会、共青团工作的领导，积极支持工团组织依照法律和各自章程开展工作。处工会、团总支围绕水利中心工作，深入开展"党群共建、创先争优"、职工生日送祝福、真情助困进灌区、青年安全示范岗等活动，排练舞蹈《七月火把节》，在水利厅团委纪念"五四"运动91周年文艺汇演中受到好评。积极编排节目，参加了宁夏水利工会纪念"三八"国际劳动妇女节100周年健身操比赛和"五一"劳动节巡回演出，获三等奖。充分发挥了工会的桥梁纽带和共青团的生力军作用。高干渠管理所团支部被水利厅评为"五四"红旗团支部，2名同志分别被评为优秀团干部和优秀团员。

处党委进一步修改完善了党风廉政建设责任制考核办法和细则，层层签订党风廉政责任书，将党风廉政建设和反腐败工作任务逐级分解，落实了"一岗双责"。对调整交流的14名科级干部进行了集体廉政谈话，对2名科级干部进行了经济责任离任审计。全面排查水利工程建设领域存在的突出问题。各单位扎实推进廉政风险防范管理工作，共查找出风险点169个，制定防范措施148条。以"廉政文化示范点"创建为载体，推进廉政文化"六进"活动。投资6.2万元，以"百米文化长廊、百米水文化墙画、百幅廉政作品"为内容，建成廉政文化示范点3个、廉政宣教室6个，文化长廊2个，创作书画作品283幅，努力营造风清气正、文明和谐的工作环境。

管理处着力加强文化建设，提高素质和谐发展。按照"巩固、提高、延伸、辐射"的工作思路，以创建全国文明单位为着力点，大力推动基层单位文明创建工作。古城管理所、工程公司被命名为中宁县文明单位。投资11.4万元，为管理所、公司、机关购置了桌椅、运动器材及生活设施，建立了职工读书室。积极开展了"捐好书、献爱心"图书捐赠、向玉树地震灾区捐款献爱心等活动，捐赠图书近千册，向灾区和困难

5月18日，研究七星渠管理处五届工会第三次职代会提案

学生捐款16520元，落实职工生日祝福经费8700元。精心举办了春节团拜会、秋季职工运动会、编排文艺节目参加水利厅下基层慰问演出等活动，丰富了职工业余文化生活。组队参加了自治区第十三届运动会广播体操比赛、水利系统第三届职工乒乓球和中宁县"早康杯"职工乒乓球比赛，展示了水利职工的精神风貌。开展了"八一"军民慰问联欢活动，与驻地部队建立了联防应急分队，管理处被中宁县评为"军民共建先进单位"。《宁夏七星渠志》通过水利厅专家评审，获宁夏水利科技进步二等奖。

管理处坚持"五必访""八必谈"制度，"春节""五一""十一""中秋节"，处领导深入一线，对坚守工地和生产一线职工进行慰问。探望慰问职工及家属17人次，离退休职工45人次。资助5名困难职工6500元。先后筹资9.3万元，为管理所配备了电脑、打印机等办公生活用品；投资40.2万元，对家属区供水管道和锅炉冷凝系统进行改造，改善了职工工作生活条件，增强了思想政治工作的实效性。围绕水管工作难点和职工关心的热点，及时把握职工思想动态，从"四小"（解决小问题、做好小事情、讲清小道理、营造小环境）入手，组织开展形式多样的思想政治工作，增强了亲和力和针对性。（王治涛）

宁夏回族自治区固海扬水管理处

【概况】 2010年，宁夏回族自治区固海扬水管理处（以下简称管理处）机关设11个科室，基层设29个泵站和工程公司、检修队、灌溉试验站、管理所共33个科级单位。管理处现有在职职工966人，其中处级干部6人，科级干部105人，少数民族职工334人。固海扩灌工程与固海工程合并后，机电设备运行检修和渠道工程维护维修工作量增大，灌溉面积扩大，管理难度增大，工程运行管理经费短缺。加之大型泵站更新改造、续建配套节水改造、基础设施改造等工程的建设，管理处面临了前所未有的挑战和困难。一年来，管理处坚持科学发展观，认真贯彻落实水利工作方针和水利厅党委的工作部署，以扬水安全生产、抗旱保灌为重点，落实责任、强化管理、科学创新、勤奋工作，全面推进党的建设，强化思想政治工作，较好地完成了全年各项工作任务。切实保障了灌区6.03万公顷农田和1.39万公顷特色设施农业的适时灌溉和均衡受益，有效解决了灌区及周边山区50万人、22万头家畜的饮水安全，扬水工程供水效益不断增加，供水领域不断拓宽。（王明军）

【灌溉管理】 固扩系统与固海系统合并后，灌区农田和特色设施农业灌溉面积达到7.41万公顷。面对新的形势，管理处认真研究制定两大系统统一指挥、统一调配应对灌溉管理的新举措。撤销扩灌七泵站以上6个灌溉面积较大泵站"总站管分站"的管理方式，执行固海系统的灌溉管理模式与标准。同时认真分析扩灌系统灌溉管理方式，从中学习和借鉴好的管理方式和经验，结合固海系统灌溉管理工作的实际，相互补充，完善提高。

加强水权政策宣传，提高灌区干部群众的水权意识，合理高效利用好水权水量。将各县（场）用水指标细化到各干渠，用水指标调剂不跨系统、不跨梯级，泵站以斗口水权作为斗口配水的最基本依据，强化各县（场）水权意识。乡（村）超指标用水和新增、临时用水等严格履行申报、审批制度。同时加强对设施农业灌溉用水的指标管理，实行设施农业用水加价收费制，全年向大青山、天景山等6个蓄水池供水287.5万立方米，同时为灌区实行加价水政策和阶梯性水价进行了有益的探索。向南坪水库供水304.26万立方米。

通过综合分析各干渠的灌溉实际，科学核定各干渠的商品水率指标，与各水管单位签订了《商品水率及水费收缴目标管理责任书》，加强水管单位灌溉配水的检查监督力度，不定期检查各干渠各斗口配水流量。开发应用了配水管理系统软件，实现了斗口随配随报、水量由机组调整向斗口调整的转变，提高了配水精细化管理水平，保证了系统的平稳安全运行，实现了灌区群众无疑虑，水管单位无争议的"双无"目标，保证了泵站商品水率的顺利完成。

管理处坚持值班领导对安全生产和灌溉配水负总责的领导值班负责制，值班处领导在值班期间不定期地对各干渠斗口配水、机组运行方式等进行检查,发现问题及时处理。灌溉高峰期,值班领导还深入田间地头,了解灌溉情况,化解供需矛盾,帮助群众解决灌溉难点和热点问题。要求泵站测配水人员在规定的时间内和开停机、故障处理等渠道水位变化的情况下,必须及时进行测水,并严格履行上下级泵站交接水签字手续。同时及时改造“问题”量水堰,维护群众的正当利益。投资25万元,首次在固五干、东一支、固六干等7个测点安装了超声波遥测水位仪,通过适时水位监控,有效控制了渠道的运行水位,确保渠道安全运行。

管理处制订了“固海与固扩系统水资源优化配置方案”,由扩灌三干渠向固海长三支、扩灌八干渠向固八干渠补水242.06万立方米,并将原固海东一支供水的800公顷农田改由扩灌五干渠供水,实现了两个系统水资源相互补充、优化配置、高效利用,缓解了固海工程供水压力,改变了扩灌系统多年一直靠频繁开停机调节渠道水位的做法,减少了事故发生的几率,保证了扩灌机组的平稳运行。

管理处在全处396座供水斗口上喷涂了“斗口量水堰水尺水位流量对应表”,并注明受益村名。在量水堰水尺旁边注明斗口编号,为管理处督查和灌区群众监督举报提供准确信息。水管单位坚持定期公布水量水费,还在灌区各受益村聘请监督员,主动接受灌区群众的监督,让群众淌放心水,交明白钱。组织召开不同层次、不同形式的灌溉工作座谈会、协调会18场次,与泵站、群管组织及群众代表共同应对旱情,协商灌溉大计,解决灌溉难题,化解灌溉矛盾。在灌溉矛盾突出的泵站,实行党员包村帮扶、指导灌溉、化解矛盾、维护灌溉秩序。“党员包村帮扶灌溉工作制度”将包村帮扶活动进一步延伸到农户,并建立了回访制度,取得了良好效果。

2010年,自4月1日春灌开机上水,至11月20日冬灌停机,全年行水172天。引水4.28亿立方米,比计划少引水2997万立方米;配水3.75亿立方米,比2009年少配水1600万立方米。固海系统完成商品水率88.37%,固扩系统完成商品水率85.12%。收缴水费5178.93万元,水费收缴率100%。灌区粮油总产达64万吨,农林牧总收入22.08亿元,单方水经济效益5.16元,灌区粮食、林草及瓜果全面丰收。

(王明军)

【防汛抗旱】 管理处投资40多万元,对部分防汛工程进行了维修加固。各单位进一步完善防汛应急预案,落实防汛组织、人员和物资,对防汛工程薄弱地段进行重点防范,并与灌区建立了群治群防联系制度,增强了防汛工作的主动性。在6月7日长三支和8月11日固五干的防汛抢险过程中,管理处反应迅速、组织严密、措施得力,紧急启动处站两级防汛抢险预案,组织200多人的抢险队伍,连夜奋战,争分夺秒,在最短的时间内处理了险情,消除了次生隐患,恢复了渠道通水,保证了下游灌区1.8万公顷农田的正常灌溉和20万人的生活饮水,受到了自治区党委、政府的通报表彰。

为充分发挥扬水工程在中部干旱带抗旱保灌的巨大作用,在干渠设立固定供水点18个,为灌区周边抗旱自救的群众无偿供水280万立方米,解决了灌区周边5万群众、6.5万只家畜的饮水和1333.3公顷硒砂瓜的补灌问题。

(王明军)

【安全生产】 固海工程和扩灌工程合并后,为保证33座泵站,240台(套)机组和36条干渠、430千米的渠道安全行水,管理处切实落实责任,强化管理,紧紧围绕扬水安全生产这个中心,切实加强安全生产管理。

结合生产实际,制订了《事故管理办法》《安全生产管理考核办法》和《防汛抢险应急预案》等制度,明确职责范围,狠抓安全措施的落实。一是创新安全生产工作思路,建立了安全生产台账和设备运行信息周期告知制度,将设备大、小修内容等在值班室显眼的地方列表张贴,使运行人员巡视检查设备时更细心、更认真。二是大力开展安全意识和安全生产法律法规、规章制度的宣传教育活动。管理处以扩五泵站水淹泵房和泉眼山电厂联网室操作事故为典型,通过召开现场分析会、图片资料巡展、自查整改等形式,采取“六查”(查思想、查作风、查制度、查落实、查隐患、查漏洞)措施,深挖根源,吸取教训,广泛深入开展安全警示教育。三是建立了《设备投运检查记录》和《连接点测温检查记录》，为系统所有泵站控制室安装了事故应急灯，配发了红外线测温仪等安全工器具。投入 14.7 万元，为 130 座渡槽设立安全警示牌，为 10 座测桥增设安全防护栏杆，收到了良好效果。四是在全国第九个安全生产活动月期间，围绕"安全发展、预防为主"的主题，深入开展了"十二查十二提高"活动，共组织安全知识竞赛 41 场次、演讲比赛 49 场次、"一封安全家书"朗诵会 41 场次，安全征文 70 多篇，整改较大安全隐患 87 处。

全年固海系统完成能源单耗 4.66kWH/kT.M，比考核指标降低 0.14kWH/kT.M；扩灌系统能源单耗考核指标 4.3kWH/kT.M，完成 4.3kWH/kT.M。用电力率完成 0.95，被供电部门减收电费 12.96 万元。全年发生一般事故 1 起，考核事故1 起，机电设备完好率固海系统 94.13%，固扩系统98.18%，安全运行率 99.89%。（王明军）

【机电运行与管理】 固海工程和固扩工程合并后，管理处及时调整春季检修计划，克服对扩灌系统设备不熟悉，无物资准备，检修时间紧等困难，精心组织、科学实施，全力以赴，提前 10 天完成了固海系统的检修任务。针对扩灌系统机电设备缺陷多、检修时间紧以及检修中存在的"三无"(无配件、无技术资料、无图纸)问题，从固海系统抽调技术骨干 42 人，外聘专家 2 人，采取"3+1"模式(专家指导、技术援助、检修互助小组加技术攻关)，对扩灌系统设备进行检修。投资 12.8 万元，购置工卡量具 101 件，完成 4 台水泵的技术改造，外协维修 SF6 断路器液压系统 2 台，更换阀门 3 台，解决了 14 台出水阀门液压系统失灵、阀板密封圈破损、机械机构故障等诸多问题，为按时开灌赢得了时间。同时，向建设单位争取到专项资金 60 万元，对扩灌系统泵站电气设备缺陷进行了改造。积极开展技术创新，成功研制清污机 1 台，较好地解决了泉眼山泵站长期存在的因柴草导致频繁停机的问题，大大提高了泵站运行效率。2010 年，全处共下达机电检修计划 975 项，其中固海系统 549 项 2879 个单元，扩灌系统 426 项 1707 个单元。全年共投入机电维修资金 190 多万元。

11 月 4 日，大战场副厂房安装好的配电柜

针对机电管理制度建设中存在的制度过时、针对性和可操作性不强的实际，管理处新购《微机继电保护运行技术管理规程》等规程 10 种，修订《水泵运行维护规程》等规程 16 种，完善《机电设备巡回检查制度》等制度 14 种。投资 2.38 万元，对 21 座泵站的机电管理制度重新制作上墙，明确了机电管理程序、步骤和要点。同时，以大型泵站更新改造为契机，选派 19 名业务骨干赴山东、河南等设备供应厂家学习新技术。利用大战场、田营两个泵站改造契机，组织 16 名主管机电业务的副站长、24 名机电技术员参与机电设备的安装、调试等工作，极大地促进了业务骨干技能素质的提高，提升了泵站机电运行管理水平，推动了机电管理工作的制度化、规范化和标准化建设。（王明军）

【工程建设与管理】 针对固海系统大部分渠道老化严重的实际，开展了以渠道工程老化调查和隐患排查等为内容的专项检查工作，全年开展专项检查 4 次，及时查处隐患及险情 40 多起。泵站与渠道巡查工签订巡护责任书，明确岗位责任，将养护人员的工作实绩与工资挂钩，奖优罚劣、奖勤罚懒，激发和调动渠道巡查人员工作积极主动性和责任心，切实提高渠道巡护质量。管理处全年组织渠道维护工岗位检查 25 次，查处违规行为 8 人次，进一步强化了渠道维护人员的岗位意识和责任意识，避免了事故发生。

在岁修工程施工中，严格按照"先计划，后实施""先验收，后决算"的程序，严把工程质量关。对调度大楼建设与装修、汽车城建设等重点工程，严格按工程建设程序和工程建设三制管理要求进行质量控

9月26日，固海五干渠砼板砌筑

制，确保了项目的顺利实施。完成渠道岁修工程87项，投资284万元。在涉外工程建设上，严格按照水利厅《引黄灌区骨干渠道涉外工程建设管理办法》报建审批程序，实行履约保证金制度，保证了协议内容的落实。全年完成涉外工程10项，落实渠道维修加固资金147万元。渠道绿化投入3.8万元，植树3246棵，存活率为87%。

在固海五干渠续建配套改造和大战场、田营、大柳木、黑水沟等大型泵站改造工程建设中，管理处高度重视工程现场管理，专门成立工程建设领导小组，由3名处领导负责，并抽调基层14名技术人员成立现场管理办公室和组织机构，派驻专人严格规范工程建设管理程序，实行标段责任到人的管理制度，加大项目建设过程的监督与检查，严格控制关键工序，保证了工程安全、质量和进度。固海五干渠15千米续建配套改造工程按计划顺利完成并一次性试水成功。自2009年9月开工建设的固海大型泵站更新改造的大战场、田营泵站和泉眼山泵站机组改造工程于今年3月竣工，经过一年的运行，机电设备运行平稳，各项指标和运行效果均达到设计标准。今年8月开工建设的大柳木和黑水沟两座泵站更新改造工程进展顺利，目前，泵站主体工程已竣工，现进入机电设备安装阶段，计划于2011年2月底完成机电设备安装工作。（王明军）

【水管体制改革】 撤销了固扩2个总站，新设立了固扩七泵站等8个党支部，解决了部分单位党建工作覆盖不到位、分站与总站党建工作联系不紧密的问题。利用资源和人才优势，成立了宁夏育丰农林开发公司和正原工程监理公司，进一步拓宽经营市场，为综合经营的发展增添了新的活力。（王明军）

【科技与教育】 管理处以“争做学习型干部职工、争当岗位技术标兵”为目标，着力提升职工业务素质和实践能力。不断创新学习培训途径，通过“结对帮扶、以师带徒”“一事一训”“现场实训”、技术研讨、办班培训等方式，举办科级干部、财会人员、灌溉管理、渠道巡查、机电设备安装等培训班86期，培训干部职工1801人次，使广大干部职工的思想政治素质和业务技能水平有了很大提升，为扬水安全生产提供了技术支撑。

结合扬水工作实际，组织开展了建处以来规模最大、参赛人数最多的水工、机电两大工种技术大比武活动，极大地激发广大职工学习业务的积极性，在全处形成崇尚学习、争当先进的良好氛围。

（王明军）

【水政与水资源管理】 管理处始终把依法治水、社会治安综合治理、法制宣传教育和建设“平安单位”作为大事来抓，明确综治工作的目标和任务，加强和完善综治工作的组织协调机制。一是坚持“谁主管、谁负责”的责任制和社会治安综合治理“一票否决”制，强化各级领导的综治责任意识。管理处与各基层单位领导签订了《社会治安综合治理领导责任书》，坚持“群防群治，专群结合”的原则，因地制宜，开展多种形式的群防群治工作。对原“法轮功”练习人员、毒品吸嫌人员及其他重点可疑人员建立了详细台账记录，并对每个重点人员落实了帮教监控措施。二是认真搞好“五五”普法学习活动，组织干部职工扎实开展经常性的法制宣传教育，使职工的法制观念和依法办事的意识进一步增强。三是组织开展了节水型社会建设、水土保持、打击非法采砂和加强沟道管理等法制宣传教育专题活动，使水法宣传深入到各类人群，提高了水法宣传教育的覆盖面和渗透力。同时与灌区群众组织签订治安管理协议，加强对水利工程设施和管理范围的保护，维护正常的水事秩序。在第十八届“世界水日”、第二十三届“中国水周”宣传活动期间，紧紧围绕“落实科学发展观，节约保护水资源”的主题，分别在中宁、同心、李旺、大战场等地组织400多名职工开展了一系列形式多样、内容丰富的宣传活动，使灌区群众对水是商品、依法用水、依法缴费的意识明显提高。四是修订完善了反恐维稳、突发性群体上访应急等11种预案，加强信访接待值班制度，接待和处理到管理处上访事件21批次。全年无刑事治安案件发生，无超计划生育现象。

（王明军）

【综合经营】 管理处坚持以土地为依托，积极探索新的综合经营项目，确定了"发挥好两队优势、经营好万亩土地、拓展好新项目"的综合经营发展思路，形成了以水利工程建筑安装为龙头，第三产业为主导，种植业为基础的发展格局。2010年共完成产值4730.1万元，人均产值48815元，完成利润431.99万元，人均纯利润4458.1元。

工程公司承建了中卫兴仁高效节水补灌等内外工程59项，完成产值3372.9万元，实现利润241.92万元。检修队承建了大战场、泉眼山、扁担沟、南山台子等泵站机电设备安装等工程14项，完成产值323.38万元。

实行土地竞包经营，使680公顷土地经济效益大幅度提高，全年土地及果园经营收入154万元。投资196万元，建成了23.4公顷的苗圃基地，育苗12个品种31.9万棵，种子育苗3.07公顷，种苗成活率达到92%。

利用综合经营积累基金，投资建设中宁汽车城汽车修理、维护及机械加工厂项目。目前，投资349万元建成的一期汽修综合楼27套2400平方米的营业房正在招租。投资200万元建设的二期47套1500平方米汽车二级维护车间工程已竣工。

（王明军）

【财务管理】 面对严峻的资金形势，管理处本着"量入为出、厉行节约"和"保工资、保上水"的原则，包干下达工程维修费、机电设备检修费、公务费等经费，同时积极争取项目资金，改善工程运行条件，保证工程正常运行。

争取续建配套资金1500多万元，对固海五干渠15千米渠道进行整治。积极争取完成了唐圈泵站出水渡槽改造任务，彻底解决了泵站多年上水量不足、运行不安全的问题，提高了工程安全运行率和灌溉保障率。

争取到病害工程改造资金386万元，固扩消缺项目资金269万元，对扩灌工程的部分干渠滑坡段和傍山渠道防洪工程进行维修改造。争取到防汛补助资金150万元，对6月7日长三支和8月10日固五干等水毁工程进行了修复，保证了渠道安全运行，提高了工程的防洪标准。

投入资金25万元，对扩灌二泵站等10座泵站主副厂房及管理房屋面、围墙等进行维修处理。投资30万元，实施了扩三干与长三支、扩八与固八干联通补水工程，改善了生产环境，提高了水资源综合调度保障率。

投入157万元，对大战场、李旺泵站管理房进行了改造，对龙湾泵站生活区进行了绿化，扩二泵站新建管理房4间。同时争取资金对大柳木和新黑水沟泵站的管理房进行改造。投资28万元，为扩灌13个单位配置了新电脑和打印设施，为具备条件的基层单位开通了互联网，改善了基层单位的办公条件。投入11万元，对去年改造的10个养护点按照统一标准配置办公、生活等设施。投资90万元，新改造养护点8个，并统一配置了办公和生活设施。改造后的养护点功能完善，条件优越，环境优美，为稳定职工队伍创造了拴心留人的环境。自筹资金548.8万元，首次为全体职工发放了通信费和交通费，及时足额发放了政府效能奖和取暖费。

全年水费收入5178.93万元，财政补贴收入3548.67万元，其他利润125.73万元，支出9153.69万元，亏损300.36万元。（王明军）

【党建与精神文明建设】 处党委以"创建学习型党组织、争做学习型党员、学习型干部职工"为目标，坚持把党的建设年与创先争优活动、作风建设年、学习型党组织建设和扬水生产工作相结合，以副科级以上干部为重点，结合实际，突出特色，认真组织学习党的十七大和十七届四中、五中全会精神，通过学习教育，提高了党委班子和基层领导班子的领导能力和管理水平，增强了运用科学发展观精心谋划扬水改革发展的自觉性，进一步把党员干部的思想统一到中央精神和水利厅党委的要求上来，在全处上下形成了抓学习、促生产、谋发展的生动局面。

处党委以党的先进性建设为主线，以创先争优活动为载体，着力提升党建工作水平，增强基层党组织的凝聚力和战斗力。以加强科级领导班子建设为重点，对30个基层单位、9个科室的41名科级干部进行了调整交流，新提拔科级干部10名，首次推出3名副科级职位，在全处范围内实行了公开竞聘，对26个党支部进行了改选。深入推进党务公开和“三基一化”建设，投资18万余元，为34个基层单位新制作了党建工作制度板，使各党支部开展活动有了统一标准，增强了工作的针对性和可操作性。

认真贯彻民主集中制，严格按照议事规则，对大型泵站更新改造项目、大宗物资采购、综合经营发展、干部选拔任用等重大事项，召开不同层次会议研究讨论，集思广益，增强班子科学决策的能力。按规定和程序召开了党委班子民主生活会，认真开展了民主评议党员工作；注重发展党员，培养入党积极分子15名，新发展党员9名，预备党员转正9名。

处党委高度重视工团组织建设和精神文明建设工作，定期研究指导工团工作和解决实际问题。年初召开了五届五次职代会，对征集到的代表提案以及职工普遍关心的热点难点问题，认真解答，增强了职工参与管理工作的积极性。紧紧围绕建党89周年、新中国成立61周年等重大节庆，深入开展“创建文明示范岗、争做文明职工”“环境创优、技术创优、服务创优”“青年安全生产示范岗”“巾帼建功”活动；举办了第二届职工乒乓球、十三届篮球运动会和“唱响塞上水利、彰显青春风采”青年歌手大赛，并组队参加了水利厅“水投杯”青年歌手大赛。积极开展职工生日祝福活动，开展为希望工程、灾区群众捐款献爱心活动，共捐款2.38万元。这些活动赋予了精神文明建设实实在在的内容，为扬水发展提供了强大的智力支持和精神动力。

坚持以正确的舆论引导人，以优秀的作品鼓舞人，营造和谐发展的良好环境。全年共发《简报》143期、《固海扬水》小报10期，办黑板报580余期、宣传专栏312期，被《宁夏日报》《中国水利报》、宁夏水利网、《水利快讯》《水利简报》、宁夏政风行风在线网等新闻媒体刊发稿件和信息146篇。

积极推行政务公开，开展工程、生产、干部、资金“四安全”主题教育活动，加强廉政风险防范管理，从重点部位、关键岗位入手，认真查找风险点，层层防控，建立了干部廉政防范风险档案，制定防范措施78条。积极开展廉政文化“六进”活动，投资12万元在基层单位建立廉政文化点12个。加强警示教育，坚持把政风行风建设与业务工作同部署，同检查，同落实，分片召开行风建设座谈会，发放征求意见表，设立举报箱和水务公开栏，保障了群众的知情权、参与权和监督权。强化经济责任审计，对15名科级干部任期财务收支、债权债务等进行了审计，审计资金达1.12亿元。加强对大宗物资采购、内部工程分包等监督力度，监督资金4000多万元。（王明军）

宁夏回族自治区红寺堡扬水管理处

【概况】 2010年，经自治区编办批准，水利厅将宁夏回族自治区红寺堡扬水管理处（以下简称“管理处”）管理的固海扩灌扬水系统的12座泵站、1个管理所及140名定额补助事业编制、13正26副科级领导职数调整给宁夏固海扬水管理处管理。调整后，管理处内设25个科级机构，定额补助事业编制为490名、聘用编制13名，科级领导职数25正41副。2010年管理处在册职工为430人。

2010年，管理处以邓小平理论和“三个代表”重要思想为指导，深入贯彻落实科学发展观，积极践行新时期治水思路，认真落实全区水利工作会议精神，立足扬水中心工作，着眼水利发展大局，强化管理，狠抓落实，全面完成了扬水生产及各项管理工作任务，实现了“两个文明”建设的相互促进、协调发展。

【灌溉管理】 2010年，红寺堡扬水工程共上水161天，上水量22543.86万立方米，配水量19667.20万立方米，灌溉面积35.25千公顷，商品水率87.24%，干渠水利用率88.79%。春灌上水前，管理处组织人员到灌区宣传水情，调查种植面积、结构和需水情况，召开灌溉会议，落实供用水责任；科学编制供水计划，优化调度运行方案，细化水量、水账、水费监管，实行拉长周期、错峰灌溉等有效措施；农业灌溉用水推行总量控制、以供定需、按时段分配指标和水指标过期作废的管理办法，促进了灌溉方式转变。当年，灌区共发展设施农业 533.33 公顷，沟灌葡萄 4666.66 公顷，喷灌 1333.33 公顷，对节水灌溉和灌溉方式的转变发挥了示范作用。（高佩天）

【防汛抗旱】 1. 防汛。管理处在按常规抓好防汛“五落实”的同时，在干渠沿线、渡槽、乡村等处喷涂汛情险情报告电话，在每条干渠附近建立抢险设备、物资联系点，与灌区签订《防汛抢险协议》，联合开展防汛演练，提高了抢险应急能力。8 月 10 日晚，灌区突降暴雨，管理处反应及时，科学应对，保证了运行安全；为应对可能再次发生的汛情和灾害，及时清淤受阻涵洞，抢修洪毁桥梁、道路和排泄洪工程设施，为保障扬水工程安全度汛创造了条件。

2. 抗旱。修订、细化《抗旱应急预案》。7 月中下旬，针对灌区持续高温干旱、灌溉需水量大的实际，制订实施高水位、大流量运行方案，尽最大努力增大引水量，缓解灌区用水紧张的局面。系统最大运行方式为 7 大 1 小，最大扬水流量为 24.3 立方米每秒，占工程设计流量的 97.2%。全年为灌区及其周边地区提供人畜饮水 28 万立方米，为下马关等高效节水补灌区供水 400 万立方米，保障了灌区及周边抗旱、人饮和生态等用水需要。（高佩天）

【安全生产】 管理处以“安全日”“安全月”活动为平台，共开展交通安全专项整治、事故应急演练、消防安全和人身急救知识讲座等 20 多项安全教育活动。以落实安全责任为抓手，逐级签订《安全生产责任书》，冬灌停水后制定出台《冬季值班管理补充规定》，12 月上旬对基层冬季值班安全进行了专项检查整治，进一步规范、强化了非生产期值班用电、防火、防盗等工作。以运行安全为重点，上水前举办现场培训班，每灌季开灌前的投送电、机泵开启均由泵站负责人带队检查，现场主持操作；开机上水后，对新修设备和工程安排专人看守，强化防范措施；夏秋灌高峰期，针对机组运行负荷大、渠道水位高的实际，勤查勤巡，精心维护，确保了安全运行。（高佩天）

【机电运行与管理】 2010 年机电设备完好率98.8%，安全运行率 100%，泵站效率 63.33%，能源单耗 4.3 千瓦时 / 千吨米，用电力率 0.93；共投运机组 753 台次，累计运行 153582 小时，投运主变压器 66 台次，累计运行 70034 小时，系统最大运行负荷 86480 万千瓦；共执行操作票 2015 张、工作票 149 张，合格率 100%。共大修电机 13 台、水泵 51 台（次）、阀门 16 台、变压器 1 台、35 千伏电压互感器 6 台，涂护水泵 17 台；治理了低压泵站电动机缺相保护不完善、红三泵站 2# 主变压器储油柜严重漏油、新庄集 4 座泵站冬用变无避雷器等遗留问题和缺陷；制定《泵房生产区域管理规定》《缺陷管理记录》等办法，细化了运行管理。（高佩天）

【工程建设与管理】 2010 年共投资 410 万元，改造或新建泵站前池拦污栅、量水堰、漫水桥、洪毁工程加固等建筑物 50 座（处），渠道现浇混凝土 150 米，加副堤 7.98 千米，干渠加高砌护 7.6 千米；改造了红五泵站前池进水流道，实施了海子塘一泵站压力管

宁夏红寺堡扬水工程二泵站压力管道

道管床及泵房排水工程；工程完好率 99.2%，安全运行率 100%。渠道工程运行管理由泵站负责，实行渠道巡护工对头签字和巡护工与配水员相互监督的机制，渠道工程岁修及养护由养护大队负责。（高佩天）

【水管体制改革】 深化渠道工程“内部管养分离”，细化明晰了泵站和维修养护大队的职责，提高了管理质量和水平；结合实际深化总站管理分站的管理

体制，明确责、权，充分发挥总站指导、检查、督促的作用，促进了管理工作；本着精简、高效的原则，紧缩岗位职数，实行一人多岗、兼职工作，并在基层调度和测配水岗位推行了持证竞聘上岗；深化了月百分考核、季度考核和年度考核等工作。（高佩天）

【科技与教育】 1. 新技术、新工艺、新设备应用。一是建成了水利水电材料检测站；二是开工建设了红寺堡扬水灌区信息化管理技术示范项目第一阶段工程；三是采用开挖排水槽和打降水井自动排水相结合的方法，解决了海子塘一泵站泵房基坑和压力管道管床地下渗积水对工程、设备的腐蚀、冻胀破坏等问题；四是改造了红五泵站前池，解决了进水流量不足、无法保证机组正常运行的问题；五是自行设计了“油冷＋水冷”相结合的电动机轴瓦冷却装置，经试验使瓦温降低了4℃～5℃；六是改造了新圈一、二和新庄集三泵站水泵叶轮，解决了叶轮易堵塞、上水量变幅大、无法满足灌区用水需要的问题；七是自行设计加工制成了水泵叶轮静平衡试验台，开展叶轮静平衡检验工作；八是引进LED照明灯，在红二泵站主厂房安装试用效果良好。

2. 职工教育。扬水生产期，以师带徒、一事一训等强化动手能力训练；冬季停水期，有重点地进行集中培训，同时开展外出培训和函授教育。2010年，共404人次参加水利厅及自治区内外学习班896课时；管理处集中办班7期受培188人次，基层泵站（所、队）办班2870课时受培2168人次；函授在校本科人员42人、专科27人；马国民荣获“全国技术能手”称号，白学锋荣获“第四届全区技术能手”称号，刘伟东、张占军、李平均获“第四届全区水利行业技术能手”称号。（高佩天）

【水政与水资源管理】 管理处针对工程建设用地和保护范围权属不清、移民破坏水工程、侵占渠道保护范围等不法行为频发的实际，强力开展确权划界工作，完成中宁县和红寺堡区境内泵站、干渠及支渠31宗建设用地（501.13公顷）办证工作；严格实行工程保护范围管理工作干部责任追究制和离任审计交账制；“世界水日”“中国水周”期间，集中开展了水法规宣传活动；与灌区地方政府及相关部门联合开展水行政执法，先后收回红三干渠被侵占林带2.67公顷，制止、清理违章建筑行为3起。（高佩天）

【综合经营】 全年完成综合经营产值1854.82万元，实现利润134.52万元。注册成立了红扬农林开发有限公司和红扬水利水电工程材料检测站；在提升土地、商品房、机加工车间等传统项目效益的同时，规划建成了21.33公顷的海子塘高效节水农业示范园区、17.33公顷苗圃基地，同时开展水利工程材料检测实验业务。工程公司和检修队先后承揽了七星渠白鹅子沟砌护、固海五干渠改造、唐徕渠砌护、黑水沟泵站更新改造以及下马关、兴仁扬水泵站新建等工程建设施工任务，基层泵站“三园一棚”庭院经济效益明显。（高佩天）

【财务管理】 全年财务收入4591.36万元，其中水费收入2660.19万元，补贴收入1931.17万元；共支出5062.92万元，其中供排水生产支出5047.06万元，营业外支出15.56万元；利润－471.56万元。面对资金缺口大、运行管理经费紧缺的困难，管理处坚持“量入为出、厉行节约”的原则和全力保障生产的思想，科学合理地编制计划，经费向生产一线倾斜；严格执行预算指标和控制指标，坚持每月集中办公报账制度，努力把计划管理渗透到生产经营的各环节，使有限的资金发挥了最大的效益。（高佩天）

【党建与精神文明建设】 1. 党建。管理处党委把开展“创先争优”“党的建设年”“学习型党组织”建设和“学《廉政准则》促廉洁从政”四项活动作为加强党的建设和强化党员教育管理的有力抓手，制订实施方案，层层动员部署，扎实有效推进。投资5万多元建设基层党支部“创先争优”活动阵地，为全体党员配发了党徽；全处共设立“党员示范窗口”9个、“党员示范岗”18个，基层党支部公开承诺57条，制定保障措施54条；以“党员读书日”、优秀读书笔记评比、党员风采展示5项活动为载体，开展“学习型组织”创建活动，有重点地组织开展了以西部大开发战略和党的十七届五中全会等为主要内容的学习活动；以增强“免疫力”、筑牢“防火墙”为目标，深入开展“学廉政准则、促廉洁从政”主题教育活动和廉政文化“三上四进”（上墙面、上桌面、上讲台、进机关、进

3月5日，管理处举行"三八"国际劳动妇女节100周年庆祝活动

站所、进灌区、进家庭)活动，通过"三上三下"重点查找和督查，扎实有效地开展了廉政风险防范管理工作。

2. 精神文明建设。管理处党委分片召开2次职工思想政治工作研讨会，重阳节召开退休老职工座谈会，春节、中秋节、开斋节等重大节日和行水高峰期、职工住院等，处领导走访慰问，及时送去组织的关怀和温暖。投入8.56万元为全处职工开展了生日祝贺活动。通过政治学习、辅导讲座、参观座谈、学习模范人物等形式，坚持开展社会主义核心价值体系、形势政策和处情教育。组织开展了"六个文明"创建、"金牌工人"和"十优职工"评选，以及春节团拜会、卡拉OK比赛、舞蹈比赛、职工排球乒乓球运动会等群众性文明创建和文体娱乐活动，丰富了职工的文化生活。 (高佩天)

宁夏水务投资集团有限公司

【概况】 2010年，宁夏水务投资集团有限公司(以下简称集团公司)员工共计60人，其中专业技术人员及管理人员49人，研究生8人，大学本科31人，大专9人，中专1人；工勤人员11人，技师1名，高级工1名，中级工8名，初级工1名。大专3名，中专3名，高中5名。

2010年，集团资产总额由2009年的18.7亿元增长到24.77亿元，增长32.46%；累计实现营业收入4.08亿元，较上年增长32%；净利润由2009年的亏损0.68亿元减亏到0.49亿元；完成固定资产投资4.9亿元，占年度计划的101%。此外，相继与交通银行、工商银行、中国银行、国家开发银行签订了银企战略合作协议，并获得100亿元信贷支持。集团公司以科学发展观为指导，围绕公司总体发展战略目标，紧扣"项目带动战略，创新投融资机制，推动公司全面发展"主题，紧贴宁夏水利发展规划和市场形势，从工程建设、项目融资、生产经营、内部管理、党风廉政建设等方面，稳步推进各项工作有序开展，较好地完成了年初制定的各项工作任务。 (雍 蕾 张馨月)

【完成的主要经济指标】 2010年，集团公司共完成投资4.9亿元；多措并举筹措建设资金2.33亿元；全年供水总量6512万立方米；发电总量5.83亿千瓦时；施工业完成产值2.76亿元。2010年度，集团公司共实现收入4.08亿元，较2009年增长32%，资产总额24.77亿元，较2009年增长32.46%，实现了国有资产的保值、增值。 (刘健人 张馨月)

7月5日，宁夏水务投资集团有限公司与国家开发银行宁夏分行签订银企合作协议书

【完善管理机制】 为加强集团公司规范管理，按照现代企业制度的要求，2010年集团公司试行全面预算管理制度，通过滚动预算编制、进度控制、年度目标控制等措施，推进精细化管理，达到全面预算管理目标，同时组织成立预算编制工作组，有效控制成本和增强经营效益，以确保公司整体经营目标的实现。

为促进集团公司实现发展战略，优化治理结构、管理体制和运行机制，集团公司根据《企业内部控制基本规范》要求，结合工作实际，开展企业内部控制工作，促进集团公司科学决策、良性运行。

(焦 龙 张馨月)

【安全生产】 2010年,认真贯彻落实安全管理各项要求,全年未发生重大安全生产责任事故;修订、完善"安全责任书"和安全生产考核细则,坚持贯彻执行年度安全生产目标责任制度,确保安全生产任务完成;完善安全生产检查制度,定期开展安全生产检查和安全生产知识、业务技能培训;编制了集团公司及各项目部防汛、防火应急预案,组织开展事故演练,以增强对突发事故应急救援的快速反应和应急处置能力。 (焦 龙 张馨月)

【项目前期工作】 1.按照自治区党委、政府的部署,宁夏固原地区(宁夏中南部)城乡饮水安全水源工程在2009年前期工作的基础上,经过不懈努力和多次协调,2010年2月5日,水利部召开专题协调会议,确定了工程多年平均引水规模为3982万立方米,宁夏、甘肃两省就工程引水水量达成一致意见,5月12日,水规总院出具技术审查意见,9月30日,项目建议书通过水利部审定,12月受国家发改委委托,中水北方公司对项目建议书进行了技术评估。

1月9日,水投集团公司建设管理工作会

2.固原盐化工循环经济扶贫示范区供水项目正式启动,按照水利厅与固原市达成共识,为加快对固原市水资源的统一开发,解决资金短缺问题,由固原市委托宁夏水务投资集团有限公司对区域水资源进行统一开发建设和管理,实施示范区供水工程。截至2010年10月,示范区供水工程项目建议书已编制完成并上报自治区发改委、水利厅待审查,一期可研报告已编制完成,水资源论证报告正在编制。

3.青铜峡黄河大峡谷旅游区水工博物馆的筹建工作正在进行。2010年7月1日,自治区发改委审批了宁夏水工博物馆项目可行性研究报告(宁发改审发〔2010〕238号),批复投资3971万元。2010年9月3日,自治区发改委审批了宁夏水工博物馆工程初步设计(宁发改审发〔2010〕238号),审定了工程总概算4060.19万元。 (康金虎)

【工程建设与管理】 面对在建项目建设任务重、建设周期紧的实际情况,水投集团统筹决策、精心组织、周密计划、优化设计、科学管理,加大协调力度,全面推进项目建设,完成了年度工程建设任务。

1.海原新区供水项目于2009年5月23日正式供水。2010年,海原新区供水工程完成生活用水管道及水泵机组安装、加压泵站风机电机联动改造、水库管理房厂区道路、绿化、装饰装修、自动化工程及防洪等工程,截至2010年底,累计完成投资1.56亿元。

2.同心东部综合供水工程2009年5月6日开工建设,2009年11月15日人饮工程开始向移民新村供水,节灌一泵站于2010年4月4日开机引水,实现了具备特色农业节水补灌条件。该项目累计完成投资1.313亿元。

3.金积供水项目于2008年1月开工建设,2009年9月28日净水厂正式建成通水,2010年正常运行。吴忠扁担沟人饮安全水源工程是水投集团在水利厅农水处划拨30万元设备款的基础上,投资近100万元进行建设的民心工程。工程于2010年3月开工,5月20日正式通水,惠及周边群众两万余人。

4.泾源县秦家沟水库工程是宁夏固原地区(宁夏中南部)城乡饮水安全水源工程的重要组成部分,

5月13日,宁夏固原地区城乡人饮安全水源工程秦家沟水库工程施工现场

于2009年11月26日开工建设,2010年5月24日秦家沟水库泄洪隧洞正式贯通,2010年8月5日完成坝体回填主河床区域清基工作，开始对坝体进行回填。截至2010年底,累计完成投资2682万元。

5. 青铜峡水博馆工程于2010年7月5日开工建设,2010年9月24日完成主体结构,2010年12月10日完成博物馆封顶,截至2010年底,累计完成投资2200万元。 （王雪峰 张馨月）

【财务管理】 一是制定并完善了多项财务管理制度,加强了财务管理,规范了工作流程。二是加大资产监管力度,对资产处置、对外担保等事项实行报批制,降低了国有资产流失及或有负债增加的风险。三是强化预算管理，及时向各子公司下达年度经营目标,并指导各子公司修订各自的年度财务预算,逐月进行分解,逐项进行控制。四是积极开展银企合作,探索新的融资模式,广辟融资渠道,搭建水利投融资平台。五是统一会计政策,集团全面执行企业会计准则,完善了会计核算体系。六是加强水费及工程款回收率,增加现金流量,减少贷款性融资,降低财务成本。七是积极开展增收节支活动,以全面推行精细化管理为抓手,制订增收节支方案。一方面加强对公务费、业务招待费、差旅费、外出考察费用的管理,严格控制非生产性支出;另一方面,通过节能降耗,提高设备维护水平和维修质量,压缩和降低生产性支出,同时努力降低管理成本。 （刘健人 张馨月）

【科技与教育】 2010年,集团公司按照项目带动科技,科技支撑项目的原则,积极开展有关建设项目的科学技术研究工作。先后开展了海原新区南坪水库大坝回填分散土研究、宁夏中南部城乡饮水安全水源工程引水规模论证及对下游影响分析等课题的资料收集、研究准备工作。

集团公司注重人才培养，进一步建立健全培训机制,通过内部挖潜、外部提升,不断加强员工培训工作。制订了《宁夏水务投资集团公司员工培训教育学习管理办法》,组织全体员工进行企业管理、团队精神培育、廉洁从业教育、集团公司发展战略规划、法律知识、商务礼仪知识等培训,2010年参培人员达到238人(次)。全年派出员工参加水利厅及区外相关部门组织的党务理论知识、办公室业务、人力资源管理、财务管理、工程建设管理、项目管理、自动化应用、专业资格认证等学习班共22期,70人(次)。根据业务情况及部门职责，组织员工积极参加相关业务培训并考取证件,全年委派42人(次)参加专业技能培训共计2612学时。为各部门、新海公司及项目部配发了《商务礼仪》光盘,为领导人员及员工配发了《向毛泽东学管理》《做最好的中层》《你就是企业的主人》等书籍170多本,项目部结合业务工作为员工购买了一批培训学习教材。通过有针对性的培训学习,有效提高了员工的业务素质。

（康全虎 丁海红）

【党建与企业文化建设】 1. 加强学习型党组织建设，提高班子科学发展的能力和水平。一是注重学习。深入学习贯彻党的十七届四中、五中全会精神,开展西部大开发战略大学习、“四强四优”争创活动,购发《社会主义核心价值体系》等建设学习型党组织书籍，努力培养以党委中心组和党员的学习带动全员学习的学习氛围。二是加强党委领导班子建设。贯彻民主集中制原则,保证重大事项决策的民主化、科学化;组织召开领导班子民主生活会,对意见建议限期整改。

2. 抓好党的基层组织建设,发挥党员先锋模范作用。一是选举产生支部委员会,配发工作用书,指导开展工作。二是在生产一线等重要岗位培养入党积极分子、发展新党员,壮大党员队伍。三是建立并执行党务公开工作制度，自觉接受党内外群众监督。四是做好成立集团公司工会及团委的相关筹备工作。

3. 加强制度建设,不断规范工作。起草、制订了《党风廉政建设责任制实施办法》《集团公司党委委员分工负责联系点制度》《三重一大事项决策制度实施细则》等多项制度,用制度规范履职行为,靠程序保证上下畅通。

4. 深入开展精神文明建设,推行“务实、创新、和谐、发展”的企业文化。开展“四强四优”争创、学习实践科学发展观，以及扶贫帮困、捐助灾区等各类活动;举办第二届职工运动会,组织各类文艺活动,颁布公司员工守则；选购书籍、活动器材，充实了员工图书室及活动室，形成团结、和谐、向上的良好氛围。

5. 加强党风廉政建设，为集团公司又好又快发展保驾护航。一是学习贯彻中纪委四次、五次全会精神及《廉政准则》，召开党建及党风廉政建设会议，签订党风廉政建设责任书，开展“五查五看”活动。二是成立公司效能监察领导小组，及时监督重大工程建设项目；开展水利工程建设领域专项治理活动、“小金库”自查自纠活动，及时发现并纠正存在问题。三是参加“塞上清风”杯廉政书画展活动；组织观看党员领导干部廉洁从业警示教育片，达到了提高廉洁自律意识，筑牢思想道德防线的目的。

（雍　蕾　张馨月）

宁夏回族自治区水利水电工程局

【概况】 2010 年，宁夏回族自治区水利水电工程局（以下简称“工程局”）现拥有注册资本金 6050 万元，资产总额 2.1598 亿元。局机关设五处二室，分别为：人力资源处，工程管理处，质量安全监督处，项目开发核算处，财务计划处，综合办公室，法律顾问室。全局下设六个子（分）公司，分别为：机电安装工程公司，工程开发公司、盛昌房地产开发公司，宏景监理公司，机械设备材料租赁公司，宏禹工程检测公司。全局在职职工 430 人，其中高级职称 46 人，中级 58 人，初级95 人。国家一级注册建造师 17 人，二级注册建造师82 人。大学以上文化程度 121 人，大专 100 人。2010 年，工程局真抓实干、开拓创新，全面完成了年度各项目标任务，保持了企业持续健康发展的良好势头，被中国水利企业协会评为 2008~2009 年度全国优秀水利企业，被水利厅评为 2010 年度先进单位。

（张敬宏）

2月8日，水利水电工程局局长陈学斌（左一）、党委书记余自业（右一）共商工程局发展规划

【完成的主要经济指标】 2010 年，工程局实现总产值 2.75 亿元，实现利润 320 万元，新增固定资产 850 万元，实现了国有资产的保值增值。全年共参与投标 100 项，中标 33 项，中标率 36.67%，中标金额 2.92 亿元。全年共承建 61 个单位工程，涉及水利水电、市政、机电安装、送变电等诸多领域。

（张敬宏）

【完善管理机制】 工程局以项目、技术、财务“三大”管理为重点，狠抓制度完善与制度落实，先后出台各类管理办法与规定，实现企业生产效率进一步提升。在项目管理中，局与各分局签订试行《年度生产经营目标责任合同书》，明确规定产值、管理费提取比例、利润等经营指标。各分局（片区）与所属项目部签订《项目管理目标责任书》，将各项指标层层分解，落实到位。各分局（片区）、子（分）公司、项目部责任意识进一步加强，千方百计抓管理、降成本、重核算、提效益，基本形成一套横向到边、纵向到底的生产责任制体系。在施工技术管理方面，严格执行技术规范，认真搞好技术交底，加强了关键技术方案的编制审核工作。在财务管理上，建立和完善了财务预算及会计核算体系，在“小金库”专项治理活动中，建立了长效治理机制。

（刘　佳）

【工程建设与管理】 上海庙水库项目部克服工程拦标价低、设计变更大等诸多困难，科学组织，迎难而上，以一系列行之有效的施工组织和完善的项目管理体系保证了项目主体按期完工，并被集团公司评为 2010 年先进基层单位。上海庙水厂项目部采用了大型模板与钢模板的结合工艺，降低了施工难度，提高了工作效率并保证了工程质量，实现了当年原水直供的目标。项目部还创造了与劳务队伍签订安全风险抵押金合同的好经验，并在全局推广。秦家沟水库项目部积极应对频繁降雨；土壤含水率高、社会干扰大等问题，在极为困难的情况下保证了工程进度

11月16日，水利水电工程局上海庙·红墩子水库项目部职工在工地

和质量并取得了多项技术新突破。施工中解决了异型砼浇筑模板支拆，隧洞龙抬头掘进及二衬砼浇筑支护作业等难题。石峡口水库项目部在干砌片石工序中大胆采用新的施工方法，既达到了设计要求又保证了工程的外观质量，顺利通过了工程竣工验收，并多次得到海原县水务局的大力赞扬。基础处理项目部采取双排架搭设方案，确保了秦家沟水库泄洪洞回填灌浆及明洞基础固结灌浆工程的顺利完工，并通过验收。盐环定净水厂项目部狠抓项目技术管理，应用的"清水混凝土施工工艺"，获得业主好评。青海扎毛水库项目部积极凝聚团员青年，围绕工程施工任务，开展文明施工、增产创效、确保安全、保证质量等活动，取得了积极成果，被自治区水利厅授予"青年文明号"荣誉称号。新疆五彩湾三级扬水泵站工程，主厂房底板与封闭圈墙体砼，在质量抽检中受到业主好评，被评为优胜施工项目部。伊犁河流域灌区17干管工程，加大管理力度，成本管理先算后干，项目经济效益得到事先控制。在施工方面，进一步优化施工方案，砼质量较过去同类工程有了大幅提高，并确保了效益目标。（刘　佳）

【安全生产】 2010年，面对生产规模加大，重点项目进入攻坚阶段，爆破作业增多的严峻挑战，工程局统一部署、超前策划、加强监管，使质量安全始终受控。严格执行工程局《项目法施工管理规定》，将安全生产作为工程管理重点，认真规范施工要求，控制工程质量，制定各项安全生产管理制度、安全生产奖罚规定、安全生产应急救援预案、防洪预案、重大危险源识别、排查等制度。全年共验收单位工程22个，优良单位工程12个，优良率为54.5 %，市政、送变电工程验收单位工程5个，合格率100%。（张敬宏）

【综合经营】 2010年，工程局下属机电安装工程公司、宏景监理公司、宏禹检测公司、盛昌房地产公司拓展生产领域，扩大经营规模，寻求经营特色，逐步做大做强，全局形成了6887万元的辅助产业规模。工程局与广东省深圳通程有限责任公司合作成立深圳、广州、珠海、惠州分公司，初步取得1000余万元的工程任务；与重庆新绿水电建设有限公司合作成立成都分公司，仅半年获取经济效益30万元；与辽宁省大连市白金汉宫置业有限公司合作中标5000万元，可提管理费近百万元。（刘　佳）

【改革与创新】 研究并申报新工艺两项。一是用以解决"坝体裂缝变形"的均质土坝地基处理方法；二是解决"超欠挖控制问题"的隧洞光面爆破方法。

（张兴凯）

【科技与教育】 2010年，工程局坚持以人为本的原则，在培养人才、引进人才、留住人才方面下工夫。在人才的选拔任用上，打破年龄、资历界限，提拔了一批优秀技术人员到项目经理、技术负责等关键岗位；针对人才紧缺状况，招聘了一批工程专业的大中专毕业生，加大了人才引进力度；加强现有人员的培训力度，全年组织优秀管理人员外出学习，邀请国家级教学名师来水务局为项目管理人员授课，参加了建设厅和水利行业协会组织的"五大员"培训，参加一级建造师培训班等多项培训活动，支出教育经费50余万元。（张敬宏）

【党建与企业文化建设】 工程局制订和实施《水利水电工程局廉政风险防范管理实施方案》，深化《廉政准则》学习，签订《党风廉政责任书》等，开展了形式多样的党风廉政教育。局党委针对全局项目部较多、施工地域广、人员分散等特点，在项目部成立了党群工作小组，确保党建工作到基层；开展慰问一线党员和新中国成立前老党员、劳模党员和困难党员活动，组织离退休党员67人到革命圣地延安及工程局施工现场参观学习；向青海玉树地震灾区捐款12.6万元，困难救助捐款2.5万元，向干旱地区捐款

2180元；全年分两批次为施工一线党员、职工送去学习书籍及光盘等学习资料；在“7·5”新疆动乱敏感时期，到新疆项目部进行慰问、座谈活动。文化建设方面，工程局2010年刊登新闻专版2期，接受国家级、省市级各类媒体采访9次，刊发、播出新闻稿件共11篇，被中国日报、网易、宁夏新闻等网络媒体转载新闻近20次。开展职工劳动竞赛、组织“局庆杯”运动会、演讲比赛、书画摄影展等系列活动，企业文化及宣传工作取得重大进步。（刘　佳）

宁夏宁东水务有限责任公司

【概况】 宁夏宁东水务有限责任公司（以下简称“公司”），由宁夏水务投资集团有限公司、山东鲁能发展集团有限公司、宁夏煤业集团有限责任公司、宁夏发电集团有限责任公司以货币形式共同出资（宁夏水务投资集团有限公司56%），按照现代企业制度组建的具有独立企业法人资格的承担宁东能源化工基地供水工程（以下简称“宁东供水工程”）投资、建设、经营和管理任务。公司现有职工110人，设综合办公室、财务部、发展规划部、工程技术部、运营管理部、人力资源部等职能部室和水源泵站、鸭子荡水库、宁东水厂、调度中心、检修工程公司、管网公司、后勤服务公司等7个基层单位，党群组织健全。公司实行董事会领导下的总经理负责制，公司股东会、董事会、监事会和经理层职责明确，形成各负其责、协调运转、有效制衡的法人治理结构。本着机制灵活、精干高效的原则，公司实行权责分明、管理科学、激励和约束机制相结合的内部管理体制。（刘慧娥）

【完成的主要经济指标】 截至2010年底，供水6160万立方米，较计划4940万立方米增加1220万立方米；其中工业供水5060万立方米，较计划3920万立方米增加1140万立方米；绿化供水973万立方米，较计划880万立方米增加93万立方米；绿化自用水127万立方米，较计划140万立方米减少13万立方米。全年实现营业收入12432万元，较计划9570万元增加2862万元；总成本支出12869万元，较计划支出13095万元节支226万元；亏损437万元，较计划亏损3524万元减亏3087万元。

（刘慧娥）

【精细化管理】 一是对各类制度、运行规程进行修改完善，严格执行，达到“用制度管人、按制度办事”的目的。二是细化岗位设置、任职要求、工作权限、主要职责、考核标准等内容，做到员工任务清楚，责任到位，分工明确，实现岗位与责任的统一。三是实施部分生产现场可视化管理，对各生产运行单元的巡检点、操作流程、工作要求等进行现场标示，逐步实现生产运行的规范化。四是根据年初公司与各部门、单位负责人签订的目标管理责任书内容，对照检查，严格考核，兑现奖罚，做到奖罚分明，促进各项管理工作的改进和提高。五是加强员工培训。开展精细化管理专题讲座、《新主人翁精神》学习交流系列活动，举办“给水处理工艺与技术”专题讲座，委派专业人员学习励磁装置应用技术，引进管道带压堵漏技术及设备，并成功应用，提高了运行人员处理技术问题和应急事故处理能力。（刘慧娥）

【安全生产】 全年泵站上水5次，历时109天，累计上水6458万吨，较计划上水量5400万吨增加1058万吨，宁东水厂安全供水1820天，生产运行无重、特大事故，无人身伤亡事故；工程建设安全无事故；无交通安全事故和人身、财产安全事故。供水水质安全，供水水质合格率100%。

以深入开展“安全生产年”活动为主线，以生产运行安全管理和工程建设安全管理为重点，扎实开展了安全生产宣传教育，进一步完善管理制度，落实责任。一是强化安全管理机制，安全生产工作有序开展。二是强化员工安全教育，广泛开展安全生产宣传教育活动。三是加强特种设备管理，有效预防事故发生。四是加强水质监测，保证水质安全。五是完善事故预案并演练，提高事故应急处置能力。

（刘慧娥）

【设备运行管理】 2010年的新增用户较多，供水量较2009年增加近65%，古窑加压泵站、绿化分质供水泵站相继投入运行，供水管网增加了21千米。公司在人员少、任务重的情况下，加强生产运行过程管理，进一步调整、完善工艺流程，充分发挥自动化优势，合理确定运行参数，在保障供水安全和水质合格的基础上，合理控制生产成本。一是狠抓基础管理，提高运营管理水平。二是开展关键技术研究实践，为生产运行提供技术支撑。三是加强生产指标控制，降低生产成本。四是完善供水管网管理，保障管网安全。五是做好设备检修维护，保证设备正常运行。六是加强沟通交流，规范供水管理。（刘慧娥）

【工程建设与管理】 全年共完成建设任务6项，完成投资12840万元，其中重点工程4项，完成投资12380万元。绿化分质供水工程建成泵站1座，铺设供水管道21千米，形成日供水能力11万吨，完成投资3150万元；宁东水厂2#滤站建成投运，新增生活饮用水日处理能力30万吨，完成投资3380万元；宁东镇污水处理厂进入调试阶段，形成日处理污水能力1.5万吨，完成投资4270万元；鸭子荡水库管理附属设施项目建筑面积6900平方米，完成投资1580万元。2010年，在建设项目多、任务重、人员少、资金紧张的情况下，精心筹备、合理安排，积极争取项目主管部门按时完成项目的审查批复和备案工作，工程按要求时间开工建设，保证工程建设任务顺利完成。一是严格项目招标投标，有效控制工程建设投资。二是加强合同管理，保证工程建设顺利实施。三是狠抓监督检查，加强施工安全管理。四是加强质量管理，保证工程质量。五是加强进度管理，确保工程建设按期完成。六是严格工程验收程序，做好工程结算。（刘慧娥）

【项目前期工作】 抓好项目的可行性研究和申报立项等前期工作，以项目建设带动公司发展，为长远发展打基础，增后劲。研究宁东供水二期工程的有关问题，广泛开展调研工作，走访用户，准确掌握基地用户和用水量信息，为二期工程的前期工作打好基础。研究宁东地区矿井水的综合利用，提高水资源的优化配置、合理利用；研究与长城水务公司水源和管网的连通，为提高能源化工基地的供水安全保障想办法；研究供水管网的合理布置，形成环状管网，提高供水保证率；争取尽快完成水厂双电源供电线路的技术改造，提高水厂安全供水可靠性。（刘慧娥）

【生态绿化】 2010年，新增鸭子荡水库及古窑泵站绿化面积34公顷，公司绿化面积已达420公顷，苗木成活率90%以上。开展了鸭子荡水库水利风景区建设，并通过了水利部风景办的评审验收。建成了花园式厂站区，生态绿化有效改善了宁东基地生态环境，获得了“全国生态文化示范企业”的光荣称号。（刘慧娥）

【财务管理】 2010年，财务管理工作以加强成本管理和资金管理为重点，全面落实预算管理，多方寻求融资渠道筹集资金，及时完成水费收缴，为公司各项工作的顺利开展提供资金保障。一是拓宽筹融资渠道，保证建设资金需求。及时足额收缴水费，全年收缴水费12279万元；多方协调，争取到财政等资金2811万元，缓解了公司资金压力，保证了工程款及银行贷款本金、利息的按期支付。全年偿还银行贷款本金6000万元，偿还利息4029万元，资产负债率由去年的92%下降为目前的84%，公司资产状况进一步好转。二是扎实开展清产核资，摸清家底规范资产管理。三是加强财务管理，“小金库”专项治理通过国资委检查。（刘慧娥）

【科技与教育】 加强员工培训，采取分层次、分专业、送出去、请进来等方式，有针对性地加强了员工的教育培训，员工队伍的综合素质和专业技能进一步提高，运行管理经验逐步提高。全年各类培训累计154天、449人次，培训率100%，特种作业持证上岗率100%。开展了岗位练兵、技能竞赛、技术比武、应急演练等活动，不断提高员工的专业技能。培养选拔了一批合格的值班长、技术专责，着力培养一批过硬的专业技术人员和一批懂经营会管理的复合型人才。（刘慧娥）

【党建与企业文化建设】 2010年，公司紧密围绕生产经营中心，加强党的建设和党风廉政建设，开展了一系列党建和精神文明建设活动。一是突出重点，开展党建活动。开展了党务知识培训、党务知识竞赛、学习型党组织专题党课、“新主人翁意识”主题教育活动，完善了党建活动阵地，开展了建设学习型党组织、创先争优、党的建设年活动，各项活动有部署、有落实、有检查，党建工作有序开展，基层党支部和党员队伍在活动中得到了锻炼和提高。二是健全制度，做好纪检监察工作。开展了“学廉政准则促廉洁从政”、廉政风险防范管理、廉政文化建设等活动，举办了党员干部廉政教育培训班、预防职务犯罪专题讲座，按时召开领导班子党员领导干部民主生活会，制订了整改落实方案，各项整改措施得到了落实。落实了党风廉政建设责任制，增强了广大党员的责任意识和法纪观念，做到诚信守法，廉洁从业。三是创新载体，加强思想政治工作。抓好党员干部理论学习，党委中心组学习7次，督促各党支部抓好“三会一课”制度的落实，每月对政治理论学习情况进行检查，及时发现问题，及时整改。召开了建党89周年纪念大会、评选表彰了优秀共产党员、优秀党务工作者和先进党支部。四是群团共建，精神文明建设上新台阶。召开了新员工座谈会，开展了岗位练兵、技能比武、驾驶员岗位技能大赛等活动，举办了以“安全发展”“新主人翁精神”为主题的演讲比赛、辩论赛、座谈会；组织员工参观世博会，参加水投集团运动会，编辑出版《金水源》报12期，制作了《西部跨越，璀璨十年，奋进中的宁东水务公司》电视宣传片在宁夏电视台播出，公司精神文明建设和企业文化建设深入开展。　　（刘慧娥）

宁夏太阳山水务有限责任公司

【概况】 2010年，宁夏太阳山水务有限责任公司（以下简称公司）现有员工60人，其中高管5人，中层管理人员13人，员工42人。大专及以上学历44人，占企业员工总数的78.6%；中级及以上专业职称18人，占企业员工总数的32.1%；经营管理人员、专业技术人员和党群工作者21人，占企业员工总数的37.5%。公司下设综合管理部、总经理工作部、财务产权部、生产技术部、发展规划部5个管理部门和供水总厂1个生产单位。

公司实行董事会领导下的总经理负责制，建立了董事会、监事会和经营管理层工作制度和各项管理运行制度，形成了权责明确、职能清晰、协调运行、有效制衡的法人治理机构和精干高效、运转灵活、管理科学、有效激励的管理机制。

公司紧紧围绕确定的年度经营目标，以创先争优活动为契机，以破解困境、加快发展为重点，抓巩固、促提高，抓项目、促发展，抓管理、促效益，不断开拓工作思路，强化管理措施，狠抓责任落实，顺利完成了各项工作任务，实现供水352万立方米，水费收入713万元，各项工作取得了新成效。

（石玉广　张瑞萍）

【完成的主要经济指标】 实现供水352万立方米，水费收入962万元（其中，预收阳光矿业水费249万元），全面完成年初董事会制定的供水量350万立方米、水费收入700万元的生产经营目标，水费收缴率100%，供水量和水费收入两项主要经营指标分别较2009年增长40%，减亏357万元。

（石玉广　张瑞萍）

6月13日，公司召开2010年供用水座谈会

【完善管理机制】 修订完善了《安全生产检查考核暂行办法》，建立健全了《生活饮用水水质检验管理暂行办法》等10余项制度；完善水库防汛抢险、维稳反恐等各类应急预案，不断健全安全保障制度体系；完善财务制度，制订了《经费包干管理办法》《大宗物资采购管理办法》《水费收缴及临时供水管理办法》等，健全财务监管体系。　　（石玉广　张瑞萍）

【安全生产】 坚持“安全第一，预防为主，综合治理”的方针，牢固树立“安全是企业的第一效益、职工的第一福利”的理念，切实加强组织领导，全面落实安全生产责任制，调整充实了安全生产领导小组，层层签订安全生产责任书；加强设备、设施巡检和精细化

管理，实行“定人员、定时间、定路线、定部位、定内容”的“五定”巡检制度，完善视频监控系统，确保巡检不留死角、不出疏漏。通过制作安全宣传专栏、开展安全生产知识培训、专题知识讲座和安全知识竞赛等多种方式，不断强化员工的安全意识，营造安全生产氛围。（石玉广　张瑞萍）

【设备运行管理】 年初对供水工程及设备进行了检查维修，并对备用设备进行维护保养，检修统计数据表明，未发现较大隐患。实行大班制后，为加强设备运行管理，制订了《设备巡视检查标准程序（试行）方案》，已开始试行；为加强调度管理，提高管理水平和应急能力，规范调度术语和优化调度方案，制订并实施了《调度运行管理规程》。（石玉广　张瑞萍）

【工程建设与管理】 利用自身资源、技术和设备优势，积极承揽盐环续建人饮项目委托建设管理工作，实现管理费用收入40万元；经过积极努力，落实中央补助库区进场道路建设资金192万元，目前已完成投资94.6万元，完成2.2千米砼路面浇筑。承接用水企业计量井、计量表的维修、安装业务，实现收入22万元。（石玉广　张瑞萍）

12月1日，公司举办2010年管理人员业务骨干培训班

【项目前期工作】 充分利用库区的土地、水源及当地丰富的风能、光能和便利的交通条件，积极开展企业间合作、项目规划和储备工作，力求达到项目的梯次配置、长效推动公司发展；编制了《太阳山水库水土保持项目建设方案》等项目建议书；协助太阳山管委会完成了《太阳山工业区给水管网工程项目建设方案》。（石玉广　张瑞萍）

【绿化工作】 在公司经营比较困难的情况下，在水利厅的大力帮助下，多方筹措资金，争取到林业厅造林补助资金60万元，落实水土保持项目资金72万元，有效缓解了水源地保护生态绿化资金短缺的问题。在2009年绿化范围基础上扩大绿化面积，对刘家沟水库下游和太阳山生活水厂外围进行绿化，种植乔木26468株，完成投资279.2万元。（石玉广　张瑞萍）

【财务管理】 一是严格资产管理。完善财务制度，制订了《经费包干管理办法》《大宗物资采购管理办法》《水费收缴及临时供水管理办法》等，健全财务监管体系。二是加大经费管理力度。对各部门办公经费、业务接待费、差旅费、车辆燃油费全面实行定额包干，加大过程控制，降低了管理成本。三是争取优惠政策。积极协调，求得政府支持，争取优惠政策。四是保证水费收缴。2010年累计供水353万立方米，实现收入962万元。五是成立太发工贸公司。该公司主营业务是经销电煤，目的是增加公司现金流，为了银行贷款创造条件，同时增加其他收入，缓解公司当前的困境。（石玉广　张瑞萍）

【科技与教育】 引进和推广科学技术产品，在输水压力管道重点部位的阀门井内安装“电子巡检装置”，提高了管理水平和标准；太阳山供水工程是区内的重点水利工程，公司积极争取申报水利工程“大禹奖”，与河海大学联合利用三维技术手段，将工程的设计、建设和发挥的效益很好地展现出来。在萌城供水工程管线地势复杂的地段选用了新型高分子复合材料管，为今后工程安全运行奠定了基础。（石玉广　张瑞萍）

【党建与企业文化建设】 公司以推行党建工作目标责任制为载体，制定了《公司管理人员廉洁从业暂行办法》《公司部门中层管理人员问责办法》等制度，层层签订《党风廉政建设责任书》和《党风廉政承诺书》；根据党员分布、岗位、职责，组建了五个“功能党小组”，建立“抓基层、打基础、创先争优”党员论坛”。重视团队精神的塑造，聘请专业机构对员工进行团队精神和素质拓展训练。团队训练两期，素质拓展训练56人次。通过加强企业文化建设，使共克时艰、推动发展成为全体员工的共同愿景，形

成了凝心聚力促发展的思想基础。利用“世界水日”与太阳山水务局等兄弟单位在太阳山园区和惠安堡镇，开展“水法”宣传活动，向周围群众宣传水资源统一管理、水源地保护的重要意义，同时提高节约用水的思想意识。（石玉广　张瑞萍）

宁夏新海水务有限公司

【**概况**】 2010年，宁夏新海水务有限公司（以下简称“公司”）共有正式员工13人，其中党员6人，团员5人，高级政工师2人，高级工程师1人，初、中级工程师2人，专科以上学历9人。在水利厅党委的领导下，按照水务投资集团的要求，公司紧紧围绕2010年工作重点，以构建和谐的现代化企业为目标，加强工程建设管理、运营管理、企业内部管理、队伍建设等工作，不断完善内部机制，狠抓基础建设，在公司上下的不懈努力下，圆满完成了全年的工作任务。2010年公司被水利厅评为“青年文明号”，被水务投资集团评为精神文明建设单位、南坪水库被评为先进基层单位。

2010年8月，同心东部综合供水工程建成后，按照水利厅的要求，宁夏水务投资集团委托新海水务有限公司代管运行管理。（侯晓丽）

【**完成的主要经济指标**】 截至2010年底，公司累计安全运行591天，累计向用户供水93.4万立方米，其中城市生活供水45.5万立方米，农村人饮供水6.1万立方米，绿化供水41.8万立方米。应收取水费231.06万元，累计收缴水费69.2元。截至2010年底，共向水库蓄水8次，累计蓄水592万立方米。

（侯晓丽）

【**完善管理机制**】 2010年，公司狠抓管理，结合自身实际，不断地建立和完善各项规章制度及方案，先后制定了《新海水务公司党总支会议议事制度》《新海水务公司总经理办公会议议事规则》《水费收缴制度》《南坪水库管理办法》并对运行管理、行政管理、化验室管理等方面的规章制度进行了完善，进一步规范了管理制度，提高了工作效率。（侯晓丽）

【**安全生产**】 1.落实安全责任。2010年，公司始终把安全生产放在首位，多次召开安全会议，安排部署安全生产工作，建立健全生产管理网络，明确安全责任，建立了“公司领导亲自抓，分管领导全力抓，泵站水厂具体抓，上下联动一起抓”的工作机制，签订了《生产施工安全责任书》，将安全责任分解落实到人。

2.落实安全教育。公司认真落实水利厅安委会安全生产会议精神，按照集团公司的要求，以“安全发展，预防为主”为主题，以增强安全意识和技能为主线，推进安全生产年各项措施的落实。开展安全生产月活动，组织员工开展安全演讲比赛、安全生产知识竞赛、事故演练等活动，提高员工安全意识、自我保护意识和应急处理、抢险救援的能力。

3.落实检查制度。公司把每月23日作为安全生产检查日，组织有关人员对加压泵站、南坪水库、输水管线、制水车间、下马关各泵站、人饮管网进行全面安全检查，对检查中发现的缺陷和隐患，及时进行整改。

4.落实防洪抢险安全保障措施。一是加强防洪队伍建设，公司巡护人员担任报汛员，与七营镇南堡村、三河镇小河村、下马关镇签订了《防汛联动协议书》，绘制了《防汛联动责任网络图》，落实抢险人员100余人。二是加强防汛物资储备，储备发电机1台，抽水机1台，纤维袋1000条，落实防汛资金80万元。三是加强防汛应急机制的建设，制订了《新海水务公司防汛预案》《泵站防汛预案》及《反事故预案》。真正做到组织、预案、队伍、物资、机械、通信六落实。

5.落实安全生产隐患排查治理专项活动。组织专业技术人员对南坪水库输水管线、加压泵站、下马关各泵站、人饮管网的建筑全面排查观测，并对隐患部位进行了整治改造，组织员工对清水池进行了2次清洗消毒。对水库周边的杂草进行了彻底清理，保证了水质安全。（侯晓丽）

【**设备运行管理**】 一是检查设备运行情况，及时消除生产安全隐患。每天定时对制水车间、供水管线、加压泵站等主要场所的设备进行检查，发现问题及时上报并通知相关技术人员处理。

二是做好设备检修，保证设备正常运行。详细制订春季和秋季检修计划，定期对运行设备、供水管线进行检修与维护，对存在的缺陷和运行中出现的故障及时消除与解决，确保各类设备的正常运行。

三是做好冬季保温工作，确保供水工作正常进行。对制水车间、泵站悬挂门帘、窗帘，安装电热管，对管线沿途的各阀门铺盖保温膜，防止因气温过低使设备发生故障，影响运行。（侯晓丽）

【工程建设与管理】 2010年的工程建设主要包括尾工建设与新开工程的建设，投资约900万元，其中尾工完成建设投资约620万元，新建项目完成投资约280万元。

1. 尾工建设。完成新区水厂厂区道路、排水以及厂区照明等工程；自动化安装与调试；水库尾水出水口浆砌石施工。

2. 新建项目。主要完成水厂、水库的绿化工程；南坪水库生活用水管道及水泵机组安装、输水塔排架间土方卸载、坝后贴坡排水、大坝裂缝灌浆、水库管理房场坪道路、厂区排水等施工内容；苋麻河1#橡胶坝坝后护坡顶托修复、坝前铺盖及溢流坝施工缝的处理；防洪、度汛工程主要完成输供水管线防汛物资储备、沿线排水沟开挖与清理、巡护道路修复等施工内容。

3. 验收工作。2010年10月上旬进行海原供水工程7个单位工程验收，3个优良，4个合格，并对已验收工程报质量监督单位核备与核定。在水投集团各部门的精心帮助下开始进行后期工作结算。包括水库、管线一标、管线二标、加压泵站、十一泵站、橡胶坝、水厂生产区、水厂生活区、自动化、10千伏线路、大坝监测、大坝强夯、水厂办公楼室内装修、室外水系、绿化工程、南坪水库场外施工道路及输电线路架设、防洪工程等十七项单项合同，工程直接投资约1.4亿元。2010年，海原供水工程全年累计完成投资拨款1604.8万元，其中，施工类资金拨付1250万元，设计咨询类资金完成拨付100.8万元，设备类资金完成拨付254万元。

（侯晓丽）

【生态绿化】 按照工程绿化预算，在南坪水库、加压泵站、水厂共完成绿化管网铺设16485米。种植树木8389棵，其中栽植常青树132棵，阔叶树3017棵，花灌木5240棵，共绿化草坪及植被面积1.43公顷。截至2010年底，已向海原新区绿化供水41.8万立方米，为海原新区生态建设，环境整合做出了积极贡献。（侯晓丽）

【科技与教育】 1. 加快自动化工程安装与调试。截至2010年底，工程安装已全部完成，经调试后，实现水厂和水库8个摄像头的实时监测、加压泵站变频泵的在线控制及流量监测、输水塔各闸门运行状态的监测和制水车间电磁流量计的实时监测等功能。根据运行调度要求，其他功能也在进行调试。

2. 加强员工教育培训。一是组织设备厂家对员工进行培训。组织重庆亚太进行净化水工艺流程和操作柜各元件及接线布置的培训；组织西安兰特进行大坝监测的培训；组织上海连际进行自动化系统的培训。二是将员工送出去培训。先后组织员工到宁东水厂、大连进行净化水工艺流程和档案管理的培训。

（侯晓丽）

【党建与企业文化建设】 1. 不断加强党支部领导班子建设和党员教育管理，增强党组织战斗力。公司始终把建设和谐领导班子作为构建和谐单位的关键来抓。一是认真抓好中心组理论学习。坚持每月进行一次中心组理论学习，认真学习邓小平理论和“三个代表”重要思想，学习实践科学发展观，学习十七大、十七届四中、五中全会精神，努力提高班子成员的政治理论水平和思想道德素质。二是认真落实民主集中制原则。重视班子成员之间的沟通与协调，研究讨论重大问题，坚持做到会前沟通、集体研究、民主决策。三是认真落实党风廉政建设责任制。召开党建暨党风廉政建设工作会议，传达厅党委会议精神，安排部署公司党建及党风廉政建设工作，明确党总支党风廉政建设责任，签订党风廉政建设责任书，向公司全体员工宣读领导班子廉政承诺。四是认真做好党员教育管理工作，全面提高党员队伍素质。不断改进党员教育的内容和方式，坚持和完善党员的教育管理机制，加大党员发展力度，创新党员活动载体。公司党总支先后与水利厅组织人事与老干部处党支部、

12 月 23 日，公司举行 2010 年度工作总结暨表彰大会

建设与管理处及国资委第三党支部开展联合党日活动，进行交流、学习，共同庆祝建党 89 周年。

2. 建立健全党建工作的各项制度。建立健全“三会一课”制度、发展党员制度、民主评议党员制度、党费收缴管理制度等，为企业党组织更好地开展工作、发挥作用提供制度保障，逐步使公司党建工作走上规范化的轨道。

3. 不断加强企业文化建设。组织员工参加水利厅安全生产月演讲比赛、水利系统乒乓球比赛、国资委举办的体操比赛，取得了较好的成绩；参加水务投资集团公司运动会，取得拔河第一名和篮球第二名的成绩并获得优秀组织奖。通过开展丰富多样的活动，宣传贯彻党的方针政策，培育党员和职工群众良好的职业道德和敬业爱企、诚信守法、开拓进取的企业精神，引导企业文化建设的发展方向，促进企业物质文明和精神文明建设。（侯晓丽）

宁夏长城水务有限责任公司

【概况】 红墩子、上海庙能源化工基地地处荒漠，煤储量丰富，但由于水资源匮乏，限制了基地的发展，为了解决用水难题，加快建设国家能源基地“金三角”战略步伐，内蒙古自治区人民政府、宁夏回族自治区人民政府决定共同建设上海庙、红墩子能源化工基地供水工程，以保证两个工业园区的水源供给。为保证工程顺利实施，2009 年 10 月宁夏发改委与内蒙古鄂尔多斯市政府组织有关单位，就上海庙能源化工基地引黄供水工程有关事宜进行了接洽，并决定建设红墩子、上海庙能源化工基地供水工程。2010 年 1 月，由宁夏水务投资集团有限公司、鄂尔多斯市水务投资公司、宁东水务有限责任公司共同签订《合资建设上海庙引黄供水工程合作协议》，分别按 45%、43%、12%的出资比例，注册资本金9800万元人民币，决定设立宁夏长城水务有限责任公司。主要任务是为上海庙、红墩子能源化工基地、生态环境整治提供生产、生活用水。2010 年 3 月，公司正式成立。

公司实行董事会领导下的总经理负责制，公司股东会、董事会、监事会和经营层职责明确，形成各司其职、协调运转的法人治理结构。公司现有员工 29 人，机关内设“三部一室”，运行机构由调度中心、长城水厂、检修队、服务中心组成。

红墩子、上海庙能源化工基地供水工程从宁夏回族自治区金水源泵站取水，经 2.5 千米压力流输水管道穿过长城，注入库容为 1224 万立方米的水洞沟水库，为两个工业园区供水。用水指标占用内蒙古自治区黄河水分配指标，并由其办理相关报批手续。工程一期规模 20.0 万立方米 / 天，二期总规模达到 40.0 万立方米 / 天。概算总投资 5.7 亿元，供水保证率≥97%。（李寿山）

【工程建设完成情况】 截至 2010 年底，长城供水工程水源工程：水库主体工程已基本完成，具备蓄水条件。完成：土石方开挖 90 万立方米，土方回填 166.4 万立方米，砼 1.7 万立方米，浆砌石 3.06 万立方米，钢筋制安 700 吨，安装 DN2400 毫米砼管 3.1 千米。

净水工程：水厂进场管道、1# 清水池、送水泵房、综合办公楼、锅炉房、机修车间等主体已完成。厂区污水、废水管、超越管、自用水管主管线铺设已完成。完成：土方开挖 67.4 万立方米，土方回填 3.6 万立方米，钢筋制安 830 吨，砼浇筑 7250 立方米、安装 PCCP 管道 1.3 千米。

上海庙、红墩子能源化工基地供水工程建设特点：一是与宁东供水工程共用水源泵站、压力管道和自动化控制系统，不但节约工程投资，提高供水保证率，而且可以年节约工程管理费约 200 万元。二是水洞沟水库大坝根据当地土料实际情况，采用低液限粉土筑坝，解决了水库大坝土料不足的难题，创出了低液限粉土筑坝的新路子。三是塑性砼防渗墙成功运用于水库坝基处理和坝体辅助防渗。四是建设一座水库形成三个水源。即：主水库、尾坝水库、地下水库。年预计可利用沟道水和沙漠地下水约300 万立方米。五是采用国际先进水平的水处理工艺—法国德利满技术的高密度澄清池和瑞士苏尔士技术的翻板滤池，达到了水处理快速、高质的效果。（张 航）

【投资完成情况】 2010 年计划完成投资 2.04 亿元，实际完成投资 2.21 亿元。其中：水源工程完成投资 1.07 亿元，净水工程完成投资 3710 万元，设备生产制造完成投资 5322 万元，工程服务及征地费完成投资 300 万元，勘察设计费完成投资 1110 万元，其他工程完成投资 956 万元。（张 航）

【项目前期工作】 一是优化工程设计。公司协助和督促设计单位完成并提交了水源工程、净水工程可行性研究报告、初步设计、施工图设计等 10 余项设计工作；完成了水保、环评、土地、规划、文物等支持性文件的编制和审批工作；完成了 1000 余项工程招标图、1200 张施工图、100 余项工程设备、8000 余项工序预算的审核工作，并聘请区内外专家对设备技术接口、工艺流程、工程安防系统等技术标准严格审核，择优录用。二是严格工程招投标。完成了上海庙、红墩子能源化工基地供水工程施工、监理、设备采购的招投标工作，通过市场竞争在国内 180 余家投标单位中择优选择了 44 家监理单位、施工单位和设备制造厂家，涉及合同金额约 2.79 亿元，并严格按照《合同法》和《公司合同管理办法》的规定，对照投标文件和合同内容认真审核，严格把关，明确责任，严格履行会签制度。2010 年共签订合同 82 项，技术协议 32 项。三是做好开工前准备工作。与鄂托克前旗人民政府、宁夏有关部门多次协调，初步落实了水库、水厂、管线建设用地约 466.7 公顷，及时解决突出问题，做好“三通一平”工作，使 14 家参建单位顺利进场，按期开工。（李寿山）

【财务管理】 一是严格资金支付程序，有效控制财务支出。公司成立后，编制公司内部财务预算报告。在财务支出时，严格执行《财务管理办法》《资金拨付暂行办法》，每月召开两次拨款会，按照工程进度，计划拨付。做到有计划、有合同、有发票、有审批，重大财务开支实行联签制度，保证了各项财务开支符合财务制度。二是严格财务审计。2010 年分别接受天华会计师事务所和正大会计师事务所的审计，两次财务审计均对公司各项账务凭证、报表、支出等会计资料给予了肯定。三是多渠道融资贷款。公司注册后，同国家开发银行、交通银行、工商银行和鄂尔多斯市中行等多家宁夏分行申请项目贷款，递交了基础资料，完成各项答疑和协调工作。共完成融资贷款 5.03 亿元（其中，农行宁夏分行 2 亿元，国家开发银行宁夏分行 3.03 亿元），12 月底实际到位贷款 1.6 亿元，为工程建设提供了资金保障。四是严格落实“小金库”专项治理工作。根据国资委、水务投资集团下发的《关于在全区国有企业中开展“小金库”专项治理工作的通知》精神，公司成立了领导小组，仔细检查，认真分析，及时总结，将“小金库”专项治理工作落到实处。通过上级单位检查，无任何形式的“小金库”。（张 航）

7 月 20 日，公司举办基本建设、财务管理培训班

【职工教育】 按照公司制订的《2010 年员工教育培训计划》，采取分层次、分专业，请进来、送出去的方式，加大培训力度，切实加强了员工教育培训。一是抓好中高层管理人员管理能力和管理理念的培训，为中高层管理人员配发书籍、光盘，组织观看视频讲座，按计划分批组织干部职工到国内外相关企业、设备厂家考察，提高了管理理念和领导艺术，强化了责任意识，增强了执行力。二是抓好一般管理人员的专

业技术和履行岗位职责的培训。在公司内部举办或外派员工参加各类业务培训班，切实提高全员的综合素质。三是抓好运行人员的岗位技能培训。公司安排9名员工在宁东水厂进行集中培训，系统学习基础理论知识，掌握操作技术，并参加了特种设备操作人员培训班，提高了运行人员的专业知识和业务技能。2010年共举办和参加了区内外15期培训班，参加150余人次，共计496课时。切实提高了中高层人员的管理水平和员工业务技能。（张　航）

9月9日，举办档案管理培训班

【完善管理机制】 2010年，是公司开工建设的头一年。公司本着“建一流工程，创一流管理”的目标，着力抓好公司内部管理工作，科学合理的设置公司组织机构，全面提升公司内部管理水平。为实现这一目标，公司结合现代化企业制度的科学理念，对公司组织机构设置、薪酬体系设计及绩效考核进行了系统、客观的研究分析，制订出了《薪酬管理办法》。公司将制度建设作为内部管理工作的重中之重，并结合相关单位的优秀做法，制定了劳动管理、财务管理、合同管理、施工管理等20余项管理制度，初步完善了薪酬体系、岗位职责体系和绩效考核体系，做到了有章可循，管理规范。公司对所有岗位的岗位职责、工作概述、工作标准和工作能力做了详细规定，并制订了《部门考核办法》《员工考核办法》，对员工进行月度考核和年度考核，并将考核结果与员工工资挂钩，奖优罚劣，有效提高了公司的办事效率。（李寿山）

【安全生产】 公司认真贯彻落实《安全生产法》《宁夏回族自治区水利工程建设安全生产管理办法》和水利厅安全工作会议精神，建立安全体系，明确安全责任。与各部门、各参建单位层层签订了安全责任书，对入场的人员进行三级安全教育，每月进行一次安全知识培训，要求特种岗位，持证上岗。结合工程建设实际，制订了《现场施工管理办法》《安全文明施工管理办法》及《各项工程建设应急预案》，并认真落实。做好“六防”工作(即：防坠落、防坍塌、防火灾、防机械伤害、防触电、防冻)。通过各项措施的落实，实现全年工程安全零事故，无人身伤亡事故。

在工程建设上，公司始终坚持“安全第一，预防为主”的方针，将安全生产工作作为工程建设的头等大事来抓。严格按照《公司施工现场管理办法》《公司质量文明施工管理办法》规定，严格落实制度。在工程建设中，开好“三会”，即：首先，开好每周一次施工现场例会，由工程部召集，施工单位和监理单位参加，检查上周工程完成情况，分析影响工程进度和工程质量等因素，落实整改措施，安排下周工作。其次，开好观摩会。在工程现场组织施工单位和监理单位召开现场观摩会，交流经验，取长补短，解决工程现场中出现的问题。再次，开好每月一次的安全文明施工检查会。公司定于每月25日定为工程质量及安全文明施工大检查日，公司中高层管理人员、施工和监理单位参加，对工程进行安全质量文明检查，量化评比，查出问题，及时整改。

公司按照工程建设要求，要求各项目部制订了施工期防洪度汛应急预案、施工触电应急预案、隧洞塌方冒顶应急预案、消防应急预案、人身伤亡应急预案等与自己承担工程任务相适应的抢险应急预案，并组织了事故应急演练，切实增强了管理人员对突发事故应急救援的快速反应和应急处置能力，完善了紧急救援体系。（李寿山）

【党建与企业文化建设】 公司深入学习贯彻党的十七届四、五中全会、中纪委十七届五次和自治区纪委十届五次全会精神，国务院《关于进一步促进宁夏经济社会发展的若干意见》和国家领导人在考察宁夏时的重要讲话。通过学习，进一步加强党员干部思想建设和作风建设。一是以“创先争优”活动为契机，开展了评选优秀共产党员、优秀中层干部、优秀员工的活动，在公司形成了“树先进、学先进、比先进”的良好氛围。二是认真开展西部大开发战略大学习活动。结合公司实际,编写上海庙、红墩子工业园区"水务一体化"和"水洞沟水库生态建设"方案,并开展交流活动,为公司发展拓展思路。三是召开了领导班子民主生活会。公司根据厅党委的要求,通过制订方案,征求意见,学习提高,自我剖析,整改落实等几个阶段召开了民主生活会,提高了党员干部的管理能力。

8月13日,长城水务公司组织员工到鄂托克前旗大沟湾水库考察学习

四是组织员工先后到上海庙鹰骏广场、大沟湾水库、盐池革命烈士纪念馆等地方参观学习,积极参加水务投资集团第三届职工运动会,为玉树地震灾区捐款等多种形式的员工喜闻乐见、寓教于乐的文化、体育、娱乐活动。 (李寿山)

宁夏银水房地产开发有限责任公司

【概况】 宁夏银水房地产开发有限责任公司(以下简称公司)2002年6月成立,2010年3月建立党支部。共有员工86名,其中高级工程师3名、工程师7名、助理工程师6名。公司下设办公室、财务部、计划经营部、工程技术部和工程预算部,拥有银水物业公司、银水工贸公司和银水旅游开发分公司,是水利厅直属的国有股份制公司,具有城市房地产开发三级资质,注册资本2556万元。

2010年,面对房地产政策调控,公司经营班子审时度势,牢牢把握公司发展命脉,在土地储备、项目开发建设、安全生产等方面奋力拼搏。公司荣获"宁夏诚信企业""区域品牌建设优秀企业"以及水利厅"先进单位"荣誉称号。 (王建刚)

【完成的主要经营指标】 2010年,总计投资1.072亿元建成高档住宅小区5.3万平方米,销售额9356万元,实现经营收入近亿元。综合经营稳步发展,实现收入377.5万元,其中物业公司161.5万元,工贸公司214万元,上缴各类税费340万元。 (王建刚)

【完善管理机制】 一是建立健全了财务管理办法及管理制度。进一步修订完善了《固定资产管理办法》《低值易耗品管理办法》《车辆管理办法》《财务报销制度》《工程款拨付会签制度》《物资采购制度》等制度。规范了财务审批报销及物资采购程序,进一步提高了财务管理科学化、精细化水平。

二是建立了360度绩效考核体系。实行了新的薪酬管理体系,大大改善了员工的薪酬待遇,有效地激发了员工的工作热情,调动了员工的工作积极性,促使员工的责任意识明显增强。

三是改善办公环境。2010年12月公司搬迁到紫荆花商务中心B座6楼办公,办公面积由原来的200平方米增加到现在的1100平方米,进一步改善了办公环境。

四是注重队伍建设,打造一流人才队伍。采取定期分批轮流"送出去,请进来"的方式,加强内部员工的练内功、强素质的培训,广辟渠道,面向市场,选聘了2名中层管理人员,调整了1名子公司负责人,进一步优化了公司中层管理人员。 (王建刚)

8月6日,银水房地产公司360度考核全员培训

【项目开发与经营管理】 一是2010年3月开工建设了中宁"银水·卓然怡居"项目。该项目占地6.22公

3月12日，银水·卓然怡居开工奠基仪式

顷，规划建筑总面积10.3万平方米，预计总投资2亿元。2010年底完成一期工程建筑面积5.3万平方米，一期工程计划投资1亿元，实际完成投资1.072亿元，完成总投资的107.2%。截至年底销售房屋面积4.12万平方米，完成销售额近亿元，回笼资金7841万元，住宅销售率96.8%，营业房销售率达40%。

二是积极参与水利调度中心项目前期工作。该项目位于贺兰山中路以南、新区一号路东侧、规划路北侧，总占地面积3.27公顷，拟建面积3.5万平方米，建成后可容纳厅机关及厅属部分单位办公。经过与自治区多个部门数次沟通协调，完成了项目立项和相关土地手续的办理，项目用地的勘测定界以及初设工作已完成。

三是积极在本系统内盘活土地资源，增强发展后劲。重点考察了唐徕渠管理处满达桥的土地资源，规划方案已报贺兰县主管部门进行审批。同时与西干渠管理处达成土地资源开发的初步意向。考察了灵武、青铜峡、吴忠等周边县市的土地资源，为下一步开发建设确定了基本思路和奠定了良好的基础。

四是多种经营发展势头良好。物业公司坚持以人为本，不断优化物业服务，化解矛盾纠纷，盘活固定资产，全面提升物业管理水平。2010年解决了小区单元门安全隐患，修建了2个停车场，增加了60个停车位。对静沁园超市、健身房进行承包，实行市场化运作。工贸公司依托房产主业，拓展地暖安装、设备器材营销等项目，实现营业性收入171.42万元，实现利润20.72万元。旅游分公司通过自主经营、自负盈亏，激活管理体制和经营机制，全年实现招商引资80万元，接待游客1200多人次，营业性收入9.5万元。

（王建刚）

【党建与企业文化建设】 2010年以加强党支部建设为核心，充分发挥了党组织在公司经营工作中的作用。4月初，成立了公司党支部并召开了第一次党员大会，选举产生了第一届支部委员会。以“创先争优”活动为主题，制订了《支部创先争优活动实施意见》，建立了党员公开承诺制度；签订党风廉政责任书10份，组织开展理论学习15次，按期召开了民主生活会，发展新党员1名。

一年来，公司重视企业文化建设，开展了系列文体娱乐活动。先后举办了庆“三八”健身操比赛和“三八”节联谊活动、庆“五一”职工趣味运动会、“我的‘六一’我做主”小区联欢会，建党89周年前夕组织党员参观了六盘山红军长征纪念碑，开展了《廉政准则》知识竞赛及讲党课等活动；以多种方式关心职工生活，为每一位员工送去生日祝福、看望慰问生病职工、重大节日慰问、每两年为职工体检一次。通过丰富多彩的文体活动使员工感受到了银水大家庭的温暖，激发了员工的爱岗敬业热情，企业精神在浓厚的企业文化氛围中得以彰显。

（王建刚）

宁夏水利水电勘测设计研究院有限公司

【概况】 宁夏水利水电勘测设计研究院有限公司（以下简称“公司”）2010年在职人员185人，其中高级以上职称67人，中级职称43人，初级职称及以下75人。2010年签订主营业务合同额7341.76万元，实现主营业务收入6115.93万元，实现利润总额1026.87万元，项目计划履约率为95%，顾客满意度为89.6%，项目产品合格率为100%，无勘测设计质量事故。党建、廉政、精神文明建设、社会综合治理等方面都达到上级主管部门和地方政府的要求。

（李福新）

【完成的主要经济指标】 2010年签订主营业务合同7341.76万元，为2010年度目标的146.8%；实现主营业务收入6115.93万元，为2010年度目标的

135.9%;实现利润总额 1026.87 万元,为 2010 年度目标的 227.2%。（李福新）

【开拓市场】 区内市场,在积极承揽土地整理、水资源论证、水权转换和水库安全鉴定等项目的同时,经营工作重心主要放在清理各类合同、加大签订力度上面。另外,通过公开招标方式承揽了首个水利项目代建任务,即银川中央商务区水道工程项目代建,目前各项目设计、监理、施工招标工作已完成,即将准备开工。区外市场,受广州亚运会影响,建设项目大幅压缩,广州分公司在做好设计现场服务的同时,积极向广州周边市县拓展投标项目。（吕 勤）

7 月 20 日,公司党委副书记贾光林(右三)带领办公室等有关人员,深入勘察外业现场进行安全生产检查,并代表公司慰问野外一线作业职工

【技术质量管理】 承担参与了 6 项水利厅课题研究工作，其中由公司承担的黄河宁夏段坝岸工程及取水构筑物局部冲刷变形问题研究和宁夏泾源县秦家沟水库泄洪工程研究两项被列入本年度水利科技项目计划。参加了水资源与农田水利研究的关系及发展趋势交流、宁夏引扬黄灌区渠道砌护研讨会、节水灌溉技术研讨、渠道防渗、渠道砌护、《水文模型进展与应用》技术专题讲座及遥感技术、水保、节灌水利论谈等技术交流活动。提出了《公司计算机应用软件使用情况分析总结及建议》,购置了《水利水电工程设计计算程序集》《宁夏水利工程造价软件》。申报自治区勘察设计奖 8 项,有 3 项获二等奖、1 项获三等奖、2 项获表扬奖。（苏 强）

【人力资源管理】 完成了测绘资质换证、水土保持方案编制资质续延、项目代建资质、企业信用等级复评和银川市“守合同,重信用”企业申报工作。安排了 93 人次参加了各类培训,重点安排了注册水电工程师考前培训、水土保持方案编制上岗资格培训、水文水资源调查上岗资格培训、水利水电工程项目设总培训。组织 59 人参加注册考试,1 人通过专业课考试,取得执业资格,2 人通过基础考试。完成年度员工职称聘任和职称评定和各类奖励评比及专家推荐工作,公司获全国水利系统勘测设计先进集体称号、总经理李治获全国优秀水利企业家称号，副总经理刘文获全国水利系统勘测设计先进个人称号。（侯俊波）

【制度建设】 根据公司实际,重点修改完善了《勘测设计项目成果管理办法》《规划设计产品质量评定办法》《计算机网络设备、网络运行及网站管理办法》等制度。（李福新）

【党建与企业文化建设】 按照上级党委安排，积极开展党员创先争优和企业文化建设活动，先后组织了“三八”节和“七一”建党节专题纪念活动。为了活跃员工文化生活,举办了 2 期网球培训班,组织开展了贺兰山登山活动，参加了水利厅第二届乒乓球比赛并取得男子第二名的好成绩。在夏冬二季,安排了勘、测野外一线职工慰问活动,重阳节举办了退休老同志座谈会,“八一”节和春节期间慰问了共建单位。（李福新）

宁夏青龙管业股份有限公司

【概况】 2010 年,宁夏青龙管业公司(以下简称公司)设置并完善了人力资源部、办公室、生产部、财务部、证券部、企管部、审计部、技术质量部、销售部、市场部、采购部、工会 12 个主要部门,截至 2010 年底干部职工人数达到 1500 余人,其中获得中、高级职称人数达 60 余人、初级职称人数 40 余人。2010 年宁夏青龙管业公司在水利厅及区、市各级政府的大力支持和公司董事会及全体员工的共同努力下,于 8 月 3 日在深圳证券交易所挂牌上市，成功发行 A 股,开自治区民营企业上市之先河,并打破宁夏 7 年无企业上市记录。公司于 2010 年 8 月 30 日,在银川

举行上市庆典暨企业技术中心揭牌仪式，自治区主席王正伟为企业技术中心揭牌。

2010年9月青龙塑料管材公司PVC-M管材开发成功并批量生产；天津海龙管业有限责任公司二期PCCP建设项目工程于9月25日正式开工，其中PCCP钢筒车间在2010年12月投入试生产。2010年11月，第五届中国(国际)水务高峰论坛在京召开，公司荣获"2010最具成长力水业品牌。"

(牟元媛)

【完成的主要经济指标】 2010年公司实现销售收入8.3亿元，较09年增长13.85%，上缴税收9599.67万元。PVC-M管材开发成功并批量生产，天津海龙公司PCCP钢筒管车间和甘肃矿区压力管项目的建设成功并投入生产，大大提高了企业的市场竞争力。

(牟元媛)

8月10日，公司董事长陈家兴带领证监会人员到公司进行考察

【安全生产】 一是抓好员工的安全教育培训工作。对广大职工进行安全三级教育，参加特种作业人员的培训、考核，实行上岗必具有合格证制度。安全培训学习采取灵活多样的形式，把提高员工的安全防范意识作为预防事故发生的切入点，将安全知识学习和安全教育培训放在首位，通过多途径、多形式的宣传教育和舆论引导，强化全体职工安全意识和自我防范能力，如课堂学习、实地参观、实际演练、安全技能比赛、观看录像等达到较好的教育培训效果。二是抓好生产现场的监督、管理工作。负责安全管理方面的领导签订安全目标责任书，制订年度安全工作计划和目标，年终对照考核。三是抓好公司各项安全生产制度的建设。在生产工作中，做好进厂新员工的"师带徒"教育培训工作；做好操作人员的安全操作规程的教育；做好各车间班组长的安全管理培训；同时对车间每个员工建立日安全生产作业考核表，由班段长直接考核所属员工的违规行为，并每天公布考核的结果。

(牟元媛)

【质量管理】 12月20~24日，通过北京华夏认证中心审核，于1月13日公司通过了"三标一体"(三标一体指：质量ISO9001:2008，环境ISO4001:2004，职业健康安全GB/T28001:200)管理体系认证，并获得相应证书；2010年质量方面又荣获ISO9002国际标准质量体系认证，这些认证体系的确立使公司的质量管理体系更加完备，使产品质量标准趋于正规化，国际化；注重夯实质量管理基础，公司购买质量方面的相关教材，公司重视对质量管理人员的培训，一是意识培训，二是技能培训，再辅之好的经济责任制量化考核。对从事质量管理相关人员进行考试，实行优胜劣汰制度，同时在年底设立"质量管理奖项"，每年评选1~2个质量好的车间进行奖励。在质量体系方面继续编制完善，包括质量手册、管理规范、服务规范和质量记录的质量体系文件。相关部门定期开展质量专题会，发现问题及时分析解决。(牟元媛)

【完善管理体制】 公司于2010年9月相继召开了第二次临时股东大会，选举了第二届董事会、监事会，并通过了各项议案，修订完善用人制度、薪酬制度、财务管理制度、考核激励制度等，充分调动全体员工的积极性。2010年全年技改项目和合理化建议有50多项，这些合理化建议在完善公司管理体制方

8月20日，公司董事长陈家兴(左三)在车间检查工作

面起到了很好的作用。例如在车间试行6S管理模式试点,试行成功后在各车间全面推广6S现场管理体系,从而促进生产有序化进行,效果比较明显:1.改善和提高了车间形象;2.促成工作效率的提高;3.改善零件在库周转率;4.减少和消除设备故障,确保障产品产量和质量;5.保障车间安全生产;6.降低生产成本;7.改善员工精神面貌,增加组织的活力;8.缩短作业周期,确保产品的交货期。(牟元媛)

【党建与企业文化建设】 2010年公司党委始终坚持成熟一个发展一个的原则,对表现突出、优秀的员工发展成为预备党员,不断壮大公司党组织队伍,促进企业发展。根据水利厅党委的要求,结合企业实际情况,公司党委、董事会于2010年2月10日召开领导班子专题民主生活会。通过对照《企业领导人员廉洁从业若干规定》和公司《干部廉洁自律10条规定》,进行对照检查,并根据领导干部在09年度理论业务学习、创新工作方法、提高执行力等方面存在的问题和不足进行讨论,结合年终征求到各部门提出来的意见和建议,按照工作分工,各自对照检查,相互开展批评与自我批评,从而达到个人进步、班子团结、企业发展的目的。2010年公司总部及各分公司不定期的召开了两次民主座谈会,倾听职工心声,鼓励职工提合理化建议,积极谏言献策,并及时向公司反馈各种诉求。对公司已形成的企业文化纲领,全公司员工继续不断深入学习,以求领悟其精髓。公司各车间定期更换宣传栏,反复宣传企业文化,促使员工巩固加深对企业文化的理解;平日要求每一位员工把企业的文化纲领熟记于心,并由公司人力资源部进行不定期抽查并要求背诵主要内容,确保把优秀的文化理念渗透到日常的生产经营管理和生活过程之中,通过长期的宣灌深植于心;同时通过开展班前会及班后集体学习的方式,加深印象。公司还加强员工的考核激励力度,车间建立了绩效考核看板,及时公布各部门各工段的工作业绩,形成良好的竞争氛围,积极推动企业良好发展与管理创新。(牟元媛)

7月8日,公司董事长陈家兴(右一)给证监会领导现场讲述公司产品

宁夏沙坡头水利枢纽有限责任公司

【概况】 宁夏沙坡头水利枢纽有限责任公司(以下简称“公司”)成立于1999年,隶属宁夏回族自治区水利厅;2004年9月公司重组,由新华水利水电投资有限公司(控股)、宁夏水务投资集团公司、北京能达电力投资公司、宁夏电力建设总公司共同出资组建,注册地在宁夏银川市。公司主要从事水利水电开发、运行管理,工农业、城市供水,已建成黄河沙坡头水利枢纽工程,在建宁西供水工程。

公司本部设总经理办公室、企业管理处、计划投资处、安全技术处、财务资产处;下设三个二级单位:沙坡头水力发电厂、宁西供水公司、黄河大柳树实业公司。

公司员工202人,硕士研究生3人,大学毕业58人,专科毕业97人,高级职称16人,中级职称36人。(王　平)

【完成的主要经济指标】 沙坡头水力发电厂全年发电5.8326亿度,创历史新高;灌溉供水水量5.2473亿立方米,灌溉保证率100%。跃进渠灌区全年引水量2.02亿立方米,水费收缴586万元。公司全年产值1.64亿元;CDM项目收益2600万元。

【工程建设与管理】 宁夏沙坡头水利枢纽北干渠续建改造供水工程是准公益性与企业化运作的宁夏重点工程建设项目。工程建成后向银川市供水,总控制灌溉面积6.34万公顷,年引水总量为7.67亿立方米,其中农业灌溉引水量为6.70亿立方米,工业引水量为0.97亿立方米。

童家园生态修复园区和沙坡头假日酒店童家园

机组大修

迎宾馆的建设主要围绕童家园生态区环境整治，大力投资绿化生态建设，形成了一条绿色隔离带，地方生态明显得到改善。（王　平）

【安全生产】 2010年，公司围绕全年的主要生产及建设任务，按照年初《水利部水利安全生产工作视频会议》的要求，继续落实各项安全生产责任制，加大隐患排查力度，坚持“安全第一、预防为主、综合治理”的方针，以继续深入开展“安全生产年”“安全生产月”活动为主线，以全年无人身伤亡、无重大设备事故为目标，扎实开展安全生产工作，顺利完成了全年的发电、灌溉及工程建设任务。（王　平）

6月30日，公司举行安全生产知识竞赛

【党建与企业文化建设】 公司党建工作紧扣年度工作目标，切实找准党建工作与业务工作的结合点，引导广大党员在保持党的先进性上提高新水平，结合争先创优活动，认真贯彻落实党的十七大和十七届四中、五中全会精神，增强公司党组织的创造力、凝聚力、战斗力。加强党风廉政建设，逐步健全和完善惩治和预防腐败体系，杜绝重大违法违纪问题和影响公司形象的重大事件发生，确保工程安全、资产安全、干部安全，为提高经济效益提供坚强有力的思想保证和组织保证。

2010年公司被评为自治区劳动监察“优秀单位”。（宁人社发〔2011〕317号）。（王　平）

宁夏宁西供水有限公司

【概况】 宁夏宁西供水有限公司于2007年4月成立，是宁夏沙坡头水利枢纽有限责任公司的全资子公司。公司下设办公室、工程建设部、生产运营部、资产财务部、计量收费部、水政监察处和四个渠道管理所以及一个具有三级水利水电总承包资质的工程公司。公司现有在职员工101人，其中初级以上专业技术职称50人，大专以上学历人员77人。主要承担宁夏沙坡头水利枢纽北干渠续建改造供水工程的建设与运营管理。

宁夏沙坡头水利枢纽北干渠续建改造供水工程由输水干渠工程、调蓄水库工程和工业与城市供水工程三部分组成。其中输水干渠工程和调蓄水库工程由宁夏宁西供水有限公司担任项目法人，总投资9.18亿元，输水干渠全长181千米，调蓄水库总库容1800万立方米，工程于2007年4月开工建设。

2010年，跃进渠全年干渠安全行水164天，干渠计划引水量2.33亿立方米，实际引水量2.29亿立方米，与计划相比少引0.04亿立方米，支渠引水1.73亿立方米，商品率75.5%。全年实收水费586万元，其中干渠以上水费524万元，返还支渠以下水费61万元。

2010年，宁西公司围绕年初制订的工作思路和目标，主要以组织西夏渠和西夏水库的尾工建设以及跃进渠灌区的灌溉运营管理为中心工作，克服重重困难，积极应对来自各方面的压力，加强工程建设力度，狠抓安全生产，强化内部管理，公司逐步走向了良性运营的发展轨道。（范　明）

【工程建设与管理】 根据西夏渠、西夏水库尾工建设的进展情况，科学合理制定尾建工程的建设目标和具体的进度目标，精心组织实施。同时按照建设程序，对各个项目合同内的建设任务进行梳理，加快西夏渠尾工和西夏水库后续工程建设力度，确保工程建设按计划完成。一是西夏渠尾工项目完成了御马酒庄公路桥的拆除重建、大沙沟排洪槽出口八字墙浆砌石、1#渠涵及6#排洪槽进出口八字墙土方回填、700米渠顶路面的修整和排水沟开挖，对硫酸盐腐蚀的部分渠道和4座渡槽及1座渠涵的混凝土进行了现场检测，完成了西夏渠分部工程的验收工作。二是西夏水库输水塔装修完成70%；完成了对外交通涵部分浆砌石路面砌筑、坝体上游砌护、坝顶平整、流量计井井壁加高混凝土现浇、进水闸闸房基础

水利部专家来宁夏考察沙坡头水利枢纽北干渠工程建设情况

开挖、梁柱混凝土现浇；11月5日，流量控制室副厂房完成主体封顶；大坝安全监测设备安装完备；完成了大坝输水管道变形修复土方开挖施工。西夏渠和西夏水库工程建设具备向银川市供水的条件。

（范　明）

【工程立项和融资】 针对北干渠工程立项复杂的局面和不利的融资形势，多渠道分析研究，充分利用和调动资源，完成了融资必备的工程建设用地审批、环境影响评价和土地预审的相关文件，编制了以西夏渠、西夏水库为独立单元的项目可行性研究报告和经济运营分析报告。先后与多家银行积极联系，融资工作取得突破性进展，在新华公司的担保下，3.5亿元项目贷款基本落实。（范　明）

【生产运营】 一是加强工程管护和巡查，确保了干渠行水安全。在沙坡头南北干渠续建节水改造项目资金没有到位的情况下，克服资金运转紧张的实际困难，投入23.1万元，对影响跃进渠干渠行水安全的16项老化失修严重的工程进行了维修建设，争取水利厅投资80万元，对跃进渠渠口引水潜坝进行了维修加固，争取水利厅困难补贴35万元，确保干渠正常运行。二是灌溉管理工作有序开展，灌区农田均衡受益。1.加大水情水价宣传力度，指导受益单位调整作物种植结构。管理处组织职工分2次深入各受益单位和农户中宣传黄河水情及水价调整政策，引导各受益单位调整作物种植结构，采取积极措施应对干旱缺水的严峻形势。2.强化水量调度，严格执行供水计划。将水权指标分解落实到各受益单位，实行支渠配水量与干渠分配水量双指标控制，确保了上下游均衡受益。3.坚持调度周例会制度，认真分析本周灌溉情况、存在问题，及时纠正工作偏差。6~7月份在干渠引水量严重不足，旱情最严重、用水最紧张时，启动抗旱应急调度预案，以所为轮灌组大段轮灌，集中水量解决突出矛盾和问题。解决灌区群众反映的灌溉矛盾和问题多起，避免了群众因水上访事件的发生。4.加强了明口及小扬水的用水管理，将其用水纳入统一水量调度计划中，保证了调度计划的顺利有序实施。三是开展跃进渠和西夏渠输水情况的基础调查工作。6月10日，水利厅组织了有关部门对西夏渠沿途农业灌溉和工业用水以及水指标的来源等进行了调研。同时加强与银川市供水的联系渠道，开展了供水前供水方式、接口、供水计划、计量和支付等准备工作。（范　明）

【安全生产】 加强安全生产宣传教育培训，层层签订了《安全生产目标管理责任书》；成立了宁西公司安全生产工作领导小组和防汛抢险工作领导小组，修订完善了《跃进渠防洪预案》《西夏渠防洪预案》和《西夏水库防洪预案》；定期与不定期开展安全生产大检查，对检查出来的安全隐患采取有力措施，及时进行整改，确保了各项生产的顺利进行；在跃进渠推广安全生产"危险点分析"法，组织开展了以"安全发展、预防为主"为主要内容的安全生产月活动，有效地提高了职工的安全生产防范意识；坚持领导巡渠查岗制度，加强对险工险段以及薄弱环节的查巡力度；公司选派2个队参加了沙坡头公司组织的安全

知识竞赛，取得了第一名和第三名的好成绩。2010年，所有在建工程顺利实施，渠道安全运行，生产车辆安全行驶，未发生安全事故。（范　明）

【水政与水资源管理】 2010年，宁西公司加大水政监察工作力度，按照法定程序处理了中铁一局、中铁十一局太中银铁路工程项目部在跃进渠管理范围内架设线杆护栏工程、兰州诚信建筑公司在跃进渠张义泄洪沟渡槽上建筑临时活动房、中宁县宁新铝镁有限公司跨跃进渠架设输水管道、宁夏德龙酒业有限公司在西夏渠外坡脚建设的输水管线和栽植的枸杞树等23起水事违法案件。办理了中石油昆仑燃气中宁县分公司穿跃进渠罗家沟渡槽埋设输气管道、宁夏天元锰业集团跨跃进渠架设输水管道、中宁县交通局在跃进渠张义沟泄洪渡槽上硬化交通路面、中宁县宁新铝镁有限公司跨跃进渠架设输水管道等行政审批涉外工程6件，维护了正常的水事管理秩序。（范　明）

【完善管理机制】 调整公司班子成员的工作分工，确定了总经理定期办公会议制度，完成机关内部机构的设置，制定部门工作职责，配备工作人员；建立健全规章制度，修订完善《宁西公司员工绩效考核办法》，细化量化了考核细则，严格绩效考核；加强财务管理，规范了财务审批程序，公司财务实行统一核算；加强合同管理，严格按照程序进行审核，2010年共签订合同10项，合同总价为约171万元。（范　明）

【党建与企业文化建设】 根据公司特点和工作需要，建立和完善了公司各级党组织机构，建立了员工和党员学习和培训制度，制订了学习培训计划。认真落实党建目标管理责任制，层层签订责任书，严格按照每个党员的岗位职责和发挥作用进行评议考核，进一步增强了党组织的凝聚力和战斗力。开展"争先创优"主题活动，加强了党的基层组织建设，推动了公司的科学发展。充分利用各种形式，开展廉政警示教育，加强企业廉政建设。投入资金在跃进渠二所建立廉政文化试点，全公司员工没有出现违纪、违法现象发生，实现了工程安全、资金安全和人员安全的目标。按照工会选举程序，进行了工会选举。组织员工开展了"看公司、树信心、转观念、谋发展"活动，树立了员工做好本职工作的信心；组织开展了"情系玉树、大爱无疆"捐助活动，共捐款8250元，为受灾群众奉献了爱心；组织业务骨干到上海世博会参观学习，开阔了视野；组织员工积极参加了水利系统各类健身文娱活动，激发了员工的工作热情。关心职工生活，走访困难职工家庭，努力营造和谐企业。（范　明）

宁夏回族自治区水利水电建设工程质量监督站

【概况】 宁夏回族自治区水利水电建设工程质量监督站成立于2008年，自治区水利厅所属不定级事业单位，经费为财政全额预算拨款。自治区编办宁编办发〔2008〕88号核定人员编制6名，其中站长1名。现有在职职工6人。其中，专业技术人员6人。其中具有研究生学历1人，大学本科以上学历5人。其中正高2人，副高级2人。贯彻执行国家、自治区有关水利工程建设质量安全管理的方针政策和法律法规及技术标准；负责辖区内水利工程的质量安全监督检查工作；协助配合由部总站和流域分站组织监督的水利工程的质量安全监督工作；参加受监水利工程的主要分部工程验收、单位工程验收、阶段验收、竣工验收和质量事故处理工作；完成自治区水利厅交办的与其业务相关的其他工作任务。（寇　煜）

【工程监督】 全年监督检查16个水利工程项目，共计500多个单位工程。对156个单位工程进行了竣工验收并出具了评定报告；对213个单位工程进行了单位工程验收；对37个单位工程进行了通水前验收；对406个分部工程进行了分部工程核备；到各施工现场监督检查及参加工程隐蔽工程验收及分部、单位与竣工验收171次；检查了工程实体质量，审查了各参建单位的工程档案资料，并详细作了监督检查记录；共发监督检查通报、通知86期，其中下发工程质量通报5期，分别为《关于2009年灌区续建配套项目固海扬水五干渠改造工程质量监督检查的通报》《关于同心县东部综合供水工程质量监督检查的通报》《关于青铜峡滑石沟路坝防渗工程质量监督检查的通报》《关于陕甘宁盐环定续建宁夏专用人饮工程质量监督检查的通报》《关于永宁县南部农村安全饮水工程质量及安全监督检查的通报》。

1. 固海扩灌十一泵站以后人饮工程黑城及四营供水管道铺设安装工程。2. 宁夏中部干旱带下马关高效节水补灌工程。3. 宁东供水工程的古窑泵站、滤站扩建、污水处理厂集污及污水处理项目工程。4. 宁夏灌区续建配套与节水改造工程、灌域信息化工程、大型灌区扬水泵站更新改造工程。5. 同心县下马关以色列合作项目灌溉技术示范区工程。6. 全区水库移民后期扶持项目工程。7. 黄河宁夏段的河道治理工程、防洪工程、青铜峡滑石沟路坝坝基防渗工程。8. 各县大中型病险水库除险加固工程。9. 各市、县农村饮水安全工程。10. 陕甘宁盐环定扬黄续建工程。11. 中央财政小型农田水利重点县建设补助项目。12. 现代农业生产发展优质粮食资金项目。13. 固原彭堡地下水库工程。14. 中宁至平罗段的标准堤防建设工程。15. 西吉县农业综合开发葫芦河中型灌区节水配套改造工程。16. 泾源秦家沟水库工程。17. 会同建设管理处、水利部稽查组对泾源县、彭阳县、隆德县、西吉县、海原县、原州区、青铜峡市、灵武市、吴忠市水库除险加固工程及平罗县人饮工程、中卫市、吴忠市大型泵站更新改造工程进行了稽查。18. 督促、指导完成了自2005～2009年验收没有通过的176个单位工程的质量检验资料，其中引黄灌区续建配套工程73个单位工程，水库后期移民35个单位工程，农垦局农业综合开发工程20个单位工程，标准堤防建设工程38个单位工程及其他10个单位工程。19. 新制定出土石坝粗粒土及狗头石护坡单元工程质量评定表。20. 以宁水质监发《关于规范水利工程建设质量与安全监督手续办理工作的通知》(〔2010〕54号)、《关于进一步规范我区水利建设工程验收质量核备（核定）工作的通知》(〔2010〕76号)规范了全区水利工程建设质量与安全监督手续办理工作与水利建设工程验收质量核备(核定)工作。21. 完成了《关于加强质量监督管理与监测工作的意见》，对组建检测中心拿出了可操作的详细的组建方案。（寇　煜）

【党建与企业文化建设】　夯实基础，强化理论学习。大力实施凝聚力工程，努力争创优秀党支部，积极探索党建工作的新路子、新方法。紧紧以创建机关党建“五好支部”为目标，以科学的理论为先导，切实强化政治理论学习。年初就及时制订当年全年的学习计划，并首先强调支委成员要带头学习，树立勤于学习、善于学习的良好示范作用，通过集中教育与分散自学、理论辅导与专题讲座、自我组织与参加上级培训等多种学习形式，认真学习邓小平理论和“三个代表”重要思想及科学发展观精神，全面落实党的基层组织建设指导方针和基本任务，特别是将理论学习和业务学习相结合，增强了理论学习的实效性。每月定期组织各种理论学习。通过学习，支部、党员注入了新的生机与活力，提高了领导思想政治素质和决策能力。以人为本，科学发展，推进和谐发展深入学习实践科学发展观，单位每一项重大决策都由全体职工相互探讨交流。（寇　煜）

宁夏水利水电工程咨询公司

【概况】　宁夏水利水电工程咨询公司现与宁夏水利水电建设经济定额站合署办公。2010年咨询业务以项目咨询评估为主，兼顾规划及专题报告编制，同时拓展项目联合协作、咨询结算等业务，全年完成项目咨询评估七类80多项，各类专题报告编制10项。定额站主要承担全区水利工程定额管理工作，重点开展了水利工程造价信息编制和定额配套软件开发。（张　旭）

【水利工程建设咨询评估】　受水利厅计划处、农水处等部门和单位的委托，完成了多项工程报告的编制和咨询评估工作。为水行政部门审批及业主单位的项目申请提供了技术支持。一是规划报告、专题报告编制。完成《宁夏中型灌区续建配套与节水改造“十二五”规划》《宁夏农村水电增效减排工程规划》等10项报告的编制工作。较好地完成了专项规划报告的编制工作，及时上报国家有关部委；承接河西总排干工程结算咨询，为开展工程结算咨询探索新路子。二是水利工程项目咨询评估。为加强设计阶段编审规范管理，规范工程报告编审标准，针对2010年各类水利项目特点，与水利厅计划处联合编制完成了各类项目可行性研究报告、初步设计报告以及建设方案编制大纲，统一编审标准，提高报告编审质量，为项目顺利审批发挥了重要作用。全年共完成灌区续建配套、农村人饮安全、财政小农水、高效节水补灌、中小河流治理、小型病险水库及其他等七大类80多项项目咨询评审工作，累计投资约15亿元。（张　旭）

【水利工程定额与造价管理】 一是编辑出版《宁夏水利工程造价信息》。为更好适应市场经济要求，合理确定和有效控制水利工程造价，动态反映水利工程材料价格信息，及时发布水利工程造价管理相关政策、法规，补充定额标准以及标准解释，定期编辑《宁夏水利工程造价信息》(季刊)3期。搭建了自治区水利造价共享信息平台，规范了造价管理工作。二是研发宁夏水利工程造价软件。与四川青山软件公司联合，研发完成了《青山宁夏水利工程预算软件》，组织完成软件测试和测算工作，6月份通过水利厅专家组评审验收，并在全区范围内推广试用。三是定额勘误及宣贯培训。根据各相关单位反馈意见，对一些文字数据调整、修正，完成了《宁夏水利建筑工程预算定额(试行)》和《宁夏水利工程概估算编制规定(试行)》勘误表。举行新定额宣贯培训，做好各类解惑、释疑日常工作。（张　旭）

【党建与企业文化建设】 2010年，一是加强政治理论学习。按照水利厅党委要求，通过中心组学习、民主生活会等形式，进行系统的政治理论学习。重点学习了《廉政准则》等相关规定；学习了上级领导在西部大开发工作会议上的讲话等文件精神，通过学习提高了政治理论水平，增强了党性修养。二是加强专业技术理论学习，提高技术业务素质。结合项目审查，学习了滴灌等有关规范资料，积极参加科技厅、水利厅节水灌溉高级研讨班。参加了水利部注册造价、监理工程师继续教育培训。三是努力提高职工福利。组织全体职工体检，到上海世博会参观考察，增强了公司凝聚力，加强了团结，提高了工作积极性。（张　旭）

宁夏水利行业协会

【概况】 2010年，宁夏水利行业协会(以下简称协会)现有会员单位114个：一般会员单位62个，理事单位52个(其中常务理事单位22个)。协会现设专家工作部、政策研究部、办公室。协会秘书处工作人员5名。2010年，协会坚持“服务政府、服务行业、服务会员”的工作思路，围绕水利中心工作，加强协会自身建设，强化行业服务功能，提升服务质量，各项工作取得新进展。（王玉寿）

【自身建设】 2010年，协会坚持学习中央、自治区、水利部、水利厅的重要文件及领导的重要讲话精神；学习国家有关社团管理和水利方面的法律、法规、业务知识。协会修订完善了内部管理制度，新制定了《宁夏水利行业协会6+X制度》《宁夏水利行业协会日常工作会议制度》《宁夏水利行业协会档案管理制度》《宁夏水利行业协会印章管理规定》等制度。工作人员合理分工，科学管理。（王玉寿）

【召开第一届理事会第三次会议】 在石嘴山市水务局召开第一届理事会第三次会议。宁夏水利行业协会会长任福传达了中国水利企业协会常务理事会议精神，传达了2月5日常务理事会议精神，做了2009年宁夏水利行业协会工作总结和2010年工作要点的报告。会议审议通过了2009年水利行业协会工作总结和2010年协会工作要点的报告；审议通过了2009年协会会费收支情况的报告；表决通过了水利厅关于王玉寿任宁夏水利行业协会副会长兼秘书长的提名。

根据协会章程，按照“入会自愿”的原则，表决通过了接收3家水利企业为会员单位。（王玉寿）

【财务管理】 按照协会章程和有关财务规定，严格收支管理；做到财务制度健全、手续完整、账目清晰、数字准确；严格按照会计核算中心统一管理，做到支

付有计划，结算有票据，月度有报表；按时完成年度社团年检工作报告书的申报工作。（王玉寿）

【协会党支部成立】 2010年6月经水利厅党委批准，协会正式成立党支部，组织关系隶属于水利厅机关党委领导。现有党员5名。协会党支部成立以来，紧紧围绕协会中心工作，按照协会实际，制定和完善《"三会一课" 制度》《组织生活会制度》《党员学习制度》《党籍、党费管理制度》《民主评议党员制度》等制度。充分发挥党的基层组织在社会组织中的作用。（王玉寿）

12月29日，党建示范点工作检查汇报会

【行业协会评估工作】 2010年7月，民政厅开展全区行业协会商会评估，根据评估标准，9月27日民政厅民间组织管理局考核评估组对协会的基础条件、内部治理、工作绩效、社会评价等多方面综合评价良好，开展的各项工作取得的实效给予充分肯定，宁夏水利行业协会被评为全区性5A级行业协会。（王玉寿）

【协会宣传工作】 开辟《宁夏水利行业协会宣传栏》，及时将协会工作动态、政务向社会公开，自觉接受社会监督。努力开展信息交流服务工作，及时向自治区社会组织工委报送信息，积极向宁夏水利网投稿20期次。（王玉寿）

【评双优工作】 根据水利部中国企业协会文件通知，协会受水利厅委托，认真做好"2008～2009年度全国优秀水利企业""2008～2009年度全国优秀水利企业家"评选工作（每两年评选一次）。经广泛征求意见，认真研究推荐，并报经水利部中国水利企业协会评审研究，宁夏青龙管业股份有限公司、宁夏水利水电工程局被评为"2008～2009年度全国优秀水利企业"；宁夏银水房地产开发有限责任公司王玲、宁夏水利水电勘测设计院有限公司李治被评为"2008～2009年度全国优秀水利企业家"。

【《宁夏水利年鉴》编纂工作】 受水利厅委托，协会认真组织开展《宁夏水利年鉴》编纂工作。广泛征求各方面的意见和建议，层层指导把关。经过反复征求意见，反复修改、完善，按照编纂大纲要求，圆满完成《宁夏水利年鉴》（2009卷）的编纂工作任务，并于2010年9月召开《宁夏水利年鉴》（2009卷）首发仪式暨编纂工作会议。（王玉寿）

9月8日，水利厅举行《宁夏水利年鉴》首发仪式暨编纂工作会议

【其他工作】 1. 由协会会长任福、副会长陈光华带队宁工局学习考察组到江西、安徽、浙江、上海等水利工程建设管理单位学习考察交流。

2. 协会会长任福参加水利部中国水利企业协会理事会议。

3. 协会组织会员单位27名质量安全管理专业人员，在兰州参加了由水利部建设与管理总站主办，由甘肃省水利厅水利工程建设质量与安全管理中心承办的2010年水利工程质量检测员培训班。

4. 圆满完成宁夏水利行业监理工程师、造价工程师、质量检测员审查报名工作，按上级安排由宁夏医学会组织了考试，中国水利工程协会发放经考试合格的监理工程师、造价工程师、质量检测员证书。

5. 受水利厅建设管理处委托，协会在中宁县举办了宁夏水利水电施工企业安全生产考核培训班。特别邀请了长江水利委员会的资深教授为全区34

家水利水电施工企业 90 人进行培训。

6. 受水利厅建设处与科教处的委托，协会在银川举办了全区水利工程施工管理技术岗位人员培训班。对来自水利水电施工企业的 370 名学员进行培训。

7. 协会印发了征求意见表，协会领导先后深入到石嘴山市水务局、银川市水务局、中卫市水务局、固原市水务局、唐徕、惠农、秦汉、汉延、盐环等会员单位，分别召开座谈会，就行业协会当前和今后的工作，广泛征求广大会员单位对协会工作的意见和建议。

8. 协会会长任福、副会长陈光华陪同宁夏水务投资集团领导、业务主管到浙江、江西、水利工程建设管理单位学习考察，搭建企业互相学习平台，为企业发展开拓思路，得到会员单位的肯定。

9. 受厅办公室委托，协会认真组织来自 6 家会员单位的 7 名职工到北京参加水利系统秘书岗位资格(高级)认证培训班。

10. 按照中国水利企业协会的安排，协会副会长陈光华陪同厅属单位部分企业家到云南学习考察。

11. 协会为会员单位牵线搭桥，成功接待江西省水利水电企业协会考察组到宁夏水投集团、宁夏水电工程局、宁东水务公司水厂、水厂调度中心、鸭子荡水库、沙坡头水利枢纽进行参观、考察调研，召开座谈会，搭建沟通平台，互相交流经验。并就今后进一步加强双方合作和交流交换了意见。

12. 固海扬水工程因山洪被迫全线停水，造成固海五干渠河西段 9 处洪水入渠，渠道决口 30 多米。协会领导心系救灾现场，召开紧急会议，组织协会工作人员自愿捐款，购买慰问品慰问抢险一线的同志，为一线抢险的同志鼓劲、加油。

13. 根据水利厅安排，协会会长任福带队参加水利厅人饮安全调研工作。

14. 协会副会长陈光华带头积极组织参加水利厅第二届乒乓球比赛，以厅机关联队的形式参加比赛，并取得较好成绩。

15. 协会会长任福参加《全国行业协会改革发展经验交流会》。

16. 协会会长任福参加中国水利企业协会赴云、贵、川评双优复审组工作。

17. 协会党支部书记王玉寿参加自治区社会组织工委举办的《全区社会组织创先争优活动观摩推进会》和《全区社会组织党支部书记培训班》。

18. 协会副会长陈光华，副会长、秘书长王玉寿陪同宁夏水务投资集团领导、业务主管到内蒙水投集团和山西龙口、万家寨水利枢纽学习考察调研。

（王玉寿）

宁夏水利学会

【概况】 2010 年，宁夏水利学会围绕中心工作，服务发展大局，以促进宁夏水利科学技术的繁荣和发展为宗旨，以促进科技创新人才成长为目标，认真履行学会职责，完成了学会换届工作，举办学术研讨会2 次。（张晓玲）

【学术交流】 组织专业技术人员赴甘肃、内蒙古和湖北等省区进行技术考察，学习和引进好经验好做法；参加中国水利学会举办的中国原水论坛并就《宁夏水权制度建设与探索》进行大会交流；组织参加中国水利学会 2010 年学术年会，推荐学术论文 17 篇，入选中国水利学会 2010 学术年会论文集 14 篇，会议交流 4 篇；举办 2010 年宁夏水利论坛，区内4 位专家分别就 3S、压砂瓜、水土保持技术及遥感科普知识等进行学术交流；与内蒙古河套管理局联合编办《河套灌区水利科技与文化》期刊，完成《中国水利教育与人才》宁夏宣传专版。（张晓玲）

3 月 9 日，水利学会开展学术交流活动

【服务会员】 聘请中国水科院、中国农林水利工会

专家就水资源管理与农田水利技术发展和水利调研报告的撰写进行专题讲座；组织学会会员400名参加自治区"科技大发展，生活大变样"大型科普展览活动；举办全区2010年科技周水利科技展和水利学会成就展，使水利职工综合素质进一步提升，科技眼界进一步开阔。（张晓玲）

【自身建设】 8月25日，学会召开了第六次会员代表大会，选举产生第六届理事会和常务理事会，大会审议并通过了《宁夏回族自治区水利学会第五届理事会工作报告》《宁夏回族自治区水利学会第五届理事会财务报告》《宁夏回族自治区水利学会章程（修订草案）》《宁夏回族自治区水利学会会费标准及管理办法》《宁夏水利学会名称更改的建议》；会议还组织表彰了"五大"以来在学会工作中做出突出贡献的先进集体和先进工作者。会后学会对会员进行了重新登记，现有个人会员1400余人，单位会员65家。2010年水利学会获自治区先进学会荣誉称号；推荐1人获自治区优秀科技工作者。建立国家科学技术奖励评审专家库宁夏水利厅管理子系统，向科技部、水利部、中国科协、自治区科协等推荐候选专家16人次。（张晓玲）

宁夏水利职工思想政治工作研究会

【理论武装】 一是积极协助厅党委抓好广大党员干部和职工理论武装工作，和厅属单位党组织一道组织广大干部职工深入学习党的十七大、十七届三中、四中全会精神，不断加深对全会精神的理解和掌握。二是协助厅党委组织开展了深入实施西部大开发战略大学习活动，引导广大党员干部充分认识西部大开发的重要意义，自觉投身西部大开展的水利实践。三是配合厅党委认真开展学习型党组织建设试点工作，推动学习型党组织建设不断深入，有效提高干部职工理论水平，促进了各项工作。（王文刚）

【政研工作】 一是把政研工作和精神文明创建工作有效结合，立足水利行业实际，开展了文明单位、文明工地、文明家庭、文明院落等群众性精神文明创建活动，组织在全厅范围内开展了感动宁夏人物推荐活动，积极树立标兵和典范，努力在全厅营造和谐的发展环境。二是结合党建工作，分三个片区组织召开了学习型党组织创建座谈会，总结了学习型党组织建设的试点经验，查找了创建工作中存在的问题，有力推动了创建工作的开展。三是积极配合厅党委组织召开了党建暨创先争优活动经验交流会，先后有10个厅属单位交流了党建、精神文明建设、创先争优活动开展等方面的工作情况，搭建了学习交流平台，达到了互相学习、互相交流、共同提高的目的。（王文刚）

【自身建设】 2010年，政研会始终把握正确的导向，立足政研会实际，积极争取厅党委的支持，加强与厅属单位党组织和会员单位的联系与沟通，及时宣传中央、自治区党委和水利厅党委精神和决策，搭建交流平台，扩大工作覆盖面，发挥了宣传主阵地的作用。同时，坚持开展创先争优活动，积极筹备召开会员大会，组织人员对近年来工作开展情况进行调研和走访，理清了工作思路，为下一步工作奠定了基础。（王文刚）

市县(区)水利机构

银川市水务局

【概况】 银川市水务局(以下简称水务局)是银川市人民政府的水行政主管部门，全局现有在职干部职工149名,水利专业技术人员41名,其中高级职称6名,中级职称10名,初级职称25名,大专以上文化程度60名。局机关设综合处、业务处、水政监督处3个职能处室和银川市水政监察支队、银川市水土保持监测站2个事业单位，下设银川市银西防洪管理所、银川市桑园沟防洪管理所、银川市黄羊滩防洪管理所、银川市沟道管理所、银川市节约用水办公室、银川市水电勘测设计院、银川市水电工程处7个防洪、水资源管理及勘测设计、工程施工单位。主要负责银川市水利建设、管理,水政监察执法、水资源管理、防汛治河、节约用水以及水务改革规划、实施工作，承担银川市防汛抗旱指挥部办公室和银川市水土保持委员会办公室的日常工作。负责指导全市农村水利、乡镇供水、农村改水、灌区水利工程配套、改造的建设管理工作。

2010年,在自治区水利厅的大力支持下,全市各级水务部门务实苦干,攻坚克难,以大项目带动水利建设大发展,大力推进各项水务工作的开展,“十二五”规划编制及重点防洪排水工程、农村安全饮水工程、农田水利基本建设及水资源及节水管理等各项工作取得了新进展,水利保障、服务能力进一步提升。

2010年，水务局先后取得了2010年度全区农田水利基本建设“黄河杯”组织奖、全区节水型社会建设工作先进集体、全国水利工程管理体制改革工作先进集体、全区水利行业先进集体、全区水利系统“五五”普法先进集体。 (吴文祥 邢 军)

【工程建设与管理】 按照市政府2010年重点项目建设总体部署,局班子成员分工负责,带领各相关责任人积极协调发改、财政、土地、环保等部门,在较短的时间内,完成了项目规划、设计、立项、环评、招标等前期工作。全年共完成投资4979万元,完成重点工程10项暨:黄河标准化堤防兴庆区段涵洞进出口延伸工程,投资1270万元;第四、第五拦洪库连通工程,投资322万元;东南部水系工程,投资58万元;西南部水系工程,投资822万元;元宝湖工程(北部水系工程),投资1631万元;西北水系工程(西大沟扩整工程),投资25万元;良田渠改线工程，投资190万元;高家闸沟工程,投资285万元;第四、第五拦洪库跨新小线桥,投资57万元;兴庆区标准化地方穿堤沟道及水利配套建筑物综合整治工程，投资57万元。为打造“塞上湖城”景观,加快“两个最适宜”城市建设做出新的贡献。 (吴文祥 邢 军)

【农田水利基本建设】 按照全市农田水利基本建设规划,在总结以往工作成绩和经验的基础上,积极调整思路,以解决群众最迫切、最直接的“灌水难、排水难、吃水难、行路难”等热点难点问题为根本,按照“节水、挖潜、提质、增效”的要求,以“深挖沟、砌护渠、调田档、修农路、建配套、植林网”为主攻方向,以“农业增效、农民增收”为总体目标,实行“政府推动、部门联动、宣传发动、项目带动、竞赛促动、干群互

10月5日，广大群众积极参与农田水利基本建设工作

动、人机齐动”，调动社会各方力量特别是广大干部群众的积极性，对沟、渠、田、林、路、湿地、村庄进行综合治理，呈现出全市大联动、县县搞会战、乡乡出亮点、村村有任务的可喜局面。全市共建成高标准农田5.27万公顷，改造中低产田1.53万公顷，建设畦田3.07万公顷，砌护渠道3200千米，清淤治理沟道11700千米，配套建筑物16万座，新增节水灌溉面积1.33万公顷，改善排水面积3.47万公顷，进一步彰显了黄河堤防两侧“灌排体系完善、农田灌排畅通、田档布局方整、工程配套完善、生态环境优美”的田园风光，超额完成计划任务。2010年农田水利基本建设无论从组织、机制、投入上，还是在规模、质量、效益方面，均实现了前所未有的突破，达到30年来最高水平，始终走在全区前列。银川市也因此连续第7次荣获自治区“黄河杯”竞赛组织奖，并取得1个特等奖、2个一等奖、1个三等奖的好成绩。

（吴文祥　邢　军）

【农村饮水安全】 2010年，银川市已连续第五年将农村饮水安全作为为民办的10件实事之一，列入市级重点建设项目，明确提出年内在全区率先实现农村饮水全覆盖的奋斗目标。在全区水利、发改、财政等部门及各县（市）区的通力协作下，争取到人饮工程9项和国家补助人口15万，是前三年的总和，项目总投资1.07亿元，其中市财政配套1200万元，是该项目实施以来投资最大的一年。在工程建设方面，与各县（市）区签订责任书，明确责任，加强督导检查，抓质量促进度，全力推进工程建设。9项工程全部按期完工，通水运行后，解决了饮水不安全人口15万，总受益人口24万，在全区率先基本实现农村饮水安全全覆盖。中央电视台在新闻联播中报道了银川市人饮工作纪实。

（吴文祥　邢　军）

【灌溉管理】 继续深化农村水费改革工作，充分发挥农民用水者协会灌溉管理职能，不断提高管理水平。一是指导各级农民用水者协会准确掌握灌区灌溉面积及用水结构，指导农民优化农作物种植结构，科学制订用水配水计划，以水定发展，以水定结构。二是科学调配水量，统筹处理好农业用水、人畜饮水和生态补水，严格控制用水指标，实行井、渠、沟水统一调度。适时做好河道、湖泊、湿地、果园、林地等生态用水的补水工作。三是严格供水用水制度，规范用水程序，确保渠道上下游、高低口均衡受益，有效避免了水事纠纷，保证了灌溉安全。同时，全面推广工程节水、田间节水、作物节水等节水灌溉措施，做好渠道正常维护工作，落实“一把锹”淌水制度，维护正常的灌溉秩序。

（吴文祥　邢　军）

【水土保持】 大力开展学习《水土保持法》宣传活动，进一步加强银川市生产建设项目水土保持监督管理，严格实施水土保持“三同时”制度，对银川市辖区内52个已批复的大中型在建项目水土保持方案落实情况进行监督检查，监督在建项目施工中完善落实水保措施，有效地控制了水土流失，保护了生态环境。

（吴文祥　邢　军）

【防汛抗旱】 面对2010年极端天气及严峻的防汛形势，根据人员变动情况，及时调整了防汛指挥部成员，召开全市防汛工作会议，层层签订责任书，落实各项防汛责任制，修订防洪预案，落实防汛物资和抢险队伍，强化防汛值班，确保信息畅通，加强堤防巡查，及时消除隐患。制订年度岁修及应急度汛工程计划，修复雨淋坑800余处，加固沟堤30多千米，维修养护机电设施通讯设备40多台；应急清淤加固西大沟、西湖挡浸沟、良在四方渠沟、四二干沟等行洪薄弱沟段20千米；新建良渠沟退水闸1座，打通西湖挡浸沟、四二干沟直排爱伊河的通道。加快防洪工程建设，启动实施了小型病险水库出险加固第四、第五拦洪库连通工程，新建连通明渠325米，护坡800米，配套跨公路桥1座。实施第二排水沟整治工程，对城市段16千米沟道排水实行清污发离。结合水系建设,新建东部水系配套补排水建筑物28座,砌护渠道4条1820米,清淤沟道3条1504米。治理黄河标准化堤防兴庆区段沿线穿堤防的沟道8条15千米,配套生产桥17座。维修加固黄河护岸坝垛16处。由于各项度汛措施的落实到位,确保全市安全度汛。 (吴文祥 邢 军)

【水政与水资源管理】 落实最严格的水资源管理制度,严格取水审批,严格控制城市供水管网内新凿深井,合理开采利用浅层地下水。完成水务实时监控及管理系统二期工程建设和项目集成,对地下水源井、黄河、爱伊河、拦洪库和沟道实行动态监测,对市辖区96家自备井取水许可证进行了年度审验和水质监测化验,水表安装率达到了100%。指导完成11项节水技术改造,节水型企业(单位)覆盖率达40%。利用世界水日及中国水周、安全生产咨询日、"五五普法"等时机,深入农村、水利工程重点地段,通过新闻报道、印发宣传资料、现场解答等多种形式,组织参加水法规宣传活动5次,制作专题展板20块,印发制作专题展板20块,印发宣传资料22万份。一年来,在取水量压减5%和关停自备井4眼的情况下,实现节水年增5%的目标。征收水资源费、污水处理费1300万元,同比增长30%。水资源管理更加严格,用水效率更高,实现"人水相争"到"人水和谐"的重大突破。 (吴文祥 邢 军)

【节水型社会建设】 2010年完成了《银川市节水型社会建设规划》(2010~2020),并通过了自治区水利厅组织的专家组审查,抓住有利时机,起草完成了《银川市节水型社会建设实施方案》,以创建节水型企业、单位、社区为载体,加强节约用水和集约取水管理,推进节水管理和水资源综合利用,推广应用节水技术、工艺、设备和器具,提倡循环用水、一水多用、重复利用和鼓励"中水"回用,把水资源利用、水环境保护和节约用水作为目标任务。2010年,通过节水型社会"载体"建设,继续做好创建节水型企业(单位)工作,完成了西北轴承股份有限公司的水平衡测试,节水器具及二级水表的更换,供水和采暖管网改造,创建资料整理,规范文本的编写等创建工作。对赛马水泥、宁夏司法警官学院、银川殡仪馆、宁夏医科大学4家单位进行了复查,各项创建指标达到了国家相关标准,并于11月30日被授予银川市节水型企业(单位)称号。完成了中国石油宁夏石化公司等6家重点用水大户节水技术改造项目10项,总投资近200多万元,推动了企业节水工作的开展,实现年度节水151万立方,保证了全年取水量下降5%的目标。 (吴文祥 邢 军)

【党建与精神文明建设】 注重加强干部职工队伍的思想建设,落实理论学习制度,组织党员干部认真学习了市委《关于认真落实党的十七届四中全会精神,加强和改进新形势下党的建设的若干意见》和市委十二届六次全体会议精神,开展深入实施西部大开发战略大学习和"党建月""创先争优"活动,认真开展"双述双评"活动,公开党员承诺书。认真组织党员干部学习《党员领导干部廉政若干准则》,健全和完善党内生活的各项制度,制订了《银川市水务局关于健全和完善保持共产党员先进性长效机制的意见》《银川市水务局关于构建教育、制度、监督并重的惩治和预防腐败体系实施细则》等,落实提拔任用科级干部相关规定,加强对基层党组织党风廉政目标责任落实情况和党员干部的监督管理,加大政务公开,对群众关心的热点、难点问题进行公示公开,接受社会监督。水务局在获得2009年全区水利系统政风行风评议第一名和市政府综合部门第三名的基础上,2010年又取得了市政府综合部门第二名的好成绩。 (吴文祥 邢 军)

兴庆区水务局

【概况】 兴庆区水务局(以下简称"水务局")内设机构4个:办公室、财务室、规划技术室和综合业务室,共有正式干部职工24人,领导(公务员)编制3人,局属事业单位5个:一是兴庆区水政监察大队,编制11人(兼局机关管理和专业技术人员);二是月牙湖水利工作站、通贵水利工作站、大新水利工作站、掌政水利工作站4个水利工作站,编制10人。

水务局负责辖区农田灌排、防汛抗旱与库区移民、沟道与水资源、农村饮水安全的管理，水政监察，黄河流域湿地、滩地、河东红墩子、横城地区的沙荒、丘陵地的水土保持管理以及农田水利等重点水利工程的建设。2010年完成重点水利工程9项，完成投资4200万元，主要有：黄河金岸水系开挖土方工程、黄河金岸水系配套建筑物工程、月牙湖退耕还林口粮田水利配套工程、永二干沟综合治理工程、月牙湖乡万亩奶牛生态养殖示范区供水工程、月牙湖乡月牙湖村泵站改造工程、滨河大道西侧排水干沟草桩治理工程和大新镇塔桥村人饮安全工程。

（朱占才 郑同华）

【工程建设与管理】 1.完成“黄河金岸”水系开挖土方工程。水系开挖工程于3月12日开工，分为30个标段招标，工程沿标准化堤防两侧开挖宽度为50~270米，全长26.48千米。兴庆区组织干部职工大干20多天，日均投入机械200余台，台班工时3000多小时，投入施工及管理人员600余人，最终形成南北贯通滨河湿地公园、月亮湖等10多处宽阔水域，面积达333公顷的“黄河金岸”水系景观，完成土方300万立方米，总投资2700万元。工程的建成提升了兴庆区宜居及投资环境，造福了一方百姓。

2.黄河金岸水系配套建筑物工程。为保证“黄河金岸”水系连通，不影响农业生产，水务局自4月20日~5月15日实施了堤防水系水利配套工程，总投资186万元，完成建筑物83座，渠道砌护2.27千米，保证了农业生产，点缀靓化了“黄河金岸”水系景观。

3.月牙湖万亩奶牛生态养殖示范区供水工程。为保证园区水源充足，水质合格，完成园区基础设施建设“三通一平”要求，做好工程基础设施布设工作，水务局全面规划，统筹安排，投资240万元完成了深井勘钻和中央大道东西侧14千米主管网的埋设及井房、管理房的建设，现已正式通水，为园区绿化和土建工程建设奠定了基础。

4.月牙湖乡月牙湖村泵站改造工程。该工程是中央财政小农水工程，批复资金256万元。共完成改造泵站1座，砌护干渠2条1.5千米，斗渠5条3千米，农渠27条13.5千米，建成各类配套建筑物1552座。

5.月牙湖退耕还林口粮田水利配套工程。工程总投资186万元（中央资金148万元，兴庆区配套资金19万元，农民自筹19万元），完成斗农渠砌护56条28千米，配套各类建筑物2348座，改善水浇地267公顷，完成土地平整32公顷。

6.永二干沟综合治理工程。治理总长度19.5千米，由市环保局投资，兴庆区水务局具体实施，总投资200万元。完成沟道清淤、两侧垃圾清运填埋、沟堤道路整修及沟坡、沟堤靓化绿化工程。工程的实施极大改善了该沟脏、乱、臭的状况，受到周边农民群众及单位的好评。

7.滨河大道西侧排水干沟草桩防塌治理工程。黄河金岸西侧边沟由于地处流沙段，塌方严重，使农田排水不畅通，加剧土壤严碱化程度，农民增收受到严重影响，引起各级政府领导高度重视。工程主要实施堤防西侧（单坡）沟道柳桩、草把、护坡治理，总投资200万元，完成草桩治理坍塌沟坡19千米，建斗沟尾水81座，工程于11月中旬竣工，维护了黄河金岸兴庆区段的美丽景观和沿线农田的排水畅通。

8.大新塔桥人饮工程。该工程是银川市政协2010年的提案工程。工程于6月8日经自治区水利厅批复，总投资92万元（其中中央预算内资金50万元，银川市、兴庆区及群众自筹42万元），由于工程实施过程中破坏、恢复硬化路面及穿院等情况较多，实际完成投资134.23万元。工程于9月15日竣工、22日正式通水，解决了大新镇塔桥村10~13队和穆斯林民俗村共计1953人的饮水不安全问题及塔桥村1~9队1447人的饮水水源问题。

9.通贵乡通贵村、通北村、通西村的安全饮水改建工程。该饮水安全工程是兴庆区二届三次人代会议案工程，项目内容主要是与原通贵乡水厂管网并网解决通贵村、通北村、通西村的供水量不足和未通自来水问题。水源井是通过协调水利厅争取宁夏军区给水团帮助解决，管网工程投资67.2万元，于10月11日招标开工建设，11月13日竣工通水，解决了通贵、通北、通西村约8000多人的水质和水量不

达标问题。（门淑霞　俞艳琴　张敬新）

【灌溉管理】 由于黄河来水逐年减少，加上水量受黄委会统一调度，节水势在必行，灌溉形势非常严峻。为了做好灌溉工作，水务局一是加大对农民用水者协会人员的培训力度以提高群管人员的业务能力和为群众办事的责任心；二是及时传达上级部门的灌溉工作会议精神，统一思想，提高认识；三是积极主动的协调各乡水管站并督促各农民用水者协会加大水费的收缴力度，没有因水费问题影响农田灌溉和农业生产。（李立明）

【农田水利基本建设】 2010年秋，水务局牵头实施兴庆区秋季农田水利基本建设各项工程，对照自治区农田水利基本建设指挥部任务分配实施方案，坚持"一条主线、二项推进、三个扩大、四大提升"的工作思路，共完成高标准农田建设面积4533公顷，完成率139%，其中，畦田建设600公顷，完成率225%；新增节灌面积267公顷，改善灌溉面积1200公顷，

10月17日，广大群众积极参与农田水利基本建设工作

为兴庆区建立6667公顷优质有机稻基地打下坚实基础，并通过银川市验收，成功入围2010年度全区农田水利基本建设"黄河杯"竞赛并荣获三等奖。

（郑同华　白　莹　王丽莉）

【防汛防凌抗旱】 一是根据兴庆区实际重新修订了《兴庆区防汛抢险应急预案》；二是积极做好汛前检查，防患于未然，兴庆区增加投入了40万元资金，采购储备了木桩2200根、铅丝8吨、编织袋10000条、备防石1300立方米，以及其他必要设备；三是组织各成员单位对辖区骨干沟道进行清淤，水务局投资6万元对月牙湖3条泄洪沟进行了治理；四是落实24小时值班和领导带班制度。（郑同华　张　郑）

【农村饮水安全】 1. 争取宁夏军区给水团打深井2眼。积极与水利厅协调，争取宁夏军区给水团为掌政镇、通贵乡各打1眼水源井，解决了2乡镇老化水厂的水质水量不达标问题。

2. 大新塔桥人饮工程。该工程是银川市政协2010年提案工程，也是兴庆区二届人大三次会议代表议案工程。工程总投资92万元(其中中央预算内资金50万元，银川市、兴庆区及群众自筹42万元)，由于工程实施过程中遇到需破坏、恢复硬化路面及穿院等情况较多，实际完成投资134.23万元。共完成埋设各级主、支、入户输水管道51.11千米，穿越沟渠38处，穿越硬化工程13处，穿越主路面工程6处，掏设各类地埋线87处，新建各类阀门、水表井87座，购置无滴漏水表630块，完成入户623户，入户率100%，工程于9月15日竣工、22日正式通水，解决了大新镇塔桥村10~13队和穆斯林民俗村共计1953人的饮水不安全问题及塔桥村1~9队1447人的饮水水源问题。

3. 通贵乡通贵村、通北村、通西村的安全饮水改建工程项目。管网工程投资67.2万元，于10月11日招标开工建设，11月13日竣工通水，解决了通贵、通北、通西村约8000多人的水质和水量不达标问题(详情见工程建设与管理9项)。

截至2010年，兴庆区农村安全饮水人口覆盖率达95%以上。（郑同华　丁奋全）

【农村水利改革】 一是制订水利科技服务人员管理办法和考核办法，继续与下派乡镇基层水利科技服务人员签订农业科技服务承包协议，发放科技服务体系改革聘书，继续实行人员双重管理。组织2期技术培训，确保基层水利技术人员的整体素质提高。二是积极落实事业单位改革精神。按时完成事业单位岗位设置定员定岗管理工作，实行事业单位岗位与工资紧密挂钩。三是加大水管体制改革力度，落实涉及改革硬性指标(如编制、维修费用、办公条件等)。

（郑同华）

【水政与水资源管理】 1. 水政执法。一是积极协调区、市执法监察管理部门做好兴庆区水政执法人员

培训，年内参加培训2次；二是理顺执法程序，建章立制，抓好常规工作；三是抓好2010年普法年度宣传和“五五”总结验收工作；四是做好乡镇水利工作站委托执法工作；五是年内调节水事纠纷6起，制止违法行为3起，当场督促违法行为人予以纠正，补办手续1起，为国家挽回损失16万元；六是查处落实2封匿名举报信件（1封自治区水利厅转办件，1封兴庆区区长批办件），及时给予相关部门答复，做到事实清楚，问题解决。

2. 水资源管理。一是对辖区取水用水户12家进行年检换证，收缴水资源费6万元；二是结合环境综合整治，协同卫生、环保等部门多次深入辖区12个水厂进行安全饮用水检查，化验水质，监督各水厂管理人员办理了卫生许可证和健康证，确保安全供水。

（李立明　丁奋全　邹银山）

【节水型社会建设】 通过月牙湖乡农业综合开发项目、扶贫项目、灌区续建配套项目和节水改造工程等项目的实施，改善了兴庆区大部分地区灌溉基础设施，提高了灌溉效率，缩短输水时间，减少渗漏和跑、冒、滴、漏，有效提高了水的利用率，继续推广水稻节水高产控灌技术，努力改变传统的大水漫灌模式，减少蒸发和渗漏，使作物的耗水量大幅下降。2010年兴庆区春夏灌溉用水量为1.095亿立方米，比去年同期节约了7.3%的用水量，圆满完成了兴庆区全年的灌溉任务，没有一起因灌溉问题而发生纠纷的上访事件，确保了农业增产农民增收。（李立明）

【水土保持】 一是建章立制，抓好常规制度建设；二是抓好河东地区水土保持生态治理长效工作；三是衔接区、市水土管理部门抓好常规工作；四是做好宣传工作；五是积极参加区、市各级部门组织的各类培训工作。（丁奋全）

【水库移民】 兴庆区共有符合政策人员272人，每人每年发放600元补助资金。2010年经调查核减死亡人数后为263人，已将扶持资金足额核拨下发。同时，协调辖区乡镇解决移民农业生产、就医、上学等实际困难，确保移民政策贯彻落实。（张　郑）

【党建与精神文明建设】 1. 党建工作。一是认真做好水务局党支部班子换届选举工作，健全班子，通过公推直选将经验丰富、责任心强的党员干部纳入支部班子成员；二是坚持“三会一课”制度，每月召开一次党员大会和支部小组会议，及时将有关业务工作中的重要问题研究解决；三是坚持“每周五”政治理论学习，提高了领导班子的整体政治水平和执政能力；四是组织党员干部开展各项活动：(1)定期学习，采取自学与个人学习多种学习方式，完成了必读学习篇目；(2)开展党员入社区活动，建档立卡，定期汇报活动情况；(3)组织班子成员深入乡镇基层开展调查研究活动，及时解决基层难题；(4)认真组织民主生活会，及时召开会议，开展批评和自我批评；(5)积极开展好创先争优活动，及时制订活动方案，创建“五个好”党支部，丰富支部活动，增强党组织凝聚力、战斗力；(6)开展党建月创建活动，组织党员开展看望离退休党员、奉献图书、到爱国主义教育基地重温革命先烈事迹活动。

2. 精神文明建设。一是做好精神文明创建活动计划，制订创建考核细则，将精神文明创建工作纳入全局工作统筹计划之中；二是重大节日由支部班子领导带队到离退休党员、困难职工、结对帮扶对象家中走访慰问、探访。慰问离退休职工5人2500元，结对富宁街低保户3户帮扶资金1500元，帮扶通贵乡计划生育户3户2400元。结对新华街永安社区帮扶纸张办公用品1200元；三是积极组织职工参加兴庆区鸣翠湖端午节休闲运动会，参加“七一”党建月学习讨论，举办本局职工运动会等活动，陶冶干部职工情操，增强凝聚力；四是开展职工及家庭矛盾谈心化解纠纷活动，关心职工生活，看望职工生病家属送慰问金1000元；五是组织干部职工响应区委号召，开展为灾区捐资捐物活动，为青海玉树灾区捐款3150元。（郑同华）

金凤区农牧水务局

【概况】 金凤区农牧水务局（以下简称水务局）是由原金凤区水务局、金凤区农林牧业局于2009年8月合并组建。现有在职干部职工74人，离退休干部职工69人。辖事业直属部门12个,行政科级6人,在岗在职4人,离岗2人。共有专业技术干部34人,其中副高级职称14人,中级13人,初级7人。

金凤区农牧水务局涉水部门主要为水政监察大队、信息中心及基层的丰登镇水利工作站和良田水利工作站,共有干部职工24人。具有中级职称2人,初级4人,管理岗位18人。其中信息中心有专业技术人员2人,管理人员4人,水政监察大队(农牧水务局水务中心)现有专业技术人员2人,管理人员4人,基层的丰登镇水利工作站现有专业技术人员1名,管理岗位5人,良田水利工作站现有专业技术人员2名,管理岗位5人。

2010年,水务局完成了农田水利基本建设、节水型社会建设、水资源管理、防汛抗旱、移民安置区节水设施配套和安全人饮工程建设、重点小农水节水灌溉续建工程建设、水库移民等建设工作。

(何风鸣)

【工程建设与管理】 (一)工程建设。2010年,在自治区、银川市及金凤区党委政府的大力支持下,水务局以民生项目为重点,以切实解决农业生产中群众关注的灌溉难、排水难为抓手,主要完成了以下工程建设项目:

1. 完成了丰登镇新丰村砌护改造主干渠1.3千米,配套建筑物,28座,投资35万元。

2. 完成了丰登镇永丰村砌护改造烈马渠3条2.1千米,配套建筑物46座,投资76万元。

3. 完成了良田镇扬水灌区园子村东三斗渠1.2千米渠道改移砌护工程,配套建筑物15座,投资22万元。完成了园子村六组设施温棚园区1.1千米渠道砌护改造工程,配套建筑物23座,投资28万元。

4. 完成了良田镇扬水灌区光明村东二斗渠0.8千米渠道砌护工程,配套建筑物18座,投资19万元。

5. 完成了良田镇春秋季农田水利基本建设的渠道砌护工程,渠道砌护5.4千米,配套建筑物84座,完成投资102万元。

6. 完成了丰登镇春秋季农田水利基本建设渠道砌护工程,共砌护斗渠3条2.4千米,配套建筑座68座,投资52万元。

7. 完成了黄河东路魏家桥邓家一渠渠道砌护配套工程,砌护改造斗农渠11条6.8千米,配套建筑座89座,投资65万元。

8. 完成了芦草洼滞洪区15.3公顷水库生态开挖整治工程,完成投资250万元。

9. 完成了国家农村安全人饮工程建设项目—良田镇安全人饮工程,投资690万元,其中,金凤区政府和群众自筹425万元,使入户率达85%以上,实现了金凤区安全人饮工程全覆盖。

10. 争取重点县中央财政补助资金项目,完成了良田镇节水灌溉设施温棚配套400栋,投资199万元。

2010年金凤区政府和当地政府群众积极筹措资金共完成农田水利基本建设投资达550万元。

(二)工程管理。为保证工程建设的顺利实施,一是金凤区政府成立了项目建设领导小组,农牧水务局、经发局、财政局、项目办、良田镇、丰登镇镇政府和满城北街街道办事处为领导小组成员单位,各单位默契配合,积极协调,农牧水务局、项目办负责工程建设的技术指导,经发局负责代建、招投标,财政局负责资金的筹集和管理,镇、满城北街街道办事处负责组织农民投工投劳以及工程上的协调工作。农牧水务局委派专业技术人员长住工地,实行不定期不定时对工程进行现场抽查,对工程建设质量、工程进度进行监管。二是组建项目法人。经建设项目工作领导小组明确,农牧水务局、项目办具体组织工程实施;各用水协会参与其中。三是加强民主管理。协会自愿参与工程的管理建设,自愿参与投工投劳,镇、村多次组织召开村民代表大会,按照“一事一议”的办法,采取自愿原则,由建设单位与农民签订了用工协议。四是建立社会监理、政府监管、群众监督三级质量保证体系,聘请了监理公司。五是工程建设实行招投标制,选择技术力量强、资金雄厚、水利施工经验丰富、质量信誉好的专业队伍进行项目施工。工程按照《水利水电工程施工技术规范》的要求施工,从原材料进场到半成品加工制作,从施工放样到基础验收,每一道工序都严把质量关,不合格的产品不能用于工程,不合格的工序未经验收不能进入下一道工序。在建设中,关键部位、关键工序由施工企业承担,普工由受益群众投劳,质量由监理把关,充分发挥各方积极作用,切实把好质量关。六是完善机制,强化管理;为了加强项目建设工程的建后管理,充分发挥工程效益,促进区域地区经济发展,建成后实施产权移交。七是管理模式;项目运行管理的主体大多为用水者协会和当地受益群众,全权负责工程的运营管理。主要职责是群众灌溉用水的调配、水费的收取、工程的维修管理等日常事务,并制定相关制度。建立民管、民用的新模式,落实了管理责任,明确了使用和管理主体。八是制定水价政策;农民用水者协会制定了水费计收管理办法。九是制定管理制度。农民用水者协会制定了农民用水者协会章程、灌溉管理制度、人饮工程运行管理制度、工程管理制度、财务管理制度、水费计收管理办法等相关的一些规章和管理制度。 (何风鸣)

【灌溉管理】 金凤区两镇有专职水管人员13名,涉农办事处各有一名专职水管人员,全面负责辖区配、供水计划和农田灌溉秩序、做好农田基本建设、渠道、沟道维修改造、水事纠纷处理等工作,指导监督各用水协会的用水管理和水费征缴工作。实行新的管理体制和水价政策后,群众节水意识逐渐增强,浪费水现象大为改观,节水效率明显提高,同时减少了灌溉纠纷。各干、支渠农民用水者协会在涉农办事处和镇管水组织协助下,灌溉管理工作更进一步迈向科学化、制度化、法制化轨道运行。 (何风鸣)

【农田水利基本建设】 1.巩固提高包兰铁路金凤区段38千米生态及生产力提升工程,对包兰铁路金凤区段沿线整治庄点的环境卫生进行全面综合整治,整治林带12.5千米,改造整治农田66.7公顷,清淤开挖沟道38条19千米,渠道清淤47条23.8千米,整修田间作业路39条15.6千米,平整土方27万立方米;秋翻地133.3公顷,机深翻100公顷,拆除房屋1280平方米,围墙280延长米,房屋外墙及围墙粉刷7.5万平方米,清除死角垃圾杂物1100立方米,植树造林1.4万棵(株),树木涂白1.8万棵。

2.春秋季完成高标准农田867公顷,清挖沟道128条127千米,清淤渠道136条124千米,整修作业生产路213条117千米,投工投劳3.67万人次,投入大小机械3.4万台次,累计完成土石方38.82立方米。完成秋季“三项任务”秋翻地3000公顷,机深翻2140公顷,秸秆还田1400公顷,测土施肥1733公顷,畦田建设667公顷,撰写各类简报(信息)32期,悬挂横幅标语128条;农田水利基本建设累计投资268万元。

金凤区2010年农田水利基本建设共投工投劳4.7万人次,投入大小机械9700台次,完成渠道砌护23条21千米,清淤开挖斗、农沟240条245千米,清淤斗农渠280条265千米,整修农路385条173千米,撰写各类简报(信息)21期,悬挂横幅标语152条;累计水利投资890万元,确保了渠、沟灌排畅通,进一步改善了农田水利基础设施。 (何风鸣)

【防洪防汛抗旱】 编制完善了金凤区防汛抗旱应急预案,督促检查各成员单位对防汛抗旱责任制、措施、抢险队伍、物资储备和防汛值班等的落实情况,金凤区防汛抗旱办投资15万元,储备了编织袋3000条、水泵5台、木桩23500个、塑料薄膜1吨、铅丝2吨等防汛物资,做到人员车辆有保障,遇灾抢险有措施,为确保自治区安全度汛提供了强有力保证。 (何风鸣)

【农村安全人饮工程】 2010年,按照自治区、银川市解决民生工程部署,全面启动了金凤区良田镇安全人饮工程,计划于2011年5月竣工。将彻底解决良田镇5215户22091人安全饮水问题,使金凤区安全人饮全覆盖。 (何风鸣)

【农村水利改革】 2010年,为更进一步加强灌溉管理,稳步推进了农村中小型水利工程管理制度改革,将支、斗渠、机井、小型泵站继续采取承包、拍卖等形式,交由懂经营、会管理、熟悉当地情况,且在当地有一定经济实力的人去经营管理。通过改革运行,金凤区辖区内16条灌溉渠道完全承包,成立的11家农民用水者协会在中小水利产权制度改革和灌溉经营管理体制方面发挥了应有作用。实现了节约用水,降低了水费,又规范了水费征缴工作。 (何风鸣)

【水政与水资源管理】 加强水资源规划管理,编制了《金凤区水资源保护开发利用规划》《金凤区2010

年农田水利基本建设规划》《金凤区农田节水灌溉计划》《金凤区水土保持规划》等,使金凤区水资源管理迈上一个新的台阶。实施取水许可证制度和水资源费征收管理制度。完成湖泊湿地保护 1333 公顷,采取沟道、黄河灌溉等补水工作,湖泊补水1200多万立方米。农民用水者协会 11 个,用水协会的办事机构、章程制定、人员组成等各项制度得到落实。大力开展节约用水和节水型社会建设等宣传活动,每年发放宣传材料 6000 余份,制作展板十几副,出动宣传人员 140 多人次,建立健全了三级管理网络,节水意识已深入人心,群众节水明显得到改观。

(何风鸣)

【节水型社会建设】 2010 年金凤区严格执行建设部的"新建、改建、扩建工程项目,节水设施必须与主体工程同时设计、同时施工、同时投入使用"的规定,并对节水"三同时"作出了进一步明文规定。由于各相关部门在项目报批、方案会审、图纸审查、施工管理等全过程所有环节上严格把关,有效地控制了耗水设施的建设,把节水设施设备必须与主体工程的"三同时"真正落到了实处,极大地促进了节水型设施器具的推广应用,推动了节约用水管理工作的有效开展,为做好节水型城市的创建活动,金凤区在辖区范围内开展了节水型企业社区、家庭的培育和创建活动,通过广泛的宣传,提高了节水意识、增强节水管理,实施农村安全饮用水工程,促进节约用水,明确目标责任和科学制订用水计划,收到了良好的经济和社会效果。 (何风鸣)

【水土保持】 2010 年通过对渠道的改造砌护和完善控水、量水设施,减少渠道输水损失,改善供水、管水条件,提高了农民节水积极性,减少亩均用水量,减轻土壤盐碱化;另一方面,大力建设设施园艺,提高地表植被覆盖度、防风固沙、改良土壤,对于湿地湖泊,涵养水源,开挖湖面,对湿地湖泊进行有效综合利用,在丰登镇大力发展适水产业,营造人工湖、鱼塘、发展农家乐垂钓娱乐产业。既改善了生态环境,同时也促进供水管理体制的完善。 (何风鸣)

【水库移民】 做好了 521 人水库移民核查和帮扶济贫工作。做好 2011 年大中型水库后期扶持规划;继续认真核实大中型水库移民身份,做好移民后期扶持核查工作,确保扶持资金的合理、安全发放到每一个移民手中,申报了《金凤区 2011 ~ 2015 年大中型水库后期扶持规划》,使水库移民帮扶济贫工作落到实处。

(何风鸣)

【党建与精神文明建设】 1. 强化学习中央、自治区和银川市农村工作会议精神,全面落实科学发展观,争做"水利人"。坚持自学、集中课堂学习制度,加强学习交流,注重学习效果。特别是将全面落实科学发展观,争做"水利人"。2. 注重以活动的开展,推进精神文明建设。一是继续加强水利人员培训,先后派出 4 名技术人员到区内外科研基地进行培训,有效地提高技术人员的技能水平;二是是以创先争优活动为载体,积极推出先进人物和优秀基层站所,激发全体干部职工昂扬向上的精神;三是积极参加银川市和宁夏日报社组织的廉洁从政知识竞赛答卷,既掌握了知识,又强化了廉政意识。

3. 加强信息报送。全年共报送各类信息 32 期(篇),其中农田水利建设综合类信息 16 期,党建信息 16 期,并及时将报送的各类信息进行编排,发布到金凤区农牧局网站上保证了信息的时效性。

(何风鸣)

西夏区农牧水务局

【概况】 西夏区水务局(以下简称水务局)共有在职人员 18 人,其中在编行政人员 4 名,在编事业人员 4 名(管理岗位),复转军人 1 名,借入事业人员 2 名(工人),不在编事业人员 4 人(工人),合同工 3 名。根据西夏区政府办公室下发的《关于印发银川市西夏区农牧水务局机构设置主要职责人员编制规定的通知》(银西政办发〔2010〕39 号)文件的规定,水务局共下设不定级事业机构 3 个(分别是西夏区水政监察大队、镇北堡水利工作站和兴泾水利工作站)。西夏区所辖两镇主要灌排水利设施有:西干渠、唐徕渠两条干渠为主要灌溉渠道,流经西夏区长度约 51 千米;支渠 8 条,长 52.2 千米,其中 3 条为扬水渠道,长13.5千米;斗渠95条,长100千米左右;农渠1205条,长约536千米;提灌泵站3座;灌溉机井26眼;主要的排水支沟有23条,长约80千米;沟、渠各类配套建筑物2100多座。 (包顺琴)

【工程建设与管理】 1. 完成芦花村渠道改造工程:投资160.66万元,共砌护斗渠4条长1.63千米,农渠39条,总长17.5千米,配套建筑物2680座,极大地改善了镇北堡镇芦花村239公顷农田灌溉条件。

2. 完成春季小农水工程:共投资110万元。改造、维修支渠1.48千米,砌护斗渠1.1千米,砌护农渠12.6千米,新建扬水站1座,维修扬水站1座,新打并配套机井2眼,新建建筑物480座,维修建筑物66座。这一工程建成保证了西夏区4220公顷农田正常灌溉,为农业增收打下了基础。

3. 鹭岛湖开挖工程:投资1400万元,完成开挖3个鹭岛湖水面,水面33.3公顷,水道开挖2.2千米,土方量80多万立方米,配套建筑物37座。工程建成后,地下水位降低,土地盐碱化得到改良,改良土地面积333.3公顷;可使当地土壤得到改良,改善

10月18日,已完成的中低产田改造工程

生态环境,有效促进当地水土环境及生态环境健康发展。

4. 争取自治区续建配套项目:投资36万元,在良渠稍村砌护农渠6条长4千米。 (包顺琴)

【灌溉管理】 水务局在积极兴修水利的同时,通过进一步落实灌溉管理目标责任制,严格执行用水指标和配水计划,狠抓节约用水,大力推行"一把锹"淌水制度,在黄河来水配额减少的情况下,保障了4400公顷农田的及时灌水,年引用水量0.61亿立方米。 (包顺琴)

【农村水费改革】 始终把解决好"三农"问题作为重中之重,成立的8个农民用水者协会都已注册运行。在两镇开展节水宣传2次,改制渠道灌溉用水量亩均有所减少。西夏区农村水费改革工作平稳运行。 (包顺琴)

【农田水利基本建设】 建设总面积1400公顷,其中高标准农田建设1133.3公顷;农业综合开发项目区建设333.3公顷。主要建设任务为:清淤支、斗、农渠446条,长298.6千米;开挖和清淤支、斗、农沟180

10月13日,正在建设的农渠砌护工程

条,长102.6千米;整修农田路354条,长192.8千米;整修林带15条,面积14.6公顷;畦田建设1466.7公顷;机深翻2533.3公顷;秋施肥866.7公顷,秸秆还田800公顷,超额完成计划任务。 (包顺琴)

【防汛抗旱】 一是及时召开了西夏区防汛工作会议,并对2010年防汛工作进行安排部署,对各责任段进行了详细的划分,明确了责任人和责任单位。二是汛前对所有防汛工程进行全面检查,对影响防洪安全的工程进行补修,针对西大沟水位上升,导致挡浸沟水位拥阻抬高,造成农田受淹问题,给芦花村配置柴油发电机电潜泵1台套,协调市水务局给良渠稍村配置10寸混流泵3台套,组织芦花地区5个村利用各类新旧水泵进行农田排涝,力争将损失降到最低;5月份在西大沟良渠稍段出现险情期间,采用人工和机械对西大沟(良渠稍村西段)沟堤进行打桩、编织袋装土堵漏和加固,在外围打围堰等措施,打木桩5000多根,堆砌护岸编织袋6200个,机械打

围堰600米,动用土方9000余立方米。三是与辖区11家重点责任单位签订《防汛目标责任书》。四是从5月15日起安排实行24小时防汛值班，及时掌握天气变化，对有关单位防汛物资储备和值班情况进行了多次检查。五是及时修订完善了《西夏区防汛抗洪抢险应急预案》,为处置重特大汛情,减少灾害损失提供了依据,确保安全度汛。六是争取自治区防汛资金10万元,对贺兰山沿线防汛行洪沟道被占情况进行调查并组织有关单位治理。要求贺兰山沿线干沟沟口砂石厂、志辉公司石料拌和站、宁夏普通产业科技示范园、西马银移民开发区等单位制订和完善了防洪及人员撤离方案，并对影响行洪的废渣及料场进行了清理。（包顺琴）

【农村饮水安全】 积极争取镇北堡镇昊苑和兴泾镇泾河两处农村饮水安全工程项目,共投资499万元,其中中央、自治区、银川市投资371万元。两处工程于2010年7月下旬开工建设,2010年11月底已完工。已解决两镇13200人的饮水安全问题,使西夏区两镇农村安全饮水人口达90%以上。（包顺琴）

【水政与水资源管理】 一是加大宣传教育力度,在"世界水日""中国水周"等活动期间,采取上街、下乡设立咨询点,张贴标语,悬挂横幅等多种形式对水利法律法规进行广泛深入地宣传,散发宣传材料、宣传品、宣传画5万余份。二是坚持依法管理,加大案件查处力度。今年以来,累计巡查338人次,调解水事纠纷3起，为维护水利基础设施建设和运行创造了良好的治安环境。（包顺琴）

【节水型社会建设】 积极组织西夏区行政中心和北京西路街道办事处2个单位创建节水单位，组织华荣园小区和宁华园小区2个社区重新创建节水社区;积极组织开展"全国节水宣传周活动",组织辖区各街道办事处、节水社区、单位共60人参加了银川市创节办在光明广场举办的银川市2010年全国城市节水宣传周启动仪式;在节水宣传周期间,组织在节水社区纺苑小区和宁华园小区开展节水宣传进社区活动,共制作节水宣传展板2块,制作横幅15条,印制《节约用水条例》宣传单10000份,制作节水宣传纸杯20000个,悬挂节水宣传横幅15条;积极参加银川"节约用水"知识竞赛,水务局选手最终以10分险胜,获得了节水知识竞赛的一等奖;组织辖区节水社区、单位共14人参加了"节水成果"现场参观活动。（包顺琴）

【水土保持】 坚持统一规划、综合治理、规模推进、注重效益的原则,实行山水田林路综合治理,提高农业综合生产能力,使生态环境逐步得到改善。重点积极争取国家资金，协助完成贺兰山东麓生态综合治理项目;对西夏热电厂水土保持设施进行监督管理;严格督查贺兰山东麓沿山地带沙石厂内的沙坑恢复,督促种植植被。计划建立4个水土保持监测点。（包顺琴）

【水库移民】 认真组织开展水库移民后期扶持人口年度复核工作，经调查复核，西夏区无核减扶持人数,扶持人数与上年度相同,总扶持人数为160人,其中资金直补9人（包括跨外省水库移民3人)、项目扶持151人；完成水库移民后期扶持管理信息系统数据迁移工作，按照国家水库移民局和自治区水库移民管理办公室的要求和安排,真实、准确、及时将西夏区水库移民后扶持人口信息数据采集表和电子地图标注资料传输上报国家水库移民局。按照自治区财政厅《关于下达2010年大中型水库移民后期扶持直补资金的通知》(宁财(村)发〔2010〕1308号)的文件安排，于2010年10月底将西夏区水库移民后期扶持现金直补7户9人2010年扶持资金5400元拨付到7户移民一卡通存折账户上。按照自治区财政厅《关于下达2010年度第一批大中型水库移民后期扶持项目资金的通知》(宁财(村)发〔2010〕1509号)文件的安排,及时组织在镇北堡镇召开项目扶持水库移民户代表会议,对2010年项目扶持的实施进行动员宣传。与银川市邮政分销业务局签订《供应化肥协议》。在2011年3月4日前,银川市邮政分销业务局将36户移民补助化肥33.8吨(其中:尿素18.7吨,二铵15.1吨),全部发放移民个人手中,目前水务局已进行检查,对移民进行回访,均无误后,近期将36户151人9.06万元资金拨付银川市邮政分销业务局账户。（包顺琴）

【党建与精神文明建设】 1.一是强化理论学习,争创学习型党组织。制订了《西夏区农牧水务局政治理论学习计划》。二是完成“公推直选”工作。严格按照选举程序,新产生党支部3个,每个党支部采取差额选举了2名委员和1名支部书记。三是认真组织开展创先争优活动。党组织公开承诺3个,承诺事项12件;党员公开承诺36人,承诺事项112件。成立3支志愿服务队,党员志愿者34人,开展志愿服务活动11次,参加志愿服务136人次,评选服务示范窗口1个。评选出8名共产党员先锋岗,要求党员认真履行党章规定的义务。四是组织开展“党建月”活动。组织党员到革命圣地参观,重温了入党誓词;组织党员到所居住社区报到,参加社区各项公益活动,争当“三好党员”;在党的89岁生日之际,带领局全体党员到火车站广场参加“党员奉献日”活动。五是开展“双述双评”活动。6月18日,召开述评会议,领导班子成员严格对照民主评议的内容进行述职,并进行民主评议测评;6月20日,召开了“加强党内民主集中制”专题民主生活会,对领导班子贯彻执行民主集中制情况进行认真自查。进一步推动水务局科学决策、依法行政。六是认真组织开展“三项教育”活动。认真组织学习区委的相关重要文件精神。党员领导干部和局各站、办、所、中心负责人各撰写学习体会1篇。七是进一步完善“三会一课”制度。共召开党工委会议16次,党员大会4次,民主生活会2次,组织生活会1次,普通党员讲党课4次。八是认真落实发展党员“五项制度”。严格按照程序,对3名入党积极分子转为预备党员和2名预备党员转为正式党员进行考察,并及时向群众公示。九是为做好党员信息管理工作,安装中国共产党员基本信息管理系统,认真对党员信息进行录入,建立党员信息库。十是在2010年11月25日组织召开年度民主生活会。经统计测评汇总,民主生活会质量测评分数为96.3分。

10月14日,西夏区干部职工积极参加农田水利建设义务劳动

2. 一是召开精神文明建设专题会议7次。二是制定了政治理论和业务学习安排,每月安排4次政治理论集中学习(每周二组织政治理论集中学习),每月安排2次业务学习。每人均撰写政治理论和业务学习笔记各3万字以上,并撰写学习心得体会两篇。三是结合工作实际,认真组织局干部职工完成每月一题的回答4次,并及时上交宣传部审阅。四是积极组织开展了“读书月”活动,在全局上下形成了“勤奋学习、学以致用”的良好学习风气,营造出了“读书好、好读书、读好书”的浓厚学习氛围,进一步提高了干部队伍整体素质。五是全年发布农牧水务信息82期,其中多篇信息被自治区水利厅、自治区农牧厅信息中心和西夏区委评为好信息,并采用。六是聘用两名人员专门负责局机关卫生环境工作,办公环境得到很大的改善,无卫生死角。七是足额完成党报党刊的征订任务,各类报刊上发表新闻报道共8篇。八是积极开展文明城市创建活动。九是组织青年干部参加自治区水利系统“水投杯”青年歌手大赛,1名从预赛选拔中进入决赛。十是水务局技术人员满虎被银川市团委评为第六届“银川市十大杰出青年”提名奖。（包顺琴）

永宁县水务局

【概况】 2010年,永宁县水务局(以下简称水务局)机关设置办公室、规划设计室、工程建设管理站、农村供水管理站、水利股、防汛办、水利工程监察室和财务室8个职能股室站所,派驻乡镇的水利工作站4个,分别是闽宁水利工作站、李俊水利工作站、望洪水利工作站和望远水利工作站。核定行政编制11人,事业编制56人,其中乡镇水管站32人。

2010年,水务局抢抓机遇,迎难而上,负重拼搏,务实苦干,水利各项工作取得了突破性进展:全

县水利投资高达2.496亿元,解决了10万人农村饮水安全问题;农业灌溉节水率达到4.2%;全县工业用水水循环利用率达95%以上,万元工业增加值能耗水耗下降8.7%;取水许可证年检率达100%,水资源费征收任务突破200万元既定目标;"一把锹"淌水制度巩固率达95%;水事案件查处率达100%;水土保持方案申报、审查率达90%,验收率达90%;各项水利工程质量合格率达100%,优良率达50%。农田水利基本建设再夺"黄河杯"竞赛一等奖,实现"四连冠",获全区农田水利基本建设先进县荣誉称号和优秀组织奖单位;小农水重点县项目绩效考评荣列全区第一,被评为全区灌溉节水先进单位和全区水利系统政风行风先进单位。(王庆茹)

【工程建设与管理】 一是投入资金2172.92万元,历时40天,完成"黄河金岸"湿地改造保护工程,开挖湖泊246公顷,完成土方230万立方米,实现了水利工程的开门红;二是投入资金1667.2万元,完成2010年重点县项目,砌护渠道195.4千米,清淤沟道18.64千米,配套建筑物30458座;三是投入资金1197.03万元,完成现代农业项目,砌护渠道142.21千米,清淤沟道25.24千米,配套建筑物19750座;四是投入资金333万元,实施2010年度现代农业生产发展资金项目,配套滴灌设施1359栋;五是投入资金155.38万元,完成胜利乡设施农业滴灌配套工程,配套滴灌设施550栋;六是投入资金260万元,完成千亿斤粮食项目,砌护渠道26.78千米,清淤沟道4.6千米,配套建筑物583座;七是投入资金70万元,实施2009年退耕还林基本口粮田项目,砌护渠道9条9千米,配套建筑物126座;八是投入资金587.53万元,实施民生渠节水改造工程,砌护渠道10.3千米,配套建筑物186座,新建扬水泵站1座;九是投入资金2580万元,实施中干沟治理工程,清淤扩整治理沟道13.9千米;十是实施永清沟治理工程,清淤扩整治理沟道5.3千米;十一是投入资金463.49万元,办结杨和镇南北全村合作渠砌护议案、胜利乡八渠村三十斗口高标准农田示范片区水利工程配套议案和望远镇上河村3队永清沟渡槽建议等3件议案建议;十二是投入资金918.13万元,完成了县委政府交办的白鸽渠改造工程、西渠配套建筑物工程和南方和谐新村道路硬化工程等3项急难险重任务。

梳理职能,细化分工,明确岗位职责,股室站所之间分工不分家,既密切配合,又互相监督、相互制约。科学设计了水利工程从规划设计到建设管理到验收决算的统一建设管理流程,每项工程前期都专门组织进行方案论证。实施中执行"四制"管理,严把"五个关口",进行千分考核,聘请工程运行管理部门和受益村队群众全程监督工程质量。建后管理上,健全县、乡、村、队、协会分级负责的管理机制。

(王庆茹)

【灌溉管理】 组织全县73家农民用水者协会参加培训,圆满完成了协会年检工作。严格执行支斗渠水费"村用、乡管、县监督"的财务模式,进一步规范返还水费的使用和管理。支斗渠道管理走上了农民用水组织自主经营、自我管理,农民群众参与监管的运行轨道。部分协会实行的旱稻地分类收费,协会管理下的水量承包制等一些好做法,增加了水费征缴的透明度,化解了水费收缴纠纷,提高了广大群众的缴费积极性。2010年,顺利完成了2.15万公顷农田灌溉任务,全年没有发生因灌溉问题而引发的群体性上访事件,灌溉用水较上年节约1900万立方米,节约4.2%。

(王庆茹)

【农田水利基本建设】 农田水利基本建设紧扣"解决群众生产生活实际困难、全面提高农业综合生产能力"这一中心,围绕滨河大道、李银公路和包兰铁路三条主线,主抓南部10万人农村饮水安全工程、干支排水沟生态治理和低产田集中连片改造整治三大重点,建设高标准农田1.41万公顷,突破了9260公顷的计划目标,超额完成任务51%,建设畦田1.07万公顷,超额完成任务45%。全年投入农田水利基本建设的资金达到4.2亿元,较上年增加1.28亿元,增长43.63%;累计投入劳动力282万工日,较上年增加7.8万工日,增长2.8%;动用机械7.2万台班,较上年增加0.44万台班,增长6%;移动土方2085万立方米,较上年增加779万立方米,增长59.65%;砌护渠道581.5千米,较上年增加238千米，增长79%；清淤各级沟道5565条3566千米，超额完成任务51%；清淤各级渠道8468条6437千米，超额完成任务51%；整修各级生产道路7684条3862千米，超额完成任务49%；秋翻地1.72万公顷，完成计划任务的115%；秸秆还田8733公顷，完成计划任务的116.1%；秋施肥7466.7公顷，完成计划任务的129.8%。农田水利基本建设在科学规划、规模声势、资金投入、项目配套、建设标准、工程质量、综合效益、群众得实惠八个方面实现突破。

（王庆茹）

【农村饮水安全工程】 一是完成总投资1089.5万元的望远镇政台、望远、杨和镇观桥农村饮水安全工程续建工程；二是实施总投资4606万元的南部10万人农村饮水安全工程。截至年底，水厂建设已全面完工，主、支、入巷管道全线贯通通水，入户率达80%，工程总体形象进度达90%。建成后，将解决永宁县、金凤区6个乡镇44个行政村405个生产队28288户99795人的饮水安全问题，实现全县农村饮水安全全覆盖；三是强化农村饮水安全工程建后

11月1日，永宁县已建成的南部农村饮水安全工程水源地

管理，已初步形成了规模化发展、标准化建设、企业化经营、专业化管理、规范化服务的建后管理新机制，农村饮水安全工程走上自主经营、自负盈亏、滚动发展、以水养水的良性循环道路。（王庆茹）

【节水型社会建设】 通过实施小农水重点县项目、灌区续建配套工程、"一事一议"项目、现代农业项目、千亿斤粮食项目、退耕还林基本口粮田项目等节水改造工程，积极推广水稻旱育稀植和控灌、小畦灌、滴灌、喷灌等节水灌溉技术，大力发展节水农业，通过加强对农民用水者协会的监管，不断巩固水费改革成果，有力推进管理节水。2010年，全县农业灌溉用水较上年节约1900万立方米，节约4.2%。通过对工业企业用水实行总量控制、定额管理，工业用水水循环利用率达95%以上，万元工业增加值能耗水耗下降8.7%。

（王庆茹）

【防汛】 一是建立健全防汛责任制。及时召开防汛抗旱工作会议，修改完善了《永宁县防汛抗旱应急预案》，逐级明确责任，层层签订责任书，严格执行行政

5月19日，永宁县新建的黄河防洪丁坝

首长负责制、防汛值班制、雨水情收集汇报制度、洪涝灾害汇报制度、险情汇报登记制度等各项防汛制度。二是落实抢险物料、队伍，实现了安全度汛。县级储备铅丝7吨，编织袋22000条，木桩10000根，砼墩4500个，片石6000立方米；乡级储备柴草250吨，木桩25000根，编织袋32000条，铁锹2000把。全县落实抢险汽车20辆，推土机20台，四轮520辆，落实村干部、共产党员、民兵为主的抢险队伍2000人。三是投入资金245万元，完成南方控导工程24#、26#、27#丁坝及联坝维修工程、瀛海水泥厂防洪工程、南方、雷台塌岸险段治理工程，投放片石300立方米、卷埽180立方米、回填土方360立方米；新筑导洪堤1条1050米，新开导洪沟1条900米，加固重点险段300米，浆砌石560立方米；四是疏通泄洪沟道4条15千米，清理涵洞4座，积极协调清理了太中银铁路便道。（王庆茹）

【水库移民】 一是完成了享受直补扶持的1653名水库移民的复核工作，核减了2009年7名已死亡人员资金直补扶持，兑付直补资金106.62万元；二是

编写完成了《永宁县大中型水库移民 2009～2010 年扶持规划》和《永宁县 2011~2015 年大中型水库移民后期扶持规划》；三是完成大中型水库移民后期扶持系统数据采集与电子地图标注工作。（王庆茹）

【水政与水资源管理】 一是开展声势浩大的“世界水日”“中国水周”纪念宣传活动，制作宣传展板4块，悬挂条幅 68 条，发放宣传资料 6.5 万份、节水标示手提袋 800 个、纸杯 4500 只，播放《水法》等宣传录音带 12 场次，在永宁电视台黄金时间连续播放《阿丘说水事》专题片，使水法制观念和节约用水意识深入人心；二是严格执行取水申报、审批程序，完成全县 23 家用水企业取水许可证的审核、年检工作；三是完成全县用水企业自备井现状调查摸底，加大对自备井监督管理力度。投资 40 万元，强制 23 家用水企业安装自备井水表 43 块，工业月水实现了定额取水、精确计量、明白缴费；四是重点加强对用水大户的节水管理，全县工业用水水循环利用率达 95%以上，万元工业增加值能耗水耗下降 8.7%；五是加大水资源费征收力度，完成了县委、县政府下达的 200 万元的水资源费征收任务；六是加强对全县饮用水水源地和湖泊、湿地的保护和入河入沟排污口的监督管理；七是严格执行水土保持“三同时”制度，重点抓好贺兰山东麓采砂区、望远工业园区、三沙园、公路建设项目的水土保持管理，有效遏制水土流失；八是加大水事违法案件的查处力度，依法制止侵占沟道、毁坏公共水利设施的违法案件 2 件，处理沿沟乱倒杂物垃圾的不法行为 1 起。（王庆茹）

【项目工作】 争取到 2010 年度中央财政小型农田水利重点县项目北渠节水改造工程、2010 年度现代农业优质粮食八渠节水改造工程、2010 年中央水利建设基金应急度汛项目、2010 年特大防汛（防凌）补助项目、永宁县打捆实施退耕还林成果项目、2010 年第一批水资源费、2010 年农民专业合作组织项目资金等 10 个项目，批复资金 8792.48 万元，超额完成县政府下达的 4000 万元项目带动工程任务。

（王庆茹）

【党建与精神文明建设】 在圆满完成各项重点工作的同时，加大党建、精神文明建设、党风廉政建设等工作力度，使各项工作与水利工作同安排、同部署、同检查、同考核，切实做到了双促进、同发展。加强阵地建设，成立了“党员服务中心”和“职工之家”，配置各项健身器材、音响设备，定期开放使用。每月组织开展一次党组织活动，成功举办了迎新春团拜会、庆“三八”联谊会，庆“七一”水利工程观摩会、庆“八一”登山比赛，与永宁县检察院联合举办了秋季职工运动会，组织了“西部大开发，水利大发展，争当排头兵”演讲比赛。开展了“富民惠民兴水利，创先争优竞一流”为主题的“创先争优”活动，打造了争创“党员先锋岗”、争当“水利岗位标兵”水务党建品牌。建立了行贿犯罪档案查询制度，举办预防职务犯罪专题讲座。狠抓政风行风建设，加强机关效能建设，修订《水务局干部职工一日工作制度》，完善《水务局股室站所及干部职工实绩考核办法》和《水务局干部职工实绩考核细则》，用“铁规铁律”规范干部职工工作行为，加强干部作风建设。2010 年，被评为全区水利系统政风行风先进单位，开展的争创“党员先锋岗”、争当“水利岗位标兵”活动，被县委组织部作为基层党建工作亮点在全县推广，“五五”普法工作作为先进典型代表在全县依法

3 月 6 日，水务局开展丰富多彩的文娱活动

治县暨“五五”普法推进工作会议上作交流发言，先后有 10 名同志被区市县评为“先进工作者”和“先进个人”。（王庆茹）

【获得荣誉】 一是荣获 2010 年度全区水利系统政风行风建设先进基层所站；二是荣获全区水利灌溉节约用水先进单位；三是荣获 2010 年度农田水利基本建设“黄河杯”竞赛一等奖；四是荣获全区农田水

利基本建设先进县荣誉称号；五是荣获全区农田水利基本建设优秀组织奖单位；六是荣获全区小农水重点县项目绩效考核第一名。（王庆茹）

【领导机构】 2010年，水务局领导班子由5人构成：局长、防汛抗旱指挥部办公室主任、党总支副书记李国军，党总支书记蒋河，副局长丁志、唐清宁，防汛办副主任李立峰。（王庆茹）

贺兰县水务局

【概况】 贺兰县水务局(以下简称"水务局")是县人民政府的组成部门，属于全额拨款事业单位，内设办公室、规划站、防汛办、世行办、灌溉管理所、人饮管理站6个站(所、室)，现有在编人员49人。依法承担全县水利发展规划计划的制订工作；全县水资源统一管理工作，指导农村灌溉工作，组织建设水利工程并对水利工程进行行业管理，负责水政监察、水政执法工作，负责全县农村水利改革的指导工作；主管全县水土保持工作；承担县防汛抗旱指挥部及农田建设指挥部的日常工作。（岳发鹍）

2010年，贺兰县水务局以科学发展观为指导，在全县7个乡镇场分别实施了小型农田水利、现代农业发展、农村饮水安全、灌区续建配套等项目工程，完成概算投资1.19亿元，改善灌溉面积1万公顷，改善排水面积1.33万公顷，解决了近7万人的饮水安全问题。国家水利部农田水利基本建设调研组、小农水重点县检查组莅临贺兰县指导工作；全区农田水利基本建设大会战启动仪式、银川市农村饮水安全工程启动仪式、区、市农田水利基本建设观摩会、全区水利系统宣传工作会议先后在贺兰县召开，水利工作不断实现新突破，取得新成效。

（岳发鹍）

【工程建设与管理】 重点工程建设：全面完成寇家湖现代渔业基地整治、快速通道切断水系恢复工程、小型农田水利及现代农业发展项目、洪广镇排水改造工程、北毛渠砌护、复兴渠北叉子改线砌护、经济桥万亩现代农业示范区节水灌溉工程等10项重点工程，砌护支斗农渠621条240.4千米，配套建筑物3万余座，改善灌排面积6666.7公顷，切实解决了当地的灌排难题，巩固了全国小型农田水利建设重点县的创建成果。按照"通、透、绿""宜水则水、宜林则林、显山露水"的大思路，构建大水系格局，连通融合"黄河金岸"沿线20千米范围内两侧水系，开挖沿黄水系20千米，完成土方360万立方米，形成水面面积333.3公顷，打造沿黄滨河水文化，做足水文章，凸显塞上江南田园风光，"黄河金岸" 沿线水系特色景观已经形成。（岳发鹍）

工程管理：项目实施过程中，严格执行"四制"管理制度。一是项目法人制。明确贺兰县水利建设管理中心为项目法人单位，具体承担项目的执行。二是项目招投标制。所有招投标工程项目均按规定，报请自治区招投标管理中心审查、备案，对所有工程均采取公开招标，整个招投标工作严格按照"公开、公平、公正"的原则进行。三是项目建设监理制。在委托有资质的监理单位负责项目监理的同时，还专门邀请区质监站对质量进行监督，确保高质量完成项目。四是项目合同管理制。项目工程计量、结算严格按与施工单位签订的《施工合同》进行，实行岗位责任制，做到"工作有人领导，群众有人发动，技术有人知道，问题有人解决"。（岳发鹍）

【灌溉管理】 加强用水计划和水量统一管理，构建水量统一调度体系；加大灌区节水改造力度，扩大节水示范区建设，大力推广节水灌溉技术，实施井渠结合灌溉面积1333公顷，全面推广水稻节水控灌、喷灌、滴灌、管灌等高效节水技术，推动传统农业向现代农业、节水农业的转变，全县实现节水突破2000万立方米。（岳发鹍）

【农田水利基本建设】 全县完成高标准农田建设1.91万公顷，与上年相比增加40%；改善灌溉面积1.4万公顷，新增节水灌溉面积9133公顷，新增耕地2133公顷；连续第七次夺得银川市农田水利基本建设第一名，蝉联自治区"黄河杯"竞赛特等奖，荣获全区农田水利基本建设先进县。（岳发鹍）

【防汛防凌抗旱】 新建、维修黄河护岸码头4座，防洪体系得到加强；组建防汛抗旱应急救援大队，落实汛期24小时值班制度，足额配备挖掘机、推土机、铅丝、备防石、铁锹、木桩等防汛抗旱物资；开展防汛抗旱应急演练3次，防汛安全大检查4次，着力提升防灾减灾能力。（岳发鹍）

【农村饮水安全】 启动实施了常信洪广、习岗农村饮水安全工程，建成花园式水厂1座，完成主支管道铺设316.8千米，巷道管890千米，主、支、入巷管道全线贯通通水。工程入户率达到80%以上，工程形象进度达到90%以上，解决了近7万人的饮水安全问题，实现了农村饮水安全的全覆盖。同时，不断强化工程建后管理，对供水实行企业化管理，实现“财务管理规范化”“计量收费标准化”“工资待遇绩效化”“供水服务优质化”“水质环境安全化”，确保工程建一处，成一处，发挥效益一处。（岳发鹍）

【农村水利改革】 深化城乡水务一体化管理，加大水行政管理力度，逐步实现全县水资源的统一管理和优化配置；巩固水管体制改革成果，建立完善“水管单位、协会、用水户”一体化的灌区供水管理体系；深化农村水费改革，加大对农民用水者协会的监督指导，在全县56个用水协会中推广“四公开、三到户、两规范”的管理制度，提高用水协会涉水事务管理水平。组织农民用水者协会参加培训，圆满完成了协会年检工作，严格执行支斗渠水费“村用、乡管、县监督”的财务模式，进一步规范了返还水费的使用和管理。落实水利维修工程费60万元用于工程的维修养护。全年没有发生因灌溉问题而引发的群体性上访事件。（岳发鹍）

【水政与水资源管理】 开展了水资源详查，摸清了全县整体水资源现状和农业、工业、生产、生活、生态等用水情况；开展了入河、入沟排污口专项检查，规范了排污口的监督管理；加大水事违法案件的查处力度，不断加大水政执法力度，实现水资源统一管理、高效利用。按照《宁夏回族自治区取水许可和水资源管理办法》《银川市水资源管理条例》，批复8家取水户打井申请，并办理了取水许可证，对10家取水单位重新核定取水量，对10家用水户安装计量设施，全年征收水资源费突破100万元。（岳发鹍）

【节水型社会建设】 通过实施中央财政小型农田水利项目、千亿斤粮食产能项目、现代农业发展项目，建设高标准农田示范区、井渠结合沟水补灌区、高效节水示范区，解决了因地形、地貌复杂、灌水条件恶劣地区的灌水难题，进一步完善水利配套设施，夯实农业发展基础，提高了灌溉水利用系数，为现代水利支持现代农业提供新的支撑点。（岳发鹍）

【水土保持】 全面开展水土保持预防、监督和治理工作，制订了《贺兰县关于开展开发建设项目水土保持监督执法专项行动方案》，加大水土保持法律、法规的宣传力度，深入企业、厂矿开展调查摸底工作，对2个园区和9家砂石料厂的水土保持工作存在的问题提出了整改，落实了整改方案，为加大贺兰县水土保持管理工作力度奠定了基础。（岳发鹍）

【水库移民】 根据《国务院关于完善大中型水库移民后期扶持政策实施意见》《宁夏回族自治区大中型水库移民后期扶持政策实施方案》的要求，本着“生不增、死要减、尊重事实、坚持程序”的原则，贺兰县顺利完成2010年度大中型水库移民后期扶持人口年度复核工作。经复核，核减2009年死亡人口20人，确定2010年我县纳入大中型水库移民后期扶持人口为794户2779人。（岳发鹍）

【党建与精神文明建设】 一是局支部按期召开“提升党员素质，服务水利发展”和“贯彻落实《党员领导干部廉洁从政若干准则》，切实加强领导干部作风建设”为主题的民主生活会，使全局党员干部在主题实践中更具凝聚力、战斗力和创造力。二是扎实开展普通党员讲党课活动，组织全局23名党员开展以“贯彻落实科学发展观，推动水务工作科学发展”为主题的党员讲党课活动；局领导班子成员撰写党课讲稿10篇，讲党课20学时，全局党员撰写党课讲稿30篇，讲党课60学时。三是开展“党员奉献日”活动，深入结对帮扶村立岗镇清水村，带动帮扶村群众开展村庄整治活动，形成关心创卫、支持创卫、参与创卫的良好氛围。四是开展党内互助活动。发动全局干部职工为困难党员包长录同志捐款8000元；为青海玉树、甘肃舟曲灾区捐款4200元；“七一”前夕，慰问困难职工5户、老党员5名，慰问帮扶村贫困群众30户。五是组织开展了“提高自身素质，服务水利发展”

演讲比赛，强化干部职工理论素养、作风建设、业务能力。六是积极开展庆祝“建党89周年爱国歌曲大家唱暨中华经典诵读活动”，加强职工交流，增强全局团结。七是开展双拥共建活动，慰问共建部队，并送去防汛抢险物资及慰问品，落实双拥经费3000元。八是带领干部职工深入隆德县、西吉县、同心县等兄弟县市观摩学习农村人饮工程建设、节水灌溉工程建设、农田水利基本建设等工作，交流学习兄弟市、县好的做法和经验。2010年，全县未发生一起水事纠纷。（岳发鹍）

灵武市水务局

【概况】 2010年，灵武市水务局（以下简称水务局）下设防汛抗旱指挥办公室（副科级）、农田管理站、乡镇供水总站、水利技术服务站、水土保持工作站、水政监察大队、水利管理所、水利工程质量监督站、宁东水利工作站、东塔水利工作站10个事业单位，核定编制人数158人。其中高级工程师6人，工程师17人，技师8人，助理工程师62人，高级工10人，中级工18人，初级工3人。

2010年，水务局努力践行可持续发展的治水思路，抢抓中央、自治区重大政策机遇，农建工作取得历史性突破，首次夺得“黄河杯”竞赛一等奖；常规工作扎实有效，全年共争取实施各类项目25个，完成总投资4.2亿元，较2009年增加1.68亿元。其中争取农业综合开发、国土整治、小型农田水利、现代水利、财政小农水重点县、设施农业水利配套等项目资金1.4亿元。新增节水灌溉面积4333.3公顷，改造中低产田3000公顷，治理水土流失面积178.68平方千米，发展井渠结合灌溉面积3000公顷，新增高节水补灌面积1733.3公顷。先后获得黄河流域水土保持执法监督“先进集体”、全区水利系统政风行风“先进集体”、全区水利行业“先进集体”等10多项殊荣，13人（次）受到自治区、银川市、灵武市表彰奖励，水利工作进入稳步发展的快车道。（王少清）

【工程建设与管理】 一是按照“挖大沟、大挖沟、大连通”的思路，对沙窝沟、张家沟、通河沟进行扩整并与排水总干沟连通，降低西沟排水压力；将靶档沟与南干沟进行连通，消除靶档沟排水顶托问题，使全市骨干沟道全部连通，实现排水系统的大通畅，彻底解决了灌区农田灌排难的问题，共计扩整清淤骨干沟道48条199.8千米。二是组织实施滨河大道排水总干沟建设，把堤防东侧9000公顷农田排水，沿线2333.3公顷农田的灌溉补水，173公顷水产养殖蓄水，333公顷湿地湖泊调水以及滨河大道两侧生态景观蓄水等功能融为一体，开挖全长27.03千米排水总干沟，使排水总干沟综合功能与滨河大道沿线优势特色产业相结合，扩展水资源高效利用新路子。三是实施梧桐树、临河田档子调整工程。对梧桐树、临河1500公顷农田的沟渠路林重新进行规划调整，新挖沟道72条73千米，新修渠道73条72.2千米，新建生产路125条119.6千米，新植农田林网31条33.5公顷5.1万棵。四是完成西天河雨洪水调蓄、甜水河引水、东任路调水、干渠稍段井渠联用等工程建设，建成蓄水工程8处，扬水泵站5座，新增调蓄水能力1000万立方米，进一步提高了农业生产安全保障能力。五是投资3850万元，以小管出流为主，实施了甜水河、东任路、雁知山、狼皮子梁生态经济林供水工程，铺设各类输水管道3500千米，使全市高效节水补灌达到5666.7公顷。六是投资800万元，实施梅花井矿区高盐水生态湖治理工程，有效解决了矿井高盐水对周围环境污染的问题。七是实施灵武火车站站前土方平整，西湖湖面扩整工程。完成火车站站前土方54万立方米，开挖西湖水系6.4公顷，动用土方30万立方米，完成投资900万元。八是实施新区水系开挖和溢流堰建设、绿化带平整等基础性工程。开挖湖面45.7公顷，动用土方220万立方米，连通水系5.2千米，扩整东大沟2.6千米，填筑绿化林带16.9公顷，新建溢流堰1座，完成投资1400万元。九是全年共监管各类水利工程30多处，排查重点工程存在质量问题的5处，整改4处，整改率80%。严格执行“一支笔”审批制度，完善内部工程建设管理中心管理制度，规范项目招投标程序，建设阳光工程；规范资金

6月4日，新建的滨河大道排水总干沟溢流堰

管理制度，杜绝截留、挪用，建设高效工程；规范项目责任制，建立法人责任制、项目经理责任制、监理责任制、招投标制度，组建灵武市水利工程建设项目法人，健全组织，成立机构，建优质工程，确保工程隐患处于可控状态。（王少清）

【灌溉管理】 2010年末，全市自流灌区实际灌溉用水2.8亿立方米，其中计划内用水1.78亿立方米，计划外用水1.02亿立方米。6~8月，启动抗旱机井220眼，发展井渠结合灌溉面积3000公顷。协同渠道部门引水、放水，并及时从东干渠调蓄水库调配50万立方米水进行应急补救，确保崇兴镇杜家滩村下游群众农田应急灌水，使群众损失降到了最低。

（王少清）

【农田水利建设】 2010年，灵武市农田水利基本建设以滨河大道、梧桐树乡中路、新杜路、灵胡路、灵白路等主干道路两侧为主线，整合财政小农水重点县、现代农业、国土整理、农业综合开发、世行贷款节水灌溉、骨干沟道畅通等项目工程，按照“综合整治、全面配套、整体推进”的目标，累计投入劳力75.32万工日，动用机械2.16万台班，砌护渠道758千米，配套建筑物5225座；清挖各级渠道1953千米，清淤支斗农沟1906千米，整修农路3287千米，动用土方631.4万立方米，建设畦田7333.3公顷，建设高标准农田14306.7公顷，完成计划任务的143%。

（王少清）

【防汛防凌抗旱】 2010年，水务局实施长流水病险水库除险加固工程，疏通大河子沟泄洪沟全线，打通西沟与排水总干沟，扩整东沟城区段，建成排水总干沟4座补水泵站，配套建设穿堤建筑物59座，开挖滨河大道排水总干沟27.03千米；完成西天河雨洪水调蓄、甜水河引水、东任路调水、干渠稍段井渠联用等工程建设，建成蓄水工程8处，扬水泵站5座，启动抗旱机井220眼；清理整治宁东、马家滩、临河泄洪沟内砂场15家，清淤泄洪沟2千米，护坡处理1千米，有效保障了人民生命财产安全，确保了灵武市安全度汛。（王少清）

【农村饮水安全】 紧紧抓住国家加快农村饮水安全工程建设的有利机遇，争取实施了梧桐树、郝家桥、宁东北三村饮水安全工程，完成投资1706.33万元，铺设管道349.9千米，入户8425户，解决了4.2万人安全饮水问题，率先在全区实现了自来水村村通，使全市15.59万人饮水达到安全标准，提前完成“十二五”规划目标任务。（王少清）

【农村水利改革】 水务局74名科技人员深入农村饮水、协会管理、设施农业等农科服务中，参与49家农民用水者协会、4处饮水工程的管理、3处设施温棚滴灌、管灌等节水技术示范，服务范围涉及全市8个乡镇67个行政村12.5万人20000公顷。

（王少清）

【水政与水资源管理】 积极开展“世界水日”“中国水周”宣传活动，印发各类宣传资料3万多份，发放宣传杯、册5000余份。加大水行政执法力度，全年共查处水事违法案件23起，组织完成2个建设项目水资源论证工作；换发取水许可证11家；下发违章通知书60份；清除违章建筑50处，关闭非法自备井15眼；征收水利规费24.34万元，其中污水处理费3.75万元；水事案件同比下降45%；联合区水政处、区水文局、市环保局对大泉水源地进行调查，并监督执法检查，为郝家桥农村人饮项目提供依据和资料；有效防护保护区以外的污染源进入水源地，确保生活用水质量，保护了水源地水体的储量、流向和自然净化能力。全年先后有41执法人员参加水利部、水利厅、灵武市执法培训。（王少清）

【节水型社会建设】 实施狼皮子梁节水示范项目、五里坡大中型泵站改造、汉渠灌域节水续建等工程，灌区节水灌溉面积达14333.3公顷，灌溉水利用系数提高至 0.5；推广水稻节水控制灌溉技术 6666.7 公顷。进一步推广应用小管出流节水灌溉技术，在临河、崇兴、东塔等乡镇沿山中部干旱带发展生态林、经济林 1733.3 公顷，带动了周边群众自筹资金发展喷滴灌、管道输水灌溉等 133.3 公顷。（王少清）

【水土保持】 一是以“改土治水、绿化荒山、改善生态、控制水土流失”为突破口，采取水利治理与生态环境建设相结合，完成长流水、石峡子、大河子沟等小流域治理工程，治理小流域 6 条，累计治理水土流失 178.68 平方千米。二是加大水土保持预防监督力度，对全市 42 个大中型建设项目进行重点督查，审查水保方案 23 个，向大中型企业发放整改通知书 22 份，摸排小型建设项目 96 个，督办水土保持方案 35 个，征收水土保持补偿费 57 万元，确保了各项水利工程和生态环境建设顺利实施。（王少清）

【水库移民】 全年向崇兴、郝家桥、梧桐树、宁东4个乡镇 7 个行政村 14 户 77 人发放直补资金 4.62 万元。年内，全市未出现一例移民上访事件。（王少清）

【创新工作】 一是按照工农业分布格局和生态治理、水环境发展要求，创新治水思路，明确“中南部节水改造，东部开源高效补灌”的治水思路，在东部及北部实行扬黄调水、以井补灌和雨水集蓄利用“三水”综合的措施，引用东干渠调蓄水库蓄水、排水总干沟、东大沟等沟道排水，发展绿化面积 2000 公顷，为宁东地区开发建设和灵武市东部沿山生态绿化提供了水源保障，有力促进了工业、农业、生态和谐发展。二是根据水利工程预制板跟不上工程建设需要的实际，搭建 1600 多平方米蒸汽养护车间，使混凝土 U 型板养护时间由原来的 15 天缩短为 8 个小时，克服了冬季不能生产预制板的难题，大大提高混凝土构件预制生产能力，延长预制生产周期，为全市农业基础设施和现代农业发展项目实施提供有力保障。三是安装远程监测系统。1. 在长流水病险水库除险加固工程上安装远程监测系统，用来监测雨量、水位、风速风向、变形传感器等多种要素的变化过程，完成水利信息采集、处理、存贮、显示和传输任务，使工作人员安全、及时、有效监测水库运行情况，为上级部门提供防汛期间山洪灾害快速、准确的信息。2. 在崇兴水厂安装人饮工程自动化监控系统，实现人饮工程供水过程中水泵启动、管道供水、水位监测等功能操作的自动化。（王少清）

【党建与精神文明建设】 2010 年，水务局党委以“党委统一抓、书记全盘抓、班子成员分工抓、党务干部专心抓”的党建工作责任机制，深入开展“创先争优”“西部大开发大学习大讨论”等主题活动，坚持党建工作例会制度，定期召开党委会议研究党建工作。“七一” 期间，组织慰问老党员 15 名，发放慰问金 5000 元；开展“水务局党委老党员传帮带”主题实践活动，局党委被灵武市委授予“先进基层党组织”光荣称号。组织开展西部大开发战略大学习大讨论活动，成立机构，健全组织，撰写心得体会 100 多份，完成调研报告 8 篇，召开支部书记民主生活会 10 场（次），撰写发言材料 15 篇。2010 年，局党委始终坚持以人为本，狠抓选人用人工作，调整人饮、农田、建管中心等业务站所中层干部 7 人。推荐优秀干部参加灵武市“爱岗敬业、孝老爱幼、五好文明户”评选活动，形成了人人争先进、树典型的良好氛围。深入开展“升国旗 读书月”和“节能降耗”“卫生城市”创建等活动。全年计划生育率达到 100%，补助全市 67 户“少生快富”户自来水入户费 26800 元。妇女权益得到保障，工会、共青团充分发挥作用。社会综合治理工作进一步加强，全年无重特大安全责任事故发生，无上访现象。“五五”普法工作顺利接受验收。开展“向玉树灾区献爱心”活动，捐款 1.4 万元；组织和

7 月 30 日，建成后的滨河大道排水总干沟成为群众休闲娱乐场所

参与"'五送两带'、'守规矩 铸和谐'"演讲比赛两场次；向结对共建村帮扶村容村貌整治资金2000多元,收集整理群众意见建议40多条,解决了梧桐树南部、郝家桥镇8个村的安全饮水问题,为群众办实事20多件，共解决和帮扶各类资金总计3万多元；积极与市政协民进支部联系,支持资金5000元。全年共接受宁夏电视台、宁夏日报、银川电视台、银川晚报、新消息报采访25次,报道20次,编写各类信息简报120期；全年共在宁夏水利网刊登12篇,中国水土保持网报道19篇,灵武电视台报道65篇,灵武政府网报道25篇等。 （王少清）

石嘴山市水务局

【概况】 2010年石嘴山市水务局（以下简称水务局)核定人员编制为72名,其中:行政编制19名,后勤事业编2名,事业编制50名,领导职数:局长1名、副局长2名、正科级10名、副科级6名;学历:大学及以上学历33名、大专学历27名、中专学历8名、其他1名;职称:高级职称11名、中级职称26名,初级职称15名。内设机构5个:办公室、农村水利与规划统计科、城市水务与科教科、水政与建设管理科、防汛科;下属事业单位5个:石嘴山市水土保持工作站、石嘴山市水利勘察设计室、石嘴山市水资源开发开发利用管理办公室、石嘴山市大武口滞洪区管理所、石嘴山市水利灌排与工程质量监督站。

2010年，水务局坚持以科学发展观为指导,紧紧围绕"实施一个战略、抓好七项重点业务工作、实施六大重点水利工程" 的目标，着力强化水资源管理,大力推进传统水务向现代水务转变,取得了投资加大、发展加快、管理加强、改革加速的重大成就。

一是开展节水型社会建设工作,编制完成了《石嘴山市节水型社会建设实施方案》,开展了全市水资源普查,完善了工业和城市生活用水定额标准体系,严格取水许可制度，水资源管理逐步由粗放型向集约型转变。二是加强农村饮水安全项目规划和工程建设,解决了4.25万人农村人口饮水安全问题。三是加强水土保持工作，加强监督管理，加大监察力度,提高了水保方案申报率。2010年,石嘴山市水务局获得水利部黄河流域(片)水土保持先进集体。四是加强防汛水利基础设施建设，实施了贺兰山东麓大武口地区防洪工程浴山潭滞洪区及泄洪通道一期等四项重点水利工程建设,完成投资7510万元。五是2010年,星海湖拦洪库除险加固项目争取国家资金5622万元,是市水务局成立以来,争取国家资金最多的一个项目。六是进一步推进水利投融资体制改革,组建石嘴山市裕山河水务集团公司,为石嘴山市重点水利工程建设提供了融资渠道。 （刘根旺）

【工程建设与管理】 1.贺兰山东麓大武口地区防洪工程浴山潭滞洪区及泄洪通道一期工程，该项目概算投资1.31亿元,工程范围大沙路以东,包兰铁路以西,九分沟以南,七分沟以北。浴山潭滞洪区选在青草圈火车站西侧,现三二支沟两侧,滞洪通道选在火车站中央大道两侧。工程主要建设内容:开挖滞洪区50.8公顷,开挖土方654万立方米,开挖泄洪通道长8.4千米,改造三二支沟改道1.43千米,新建水利建筑物5座,其中6米跨桥涵3座,节制闸1座,溢流堰2座。工程于2009年8月开工建设,2010年10月竣工,完成土方开挖587万立方米,完成排水暗涵浆砌石砌筑8912立方米，三二支沟盖板900块,完成溢流堰2座,完成节制闸1座,项目累计完成投资5950万元。

2.六分沟、十分沟综合整治工程,该项目批复概算投资1.77亿元。主要建设内容为:开挖泄洪通道14.2千米，三二支沟改道0.4千米，形成水面面积282.27公顷,增加防洪库容280万立方米,新建6米垮桥涵1座、管涵3座、穿第二农场渠涵闸2座、溢流堰一1座。利用冬闲期间完成项目前期规划、勘测、设计工作,完成可研报告编制,完成发改委立项审批。1月19日完成项目招标工作,1月26日开工建设后,因土地问题根据市政府安排项目暂停实施,5月4日复工,8月底,完成土方3.8万立方米,完成施工排水16.4万立方米,累计完成投资360万元。

3.汝箕沟防洪工程,该项目批复概算投资7325万元。主要建设内容为:工程整治行洪沟道0.985千米，新开行洪沟道3.262千米，整治滞洪区2.47平方千米，新建建筑物6座，其中，扩建桥1座、新建倒虹吸1座、西线高速公路桥1座、浴山潭大街桥1座、渡槽1座、泄水涵洞1座。项目8月14日开工建设，完成土方5.2万立方米，完成前期工作费和工程投资500万元。

4. 星海湖大桥两侧清淤整治及中域南域连通项目，该项目概算投资4500万元，是对在建的星海湖大桥两侧进行清淤整治，项目主要建设内容为：清淤土方400万立方米，修建溢流堰2座。完成前期勘测设计及审批立项工作，完成项目招标，工程于5月初开工建设，10月底竣工，完成土方挖运36.84万立方米，完成混凝土1100立方米，累计完成投资700万元。

水务局在工程项目建设管理方面，主要开展了八个方面的工作：一是科学进行工程项目决策，实施的重点水利工程建设，均由石嘴山市委、市政府会议研究通过后，按照项目基本建设程序，报石嘴山市发改委批复立项后实施，项目投资均由石嘴山市发改委投资评审中心进行投资审核，杜绝未批先建、违规审批现象，做到了项目决策和审批的公开透明和依法实施；二是规范合同管理，制定了石嘴山市水务局专用合同，规范了合同签订程序和责任；三是加强计划和资金管理，规范了项目付款、资金管理流程，保障了资金管理安全；四是加强制度建设，修订《石嘴山市水务局项目管理制度》，为项目建设规范实施提供了制度保证；五是开展项目审计工作，积极联系市审计局对石嘴山市水务局2005~2009年以来实施的水利建设项目进行审计，保证项目顺利竣工；六是严格招标管理，促进招投标活动的公开透明；七是加强工程建设质量和安全管理，制定了详实的工程质量管理制度，层层把关，有力保障了工程质量控制、进度控制、投资控制和安全控制；八是工程建设项目信息公开，水利建设项目全部实行公开招标，在中国采购与招标投标网或宁夏日报上发布公告，做到项目建设信息的公开、透明。（李绍峰）

5月24日，市水务局局长李清（右三）检查水利工作

【灌溉管理】 石嘴山市属宁夏青铜峡引黄灌区，位于唐、惠两大干渠末段，灌溉方式主要以自流灌溉为主，平罗陶乐灌区和大武口区沿山灌区属多级扬水灌溉，扬水灌区和自流灌区都有相对独立的引水渠。有耕地面积76.75千公顷，种植面积77.76千公顷，灌溉面积74.07千公顷。有支渠689条，深井138眼，浅井1276眼，扬水站62座，支沟214条，电排站23座。现有农民用水者协会155个，在市、县（区）水务局的指导下，负责支渠以下灌溉供水和渠系维护管理工作。2010年计划黄河用水量7.03亿立方米，实际黄河用水量为7.33亿立方米，与2009年实际用水量7.31亿立方米相比基本持平。本辖区商品水率100%。（乔建宁）

【农田水利基本建设】 2010年，石嘴山市农田水利基本建设，按照一沟一渠的模式，共完成新开沟道429条长251.7千米，新开渠道12条长8.4千米；清淤三级沟道7480条长4427.6千米，占计划清沟长度的110.4%，清淤渠道15467条长9224.1千米，占计划清渠长度的100.7%；整修农路14810条长7857千米，占计划修路长度的132.8%，砌护渠道3387条长1835.3千米，占计划砌护渠道长度的131%；新建维修配套建筑物10931座，占计划的102%；畦田建设1.01万公顷，占计划的106%。累计完成土石方1655.7万立方米，投入施工机械2.614万台班，改造中低产田1.9万公顷，新增节水灌溉面积1.37万公顷，建设畦田1.01万公顷，累计完成各项水利投资6.57亿元。（姚新平）

【防汛防凌抗旱】 2010年圆满完成凌汛期间的防凌及汛期防汛值班工作。开展了汛前、汛中、汛后和凌汛检查。按照自治区水利厅关于“开展2010年汛

前水利安全生产检查”的工作安排,对石嘴山市汛前水利安全进行了全面检查。按照市防汛抗旱指挥部下发《关于做好2010年防汛工作的安排意见》,全面安排部署了2010年防汛工作。5月28日,全市防汛工作会议召开。市委、人大、政协分管领导及市防汛抗旱指挥部成员单位等共计80多人参加会议。市防汛抗旱指挥部总指挥王胜林与各县区签订了2010年防汛工作目标责任书。8月4日,对石嘴山市学校防洪安全进行了检查,重点检查了石嘴山市第十四小学和隆湖一站小学,对存在的防洪安全问题给予及时解决;6月24日市委常委马力,市人民政府副市长、市防汛抗旱指挥部总指挥王生林,市防汛抗旱指挥部副指挥长、市水务局局长李清及有关单位,会同一县两区党委、政府分管领导对所辖区防汛工作备汛情况进行了再检查、再部署、再落实。实地检查了各县区拦洪库、滞洪区、在建工程、行洪沟道、大武口城区内涝和市县区防汛物资储备情况。按照市防汛办要求储备防汛物资铁锹1000把、铁镐800把、40镑大锤400把、编织袋35000条、彩条布4400米、木桩111立方米、抬杆1300根、铅丝5吨等,做到有备无患。2010年完成的防汛岁修工程有:大武口沟飞跃桥下游护桥暗坎防护工程,铺设铅丝笼干砌石1100立方米;大风沟南堤与110国道交汇处东侧水毁修复工程、大风沟南堤与110国道交汇处西侧水毁修复工程、大风沟北堤K2+280处水毁修复工程,共3处,完成加固沟道1050米,砌筑浆砌石650立方米,浇筑混凝土144立方米,开挖土方3.4万立方米;北武当沟沟道疏通工程,疏通沟道300

5月12日,正在建设中的黄河标准化堤防工程

米,清理垃圾土方3000立方米;星海湖水情自动化监测设备维修工程,完成6处监测点钢结构设备的护腐和加固工作,以上四项共完成投资67.6万元。对存在防汛安全的石嘴山市第十四小学学校围墙(防洪堤)进行了维修加固,该工程争取自治区防办岁修资金6万元,由大武口区防办具体负责实施完成。 (丁宏亚)

【农村饮水安全】 2010年,石嘴山市农村饮水安全工程建设重点实施了平罗县北部饮水安全工程建设,项目批复投资3775万元,建设水厂1座,铺设主支管道1043千米,解决头闸镇、灵沙乡、宝丰镇、黄渠桥、高庄5个乡镇43个行政村336个自然队17639户75674人(含21所学校5957名师生)的饮水问题。年底完成铺设主管道1121千米,占任务的100%,建成闸阀井、联户水表井285座,自来水入户7500户,解决饮水安全人口3.5万人(批复工期到2011年7月)。大武口区实施隆湖六站和一、二站农村饮水安全工程,铺设管道39千米,各类阀井254座,过沟、渠、路建筑物23座,入户1968户,解决0.75万人口的饮水安全问题。共解决4.25万人的安全饮水问题。 (姚新平)

【农村水利改革】 一是落实统一管理责任制,对具有公益性的电排站和一些投资比较大,辐射面和运营范围大的扬水站、农村人饮安全工程实行统一管理。二是全面落实分级管理责任制,按照“谁投资、谁所有、谁受益、谁负担”的原则,进一步推进小型水利产权制度改革,明晰工程所有权,落实工程建设和管护责任。平罗县将自流灌区1778条支斗渠、4座扬水站和974眼无人承包的抗旱机井交由受益村队的农民用水者协会进行管理。三是落实小型水利工程承包、拍卖和租赁管理责任制。平罗县对9眼机井进行产权拍卖,拍卖资金1.59万元;4处人饮工程进行承包管理,每年回收资金5.9万元。进一步明析和落实了小型水利工程的管理责任和权限,使灌区灌溉管理得到一步加强,灌水秩序明显好转,水事纠纷减少,解决了灌溉难问题,水费收缴难问题明显好转。

(姚新平)

【水政与水资源管理】 1.水政工作。(1)水法规宣传

工作。组织开展第十八届“世界水日”、第二十三届“中国水周”宣传活动。在大武口青山公园组织开展了以“落实科学发展观、节约水资源”为主题的宣传活动，设置彩虹拱门和立柱，悬挂大型宣传标语横幅6幅，制作宣传展板4块，发放节水宣传资料2000多份，各种小册子400多册，张贴画200多张，营造浓厚的宣传氛围。(2)依法办理取水许可审批和取水许可证换发工作。2010年共办理汇鑫通工贸公司、石嘴山监狱、守信汽车贸易有限公司、万彪工贸有限公司等取水调查17起，其中批准10起，未批复5起，协调供水2起；完成英力特氰胺公司、河滨工业园实业公司等8家企业取水许可证换发工作，完成取水许可档案整理完善工作，完成电子档案的建立。(3)依法办理甘肃七建、宁夏华通公司、宁煤基建公司诉讼案件3起水行政、民事诉讼案件。(4)开展水务局水政执法人员执法证件年检工作。完成水务局34名水政执法人员执法证件的统计汇总及年检工作。

（倪　勇）

2. 水资源管理。2010年，水务局通过加强执法监督，进一步加大水资源管理执法力度，重点对取水许可、违规凿井、水资源费征收等情况的专项检查，加大对违规取水清理工作，2010年度集中执法16次，处理处罚12起，封填违法凿井9眼，暂扣违法凿井设备3台，共计罚款12.5万元。全面推进了水资源管理依法行政和规范化建设，组织、指导和监督水资源管理及节约用水工作。落实全市水资源勘察、监测、调查、技术档案管理和评价工作；完成取水许可审批22件，及时准确完成辖区197家自备水源井取水计量工作，在原有管理模式基础上，经过不断完善和细化，实现了一井、一表、一号、一卡、一数的“五个一”(“五个一”是指每一眼井安装一快水表、编一个井号、建一张档案卡和一个定期统计上报的取水量数据)管理目标，全年征收水资源费、污水处理费共计865万元；水表校验及配置450件，大力推广先进用水、节水工艺和水处理技术设备，监督取水用水技术和规范的实行；加强水功能区管理，坚持对星海湖等水功能区及惠农区地下水的动态监测，将监测资料建档，以点带面，逐步完善监督站网和监测手段，强化水功能区达标监督管理，加强水资源的有效保护。通过开展基础技术研究，建立了科学的水资源开发利用管理模式，使石嘴山市水资源管理整体水平有了新的提高。

（马秀丽）

【节水型社会建设】 1. 积极营造全社会节约用水的氛围。为了合理高效利用水资源，激发用水户参与节水型社会建设的主动性。一是在水资源费中拿出专项资金，对开展节水技术改造的企业，对安装节水水表的给予经费补助；二是鼓励用水企业投入资金、采用节水新技术，实施节水技改项目，提高水的循环使用率，提高用水效率，积极争取项目，帮助企业开展水平衡测试工作；三是营造公众参与节水型社会建设的良好氛围。利用“世界水日”“中国水周”，采取多种形式，宣传节水法律法规。2. 编制完成了《石嘴山市节水型节水型社会建设实施方案》。2010年12月编制完成了《石嘴山市节水型社会建设实施方案》，确定了节水型社会建设的原则、目标和工作任务，成立了石嘴山市节水型社会建设领导小组，确定了各部门的职责及工作要求。

（张　蕊）

【水土保持】 2010年，水务局以水土保持生态环境建设为主题，实施了星海湖湿地综合整治项目。加强水保监督执法工作，以执法监督工作为突破口，带动规费征收、水保宣传、方案落实的工作策略，深入企业宣传执法，强化了服务意识，加强了同建设单位、监测监理单位的联系，得到相关单位的大力支持，促进水土保持工作顺利开展，水土保持监督执法有了新成效。完成水土保持设施补偿费征收25万元。评审水土保持方案4件，批准3件。完成水务局项目库水土保持综合治理项目的上报、水利综合统计水土保持统计报表填报、宁夏生产建设项目水土保持方案技术评审专家推荐等工作，不断加强项目前期工作和规范化管理工作。完成了水利部检查石嘴山市水法规执行情况及黄委会上中游局对大武口电厂水保监督检查的接待配合工作。加强水土保持宣传工作，制订了《2010年水土保持国策宣传教育活动方案》，6月29日在石嘴山日报刊登水土保持宣传专版，在各县区设置宣传点，悬挂宣传条幅宣传水土保持法律法规，展示石嘴山市近年来水土保持成就，并

通过电视、报纸等媒体报道。2010年度,水务局获黄河水利委员会黄河流域片区水土保持监督执法先进集体称号。 (耿旭光)

【水库移民】 自治区核定石嘴山市水库移民扶持人数2570人,移民以插花型式分别涉及到石嘴山市两区一县的15个乡镇80个行政村。扶持方式:资金直补和项目扶持。其中实行资金直补人数为1258人,实行项目扶持人口为1312人。纳入扶持范围的移民每人每年补助600元。对资金直补的农户实行了一卡通直补到户。实行项目扶持人口,在项目的实施过程中,市、县制定一套严格而科学的工程建设管理制度,统筹安排、统一实施、严格管理,确保工程质量。工程竣工后,严格按照相关规定执行验收、审计及监督。 (郑 丽)

【党建与精神文明建设】 2010年党建精神文明工作,紧紧围绕服务中心、建设队伍两大核心任务,狠抓落实,坚持创新。积极开展"机关党的建设年""迎大庆、树形象、比贡献""讲党性、重品行、作表率""立足岗位比贡献、创先争优学先锋"等活动。深入推进机关效能建设,提高工作效率,提升服务能力。坚持民主集中制,规范议事制度,全面推行亶大事项经党组会议研究决策制度。严格执行领导干部廉洁自律的有关规定,坚持工程招投标和预决算审核制度,大力开展反腐倡廉警示教育活动。积极开展文明创建活动。2010年,成功举办了"全市水务系统庆祝建市50周年大型文艺汇演""'水之韵' 夏季广场文艺晚会""全市水务系统职工运动会",组队参加全区水利系统安全生产演讲比赛、全区水利系统财会知识大赛、全区水利系统文艺汇演、全区"环星海湖长跑越野赛"、全市"放歌石嘴山—爱国歌曲大家唱""全市健美操比赛"等。开展扶贫帮困送温暖活动,为平罗东润村投入村级道路建设资金10000元;为固原乔洼村投入日光温棚补助等资金27000元;按照市上"三帮一扶"政策,积极协调相关企业为对帮对象平罗西灵村投入道路建设资金100000元,为局属企业受伤职工捐款20000元。完善"职工之家"建设工作,添置了健身器材,以科室、部门为单位,积极开展先进职工小家(文明科室)创建活动,不断增强局工会组织的感染力、号召力和凝聚力。2010年,石嘴山市水务局获得全市"机关党的建设年先进集体"荣誉,荣获市级"先进职工之家"称号。 (陈来斌)

大武口区园林和农牧水务局

【概况】 2010年,大武口区园林和农牧水务局(以下简称"水务局")职工27人。其中局领导1正、3副,各类专业技术人员12名,(其中工程师3名,助理工程师3名)。其他人员11人。完成各类水利工程总投资831万元。2010年被自治区授予"全区节水灌溉先进单位"称号。 (于 静)

【工程建设与管理】 2010年主要项目:1.兴民村节水改造工程,争取资金194万元,改造灌溉面积640公顷,维修渠道2.58千米,砌护农渠14千米,改造建筑物113座。2.兴民村中低产田改造工程,争取中低产田资金65万元,平田整地133公顷,新开渠道22条长12千米,砌护支渠2.94千米,农渠14千米,整修道路22条长12千米,配套建筑物140座。3.沟口土地开发整理项目,争取资金72万元,平田整地136公顷,新增耕地62公顷,砌护农渠5千米,斗渠520米,建筑物37座。4.石炭井防洪景观水系工程,大武口区政府自筹资金500万元,完成蓄水池14座,绿化池13座。工程的建设,完善了灌排设施,有效促进了灌区灌溉管理的加强和规范,使灌水周期比实施前缩短3~5天,减少了水资源的浪费,节水效果显著。水利工程严格按照"三制"管理,兴民村节水

条田林网综合治理

改造工程、兴民村中低产田工程都实行招投标制、监理制、监督制，并同石嘴山市质量监督站、施工单位、监理单位签订合同。加强重点水利工程质量监督检查工作，抽调技术干部现场做技术指导，确保了工程质量。（于　静）

【灌溉管理】 2010年，大武口区灌溉面积4660公顷，作物种植面积3180公顷。2010年分配水量2660万立方米，实际用水量1923.88万立方米，与2009年（实际2295万立方米）相比用水量减少371.12万立方米。制订切实可行的抗旱预案，根据各乡镇实际种植面积，给各用水协会制定了用水计划，确保均衡均益。按"先急后缓，确保重点"原则，抓住大武口区灌溉难点。充分发挥农民用水者协会的作用，达到了供水单位和用水户双赢的目标。在管理方面，采取承包责任制、保障机井、电排站的安全管理和运行费用的及时支付，各项政策措施逐步完善，用水定额持续下降，水利用效率明显提高，获得"全区节约用水先进单位"。（于　静）

【农田水利基本建设】 建立健全了农田水利基本建设领导机构，安排部署农田水利基本建设任务。改造中低产田1333公顷，砌护渠道20条，长16.65千米；修建各类配套建筑物91座；清淤支斗农沟220条，长233千米；清淤支斗农渠476条，长358千米。整修生产路64条，长53千米。新开农渠19条长14.3条；铺设主管道25千米，阀井、入户井131座，管道过沟、渠、路建筑物16座。（于　静）

【防汛防凌抗旱】 制订岁修计划，检查险工险段，修订《大武口区防汛工作应急预案》《大武口区防汛工作安排》，编制了《山洪灾害预案》《险工险段预案》，与各责任单位签订防汛目标责任书。坚持按时值班，每天向各个涉农单位转告天气预报，从严落实值班制度，与各责任单位加强沟通、密切联系，保证人员坚守岗位。

在长兴街道办事处兴民村，举行了防御山洪灾害应急演练。检验大武口区防汛抗旱指挥部实战抢险能力和应急反应能力，加强各部门之间协同作战能力。建立防汛期间24小时值班制和重大问题报告制，成立15个抢险应急分队，制订防汛工作方案，安排专人24小时值班。储备13万元防汛物资，投资13万元维修汝箕沟、黄草滩防洪丁坝4座，确保2010年安全度汛，圆满完成防汛任务。（于　静）

【农村饮水安全】 实施了隆湖六站、二站农村饮水安全工程，完成水源的建设，铺设输水管道30千米。建设配套建筑物350座，可以解决1.65万人的饮水问题。

在工程建设中，工程实行了招标，报建手续。落实了工程建设"三制"管理，及时上报人饮进度、人饮总结和管理总结，加强工程的管理和维修，提高管理人员的维修水平，及时对饮用水的水质进行水质化验；完成年度农村安全饮水项目的上报、建设等工作任务，财政配套资金到位。进一步完善人饮安全工程管理责任制，并拟定了《大武口区人饮安全工程管理办法和规章制度》。（于　静）

沟道清淤整治工程

【农村水利改革】 在重视水利工程建设的同时，加大投资力度，加强工程管理，从根本上解决"重建轻管"的思想。全面理顺工程管理体系，使工程呈良性运行。为使群众淌好水，交好费，积极推行农民参与式管理。同时，加强农民自我建设，自我管理的意识。各农民用水者协会制定了相应的管理制度，明确管理责任、权利和义务，确保工程效益的发挥。

（于　静）

【节水型社会建设】 城市万元GDP取水量和万元工业增加值取水量降低5%以上，工业用水重复利用率达到85%以上，节水器具普及率达到100%，城市污水处理率达到70%以上，城市再生水利用率达到20%以上，工业废水排放达标率达到100%，节水型企业(单位)覆盖率达到15%以上。

采取的农业节水措施:1. 在渠系已形成网络的自流灌区和高扬程提灌区,大力推行渠道衬砌、田间工程配套,大块改小畦,合理征收水费等的常规节水方法。2. 加大节水宣传力度,提高全社会节水意识。利用广播、电视、报刊、滚动字幕等宣传媒体进行节约用水的宣传教育,利用水周宣传日发放节水小册子,到村组给农户集中免费授课,增强广大人民群众的节水紧迫感和自觉节水意识。3. 加大城市供水管网改造力度。加强内部管理和对供水管网的维修养护,及时做好爆漏抢修工作,杜绝跑冒漏现象,减少水资源的浪费。4. 在促进节水型城市建设方面,城市绿化和景观建设也做到与当地水资源条件相适应。对位于水资源条件欠缺地区,控制建设耗水量大的草坪绿地,严禁盲目扩大用于景观、娱乐的水域面积;同时限制桑拿、洗车等高耗水服务业用水。5. 采取用水限量政策。对用水单位实行计量取水和计划用水管理,根据用水现状,依据用水定额,结合城市水资源允许开采量,每年下达一次用水计划,按季度进行考核,做到节水有奖,超计划用水加价收费,有效地制止了用水无节制,用多用少都一样的“包费制”“大锅水”现象,实现了“水表到户、计量收费”,有力地促进了节水技改和水资源综合利用工作。

采取的技术:1. 采用高效节水技术。城市和郊区、公路两侧公共绿地,全部采用喷灌、小管出流等高效节水措施,使节水率达到60%以上。目前,大武口区高效节水面积已经达到1000公顷。2. 种植节水高产作物。主要种植蔬菜、高秆作物。3. 推广作物秸秆还田技术。作物秸秆还田技术包括直接还田、高留茬、秸秆覆盖及过腹还田。 (于 静)

【水库移民】 大武口区大中型水库移民后期扶持户数为4户,6人。其中二户3人为长胜村4组和骏马社区村民,一户1人为隆湖开发区十分沟村十分沟组村民,一户2人为隆湖开发区六站村西组村民。年发放扶持资金3600元,资金直补到户。 (于 静)

【财务管理】 单位固定资产637.8万元,当年收入179万元,其中财政补助收入172万元,上级补助收入7万元。当年支出179万元,其中工资福利支出94万元,商品和服务支出85万元。

(崔秀萍 蒙慧芳)

【党建与精神文明建设】 水务局组织全体干部职工发扬中华民族“一方有难,八方支援”的传统美德,开展了“情系玉树,奉献爱心”捐款活动,共捐助善款19335元。

全年共组织干部职工集中学习32次,人均完成读书笔记1.5万字以上,上交各类学习心得62篇;向区党办、政办、宣传部等上级部门上报各类信息及调研196篇,总共被报社和网络采用143篇。

(于 静)

惠农区水务局

【概况】 惠农区水务局(以下简称“水务局”)是惠农区水行政主管部门,内设8个事业单位(综合办公室、农村供水及灌排管理站、水利灌排技术推广中心、水利工程建设管理中心、河道管理所暨防汛办公室、国土整治办公室、水利工程队、水利预制厂)。现有在职干部职工42人。(高级职称2人、中级职称15人,初级职称20名。)(本科学历以上有19人,大专学历有18人,中专学历以下有5名。)党员20名。管理人员5名。

2010年,水务局紧紧围绕区委、政府工作大局,统筹发展农村水利、生态水利、城市水利,全年完成水利投资1.8亿元。为惠农区经济社会又好又快发展提供坚强保证,做出了积极贡献。 (甄桂琴)

【工程建设与管理】 1. 沿山井渠结合节水灌溉工程。工程已全面完成改造中低产田400公顷,畦田改造333.3公顷。新打机井6眼,维修改造旧井6眼,改造小型扬水站2座,扩整扬水支渠2条、2.22千米,斗渠11条、4.73千米,改造各类建筑物276座,维修石渠1.21千米,砌护农渠50条17.71千米,管道铺设23.7千米。

2. 黄河金岸水系建设工程。完成水系开挖533.3公顷,第五排水沟改道清挖5.6千米,砌护补水渠道1.0千米,建成供水泵站5座,溢流堰1座。

3. 中粮膜下滴灌节水示范项目。采取政府帮、企业投机制，完成膜下滴灌节水示范项目333.3公顷，同时，又争取项目资金480万元助推全区节水现代农业发展。

4. 尾闸调蓄补灌二期工程。工程于10月中旬开工建设，完成湖面开挖20公顷。

5. 银善湖扩整工程。为了解决工程建设资金不足问题，通过招商形式吸纳社会资金实施银善水库扩整工程。开挖扩整西库18.3公顷，库区土方工程及边坡修整全面结束，吸纳社会投资300多万元。

6. 兰山园防洪工程。完成了红果子兰山工业园区1.6千米的防洪堤新建及护坡工程，投资205万元。

7. 土地开发整理项目。为了进一步整合项目资金，全面提高水利建设项目质量标准，2010年以来，水务局以土地开发整理项目移交为契机组织精干力量，抓质量，赶进度，在全面完成2009年的项目建设的同时，及时编制完成了2010年项目规划报告。截至目前，改造中低产田3866.7公顷，砌护渠道605条，整理沟道478条，配套建筑物1351座，建设畦田口24680座、补水泵站1座，修整生产路1106条，栽植树木13.05万株，砼预制量3.1万立方米，购置闸门860套，完成工程总量的81%。

8. 惠农渠裁弯砌护项目。为了从根本上解决惠农渠稍段的农业灌溉难的问题，2010年以来，先后多次争取水利厅领导专家到惠农区调研指导，经过坚持不懈地努力，该项目得到批准实施；为解决地方政府配套资金不足，争取到市政府补助征地拆迁资金100万元，确保工程于10月5日顺利开工实施，目前工程土方工程已全部完工。

9. 小农水重点区建设项目。2010年，水务局克服困境，积极争取小农水重点整治区，经过艰辛努力，该项目于10月批复，项目计划实施3年，每年投资1500万元。2010年小农水重点区建设项目已完成工程任务的20%，土方工程全面完成。（甄桂琴）

【灌溉管理】 针对地处五大干支渠末梢、黄河来水量逐年锐减、灌溉形势不容乐观的现实状况，统揽全局抓协调，精心组织保灌溉，坚持井渠沟洪湖相结合保灌溉，确保了农业灌溉、农业增效、农村和谐稳定，广大人民群众、有关企业普遍反映2010年是近年来组织最好、灌溉最好的一年。全年累计用水量19535.4299万立方米，共节水量2000万立方米。

（甄桂琴）

【农田水利基本建设】 发扬“敢打硬仗、善打硬仗、打赢硬仗”的惠农精神，全方位整合项目资金，紧紧围绕“一线、二区、四特色”农田水利基本建设工作架构，扎实开展农田水利基本建设大会战。改造中低产田8000公顷，比上年增加4000公顷，砌护三级渠道994条，完成计划任务的222%；清挖沟道675条，完成计划任务的117%，其中新开挖沟道210条134.2千米；干砌石沟道治理6条；整修田间生产道路1886条，完成计划任务的212%；配套各类建筑物2741座，建设标准畦田8400公顷，完成了计划任务的111%；配套田间畦田口41580座；新增节水灌溉面积3733.3公顷，全年实现农业节水2000万立方米。人民群众反映强烈的灌水难、排水难等突出问题得到有效解决。（甄桂琴）

【防汛抗旱】 全面加强防汛工作，充分发挥成员单位职责，及时组织动员有关单位通力协作，密切配合。加强防汛值班检查、暗访，对各责任单位防汛物资储备进行了检查登记，并对郑家沟、雁窝池等行洪沟道进行了清淤和防洪堤坝维修加固，实施了红果子兰山工业园区1.6千米的防洪工程，圆满完成防凌工作的各项任务，确保了年度凌汛安全。

（甄桂琴）

【水政与水资源管理】 加强水行政管理，充分发挥水政监督检查的作用，加大检查和处罚力度，对淹滩漫路、纵水入沟及毁坏水利设施事件及时查处，保证了水利设施正常运行，确保灌溉工作有序进行。全年共计发生水事违法案件3起，采用简易程序查处1起，一般程序查处2起。

精心组织、攻坚克难全面完成了包兰铁路惠农段沿线的雁窝池沟、红果子沟等行洪沟道的垃圾清理、填埋等综合整治，加强了沟道监督检查，及时制止查处在沟道内乱踩滥挖、乱倒侵占沟道的违法案件3起，依法立案查处3起。（甄桂琴）

【水库移民】 按照库区移民后期扶持的有关政策，对核实确定符合条件的2户7人，充分尊重大中型水库农村移民的意愿，通过“一卡通”的形式直接将资金拨付到农村移民手中。（甄桂琴）

【党建与精神文明建设】 注重加强党建基础工作，坚持抓业务工作促党的建设，抓好党的建设，促进业务工作，党支部的凝聚力进一步增强。全面开展了“科学发展观学习实践活动”，全体党员干部的服务意识得到不断增强，严格执行领导干部廉洁自律的有关规定，坚持政务公开，认真落实了各项业务支出逐级审批制度，工程招投标和预决算审核制度。

（甄桂琴）

平罗县水务局

【概况】 平罗县水务局(以下简称水务局)下设平罗县防汛抗旱指挥部办公室、水利灌溉管理中心、水土保持工作站、水政监察大队、农村人饮安全供水工作站5个事业单位、11个乡镇水利工作站和平罗水利工程建筑公司、陶乐吉兴水利水电工程有限公司2个局属国有企业。局党委下设6个党支部，党员120名。全局现共有工作人员339人，其中在编人员150人，大专以上学历125人，高级工程师3人，中级工程师36人，初级专业技术人员40人。2010年，围绕优化灌排、保障供水、提高防洪，全年编制完成各类项目报告53项，其中争取批准立项实施的29项，共争取到中央及区、市级资金1.935亿元。相继组织实施了平罗北部农村饮水安全工程、小农水重点县通伏节水改造工程、头闸、渠口节水改造项目、陶乐中型灌区节水改造项目、滨河大道景观水系治理、生态移民区水利项目等22项水利工程，其中重点工程11项，工程投资达1.83亿元，比上年增加3800万元，有力推动平罗县水利工作上新台阶。（罗　祥）

【工程建设与管理】 2010年，水务局以科学发展观为指导，紧紧围绕构建“大而优的农业灌溉体系、大而优的排水体系、大而优的饮水安全体系、大而优的生态水景观体系、保护与利用相一致的水资源综合利用体系和新建与维护相结合的山河洪防御体系”为目标，把解决与群众最迫切、最直接的“灌水难、排水难、吃水难、行路难”等热点难点问题作为根本，扎实开展了农田水利建设和重点水利工程建设。

一是按照“水是命脉、土是基础、林是源泉、路是纽带”的思路及综合整治要求，2010年以滨河大道、沿黄公路、京藏高速、109国道沿线为重点，强化农水基础建设，整治沟、渠、路31196条，修建各类配套建筑物8900座；建设农田林网3140公顷，整治村庄点环境119个，基本实现村庄整洁，通村路联成网、排灌渠联到地、便民道家家通、安全水户户饮、沼气池全覆盖，基础设施得到了有效改善。二是加快推进高效节水农业发展。通过开展节水改造示范区项目建设、推广节水控灌技术、发展设施农业，全县渠道综合砌护率达到42%，比2009年提高7个百分点；水稻节水控灌面积达到39%，发展设施农业1333.3公顷；同时，2010年为336公顷设施温棚园区、7866.7公顷蔬菜、粮食制种基地、666.7公顷枸杞产业基地进行水利配套，强化农业主导产业的支撑。三是突出重点水利工程建设。重点实施北部农村饮水安全、小农水重点县通伏、头闸节水改造项目、通伏现代农业、高庄、灵沙农业综合开发、头闸、渠口国土整治项目、宁夏精细化工基地工业和生活供水等11项重点水利工程。完成人饮主支管道铺设706千米，解决7.57万人农村居民饮水安全问题；铺设精细化工基地供水管道72千米；扩整滨河大道西侧水系、林带24千米，植树6.2万株；清淤扩整金色河6.8千米，三排9千米；新建黄河平罗段通伏乡四排口丁坝2座；加固拦洪库坝8千米，加固维修溢洪道3座。

（罗　祥）

【灌溉管理】 面对黄河来水量不足的缺水形势，根据水利厅灌溉局分配平罗县用水量指标，平罗县严格执行配水计划，调整工作思路，积极应对旱情，并组织制订了切实可行的抗旱应急补水方案。一是按“先急后缓，确保重点”原则，抓住全县灌溉难点，加强与水管单位的密切联系，积极协调乡镇与水管单位的供用水关系，做到合理安排灌溉用水。二是充分发挥农民用水者协会的作用，加强农民用水者协会的规范化运作和管理，实行“一把锹”淌水制度和轮灌制度，确保了有序灌溉。三是及时掌握全县灌溉难点，对高口、高地引水困难的渠道和旱情严重的地区，启动抗旱流动设施，进行地下水和沟水补灌，确保了农田灌溉。四是实施井渠结合工作，投资34万元对4个乡镇13个村，一个万亩设施园区的3506.7公顷农田实行井渠结合灌溉，更新改造185眼抗旱机井、68台变台，为应对水量减少的严峻形势，实现以灌代排，缓解灌溉压力。五是加强了17条扬水干渠和11座扬水泵站机组的维修和保养工作，为全年的灌溉工作打下了强有力的基础保障，全面完成了河东陶乐扬水灌区8493.3公顷的农田灌溉任务。（罗　祥）

【农田水利基本建设】 按照建设“安全水利、资源水利、生态水利、民生水利”的新要求，攻坚克难、创新突破，全面完成改造中低产田1万公顷，其中：砌护渠道2780条1514千米；清挖沟道6710条4026千米；清挖渠道11612条7630千米；干砌石沟道治理1条3.5千米；整修田间生产道路12874条7048千米；配套各类建筑物8900座，建设标准畦田7666.7公顷；配套田间畦田口11.6万座；新增节水灌溉面积800公顷；农田林网增绿3180公顷；秋季机深松(翻)4万公顷。与此同时，大力实施中型灌区节水工程、井渠结合节水灌溉、石嘴山市农业基础建设项目小型农田水利骨干工程等项目，有效提高农业综合生产能力，为现代农业发展提供了强有力的基础保障。（罗　祥）

【防汛防凌抗旱】 健全防汛工作体系，切实做好年度防汛工作。一是全面落实防汛抗旱责任制，完善防汛预案，及时调整了防汛成员单位和抢险应急分队，明确了职责任务，认真落实防汛行政首长负责制，加强防汛值班，保证防汛通讯信息和政令畅通。二是投资19.6万元储备防汛防洪物资木桩2.2万根、编织袋2.9万条、铅丝21吨、水泥500吨、麻绳1050公斤、水泵10台以及采购铁锹、小水泵、雨衣、雨鞋、手灯等，保证了防汛物资供应充足。三是加强对镇朔湖滞洪区、泄洪穿堤建筑物及汝箕沟山洪地质灾害防治重点区域的度汛检查，对行洪沟道倾倒工业垃圾

8月23日，平罗县已建成的黄河金岸景观水系

以及滥采沙石资源行为进行为期4个月的综合治理，对相关企业提出整治措施，督促整改落实，通过治理效果明显。四是积极治理黄河河岸坍塌，维修加固控导丁坝，抛投负重木架四面体1530组，新建透水丁坝3座，治理塌岸2千米，新建草土坝2座；投资150万元在黄河平罗段通伏乡四排口新建丁坝两座，对黄河险情进行了综合治理。加强农田抗旱工作，及时掌握全县灌溉难点，对高口、高地引水困难的渠道和旱情严重的地区，启动抗旱流动设施，进行地下水和沟水补灌，确保农田灌溉。（罗　祥）

【农村饮水安全】 关注民生，加快实施农村人饮安全工程。2010年规划实施了平罗县北部农村人饮安全工程，5月前完成了水源井施工、水资源评价报告和工程规划设计报告及建设方案，并顺利通过自治区发改委和水利厅审查批复。工程批复总投资3775万元，主要解决头闸镇、灵沙乡、宝丰镇、黄渠桥镇5个乡镇7.57万群众饮水安全。工程于2010年9月

8月20日，全区农村饮水安全工程建设管理现场会在平罗县召开

下旬开工建设,至2010年底完成铺设主支入户管道281.43千米,完成投资1060万元,工程进展顺利。

(罗　祥)

【农村水利改革】 平罗县共组建农民用水者协会133个,涉及10个乡镇127个行政村,管理全县直开口支斗渠394条,参与协会管理的人员共579人。农民用水者协会经过六年多的运行管理,扭转了以往管理粗放的用水管理体制,有效地加强了全县灌溉用水管理,规范了水费收缴程序,灌溉秩序明显好转,增强了群众节水意识,也减少了浪费水的现象,农村水费改革工作取得了显著成效。 (罗　祥)

【水政与水资源管理】 深入开展水事矛盾纠纷排调解工作,加大水政水资源执法力度。一是强化法制宣传。结合"世界水日""中国水周"和"综治宣传月"等活动,认真做好《水法》等法律法规的宣传,不断增强全社会的水法治意识。二是加大水政执法力度。集中开展"水行政综合执法"活动,重点对崇岗工业园区内、汝箕沟行洪沟道沿线35家企业,多年来擅自侵占山洪沟的违法行为进行依法清理和限期恢复,对汝箕沟内沿线38家加水点进行了疏导撤离,确保汛期行洪安全。三是加大水资源费征缴力度,全年完成征收水资源费200万元,比年度任务150万增长133%。 (罗　祥)

【节水型社会建设】 严格工业水源井建设审批,规范地下水开发和企业水污染防治设施运行监管,要求企业加大技术改造和工艺改进,降低水消耗、减少污水排放;对高耗能、高排放、高污染企业实行关停并转,全县关停高耗能、高排放企业48家。强化水行政执法和监督,组织133个农民用水者协会,加强农田灌溉管理工作,加大纵水入沟等浪费水资源行为和破坏水利设施的处罚力度,减少水资源浪费。大力推广工业企业节水技术,2010年底全县工业用水重复利用率达到88.9%,工业废水排放达标率达到96.5%。建成日处理污水1.5万立方米城市污水处理厂,开工建设了日输出中水1.2万立方米的中水厂。

(罗　祥)

【水土保持】 加大水土保持工作力度,对贺兰山东麓10家采砂采石场违反《水土保持法》《河道采砂管理条例》等违法行为进行专项治理,追缴采砂承包费23万元,追缴水土保持设施补偿费18.5万元,有效地维护了法律的严肃性,努力营造良好的水事秩序,有力地保护了水土流失。

【水库移民】 移民后期扶持项目工程总投资178万元,实施了2010年水库移民后期扶持项目工程,完成砌护支斗渠7条9.2千米,配套建筑物82座,铺设石子路面1078米,清淤治理沟道2000米。

(罗　祥)

【党建与精神文明建设】 按照"建设一流机关、打造一流队伍、培育一流作风、创建一流业绩"的总体目标,紧紧围绕中心工作,积极探索、大胆实践,扎实有效地开展以"机关党的建设年"为主题的党的建设活动。结合单位实际,制订《开展"机关党的建设年"活动实施方案》,明确指导思想、工作原则、目标要求和具体措施,做好统筹规划,完善工作措施,创新活动方式,扎实开展"讲党性、重品行、做表率"和建设"学习型"党组织等活动,在推进学习型、规范型、效能型、廉洁型、和谐型机关创建活动,切实加强和改进全局党的建设上下工夫,形成了机关党建服务大局、推动民生水利工作跨越式科学发展的工作格局。进一步丰富职工业余文化生活,开展丰富多彩的文体活动,营造机关活泼和谐氛围。结合"三八""七一""十一"、庆祝建市50周年广场文艺演出和市水务系统第四届职工运动会,组织全局干部职工开展各类文体活动,丰富职工生活,陶冶情操,培育健康向上、团结和谐的人文环境,提高干部职工的文化生活质量,增强机关凝聚力和向心力。 (罗　祥)

吴忠市水务局

【概况】 吴忠市水务局(以下简称水务局)与利通区水务局分署办公后,全局在职干部职工78人,离退休45人。人员编制结构为行政编制15人,事业编制63人,企业合同制74人。全局高级职称13人,中级职称38人,初级职称46人。内设4个行政科室、6个事业单位、3个企业。2010年,水务局紧紧围绕市委、政府下达的各项目标任务，千方百计争取国家及自治区资金支持，组织实施了一大批夯实基础、惠及民生的重大水利项目。全市共上报立项水利项目62个，开工建设51个，完工34个，共争取批复资金9.98亿元，全年完成水利投资12.2亿元。全局落实招商引资项目4个，到位资金8200万元，完成总任务的102.5%；上争项目到位资金3271万元，完成总任务的109%，居二类任务部门第4名。“两大任务”的快速推进带动了水利的快速发展。

2010年水务局共获得先进集体荣誉14项，其中部级表彰1项，自治区级表彰3项，市级表彰10项；获得先进个人荣誉19项，其中自治区级表彰6人，市级表彰13人。（刘正红）

【工程建设与管理】 1. 黄河城市过境段综合整治工程。先后完成科研论证、审查批复、招标工作，全面开工建设，各项工作进展顺利；柳溪湖综合整治及景观工程全面完工，累计安装大理石栏杆1800米，铺设花岗岩1.8万平方米，完成投资3900万元；在黄河两岸扩整湖面5处，新增水面400公顷，投资1300万元；实施了沿黄城市带水利设施配套工程，开挖排水沟8.5千米，完成投资493万元；开工实施了城市东南片区防洪排涝工程和清水沟整治工程。适时为清宁河等湖泊湿地累计补水900万立方米，很好地营造和维护了生态景观。

2. 农村民生水利工程建设。一是群众饮水安全覆盖更广。实施了利通区孙家滩、青铜峡峡口等7项农村安全饮水工程，解决了11.36万群众的饮水不安全问题。二是群众生产条件明显改善。实施并完成4座病险水库除险加固工程。实施了利通区、红寺堡、青铜峡小农水重点县项目，马莲渠、波浪渠等支干渠，中干沟、清水沟等沟道得到有效改造。实施并完成了扁担沟扬水一泵站、五里坡泵站更新改造，建成了甘城子扬水5、6级泵站。实施了高效节水补灌项目9处，建成蓄水池10座，新增高效节水补灌面积1.2万公顷，使有限的水资源发挥出更大作用，使更多的土地资源得到充分利用。

3. 水保生态各项工程建设。实施并建成盐池县花马池水资源综合利用工程、万亩生态园供水工程、

黄河吴忠柳溪湖砌护整治工程经过一年多建设，于2010年9月完工，成为吴忠新的景观

红寺堡区城北节水生态工程和城南万亩生态林水源工程，完成投资2523万元。实施了盐池县柳杨堡、郭记沟、红寺堡区红柳沟、太阳山王家坟沟等5条小流域综合治理工程，完成投资1323万元。实施并完成了盐池县、同心县水保骨干坝6座、中型淤地坝2座，完成投资3700万元。实施了同心县下马关陡沟、兴隆王大套村、红寺堡区梯田建设3个项目，完成投资2730万元。全市共计治理水土流失面积418平方千米，农村生态环境明显改善。（刘正红）

【灌溉管理】 2010年，全市灌溉面积12.7万公顷，农作物种植面积29.2560万公顷，计划用水量14.31亿立方米，实际用水量13.45亿立方米，实现节水6.1%。面对西南大旱、黄河引水指标紧张趋势，吴忠市、县水务部门与渠道管理单位紧密配合，强化用水管理，按照“总量控制、定额管理”的原则，加强了农田灌溉管理。川区县对灌溉面积进行了丈量，重新核查了土地面积，将黄河引耗水指标分配到各支斗渠和农民用水者协会。扬水灌区对水价进行核算，召开水价调整听证会，并由物价部门审批，通过价格杠杆，实现节水，乡镇成立农民用水者协会，确保了灌溉工作平稳进行。灌区通过节水改造，引进大田滴灌等节水新技术，促进灌区作物种植结构调整，改善农业生产条件。全年灌溉工作进度快、秩序好，没有发生大的群体上访和因灌水出现的械斗事件。（刘正红）

【农田水利基本建设】 按照节水高效、集约生产、土地流转等现代农业发展要求，全市上下继续坚持“领导高度重视、因地制宜治理、科学合理调工、广泛

宣传发动、督促检查到位、注重实绩考评”的长效机制,高起点认识、全方位谋划、高效率实施、强力度推进,使农田水利基本建设呈现出规划更趋合理、措施更加有力、投入规模更大、建设内容更多、质量标准更高、建设效益更好的突出特点,取得了显著成效,进一步夯实了农业农村发展基础。2010年4月中旬启动,6月底完成了规划,9月上旬至11月中旬组织开展了秋季农建会战。全市累计投入机械20.92万台班,投入劳力613万工日,完成土石方3083万立方米,治理总面积达5.33万公顷。共计清淤各级沟道4887千米、各级渠道1.43万千米,整修农路7184千米,砌护渠道5490千米。全年共新增节水灌溉面积2066公顷,完成高效节水补灌面积1.2万公顷,改善灌溉面积3.07万公顷,改造中低产田3933公顷。全区农建现场观摩会观摩的8个县(市、区)吴忠市占到4个。在自治区“黄河杯”农田水利基本建设竞赛中,吴忠市连续第3年实现了“县县得奖”,获得1个特等奖、2个二等奖、2个三等奖,在2009年基础上再上新台阶。盐池县代表吴忠市第4次摘得“黄河杯”桂冠,吴忠市第三次获得组织奖,青铜峡市、盐池县被自治区政府评为农田水利基本建设先进县。

(刘正红)

【防汛防凌抗旱】 坚持组织机构、防汛责任、抢险预案、抢险队伍、抢险物资“五个落实”和工程检查、防汛宣传“两个到位”,成功应对了5次局部强降水过程,黄河、苦水河、清水河以及青铜峡水库、郝家台水库实现了安全度汛。8月中旬,在同心等地洪灾抢险过程中,市、县两级防汛指挥部门提前预警、迅速抢险、科学救灾,在重大灾害中实现了人员零死亡,创造了特大洪水抢险救援奇迹。同时,逐级落实安全生产责任,采取安全生产大检查、深入水利建设工地、签订安全生产合同、加强湖泊湿地管理,联合学校加强安全教育、安装警示牌,在面广、点多、任务重的严峻形势下实现了全年安全生产无事故。同时,面对部分地区旱灾情况,新建机井、拉水抗旱,缓解了1.2万群众饮水困难,帮助群众渡过了难关。由于工作突出,同心县水务局被评为全国防汛抗旱先进集体,市防汛抗旱指挥部办公室被评为自治区防汛抗旱先进集体。

(刘正红)

【农村饮水安全】 累计完成投资2.33亿元,实施农村饮水安全工程7项,解决了11.36万农村人口的安全饮水问题。其中,投资370万元开工建设了利通区金积、高闸镇农村安全饮水工程,建成了扁担沟农村安全饮水工程,解决了1.1万人的安全饮水问题;投资1348万元实施了青铜峡市峡口镇赵渠农村安全饮水工程和青铜峡镇余桥农村安全饮水工程,建设了农民新居自来水入户工程和大坝镇立新高桥自来水入户改造工程,彻底解决了青铜峡市11个镇13个村80个队(居民新村)4.21万人的饮水问题;实现投资9530万元,完成了同心县续建东部饮水扩建工程,实施了同心王团石狮镇区自来水入户工程,完成自来水入户2.85万户。扬黄续建配套盐池人饮专项工程,完成投资1.13亿元,完成“百村千户”第一批7个乡镇,14个行政村83个自然村3070户的自来水入户工程,解决了1.72万人的安全饮水;实施了高沙窝工业园区供水工程,解决了宝塔工业园区工业用水和管线沿途宝塔等村组1581人饮水安全,完成投资778万元。同时,吴忠市以农村居民、新建生态移民和设施农业供水工程为主体,不断加强对已建饮水工程的管理,创新管理体制、完善管理制度、科学核定水价,逐步向管理要效益、以经营促发展,提高建设管理水平。

(刘正红)

【农村水利改革】 一是规范农民用水者协会的管理。顺利完成了利通区65个协会管理权移交和年检工作,更换了6名协会法人代表,并组织了财务检查,规范了协会运行管理和财务管理;二支渠和四支渠基本实现了信用社代收水费,四支渠优化管理体制,基本实现了量水到斗。同心县不断加强对111家农民用水者协会运行管理,“农民+用水者协会+水管单位”三位一体的水管体制得到了巩固和完善,从根本上解决了淌水难、交费难的问题,灌溉秩序好转。二是开展了水费收缴改革。以青铜峡市为代表,在灌区农村水费改革基础上,不断总结经验,在全市85家农民用水者协会中确定9家协会开展改革试点工作。制订《代管农民用水者协会财务试点工作实施方案》,由渠首管理处职工兼任协会副会长,协助会长负责协会灌溉管理，渠道供水部门代管协会财务，明确职责，落实收费措施，使水费收缴率达到95%，确保了农田的适时灌溉，农民用水者协会运行管理得到了自治区水费改革领导小组办公室检查组的高度评价。（刘正红）

【水政与水资源管理】 市水务局狠抓了以下工作，一是水资源管理方面，依法吊销取水许可证27套，封闭取水井49眼，依法审核取水许可预申请5件、批准4件；查处办结涉水案件8起，责令停业整顿的污染取水企业5家，启动了金积工业园区自备水源井的封井工作。二是黄河采砂管理方面，与采砂企业签订安全生产责任书，与海事局联合对采砂船只进行了船检，强制所有采砂船员在下河作业前办理意外伤害保险。三是水土保持监督管理方面，实施水土保持项目9个，年检开发建设项目29个，新办理水土保持方案4份，年检率达到85%以上，对12个大中型开发建设项目进行了监督检查，落实了水土流失防治责任，被水利部黄河水利委员会评为黄河流域水土保持监督执法先进集体。四是水法宣传方面，结合“世界水日”“中国水周”、科普宣传日普法和全国第九个“安全生产月”咨询日活动等专题，开展水法规宣传活动60场次，制作展板27块，发放宣传资料4.5万份，增强了广大群众的爱水节水意识。五是质量监督方面，以市政府出台《关于进一步加强全市水利工程质量监督管理的通知》，签订质量监督协议16项，开展了35项工程的质量监督工作，开展工程质量专项检查2次，进一步规范了水利工程质量的监督管理。（刘正红）

【节水型社会建设】 进一步改善水利设施、严格水权制度、加强节水管理、推广节水技术，在保障灌溉的同时有力地推动了节水型社会建设。引黄灌区坚持“节水、挖潜”，砌渠、清沟、建畦田、搞滴灌，推广激光平田、现浇砼渠道、玻璃钢渠道、新型支斗口等工程节水技术和水稻控灌、旱育稀植等农业节水技术，节水效率大大提高。扬黄灌区围绕“调整、高效”，调整种植结构、发展节水补灌、推广秋季覆膜、改造扬水泵站，生产效益明显提升，比去年节水1.56%，盐池县节水幅度名列全区各县（市、区）第7名。干旱山区围绕“水源、特色”，拦洪蓄水、巧借雨水，发展特色产业、加快生态治理。（刘正红）

【水土保持】 实施并建成盐池县花马池水资源综合利用工程、万亩生态园供水工程、红寺堡区城北节水生态工程和城南万亩生态林水源工程，完成投资2523万元。实施了盐池县柳杨堡、郭记沟、红寺堡区红柳沟、太阳山王家坟沟5条小流域综合治理工程，完成投资1323万元。实施并完成了盐池县、同心县水保骨干坝6座、中型淤地坝2座，完成投资3700万元。实施了同心县下马关陡沟、兴隆王大套村、红寺堡区梯田建设3个项目，完成投资2730万元。全市共计治理水土流失面积418平方千米，农村生态环境明显改善。（刘正红）

水利部黄河水利委员会颁发的水保监督执法奖牌

【水库移民】 一是开展年度人口核定。从2月份开始开展了水库移民人口年度核定登记工作，共核实登记大中型水库移民后期扶持人口24772人，其中利通区783人。二是兑付直补资金。由县（市、区）水务局编制发放底册，财政局审核并录入政府直补农民“一卡通”信息系统，由农村信用社发放到户，共发放直补资金为1288.98万元，其中利通区22.2万元。三是实施移民后期扶持项目。共实施移民后期扶持项目8项，投资520.35万元，其中利通区投资为24.72万元，主要用于解决移民安置区基础设施薄弱及移民村群众生活生产中的突出问题。（刘正红）

【财务管理】 坚持实行收支两条线，专项资金接受审计、财政及发改委的审计，做到专款专用。在投融资途径上，一是争取自治区级以上投资的力度逐步加大。其中市水务局2010年争取各类专项资金

5421.46万元；二是倍加重视财政的投入，通过编制水利部门预算，使财政用于水利的投入逐年增加。2010年市级财政对水利投入达3674.96万元，用于农田水利基本建设、防汛抗旱、城市防洪排涝及沿黄城市带标准化堤防建设等。在管理措施上，一是提高预算编制质量。对于个人和公用经费支出，全部实行了定员定额管理；对于项目支出，加强了对预算基础数据、资料的测算工作，使项目支出管理具体化。二是强化国库集中支付。增强了水利资金的规范性，强化了资金的监控力度，缩短了资金的在途时间，提高了资金的支付进度和使用效率。三是提高会计基础工作。在资金使用上，遵守水利项目建设管理办法，按计划、按程序、按合同、按进度拨付资金，坚持以法理财、管好用好各类水利资金。四是进一步规范项目招标及政府采购。对达到招标范围的按规定委托有资质的代理机构实行公开招标，对符合政府采购目录的项目，实行政府采购，不但节约了工程资金，也从源头上遏制了腐败现象的发生。五是加强监督检查。积极配合审计、财政、监察等部门检查20余次，并在此基础上，坚持不断地自查、自纠、自我完善。

（刘正红）

【党建与精神文明建设】 结合创先争优活动、“讲党性、重品行、作表率”活动、干部读书月活动、机关党的建设年、创建学习型党组织、反腐倡廉制度建设年等活动，立足全局、围绕发展、创新机制抓党建，党的建设进一步加强。一是加强了党风廉政建设。认真落实了党风廉政建设责任制和《党风廉政建设工作规划》，深入开展了廉政风险防范管理、水利工程建设领域突出问题专项治理，完善、制订了水利工程建设管理办法，实行了工程建设“五联单”制度，进一步加强了对干部的廉政教育，查找并公示了廉政风险点50个，组织反腐倡廉学习36次，制作廉政展板6块，制作廉政风险点公开牌81块。二是党的建设务实创新。机关支部被市直机关工委命名为“五个好党支部”，设计院支部被局党组命名为“五个好党支部”。“七一”前夕，组织赴延安接受革命传统教育，召开建党89周年纪念大会，表彰了18名优秀共产党员和党务工作者，发展新党员4名，确定入党积极分子3名。参加了市直机关首届“精品党课”大赛，获得优秀组织奖。结合西部大开发大学习大讨论活动、“抓作风、促效能、干事业”活动，进一步加强单位自身建设。西部大开发大学习大讨论活动中，共组织集中学习27次、专题辅导讲座3次，撰写心得体会500多篇，在全市总结表彰会上，1篇调研成果获得全市三等奖。三是精神文明建设丰富多彩。组织198人次参加了各类培训，举办了为期10天的专业技术培训。顺利通过了全市“五五”普法验收。积极参加了市直机关第二届运动会，获得拔河比赛第一名。开展了“爱国歌曲大家唱”、干部职工趣味体育比赛活动，投资6万元建成了党员活动室、职工之家、职工书屋，配备了20多套健身器材、500多册书籍，被评为自治区级先进职工之家、市级职工书屋、“党工共建、创先争优”示范点，活跃了干部职工业余文化生活。四是扶贫帮困活动有序开展。参加了青海玉树地震灾区捐款活动、“向移民捐建一盘炕”活动、捐赠爱心包裹活动、牵头开展了定点扶贫，帮扶了10名贫困中学生，累计捐款5.34万元。春节、“七一”、国庆等重大节日前慰问了困难职工、困难党员、离退休老干部。五是绿化植树任务顺利完成。完成了秦坝关责任区造林绿化面积5.48公顷，顺利移交了金滨路绿化责任区。六是宣传工作力度进一步加大。围绕全局重点工程和重点工作，加强对内、对外宣传力度。全年撰写稿件240篇，发表稿件170篇，制作展板23块、专题片6部，宣传工作受到市委宣传部通报表扬，被评为代表议案建议办理先进单位、党报党刊征订先进单位等。七是水利行风建设顺利推进。加强了机关纪律、党组决策事项的督查力度，启动了基层站所“三直评”活动，聘请了5名行风监督员，在《吴忠日报》上刊登行风承诺，发放征求意见函和调查测评表1000多份，行风建设成效明显。八是组织完成了行政科室“三定”（指定部门职能、内设机构、人员编制）和事业单位“九定”（即定机构名称、隶属关系、机构规格、职责任务、内设机构、编制员额、人员结构、领导职数、经费形式），组织开展并完成了科级干部竞争上岗，推荐了4名处级后备干部，上报了35名符合条件的技术干部参加职称评审。（刘正红）

利通区水务局

【概况】 利通区水务局(以下简称水务局)是利通区的水行政主管部门,承担防汛抗旱、农田水利、灌溉管理和农村安全饮水等多项职能。2010年,全局现有干部职工202人,其中在职196人,离退休6人。人员编制结构为行政编制6人,事业编制190人,农民合同工30人,企业合同制31人。内设机构4个行政科室、5个事业单位、2个企业单位和6个乡镇水管站。

2005年以来的6年间,利通区累计争取重点水利工程36项,争取项目资金3.8亿元,实施了灌区续建配套、节水改造、小农水重点县、扬水泵站更新改造、设施农业供排水、高效节水灌溉、防洪排涝、河道治理、生态移民等多项重点工程;全灌区累计完成渠道砌护1800多千米,各类渠道砌护率达18.95%,渠系水利用系数提高到0.45,改善灌溉面积1.333万公顷,新增节水灌溉面积1.253万公顷;农田水利基本建设成效显著,2008~2010年分别获得自治区"黄河杯"竞赛二等奖1个、一等奖2个,2008年跻身全国农田水利基本建设先进县行列,2009年被列为中央财政小型农田水利建设重点县。累计建成农村安全饮水工程20处,22万群众告别了用水难的历史,占全区农村人口的90%。农村安全饮水工程建设管理和农村水费改革工作取得积极成效,得到了自治区水利厅的充分肯定。节水灌溉工作连续多年位于自治区前列。 (秦岩飞)

【工程建设与管理】 吴忠市、利通区分署办公以来,水务局不断加大工作力度,紧抓"两大任务"不放松,外引项目,内抓管理,共开工建设水利工程14项,目前完工10项,在建4项,完成投资1.38亿元,重点水利工程建设成绩显著,成为2010年利通区水利工作的一大亮点。一是完成投资189万元,实施了利通区二届一次人代会议案水利工程,砌护渠道9条10.18千米,配套各类建筑物282座,改善灌溉面积0.126万公顷。二是完成投资680万元,续建了马莲渠砌护改造工程;完成投资46万元,实施了马莲渠附渠改造工程。三是完成投资1014万元,续建了2009年中央财政小农水重点县建设项目,砌护渠道139.54千米,清淤治理沟道161.55千米,配套各类建筑物934座。四是完成投资1600万元,实施了2010年中央财政小农水重点县建设项目,改善灌溉面积0.147万公顷。五是完成投资1063万元,建成了波浪渠节水改造工程,砌护渠道10.62千米,改善了0.133万公顷农田的灌溉条件。六是完成投资912万元,建成了35个村级"一事一议"财政奖补项目。七是完成投资337万元,续建了金积镇、孙家滩温室滴灌配套设备工程,安装滴灌设备821套。八是完成投资505万元,建成了孙家滩、金积等乡镇设施农业供排水工程和古城、东塔、金积现代农业生产发展资金项目。九是完成投资370万元,建成了扁担沟农村安全饮水工程,解决了1.1万人的安全饮水问题。十是开工建设了金积、高闸镇农村安全饮水工程,项目投资2460万元,可解决5.2万人的安全饮水问题。目前,水厂及蓄水池基础开挖正在紧张施工,已铺设完成各类管道33.89千米,其中干管18.19千米、分支干管13.4千米、入巷管道2.3千米,新建闸阀井8座,完成投资500多万元。十一是完成投资4000万元,建成了扁担沟扬水一泵站更新改造工程。十二是实施了孙家滩三泵站地区土地开发整理重大项目,项目总投资3120万元,平整土地动土方15万立方米,砌护渠道48千米,完成投资620万元。十三是开工建设了牛首山东麓生态供水工程,扩建30万立方米蓄水池1座,为明年绿化植树提供了水源保障。十四是实施了城南防洪排涝工程和清水沟治理一期工程。新开防洪排涝河道4.6千米,治理清水沟中下段12.1千米。2010年连冬实施了土方工程,明春进行绿化植树。 (秦岩飞)

【农田水利基本建设】 2010年,利通区认真组织了春季农田水利基本建设,并完成了目标任务。成立了利通区农田水利基本建设组织领导机构,制订了《2010年利通区农田水利基本建设大会战实施方案》。秋季大会战自9月中旬打响以来,各乡镇、各有关部门紧紧围绕"4线、8个高标准精品示范区、6项重点工作、10项重点工程、12个综合治理片区”的整治任务，坚持早动手、高标准、强攻薄弱、深挖死角、重点突破、全面推进的工作思路，不断加大工作力度，强化措施，狠抓落实，将“八个到位”贯穿大会战始终，做到了千家万户齐动员，千军万马齐上阵，机械人力大会战，全面并超额完成了各项目标任务。全区累计投入资金2.6亿元，投入机械1.3万台，投入劳力65.78万工日，完成土石方276.52万方，分别是往年的1.2倍、1.8倍、1.9倍和1.6倍。共清淤各级沟道2225.5千米、各级渠道3609千米，整修农路1992千米，分别占计划任务的164%、153%、227%。完成机深翻1.25万公顷，秸秆利用0.782万公顷，冬麦种植1.089万公顷，建设畦田1.09万公顷，整治村庄52个，分别占计划任务的101%、104%、102%、109%、116%。高标准整治农田0.53万公顷，改善灌溉面积1.467万公顷。大会战质量、标准、规模和进度较往年有了新的提高，得到了各级领导的好评。在自治区农

板桥乡群众大干农田建设

田水利基本建设“黄河杯”竞赛活动中，利通区获得一等奖，取得了农田水利基本建设的好成绩。

（秦岩飞）

【防汛抗旱】 2010年，利通区防汛工作形势严峻。区委、政府对防汛工作高度重视，及时成立了防汛抗旱指挥部及办公室。区防汛办多次对各乡镇及相关单位防汛工作进行检查，排查隐患，限期整改。认真落实了24小时带班值班制度，储备了防汛物资，修订了城市防洪预案和山洪灾害防御预案，成立了专业防汛抢险队伍，及时召开了防汛工作会议。进入主汛期后，苦水河发生了“8·10”洪水，多处河段发生险情。灾情发生后，区委、政府和各有关部门高度重视，区领导多次深入一线指导抢险救灾。区防汛抗旱指挥部及时召开会议，进一步明确责任，周密部署，投入抢险资金30多万元，扎扎实实地做好防汛抗灾工作，将群众受灾损失降到最低程度。（秦岩飞）

城南防洪排涝工程建设现场

【农村饮水安全】 利通区农村安全饮水工程建设管理稳步推进。一是制订完善了《利通区水源地保护规划》《利通区农村饮水安全工程总体规划》。二是安排专人抓好扁担沟镇农村安全饮水工程施工管理工作。抓质量，促进度，确保了工程顺利实施。三是实施了灵州古镇、回乐人家、怡和人家等新农村建设农民新居供排水工程。四是开展了利通区农村安全饮水现状调查、水质检验等工作，为解决农村饮水安全问题掌握了第一手资料。五是申报了金积镇、高闸镇、金银滩镇杨马湖村、马莲渠乡廖桥村等多项农村安全饮水项目，金积、高闸镇农村安全饮水工程成功立项实施。六是进一步完善了农村安全饮水工程市场化运行管理模式，企业规模不断扩大，工程管理水平进一步提高，位居自治区前列。

（秦岩飞）

【农村水利改革】 进一步深化农村水费改革。年初组织农民用水者协会成员到自治区水利厅接受培训。及时成立了利通区农村水费改革领导小组，顺利完成利通区65个协会管理权移交工作。成功申报了利通区2010年农民用水者协会扶持项目。完成了对利通区65个协会的年检工作，因管理需要更换了6名协会法人代表。进一步加强对65家农民用水者协会的监管工作，组织了财务检查，规范

了协会运行管理和财务管理，尤其是，二支渠和四支渠基本实现了信用社代收水费。四支渠优化管理体制，基本实现了量水到斗。（秦岩飞）

【水政与水资源管理】 2010年，水务局严格按照依法行政工作要点，进一步贯彻落实《全面推进依法行政实施纲要》和《国务院关于加强市县政府依法行政的决定》，把依法行政与“科学发展观学习实践活动”相结合，把法制建设与创建文明单位相结合，把推行行政执法责任制与政务公开、行风评议、绩效考核等制度相结合。执法中，水务局人员均持证上岗、依照法定程序，对处理处罚履行法定告知程序；没有行政不作为和乱作为的行为，无行政复议行政诉讼事项发生。（秦岩飞）

【节水型社会建设】 一是利用“世界水日”“中国水周”，建党89周年等活动，先后在市区开源广场，金银滩、马莲渠、扁担沟、金积等乡镇广泛开展宣传教育，全面提高全民节水和科学用水意识。二是通过工程节水和管理节水措施，提高水的利用率。先后实施了马莲渠节水改造工程，波浪渠砌护工程，扁担沟扬水一泵站和五里坡扬水一泵站更新改造工程，小农水重点县等十多项工程，有效提高工程输水效率。同时积极加大农民用水者协会的培训力度，提高协会管理人员调水能力。三是积极推广实施节水灌溉，大力实施设施农业，在马莲渠实施千亩大田滴灌工程，成为利通区节水灌溉一大亮点。（秦岩飞）

【水土保持】 一是建立健全了组织机构，市区分署办公后，在没有机构编制的情况下，按照属地责任管理原则，配备了专职水保人员2名，建立了相关制度，积极配合市水务局履行水保管理职责。对辖区扁担沟、孙家滩、苦水河等沿山乡镇进行多次排查，保证了辖区水保工作的顺利进行。二是实施了清水沟中小河流治理工程，治理沟道12.1千米。三是实施城南防洪排涝工程，开挖河道4.6千米。有效提高了辖区抵御水土流失灾害能力。（秦岩飞）

【灌溉管理】 面对春夏灌溉的突出矛盾，及时召开了灌溉工作会议，坚持早计划，早动手，抽调了多名干部，由副局长带队，深入到各乡镇督促检查，解决困难，提前化解灌溉矛盾。扁担沟扬水站、二四支渠、孙家滩41支渠等骨干工程安全运行无事故，灌溉保证率和水费收缴率创新高。在灌溉高峰期，积极争取抗旱资金20多万元，解决了7个乡镇的9处抗旱保灌设施的改造任务。为郭家桥乡设施农业打井2眼，解决了群众灌溉难题。投入60多万元资金，解决设施农业的提质增效和灌溉排水问题。工程节水、管理节水取得新进展，在马莲渠乡杨渠村实施了66.67公顷大田滴灌工程，用管灌代替传统沟渠，实现了节水技术的新突破。全年灌溉工作进度快、秩序好，没有发生大的群体上访和因灌水出现的械斗事件，得到了市、区领导的充分肯定。据自治区水利厅统计，全灌区全年引水3.957亿立方米，比计划节水0.483亿立方米，节水率为12.2%。（秦岩飞）

【财务管理】 2010年，是水务局分署办公第一年，水务局财务工作在局党委领导下，严守财经纪律。全年工作本着节约开支，安全支出的原则，积极监督资金正常运行，维护资金安全，建立健全财务管理制度，认真做好财务收支的计划、控制、核算、分析和考核工作。全年财务工作主要涉及单位基本收支和项目收支两部分。项目支出涉及城乡社区事务支出、农民合作经济组织、农村人畜饮水、水资源管理与保护、水质监测、防汛、抗旱、农田水利、其他地方水利建设基金支出、其他支出、其他水利支出、其他农林水事务支出、一般行政管理事务等十三项内容。其中基本收支情况为：本年收入2633041.48元，支出2466041.48元。项目收支情况为：收入39585205.52元，支出33402950.47元，结余6182255.05元。

（秦岩飞）

【党建与精神文明建设】 党建和精神文明建设方面。健全了党组织和工青妇组织，积极开展了“双变”“读书月”“抓作风、促效能、干事业”“机关党的建设年”和“创先争优”、西部大开发战略大学习大讨论、十七届五中全会精神专题学习、重温入党誓词、瞻仰烈士陵园等活动，制订了党建、党风廉政建设和精神文明建设计划，开展了机关文化建设，在全局范围内认真开展了廉政风险防范管理工作，水务局被区纪委确定为全区廉政教育基地。投入扶贫帮困资金3万元，开展了为地震灾区捐款、慰问老党员、老军人等活动,体现了水利队伍良好的道德风尚。组织利民供水公司、扁担沟扬水站、利水公司、抗旱打井机电管理站创建了“青年文明号”和“青年安全示范岗”。在全局开展了“五好家庭、平安家庭”的评选活动。筹办2场文艺演出、1场歌咏比赛、2场演讲比赛和扬水职工运动会,丰富了干部职工的精神文化生活。开展了多种形式的宣传工作,共编发《水务快讯》107期、《农建快讯》108期,被区委、政府和“双变”办(变冬闲为冬忙、变局部忙为全局忙)、宁夏水利网、《吴忠日报》、吴忠电视台等媒体采用刊登200多篇(条),制作展板40多块、6×12米宣传牌1块,制作专题片3部,为水利发展营造了浓厚的舆论氛围。水利行风建设方面。为进一步加强民主评议水利基层站所行风工作,水务局紧紧围绕水利建设、发展和改革的中心,重点以提高办事效率、服务质量和执法水平为主要内容的水利行风政风建设,抓好基层站所行风政风评议工作,在全社会树立水利队伍的良好形象。一是抓领导。成立了局民主评议政风行风工作领导小组,制订下发了《利通区水务局关于进一步加强民主评议水利基层站所行风工作的实施方案》,召开了民主评议政风行风工作动员会。二是抓制度。健全制度,明确职责,规范从政行为,提高工作效率,共办理信访案件10件、人大政协提案建议34件。三是抓宣传。积极开展了“世界水日”、水法宣传周、节能宣传周和农田建设大会战宣传活动,在宁夏行风网发表信息30多篇,发放宣传材料4万多份,扩大了单位的影响。四是抓监督。深化政务公开,建立政务公开栏,公开服务承诺,接受社会监督,聘请政风行风监督员,强化行风监督。 (秦岩飞)

青铜峡市水务局

【概况】 2010年,青铜峡市水务局(以下简称“水务局”)经市编制委员会批复机构11个(行政机关、灌排中心、黄河管理所、水政监察大队、水土保持工作站、小坝水利工作站、大坝水利工作站、瞿靖水利工作站、邵刚水利工作站、叶升水利工作站、峡口水利工作站)。行政岗位9个,编制9名。工资在册人数141人,其中编制129人(市财政全额预算确编人数51人、定额补助确编人数47人、自收自支确编人数42人),机关后勤编制1人。专业技术人员49人(含离岗退养人员2人)。水务局按照“突出两大任务,盯住民生水利,狠抓重点工作,构建和谐水利”的工作思路,以率先建成宁夏引黄灌区节水型示范市为目标,以农田水利建设为统领,从沟渠田林路综合整治、饮水安全、节水灌溉管理、移民项目建设、防汛、城市水系建设、水土保持、水政执法及水资源管理等方面全面开展了水利工作。通过深入开展党风廉政建设、机关效能建设及行业作风建设,转变了工作作风,提高了工作效率,使各项工作圆满完成。全市农田水利基本建设荣获自治区“黄河杯”竞赛评比特等奖,全年共完成水利建设资金投入3.9亿元左右,在建设规模及建设效果方面,较往年实现了新的突破。

(王宝茹 仇建明)

【工程建设与管理】 2010年,市水务局完成各类重点水利工程建设任务11项。

1. 2010年度中央财政小型农田水利重点县建设补助项目和2010年度现代农业生产发展优质粮食资金项目大坝镇西贴渠末级渠系节水改造工程。涉及大坝镇沙湾、园艺场、沙庙、蒋南、蒋东、韦桥、利民、陈俊8个行政村,灌溉面积2206.7公顷。共砌护支渠7条长18.8千米,砌护斗渠49条,总长48.65千米;农渠465条长208.74千米,更新完善配套建筑物857座;清淤项目区内的3条干沟18.58千米,3条支沟10.6千米,2条斗沟2.58千米,311条农沟171.87千米,更新完善配套沟道建筑物381座。工程总投资3011.45万元。

2. 2010年度灌区续建配套与节水改造项目大坝镇西贴渠节水改造工程。砌护改造西贴渠8.0千米,改造建筑物45座,工程总投资520万元。

3. 大坝镇高桥农村自来水入户工程。解决大坝镇高桥、新桥、立新、营门滩、三棵树、滑石沟6个行政村30个村民小组1807户7235人的饮水安全问题。新建15立方米调蓄池1座,更换潜水泵1台,配套恒压变频控制设备1套和离心泵3台,更换变压器 1 台，铺设干、支管和入村巷输水管道 58.33 千米，建设各类阀井 270 座。工程总投资 252 万元。

4. 青铜峡镇余桥农村饮水安全工程。解决青铜峡镇余桥、沃沙、草河以及峡口镇郝渠共 4 个行政村 2077 户 7989 人的饮水安全问题。打 150 米深井 1 眼，安装 15 立方米玻璃钢水箱 1 座，配套恒压变频控制设备 1 套和离心泵 3 台，安装变压器 1 台，建泵房 1 座 31 平方米，变频控制设备 1 套，架设低压输变电线路 0.8 千米，新建管理房 120 平方米，建设各类阀井 310 座，铺设干、支管和入村巷输水管道 76.09 千米。工程总投资 338 万元。

5. 青铜峡农民新居供水工程。解决小坝镇南庄、大坝镇利民、瞿靖镇瞿靖、粮繁场、邵刚镇邵刚、叶升镇蒋滩、陈袁滩镇陈滩、袁滩、补号、青铜峡镇余桥、沃沙、峡口镇赵渠、汉渠、谭桥、市树新林场等 17 个居民新村 3569 户 14276 人的饮水安全问题。铺设支管和入村巷输水管道 36.06 千米，建设各类阀井 410 座。工程总投资 286 万元。

6. 峡口镇赵渠农村饮水安全工程。解决峡口镇赵渠、汉渠、闫渠、巴闸、任桥 5 个行政村 2734 户 12638 人的饮水安全问题。更换潜水泵 1 台，配套恒压变频控制设备 1 套和离心泵 3 台，新建 300 立方米蓄水池 1 座，安装变压器 2 台，新建泵房 60 平方米，管理房 120 平方米，安装变频控制设备 1 套，架设低压输变电线路 0.8 千米，建设各类阀井 404 座，铺设干、支管和入村巷输水管道 95.12 千米。工程总投资 472 万元。

7. 陈袁滩镇青吴黄河大桥(新建)南侧湿地整治工程。对新建青吴黄河大桥南侧 1865 米河道进行综合整治，开挖湖面面积 27 公顷，开挖外运土方 84.03 万立方米，新建配套建筑物 3 座，工程总投资 1984 万元。

8. 青铜峡库区 108 塔景观水道清淤工程。对库区 520 米景观水道进行清淤扩整，开挖土方 8.51 万立方米，对水道两侧采用草土护坡。工程总投资 320 万元。

9. 甘城子葡萄基地水利配套工程。新建泵站 1 座，安装 350S—75B 型单级双吸离心泵 3 台，架设6 千伏高压供电线路 12.5 千米。新建扬水支渠 2 条 4.63 千米，斗渠 8.8 千米。拓宽改造北三(3)支渠下段 2.73 千米，新建配套建筑物 51 座。工程总投资 1044 万元。

10. 青铜峡镇余桥新庄点秦渠过境段砌护改造工程。砌护老秦渠 425 米，总投资 107 万元。

11. 石中高速公路西侧峡口段绿化带供水工程。对三星塘一、二泵站进行改造，砌护改造渠道 4.5 千米，配套建筑物 8 座；新建 4 万立方米蓄水池、加压泵站，铺设 UPVC 管道 19.5 千米，各类阀井 18 座；安装首部过滤系统 2 套。工程总投资为 750 万元。

（王宝茹　仇建明）

【灌溉管理】 面对西南大旱、黄河引水指标紧张趋势，水务局与渠道管理单位紧密配合，强化用水管理，按照“总量控制、定额管理”的原则，将黄河引耗水指标分配到各支斗渠和农民用水者协会。采取措施确保灌溉均衡受益：一是丈量全市灌溉面积，核查土地面积。二是按照工程体制改革要求，对甘城子扬水灌区水价进行核算，召开水价调整听证会，得到物价部门的批准，通过价格杠杆，实现节水。三是优化水量调度，采取适度提前放水、加大水情通报等措施，加强管理，确保了灌区上下游 3.33 万公顷农田均衡用水，2010 年没有出现水事上访纠纷，灌区灌溉秩序良好。全市灌溉用水总量为 5.64 亿立方米，比 2009 年节余 800 万立方米，灌溉管理确保了农业增效、农民增收和农村社会稳定。

（王宝茹　仇建明）

【农田水利基本建设】 2010 年农田水利建设，坚持“综合治理、配套建设、打造精品、提高效益”的原则，围绕实现“灌得上、排得出、可调节”的目标，高标准治理干支沟和高质量砌护渠道，狠抓工程建设质量、建设进度和出工效率，农田建设呈现出“点多、面广、战线长、力度大、场面宏大、标准高”的显著成效。全市共争取和实施小型农田水利重点县、现代农业生产发展优质粮食资金项目、土地治理项目、农业综合开发项目等大项目 15 个，投入资金 3.9 亿元，较 2009 年增加了 1.4 倍；高标准治理大干沟 59.8 千米，比 2009 年多 3.3 倍；高标准砌护渠道 986 千米，比2009年多2倍。全市共清淤沟道4123条2592千米,清淤渠道9541条6762千米,整修农路4650条2365千米,新建各类配套建筑物16943座。完成畦田建设1.07万公顷;建设农村安全饮水工程3处,解决了3.1万农村人口安全饮水问题。实施了京藏高速宽幅林带、项目区农田林网造林、干沟宽幅带造林、滨河大道沿线补植造林、城市园林绿化建设,造林面积386公顷。累计投入工日175万个,动用各类机械6.4万台次。（王宝茹　仇建明）

【防汛】 防汛工作以保障人民生命财产安全为中心,坚持山洪、河汛预防并重。2010年6月1日,召开了全市防汛工作会议,对防汛工作进行了全面安排部署。修订完善了防汛预案,重新明确各防汛责任人和责任单位职责。落实行政领导带班和防汛值班制度,及时对水毁工程进行检查并组织修复,落实防汛物资及设备。分别于3月、4月开展了汛前检查,7月和8月开展了联合检查,对发现的防汛隐患落实了整改措施。加大对河道及山洪沟内乱倒、乱挖、乱采行为和防汛工程的管理力度,落实了防汛物资及设备。积极做好防汛值班和冬季凌汛期间的防凌工作,确保了人民生命财产的安全,维护了社会稳定。全年全市共出现4次暴雨和冰雹等灾害性天气,分别是6月7日~8日、8月31日、9月1日、9月5日,给农业生产造成了一定的经济损失。（王宝茹　仇建明）

【农村饮水安全】 2010年,水务局投资810万元,建设了峡口镇赵渠农村安全饮水工程和青铜峡镇余桥农村安全饮水工程,彻底解决2个镇9个村63个队2.06万人的饮水安全问题,同时投资538万元建设了青铜峡市农民新居自来水入户工程和大坝镇立新高桥自来水入户改造工程,彻底解决青铜峡市小坝、大坝、瞿靖、粮繁场、邵刚、叶升、陈袁滩、青铜峡镇、峡口、树新林场等9个镇的4个村30个队17个居民新村2.15万人的自来水入户问题。

在抓好农村饮水工程建设的同时,青铜峡市水务局抓好人饮工程的管理运行工作,水务局设立农村供水管理总站,统一管理下属供水管理分站,建章立制,规范管理。实行“水量、水价、水费”三公开,让群众参与管理、监督管理,使以往“重建轻管”的现象有了根本性的变化。农村饮水安全管理总站紧紧围绕全局的中心工作,加强对农村自来水的安全运行管理,挖掘各供水分站自身的潜力,不断增强各供水分站自我发展、自负盈亏、自我管理的后劲,全年共收取水费35.08万元。全年共供水91.83万立方米,实现净利润16.65万元。（王宝茹　仇建明）

【农村水利改革】 加大农村水利改革力度,在灌区农村水费改革基础上,不断总结经验,在全市85家农民用水者协会中确定9家协会开展改革试点工作。制订《代管农民用水者协会财务试点工作实施方案》,由渠首管理处职工兼任协会副会长,协助会长负责协会灌溉管理,渠道供水部门代管协会财务,明确职责,落实收费措施。全年水费2104.89万元,结算1999.6万元,收缴率达到95%。确保了3.33万公顷农田的适时灌溉,农民用水者协会运行管理得到了自治区水费改革领导小组的高度评价。

（王宝茹　仇建明）

【水政与水资源管理】 2010年,水务局依法加强了水利工程管护、水利工程建设管理,对取水单位的取水许可申请进行受理和审查,并及时发放取水许可证,依法查处水事违法案件4件,其中撤销越权越界审批取水许可证一件;规范了取水许可审批程序,维护正常的水事调解水事纠纷8起,结案率、调处率均达100%;加大水资源费的收缴力度,收缴率比上年有大幅度提高,做到用多少水交多少费,依法征收水资源费90万元,核验取水许可证36份。

（王宝茹　仇建明）

【节水型社会建设】 开展全市水价执行及水费收缴情况考核检查工作,对存在的问题予以及时纠正,对农民用水者协会进行规范管理,全面开展节水控灌等技术,大力推行畦田建设,促进了节水工作。在灌溉面积增加、旱情严重的情况下,全年引黄水量5.64亿立方米,确保了全市农作物适时适量灌溉,灌溉用水量较2009年减少800万立方米。

（王宝茹　仇建明）

【水土保持】 2010年,全市新开矿点2处,审查、发放水保方案2份,青铜峡市被自治区水利厅列为全国水土保持监督执法能力建设试点县之一,水务局围绕“五完善、五到位、五规范、五健全”的建设目标，积极开展能力建设工作。结合“世界水日”“中国水周”、科技宣传周、法制宣传日等活动，利用乡镇集日上街集中宣传，累计散发各类宣传资料2万多份，依法征收水保“两费”48.41万元。（王宝茹　仇建明）

【水库移民】一是开展年度人口核定。2010年开展水库移民人口年度核定登记工作从2月25日开始，组织专门工作人员到全市8个镇73个行政村进行核实，对符合三个核减条件的人员进行核减，核减移民人数15人。其中资金直补人数由2009年的15528人减少到15473人，移民总人数17110人。由市水务局移民办公室编制发放底册，财政局审核并录入政府直补农民“一卡通”信息系统，由农村信用社发放到户。共发放兑现资金930.78万元。二是实施移民项目2项。1.大坝镇三棵树村红一支一斗沟清淤工程，清淤沟道1条1.95千米，配套沟道建筑物26座，其中尾水21座，拱桥5座。青铜峡镇支渠砌护工程，砌护渠道2条2.0千米，配套渠道建筑物47座。硬化新田村村级道路1条1.0千米，路面宽4米。2.2008~2009年度水库后期扶持结余资金项目砌护支渠3条长5.455千米，维修渠道0.245千米，配套建筑物161座；硬化道路2条，2.2千米。主要解决移民集中村队道路交通及农田灌溉问题。项目的实施，改善灌溉面积380公顷，解决了移民地区群众生产困难，促进了移民地区的经济发展。完成工程投资310.95万元。（王宝茹　张国芳）

【党建与精神文明建设】1.坚持党的“三会一课”制度、民主生活会制度。2.组织干部职工对党的十七大精神及水利行业法律法规等进行系统学习。加强业务知识学习和技能培训，提高干部职工政治理论和业务知识水平。3.积极开展以“树行业新风，创优质服务”为主题的行业作风建设，进一步完善和落实管理办法。深入开展效能建设，改进工作作风，提高服务质量。4.严格遵守《廉政准则》和青铜峡市委“八不准”规定，对工程立项、工程发包、工程预决算、财务管理、人事劳资等一些重大事项，坚持集体研究，民主决策。水务局领导干部严格执行《领导干部重大事项报告制度》《礼品登记制度》《收入申报制度》。（仇建明）

同心县水务局

【概况】同心县水务局(以下简称“水务局”)现有干部职工420名，其中在职292人，离退休128人。人员编制结构为行政编制11人，事业编制153人，企业合同制160人。下设2个副科级单位、7个机关股室、10个水管所和1个施工企业。水务局承担全县农田水利、防汛抗旱、灌溉管理、水土保持、水政执法等多项职能。

同心县水资源总量为2.03亿立方米，水资源十分匮乏，降雨时空分布不均，多年平均降雨量仅为276毫米，多年平均蒸发量2325毫米，是降雨量的8.4倍，平均径流深7.6毫米。全县年可利用的水量较少，仅为1.38亿立方米，其中地表径流0.32亿立方米，地下水0.17亿立方米，客水1.06亿立方米。人均占有年径流量只有143立方米，是全国平均水平的1/19，属水资源奇缺地区之一。2010年，全县计划争取水利项目资金2.1亿元，实际完成2.17亿元。全县实施重点水利工程14项，完成14项，完成项目投资20442.39万元，其中人饮工程工程完成投资5756万元，建成东部饮水扩建、石狮王团自来水入户等工程2处，解决13.63万人的饮水安全问题；节水灌溉工程完成投资9723.1万元，建成下马关高效节水补灌、下马关和李家山高效节水补灌、2009年退耕还林基本口粮田、红城水渠道改造、以色列节灌技术示范项目等工程5处；防汛防洪工程完成投资3884.97万元，建成黑风沟治理工程一期、下马关生态移民区防洪、王团镇吊堡子防洪、洞子沟淤地坝、河西建新移民新村防洪等工程5处；水土保持工程完成投资1242万元，建成下马关陡沟坡改梯工程王古窑片区和兴隆王大套坡改梯工程，建成梯田1320公顷，填补了同心县水利建设史上的空白。同时，在石狮开发区惠安村建成万亩节水补灌红枣种植基地；结合国土整治项目在王团镇改善灌溉面积3406公顷；建设精品梯田2000公顷，建成圆枣种植基地1处等，进一步改善了群众生产生活条件和城乡生态环境。

2010年获得自治区农田水利基本建设“黄河杯”二等奖。（白利彬）

【工程建设与管理】 1. 水利工程建设。一是完成红城水渠道改造工程，总投资291.86万元，涉及灌溉总面积420公顷，工程于3月份开工建设，完成压力管道3.78千米，新建斗、农渠8千米，配套建筑物128座。二是完成兴隆乡王大套村枣树供水工程，总投资28.9万元，铺设压力管道0.54千米，衬砌渠道2.42千米，配套水泵及机电设备1套。三是完成庙儿岭枣树种植供水工程，总投资21万元，铺设管道10千米，配套闸阀井10座，建过路工程1处，设给水栓70个。四是完成王团南村设施农业供水专线工程1.6千米，确保了温棚供水。五是完成盐环韦州干渠太阳山下沉段渠道修复工程，确保了春灌正常运行。六是完成河西镇下河湾枸杞供水渠道2.84千米，配套生产路20座。七是续建下马关高效节水补灌工程，总投资2.4亿元，发展高效节水补灌面积1.007万公顷。2010年发展高效节水补灌面积0.607万公顷。该工程水源骨干工程委托宁夏水务投资集团有限公司代建，已完工。田间配套工程由水务局组织实施，29千米干管开挖铺设工作全部完成，完成分干管、支管开挖铺设91.34千米，田间管网配套工程结合国土整治项目实施。八是完成太阳山煤矿庆华集团韦州矿区供水工程。为落实县委、政府招商引资政策，确保太阳山煤矿庆华集团员工生活用水，水务局筹资40万元，以韦州南滩3号机井为水源，完成矿区供水工程，铺设输水管道5.6千米，配套闸阀井6处，建过沟、过路工程各1处。同时，为解决该矿生产用水，在红五干渠十一支渠上开设取水口，建生产用水工程1处。九是2009年退耕还林基本口粮田工程，总投资480万元，完成蓄水池3座(3万立方米1座、1万立方米1座，2.8万立方米蓄水池)，完成输水管道开挖铺设30千米，已投入运行。十是以色列节灌技术示范项目，总投资3015.05万元，该工程通过引进以色列先进灌溉技术设施，依托下马关高效节水补灌工程发展高效滴灌示范区1133公顷，为同心县东部旱作区农业发展方向奠定基础。该工程于2010年顺利通水，亩均38立方米的灌溉定额走在全区乃至全国的前列。十一是完成下马关枣树种植应急补水工程，总投资25万元，配套水泵及机电设施3套，铺设输水管道15千米，各类阀件116件，已完工投入使用。

2. 工程管理。一是严肃以项目法人制、招标投标制、建设监理制、合同管理制、廉政责任制、公示制“六制”和以组织领导、计划管理、资金管理、质量保证、工程监理、工程验收“六大体系”为保障的新型建管机制，推行“拦标审计”工作机制。二是按照政府统一要求，拟对生态移民区供水工程试行企业化管理，采用公司加协会的方式，方案已上报县人民政府研究强化工程“四制”管理、工程督查和安全生产管理。三是进一步扩展水利发展空间，延伸水利设施服务领域。把项目前期工作放到突出位置，抓规划、抓设计、抓进度。2010年底已编制完成了小洪沟安全饮水工程规划、红果子沟小流域综合治理工程规划、病险水库除险加固工程规划、菊花台安全饮水工程规划等，计划明年争取立项。四是严格执行《吴忠市水务局水利工程项目管理办法》，严格项目管理程序，规范了项目管理。开展了水务安全生产隐患治理、安全生产百日督查专项行动、安全生产月等活动。加强对水利工程施工现场的安全隐患排查，加强城乡河道及防洪工程安全度汛的巡查力度，有效防止了重特大安全责任事故发生。（白利彬）

【灌溉管理】 一是完成灌区行政村水权制度改革。在灌区的河西镇等6个乡镇成立农民用水者协会111个，全部完成水权制度改革，建立了新的灌水组织，确保了灌溉工作平稳进行。二是继续抓好扬黄灌区节水改造，促进灌区作物种植结构调整，改善农业生产条件。计划灌溉用水1.87亿立方米，实际完成灌溉水量2.11亿立方米，保证了灌区农业生产秩序的正常进行，全面完成灌溉面积2.78万公顷的灌溉任务。（白利彬）

【农田水利基本建设】 在2010年秋季农田水利基本建设中，全县累计投入义务工151.6万人(次)，动用机械7959台(次)。完成清淤维修支斗农渠248条623千米，完成任务的102%；砌护渠道1050千米，配套建筑物10771座，完成任务的110%；建设畦田

0.98万公顷,完成任务的110%;完成机深翻1.71万公顷,完成任务的104%;新修旱作三田0.13万公顷;发展高效节水补灌面积0.62万公顷;测土施肥3.41万公顷;整修农路608条692千米,完成任务的120%;硬化乡村道路224千米,完成任务的155%;硬化移民村主干道18.5千米,巷道81.4千米;完成农田林网整地0.37万公顷,栽植乔木4万株。建成大中拱棚0.06万公顷,完成秋季覆膜0.6万公顷,完成任务的180%;兴建"三贮一化"池10万立方米,加工调制玉米秸秆16.07万吨。在自治区农田水利基本建设"黄河杯"竞赛活动中,同心县再次荣获二等奖。 (白利彬)

【防汛抗旱】 发挥"统一组织、统一指挥、统一调度"的"三统一"效能。一是对全县水利设施及10万立方米以上的库坝进行了汛前拉网式排查,对三处病险库坝除险加固,确保工程安全度汛。二是认真储备防汛物料,落实防汛队伍,设置汛期值班日志,确保各类汛情信息得到及时传递。三是全面夺取了同心县"8·11"河西镇建新村暴雨洪灾抗洪救灾工作的胜利。四是对黑风沟治理工程等在建工程全部完成防汛预案编制,并报自治区防汛办及市防办备案。五是加强清水河折死沟流域防洪工程建设。

充分认识抗旱工作的长期性和艰巨性,主动应对干旱,进一步加大支农扶农力度。一是全力组织抗旱送水,组织抗旱服务队为地处偏远的学校、敬老院及下马关生态移民区群众免费送水2500立方米,临时解决了5000人的饮水困难;为河西镇建新灾区送水500立方米,对于解决灾区群众生活用水,稳定灾民情绪发挥了积极作用;二是为下马关生态移民区设施农业种植免费供水1000立方米;三是筹资12万元,维修了东部引水、窑山饮水、王团人畜饮水和韦州红庙人饮等重点人畜应急水源工程4处,免费供水1万立方米;四是筹资120万元,架设应急供水管线6处40千米,解决了生态移民2、3、4村的人饮及设施农业用水,解决了惠平公路两侧绿化供水,确保了以色列项目区作物种植所需安苗水的应急供水任务。 (白利彬)

【农村饮水安全】 以新建生态移民和设施农业供水工程为主体,不断加强对已建饮水工程的管理,创新管理体制、完善管理制度、科学核定水价,逐步向管理要效益、以经营促发展,建设管理水平逐步提高。一是完成续建东部饮水扩建工程。总投资9444万元,工程泵站、蓄水池、水厂等水处理设施由宁夏水务投资集团公司实施,已全部完成。水务局负责实施的自来水入户部分完成输水管道开挖600千米,安装回填600千米,各类阀井2300座,完成自来水入户近1.9万户。二是完成投资86万元,实施了同心王团石狮镇区自来水入户工程,建成泵站1座,水池1座,铺设输水管道54.21千米,完成自来水入户411户0.95万人。 (白利彬)

【水利管理体制改革】 一是按照区、市党委、政府和上级业务主管部门的要求,基本完成水管体制改革工作。二是全县111家农民用水者协会运行管理不断加强,"农民+用水者协会+水管单位"三位一体的水管体制得到了巩固和完善,从根本上解决了淌水难、交费难的问题,灌溉秩序好转。全县水管体制改革工作进展基本顺利。 (白利彬)

【水政与水资源管理】 严格执行建设项目水资源论证制度和取水许可制度,做好涉水项目的水资源论证、计划取水和水资源费的征收工作,进一步加大城市水源地的保护力度,2010年核发取水许可证2套,核实自备机井32眼,核准自备取水井1眼,取水总量1660万立方米。同时,严厉查处和打击各类破坏水资源设施的行为,处理违法取水、河道人为设障等水事纠纷2件,对未办理许可证的3家个体限期进行了查处和整改。制定和完善了水政执法责任制和评议考核制,明确了执法责任权限和评议办法,有效地保障了依法行政,水资源管理工作得到了进一步规范。

利用"世界水日""中国水周",开展涉水法律法规宣传。坚持文明执法,依法办案,加大执法力度,维护了正常的水事秩序。严格执行《吴忠市河道采砂管理暂行办法》,进一步规范河道采砂管理。完成"五五"普法工作任务,经县五五普法工作领导小组初验,将水务局定位五五普法工作示范单位。 (白利彬)

【安全生产】 积极进行平安创建,进一步落实安全监管责任和安全隐患排查治理主体责任，深入开展“安全生产月”活动和安全生产隐患排查治理专项行动。召开各类安全会议10余次,先后组织12个专项督查组对全县3座重点水库、32座防洪骨干工程、20所人畜饮水工程(含设施农业供水工程)河道、在建水利工程及西气东输同心段水土流失预防监督工作全面开展了安全生产隐患排查、自查自纠和专项整改活动,并对蓄水库坝、蓄水池等进行围栏,并设立警示牌,进一步明确责任,确保安全运行。（白利彬）

【财务管理】 加强财务会计基础工作管理，进一步完善政务财务公开制度,坚持“以收定支,量入为出,保证重点,兼顾一般”的原则,积极回笼和合理调配资金。2010年对全局财产物资进行了全面清查,全年各类资金支出总额为14917.0527万元,其中水利工程建设5698.62万元,退耕还林口粮田2879.3291万元,移民补助170.16万元,防汛299万元,防洪工程78.8万元，农田水利1292.5万元，农村人饮2494.0386万元，农村基础设施建设511.605万元，农村合作经济组织10万元，农村公益事业5.6万元,其他水利支出762.4万元,其他农林水事务支出700万元,其他农业支出15万元。（白利彬）

【节水型社会建设】 一是以节水改造为重点，进一步优化制度建设,推行体制创新,努力构建水资源统一管理与可持续利用体系。二是利用“一事一议”和县财政扶持,加大灌区渠田林路综合整治力度,提高水资源有效利用率。三是积极推广以色列等节水新技术新器具的利用,大力提倡小田灌溉模式。四是以“世界水日”“中国水周”主题宣传活动为契机,进一步加大节水型社会创建宣传力度。（白利彬）

【水土保持】 2010年，在水务局的积极争取下,在上级业务部门的帮助支持下，在同心县相继开工建设了下马关陡沟坡改梯工程及兴隆王大套坡改梯工程,该项目的实施,开创了水利建设史上的先河,填补了水利建设史空白，在有效缓解生态移民区土地分配困难的同时,工程水保效益得到有效发挥。一是下马关陡沟坡改梯工程。工程对我县下马关生态移民区1860等高线以下坡地进行梯田整改,项目区总投资2247.25万元,国补资金1050万元。2010年开发建设的王古窑片区,总投资737.14万元,国补资金347.16万元，新建梯田578.6公顷,2010年完成土地平整工作，计划2011年春完成作物定植任务。二是兴隆王大套村坡改梯工程。总投资480万元,国补资金384万元,新建梯田0.064万公顷,2010年完成土地平整工作，计划2011年春完成作物定植任务。三是黑风沟治理工程。该工程分两期建设,总投资4580万元，设计最大坝高61.8米（坝顶高程1561.6米），坝顶长680米，坝顶宽6米，总库容2669万立方米。其中2010年开工建设的一期工程总投资2770万元,设计最大坝高59.4米,总库容为1969万立方米。四是洞子沟淤地坝工程。工程由溢流坝段和土坝段组成。溢流坝顶宽5米,其最大坝高9.0米,库容200万立方米;土坝段布置在溢流坝段两侧,坝顶长度229米。工程于2010年6月20日完工投入运行,完成铅丝笼石1.7万立方米,完成土方8.5万立方米,完成投资624.97万元。五是王团镇吊堡子村防洪工程。总投资60万元,建拦洪坝2座,开挖引水沟2条，有效地保护了该村的行洪安全。

（白利彬）

【水库移民】 认真完成后期扶持资金发放对象的调查复核工作,落实580人直补资金34.8万元,项目扶持1128人67.68万元，项目扶持养牛215头,实现了“政策兑现、资金安全、社会稳定”的目标。

（白利彬）

【党建与精神文明建设】 1.构建党建长效机制。一是扎实开展“机关党的建设年活动”,努力营造党建工作氛围,组织人员参加县机关工委组织的“我是一名共产党员”演讲活动,并取得第三名的好成绩。二是丰富精神文明创建活动内容。年初,专门举办以乒乓球、拔河、象棋等娱乐活动为主的水务局职工文体娱乐活动。三是延伸精神文明创建活动空间,把职工思想道德建设放在突出位置，推动水利行业精神文明建设，全局职工为青海玉树大地震受灾群众捐款15550元,为河西镇建新灾区捐款16650万元。

2.延伸廉政建设领域。认真开展廉政风险点防范管理活动及工程建设领域突出问题专项治理活动，其中廉政风险点防范管理工作得到吴忠市纪检委的好评。开展廉政文化宣传教育活动及反腐倡廉制度建设推进年活动，推行定期述廉制度，制作廉政建设宣传学习展板3块。按照干部职工工作职责设立廉政风险防范管理监督岗，接受群众监督。组织党员干部到县廉政建设基地——红军西征纪念馆革命根据地参观，重温入党誓词。邀请县精品党课宣讲团成员对全局干部职工进行了《培养你的团队精神》《警钟长鸣，廉洁做人》《党在我心中重千斤》等精品党课宣讲，从思想上筑牢防线。

3. 强化机关作风建设。一是继续开展“学习型机关”建设活动，修订完善效能建设规章制度，做到责任制、考评制、奖惩制相结合。二是政风行风工作再上台阶，水务局被确定为全区水利系统政风行风工作试点单位。三是在本系统开展“创优争先”及“千人评议百名股(所)长”活动。四是抓好政治及业务知识学习，丰富学习方法。认真学习了新一轮西部大开发及十七届五中全会等相关会议及文件精神，干部职工人均完成学习笔记3万余字，心得体会1篇，中层以上干部完成调研报告1篇。五是积极参加县人事部门组织的继续教育学习。

4. 及时办理人大议案。就涉及到水务局职责范围内的各类议案和提案，及时召开会议，认真研究办理方案，限时办结，及时答复，做到让提案人满意。一年来，累计办理市人大议案5件，政协提案4件；办理县人大议案及建议案14件，政协提案4件。

5. 水利宣传共编发简报180余期，在《宁夏日报》《吴忠日报》《塞上新农村》等报刊上发表信息44篇(条)，在区、市、县网络媒体上发表信息86条，制作新闻专版2期、专题片2部。 (白利彬)

盐池县水务局

【概况】 盐池县水务局(以下简称水务局)为盐池县水行政主管部门，承担着全县水利水保及扬黄工程的规划、勘测、设计、施工和管理，负责水政水资的源管理和水利执法、防汛抗旱、城乡供水等工作。现下设5个事业单位、2个自收自支企业单位和4个乡镇水利站，现有干部职工350人，其中专业技术人员139人，党员117人。

2010年，水务局认真贯彻党的各项方针政策，坚持以科学发展观为统领，以民生水利为重点，按照“项目支撑、规划先行、突出重点，打造精品”的水利发展思路，积极争取水利发展项目投资，全年共争取到人畜饮水、水土保持、高效节水农业、生态治理等水利项目投资21045.5万元，确保了各项水利工程建设有力推进。 (蒋昕 石鹏)

【城市供水工程】 1. 实现供水208.09万吨，回收水量139.23万吨(不包括未缴纳的绿化和供热用水)，回收水费433.3万元。2. 完成经济适用房、宁鲁花园住宅楼、高级中学、水泥厂、南苑新村等给水工程，铺设各类管道12千米，一户一表上水1412户。3. 配合市政工程建设，完成景观绿化灌溉水工程10处及35座公厕给水工程。4. 完成文化西街延伸段、工业园区中央大道、长城新村、鼓楼南街、拥军路、西三环南路等给水工程管网建设，铺设各类管道33.9千米。 (蒋昕 石鹏)

【工业园区供水工程】 1. 高沙窝工业园区供水工程。铺设各类输水管道20.5千米，建泵站2座，砌筑阀井18座，解决了宝塔工业园区工业用水和管线沿途宝塔等村组1581人饮水安全，完成投资778万元。2. 惠安堡镇开泰煤业供水工程。铺设输水管道4.0千米，砌筑阀井3座，完成投资96万元。3. 青山功能区供水工程。铺设输水管道4.9千米，建150立方米高位蓄水池1座，砌筑阀井15座，完成投资29.3万元。 (蒋昕 石鹏)

【生态园供水工程】 1. 以花马池生态水资源综合利用工程蓄水及新打机井为水源，新打机井6眼，建供水泵站1座，铺设各类输水管道42.5千米，安装出水口678个，砌筑阀井33座，架设高压输电线路650m，完成总投资560万元。2. 牧区水利项目工程。在大水坑和花马池两个片区实施兴建1000立方米蓄水池1座，铺设输水管道18.58千米、滴灌带325千米，建阀井9座，发展滴灌面积87公顷，完成投资110万元。 (蒋昕 石鹏)

【扬黄灌溉管理工程】 工程维修。维修三道井干渠

0.52千米，其他各类支渠、分支渠11.9千米，维修各类建筑物20多处，干渠清淤10千米，整修干渠道路26千米，维修维护4座扬黄泵站机组及电气设备。（蒋听石鹏）

【工程管理】 强化管理，抢抓工程进度，狠抓工程质量。成立工程建设领导小组和工程质量监督领导小组，建立健全工程质量管理和保证体系，严格实行项目法人制、招投标制、监理制。同时完善工程档案资料管理，把工程档案管理作为工程验收的主要内容。抓好在建水利工程安全生产规章制度、安全生产责任落实，确保不发生重大安全生产事故。

（蒋听石鹏）

【水土保持】 1. 小流域综合治理工程。完成国家农业综合开发柳杨堡项目区治理：(1)柳杨堡、官记圈两条小流域新增治理水土流失面积14.73平方千米，建小型水保工程13座，完成投资200万元。(2)郭记沟小流域新打机井5眼，维修改造机井20眼，架设农电线路2千米，建集雨场220座，打蓄水窖220眼，发展低压管灌面积133公顷，发展水浇地27公顷，完成投资350.2万元。2. 淤地坝项目建设工程。桑家沟、杏树梁流域新建骨干坝4座、中型淤地坝2座，动用土方41.8万立方米，完成投资383万元。（蒋听石鹏）

【灌溉管理】 按照"以供定需、总量控制、定额管理"原则，结合各乡镇灌区种植面积及种植结构，将用水指标合理分解到各乡镇，引导灌区群众调整作物种植结构，做到科学合理调配利用水资源。2010年累计引水4769.7万立方米，确保了1.31万公顷灌区正常灌溉。（蒋听石鹏）

【农田水利基本建设】 农田水利工程。退耕还林基本口粮田建设项目工程。1. 完成惠安堡镇潘儿庄和王乐井乡野湖井灌区改造工程、城西滩扬黄灌区二分支农渠改造工程(衬砌317条88.8千米)、花马池镇和王乐井乡井灌区节水改造工程，累计发展节水灌溉面积1887公顷，完成投资1259.98万元。2. 完成马儿庄高效节水林果间作基地供水工程，修筑道路25千米，完成投资82万元。3. 完成石山子洪漫坝维修125处，新修田记掌水平梯田47公顷，完成投资135万元。围绕"生态、资源、特色"三篇文章，加大农田水利基本建设力度，因地制宜，依托南部生态农业旱作区、中部扬黄灌区、北部旱作高效节水补灌区，按照"134411"总体思路，完成了《盐池县2010年农田水利基本建设实施方案》。投入各类机械6.5万台次、劳力62.6万人次，累计投入资金3.7亿元，是历年来建设内容最丰富、资金投入最大、效益发挥最明显的一年。农田水利基本建设荣获自治区"黄河杯"竞赛特等奖、自治区农田水利建设先进县。

（蒋听石鹏）

【农村饮水安全】 完成铺设输水总干管91.4千米，建加压泵站3座、水处理厂1座、蓄水池5座；完成了大水坑、青山、高沙窝三个片区输水管道550.7千米，朱新庄和寇庄子2座二级加压泵站，黑山墩、青山、鸦儿沟3座蓄水池，建各类阀井1002座；完成"百村千户"第一批7个乡镇，14个行政村83个自然村3070户的自来水入户工程，解决了17175人的安全饮水问题，完成投资1.13亿元，确保了城乡人畜饮水安全。（蒋听石鹏）

【节水补灌工程】 1. 刘四渠高效节水补灌工程。建泵站3座、3万立方米和5万立方米蓄水池各1座、600立方米立方米减压池2座、300立方米立方米减压池3座，铺设各类输水管道162千米，安装200千伏安、250千伏安变压器各1台，架设高压输电线路1.8千米、低压输电线路0.3千米，发展节水灌溉面积933公顷，完成投资1640万元。2. 花马池镇低压管灌改造工程。发展节水灌溉面积3854公顷。3. 青山乡甘洼山、古峰庄实施高效节水补灌工程。建泵站2座，发展补灌面积303公顷。4. 高沙窝井灌区节水改造工程。更换潜水泵8台套，埋设输水管道15千米，发展滴灌面积213公顷，完成投资260万元。5. 南洼节水灌溉工程。新打并配套机井4眼，发展水浇地40公顷，完成投资90万元。

（蒋听石鹏）

【防汛抗旱】 1. 防汛工作。一是编制和完善了2010年各项防汛预案，召开防汛工作会议，签发防汛目标责任书，对防汛工作进行了全面部署。二是组建985人防汛抢险队伍，落实装载机等抢险车68辆及砂石土料1.5万立方米、草袋2000条、编织袋30000条、铅丝2.5吨、各类水泵108台等防洪抢险物资。三是完成各类防汛项目上报工作，争取区、市防汛资金108万元。四是维修2010年"8·11"洪灾水毁洪漫坝565道，清淤渠道359.1千米，整修农路623千米，维修淤地坝6座。

2. 抗旱工作。2010年盐池县降水量244.2毫米，天气复杂多变，气温升降幅度较大，受雨雪、大风沙尘、霜冻等天气影响，造成农作物受旱受灾面积933公顷，缺水人口6500人、大牲畜1300万头。面对灾情，强化责任，多方筹措资金108万元，发动群众投入抗旱34万人次，新打机井56眼、水窖1920眼，建集雨场640处，配套水泵8台套，组织机动运水车辆560辆，有效解决了旱情，降低了旱灾损失。防汛抗旱工作荣获全区防汛抗旱先进集体。

（蒋　听　石　鹏）

【水政与水资源管理】 开展水土保持国策宣传教育和水土保持预防监督管理能力建设。利用"世界水日""中国水周"等宣传日，重点宣传《水法》《水土保持法》《取水许可制度》等。与县邮政局合作在县城中小学开展《节约用水，从我做起》征文活动。加大对擅自取水、凿井、拖欠拒交水资源费、不安装取水计量设施造成耗水量大、超计划取水、污染水资源等违法行为查处力度，有效保护水资源。严格审批制度，强化服务，加强水资源的监管和论证，查处水事违法案件4起，办理取水许可证8本，审核批准新打机井97眼，验收56眼。收缴水资源费45.9万元，收缴水土保持设施补偿费153.9万元、水土流失防治费32.5万元。（蒋　听　石　鹏）

【水库移民】 按照大中型水库移民后期扶持项目实施方案的要求，共硬化道路7条，总长13.91千米（砾石路10.3千米、砼路面硬化3.61千米）、桥涵护坡1处、劳动技能培训320人，完成总投资187.48万元，并通过验收。（蒋　听　石　鹏）

【党建与精神文明建设】 一是制订《水务局关于2010年民主评议政风行风工作实施方案》，明确指导思想、评议对象、评议内容、组织领导以及评议方法和步骤等，开展政风行风民意测评及行风整改工作。二是深入开展创先争优、"机关党建年"活动，延伸"两管三评一推优"考核管理范围，公开承诺，量化测评，规范程序，接受社会监督。三是狠抓机关全面建设，使精神文明建设、社会治安综合治理、安全、计划生育、卫生、工会、共青团、妇女、信访、提案办理、知识分子和老干部等工作取得新发展。四是为帮扶贫困党员和老党员送去慰问金5500元，为王乐井乡官滩、孙家楼行政村解决工作费4000元，对一线职工、生活困难党员及老干部发放慰问品和现金20000元；发动全体干部职工为青海玉树灾区捐款30950元，为社区建设捐款2000元。五是创卫造林工作筹资11.64万元，完成创卫责任区巷道硬化2530平方米。六是完成667公顷生态园区、烈士陵园及北环路等处植树造林30公顷。

（蒋　听　石　鹏）

红寺堡区水务局

【概况】 2010年，红寺堡区水务局（以下简称水务局）内设办公室、财务室、规划设计室、水保站、防汛办，下设供水公司、水管所，共有职工123名，其中：供水公司55名、水务局68名（行政编制7名、事业编制36名、临时工25）。在上级业务部门的大力支持下，紧紧围绕"3211"产业发展，按照"内节外扩"的治水思路，以节水灌溉为核心，以项目建设为依托，以灌溉管理为重点，以全面建设节水型社会为宗旨，调整用水结构，拓展供水范围，加强生态建设，实施高效节水补灌、设施农业供水和小流域综合治理项目，建设农村饮水安全工程，强化工程质量与管理，不断提高用水效率，最终达到节水、高效、生态的目标。（马富贵）

【工程建设与管理】 2010年开工建设的项目有13个，总投资7608.63万元。已完工项目8个，完成投资2125.87万元。一是城北节水生态综合治理绿化区节水灌溉工程；二是2008年退耕还林项目（涉及大河乡香园村，红寺堡镇梨花村、幸福村，南川乡南角湾村，太阳山镇的水套村）；三是太阳山镇柳泉村、

11月4日,小农水项目对建筑物修葺一新

大河乡龙泉村设施园区渠道砌护工程；四是太阳山红寺堡工业园区供水工程；五是红寺堡镇和兴村、南川乡洪沟滩村自来水入户工程；六是红柳沟流域综合治理工程；七是水库移民后期扶持项目；八是城南万亩生态林水源工程。

正在实施的项目5个,总投资5482.76万元。一是2009年退耕还林项目（涉及南川乡的中川村、洪沟滩村）;二是新庄集四支干末级渠系节水改造配套工程(小农水重点县项目);三是城南万亩生态林节水灌溉示范工程；四是国家农业综合开发陕甘宁地区水土流失综合治理红寺堡区月亮湾项目；五是杨柳设施农业节水灌溉项目。（马富贵）

【灌溉管理】 2010年水利厅分配给红寺堡区全年的水量指标为1.88亿立方米。在灌溉面积增大水量压减的情况下,层层签订了供水协议,尽全力为“3211”产业提供用水保障。工程建设上进一步加大农田水利工程的配套、加固和改造力度,加强工程的维修管护,提高输水效率,缩短灌水周期,重点对斗、农渠、毛渠进行防渗衬砌;灌溉管理上继续按照“以供定需,以水定植,指标供水”的方法,编制用水计划,核定用水指标,将用水指标分解到乡镇、到支口、到田块,充分调动农民用水者协会等群管组织的工作积极性，帮助他们完善好各项管理制度,制定切实可行的管理措施,并建立“水量公开,水价公开,水费公开”的监督制约机制,实行一票到户管理办法。全年完成了2.71万公顷的农田灌溉任务,累计上水1.61亿立方米,亩均灌水368立方米,同比2009年亩均少用水27立方米，全年节水1099万立方米。（马富贵）

【农田水利基本建设】 新年伊始，红寺堡区政府和水务局及各乡镇、有关部门签订了农田水利基本建设责任书,出台《红寺堡区2010年度农田水利基本建设实施方案》,对农田水利基本建设工作进行了具体安排部署,确立了“12345”的总体建设思路:1.即围绕建设节水型示范区这一核心;2.即抓住科学规划和建设效益两个关键;3.即实施农田水利基本建设、生态林业工程和城乡环境综合整治三大任务；4.即促进输水方式由渠道输水向管道输水转变、灌溉模式由大水漫灌向节水灌溉转变、耕作方式由粗放式投工投劳向机械化精耕细作转变、产业结构从传统农业向现代农业转变的四个转变;5.即采取组织领导到位、科学规划到位、宣传发动到位、资金投入到位和督查落实到位五个到位措施)。完成秸秆清收、机深翻1.4万公顷;完成小畦田建设1.4万公顷(其中,高标准示范小畦田2533.3公顷);清淤沟道7条14千米;清淤渠道3120条2430千米;计划砌护

10月22日,山区农田水利基本建设现场观摩会

砼防渗渠道1054条759千米，实际完成渠道砌护3237条1822.2千米；完成农路整修372条462千米;配套各类建筑物2316座;新增基本农田53.8公顷;新增节水灌溉面积487公顷;新增高效节水补灌面积2467公顷。（马富贵）

【防汛抗旱】 根据红寺堡区的实际,制定了《红寺堡区防汛工作预案》《红寺堡区抗旱工作预案》,层层落实责任,积极储备物资,扎实开展防汛抗旱工作。4月份,对全区沟(河)道进行了摸底排查,并将清水河、水套沟等7条沟道作为防汛重点区域,共储备照明灯20盏、雨衣50件、雨伞20把、救生衣34件、草

袋1.1万条、麻袋0.1万条、人力车10辆、铁锹50把、铅丝25.2吨、棉大衣30件、土工织物500平方米、发电机组2台、挖掘机1台、装载机10台、自卸汽车40台、水泥150吨、块石350立方米、砂石料520立方米,为防汛抢险提供了物资保障。汛期实行24小时值班制度,及时上报雨情、旱情等信息。面对8.10特大汛情,能够及时组织抢险队伍在第一时间到达现场,把水毁损失降到了最低程度,有效保障了国家和人民群众生命财产安全。(马富贵)

【农村饮水安全】 到2009年底,红寺堡区农村人口为14.82万人,其中农村饮水安全人口由原来的4.55万人提高到13.28万人,集中供水人口普及程度占农村总人口的100%。目前,自治区自来水覆盖率为100%,自来水入户率达85%以上。一是健全组织机构,加强组织领导;二是精心组织规划设计,严格按章操作实施;三是保证质量;四是加强管理运行管理,明确管理人员,落实管理职责。(马富贵)

【节水型社会建设】 通过灌区农田建设,产业结构调整,推广节水技术,大力节约用水,提高水的利用效率,使灌溉水利用系数达到0.65,粮食水分生产率达1.2公斤每立方米以上。

一是灌区外围发展高效节水补灌农业。按照“内节外扩”的治水思路,即灌区内通过管灌、滴灌、喷灌、小畦灌、节水改造、调整种植结构等措施节约水资源,在不增加红寺堡灌区用水总量的情况下,利用灌区内节约的水量在灌区外围发展高效节水补灌农业,利用扬黄灌区水资源优势发展高效节水农业,不断拓宽开发区移民脱贫致富渠道,全面推进开发区节水型社会建设步伐。

二是在灌区内发展设施农业。发展以大小拱棚和二代日光温室为主的设施农业,实践证明,在红寺堡发展设施农业,是打破自然资源约束,扬光热资源之长,避水资源紧缺之短的重大举措,进一步挖掘扬黄水资源潜力,紧紧围绕有限的水资源和充足的光热资源,重点在灌区内发展节水高效的设施农业。

三是实施节水改造项目。加大节水改造力度,逐步实施红寺堡灌区续建配套和节水改造项目,对风积沙化农田继续实施毛渠砌护,不断提高土地利用率和水资源利用效率,争取将红寺堡列入宁夏扬黄灌区节水示范区。

四是调整产业结构。推进“3211”节水农业发展模式,在“十一五”期间发展2万公顷葡萄,以高酸苹果、枣树为主的经果林1.33万公顷,设施农业6667公顷。对葡萄大面积的实施沟植沟灌,逐步发展滴灌;压减小麦、玉米等高耗水低产出作物的种植面积,扩大葡萄、高酸苹果等低耗水高产出作物的种植面积;逐步改变输水方式,提高输水效率。(马富贵)

【水政与水资源管理】 一是合理开发、高效利用和优化配置水资源,调整产业布局与经济结构,优先满足生活用水,保障经济和社会发展用水,努力改善生态环境用水,逐步形成水资源合理配置的格局和安全供水体系。走内节外扩之路,在灌区外围发展1.33万公顷补灌农业。力争城乡供水水源地的水质达到国家规定的标准,城区污水处理率提高75%,城乡水源地得到有效保护,所有水源地水质满足供水水质要求。

二是水土保持及生态修复。加快水土保持生态建设,改善水土流失区的生活和生产条件,控制人为因素造成的新的水土流失问题,减少河道、沟道泥沙淤积,加大水污染防治和水资源保护力度,新增水土流失有效控制率达到70%以上。

三是水利信息化建设。建成红寺堡区的水利信息化,实现各类水利信息资源的快递传递,为水利科学管理和防洪减灾决策提供支撑,以信息化带动和促进水利现代化。

四是水利改革与管理。通过改革管理体制,初步建立符合红寺堡开发区区情、水情和社会主义市场经济要求的水管体制和运行机制,最终达到理顺体制,搞活机制,机构合理,服务优质,安全运行和节水高效的目标。(马富贵)

【党建与精神文明建设】 按照红寺堡区委、区政府的统一安排,结合深入实施西部大开发战略大学习大讨论活动,每人完成了2万多字的政治学习笔记、5篇心得体会,撰写政治思想论文3篇。同时,制定并全面落实周二、五学习制度,每次学习时间均不少于2小时,要求单位职工写好学习笔记和心得体会。

从实抓好五项工作：一是严格落实党风廉政建设责任制。成立由水务局局长任组长的廉政工作领导小组,编制了党风廉政建设责任分工表,将党风廉政建设工作项目、工作职责、工作要求、主管领导、牵头单位、承办单位一一落实到人,进一步明确责任主体和责任内容。按照党风廉政建设责任制的要求,局领导抓好党风廉政建设,做到"五亲自",即:亲自听取工作进展情况汇报,亲自布置任务,亲自讲党课,亲自提要求,亲自主持召开廉政工作会和民主生活会。

二是坚持"阳光"工程,实行民主决策程序。按照《红寺堡区水利工程建设管理暂行办法》《水务局水利工程施工责任追究办法》等,严格工程"四制"管理,从工程建设管理、工程建设质量到工程建设资金层层落实监督责任制,以确保工程质量、资金、干部三个安全。

三是严格财务管理。坚持实行收支两条线,票款分离,专项资金接受审计、财政及发改委的审计,做到专款专用,不挤占,不挪用。工程款项严格按照现场技术员和监理认定,主管领导审核,单位负责人审批拨付的程序执行。对水资源费的征缴严格按照水利厅、物价局下发的价格标准执行,对依法征收的水资源费专户储存,不挪作他用。

四是坚持政务公开。把政务公开纳入廉政建设工作进行统一部署、统一督办、统一检查,使办事环境在公开中得到了优化,党风政风在公开中得到了好转。同时,把水务公开延伸到大额资金使用、工程建设招投标、大宗物资采购供应等领域。

五是落实责任,严把考核关。从强化责任意识出发,实行考核"五挂钩",即与评先奖优挂钩、与干部岗位挂钩、与工作奖惩挂钩、与职称评审挂钩、与年度综合考评挂钩,从而使考核由虚变实,落实到位。通过采取以上措施,使水务局组织纪律性得到进一步加强,基本达到"一个明显转变,四个明显提高"的目标,即:干部作风明显转变,为经济建设服务的水平和能力明显提高,全系统依法行政水平明显提高,干部队伍整体素质明显提高,办事效率和办事质量明显提高。

(马富贵)

固原市水务局

【概况】 固原市水务局(以下简称"水务局")内设办公室、计划统筹科、水利建设管理科、水政水资源管理科、水土保持科5个行政科室；设水土保持工作站、防汛抗旱指挥部办公室、水利工程质量监督站、东山坡引水管理站、海子峡水库管理站5个事业单位。现有干部职工48人,其中公务员编制16人,事业编制32人(水利高级工程师10人,工程师17人,助理工程师2人,管理人员3人)。2010年水务局深入实践科学发展观,按照"北扬黄河水、南引泾河水、就地利用库井水"配置工程建设体系,加快推进"南北配置、城乡兼顾、丰枯补给"的水资源格局,狠抓重点水利工程建设,认真落实病险水库除险加固、农村饮水安全、水土保持生态建设等民生水利工程建设,不断提高建设和管理水平,全面完成了各项工作任务,为加快固原市经济战略转型提供了保障。

(杨卫杰)

【工程建设与管理】 1. 固原盐化工水资源论证通过审查。该项工作涉及面广,时间紧,任务重,水务局在做好大量前期工作的同时,协调各方,完成了《固原盐化工循环经济扶贫示范区总体规划水资源论证报告书》,并通过了4103万立方米用水总量的审查意见;完成了水土保持方案编制并通过审查;完成了供水工程可研报告(初步设计)工作;编制完成了固原市水资源分布总的开发利用规划。

2. 固原地区城乡饮水安全水源工程项目建议书通过审查。抓重点,攻难点,积极协调、配合有关部门,完成了《固原地区城乡饮水安全水源工程项目建议书》。2010年9月30日通过水利部审查,11月25日,《项目建议书》在银川通过国家发改委委托的专家组评估(评估意见为:新建秦家沟水库,改建大马庄水库,建截引工程10处,铺设引水管线77.89千米,建隧洞11座长26.8千米,其他建筑物160座,静态总投资15.2亿元)。

3. 新建秦家沟水库和改建大马庄水库工程进展

顺利。秦家沟水库163米泄洪隧洞全线贯通,帷幕灌浆进尺1500米,储备上坝土料15万立方米,完成工程投资8000万元。大马庄水库移民调查全面完成,安置方案正在编制之中。（杨卫杰）

【彭堡水源地地下水库工程】 7月中旬开工建设,完成地下连续导流墙1969米,地下连续防渗墙989.4米,完成工程总投资4848万元。（杨卫杰）

【长城梁生态农业科技园引水工程】 该工程是固原市政府2010年重点督办的限时办结项目,3月份完成前期工作,5月份工程竣工。完成了1.5万立方米高位蓄水池1座、引水管道11.08千米、配水管道28.85千米建设任务,完成投资715万元,确保了长城梁生态农业科技园用水需求。（杨卫杰）

【病险水库除险加固】 截至今年,完成病险水库除险加固工程52座,完成投资2.34亿元。13处灌区节水配套改造工程及高效设施农业供水工程全部完工,完成投资3633.34万元,新增节水灌溉面积2666.7公顷。（杨卫杰）

5月6日,病险水库除险加固工程

【农村饮水安全】 完成农村饮水安全工程16处,占年度计划任务的133%,完成总投资5213.12万元,解决了14.14万人饮水不安全的问题。（杨卫杰）

【水土保持】 开展小流域治理17条,新建水保骨干工程10座,中小型淤地坝20座,完成水土流失综合治理面积498.38平方千米,占计划任务的249%,完成总投资1.74亿元。（杨卫杰）

【农田水利基本建设】 2010年固原市农田水利基本建设紧紧围绕社会主义新农村建设,以提高水资源利用率和效益,促进农民增收和保障粮食安全、饮水安全和生态安全为核心,坚持规划机制创新、组织机制创新、投入机制创新、建管机制创新和长效机制创新。累计投入资金117037万元,投入机械27.46万台班,投工839.12万工日,干部义务劳动28万工日,完成土石方5807.18万立方米。清淤支斗农渠856条632千米;新修和整修乡村道路385条1007千米;砌护渠道851条557千米;建设施农业供水工程18处;发展设施农业4000公顷;人饮集中供水工程22处,解决农村安全饮水15.9万人;新建塘坝、淤地坝20座;新增灌溉面积3066.7公顷,新增节灌面积3200公顷,高效节水补灌1400公顷,改善灌溉面积6133公顷,完成畦田建设1.54万公顷;新增基本农田8800公顷;治理小流域14条,完成小流域综合治理面积121平方千米;秋覆膜6.55万公顷,机深翻、深松7.75万公顷。（杨卫杰）

【防汛抗旱】 防汛抗旱实现双赢。加强抗旱服务组织建设,先后共投入抗旱资金513万元,临时解决了7.94万人,3.03万头大家畜饮水困难。严格落实防汛责任,修订完善了防洪预案,特别是针对今年气候异常,水务局组织人员,对全市808座库坝开展排查,消除隐患,确保在标准洪水保安全,超标准洪水降低损失。（杨卫杰）

【水政与水资源管理】 以"世界水日"和"中国水周"宣传活动为契机,广泛开展水行政法规宣传活动。依照《中华人民共和国水法》《防洪法》和《河道管理条例》,对葫芦河、清水河、渝河、甘渭河、泾河、颉河、茹河等主要河道的58家采砂企业的采砂情况进行了检查。针对32家无证采砂企业联合下发了限期整改通知书。指导全市水政监察工作,共受理水事违法案

7月5日,中小河流治理工程

件51起,调处水事纠纷72起,有效地遏制了破坏水事违法行为。（杨卫杰）

【党建与精神文明建设】 深入开展“大学习活动”,努力打造学习型机关,加强机关党的建设,改进工作作风,提高了行政执行力;结合“反腐倡廉制度建设推进年”活动,积极推行廉政防范管理工作,做到了“承诺”到位、“践诺”有效;“以实践六盘山精神、争做发展先锋”为载体,以提高执行力为着力点,在创先上下工夫,在争优上做文章。

一是狠抓目标责任制的落实,进一步强化目标考核责任机制,不断完善和严格执行责任制度、督查制度、考核制度,保证了目标任务和决策事项的落实。

二是协调理顺关系,加快了工程建设步伐。在资金和项目审批上赢得了上级部门的支持,拓展了工作职能。特别是在推进水务一体化建设方面,认真贯彻落实固原市委、政府专题会议精神,顾全大局,大力配合支持宁夏水务投资集团有限公司,稳妥处理工作关系,拟定划转移交工作方案,积极开展划转移交的具体工作。同时争取市直有关部门的配合支持,在重大水利工程和时限工作实施上快速推进。

三是加强行业管理,提升了服务水平。抓好“二五”学习和党组中心组学习,规范工作程序,优化科室人员结构,集中精力抓工作落实。以开展创先争优活动为载体,开展向青海玉树地震灾区捐款活动,积极开展“献爱心”包裹活动。全面开展廉政风险防范管理工作,“五一”组织广大党员干部参观革命圣地延安,进行爱国主义教育,进一步提高了全体干部职工的党性修养;组织参加了红色革命歌曲大奖赛活动,固原市第一届全国登山节活动。

四是全力抓好水利工程建设领域突出问题专项治理,强化以安全生产监管、工程建设检查、水行政执法为主要内容的水利安全监督工作,确保了全市水利工程建设未发生质量事故和安全生产事故。

（杨卫杰）

原州区水务局

【概况】 原州区水务局(以下简称水务局)是原州区政府的水行政职能部门,水务局下设16个股队,9个水管所,7个乡镇水利工作站。现有职工545人,其中在职职工373人,离退休职工172人;有专业技术人员327人,其中高级职称15人,中级职称133人,初级职称179人;专业技术人员占全局在职职工的87.7%。现有党员180人。承担着水利建设的中长期规划、农田水利建设、小流域治理、水库工程建设、节水灌溉、农村人畜饮水、防汛抗旱、水利工程管理、水资源管理等工作,2010年完成农村饮水安全、库井灌区节水改造等110个项目设计方案,申报26个项目,批复项目24个,累计完成投资7846.02万元。

原州区地处干旱片带,水资源十分匮乏,年降雨量存在量少质差、时空分布不均、地域变化大、年内分配不平衡的特点,多年平均降雨量458毫米,水资源总量为1.206亿立方米,主要分布在葫芦河、茹河、清水河三大水系,可利用量为7800万立方米。初始水权分配给原州区黄河水量4800万立方米,现状扬黄水量为1700万立方米。已建成的各类水利工程的年总供水量为6221万立方米,其中地下水为2400万立方米,地表水2122万立方米,扬黄水1700万立方米,年总用水量6221万立方米。农业生产用水,南部山区和东西两山干旱片带以利用天然降水、地表水为主,北部川区以地下水开采利用为主。

（唐福荣　刘世栋）

【工程建设与管理】 按照新增项目抓前期、新上项目抓开工、在建项目抓质量的要求,提高工程建设管理水平。一是在重点水利项目工程建设中强化“四制”管理。二是建立重点项目工程工作例会制。每月定时召开由局分管领导、项目监理等相关技术人员参加的工程建设例会,及时通报工程建设进展情况,分析研究存在的问题,提出整改意见和措施,确保工程进度和质量。三是组建了水务局工程技术组、内部工程建设管理机构及工程建设现场管理机构,对工程的质量、进度、工程量、建设资金等进行全面监控。四是在资金的管理上，设立专户，专款专用，严格资金拨付手续，实行内部审计，接受审计部门的监督。

（张会军　刘世栋）

7月28日，已建成杨郎人工湖水面

【农村饮水安全】 续建的农村饮水安全工程有固原东部重点供水工程、固西引水原州区支线等。固原东部重点供水工程实现主管线全线通水，铺设主管线126.1千米，支管线795千米，建成并已通水支线26条。完成供水入户8100户，供水入户总人口4.6万人，建成集中供水点23处，涉及总受益人口14.5万人。固西引水原州区支线等饮水工程，新打机井1眼，建不同容积蓄水池15座，铺设管道152.7千米，建检查井65座，联户表井98座，安装进户龙头及水表2059套，解决了1.52万人饮水。2010年新开工建设开城镇寇庄、彭庄、三十里铺，中河乡后磨河、上店子5处自来水入户工程，开城镇上青石、柯庄、黑刺沟、马庄移民新村、团结移民新村5处饮水安全工程。共建成截流4处，建50立方米蓄水池4座、10立方米减压池8座，修不同容积蓄水池7座，铺设干支管道170.53千米，建各类阀井1089座，安装进户龙头及水表6142套，解决了2.83万人饮水困难。

（唐福荣　刘静书）

【节水型社会建设】 一是水资源管理力度加大。二是节水宣传深入开展。三是以水资源开发保护为中心，加快库井灌区节水改造。四是节水灌溉工作成效明显。完成2009年退耕还林基本口粮田水浇地配套、沈家河库灌区节水改造配套等9项工程，完成各类渠道衬砌387千米，配套各类建筑物2.93万座。

8月26日，沈家河库灌区西芹

三营甘沟万亩节水生态农业示范区建设初具规模。

（唐福荣　刘世栋）

【水库移民】 筹办了2010年水库移民后期扶持工作现场观摩学习会议，取得明显成效。2010年批复建设项目4项，其中马园道路硬化工程完成硬化道路0.92千米，公路桥1座，路涵20座；黄堡节水灌溉工程铺设干、支管道2.9千米，配套建筑物66座；2008年变更项目闫堡道路硬化工程，硬化道路0.52千米；薛庄引水灌溉工程砌护干渠0.72千米，配套渠系建筑物16座。4项工程全部建成并投入运行。

（郭廷荣　刘世栋）

【水库除险加固】 续建的清溪沟、潘家庄、雨洛沟等3座病险水库全面完成，毛家沟、青石峡、大马庄、郭庙、嵝岘、陈家沟等6座水库进行了分部验收。9座水库已经全部竣工，防洪标准提高到500年一遇，新增库容917万立方米，恢复灌溉面积1767公顷。

（唐福荣　张会军）

【水土保持】 小流域综合治理：开展农业综合开发杨达子沟流域、黄河水土保持重点防治工程大红沟流域，完成治理水土流失面积2099公顷，小型水保工程10座（处），新修田间道路26.3千米。坡耕地整治项目：农业综合开发陕甘宁水土流失综合治理项目原州区马渠项目区。建设坡改梯733公顷，地埂植被带66公顷，修建小型水保工程20座（眼、处），新修田间道路28.52千米，治理水土流失面积733公顷。巩固退耕还林成果基本口粮田项目：完成退耕还林基本口粮田897公顷。秋季沈家河灌区机修梯田建设：完成机修梯田200公顷。坝系工程建设：在骨干坝、淤地坝工程建设中，一是建立建设单位总负责、施工单位保证、监理单位控制和管理部门监督的质量保证体系。二是按要求作好骨干坝、淤地坝工程汛前安全检查、维修、防汛值班、安全生产等工作。三是自治区水利厅验收组采取内业和外业相结合的方法对原州区茹河项目、西川坝系建设的淤地坝工程进行了竣工验收，32座淤地坝工程，全部通过竣工验收。（杨德川　刘世栋）

【灌溉管理】 认真落实水库灌区管理目标责任制，实行定额配水，小畦灌溉，发挥农民用水者协会作用。全年累计完成灌溉面积10400公顷，其中水库灌溉1600公顷，井灌3467公顷，扬黄灌溉4133公顷，集雨节灌面积467公顷，其他以截流和小高抽等形式灌溉面积733公顷。（牛象辉　刘世栋）

【农田水利基本建设】 2010年原州区采取项目整合、土地流转的形式，各乡镇、水利、林业、交通、农牧、财政、扶贫、扬黄等部门因地制宜、科学规划、协同作战，干部群众扎实苦干，对田、林、路、水进行综合治理，有力的推进了农田水利基本建设，各项工作取得了较好的成绩，获得自治区农田水利基本建设"黄河杯"竞赛二等奖。一是抓组织领导，全面推行目标管理责任制。二是抓科学规划，点面结合全面推进。三是抓宣传引导，充分发挥农民主体作用。四是抓项目监管，提高工程建设质量。完成清淤渠道117条108千米，整修农路9条65千米；砌护渠道276条197千米，配套建筑物31768座；建设设施农业、特色农业供水工程5处，人饮供水工程8处，解决3.77万人饮水不安全；开展小流域治理5条，治理流失面积4677公顷；水库除险加固9座，恢复灌溉面积1980公顷；新增灌溉面积1067公顷，改善灌溉面积1540公顷，新增节灌面积267公顷。（唐福荣　张会军）

6月14日，沈家河节水改造工程给设施温棚带来显著效益

【防汛抗旱】 防汛工作：全面落实了防汛工作行政首长负责制，对防汛重点区域落实了行政责任人、技术责任人和岗位责任人，强化了岗位责任；召开防汛会议，安排部署防汛工作；开展了汛前、汛中安全大检查，加固改造影响度汛安全的水毁工程，储备防汛物资，组建防汛抢险队伍；重新修订了各库坝防汛、防洪和调度预案；执行24小时值班制度，实现了各类库坝等水利工程安全度汛。抗旱工作：积极采取有效措施抗旱，完成春夏灌面积11867公顷，积极筹措60多万元资金维修人畜饮水工程13处，淘井淘泉56处，维修水窖360眼，完成坐水点种353公顷；新打并配套机井7眼，新建扬水站5处；维修渠道27千米，机井17眼，中小型饮水工程57处，为干旱片区部分乡镇机关、学校、特困户和设施农业大棚送水520车次2600吨，临时解决了0.57万人饮水困难，投入移动抗旱设备25台（套），配发增压补水器180套。（张小平　刘世栋）

【农村水利改革】 按照水管体制改革的要求，制定了相应的实施方案，积极探索引入市场机制管理办法，完成了水管单位的分类定性和两费测算，将管理和经营有机结合，加快小型水利设施产权制度改革，成立农民用水者协会。促使水利工程管理走上良性运行轨道。（张小平　刘世栋）

【水政与水资源管理】 一是充分利用"世界水日""中国水周"开展水法、节水型社会宣传活动。二是进一步规范行政许可程序。三是加大规费征收力度。四是加强河道管理，保障防洪安全。五是严格水行政执法，依法查处各类水事案件。全年共组织疏通整治河道13.5千米，恢复清水河、大营河采沙坑25处，消除隐患16处，清理河道垃圾7000方，砂丘23000方，查处各类水事违法案件36起，其中水资源案件30起，河道违章采砂6起，调处各类水事纠纷共28起。（马国忠　刘世栋）

【财务管理】 2010年财政总收入8563.8万元，总支

出8149.2万元，其中行政运行110.0万元、财政对基本养老保险基金的补助70.1万元、财政对事业保险基金的补助9.2万元、农民合作经济组织20.0万元、农村公益事业6.5万元、农村人畜饮水3203.7万元、水利工程建设204.6万元、水土保持124.4万元、水资源管理与保护30.4万元、防汛费19.7万元、抗旱费25.3万元、农田水利1976.3万元、水利技术推广和培训1431.8万元、地方水利建设基金支出（水利工程建设）223.0万元、其他地方水利建设基金支出183.4万元、大中型水库库区基金支出（基础设施建设和经济发展）234.7万元、大中型水库库区基金支出（解决移民遗留问题）83.2万元、其他水利支出33.2万元、一般行政管理事务2.0万元、农村基础设施建设155.9万元。（尚旭东 刘世栋）

【党建与精神文明建设】 认真开展学习型党组织建设、创先争优、深入实施西部大开发战略大学习、机关党的建设年、城乡联动双诺整推等活动。一是及时成立水务局各项创建活动工作领导小组，加强对工作的领导和组织落实，保证活动取得成效。二是以中心组学习为龙头，带动促进各支部、各股队加强理论学习；以局领导班子学习为重点，组织开展党员干部学习。三是积极开展道德模范宣传，制作原州区道德模范人物宣传栏。四是加强水利宣传报道，在宁夏水利网报道水利信息25条，在《宁夏日报》《固原日报》《新原州报》等报道水利新闻20多篇，在宁夏电视台、固原有线电视台等报道动态水利新闻18条，受到社会各界好评。五是认真开展读书捐书活动。以五月作为读书月，号召干部职工读书，学习业务及文化知识，并积极捐书，共捐书846本。同时征订各类报纸杂志158份，供大家读书学习。六是组织党员干部到六盘山重温入党誓词，瞻仰革命遗址，接受传统教育。到黑城监狱接受反腐倡廉警示教育，使大家获益匪浅。在建党89周年之际，水务局2个党支部被评为先进基层党组织，2名党员被评为优秀党员，受到原州区委表彰奖励。七是制作四十多幅水利建设成就摄影，装饰了办公楼，营造了浓厚的水利建设氛围。八是紧紧围绕“西部大开发、水利怎么办”活动主题，就原州区水利发展及西部大开发10年来的成就和经验、机遇和挑战等全局性问题，组织干部职工深入讨论，撰写心得体会和调研报告。九是认真开展了以建设“优质工程”、打造“精品工程”，热忱服务群众为载体的创建活动，各项水利工程建设任务顺利完成。十是认真开展和深化了“城乡联动双诺整推”活动，局党委同帮扶的7个村级党支部结对。完成整修村级道路5千米，平整农田133公顷，修建路面涵洞1处，购买发放科技图书910本，举办科技培训7次，解决群众2341人饮水困难。

（唐福荣 刘世栋）

6月23日，须弥山景区大道建成通车

西吉县水务局

【概况】 西吉县水务局（以下简称“水务局”）前身为西吉县水利局，2009年实行水务一体化管理以后，更名为水务局，主要承担全县农田灌溉、防汛抗旱、水土保持等基础设施建设及工程运行管理。全系统现有10个乡镇级水利工作站（即：马建、兴坪、苏堡、新营、吉强、沙沟、将台、马莲、兴隆、什字）、2个局属单位（即：抗旱服务队、水土保持工作站）；局机关内设设计室、财务股、工程管理中心、水政股、防办、人饮办、节水办、移民办、项目办及办公室10个股室。现有职工320人，其中公务员有14人，行政工勤人员2人，事业编制人员304人（其中专业技术人员268人，即：水利高级工程师9名，水利工程师130名，水利助理工程师129名）。

水务局以水资源管理为抓手，以民生水利为核心，全面实施饮水安全、节水灌溉、水保生态综合治理等一系列工程措施，积极推行计划用水、节约用水、科学用水等一系列非工程措施，使2010年的水务工作在提高服务民生能力上有新成效、在提高水资源管理能力上有新举措、在践行水利可持续发展能力上有新突破，有力地促进了全县经济社会的发展。

（杨永祥）

【工程建设与管理】 1. 农村饮水安全工程。完成新营乡大沙河农村饮水安全工程、平峰镇农村饮水安全改扩建工程续建任务以及兴平赵堖等6处生态移民供水工程、马莲堡子山等19处村级公益事业"一事一议"财政奖补小型人饮建设项目，完成固—西引水支线工程干支管道铺设194.5千米。开工新建吉强羊路、平峰下坪、将台毛家沟、平峰金塘、什字南台5处农村饮水安全工程和3200处集雨工程。

2. 水库建设及病险水库除险加固。完成黄家川、鱼儿河、杨庄、苏家沟、范沟、郎岔、上白崖、陈田玉、浅岔河、东坡、二岔口11座病险水库除险加固工程。11座病险水库除险加固工程累计新增库容2937.88万立方米，恢复和改善灌溉面积2013公顷。开工新建长易河水源工程，工程建成后，可解决兴隆、王民、西滩3乡镇24个行政村2.2万人饮水困难。

3. 水土保持与环境综合治理。开工实施了农业综合开发陕甘宁梯田建设郎岔项目区建设，完成梯田建设680公顷，乡村道路15千米、田间道路10千米，沟道和荒坡开挖鱼鳞坑133.3公顷，地埂造林93.3公顷。韩堖小流域财政扶贫开发项目完成中型淤地坝1座，骨干坝3座，水窖90眼，集水场90处。

7月24日，西吉县水保治理

4. 大中型水库移民后期扶持项目。水库移民后期扶持项目涉及6个乡镇19个村7258人，共完成5.60千米砂砾石村道工程；新建村道路面边沟3.31千米，路面过水涵洞工程3座；铺设机井低压管道1.7千米，机修农田36.5公顷，建成小拱棚2973座。

5. 中小河流综合治理。葫芦河城区河道整治二期工程对西起永清湖公园，东至吉强镇大滩村杨家湾2.4千米河道进行综合治理，开挖并砌护泄洪2.4千米，削坡治理河堤3.5千米。目前已完成泄洪渠开挖2.4千米，砌护防护堤2.2千米，削坡治理河堤3.5千米，建排洪方涵1座，排洪圆涵3座。10月初开工建设葫芦河城区河道整治三期和四期工程，其中三期工程规划西起吉强镇大滩村杨家湾，东至吉强镇何家洼村污水处理厂，全长2.68千米河道进行了综合治理。共开挖泄洪渠2.68千米，建防护堤5.36千米并砌护，削坡治理河堤2.0千米，建排洪方涵2座，排洪圆涵6座；四期工程规划西起吉强镇袁河村上堡子组葫芦河大桥，东至吉强镇苏堡桥段，全长5.1千米河道进行了综合治理。共开挖泄洪渠2.4千米，建防护堤10.2千米并砌护，削坡治理河堤4.6千米，建排洪方涵2座，排洪圆涵18座。

6. 节水灌溉工程。开工新建长易河灌区配套工程，完成夏寨灌区节水改造建设任务，砌护干渠2条19.55千米，衬砌支渠49条21.7千米。配套各类干支渠建筑物1528座。新增灌溉面积180公顷，恢复灌溉面积400公顷，改善灌溉面积600公顷，灌区总灌溉面积达1180公顷。在将台乡牟荣、明台、明荣、保林和西坪开工建设固退耕还林基本口粮田水浇地项目，发展水浇地260公顷。同时以葫芦河川道区为中心，结合现代设施农业的发展及华林蔬菜等规模化蔬菜种植与加工企业的引入，建成黄家川、西坪、东坡、马莲、杨百户等节水灌溉示范区，发展高效节水灌溉面积467公顷，并针对不同的气候特点和水资源条件，加强喷灌、滴灌、膜下滴灌等节水灌溉技术的示范推广，形成了类型多样、分布广泛、适合各地特色的节水灌溉模式，有效节约了水资源，提高了经济效益。

（杨永祥）

6月11日，西吉县大田滴灌

【农田水利基本建设】 2010年西吉县被自治区财政厅、水利厅列为全区中央财政小型农田水利第二批重点县，计划2010~2012年对将台、东坡、吉强、兴隆4处井灌区、兴平乡杨百户、八台轿、硝河乡郎岔3处扬水灌区和沙沟乡下坪水库灌区进行节水配套改造，发展适度规模的高效节水灌溉面积3200公顷，其中改善灌溉面积1567公顷，恢复灌溉面积987公顷，新增灌溉面积647公顷。

重点县建设项目2010年开工新建吉强机井管灌、兴平乡杨百户微灌工程，其中吉强机井管灌工程更新机井35眼，铺设低压管道67.63千米，配套移动软管14千米，发展以拱棚为主的优质高效蔬菜种植设施农业719公顷。兴平乡杨百户微灌工程建提灌站2座，铺设PVC上水管道0.65千米；铺设供水管道总长31.18千米，发展设施农业节水灌溉面积47.3公顷。 （杨永祥）

【防汛抗旱】 1.抗旱工作。在抗旱工作中投入资金95万元，组织群众清淤干支渠22条20千米，维修机井58眼、水泉及土圆井785处(眼)、人饮工程12处，配套水泵30台，变压器10台，铺设低压管道500米，购置白龙管3.8吨，送水带8000米，完成春灌面积3200公顷。维修柴配移动高抽95台(套)，新购置柴配移动高抽30台(套)，在沙沟满寺等地推广抗旱坐水种点灌，确保春耕生产顺利进行。

2.防汛工作。防汛工作按照属地管理、条块结合的原则，全面落实以行政领导为核心的各级各类责任制，使全县所有的库、坝、堰行政责任人、技术责任人和专职看护人员层层明确，防汛责任进一步得到落实，真正做到横向到边、纵向到底。汛前组织人员进行了一次拉网式专项清查，重新修订完善了库坝堰度汛方案，全面落实“预警到乡、预案到村、责任到人”的工作机制。通过物资补充、抢险应急分队的组建和全方位的宣传，提高了广大干部群众的防汛意识和责任感，为安全度汛打下了良好的群众基础。

（杨永祥）

【水政与水资源管理】 在实施严格的水资源管理制度、保护好水源地的基础上，坚持水利为民生服务，合理调节和使用好水资源。分别在农业领域、工业领域、城市生活领域有针对性的采取节水新技术、推广高效降耗的节水新设备。以水政执法大队为依托，对全县596眼机井、832眼大口井、43处人畜饮水工程、506处泉水改造工程及150座库、坝、堰经过详细调查，核定了出水量和蓄水能力，建立了档案资料，制订了全县水资源分配供给方案，重新发放《取水许可证》，依法征收水资源费。

水政执法实行水政水资源股、水政执法大队、乡镇水利工作站“三位一体”合署办公，建立了“一支队伍执法、一个窗口收费”的工作模式，形成“各级领导高度重视、全局上下精诚合作、相关部门全力配合”的工作格局。工作中全面把握“宣传、巡查”两个环节；做到“三个坚持”，即坚持以政策法规为武器、坚持以科学发展观为指导、坚持以队伍建设为根本；实现“四个加强、四个服务”，即加强水利工程和河道等水域执法，服务防洪保安；加强水资源、水土保持监察执法，服务节水型社会建设；加强水事纠纷调处，服务社会和谐稳定；加强水利规费征收，服务水利事业发展，将水政执法工作不断推向新的水平。 （杨永祥）

【党建与精神文明建设】 水务局高度重视党风廉政和机关效能建设工作，不断提升机关和各基层水管单位的工作效率和质量，营造了良好的工作氛围。局党委和各基层单位签订了党风廉政建设责任书，并对全年党风廉政工作进行了安排部署。同时结合工作实际，完善了《水务局党风廉政制度》、《廉洁自律承诺制》《廉政谈话制》《廉政监督制》《领导干部廉洁自律公示制》，坚持从源头上预防和治理腐败，进一步规范了干部职工廉洁从政行为。 （杨永祥）

隆德县水务局

【概况】 隆德县水务局(以下简称"水务局")干部职工总人数222人,其中专业技术人员190人(高级工程师11人,工程师103人,助理工程师76人)。水务局下设12个单位,其中副科级事业单位2个,股级事业单位10个。2010年,水务局深入实施西部大开发战略,积极实践可持续发展治水思路,以保障粮食安全、饮水安全和生态安全为目标,按照"创新机制,增加投入,建管并重,从严管理,高效服务"的要求,扎实开展全区农田水利基本建设"黄河杯"竞赛活动,着力提高工程建设和管理水平,推进水资源的合理开发、优化配置和高效利用,狠抓农村饮水安全工程、灌区节水改造配套、梯田和小流域综合治理等重点项目及群众性农田水利基本建设。全年投入农田水利基本建设资金6294万元,其中中央和自治区投资4285万元,县财政投入140万元,多方筹资2009万元。累计完成土石方592万立方米,实现农村2.3万人自来水入户入厨,改善农田灌溉面积1933公顷,新增有效灌溉面积533公顷,改造提升及新修水平梯田4313公顷,退耕还林补植补造及荒山造林3533公顷,发展设施农业1133公顷,建设旱作节水农业春秋覆膜8000公顷。治理水土流失面积30平方千米。 (柳国纲)

【工程建设与管理】 1. 农村饮水安全工程。隆德县在全面实现全国农村饮水安全工程示范县建设的基础上,加大农村饮水入户改造力度,提升农村供水入户标准。一是续建黄家峡农村饮水安全工程,解决了我县中部城关、沙塘等4个乡镇13个行政村1.47万人的饮水安全问题。二是实施小陈靳、倪套、姚套3处农村人饮入户改造工程,扩建集中供水水源,改建调蓄水池、水质净化设施,修建联户水表井,使农村1502户8200人自来水入户入厨。

2. 灌区节水改造工程。全面推进节水型灌区建设,重点实施三里店灌区北干渠上游段、联财、凤岭3处灌区节水改造工程,优化工程布局,完善配套设施,发展节水灌溉面积866公顷,改善灌溉面积1933公顷,为全县优势特色农业、设施农业、节水高效农业的发展提供了坚实的水利基础设施保障。

3. 小流域综合治理工程。按照"绿色生态立县"建设目标,实施渝河上游、乐正川(奠安小流域)及北联池等3条小流域综合治理工程,修建小型水保工程354座,种草90公顷,造林65公顷,治理水土流失面积30平方千米。达到"治理一条流域,总结一条经验,创出一条路子,形成一种模式,推动一方发展,改善一片面貌,造福一方百姓"的良好效果。

4. 梯田建设项目。投资1535.2万元,完成2009年巩固退耕还林成果旱作基本口粮田建设项目和国家农业综合开发陕甘宁梯田建设项目(张程项目区)。在神林、联财、凤岭等9个乡镇,新修梯田866公顷,改造提升旱作农田276公顷,修建田间道路35千米,营造地埂经济林34公顷、地埂种草18公顷,新建小型水保工程71座处(柳谷坊58座、涝池5座、沟头防护8处)。配套罗家峡干渠1条3.6千米、支渠29条9.98千米,修建各类建筑物420座,保障166公顷水浇地得到有效灌溉。 (孟　醒)

【灌溉管理】 从4月中旬开始,各库、坝开闸放水夏灌,3200公顷农田得到有效灌溉。利用渗水池、土园井、机井进行常年灌溉,确保了全县2466公顷设施农业得到常年有效灌溉。 (姚国石)

【农田水利基本建设】 集中人力、物力、财力,开展春季和秋冬季群众性农田水利基本建设大会战,使农村基础设施大改善、农村面貌大变样。9月29日,全市秋冬季农田水利基本建设大会战启动仪式在隆

9月29日,隆德县土地综合整治施工现场

德县沙塘镇和平村隆重举行，提出“大干苦干60天，掀起秋冬季农田水利基本建设新高潮”的口号，在全县全面开展秋季农田水利基本建设活动，对观庄、好水、沙塘等7个灌区干、支渠及田间农毛渠进行清淤、开挖、维修。清淤支斗农渠240条145千米，开挖农毛渠168条165千米，维修砌护渠道341条157千米，累计整修乡村道路166条190千米。（孟　醒）

【防汛抗旱】　抗旱减灾：从去年9月至今年4月份，全县无有效降水超过200天，农作物轻旱面积1.89万公顷，农村4.6万人用水告急，县城3.5万人严重缺水，旱情异常严峻。县委、政府提出“想尽一切办法，调动一切手段，挖掘一切水源”的指导意见，调整供水方案，细化工作措施，全面组织抗旱，工作取得主动。共建应急水源3处，改造泉眼60处，打土圆井74眼，配套管道5400米，出动拉水车12台，购置水囊20个、水泵23台（套）。通过加强宣传引导，提高全民节水意识，挖掘现有水源和自备水源，实行分段、分片及限时供水的方式，有效缓解了城区供需矛盾，保证了学校、医院、党政机关等人口密集场所正常供水，最大限度地满足了扩大内需项目和县城重点工程、重点企业生产用水，有效缓解了城乡用水紧张局面。

防汛备汛：一是全面检查，及时维修水毁工程。4月下旬，组织对全县度汛工程进行了全面检查，安排防汛维修资金21.3万元，抓紧修复处理，消除安全隐患。二是加强领导，全面落实行政首长负责制。按照“分级管理，分级负责”的原则，于5月10日在县有线电视上公布了县防指及各乡镇防汛责任人名单、职责、管辖工程、联系电话和手机号码，落实防汛责任。三是召开全县防汛抗旱工作会议。6月4日召开了全县防汛抗旱工作会议，全面安排部署今年的防汛抗旱工作，签订防汛责任书，落实防汛工作责任。四是完善防汛预案，组建防汛抢险队伍。进一步修订完善防汛预案，共组建防汛抢险队伍66支3600人，专门承担汛期突发事件的应急处理和抢险工作。五是逐坝落实责任人，储备防汛物资。逐库逐坝落实防汛安全行政责任人、技术责任人、岗位责任人和抢险责任人，确保安全度汛；逐库购置并储备防汛抢险备用物资，各水库管理单位储备编织袋2万条，工具等800件，雨具240套；在县城防汛物资中心站储备编织袋2.5万条，抢险工具260件，雨衣、雨鞋150件套，救生衣4件。六是加强汛期值班工作，确保信息畅通。从5月20日开始，全面进入汛期值班状态，值班人员坚持24小时值班制度，严格执行岗位责任制和防汛纪律，确保信息畅通。

（杨　林）

9月29日，渝河河道综合整治

【农村饮水安全】　在全面实现全国农村饮水安全工程示范县建设的基础上，加大农村饮水入户改造力度，提升农村供水入户标准。一是续建的黄家峡农村饮水安全工程全线通水，新建小陈靳农村饮水安全工程，解决了隆德县中部城关、沙塘等4个乡镇12个行政村1.5万人的饮水安全问题。二是投入821万元，实施了星火、倪套等12处农村人饮入户改造工程，扩建集中供水水源，改建调蓄水池、水质净化设施，修建联户水表井，使农村3900户2.3万人自来水入户入厨。（赵军威）

【农村水利改革】　水务局把“抓管理，求效益，上台阶”作为水务工作的重中之重，牢牢把握“建设是基础，管理是关键，效益是目的”的原则，强化工程运行管理，全面提高工程效益。一是严格考核制度。成立了工程运行管理考核领导小组，一月一检查，一季度一考核，半年一小结，一年一总结。对工程运行管理进行全面考核，改变了过去年初开会，年终总结的粗放考核办法。二是重新划分工程管理权属。为明确维护管理责任，对全县基层水管单位所管辖的28座小型水库、98座中型淤地坝、85座塘坝、33处农村饮水工程、25处灌区全部进行权属划分。各水管单位通过对所管辖工程运行管理资料进行整理、分类、装订、归档,使各项工程管理资料齐全,明确了检查、维护内容,通过定期、不定期对管辖工程的检查和维修,保证了工程的正常运行。三是改革现行水价。在农田灌溉上,干支渠道设置量水设施,实行“定额管理,总量控制,超用加费”。农村人畜饮水实行“两步制”水价,城市居民用水实行阶梯水价,超量加价。四是实行群管与专管结合。深入开展水管体制改革,对重点工程设立专管机构实行专业化管理,对小型农村水利工程采取拍卖、承包等多种形式,建立县、所、村三级网络管理体系,进一步完善“水管单位+用水者协会+用水户”的管理模式,调动用水户广泛参与工程管理积极性,提高工程管理水平。五是积极探索运营管理新机制。把红堡、罗家峡两个水管所采取企业化管理,市场化运作,开展多种经营,拓展经营渠道,积极探索以水养水新格局。同时建设沙塘、温堡两个乡镇水管单位农村供水服务大厅,提高服务质量。（柳国纲）

【水政与水资源管理】 一是在农业科技推广方面。大力推广全膜覆盖双垄沟播技术和综合高产栽培技术,2010年在张程、杨河、凤岭、神林建立全膜玉米示范区4个;在神林、观庄乡建立半膜马铃薯示范区2个。加大测土配方施肥推广力度,着力提高技术到位率,推广测土配方施肥应用面积2.13万公顷。二是在饮水安全工程建设中。在农村供水工程建设方面,引进蓄水池水位自动浮球阀和管道锁闭阀、集中水表井、防滴漏水表,安装冬夏两套水龙头等,提高了供水保证率,降低了管理难度和管理成本。在黄家峡农村饮水安全工程建设中,全线安装自动化管理网络系统,极大地提高了工程管理水平。三是在节水灌溉方面。大力推广U型防渗渠道,发展小畦灌溉,示范推广喷灌、管灌等节水技术。四是在水土保持流域治理中。渝河中上游流域综合治理以生物措施为主,以工程措施为辅,进行科学分区治理,首次融入了城市园林景观设计理念,探索由综合防治型流域向经济型、清洁型流域转变,当年建设当年见成效,为宁南山区增添了一道亮丽的风景线。（姚国石）

【节水型社会建设】 以农业节水为突破口,大力发展高效节水灌溉农业,实施三里店灌区北干渠上游段、联财、凤岭3处灌区节水改造工程,优化工程布局,完善配套设施,发展节水灌溉面积866公顷,改善灌溉面积1933公顷。

【水土保持】 争创“国家级生态园林县城”和“宁南山区生态农业示范县”,加大退耕还林补植补造力度,精心实施六盘山水源涵养林、水土保持林、农田防护林和城乡景观生态林“四大林业”工程,完成人工造林1333公顷,退耕还林补植补造3400公顷。大手笔打造六盘山珍稀植物园和左公柳生态公园,进行大树栽植、苗木补植、花草种植等提升工程,使植物园面积达到733.3公顷,大大改善了人居环境,初步形成了以生态公园、景观水道、休闲大道为特色的生态花园县城。（孟　醒）

【水库移民】 2010年,全县核定水库移民总人数80户411人。其中对74人进行项目扶持,购置农资化肥21.7吨,发展特色种植、养殖业;337人兑现水库移民直补资金20.22万元。（魏孝贤）

【财务管理】 全县投资建设水利水保项目13个,其中农村人畜饮水项目5个、水土保持项目4个、农田水利项目3个、农村基础设施建设项目1个;基建拨款共计1664.24万元,其中上年结余701.24万元,本年拨款963万元,支出971.89万元,结余692.35万元。（孟　醒）

【党建与精神文明建设】 以深入开展创先争优活动为重点,以争创市级文明单位为目标,全年深入开展了庆七一“党性教育”活动及“爱读书、读好书、善读书”“双学四比双促”“转变工作作风、提高工作效能、优化发展环境”等主题教育活动。在帮扶济困活动中,发动全局干部职工向我县沙塘镇身患疾病的司红霞捐款3060元,组织全局干部职工向青海玉树灾区捐款9120元。组织全体职工踊跃参加县文体娱乐活动,获得了庆“五一”全县职工“保险杯”千人拔河赛第二名;全国群众六盘山登山健身组比赛中有2人取得了好名次。同时,深入开展政风、行风建设,认真落实党风廉政建设,扎实开展工程建设领域专项整治,水利行业精神面貌和形象逐步提升。（杨学义）

彭阳县水务局

【概况】 彭阳县水务局(以下简称水务局)下设水保站、水利服务中心、灌溉管理站、长城塬引水工程管理站、质检站、防汛办、水政监察大队7个单位和红河、白阳、王洼、草庙4个水利工作站,有水利职工214人,其中行政人员10人,事业人员204人,有水利高级工程师21人,工程师129人,大专以上文化程度184人。2010年,全县水利工作以骨干水源、饮水安全、节水改造、水土保持生态工程和项目前期工作为重点,开工建设了石家坪水源工程,完成农村饮水安全工程6处,解决了6.26万人的饮水困难问题,改造灌区4处,建成节水示范及设施农业供水工程7处,恢复和新增节水灌溉面积2393公顷,治理小流域4条,治理水土流失面积69.24平方千米,完成投资7590.15万元,其中国补资金6114.25万元,自筹资金1476.49万元。 (虎俭银)

【工程建设与管理】 石家坪水源工程2010年8月经水利厅批复建设,总投资3615.48万元,工程建成后可解决冯庄等4乡2.23万人的饮水安全问题,并可在孟塬等3乡发展高效节水补灌农业1766.7公顷,工程完成土坝清基削坡,泄水闸及泄水明渠底板混凝土浇筑。完成第三批病险水库除险加固任务,改造了周庄、雅石沟、红堡、小虎洼、斜崖沟、马河、东海子7座病险水库并通过初验,工程累计完成投资3256.8万元,工程建成后新增库容745万立方米。制订了《彭阳县水利工程建设管理办法》,组建了农村饮水安全工程等项目法人。先后委托宁夏天雨等工程招标代理有限公司对石家坪水源等工程施工进行公开招标,对681吨管材招标采购。先后5次接受水利部、区市审计部门的稽查审计。 (虎俭银)

【灌溉管理】 组织人员对各灌区进行排查维修,深入田间地头开展宣传,加强灌溉指导。严格实行"不打小畦、不缴水费不予配水,设施农业优先配水"的灌水制度,先后印发了灌溉宣传资料2.5万份,举办培训26场次,完成灌溉面积1560公顷。(虎俭银)

4月7日,吴川灌区刘河渡槽改造工程建成投入使用

【农田水利基本建设】 开工建设小型农田水利重点县建设项目—乃河灌区节水改造工程。围绕农田水利、生态环境、现代农业、农村道路"四大工程",完成水利建设项目34处(项),荒山造林、发展经济林1.6万公顷,打造生态示范村庄10个。发展设施农业1413公顷,测土配方施肥2.67万公顷。完成沥青公路115千米,沙砾公路56千米,整修田间农路580千米。2010年,宁夏中南部山区秋冬季农田水利基本建设现场观摩会在彭阳县观摩,全区水土保持现场会在彭阳召开,彭阳县被评为农田水利基本建设"黄河杯"竞赛活动三等奖。 (虎俭银)

【防汛抗旱】 2010年1～6月,全县平均降雨65.8毫米,水库蓄水380万立方米,造成8.9万人、4.3万头大家畜用水发生困难,2.33万公顷农作物受灾。汛期降雨390.8毫米,其中强降雨过程3次,造成经济损失1600万元。为全面加强防汛抗旱工作,召开全县防汛抗旱工作会议,落实了责任制,大力推广小畦灌溉、窖水微灌等节水灌溉技术,打小畦1513公顷,发展窖水微灌面积3400公顷,为缺水的机关学校送水6370立方米。对全县185座库坝的责任人进行公布,落实一库一案,组建防汛抢险队伍32支,储备防汛草袋3万条,实现了"不垮坝、不死人"的防汛目标。同时,对水库汛期运行科学调度,蓄水560万立方米,为2011年抗旱工作奠定了基础。 (虎俭银)

【农村饮水安全】 完成了彭阳县中部、韩寨、红河北塬农村饮水安全工程3处,完成红河川、白林、徐夏塬自来水入户工程3处,自来水入户3759户,解决了

10 月 28 日,干渠砌护工程正加紧施工

6.26 万人的饮水安全问题。其中彭阳县中部农村饮水安全工程是管线最长、受益范围最大的工程,工程建蓄水池 15 座,泵站 4 座,铺设主管道49 千米,支管 402 千米,解决 3.69 万人饮水困难问题。(虎俭银)

【农村水利改革】 制订了《彭阳县农村饮水工程管理办法》,通过农村供水公司直管、承包管理等方式加强管理。根据供水工程的管径不同,推行限时服务。全面推行"两部制"水价,严格执行水费收支两条线制度。完成和沟等 3 处泉改和虎崾岘等 4 处农村饮水安全工程竣工验收。(虎俭银)

【水政与水资源管理】 在"世界水日""中国水周"活动期间,深入乡村集镇发放各类宣传材料 1.6 万份,节水宣传纸杯 2.0 万个。申请县政府批转了《彭阳县水资源管理办法》,开展水资源管理专项检查,对全县无证打井取水现象进行排查。审批河道采砂、水土保持许可证 12 个,对 10 处河道采砂点进行检查整顿,对西气东输、王洼二矿建设等重点项目进行跟踪检查,进一步规范了水事秩序。(虎俭银)

9 月 29 日,民族宗教界人士在王洼科技示范园参观

【节水型社会建设】 改造吴川、红堡、店洼、石头崾岘灌区 4 处,改造干渠 38.78 千米,支渠 61 条56.79 千米;完成麦子塬高效农业节水灌溉示范项目、中部干旱带高效节水补灌工程刘塬项目区、范家洼经果林低压管灌工程建设 4 处,建成古城镇现代农业灌溉工程、红河蔬菜基地供水工程、白河设施农业供水工程 3 处,恢复和新增节水灌溉面积 2393 公顷,完成投资 2859.54 万元。(虎俭银)

5 月 13 日,设施农业节水灌溉

【水土保持】 续建黄河水土保持重点防治工程彭阳县石沟、曹家沟流域综合治理项目、农业综合开发黄河上中游水土保持项目彭阳县城项目区,开工建设了陕甘宁地区水土流失治理项目柴沟项目区,共治理七个山、麻地渠、西庄、韩寨小流域 4 条,治理水土流失面积 69.2 平方千米,其中梯田 1281.1 公顷,造林 2718.7 公顷,种草 871.3 公顷,封育 2051.9 公顷。建成王洼水土保持科技示范园并通过水利部验收,是宁夏第一座集水土保持试验监测、科普教育、旅游休闲为一体的综合性科技园区。(虎俭银)

【水库移民】 完成彭阳县大中型水库移民后期扶持 2011~2015 年规划和 2010 年建设方案,建立了水库移民后期扶持工作数据库,核定了资金直补人数,补栏基础母牛 827 头。(虎俭银)

【项目前期工作】 建立了项目前期工作会审制度,完成全县水利"十二五"规划、2009~2020 年农田水利建设规划、2010~2013 年农村饮水安全人口调查复核报告等 5 项规划和工程设计方案 24 项。完成安家川、茹河、红河源头水土保持综合治理工程和农发

陕甘宁梯田建设彭阳柴沟工程可研报告，彭阳县被列为全国小型农田水利建设重点县，第四批小型病险水库除险加固项目和中小河流治理项目列入2011年建设计划。（虎俭银）

【党建与精神文明建设】 一是开展了深入实施西部大开发战略学习活动，加强干部职工理论教育，着力打造学习型机关。二是深入开展争先创优活动和“机关党的建设年”活动，推行党务公开，加强党内民主，开展作风纪律整顿、党员“评星定格”、党员“手拉手”等主题活动，设立党支部7个，承诺为民办实事10件。三是认真开展廉政风险防范管理工作，查找风险点，制定防范措施，开展“学廉政准则，促廉洁从政”主题教育活动。四是扎实开展精神文明创建活动，以开展“道德模范宣传年”活动为抓手，大力学习宣传道德模范，开展全民读书月、践行文明礼仪活动和“3·8节巾帼建功”活动，组织参加“全民读书月”暨“书香彭阳”经典诗歌美文朗诵会和“迎国庆、道德之光”文化艺术月活动，组织职工为玉树灾区捐款1.2万元。五是加强行风及效能建设。聘请行风监督员6名，先后3次邀请人大代表、政协委员对水利工作进行检查。修改完善各项制度办法7项。在各办公室设置工作人员去向牌，指派专人负责局机关干部职工的上下班签到工作。明确了35个水利建设工程的责任人员及奖惩措施。建立领导联系基层制，执行领导值周带班制。（虎俭银）

泾源县水务局

【概况】 泾源县水务局(以下简称“水务局”)下设水利服务中心、水政监察大队、水利工程质量监督站、防汛抗旱指挥部办公室、水土保持工作站5个单位和香水水利工作站、六盘山水利工作站、新民水利工作站、泾河源水利工作站4个乡站。共有干部职工82人，局属站所62人，乡站20人；高级职称2人，中级职称8人，初级及以下职称72人。

2010年，水务局按照生态旅游县城建设和特色苗木产业化发展目标要求，依托良好的生态环境做足绿文章，充分利用水资源，大力发展民生水利、生态水利、农田水利，重点实施安全饮水、节水灌溉、生态流域治理、中小河流综合治理工程，夯实水利基础。建设农村饮水安全工程3处，解决19783人饮水问题；小流域治理1条，治理水土流失面积11.55平方千米；河流治理1条，河岸砌护1.13千米；节水灌溉工程3处，新增灌溉面积347公顷。累计完成投资2436万元。（李会兵）

【工程建设与管理】 在工程建设中，水利工程建设管理项目法人办公室作为水利工程建设责任单位，积极履行项目法人职责，按照水利工程基本建设程序，严格落实项目法人制、招标投标制、建设监理制、合同管理制“四制”管理，切实加强水利工程建设，坚持阳光操作，对工程实施中的质量、进度等进行全程跟踪检查、监督，规范建设管理行为。加强质量管理，建立健全工程层级负责制，落实一项工程一名责任领导、一个责任站所、一名责任干部、一名工程监理“四个一”工作机制，抓质量、促进度，对工程质量管理体系和质量控制措施进行监督检查。在工程具体建设中严把规划设计关、施工队伍资质关、工程进料关、施工监理关、资金使用关、工程验收关“六关”，始终做到工程安全、资金安全、干部安全。在工程运行管理中水务局进一步理顺管理体制，对水利工程管理工作实行县、乡、村三级管理网络；水务局成立水管总站，负责全县农村人畜饮水工程的监督管理维护工作，乡(镇)人民政府根据辖区人饮工程情况，成立各村农民用水者协会或村委会代管小组，并监督指导其认真做好工程日常运行管理和维护。建立健

香水河城市段治理工程——景观水道一角

全各项管理制度,使工程管理与维护有章可循,逐步推进安全饮水工程规范化、制度化。（李会兵）

【灌溉管理】 2010年,为解决泾源县苗木园区灌溉用水问题,确保全县苗木产业健康发展,水务局进一步加强苗木产业灌溉基础设施建设，新建实施了瓦亭节水灌溉工程、新民节水灌溉工程、大庄水浇地工程。灌区农作物种植面积347公顷,计划用水量33.8万立方米，实际用水量36.3万立方米，投资388.25万元,解决347公顷苗木灌溉用水问题,工程已于5月底完成建设任务。（李会兵）

【农田水利基本建设】 以农田水利基本建设“黄河杯”竞赛为契机,按照“渠道不变、管理不乱、统筹兼顾、各记其功”的原则,科学规划,创新机制,部门联动,整合资金,大兴农田水利基本建设。2010年,农田水利基本建设投工投劳18.5万工日,机械12万台班，整修农路15条,84千米，新增灌溉面积130公顷,治理水土流失面积11.55平方千米;实施安全饮水工程3处,铺设管道222.84千米,解决了19783人饮水问题;建设标准化旱作农田800公顷。

（李会兵）

【防汛防凌抗旱】 1.抗旱工作。2010年春季,水务局召开专门会议进行安排部署,成立7个抗旱小组,分赴协助各乡镇开展抗旱，并对重点苗木园区组织职工,协调抗旱机具进行抗旱灌溉,解决了苗木园区灌溉问题。对全县的饮水工程水源和管线进行了全面的检查,及时维修损坏的管道,保障群众生产生活用水。

2.防汛工作。针对极端天气频发,为确保泾源县安全度汛，泾源县防办采取有效措施，强化防汛工作。积极开展汛前大检查工作,多次对行洪区的防汛和安全生产进行检查、督促清障,落实防汛各项工作措施。联合有关部门,组成联合执法检查组,重点对泾河进行为期一个月的专项整治活动，消除了河道行洪安全问题,保障泾河安全度汛。继区、市防汛工作会议后,水务局及时召开全县防汛工作会议,全面传达贯彻区市防汛工作会议,安排部署2010年防汛工作,落实责任、强化措施,及时修订完善《泾源县2010年度防洪预案》《泾源县2010年度城镇防洪预案》等各项预案,并对全县4座水库,制订度汛预案,做到一座水库一个预案。为保障全县防汛信息畅通,严格执行值班制度,全面做好防汛值班工作,坚持24小时值班，为汛期防汛工作顺利开展提供了保证。

（李会兵）

【农村饮水安全】 以民生水利为重点，不断加强农村饮水安全工程建设,重点实施了大湾供水工程、暖水供水工程和沙塘供水工程3处饮水安全工程,投资1102万元，解决19个行政村,19783人饮水问题。大湾饮水安全工程投资432万元(管道土方及自来水入户配套138万元)，解决4个行政村7426人饮水问题,完成水源工程、蓄水池工程和主支管道开挖铺设工程。暖水供水工程投资586万元(地方自筹180万元),解决13个行政村11157人饮水问题。沙塘供水工程投资84万元(地方自筹26万元)解决2个行政村1200人饮水问题。（李会兵）

【农村水利改革】 水管体制改革完成了“两定”和“两费”则算工作。按照《泾源县水利工程管理体制改革实施方案》要求,推进水利工程管理规范化建设,创新农村饮水工程管理，采取用水协会管理和承包租赁相结合的方式,加强农村安全饮水工程管理工作,重点水利工程建立基层水管单位,进一步规范用水管理,理顺管理体制,推进城乡供水一体化进程,积极争取基层水管单位建设，先后争取了泾河源、六盘山和香水水利工作站办公设备配备及服务车1辆。（李会兵）

【水政与水资源管理】 加强水政执法监督检查工作,依法加强河道采砂管理,按规定办理采砂许可,加大对重点河道采砂执法巡查力度，及时查处违法涉水案件。按标准征收采砂管理费。依法加强水资源管理工作，严格按照行政许可，办理水资源许可手续;积极开展水资源管理巡查工作,确保用水单位科学依法用水。（李会兵）

【节水型社会建设】 按照节水型社会建设要求,以水资源利用效率和效益为核心,以节水为目标,以建立政府调控、市场引导、公众参与的积水机制为重点,结合泾原县丰富的水资源环境,积极探索和研究制定适合泾原县实际的节水型社会建设工作格局。

3月29日，已建成的瓦亭节水灌溉工程

加强舆论宣传，以“世界水日”“中国水周”、《水法》宣传等为契机，创造节水大氛围，从舆论上倡导节水，倡导树立关心水、珍惜水、节约水的观念。大力实施农业节水灌溉工程、饮水安全改造工程、污水处理工程等节水工程，深化节水型社会建设，在饮水工程中，广泛推广应用新技术、新材料，安装蓄水池水位自动浮球阀、管道自动排气阀、锁闭阀、防滴漏水表等，建联户水表井，提高工程质量和水利用率；在农业节水灌溉工程中，采用喷灌、低压管灌等节水技术，提高水田间利用率；在家庭中大力推广应用节水设施和器具，普及节水的知识，推进节水型社会创建工作。（李会兵）

【水土保持】 重点实施瓦亭流域治理工程、高家沟坡改梯项目。瓦亭流域治理工程按照2010年建设任务，治理绿塬小流域，项目计划投资261万元（其中国补210万元，自筹51万元），工程治理水土流失面积11.55平方千米，营造林146.9公顷，人工种草113.6公顷。2010年陕甘宁农业综合开发项目泾源县高家沟项目，完成坡改梯533.3公顷，农田道路39.31千米，完成国补投资320万元。水务局进一步加强水保执法监督工作，加大水保执法宣传力度，严格落实水土保持“三同时”制度，强化监督检查，推进水保执法深入开展。（李会兵）

【中小河流治理】 2010年中小河流治理工程重点实施了香水河卧龙山水库上游段综合治理工程，完成香水河（靶场）段治理工程，清淤570米，治理河道570米，修建阶梯式跌水墙5座，护堤护岸1.13千米，香水河城市段防洪标准达到20年一遇，城市以上段防洪标准达到10年一遇。工程完成投资365万元。（李会兵）

【水库移民】 泾源县共有2户自主迁入的水库移民，核定人数20人。认真贯彻大中型水库库区移民后期扶持政策，加大项目投入力度，实行项目捆绑，整合扶贫项目资金，配套实施水库移民项目。2010年，落实水库移民项目资金2.4万元，配套实施人居环境改造项目和标准化牛舍建设项目，投资0.7万元，改善了移民群众的生产生活条件。（李会兵）

【党建与精神文明建设】 一是扎实开展“西部大开发、思想大解放，抢抓新机遇、实现新跨越”大学习活动和创先争优活动。通过大学习活动和开展创先争优工程，在服务发展、服务三农、服务群众上实现新突破，在项目规划设计上超前谋划，在水利科学发展上实现新跨越。干部的工作作风有了新转变，机关效能问题、干部作风问题、办事效率问题、服务态度问题、工程管理不严问题等得到有效解决。

二是党的建设。加强干部经常性学习教育工作，提高干部理论水平，深入开展党员承诺制和评星定格活动，强化党员干部管理，充分发挥共产党员模范带头作用。加强领导班子自身建设，提高领导班子科学决策水平和执政能力。强化单位的作风建设、思想建设、制度建设，进一步增强班子和广大党员干部的凝聚力、向心力、战斗力。

三是加强社会主义精神文明建设。紧紧围绕现代水利发展，以节水型社会创建为载体，举办广场文化活动，宣传现代水务一体化和民生水利。广泛开展干部职工文体活动，积极组织参与“三八”妇女节、“七一”建党节等节日文化汇演活动，极大地丰富了职工的精神文化生活；深入开展“文明单位”“文明小区”“文明家庭”等精神文明创建活动，大力提倡科学、文明、健康的生活方式，扎实推进精神文明建设工作，促进社会和谐。（李会兵）

中卫市水务局

【概况】 2010年,中卫市水务局(以下简称“水务局”)内设办公室、计划财务科等5个行政科室,下辖南山台电灌站等11个事业单位。在册干部职工372名,专业技术人员共135名(其中高级工程师24名,工程师65,助理工程师46名)。2010年,市水务局以建设民生水利,破解“三农”难题,增加农民收入为宗旨,以灌区小农水节水改造、农村饮水安全工程建设、灌溉供水服务为重点,以切实解决群众“灌水、排水、饮水、增收、发展”等民生水利难题为突破口,以加强水利党建、精神文明创建活动为载体,紧抓国家实施新一轮西部大开发的战略机遇,坚持“抓项目、增投入、夯基础、促发展”的工作主线,坚定信心,破解难题,狠抓落实,争项目、跑资金,年内共争取小农水改造、农村饮水安全等各类水利工程项目37个,批复投资4.74亿元,落实到位资金1.875亿元,全年完成水利建设投资3.07亿元。通过信心、勇气、办法加苦干,全市水利事业实现了又好又快发展。

2010年,水务局先后取得了“全国水管单位体制改革先进集体”、自治区级文明单位、“2010年度春季植树造林先进集体”“支持硒砂瓜产业先进单位”等荣誉。全市水利事业实现了又好又快发展。

(杨　成)

【工程建设与管理】 2010年,水务局投资24680.88万元,完成各类重点水利工程建设任务14项。1.投资4000万元,完成兴仁农村饮水安全工程年度建设任务。2.投资6000万元,完成兴仁高效节水补灌工程年度建设任务。3.投资2305万元,安装16000千伏安三圈有载调压变压器2台,更新改造110千伏变电所1座;更换6千伏~10千伏双回线路14.1千米;新建一泵站副厂房526.3平方米,安装6~10千伏高压开关柜30台,0.4千伏低压开关柜9台,低压配电箱10台,安装同步电机励磁柜8套,直流系统4面;完成了南山台泵站年度更新改造任务。4.投资1490.45万元,采用U型断面砌护各级渠道494条144.41千米;清淤各级沟道292条118.72千米;配套沟、渠建筑物1197座;畦田建设1053.3公顷,配套畦田口22120座,完成了中央财政小农水宣和赵滩节水改造工程。5.投资1479.09万元,采用U型断面砌护各级渠道618条180.52千米;清淤各级沟道189条102.6千米;配套沟、渠各类建筑物922座;畦田建设1393公顷,完成了中央财政小农水徐庄福堂节水改造工程。6.投资203.04万元,砌护渠道3.423千米,配套各类建筑物36座,完成土方70511立方米,浆砌石985.56立方米,砼1654.74立方米,完成了美三支干渠砌护改造任务。7.投资1450万元,清淤整修各级沟道172条92.4千米;配套各类水工建筑物166座,完成了宣和挡浸沟开挖整治工程。8.投资1040.00万元,砌护农(毛)渠503条、160千米,实施了中央财政农资补贴项目。9.投资1275万元,开挖整修各级沟道349条127.9千米、渠道460条149.00千米,砌护渠道48条32.3千米,配套各类水工建筑物732座,实施了永康宣和北片土地治理中低产田改造项目。10.投资4212.00万元,建扬水泵站4座,安装水泵15台,铺设输水管道40.69千米,建设20万立方米、15万立方米沉砂调蓄池各1座、高位蓄水池21座,建各类主阀井100座,完成了永大线高效节水农业示范项目一期供水工程。11.投资796万元,挖运岛屿及航道土方14.5万立方米,挖运湖区清淤土方29万立方米,完成了腾格里湿地湖泊C区综合整治工程建设任务。12.投资70万元,铺设管道10.40千米,建阀井8座,泵站1座,安装机泵2台(套)、100千伏安变压器1台,建21900立方米蓄水池1座,完成了镇罗金鑫园工业区供水工程。13.投资313万元,打180米深水井2眼,建泵房3座,安装潜水泵2台(套),建阀井8座,铺设输水管道4.4千米,安装变压器1台,建管理房210平方米,打深井9眼,建2.0万立方米沉沙调蓄水池1座,完成了2010年沙漠科技园区供水工程。14.投资47.3万元,打150米深井3眼,完成了美利工业区供水工程。

(杨　成)

【灌溉管理】 针对水量调配权上收的实际,积极协调各方关系,科学调度,合理配置水量指标,狠抓灌溉供水优质服务。美利总干渠从3月23日开闸放水，至11月22日停水，全年计划用水量5.11亿立方米，渠道安全行水190天，累计实际用水量6.36亿立方米，用水商品率85%，确保了25333.3公顷农田的适时灌溉。（杨　成）

【农田水利基本建设】 沙坡头区2010年在宣和马滩、福兴，永康永丰大河沟，东园白桥4个高标准重点治理区实施了渠道砌护配套、建筑物更新改造、沟道清淤整治、调田顺档、平田整地等工程措施，同时

组织大型机械清淤沟道解决排水难题

按照建设高标准农田的要求，进行了机深翻、秸秆还田、秋施肥等沃土计划工程。累计投入劳动力78万工日，动用机械7.2万台班，建设完成高标准农田建设6733.3公顷，畦田建设6066.7公顷，砌护渠道823.5千米，清淤各级沟道3300条1978千米，清淤各级渠道12778条5980千米，整修各级生产道路3179条2544千米，秋翻地8533.3公顷，秸秆还田5933.3公顷，秋施肥8800公顷，树木涂白360万株，在黄河金岸、永大线压砂地、腾格里治沙三个重点区域植树7955.3公顷、781.78万株。（杨　成）

【防汛防凌抗旱】 投资826.9万元，完成了黄河金岸生态湿地耕地保护水利工程建设任务。投资49.76万元建设了兴仁拓寨村10米高的拦水坝工程，使影响该村村庄及压砂地的洪水隐患得到了彻底根除。（杨　成）

【农村饮水安全】 投资834万元完成了迎水、草台2个农村饮水安全工程建设任务，使迎水桥、宣和两镇10个行政村37个自然村3.1万人的饮水安全问题得到了有效解决。在工程运行管理上，以建设“全国农村饮水安全示范县”为目标，按照“规模化发展、规范化建设、企业化经营、专业化管理”的运行模式，建立农村人畜饮水管理可持续发展的运行机制。在抓好供水服务管理的同时，投资70多万元购置成套设备，建成全区第一家农村人畜饮水工程水表校验中心和水质化验中心，并取得了自治区级的监测资质认定，使沙坡头区农民群众从“有水喝”实现了到“喝好水”的跨越，实现了农村饮水安全工作的重心从工程建设向建后管理的转变。（杨　成）

【农村水利改革】 在灌区农村水费改革上，通过优化、改选、重组，组建农民用水者协会90个，注册80个，结算水费1312万元，商品率达到82.8%。同时分6次下达2010年农民用水者协会返还水费198万元；投资118.8万元，建成协会维修配套工程104项259座（处），确保了25333.3公顷农田的适时灌溉。（杨　成）

【水政与水资源管理】 依法加强了水工程管护、水工程建设管理、涉河建设项目的审批与管理，对河道保护和河道采砂进行整治，大力开展水土保持预防监督检查，征收水土保持费24.8万元；克服企业开

硒砂瓜抗旱节水补灌工程解决干旱带群众增收发展难题

工不足等各种困难，实施取水许可有偿使用制度，依法对取水户征收水资源费71.2万元；依法查处水事违法案件2起，调处水事纠纷6起，结案率、调处率均达到100%。对52户拖欠水费的农户通过采取入户催缴、发律师函、做笔录等措施清缴水费2.3万元。在市政府政务服务中心“一站式”审批窗口，核验取水许可证40份，新办证1个。全市水资源管理规范有序，成绩显著。（杨　成）

【节水型社会建设】 以调整农业结构为重点，发展节水灌溉技术。中卫市以提高水资源利用率为重点，把节水、调优、调高、调特、调精作为农业种植结构调整的主攻方向，改变过去以种粮为主的传统种植业模式,大力发展了无公害设施蔬菜、硒砂瓜、枸杞、马铃薯、小茴香等特色农业节水种植。2010年底,全市种植设施蔬菜16466.7公顷、硒砂瓜71633.3公顷、枸杞22666.7公顷、马铃薯75333.3公顷、小茴香8000公顷,粮食作物种植比重大幅下降,节水型社会建设成效显。 (杨 成)

【水土保持】 市水务局以可持续发展为工作思路，以全面提高水土保持监督管理能力为目标，建立健全水土保持配套制度体系和监督管理体系，强化水土保持依法行政意识,进一步落实水土保持法“三同时”制度,切实减少生产建设中的人为水土流失,以水土资源的可持续利用和生态环境的可持续维护，保障经济社会又好又快发展,使《水土保持法》得到了深入贯彻落实,并取得了显著的工作成效。全年征收水保“两费”24.02万元。 (杨 成)

【水库移民】 2010年中卫市沙坡头区享受资金直补的后扶人口为528人，直补资金31.68万元计划均按“一卡通”的形式,于10月底前申请财政部门对移民进行了足额发放。2010年度沙坡头区大中型水库移民后期扶持项目为宣和镇丹阳村19支渠节水改造工程,工程投资6.36万元。计划采购补助化肥12.22吨,投资2.22万元。 (杨 成)

【党建与精神文明建设】 2010年,水务局在创先争优、机关党的建设年、“反腐倡廉制度建设推进年”、学习型党组织建设考核评价试点工作、大学习大讨论等活动的开展及民主评议基层站所和廉政风险排查等工作的落实中,均取得了显著成效。学习型党组织建设考核评价试点工作顺利通过市委学习型党组织建设考核评价试点工作协调小组验收。及时编发《中卫水务信息》390期，使水利工作及时得到宣传报道。保持了市级“卫生先进”单位称号。突出水利行业特色,投入资金达104万元,实施扶贫帮困工程。党风廉政建设责任制得到有效落实。 (杨 成)

中宁县水务局

【概况】 中宁县水务局是集管理与服务于一体的水行政事业单位。内设23个事业单位,现有职工254名,专业技术人员93名(高级7名,中级33名,初级53名),4个党支部,117名党员。主要肩负着县内5条干支渠,140余千米的渠道管理,2万公顷农田的灌溉管理,104千米的黄河防汛,40多条山洪沟道治理以及农田用水管理、水利工程建设、水政监察执法、水土保持治理、农村饮水安全、水库移民扶持、扶贫扬黄开发、防洪防汛抗旱等项工作。2010年,完成水利建设资金2.08亿元，各项工作实现了新突破，有利地推动了全县水利事业快速发展。 (魏 伟)

【工程建设与管理】 一是投资1198万元,完成了北滩渠砌护工程,砌护干渠12.3千米,改造各类配套建筑物126座，疏浚渠道13.5千米。二是投资597.13万元，完成了长鸣干渠砌护工程，砌护干渠9.6千米,改造各类配套建筑物78座。三是计划投资3675万元,正在实施中卫兴仁综合供水工程中宁县灌区节水灌溉工程。新建11万立方米蓄水池、6万立方米蓄水池、8500立方米蓄水池,5000立方米蓄水池,3000立方米蓄水池各1座,新建各类阀井332座,路涵104座,铺设各类管道430.7千米。四是投资1824.12万元，完成了中央财政小型农田水利重点县建设项目,砌护斗渠22条35.1千米、农渠331条108.6千米；配套各类建筑物524座。五是投资

4月7日,长鸣灌区干渠砌护工程

1484.74万元，完成了2010年现代农业生产发展资金项目，砌护斗渠24条34.4千米、农渠251条80.3千米；配套各类建筑物452座。六是计划投资2506.3万元，组织实施高效节水农业项目二期滚泉坡片、红梧山片工程、天景山片节、物流园区片水源工程，新建泵站16座，各类蓄水池8座，铺设各类管道34.7千米，各类阀井15座。七是投资2200万元，完成了山头水库除险加固工程。八是投资3099万元，完成了石空工业园区供水工程建设，新建泵站3座，铺设各类管道29.9千米，蓄水池2座，安装离心泵16台套新建交通桥1座。九是投资2450万元，完成了黄河右岸标准化堤防（黄河大桥至白马乡朱路村桥）建设工程。建设标准化堤防21.707千米，翻压回填土方117.8万立方米，穿堤建筑物41座。十是投资456万元，完成了舟塔乡大滩村，新堡镇吴桥村，恩和镇华寺村，鸣沙镇五道渠村、鸣沙村，白马乡朱路村、彰恩村，石空镇太平村以及康滩渠、长鸣干渠、供港蔬菜基地等小型水利工程的渠道砌护、建筑物配套、泵站维修、排浸沟道开挖、渠道改线建设。共砌护渠道10.41千米，配套建筑物136座，开挖沟道、渠道5.63千米。十一是投资246万元。完成了滨河大道两岸景观湖开挖工程，开挖土方15万立方米。十二是投资174万元，配套完善了马塘项目区水利设施，砌护毛渠400公顷，完成资金174万元。（魏　伟）

【灌溉管理】 面对黄河水量实行统一调度后，灌区工业用水和生态用水逐年增加的严重水情形势，采取有效措施，确保了全县32000公顷农作物适时灌溉，全年引水量3.93亿立方米。一是大力宣传水利有关政策和法规，通过印发文件、散发宣传单、逐村宣讲、召开灌溉会等形式，大力宣传今年面临的形势和水利政策，动员各乡镇、村、农户严禁在限稻区、禁稻区超比例种植水稻，积极做好作物种植结构的调整工作；二是合理分配用水权指标，根据区水利厅分配我县夏秋灌计划内用水量指标，按照"总量控制"的原则，科学合理分配了七星渠、跃进渠、红寺堡渠、固海渠以及县管支干渠灌区各乡镇协会的用水权指标，让各协会、农户明白自己的计划内水量，在灌溉期间做到计划用水、节约用水、超量加价。三是加大同各干渠管理处的协作联系和配合，加强对各用水单位的指导，科学调配水量、合理确定轮灌秩序等办法，组织受益单位适时灌溉，全县灌溉秩序良好，形势比较稳定。四是加强各渠道管理所的内部管理，修改完善了有关考核办法，签订目标管理责任书，最大限度地放权于渠道管理所，保证渠道管理所能从具体实际出发做好灌溉管理工作。五是强化渠道安全输水的集中检查和随时巡查工作，帮助渠道管理所解决有关问题，将灌溉中不稳定的因素消灭在萌芽状态。六是加强对渠道管理所各项工作进行督导、检查；对五条支干渠渠口水位—流量关系曲线进行了校测、核定，提高了量测水精度，为计划用水、科学调度奠定了基础。（魏　伟）

【农田水利基本建设】 坚持以发展高效节水农业、建设现代节水型灌区、保障粮食安全和经济可持续发展为目标，全面规划、统筹兼顾、突出重点、综合治理，集中解决了群众反映最强烈、最关心、最直接的热点难点问题，进一步夯实了农业基础设施，增强了农业发展后劲。全县春秋两季共清淤各级渠道18612条12195千米，各级沟道4718条3674.8千米，新开渠道175条164.6千米、沟道179条205.3千米；整修机耕、生产路7727条4622.7千米，新增节水灌溉面积3693公顷，改造中低产田5670公顷，维修改造建筑物4166座，建设畦田8770公顷、机深翻17070公顷、秸秆还田4000公顷，投入机械10751次台班，完成劳动积累工68.35万个，全县渠道综合砌护率达到18.8%。（魏　伟）

10月19日，中宁县县长左新波（前排左五）检查全县水利工程建设

【防汛抗旱】 以基础设施建设为突破口,对喊叫水、天景山、大青山、单家塘抗旱补水工程进行了维修建设。维修改造水利配套设施36处,确保硒砂瓜抗旱及时供水。同时,对喊叫水、天景山、大青山抗旱补水工程进行了蓄水。投资11.9万多元对余丁黄羊沟进行了砌护,组织人员对防洪防汛工程设施、物资储备以及抢险队伍落实情况进行了全面的检查落实,确保安全度汛。 (魏 伟)

【农村饮水安全】 一是关帝农村饮水安全工程,投资689万元,完成深井2眼,铺设管道60.2千米,新建300立方米钢筋砼蓄水池1座、建泵房及管理房190立方米,建各类闸阀井90座、联户水表井348座,架设高低压线路4千米、安装80KVA变压器1台、安装深井泵、加压泵2台套。完成入户2132户,建设过沟、过渠、过路等建筑物42处,解决了石空镇12个行政村1.06万人的饮水问题。二是马塘农村饮水安全工程,投资1070万元,新建加压泵站2座,铺设各类管道148.06千米,新建400立方米高位蓄水池1座,各类配套建筑物934座。三是大战场一期农村饮水安全改造工程,投资933万元,铺设各类管道207.15千米,各类阀井1089座,架设高低压输电线路0.5千米,过渠(沟、路)等建筑物42处,解决3.38万人的饮水问题。 (魏 伟)

【农村水利改革】 规范和调整了基层水利技术服务站建设,科技资源得到了全面优化,各部门协作的良好局面。进一步规范农业用水管理体制改革,逐步化解水利工作难题。每年对各村农民用水者协会进行跟踪指导服务,使田间灌溉管理逐步规范。

(魏 伟)

【水政与水资源管理】 一是加大水行政执法工作力度。坚持以人为本,严格执法,文明执法,维护了正常的水事秩序。二是做好了取水许可证换证工作。办理取水许可证1套,收取水资源费30万元。三是对28项行政审批事项进行梳理,上交自治区水行政主管部门1项,保留27项行政审批事项。 (魏 伟)

【节水型社会建设】 结合全县科技下乡和"世界水日""中国水周"活动等有利契机,深入乡村集市,通过散发宣传材料,解答疑难问题等形式,向群众进行广泛宣传水利法规和水价调整政策,提高了农民群众对水法规意识和计划用水、节约用水、合理用水的认识。全年下乡宣传人员350人次,出动宣传车43次,悬挂横幅36条,刷写标语500条,张贴宣传画450张,散发宣传资料25000份。 (魏 伟)

【水土保持】 审批黄河—清水河—固原330千伏输变电工程、石空兰州原油管道、太阳山330千伏输变电工程等5个生产建设项目的水土保持方案,总投资7717.52万元,全年征收水土保持补偿费13万元。

(魏 伟)

【水库移民】 一是投资320万元,完成了2009年度移民建设项目16个,砌护渠道23条21.33千米,配套各类建筑物310座;二是投资301.74万元,完成了2010年度第一批移民项目5个,硬化乡村道路11条长7.14千米,改造穿路桥涵32座;三是投资191.5万元,完成了2008年度移民结余资金项目,砌护渠道4千米,改造各类配套建筑物20座;四是投资914万元,实施了2010年度第二批11个移民项目11个,砌护渠道42条长60.209千米,新建配套建筑物733座。 (魏 伟)

【财务管理】 一是加强建设资金的计划管理,对机关经费支出,严格审批程序,控制预算支出,各项支出费用一律凭合法凭证由经办人签字、本单位负责人审查、分管领导审核后方可审批支付,确保了资金安全、工程安全和干部安全。2010年各类水利建设资金收入18954万元,水利建设支出18644万元。二是加大了对下属单位财务督查力度,对下属单位进行了2次财务专项检查,并及时纠正了有关问题。通过严格的财务管理,合理经费收支,极大地提高了资金使用效益,达到增收节支的目的。 (李清荣)

【党建与精神文明建设】 按照建设高素质干部队伍的要求,我们从加强组织领导、强化工作措施、完善各项制度、制定工作目标的方法入手,不断加强自身形象,转变作风建设,使全局四个文明建设有了长足发展。在基层组织建设上,以争创"五好党委""五好支部"为目标,通过学习型党组织、创先争优、机关党的建设年等教育活动的开展,有效地提升了基层组织建设创建水平和党员队伍的整体素质,在工作中形成了奋发有为,创新干事的良好氛围。在廉政建设上,通过扎实开展《廉政准则》学习教育、廉政风险防范管理和水利工程建设领域突出问题专项治理等活动,使党风廉政建设取得了显著成效,确保工程安全、资金安全、干部安全。在精神文明创建上,以丰富活动载体为主要内容,认真开展了演讲比赛、歌咏比赛、广场文化、春节社火、正月十五灯展、职工运动会等文体活动,丰富了职工业余文化生活,提高了职工整体素质。在思想道德建设上,以开展"党的思想理论建设重点推进年"活动为抓手,展示了水利人昂扬向上、朝气蓬勃、勤奋敬业、勇于创新、甘于奉献的良好精神风貌。在政风行风建设上,以"建一流水利队伍,树一流水利形象,创一流水利业绩"为目标,深入开展政风行风评议和评议基层站所活动。在综治工作上,以平安创建和维护稳定为目标,巩固提升了"平安水利"创建水平,使企业生产运行正常、工程建设保质保量、灌溉管理井然有序。在计生工作上,充分利用"三八""五四"等节日,以"婚育新风进万家"活动为载体,以转变婚育观念为目标,使计划生育各项任务落实到了实处。在工青妇工作上,通过开展多种形式活动,进一步维护职工合法权益,发挥妇女"半边天"的作用。（魏　伟）

海原县水务局

【概况】 2010年,海原县水务局(以下简称水务局)设置股、室(站)24个,分别为:海原县防汛抗旱办公室(副科级单位)、海原县扬黄灌溉指挥部办公室(副科级单位)、海原县海城水利工作站、海原县李旺水利工作站、海原县西安水利工作站、海原县贾塘水利工作站、海原县关桥水利工作站、海原县高崖水利工作站、海原县郑旗水利工作站、海原县张湾水利工作站、海原县红羊水利工作站、海原县李俊水利工作站、海原县九彩水利工作站、海原县史店水利工作站、海原县曹洼水利工作站、海原县关庄水利工作站、海原县树台水保试验站、海原县抗旱服务队、海原县水政监察大队、海原县水土保持工作站、海原县水利工作站、海原县七营水利工作站、海原县甘城水利工作站、海原县三河镇水利工作站。2010年年末全局核定编制数258人,在职人数248人。其中大学学历26人,大专学历75人;在专业技术人员中,高级职称6人,中级职称33人,初级职称65人。

2010年水务局,大力实施"兴水富民"战略,深入开展"项目建设年""干部作风建设年"活动,加速推进重点工程、民生水利、节水型社会建设。重点以围绕资源水利,着力提升水资源开发利用水平;围绕民生水利,大力发展农村水利基础设施;围绕生态水利,加快构建水生态环境保护体系;围绕工程水利,持续完善防洪减灾保障体系;围绕科学发展,全面加强水利行业自身建设。全年共争取水利水保项目34项,总投资3.35亿元(其中国补资金2.75亿元)。发展高效节水补灌面积2746.7公顷,改善灌溉面积2280公顷。完成旱作基本农田2320公顷,治理水土流失面积167平方千米。改善了1.9万人的饮水条件,解决了全县6.3万人的饮水安全问题。

（吴平江）

【农村饮水安全】 建成海原县南部农村饮水安全工程:2008年5月开工建设,2010年5月完工。工程总投资2903万元,其中国补资金2189万元,群众投劳折款717万元。新打机井1眼,维修机井1眼,铺设各类管道263.3千米(其中采用玻璃钢管21.4千米),新建蓄水池10座,减压池56座,各类闸阀井及联户水表井673座。自来水入户1540户。

建成海原县八斗农村饮水安全工程:2008年6月开工建设,2010年8月完工。工程总投资2979万

正在施工的农村安全人饮工程

元,其中:国补资金2252万元,群众投劳折款727万元。新建扬水泵站一座,扬程240米。新建10万立方米沉沙蓄水池1座,3.6万立方米沉沙蓄水池1座,净水2座;新建机井1眼,维修机井1眼;建蓄水池31座,过路(沟),建筑物45座,各类闸阀井及联户水表井925座;铺设各类管道232.26千米(其中玻璃钢管9.17千米)。入户自来水3214户。

开工建设海原县吴湾、蔡祥、曹洼、小河5处农村饮水安全工程,建成固扩十一干后、段塬、相桐、黄石崖等3处农村自来水入户工程。新打水源机井3眼,埋设各类管道651.8千米,建蓄水池36座,各类闸阀井及保护室2083座,自来水入户6242户。完成香港李兆基基金会援建水窖项目5000眼,新建硬化集水场500处,解决了中部干旱带6.3万人饮水困难。（吴平江）

【水保生态建设】 建设完成相桐1#和席及滩2座骨干坝及寨坡1座中型淤地坝,完成海原县凤凰山、天都山和白石头河小流域综合治理项目。续建国家农业综合开发水土保持项目韩庄项目区,2009年度巩固退耕还林成果口粮田,陕甘宁坡耕地水土综合治理白石头河等项目。完成旱作"三田"建设2320公顷,其中水平梯田2320公顷,水浇地提升改造146.7公顷,造林1253公顷,种草313.3公顷。（王耀平）

【节水灌溉】 通过优化布局,统筹人、水、地三大资源,整合高效节水补灌、人饮安全和生态移民三大项目,创新输水、灌溉、种植三种节灌方式,完成牧区水利关桥灌区、高崖709支渠改造工程及中部干旱带高效节水补灌项目高崖、李旺项目区供水工程,李俊海子灌区节水改造工程,郑旗盖牌牧区水利示范项目,改善灌溉面积2280公顷。在海城、关桥、三河、七营等乡(镇),配套建设设施农业供水工程13处,发展高效节水补灌面积2746.7公顷,亩均耗水量比传统减少近3/5,促进了农业种植方式明显转变。

（吴平江）

【水库工程】 建成中坪水库(中型)1座。水库控制流域面积171平方千米,土坝为碾压均质土坝,最大坝高36.5米,总库容1553万立方米。坝顶宽6米,坝顶长490米,上游坡比为1∶2.5～1∶3.0,从高程1632米至坝顶采用空心砼板护坡,护坡厚度0.1米,空心内充填砂砾石;下游坡比为1∶2.25～1∶2.75,在变坡处设1.5米宽的马道,下游坝坡采用生物措施防护。泄洪水塔布置在右岸,由水塔和输水涵洞组成,设计最大流量42.2立方米/秒。水塔泄水孔口尺寸为单孔1.8米×1.8米,配套平板铸铁闸门及LQ型手电两用螺杆式启闭机1套,钢桁架工作桥长72米;涵洞为钢筋砼箱涵结构,净高3.5米,净宽2.5米,比降1/100,长160米。非常溢洪道布置在距左坝肩340米处,为梯形断面,进口底高程1664.5米,底宽65米,比降1/400,长度为400米,校核泄流量357.8立方米/秒。

海原县高崖蓄水池

完成石峡口水库除险加固改造工程:大坝加高6米,坝顶高程1464.50米,总库容24944万立方米,新增库容8265万立方米,最大坝高75.9米,坝顶长313米,坝顶宽为10米。前坝坡坡比1∶3,后坝坡以此为1∶2.75、1∶2.5,上游坝坡采用干砌石护坡。水塔加高至21.67米,塔身为9.6米×5.5米钢筋砼箱形框架结构,塔顶设有52.8平方米操作室,闸门选用2扇PGZ3000×3600钢闸门,启闭机选用QL－2×500－SD螺杆式启闭机。隧洞断面为城门洞型,底宽5.2米,直段高4米,圆拱半径2.6米。隧洞采用0.5米厚C25钢筋混凝土衬砌,泄洪隧洞长为214米,设计最大流量为353立方米/秒。

完成曲湾、下堡子、王家沟3座病险水库除险加固改造工程项目。（吴平江）

【农田水利基本建设】 通过"政府推动、部门联动、宣传发动、项目带动、竞赛撬动、干群互动、人机齐动、学习促动"等措施,调动社会各方力量,实行渠、田、林、路综合治理,深入持续地开展农田水利基本建设大会战。累计投入工日 42.36 万个,机械台班 2.76 万台,新增基本农田 3400 公顷,发展高效节水灌溉面积 1520 公顷,改善灌溉面积 2280 公顷。

(张兴和)

【防汛抗旱】 一是加强库坝汛前安全大检查。对库坝滞洪区、重点乡镇、村庄的主要设施及险工险段重点检查,制订度汛方案和岁修。二是对在建工程制订了汛期施工计划及防洪预案。在保证质量的同时,加快工程进度,确保安全度汛。三是落实以行政首长负责制为核心的防汛责任制。与各基层站(所)签订防汛目标管理责任书,逐乡逐库进行防汛责任的落实,做到责任到人,各负其责,各司其职。四是成立防汛领导机构,组建防汛抢险队伍,备足抢险物资。组建防汛抢险队伍 25 支,落实抢险队员 3600 人。

(孙 霞)

【灌溉管理】 采取广泛宣传、检查维修、挖潜开源、计划用水、清淤渠道、产业结构调整等措施,完成灌溉面积 2.35 万公顷,其中扬黄灌区 1.51 万公顷,水库灌区 1333.3 公顷,机井灌区 6800 公顷,(正常运行机井 549 眼),小高抽灌区 266.7 公顷,灌溉总水量 9856.32 万立方米。

供水价格严格实行两部制水价,固海扬水工程定额内水价为 0.137 元 / 立方米,超出定额部分为 0.187 元 / 立方米;库井灌区在基础水量范围内,库灌区按 0.1 元 / 立方米收取,井灌区按 0.37 元 / 立方米收取;对超过基础水量的灌区,超出水量部分库灌区按 0.14 元 / 立方米收取,井灌区按 0.42 元 / 立方米收取。

(张兴和)

【农村水利改革】 完善修订了《基层站所管理办法》。主要通过"四抓"达到"四促",即抓提高执行政策法规水平促依法行政、抓规范工作程序促公正执法、抓提高工作技能促工作效率、抓提高专业知识促工作质量。取得了管理"零缺陷",服务"零距离",争创"零投诉"的良好工作局面。在农村水利建设与管理的改革中,鼓励和引导农民自愿组织起来,互助合作,承担直接受益的农村水利工程的建设、管理和维护责任,全县共成立农民用水者协会 4 个。高崖乡 709 支干渠在总结过去基层群众管水组织改革成功经验和学习借鉴县外先进用水管理方法的基础上,试点并推广农民用水户参与灌溉管理,在增强农民民主管理意识、密切供用水双方的关系、改善田间工程管理和维护状况、改进田间灌排服务水平、促进节约用水、提高水费收取率、减轻农民不合理负担、降低农业生产成本、保证农民增收等方面取得了明显成效。同时,对 46 处小型农田水利工程实行承包管理,工程效益得到充分发挥,实现自我维护,良性运转。

(杨世雄)

【水库移民】 完成树台乡两百户、碱泉口两个自然村砼集雨场 54 处 9735 平方米,前锋自然村砖围墙 411 米;树台村人饮管道铺设 2350 米,配套潜水电泵 1 台,架设 10 千伏高压线路 250 米,0.4 千伏低压线路 150 米,架设 20 千伏变压器 1 台;关桥乡脱场村 1 组村庄道路改造 2500 米,维修排水沟 2500 米,新建砼排水渠 65 米;在三河镇苋麻村三、四、六、七组购置发放肉牛 806 头;发放农资化肥 1454.25 吨。

(李增明)

【水政与水资源管理】 充分利用"科技三下乡""世界水日"和"中国水周""防灾减灾日""科技活动周"等活动,组织人员下乡、上街进行宣传,设立咨询点进行法律、法规、节水技术、防洪减灾等知识的大力宣传。共发放各类宣传材料 5500 余份,展示展板 9 块,悬挂横幅 6 条,并向社会公布水资源管理有关信息。建立"三项制度",确立"三条红线",实行最严格的水资源管理制度;本年发放取水许可证 39 套,全县累计发放取水许可证 477 套。查处违法打井案件 15 起,破坏水利设施案件 2 起。

(王德海)

【党建与精神文明建设】 一是优化基层党组织。针对退休党员和在职党员的不同特点,向县委申请成立了"水务局退休干部党支部",并按照组织程序推选产生了支部班子成员,完善了退休老党员管理工作。二是深入开展"创先争优"活动。以"践行服务承诺"为核心,以"综合目标考核得先进、重大项目建设争第一"为目标,激励广大党员干部在工程建设、防汛抗灾、服务群众上创先争优。先后开展了"创优质工程、创优质服务”“五比三创一争”等活动；分别授予局机关党支部、人秘股等单位“红旗党支部”“文明股室”“学习型股室”荣誉称号，选出25名同志为“优秀党员”“党员先锋岗”“水利标兵”等个人先进典型，在全局营造出了积极向上的工作环境。三是扎实推进“学习型党组织”建设。注重开展特色教育活动，先后创新开展了“机关党的建设年”“讲党性、重品行、守廉洁、作表率”及“向沈浩、王瑛同志学习”等活动。特别是在“西部大开发战略大学习大讨论”活动中，注意引导广大党员干部站在时代发展高度，认清新形势，明确新思路，迎接新挑战。活动中，共形成调研报告、理论文章16篇，征集到各类好意见、建议48条，并将其中的16条建议纳入水利“十二五”及今后“十年”发展规划中，同时，精选出5条“金点子”，分别给予1000元、800元、500元的重奖，有力地激发了广大党员干部投身水利、发展水利的积极性、主动性、创造性。四是推进廉政风险点防范管理。重点围绕项目资金、工程建设、行政审批等业务及人、财、物管理等方面，共查找、确定廉政风险点54处，其中一级风险点22个、二级风险点16个、三级风险点16个，并相应建立了预警防范措施，制定了水利工程建设项目权力运行廉政风险点监控办法和流程图，使各项水利工作程序进一步规范。五是开展爱心帮扶活动。为定点帮扶的九彩乡新庄村捐赠“旱地龙”1吨，价值2万元；慰问新庄村困难群众10户，发放慰问金2000元。慰问困难职工及退休老干部25人，发放慰问金12500元。组织干部职工为玉树地震灾区捐款6742元，为全县困难群众发展生产捐款15000元。六是参加城乡环境整治。 （李宏伟）

西夏区农牧水务局开展节约用水宣传

10月18日，沙坡头区高标准农田建设现场

利通区小农水重点县马莲渠片区建设现场

8月26日，原州区沈家河库灌区西芹

表彰奖励

【2010年度获部、省、厅表彰奖励名表集体】

获奖名称	授奖单位	获奖单位	表彰奖励文件号
全国水管单位体制改革先进集体	中华人民共和国水利部	中卫市水务局	奖牌
黄河流域(片)水土保持监督执法先进集体	水利部黄河水利委员会	石嘴山市水务局、灵武市水务局、吴忠市水务局	黄人老〔2010〕51号
全国先进省级防办	国家防汛抗旱综合指挥部	宁夏回族自治区水利厅防汛抗旱指挥部	
全国水库移民后期扶持工作先进集体	人力资源和社会保障部、财政部、水利部	中宁县水库移民管理办公室	人社部发〔2011〕5号
全国防汛抗旱先进集体	国家防汛抗旱综合指挥部、人社部、解放军总政治部	宁夏回族自治区水利厅防汛抗旱指挥部	
"微灌系统首部枢纽装置"获实用新型专利(专利号:ZL200920144124.1)	国家专利局	宁夏水利科学研究所	
全国水利系统模范职工之家	全国农林水财工会	宁夏西干渠管理处工会	农林水利工字〔2010〕2号
全国水利系统模范职工之家	中国农林水利工会全国委员会	宁夏秦汉渠管理处	农林水利工字〔2010〕3号
全国水库移民后期扶持工作先进集体	人力资源和社会保障部、财政部、水利部	中宁县水库移民管理办公室	人社部发〔2011〕5号
全国生态文化示范企业	中国生态文化协会	宁夏宁东水务有限责任公司	
自治区"8·11"抗洪抢险先进集体	宁夏回族自治区党委、政府	宁夏回族自治区水利厅防汛抗旱指挥部	
2010年度宁东大会战绿化先进集体	宁夏回族自治区人民政府	宁夏宁东水务有限责任公司	
全区安全生产先进集体	宁夏回族自治区安全生产委员会	宁夏盐环定扬水管理处	宁安委发〔2010〕2号
自治区卫生先进单位	宁夏回族自治区安全生产委员会	宁夏盐环定扬水管理处	
第四届全区水利行业职业技能竞赛优秀组织奖	宁夏回族自治区防汛抗旱指挥部、宁夏回族自治区人力资源和社会保障厅	宁夏水文水资源勘测局	宁人社发〔2011〕19号
2010年度心理健康教育工作先进实验学校	中国教育学会	宁夏水利水电工程学校	
全区"五五"普法先进集体	宁夏回族自治区依法治区领导小组	同心县水务局	宁法治组〔2011〕2号
自治区设施农业建设三等奖	宁夏回族自治区产业化协调领导小组	金凤区农牧水务局	
黄河标准化堤防工程建设先进集体	银川市标准化堤防工程建设领导小组	兴庆区水务局	奖牌
2010年度宁夏中北部土地开发整理重大工程项目建设三等奖	宁夏中北部土地开发整理重大工程项目领导小组	利通区水务局	奖牌

续表

获奖名称	授奖单位	获奖单位	表彰奖励文件号
优秀专家服务团	宁夏回族自治区党委组织部、自治区人才工作领导小组办公室	宁夏水利科学研究所	
2010~2014年度文明单位	宁夏回族自治区精神文明建设委员会	中卫市水务局	宁文明委〔2010〕2号
宁夏“黄河金岸”“铁人邀请三项赛”组织奖	宁夏回族自治区总工会	惠农区水务局	宁工宣函字〔2010〕10号
全区水利灌溉节约用水先进单位	宁夏回族自治区水利厅、宁夏回族自治区财政厅	永宁县水务局	有奖牌
自治区扶贫扬黄工作先进集体	宁夏水利水电工程总局，宁夏扶贫扬黄工程建设总指挥部	中宁县扶贫扬黄工程建设总指挥部	宁水建发〔2010〕1号
全区农业灌溉节约用水先进单位	宁夏回族自治区水利厅、财政厅	利通区水务局	奖牌
全区标准化堤防工程建设先进集体	宁夏回族自治区防汛抗旱指挥部	宁夏回族自治区水利厅防汛抗旱指挥部	
劳动保障监察优秀企业	宁夏回族自治区人力资源和社会保障厅	宁夏沙坡头公司	宁人社发〔2011〕317号
2010年度突出贡献企业奖	鄂托克前旗旗委、政府	宁夏长城水务公司	鄂前党字〔2011〕4号
争取科研项目先进奖	宁夏回族自治区水利厅	宁夏水利科学研究所	
2010年度综合经营先进集体	宁夏回族自治区水利厅	宁夏固海扬水管理处	
“全区第一届水利系统财会知识电视大赛组织奖、个人二等奖”	宁夏回族自治区水利厅	固原市水务局	
2010年度农田水利基本建设二等奖	吴忠市委、政府	青铜峡市水务局	
2008~2011年度文明单位	吴忠市委、政府	青铜峡市水务局	

【自治区人民政府表彰全区农田水利基本建设先进县和先进单位名表(集体)】

获奖名称	授奖单位	获奖单位	表彰奖励文件号
农田水利基本建设先进县和先进单位	宁夏回族自治区人民政府	贺兰县、青铜峡市、永宁县、平罗县、盐池县、中宁市沙坡头区、固原市原州区、自治区水利厅、财政厅农业处、自治区国土资源厅国土整治管理局、自治区农垦局农业处	宁政发〔2011〕2号

【2010年度全区农田水利基本建设“黄河杯”竞赛获奖单位名单、先进个人名单及以奖代补资金】

(宁农建指发〔2011〕1号)

获奖名称	授奖单位	各奖励以奖代补项目资金(万元)	获奖名称	授奖单位	各奖励以奖代补项目资金(万元)
特等奖2名	贺兰县、盐池县	250	一等奖6名	永宁县、利通区、灵武市、青铜峡市、平罗县、中宁县	200
二等奖6名	同心县、红寺堡区、原州区、惠农区、农垦局、中卫市沙坡头区	150	三等奖3名	隆德县、彭阳县、兴庆区	100
组织奖4名	吴忠市、银川市、固原市、永宁县	5			
2010年度全区农田水利基本建设“黄河杯”竞赛先进个人名单(共104名)					
付　彦	自治区党委宣传部新闻处主任科员		罗全福	自治区党委政策研究室处长	
邹　军	自治区发改委农村经济处处长		翟敬军	自治区财政厅主任科员	
冯　亮	自治区国土资源厅主任科员		张　元	自治区交通厅副处长	

续表一

2010年度全区农田水利基本建设“黄河杯”竞赛先进个人名单(共104名)			
王岚海	自治区水利厅办公室副主任	高　宏	自治区水利厅农村水利处副处长
亢建斌	自治区农牧厅高级工程师	马学军	自治区林业局处长
仲伟东	自治区扶贫开发办公室经济师	肖天文	自治区农垦局灵武农场经理
杨作荣	自治区农垦局平吉堡农场副经理	马文兴	自治区政府研究室处长
蒙　静	自治区农业综合开发办公室高级工程师	张金柱	宁夏广播电视总台主任记者
马和亮	宁夏日报社高级记者	李建荣	银川市水务局副局长
赵少勇	银川市水务局高级工程师	郝希奋	银川市兴庆区人民政府副区长
周泽云	银川市兴庆区水务局局长	王　涛	银川市兴庆区通贵乡乡长
杨生新	银川市金凤区水务局长	何凤鸣	银川市金凤区良田镇水利工作站工程师
伏志军	银川市西夏区农牧水务局副局长	马丽霞	银川市西夏区农业综合开发办公室主任
段伏林	永宁县党委副书记	李国军	永宁县水务局局长
王丽岩	银川市永宁县望洪镇党委书记	黄建伟	永宁县胜利乡书记
方　仁	贺兰县县长	孟宪君	贺兰县林业局局长
保学儒	贺兰县立岗镇书记	马进林	贺兰县水务局局长
朱立峰	贺兰县金贵镇书记	杨　斌	灵武市水务局副局长
唐　华	灵武市水务局农水站长	黄文东	灵武市林业局副局长
陈玉贤	灵武市梧桐树乡党委书记	李振国	石嘴山市水务局副局长
曾庆珍	石嘴山市水务局工程师	胡　洁	大武口区园林和农牧水务局
杨元壮	大武口区兴民村副村长	袁金山	惠农区水务局工程师
李培军	惠农区燕子墩乡副乡长	李学峰	惠农区礼和乡乡长
何怀生	平罗县县委常委	李自斌	平罗县水务局副局长
陈　河	平罗县水务局灌溉中心主任	罗占华	平罗县渠口乡乡长
师建成	平罗县头闸镇书记	郑金勇	吴忠市市委督查室副主任
孙武刚	吴忠市水务局副局长	马长军	利通区水务局工程师
马文新	利通区马莲渠乡水利管理站支渠长	吴建林	利通区板桥乡副乡长
郭建设	利通区金银滩镇金川办事处党委书记、主任	姚自宏	青铜峡市水务局长
何永平	青铜峡市农业综合开发办公室工程师	马玉海	青铜峡市大坝镇书记
李　焜	青铜峡市叶升镇书记	丁　文	同心县林业局局长
马升东	同心县水务局工程师	杨晓忠	同心县石狮开发区管理委员会工委书记
韩向春	盐池县县委副书记	袁书义	盐池县水务局局长
吴　科	盐池县大水坑镇党委书记、镇长	赵永红	盐池县花马池镇党委书记、镇长
刘汉卿	盐池县惠安堡镇党委书记	马　宁	红寺堡区副区长
伏志梅	红寺堡区水务局副局长	苏达志	红寺堡区南川乡党委书记
柳向阳	固原市水务局高级工程师	高静波	固原市水务局高级工程师
李继光	原州区林业局林木检疫站站长	别志俊	原州区三营镇党委书记
薛光成	原州区水务局副局长	杨志文	原州区水务局站长
魏冠东	原州区扶贫开发办公室	周文贵	西吉县副县长
赵宗荣	西吉县水务局副局长	王　芳	西吉县水务局助理工程师
陈国光	隆德县水务局副局长	卜世杰	隆德县水务局高工
彭耀珍	隆德县水务局副队长	张应威	隆德县水务局工程师
窦满库	彭阳县水务局工程师	段秉礼	彭阳县农牧与科学技术局总工程师
赵银汉	彭阳县孟塬乡副乡长	王树茂	彭阳县扶贫开发办公室工程师
禹恩宽	泾源县水务局局长	于文喜	泾源县水利服务中心主任

续表二

2010年度全区农田水利基本建设"黄河杯"竞赛先进个人名单(共104名)			
张彦龙	中卫市水务局副局长	王振远	中卫市农发办副主任
胡文礼	中卫市水务局水务科科长	杨　海	中卫市水利中心副主任
张永贵	中卫市玉龙水利工程公司副经理	吴永锋	中宁县副县长
邱晓林	中宁县水务局农水中心主任	张春源	中宁县舟塔乡党委书记
张贵安	中宁县石空镇党委书记	田兴明	海原县水务局副局长
李克孝	海原县水务局工程师	杨世雄	海原县水务局工程师

【2010年度全区节水型社会建设工作先进集体和先进个人名表】(宁节水组发〔2011〕3号)

一、先进县(区)8个,各奖励5万元	
银川市西夏区	灵武市
平罗县	吴忠市红寺堡区
青铜峡市	固原市原州区
西吉县	中宁县
二、先进单位23个,各奖励1万元	
银川市水务局	银川市建设局
石嘴山市水务局	吴忠市利通区水务局
同心县水务局	固原市水务局
彭阳县水务局	中卫市水务局
自治区节约用水办公室	水利厅灌溉管理局
宁夏宁东水务有限责任公司	宁夏固海扬水管理处
自治区经济和信息化委员会节能与综合利用处	宁夏农业综合开发办公室
宁夏农技推广总站	自治区国土资源厅耕地保护处
自治区农垦事业管理局农业综合开发办公室	宁夏农垦西夏王实业有限公司黄羊滩农业分公司
神华宁夏煤业集团有限责任公司	华电宁夏灵武发电有限公司
宁夏石化公司炼油业务部一联合车间	宁夏医科大学
宁夏银川一中	

三、先进个人80名,各奖励1000元			
梁志刚	银川市节约用水办公室	冯德旺	兴庆区建设交通局
何凤鸣	金凤区农牧水务局	马世宏	西夏区人民政府办公室
杨志星	永宁县胜利乡征沙渠农民用水者协会	闻国焘	贺兰县水务局
范永胜	灵武市水务局	马立华	石嘴山市人民政府办公室
周泽民	石嘴山市水务局水资源管理办公室	于　静	大武口区园林和农牧水务局
王家邦	惠农区水务局	方　磊	吴忠市水务局
田　昇	利通区水务局	王志远	青铜峡市水务局
苏天胜	同心县下马关节水灌溉服务中心	李鹏程	盐池县水务局
王志清	红寺堡区水务局	晁建忠	固原市水务局
杨长林	原州区节约用水办公室	赵宗荣	西吉县水务局
禹恩宽	泾源县水务局	刘巧玉	隆德县水务局
杨志让	彭阳县水务局	王玉其	中卫市水务局
何宝贵	中宁县水务局	武成文	海原县水务局
张　伟	自治区党委宣传部	胡　斌	自治区党委宣传部
段志强	自治区政府办公厅	张树德	自治区政府办公厅
邹　军	自治区发展和改革委员会	庞　伟	自治区发展和改革委员会

续表

三、先进个人80名，各奖励1000元			
姚　鑫	自治区经济和信息化委员会	蒋玉宁	自治区教育厅
张乃颖	自治区科技厅	田建文	自治区科技厅
王海源	自治区财政厅	张宪宁	自治区国土资源厅
丁少辉	自治区环境保护厅	蔡玉华	自治区环境保护厅
李有军	自治区住房和城乡建设厅	刘　军	自治区住房和城乡建设厅
马炳林	自治区水利厅	王景山	自治区水利厅
候　峥	自治区水利厅	张卫平	自治区农牧厅
哈艳丽	自治区工商行政管理局	陈洪仓	自治区农垦事业管理局
常　青	自治区政府研究室	郭　动	自治区政府法制办
解秋红	自治区物价局	周　斌	宁夏农业综合开发办公室
张永红	宁夏国土开发整治管理局	景清华	自治区节约用水办公室
马海峰	宁夏水利科学研究所	杨林平	宁夏水文水资源勘测局
吴国万	宁夏汉延渠管理处	孙生彪	宁夏渠首管理处
曹福升	宁夏红寺堡扬水管理处	高　升	宁夏农技推广总站
薛振华	宁夏林业技术推广总站	丁　婕	宁夏林业产业发展中心
魏本军	宁夏广播电视监测中心	田光金	宁夏农垦贺兰山实业有限公司平吉堡农业分公司
莫　沅	中国石油天然气股份有限公司宁夏石化分公司	刘　蓁	神华宁夏煤业集团有限责任公司
许剑武	华电宁夏灵武发电有限公司	马越武	宁夏开元丰友化工股份有限公司
詹志林	宁夏伊品生物科技股份有限公司	张立国	宁夏万胜生物工程有限公司
张新华	宁夏金昱元化工集团有限公司	孙一平	宁夏荣盛铁合金集团有限公司
吕　龙	宁夏天净天达冶金有限公司	李正直	宁夏医科大学
黄建忠	银川市第二十一小学	张秀荣	人民日报社宁夏分社
姜雪城	新华社宁夏分社	许新霞	中央人民广播电台宁夏记者站
马和亮	宁夏日报报业集团	张金柱	宁夏广播电视总台

【全区水利行业先进集体、先进工作者名表】（宁人社发〔2010〕23号）

全区水利行业先进集体名单(共20个)	
银川市水务局	贺兰县水务局
石嘴山市水务局	吴忠市水务局
青铜峡市水务局	固原市水务局东山坡水务有限责任公司
彭阳县水务局	中卫市水务局河北水利管理所
自治区防汛抗旱指挥部办公室	水利厅灌溉管理局
宁夏水文水资源勘测局	宁夏红寺堡扬水管理处
宁夏盐环定扬水管理处	宁夏七星渠管理处
宁夏水务投资集团有限公司	宁夏宁东水务有限责任公司
水利厅农村水利处	水利厅办公室
水利厅规划计划处	水利水电工程建设管理局前期工作处

全区水利行业先进个人名单(共66个)			
雍　辉	银川市水务局副局长	门淑霞	银川市兴庆区水务局科员
吴春江	银川市金凤区水务局党委书记	周　玲	银川市西夏
王东宇	贺兰县水务局工程师	王庆茹	永宁县水务局办公室主任
冯为民	灵武市水务局副局长	李振国	石嘴山市水务局副局长
李　宏	隆湖扶贫经济开发区水利站站长	卢军国	平罗县水务局副局长
王家邦	惠农区水务局副局长	孙武刚	吴忠市水务局副局长

续表

全区水利行业先进个人名单(共66个)			
蒋习忠	青铜峡市水务局局长	杨正武	同心县水务局副局长
吴　科	盐池县水务局高级工程师	王志清	红寺堡开发区水务局工程师
慕前进	固原市水务局海子峡水库管理站助理工程师	王雄德	原州区水务局会计师
张小平	彭阳县水务局高级工程师	柳国纲	隆德县水务局水政监察大队工程师
马六三	泾源县水务局工程师	何建勋	西吉县水务局总工程师
常　军	中卫市水务局总工程师	陈天鸿	中宁县水务局党委书记、局长
陈学明	海原县水务局副局长	张玉铭	水利厅组织人事与老干部处调研员
李　东	水利厅规划计划处副调研员	李建国	水利厅农村水利处农水科科长
李颖曼	水利水电工程建设管理局高级工程师	刘学文	水利水电工程建设管理局建设管理处副处长
朱　云	自治区防汛抗旱指挥部办公室副主任	冯有亭	水利厅灌溉管理局工程管理科科长
卜崇德	水利厅水土保持局正高职高级工程师	张　磊	水利厅会计核算中心主任
侯晓彬	水利工程质量监督站高级工程师	李　硕	宁夏水文水资源勘测局办公室主任
曹学明	宁夏水文水资源勘测局银川分局局长	蔡　瑜	水利电力工程学校副校长
杜　历	水利科学研究所正高职高级工程师	夏进喜	唐徕渠管理处副处长
杨　伟	唐徕渠管理处满大桥管理所所长	郝明辉	西干渠管理处灌溉管理科科长
马长仁	惠农渠管理处副处长	张汉为	惠农渠管理处第六管理所所长
苏　林	汉延渠管理处灌溉管理科科长	訾跃华	渠首管理处组织人事管理所所长
睢　忠	秦汉渠管理处农场渠管理所所长	马玉柱	秦汉渠管理处灌溉管理科科长
杨　志	盐环定扬水管理处处长	陈　明	盐环定扬水管理处中心水管所所长
黄金栋	跃进渠管理处处长	张海军	七星渠管理处灌溉管理科科长
和治国	固海扬水管理处党委书记、处长	周玉国	固海扬水管理处灌溉调度科科长
祁彦澄	红寺堡扬水管理处计划财务科科长	徐　泳	红寺堡扬水管理处固扩六泵站站长
李平顺	水利工程建设中心夏禹公司经理	景兆瑞	水利水电工程局工程师
秦建国	水利水电工程局项目经理	顾耀明	水务投资集团有限公司总经理
陈志灵	宁东水务有限责任公司水源泵站经理	付建东	宁夏太阳山水务有限责任公司高级工程师
徐宪平	沙坡头水利枢纽有限公司副总经理	王　玲	宁夏银水房地产开发公司总经理
陈永伟	宁夏青龙管业股份有限公司销售部部长	左淑萍	宁夏水利水电勘测设计研究院有限公司机电设备处主任

【2010年全区防汛抗旱先进集体和先进个人名表】(宁人社发〔2010〕534号)

全区防汛抗旱先进集体(共16个)	
银川市河道管理所	石嘴山市防汛抗旱指挥部办公室
吴忠市防汛抗旱指挥部办公室	盐池县水务局
同心县水务局	西吉县防汛抗旱指挥部办公室
中卫市防汛抗旱指挥部办公室	自治区水文水资源勘测局
宁夏固海扬水管理处	自治区农牧厅种植业处
自治区公安厅消防总队吴忠市支队	自治区民政厅救灾处
自治区疾病预防控制中心	自治区气象台
海原县人民武装部	武警宁夏总队吴忠市支队同心县中队

全区防汛抗旱先进个人(共55个)			
孙岩龙	金凤区农牧水务局副局长	金肖栋(满)	西夏区农牧水务局局长、防汛办主任
朱占才	兴庆区水务局副局长、防汛办主任	丁　志	永宁县水务局副局长
周玉斌(回)	灵武市水务局局长	贾治银	贺兰县水务局副局长
于　静(女)	大武口区园林和农牧水务局助理工程师	王林华	惠农区水务局河道管理所副所长
茹福华	平罗县水务局局长	王世莹	吴忠市市政建设管理中心主任

续表

全区防汛抗旱先进个人(共55个)			
闫志奇	吴忠市公安局利通区分局治安大队科员	戴良斌	青铜峡市水务局副局长
蒋　听	盐池县水务局工程师	张启伦	红寺堡区水务局局长
杨彦炜(回)	同心县水务局局长	贺学锋	同心县河西镇建新村党支部书记
李学明	中卫市水务局副局长	田　军	中宁县喊叫水乡党委书记
马应财(回)	海原县水务局副局长	马晓武(回)	固原市防汛抗旱指挥部办公室副主任
安维平	原州区水务局工程师	刘　彤	隆德县水务局局长
马海军(回)	泾源县水务局防办主任	张志政	彭阳县防汛抗旱指挥部办公室工程师
段志强	自治区政府办公厅秘书一处处长	庞　伟	自治区发改委农经处主任科员
何克朴(回)	自治区财政厅农业处调研员	严生军	自治区防汛办综合科科长
陈淑梅(女)	自治区防汛办业务科科长	周　华	水文局石嘴山分局副局长
叶廷平	宁夏西干渠管理处处长	吴　荣	宁夏固海扬水管理处防汛工程科科长
张凌青	自治区畜牧工作站工程师	赵建辉	自治区经济和信息化委员会主任科员
黎满贵(回)	自治区公安厅信息通信处副科长	辜华刚	吴忠市消防支队同心大队大队长
邱国东	中卫市消防支队海原大队大队长	周学雷(回)	自治区民政厅救灾处副处长
李　鸣	自治区住房和城乡建设厅村镇建设处副主任科员	陈　炜	宁夏公路管理局副科长
舒学军(满)	自治区疾病预防控制中心科长	吕世民	自治区国土资源厅地质环境处副处长
赵立斌	吴忠市气象局气象台台长	刘文军	自治区国有渠口农场场长
沈　坚	自治区政府应急办副主任	陈　泓	宁夏电力公司生产技术部防汛办公室高级工程师
陆学德(回)	宁夏通信管理局同心电信分公司线路主管	宋克亮	宁夏广播电视总台新闻中心助理记者
舒学军(满)	自治区疾病预防控制中心科长	吕世民	自治区国土资源厅地质环境处副处长
赵立斌	吴忠市气象局气象台台长	刘文军	自治区国有渠口农场场长
沈　坚	自治区政府应急办副主任	陈　泓	宁夏电力公司生产技术部防汛办公室高级工程师
陆学德(回)	宁夏通信管理局同心电信分公司线路主管	宋克亮	宁夏广播电视总台新闻中心助理记者
时明霞(女)	《宁夏日报》助理记者	钟焕荣	吴忠陆军预备役步兵团股长
宋建荣	中国人民解放军68612部队部队长	武彦东	中国人民解放军68611部队营长
李志勇	武警宁夏总队直属支队副支队长	金　虎	武警宁夏总队吴忠市支队政治处副主任
王生智	武警宁夏总队后勤基地修理所所长		

【2010年度获部、省、厅表彰奖励名表(个人)】

获奖名称	授奖单位	获奖个人		表彰奖励文件号
		姓　名	工作单位	
全国水土保持监督执法先进个人	水利部黄河水利委员会	白兴毅	中卫市水务局	证书
中日民间绿化合作项目先进个人	国家林业局、中国国际青年交流中心	王　媛	宁夏宁东水务有限责任公司	
全国防汛抗旱先进个人	国家防汛抗旱总指挥部、人力资源社会保障部、解放军总政治部	葛青海	宁夏水文水资源勘测局	人社部发〔2010〕90号
黄河标准化堤防和滨河大道建设先进先进个人	宁夏回族自治区人民政府	严清宁	吴忠水务局	宁政发〔2010〕103号
黄河标准化堤防建设暨滨河大道建设先进个人	宁夏回族自治区人民政府	严生军 王新军	宁夏回族自治区防汛抗旱指挥部	
2010年度宁东大会战绿化先进个人	宁夏回族自治区人民政府	苗恩辉	宁夏宁东水务有限责任公司	

续表

获奖名称	授奖单位	获奖个人		表彰奖励文件号
		姓　名	工作单位	
自治区政府特殊津贴	宁夏回族自治区人民政府	杜　历	宁夏水利科学研究所	政府特殊津贴第09015号
自治区党委组织部水资源专家服务团优秀团员	宁夏回族自治区党委组织部、自治区人才工作领导小组办公室	刘学军	宁夏水利科学研究所	
敬业奉献模范	区、市、县精神文明办	薄晓丽	海原县水务局	
黄河标准化堤防工程建设先进个人	宁夏回族自治区黄河标准化堤防工程建设领导小组	王新军 王旭强	宁夏回族自治区防汛抗旱指挥部	
全区水利行业先进个人	宁夏回族自治区水利厅、宁夏回族自治区人事厅	朱　云	宁夏回族自治区防汛抗旱指挥部	宁人社发〔2011〕19号
全区水利行业技术能手	宁夏回族自治区水利厅、宁夏回族自治区人事资源和社会保障厅	蒙毅民 马永刚 杨　凯	宁夏水文水资源勘测局	宁人社发〔2011〕19号
全区水利行业先进个人	自治区人力资源和社会保障厅自治区水利厅	王庆茹	永宁县水务局	宁人社发〔2010〕24号
全区科技统计工作先进个人	宁夏回族自治区科技厅	吴海霞	宁夏水利科学研究所	宁科技字〔2010〕7号
全区水利系统政风行风建设先进个人	宁夏回族自治区水利厅	陈旭东	宁夏七星渠管理处	
全区水利系统宣传信息工作先进个人	宁夏回族自治区水利厅	鲍旺勤	宁夏七星渠管理处	
第一届全区水利行业财会知识电视大赛三等奖	宁夏回族自治区水利厅	苏秀奇	宁夏汉延渠管理处	宁水发〔2010〕65号
全区农田大会战先进个人	宁夏回族自治区水利厅	杨世雄	海原县水务局	
全区农田大会战先进个人	宁夏回族自治区水利厅	李克孝	海原县水务局	
2010年度水利系统安全生产先进个人	宁夏回族自治区水利厅	王耀平	海原县水务局	
2010年度全区水利安全生产先进个人	宁夏回族自治区水利厅	任新福	西夏区农牧水务局	宁水安办发〔2011〕1号
全区基层政风行风建设先进工人	宁夏回族自治区水利厅	马应财	海原县水务局	
全区防汛抗旱先进个人	宁夏回族自治区水利厅	马应财	海原县水务局	人社部发〔2010〕90号
全区防汛抗旱先进个人	宁夏回族自治区水利厅	蒋　听	盐池县水务局	人社部发〔2010〕91号
全区防汛抗旱先进个人	宁夏回族自治区水利厅	陈天鸿	中宁县水务局	人社部发〔2010〕90号
农业农村先进个人	中共固原市委、市政府	禹恩宽	泾源县水务局	固党发〔2011〕13号

【2010年先进基层党组织　优秀党务工作者和优秀共产党员名表】（宁水党发〔2011〕45号）

先进基层党组织(5个)	
宁夏秦汉渠管理处党委	宁夏太阳山水务公司党总支
宁夏水文水资源勘测局党委	宁夏水土保持局党支部
宁夏红寺堡扬水管理处党委	
先进党支部(30个)	
宁夏水文水资源勘测局固原分局党支部	宁夏回族自治区水利厅机关服务中心党支部
宁夏水利电力工程学校行政党支部	宁夏七星渠管理处宣和管理所党支部
宁夏唐徕渠管理处满达桥管理所党支部	宁夏七星渠管理处七星水利工程有限公司党支部
宁夏唐徕渠管理处周城管理所党支部	宁夏固海扬水管理处扩灌七泵站党支部
宁夏西干渠管理处第二管理所党支部	宁夏固海扬水管理处龙湾泵站党支部
宁夏西干渠管理处第四管理所党支部	宁夏固海扬水管理处田营泵站党支部

续表一

先进党支部(30个)	
宁夏惠农渠管理处第一管理所党支部	宁夏红寺堡扬水管理处中心所党支部
宁夏惠农渠管理处第八管理所党支部	宁夏红寺堡扬水管理处红一总站党支部
宁夏汉延渠管理处坤水园林绿化有限公司党支部	宁夏水利水电工程局机关党支部
宁夏汉延渠管理处第一管理所党支部	宁东水务有限责任公司机关党支部
宁夏渠首管理处大清渠管理所党支部	宁夏水利水电勘测设计研究院有限公司测绘分公司党支部
宁夏秦汉渠管理处东干渠第三管理所党支部	宁夏青龙管业股份有限公司销售部党支部
宁夏秦汉渠管理处农场渠管理所党支部	宁夏沙坡头水利枢纽有限责任公司水力发电厂党支部
宁夏盐环定扬水管理处检修队党支部	宁夏回族自治区水利厅组织人事与老干部处党支部
宁夏盐环定扬水管理处二泵站党支部	宁夏回族自治区水利厅财务审计处党支部

优秀党务工作者(20名)			
唐　娟	宁夏水文水资源勘测局机关第一党支部书记	李勇旗	宁夏七星渠管理处组织人事科科长
黑生海	宁夏水利电力工程学校行政党支部书记	罗廷红	宁夏固海扬水管理处组织人事科科长
付中华	宁夏唐徕渠管理处组织人事科科长	吴志伟	宁夏红寺堡扬水管理处机关第二党支部书记、水政科科长
任江峰	宁夏西干渠管理处第四管理所党支部书记、所长	李　珺	宁东水务有限责任公司办公室主任
孙立国	宁夏惠农渠管理处组织人事科科长	张惠云	宁夏水利水电工程局机电公司党支部书记
梁福贵	宁夏汉延渠管理处党委书记	田智德	宁夏沙坡头水利枢纽有限责任公司党委办公室主任
黄志安	宁夏渠首管理处大坝管理所党支部书记	侯俊波	宁夏水利水电勘测设计研究院有限公司党委办公室主任
马继承	宁夏秦汉渠管理处东干渠第三管理所党支部书记、所长	杨永宁	宁夏水务投资集团有限公司金积供水分公司党支部书记
毕高峰	宁夏盐环定扬水管理处党委副书记、纪委书记	蒋伯田	宁夏青龙管业股份有限公司机关党支部书记
侯树增	宁夏盐环定扬水管理处组织人事科科长	李茂书	宁夏回族自治区水利厅机关党委专职副书记

优秀共产党员(60名)			
严生军	宁夏回族自治区防汛抗旱指挥部办公室综合科科长	周玉国	宁夏固海扬水管理处灌溉调度科科长
冯有亭	宁夏水利厅灌溉管理局工程科科长	徐　泳	宁夏固海扬水管理处扩二总站党支部书记、固扩六泵站站长
徐志友	宁夏水利厅水土保持局监测科副科长	田志存	宁夏固海扬水管理处检修队副队长
杨继雄	宁夏水利厅经济管理局资产管理科副科长	李廷福	宁夏固海扬水管理处白府都泵站党支部书记、站长
康建东	宁夏水文水资源勘测局银川分局副局长	陶学礼	宁夏固海扬水管理处退休干部
雍田贵	宁夏水文水资源勘测局中卫分局职工	道　华	宁夏红寺堡扬水管理处检修队队长
仝炳伟	宁夏水利科学研究所灌溉排水研究室工程师	黄永涛	宁夏红寺堡扬水管理处韦州总站党支部书记、站长
曹　蕾	宁夏水利电力工程学校办公室主任	李　平	宁夏红寺堡扬水管理处红三泵站机电技术员
王卫琴	宁夏水利电力工程学校图书管理员	芦建军	宁夏水务投资集团有限公司发展规划部计划主管
张玉强	宁夏水利工程建设中心账务科科长	秦建国	宁夏水利水电工程局机械设备公司副经理
何建东	宁夏艾依河管理局银川管理所所长	黑云龙	宁夏水利水电工程局青海分局项目经理
刘　贤	宁夏唐徕渠管理处办公室主任	杜　普	宁夏水利水电工程局项目副经理
卫全晟	宁夏唐徕渠管理处大武口管理管理所技术员	马富荣	宁夏水利水电工程局退休人员党支部书记
刘德祥	宁夏唐徕渠管理处离退休干部党支部书记	梁社锋	宁夏宁东水务有限责任公司宁东水厂经理助理
叶廷平	宁夏西干渠管理处处长	夏进喜	宁夏太阳山水务公司副总经理
赵栓玲	宁夏西干渠管理处第二管理所党支部书记	李寿山	宁夏长城水务公司董事会秘书、综合办公室主任
马明德	宁夏西干渠管理处老干部党支部书记	王效军	宁夏宁夏新海水务公司党总支书记、总经理
岳立兵	宁夏惠农渠管理处第八管理所中闸子段段长	黄建宁	宁夏银水房地产公司总经理助理兼工程技术部经理

续表二

优秀共产党员(60名)			
马德仁	宁夏惠农渠管理处处长	王世钦	宁夏沙坡头水利枢纽有限责任公司水力发电厂厂长
苏　林	宁夏汉延渠管理处灌溉管理科科长	范　明	宁夏沙坡头水利枢纽有限责任公司宁西供水有限公司办公室主任
段新平	宁夏汉延渠管理处第一管理所技术员	任自保	宁夏水利水电勘测设计研究院有限公司主任工程师
杨国雄	宁夏渠首管理处副处长	徐进光	宁夏水利水电勘测设计研究院有限公司水工设计一处处长
刘永亮	宁夏渠首管理处灌溉管理科科长	杜学智	宁夏青龙管业股份有限公司常务副董事长、副总经理
马忠明	宁夏秦汉渠管理处秦汉水利工程公司党支部书记、经理	俞学文	宁夏青龙管业股份有限公司监事会主席、企管部主任
杨　存	宁夏秦汉渠管理处防汛工程科科长	郭文峰	宁夏水利厅农村水利处副调研员
徐苏芹	宁夏秦汉渠管理处离退休人员党支部书记	姚宁生	宁夏水利厅监察室副调研员
郝瑞甫	宁夏盐环定扬水管理处工程公司经理	寇　煜	宁夏水电工程质量监督站科员
周金军	宁夏盐环定扬水管理处一泵站党支部书记、站长	苏　海	宁夏水利信息中心主任
吴海川	宁夏七星渠管理处七星水利工程公司经理	景清华	宁夏回族自治区节水办科员
王元礼	宁夏七星渠管理处鸣沙管理所党支部书记、所长	何进德	宁夏厅机关退休人员党支部书记

【2010年度水利厅系统先进集体、单项奖先进单位名表】(宁水党发〔2011〕10号)

先进单位(8个)			
宁夏回族自治区防汛抗旱指挥部办公室		宁夏秦汉渠管理处	
宁夏水利厅水土保持局		宁夏惠农渠管理处	
宁夏水文水资源勘测局		宁夏水利水电工程局	
宁夏盐环定扬水管理处		宁夏银水房地产开发有限责任公司	
先进处室(3个)			
宁夏水利厅农村水利处		宁夏水利厅组织人事与老干部处	
宁夏水利厅财务审计处			
单项奖先进单位(9个)			
获奖名称	**获奖单位**	**获奖名称**	**获奖单位**
安全生产先进奖	宁夏红寺堡扬水管理处	综合协调工作先进奖	宁夏水利厅办公室
综合经营先进奖	宁夏固海扬水管理处	争取国家项目先进奖	宁夏水利厅规划计划处
灌溉管理先进奖	宁夏西干渠管理处	规范建设管理先进奖	宁夏水利厅建设管理处
争取科研项目先进奖	宁夏水利科学研究所	水权转换工作先进奖	宁夏水利厅水政水资源处
工程建设先进奖	宁夏长城水务有限责任公司		

【2010年度宁夏引(扬)黄灌区节约用水先进单位名表】(宁水发〔2011〕28号)

县(市、区)水行政主管部门(6个)	
青铜峡市水务局	兴庆区国土资源水务局
中宁县水务局	大武口区农牧科技水务局
利通区水务局	金凤区水务局
自治区直属水管单位(4个)	
宁夏盐环定扬水管理处	宁夏渠首管理处
宁夏汉延渠管理处	宁夏固海扬水管理处

【2010年度全区水利安全生产工作先进单位及先进个人名表】（宁水发〔2011〕29号）

2010年度全区水利安全生产工作先进单位（共10个）	
银川市水务局	石嘴山市水务局
中卫市水务局	吴忠市水务局
隆德县水务局	水文水资源勘测局
西干渠管理处	红寺堡扬水管理处
水务投资集团有限公司	水利水电工程局

2010年度全区水利安全生产工作先进个人（共65人）			
贾立刚	银川市水电工程处处长	朱占财	兴庆区水务局副局长
何凤鸣	金凤区水务局水务中心主任	任新福	西夏区水务局防汛站站长
蒋　河	永宁县水务局党总支书记	闻国焘	贺兰县水务局副局长
胡学军	灵武市水务局农田站副站长	徐　伟	石嘴山市水务局安全生产办公室主任
韩俊德	大武口园林和农牧水务局副局长	王学忠	惠农区水务局预制厂厂长
曹广军	平罗县水务局水政监察大队副队长	吉　荣（女）	吴忠市水务局安监科负责人
张建业	吴忠市利通区水务局干部	姚自宏	青铜峡市水务局局长
杨　林	同心县水务局副局长	李鹏程	盐池县水务局副局长兼供水公司经理
宋立忠	红寺堡开发区水务局副局长	唐宁生	固原市水务局安全生产办公室主任
梁宏智	固原市水务局质量监督站高级工程师	马秉春	原州区水务局质量监督站站长
苟　斌	西吉县水务局建设管理股股长	徐耀龙	彭阳县水务局长城源引水工程一泵站站长
于三学	泾源县水务局副局长	张　威	隆德县水务局建设管理中心主任
贾　欣	中卫市水务局河北灌溉管理所主任	田安国	中宁县水务局副局长
王耀平	海原县水务局水政股股长	李新山	建设管理处副处长
卢风祥	机关服务中心技师	杜正礼	自治区防汛抗旱指挥部办公室计财科科长
李　军	灌溉管理局工程师	雒旭升	水土保持局高级工程师
巩林虎	经济管理局综合科负责人	贾　冬	水利工程建设管理中心质量安全科副科长
安宏英	水文水资源勘测局吴忠分局局长	李振宇	水文水资源勘测局石嘴山分局汝箕沟水文站站长
台应国	水利水电工程学校素质教育处主任	殷　锋	水利科学研究所办公室主任
徐春明	水电工程质量监督站高级工程师	刘小龙	艾依河管理局工程科副科长
李学军	唐徕渠管理处防汛工程科科长	张万龙	唐徕渠管理处周城管理所所长
吴晓峰	西干渠管理处副处长	马德仁	惠农渠管理处处长
马金魁	惠农渠管理处第三管理所段长	袁　斌	汉延渠管理处处长
杨国雄	渠首管理处副处长	杨　存	秦汉渠管理处防汛工程科科长
诸力军	秦汉渠管理处东一所所长	沈俊江	盐环定扬水管理处机电科科长
潘自林	盐环定扬水管理处检修队队长	雍占成	七星渠管理处宣和所所长
马　云	固海扬水管理处李堡泵站副站长	马风武	固海扬水管理处固扩六泵站技术员
张　伟	红寺堡扬水管理处机电科安全干事	高登军	红寺堡扬水管理处红一泵站站长
付建东	水务投资集团有限公司工程技术部部长	王存福	水利水电工程局项目经理
蔡文银	水利水电工程局机电安装公司副经理	吴福臣	宁东水务公司运营管理部部长助理
曹兴福	太阳山水务公司工业水厂厂长	李长鸿	银水房地产有限责任公司安全员
何生林	水利水电勘测设计院测绘分公司经理	杨文学	宁夏青龙管业股份有限公司安全员
李守军	沙坡头水利枢纽有限责任公司电厂水工部负责人		

【2008~2010 年度全区水利财务工作先进集体和先进个人名表】(宁水财发〔2011〕20 号)

先进集体(12)	
石嘴山市水务局	宁夏回族自治区水利厅水利核算中心
吴忠市水务局	宁夏秦汉渠管理处
中卫市水务局	宁夏汉延渠管理处
西吉县水务局	宁夏盐环定扬水管理处
灵武市水务局	宁夏水务投资集团有限公司
宁夏回族自治区水利厅水土保持局	宁夏银水房地产有限责任公司

先进个人(41)			
姓　名	工作单位	姓　名	工作单位
李翠平	银川市水务局	刘红霞	宁夏回族自治区水利厅水利核算中心
吴海燕	银川市西夏区农牧水务局	李尚军	宁夏惠农渠管理处
裴建玲	永宁县水务局	马静梅	宁夏唐徕渠管理处
王建宁	石嘴山市惠农区水务局	石彩霞	宁夏汉延渠管理处
童占银	平罗县水务局	张小玲	宁夏西干渠管理处
郭天玲	青铜峡市水务局	陈淑萍	宁夏秦汉渠管理处
白秀风	盐池县水务局	唐　宗	宁夏渠首管理处
李立新	同心县水务局	黄　娜	宁夏七星渠管理处
魏　霞	固原市水务局	卫　霞	宁夏盐环定扬水管理处
皮学梅	固原市原州区水务局	张　锋	宁夏固海扬水管理处
黄　宾	隆德县水务局	廉用新	宁夏固海扬水管理处
李清荣	中宁县水务局	王拾军	宁夏红寺堡扬水管理处
王　旭	海原县水务局	刘惠茹	宁夏宁东水务有限责任公司
苏浩友	宁夏回族自治区水利厅	闫晓媛	宁夏太阳山水务有限责任公司
杨雪峰	宁夏回族自治区防汛抗旱指挥部	牛雅玲	宁夏长城水务有限责任公司
汪亦虹	宁夏水文水资源勘测局	张玉强	宁夏水利工程建设中心
曹凤兰	宁夏回族自治区水利厅水土保持局	尹　澍	宁夏银水房地产开发有限责任公司
陈　云	宁夏水利电力工程学校	张慧玲	宁夏水利水电勘测设计院有限公司
陈　云	宁夏回族自治区灌溉管理局	尹复华	宁夏青龙管业股份有限公司
马耀伟	宁夏艾依河管理局	陈　军	宁夏宁西供水有限公司
刘中华	宁夏水利科学研究所		

【2010 年学习型组织先进集体　知识型职工先进个人名表】(宁水工发〔2010〕3 号)

学习型组织先进集体(14 个)	
宁夏水文水资源勘测局石嘴山分局	宁夏唐徕渠管理处周城管理所步口桥段
宁夏西干渠管理处第四管理所	宁夏惠农渠管理处第六管理所
宁夏汉延渠管理处第二管理所	宁夏渠首管理处大坝管理所唐正闸段
宁夏秦汉渠管理处东干渠第三管理所	宁夏七星渠管理处宣和管理所
宁夏固海扬水管理处古城泵站运行三班	宁夏固海扬水管理处龙湾泵站水管班
宁夏红寺堡扬水管理处红一泵站	宁夏红寺堡扬水管理处检修队
宁夏水利水电工程局机电公司	宁夏青龙管业股份有限公司塑管车间 CI 段

知识型职工先进个人(31 名)			
杨　涛	宁夏防汛抗旱指挥部办公室抗旱科副科长	雒旭升	宁夏水土保持局高级工程师
徐彦明	宁夏水文水资源勘测局吴忠分局技术员	马永刚	宁夏水文水资源勘测局固原分局技术员
刘佩玲	宁夏水利电力工程学校文秘	何维刚	宁夏爱伊河管理局银川所副所长
张玉强	宁夏水利工程建设中心财务科科长	潘　娟	宁夏唐徕渠管理处养护队计划经营部部长

续表

知识型职工先进个人(31名)			
钱大山	宁夏唐徕渠管理处杨显所杨显桥段段长	郝伟东	宁夏西干渠管理处二所旱草洼段段长
王升龙	宁夏西干渠管理处四所机二段段长	哈　斌	宁夏惠农渠管理处总工程师
廖万虎	宁夏惠农渠管理处第七管理所副所长	苏秀奇	宁夏汉延渠管理处第五管理所会计
王建平	宁夏渠首管理处工会主席	朱　丽	宁夏秦汉渠管理处灌溉科科员
马吉庆	宁夏秦汉渠管理处东一所技术员	范海蛟	宁夏盐环定扬水管理处第五泵站站长
张卫东	宁夏盐环定扬水管理处十二泵站技术员	郭卫华	宁夏跃进渠管理处灌溉科副科长
周嘉琳	宁夏七星渠管理处高干渠所副所长	蔡　莉	宁夏固海扬水管理处长山头泵站运行班长
宋金宏	宁夏固海扬水管理处检修队项目经理	周玉国	宁夏固海扬水管理处灌溉科科长
刘伟东	宁夏红寺堡扬水管理处红一泵站业务站长	李　平	宁夏红寺堡扬水管理处红三泵站运行班长
牛　政	宁夏红寺堡扬水管理处红三泵站调度员	高维力	宁夏水利水电工程局项目经理
杜　鹏	宁夏太阳山水务公司生活水厂运行班长	周廷建	宁夏银水房地产开发公司办公室主任
张庆华	宁夏青龙管道股份有限公司质控科科长		

【命名"模范职工之家""模范职工小家"名表】(宁水工发〔2010〕4号)

模范职工之家(2个)	
宁夏秦汉渠管理处	宁夏汉延渠管理处
模范职工小家(14个)	
宁夏水文水资源勘测局吴忠分局	宁夏固海扬水管理处工程公司
宁夏西干渠管理处第一管理所	宁夏固海扬水管理处大柳木泵站
宁夏西干渠管理处第四管理所	宁夏红寺堡扬水管理处新庄集一泵站
宁夏西干渠管理处第五管理所	宁夏红寺堡扬水管理处新庄集三泵站
宁夏惠农渠管理处扬水管理所	宁夏红寺堡扬水管理处固扩三泵站
宁夏秦汉渠管理处第一管理所	宁夏红寺堡扬水管理处固扩六泵站
宁夏固海扬水管理处吴河泵站	宁夏红寺堡扬水管理处固扩十二泵站

【先进女工组织、优秀女职工名表】(宁水工发〔2010〕6号)

先进女工组织(10个)	
宁夏水文水资源勘测局女职工委员会	宁夏盐环定扬水管理处女职工委员会
宁夏唐徕渠管理处女职工委员会	宁夏固海扬水管理处龙湾泵站女工小组
宁夏西干渠管理处第二管理所女工小组	宁夏固海扬水管理处泉眼山泵站女工小组
宁夏惠农渠管理处第六管理所女工小组	宁夏红寺堡扬水管理处红二泵站女工小组
宁夏秦汉渠管理处女职工委员会	宁夏红寺堡扬水管理处固扩一泵站女工小组

优秀女职工(24名)			
杨秀梅	宁夏水文水资源勘测局监察室主任	李静雪	宁夏固海扬水管理处李堡泵站技术员
高文琴	宁夏水利电力工程学校办公室主任	尹桂琳	宁夏固海扬水管理处花豹湾泵站技术员
张秀芝	宁夏唐徕渠管理处工会主席	邢　辉	宁夏红寺堡扬水管理处红一泵站值班长
王　磊	宁夏西干渠管理处组织人事科科长	张　燕	宁夏红寺堡扬水管理处固扩四泵站机电运行工
邹丽娟	宁夏惠农渠管理处第一管理所段长	张惠云	宁夏水利水电工程局机电安装工程公司党支部书记
马　芳	宁夏汉延渠管理处第三管理所出纳	金晓玲	宁夏沙坡头水利枢纽有限责任公司水电厂副班长
郑　黎	宁夏渠首管理处组织人事科副科长	万　青	宁夏宁东水务有限责任公司后勤服务公司管理员
陈淑萍	宁夏秦汉渠管理处计划财务科科长	王　婷	宁夏太阳山水务有限责任公司工业水厂值班长
尹　婷	宁夏盐环定扬水管理处监察审计室主任	董丽琴	宁夏银水房地产开发有限责任公司财务部会计
周欣红	宁夏盐环定扬水管理处七泵站机电运行工	左淑萍	宁夏水利水电勘测设计研究院有限公司主任工程师
王　峥	宁夏跃进渠管理处第二管理所调度员	周　楠	青龙管道有限责任公司销售区域经理
周嘉琳	宁夏七星渠管理处高干渠管理所副所长		

【2010年度先进党支部和优秀共产党员名表】（宁水机党发〔2010〕7号）

先进党支部(2个)			
水利厅组织人事与老干部处党支部		水利厅财务审计处党支部	
优秀共产党员(12)			
王岚海	水利厅办公室党支部	侯晓斌	水利厅建设管理处党支部
金秀英	水利厅组织人事与老干部处党支部	李建国	水利厅农村水利处党支部
张　伟	水利厅规划计划处党支部	李宗会	水利厅监察室党支部
王景山	水利厅水政水资源处党支部	秦立军	水利厅机关服务中心党支部
张增强	水利厅财务审计处党支部	司建宁	水利厅节约用水办公室党支部
赵东辉	水利厅科技教育处党支部	张　荣	水利厅水库移民管理办公室党支部

【2009~2010年度水利厅青年文明号集体名表】

水利厅青年文明号集体(20个)	
宁夏水文水资源勘测局郭家桥水文站	宁夏水利工程建设中心夏禹水利水电工程公司
宁夏唐徕渠管理处周城管理所	宁夏西干渠管理处第四管理所
宁夏惠农渠管理处第八管理所	宁夏汉延渠管理处第一管理所
宁夏渠首管理处大坝管理所	宁夏渠首管理处大清渠管理所永涵管理段
宁夏盐环定扬水管理处水利水电工程公司	宁夏秦汉渠管理处防汛工程科
宁夏秦汉渠管理处汉渠第二管理所	宁夏固海扬水管理处唐圈泵站
宁夏七星渠管理处高干渠管理所	宁夏红寺堡扬水管理处红寺堡二泵站
宁夏水务投资集团公司金积供水工程牛首山供水泵站	宁夏水利水电工程局青海扎毛水库项目部
宁夏宁东水务有限责任公司鸭子荡水库	宁夏太阳山水务公司供水总厂调度中心
宁夏新海水务公司水处理车间	宁夏银水房地产开发公司中宁卓然怡居项目部

【水利厅五四红旗团委、五四红旗团支部、优秀共青团干部、优秀共青团员名表】

水利厅五四红旗团委(2个)			
宁夏惠农渠管理处团委		宁夏宁东水务有限责任公司团委	
水利厅五四红旗团支部(10个)			
宁夏水利水电工程局机电安装工程公司团支部		宁夏唐徕渠管理处周城管理所团支部	
宁夏渠首管理处大清渠管理所团支部		宁夏秦汉渠管理处东干渠第二管理所团支部	
宁夏七星渠管理处高干渠管理所团支部		宁夏固海扬水管理处检修队团支部	
宁夏固海扬水管理处白府都泵站团支部		宁夏固海扬水管理处扩灌九泵站团支部	
宁夏红寺堡管理处检修队、工程公司联合团支部		宁夏水利学校09级南昌机电班团支部	
水利厅优秀共青团干部(15名)			
张瑞鹏	自治区节约用水办公室团支部书记	董建宁	宁夏水利水电工程局团委副书记
张　园	宁夏唐徕渠管理处良田渠管理所团支部书记	万世全	宁夏惠农渠管理处团委副书记
王林敏	宁夏西干渠管理处团总支书记	郑　黎	宁夏渠首管理处团总支书记
周　彬	宁夏秦汉渠管理处东干渠第三管理所团支部书记	王治涛	宁夏七星渠管理处团总支书记
贾存丽	宁夏固海扬水管理处长山头泵站团支部书记	王　婷	宁夏固海扬水管理处大柳木泵站团支部书记
吴　军	宁夏固海扬水管理处大战场泵站团支部书记	王佩生	宁夏红寺堡扬水管理处检修队、工程公司联合团支部书记
郝　莉	宁夏宁东水务公司水源泵站团支部书记	王　飞	宁夏水利电力工程学校团委组织委员
王　鑫	宁夏水利电力工程学校团委宣传委员		
水利厅优秀共青团员(25名)			
马　静	宁夏水文水资源勘测局办公室科员	戴　玮	宁夏水利水电工程局同心上马峰蓄水池项目部技术员

续表

水利厅优秀共青团员(25名)			
张文翰	宁夏唐徕渠管理处暖泉管理所技术员	孟玉真	宁夏西干渠管理处第二管理所铁桥段段长
王　晨	宁夏惠农渠管理处第八管理所出纳员	盛丽梅	宁夏汉延渠管理处第三管理所渠道维护工
谭　炜	宁夏渠首管理处余桥管理所水文测验工	杨丹萍	宁夏秦汉渠管理处汉渠第三管理所调度员
王伟栋	宁夏盐环定扬水管理处养护大队技术员	高　斌	宁夏跃进渠管理处第二管理所渠道养护工
董美玲	宁夏七星渠管理处恩和管理所调度员	冯海娟	宁夏固海扬水管理处田营泵站机电运行工
杨　波	宁夏固海扬水管理处龙湾泵站渠道养护工	庞　燕	宁夏固海扬水管理处扩灌四泵站机电运行工
邓　翔	宁夏红寺堡扬水管理处新庄集总站配水员	张馨月	宁夏水务投资集团总经理工作部职员
余　磊	宁夏宁东水务有限责任公司管线巡护班班长	陈连映	宁夏太阳山水务有限责任公司客服中心职员
王晓芳	宁夏新海水务有限公司净水厂运行工	齐富宁	宁夏青龙管业股份有限公司生产部职员
沈　杨	宁夏华正水利水电工程建设监理中心监理员	徐立明	宁夏水利电力工程学校09级南昌水利班团支部书记
王小琴	宁夏水利电力工程学校08级3班学生	张燕波	宁夏水利电力工程学校09级南昌建筑装饰班学生
李　婷	宁夏水利电力工程学校08级6班学生		

水利统计

【灌溉面积】

单位：千公顷

	灌溉面积						有效实灌面积	旱涝保收面积
	合计	有效灌溉面积	林地灌溉面积	园地灌溉面积	牧草地灌溉面积	其他灌溉面积		
宁　夏	530.75	464.60	18.46	26.27	8.70	12.72	405.72	389.22
银川市	147.69	119.56	5.34	11.91	0.77	10.10	112.81	109.81
市辖区								
兴庆区	16.63	12.00	0.67	0.60		3.36	12.00	8.60
西夏区	22.30	15.40	0.50	1.40		5.00	11.23	11.23
金凤区	6.78	4.50	0.08	0.06	0.40	1.74	4.50	4.50
永宁县	42.26	33.03	2.86	6.37			33.03	33.03
贺兰县	37.10	35.35	1.10	0.28	0.37		35.35	35.35
灵武市	22.61	19.28	0.13	3.20			16.70	17.10
石嘴山市	74.82	73.26	0.38	1.07	0.09	0.02	71.42	71.42
市辖区								
大武口区	4.37	4.22	0.05	0.06	0.02	0.02	4.22	4.22
惠农区	18.37	17.24	0.18	0.95			15.40	15.40
平罗县	52.08	51.80	0.15	0.06	0.07		51.80	51.80
吴忠市	136.31	119.35	5.69	4.14	5.90	1.23	116.84	112.29
市辖区	25.47	20.75	1.45		2.40	0.87	20.75	20.75
利通区	29.65	26.00	1.70	0.05	1.90		24.80	24.80
盐池县	17.07	14.35	1.11	0.70	0.55	0.36	13.53	13.53
同心县	27.83	25.18	0.67	1.13	0.85		24.16	24.16
青铜峡市	36.29	33.07	0.76	2.26	0.20		33.60	29.05
固原市	42.13	39.98	0.94	0.92	0.29		32.73	21.99
市辖区								
原州区	13.89	13.47	0.06	0.36			13.35	4.42
西吉县	12.36	12.04	0.32				12.04	10.67
隆德县	6.58	6.36	0.07	0.13	0.02		2.60	3.00
泾源县	0.88	0.84	0.02	0.02			0.84	
彭阳县	8.42	7.27	0.47	0.41	0.27		3.90	3.90
中卫市	99.02	84.97	5.60	6.23	1.35	0.87	44.92	48.25
市辖区								
沙坡头区	38.92	31.03	4.54	1.95	0.53	0.87		3.33
中宁县	39.22	34.02	1.00	3.70	0.50		25.00	25.00
海原县	20.88	19.92	0.06	0.58	0.32		19.92	19.92
区属农牧场	30.78	27.48	0.50	2.00	0.30	0.50	27.00	25.46

【机电灌溉面积】

单位：千公顷

	机电排灌面积	机电提灌面积					其中：纯排面积
		小计	机电井灌溉面积	固定站灌溉面积	流动机灌溉面积	喷滴灌灌溉面积	
合　计	187.36	179.75	32.60	140.69	3.22	3.24	7.61
宁　夏	187.36	179.75	32.60	140.69	3.22	3.24	7.61
银川市	27.45	27.45	6.79	17.88	1.40	1.39	
市辖区							
兴庆区	2.25	2.25	0.15	2.10			
西夏区	3.83	3.83	1.53	2.30			
金凤区	1.32	1.32	0.60	0.66		0.06	
永宁县	7.35	7.35	1.73	5.02		0.61	
贺兰县	8.20	8.20	2.78	3.30	1.40	0.72	
灵武市	4.50	4.50		4.50			
石嘴山市	23.37	18.63		18.42		0.21	4.74
市辖区							
大武口区	2.01	1.67		1.67			0.34
惠农区	14.87	10.72		10.72			4.15
平罗县	6.49	6.24		6.03		0.21	0.25
吴忠市	75.27	75.27	5.58	68.32		1.37	
市辖区	25.47	25.47		25.47			
利通区	9.30	9.30	2.13	6.60		0.57	
盐池县	13.53	13.53	3.37	10.16			
同心县	24.16	24.16		24.16			
青铜峡市	2.81	2.81	0.08	1.93		0.80	
固原市	12.73	12.73	10.61	0.69	1.16	0.27	
市辖区							
原州区	5.64	5.64	5.64				
西吉县	5.08	5.08	3.51	0.14	1.16	0.27	
隆德县	0.80	0.80	0.80				
泾源县							
彭阳县	1.21	1.21	0.66	0.55			
中卫市	25.70	22.83	6.29	15.88	0.66		2.87
市辖区							
沙坡头区	9.40	9.40	0.31	8.78	0.31		
中宁县	7.80	7.80	1.70	6.10			
海原县	8.50	5.63	4.28	1.00	0.35		2.87
区属农牧场	22.83	22.83	3.33	19.50			

【节水灌溉面积】

单位：千公顷

	节水灌溉面积合计	喷灌面积	微灌面积	低压管灌面积	渠道防渗面积	其他工程节水面积	本年节水灌溉面积增加	本年节水灌溉面积减少
宁　夏	297.24	7.96	7.56	21.21	237.18	23.33	48.56	1.42
银川市	67.36	0.37	0.85	0.95	64.48	0.71	11.55	0.29
市辖区								
兴庆区	8.52	0.09		0.30	8.13		0.89	
西夏区	5.08				5.08			
金凤区	3.55			0.08	3.47		0.13	
永宁县	14.83	0.06	0.55		14.22		3.03	0.29
贺兰县	17.43		0.22	0.40	16.81		3.57	
灵武市	17.95	0.22	0.08	0.17	16.77	0.71	3.93	
石嘴山市	51.60	0.07	0.14	0.37	43.39	7.63	6.59	
市辖区								
大武口区	3.39				3.39		0.13	
惠农区	12.82			0.37	10.27	2.18	0.3	
平罗县	35.39	0.07	0.14		29.73	5.45	6.16	
吴忠市	85.36	3.01	2.36	7.77	69.50	2.72	16.97	
市辖区	19.20		0.10	0.20	18.90		2.9	
利通区	18.77	0.54	0.03	2.08	13.40	2.72	2.48	
盐池县	12.71	0.43	0.95	4.99	6.34		3.1	
同心县	14.16	1.39	0.95	0.50	11.32		4.83	
青铜峡市	20.52	0.65	0.33		19.54		3.66	
固原市	26.73	2.39	0.54	6.48	17.32		3.51	1.13
市辖区								
原州区	4.84	0.25	0.33	2.35	1.91		1.11	
西吉县	8.81	1.16		2.72	4.93		0.85	
隆德县	5.19	0.01	0.01	0.13	5.04		0.12	
泾源县	0.88	0.88					0.34	0.2
彭阳县	7.01	0.09	0.20	1.28	5.44		1.09	0.93
中卫市	38.93	0.39	3.34	5.01	24.12	6.07	9.94	
市辖区								
沙坡头区	13.97		2.67	0.20	7.74	3.36	5.47	
中宁县	12.89	0.33	0.67	0.33	11.56		3.67	
海原县	12.07	0.06		4.48	4.82	2.71	0.8	
区属农牧场	27.26	1.73	0.33	0.63	18.37	6.20		

【农村饮水安全人口达标】

单位:万人

	饮水安全达标人口		
	合　计	只达到基本安全人口	本年新增
宁　夏	343.00	101.84	41.70
银川市	55.11	10.65	15.54
市辖区			
兴庆区	6.01		0.20
西夏区	3.21	3.21	0.31
金凤区	2.60	2.60	
永宁县	15.47		10.01
贺兰县	11.94		2.66
灵武市	15.88	4.84	2.36
石嘴山市	28.26	5.16	2.90
市辖区			
大武口区	2.58	2.58	
惠农区	6.55	2.58	
平罗县	19.13		2.90
吴忠市	79.05	32.41	8.23
市辖区	13.07	13.07	2.29
利通区	22.29		0.48
盐池县	8.49	5.31	
同心县	21.31	14.03	3.09
青铜峡市	13.89		2.37
固原市	101.22	23.07	9.94
市辖区			
原州区	31.89	9.44	2.42
西吉县	31.14	13.63	1.34
隆德县	15.63		1.74
泾源县	7.37		1.31
彭阳县	15.19		3.13
中卫市	70.93	28.46	5.09
市辖区			
沙坡头区	26.18		2.70
中宁县	16.99	12.90	0.78
海原县	27.76	15.56	1.61
区属农牧场	8.43	2.10	

【农村饮水安全供水人口】

单位：万人

	农村自来水供水人口	农村已建饮水工程供水人口				年末乡村人口
		小计	集中式供水人口	联户供水人口	单户供水人口	
宁夏	253.61	298.38	224.59	24.33	49.46	390.94
银川市	48.73	51.94	51.94			63.03
市辖区						
兴庆区	5.58	5.58	5.58			6.14
西夏区		3.21	3.21			5.70
金凤区	2.60	2.60	2.60			4.70
永宁县	13.90	13.90	13.90			17.20
贺兰县	10.77	10.77	10.77			13.90
灵武市	15.88	15.88	15.88			15.39
石嘴山市	29.97	29.97	29.97			31.50
市辖区						
大武口区	4.29	4.29	4.29			4.03
惠农区	6.55	6.55	6.55			5.46
平罗县	19.13	19.13	19.13			22.01
吴忠市	49.86	67.59	61.38	1.28	4.93	97.99
市辖区	13.01	15.07	15.07			15.44
利通区	22.29	22.29	22.29			20.00
盐池县	4.49	8.49	6.57		1.92	13.18
同心县	2.63	14.29	10.00	1.28	3.01	29.62
青铜峡市	7.45	7.45	7.45			19.75
固原市	81.98	83.46	42.21	3.41	37.83	110.97
市辖区						
原州区	22.58	22.58	20.84	1.74		32.57
西吉县	21.68	22.51	10.98		11.53	45.80
隆德县	14.76	15.40	0.32		15.08	
泾源县	7.37	7.37	5.70	1.67		11.30
彭阳县	15.60	15.60	4.37		11.23	21.30
中卫市	34.63	56.99	30.66	19.63	6.70	87.45
市辖区						
沙坡头区	26.13	26.13	18.97	7.16		25.46
中宁县		2.71	2.71			25.90
海原县	8.50	28.15	8.98	12.47	6.70	36.09
区属农牧场	8.43	8.43	8.43			

【水土流失治理面积】

单位：千公顷

	水土流失治理面积	其中：小流域治理面积	水土流失治理面积	
			新　增	减　少
宁　夏	1865.78	253.17	100.86	209.49
银川市	86.31	1.03	3.89	
市辖区				
兴庆区				
西夏区	2.00	1.03		
金凤区				
永宁县	0.13			
贺兰县	2.64		1.87	
灵武市	81.54		2.02	
石嘴山市	12.36		0.08	
市辖区				
大武口区				
惠农区	2.56		0.08	
平罗县	9.80			
吴忠市	529.41	53.23	35.66	
市辖区	18.11		8.82	
利通区	14.34		0.53	
盐池县	277.02	39.19	8.74	
同心县	203.49	14.04	12.04	
青铜峡市	16.45		5.53	
固原市	803.02	190.13	44.08	209.49
市辖区				
原州区	192.87	73.68	9.85	126.40
西吉县	291.40	0.71	6.71	20.13
隆德县	51.06	12.54	8.27	17.39
泾源县	54.29	14.80	4.09	2.67
彭阳县	213.40	88.40	15.16	42.90
中卫市	434.68	8.78	17.15	
市辖区				
沙坡头区	65.72		0.43	
中宁县	43.87		1.65	
海原县	325.09	8.78	15.07	
区属农牧场				

【水　库】

单位:座,万立方米

	已建成水库		大型		中型		小型	
	座数	总库容	座数	库容	座数	库容	座数	库容
宁　夏	226	269475.82	1	73500.00	29	136895.70	196	59080.12
银川市	15	6247.25			2	3343.00	13	2904.25
市辖区								
兴庆区								
西夏区								
金凤区								
永宁县	2	70.00					2	70.00
贺兰县	1	1104.08					1	1104.08
灵武市	12	5073.17			2	3343.00	10	1730.17
石嘴山市	3	3702.20					3	3702.20
市辖区								
大武口区								
惠农区	2	1717.20					2	1717.20
平罗县	1	1985.00					1	1985.00
吴忠市	8	91306.90	1	73500.00	4	15887.00	3	1919.90
红寺堡开发区								
利通区	3	6237.90			2	5865.00	1	372.90
盐池县								
同心县	3	3228.00			1	1681.00	2	1547.00
青铜峡市	2	81841.00	1	73500.00	1	8341.00		
固原市	147	77889.38			12	38222.32	135	39667.06
市辖区								
原州区	33	28886.03			3	17913.00	30	10973.03
西吉县	44	27680.76			4	12278.78	40	15401.98
隆德县	28	6296.44					28	6296.44
泾源县	4	438.90					4	438.90
彭阳县	38	14587.25			5	8030.54	33	6556.71
中卫市	53	90330.09			11	79443.38	42	10886.71
市辖区								
沙坡头区	4	5422.00			2	4900.00	2	522.00
中宁县	5	35054.00			3	34480.00	2	574.00
海原县	44	49854.09			6	40063.38	38	9790.71
区属农牧场								

【机电井】

单位：眼，千千瓦

	眼数	配套机电井	
		眼数	装机容量
宁　夏	7328	7196	77.86
银川市	1589	1469	12.42
市辖区			
兴庆区	148	148	2.40
西夏区	242	242	1.00
金凤区	31	27	0.32
永宁县	144	144	1.19
贺兰县	413	297	1.70
灵武市	611	611	5.81
石嘴山市	1422	1422	10.95
市辖区			
大武口区	47	47	0.70
惠农区	392	392	5.00
平罗县	983	983	5.25
吴忠市	1379	1379	15.49
市辖区	7	7	0.93
利通区	242	242	3.29
盐池县	710	710	7.70
同心县	74	74	0.96
青铜峡市	346	346	2.61
固原市	1404	1392	18.12
市辖区			
原州区	681	681	8.88
西吉县	570	570	6.27
隆德县	51	51	1.87
泾源县			
彭阳县	102	90	1.10
中卫市	907	907	12.91
市辖区			
沙坡头区	31	31	0.33
中宁县	217	217	1.00
海原县	659	659	11.58
区属农牧场	627	627	7.97

【机电排灌站】

单位:眼,千千瓦

	机电排灌站装机容量	固定机电排灌站		流动机装机容量	喷滴灌装机容量
		处数	装机容量		
宁　夏	531.82	1109	527.79	3.90	0.13
银川市	17.26	205	16.75	0.38	0.13
市辖区	0.00				
兴庆区	2.16	14	2.16		
西夏区	0.20	6	0.20		
金凤区	0.10	3	0.10		
永宁县	4.53	51	4.45		0.08
贺兰县	4.11	55	3.67	0.38	0.06
灵武市	6.17	76	6.17		
石嘴山市	11.15	76	11.15		
市辖区	0.00				
大武口区	2.43	21	2.43		
惠农区	2.82	15	2.82		
平罗县	5.90	40	5.90		
吴忠市	21.93	156	20.31	1.62	
市辖区	0.00				
利通区	12.03	91	11.90	0.13	
盐池县	0.00				
同心县	0.00				
青铜峡市	9.90	65	8.41	1.49	
固原市	12.05	251	10.77	1.29	
市辖区	0.00				
原州区	0.00				
西吉县	3.03	179	2.72	0.32	
隆德县	1.87	18	0.90	0.97	
泾源县	0.00				
彭阳县	7.15	54	7.15		
中卫市	29.48	305	28.87	0.61	
市辖区	0.00				
沙坡头区	20.48	73	20.48		
中宁县	6.16	72	6.16		
海原县	2.84	160	2.23	0.61	
区属农牧场	12.95	110	12.95		
厅直属	427.00	6	427.00		

【水利工程年供水能力】

单位:万立方米

	年设计供水能力					年实际供水能力				
	小计	蓄水工程	引水工程	取水泵站	配套机电井	小计	蓄水工程	引水工程	取水泵站	配套机电井
合　计	937318.83	52412.48	655006.49	200964.80	28935.06	819454.95	26146.46	614412.35	163492.19	15403.95
宁　夏	937318.83	52412.48	655006.49	200964.80	28935.06	819454.95	26146.46	614412.35	163492.19	15403.95
银川市	39012.68	14671.00		18850.26	5491.42	34995.31	14621.00		16202.40	4171.91
市辖区										
兴庆区	6683.57			6353.57	330.00	6276.16			6136.00	140.16
西夏区	2648.00			1000.00	1648.00	2288.00			640.00	1648.00
金凤区	2910.00			2500.00	410.00	993.60			990.00	3.60
永宁县	1297.81	50.00		1057.39	190.42	1102.05			975.10	126.95
贺兰县	5885.00			4598.00	1287.00	4933.00			4266.00	667.00
灵武市	19588.30	14621.00		3341.30	1626.00	19402.50	14621.00		3195.30	1586.20
石嘴山市	52942.56	30.00		43719.92	9192.64	22367.36	30.00		21459.72	877.64
市辖区										
大武口区	2597.00			2472.00	125.00	2147.00			2022.00	125.00
惠农区	6869.56	30.00		6086.92	752.64	5385.36	30.00		4602.72	752.64
平罗县	43476.00			35161.00	8315.00	14835.00			14835.00	
吴忠市	27833.22	2604.54	80.30	20546.00	4602.38	23826.82	2604.54	79.20	17319.00	3824.08
市辖区	438.00				438.00	110.00				110.00
利通区	10304.54	2604.54		6500.00	1200.00	8459.54	2604.54		4700.00	1155.00
盐池县	1952.88				1952.88	1900.00				1900.00
同心县	456.30		80.30		376.00	210.20		79.20		131.00
青铜峡市	14681.50			14046.00	635.50	13147.08			12619.00	528.08
固原市	31282.28	21468.94	1766.19	1588.55	6458.60	13975.07	8890.92	663.15	627.00	3794.00
市辖区										
原州区	9067.03	5382.94	467.49		3216.60	5538.08	2990.92	350.62		2196.54
西吉县	5914.55	3840.00		623.55	1451.00	4329.78	2960.00		296.00	1073.78
隆德县	6696.00	4000.00	1083.00	273.00	1340.00	1580.00	1235.00	147.00	90.00	108.00
泾源县	355.70	140.00	215.70			210.53	45.00	165.53		
彭阳县	9249.00	8106.00		692.00	451.00	2316.68	1660.00		241.00	415.68
中卫市	52578.09	13638.00		35750.07	3190.02	38480.39			35744.07	2736.32
市辖区										
沙坡头区	2398.00			560.00	1838.00	2392.00			554.00	1838.00
中宁县	35406.00			35000.00	406.00	35021.20			35000.00	21.20
海原县	14774.09	13638.00		190.07	946.02	1067.19			190.07	877.12
区属农牧场										
厅直属	733670.00		653160.00	80510.00		685810.00		613670.00	72140.00	

【灌区一览表】

单位：万立方米，万公顷

	1. 灌区名称	2. 灌区管理单位名称	3. 隶属关系	4. 受益地（市、县）	5. 水源名称	6. 所属流域	7. 灌区规模	8. 年灌溉引（提）水量	9. 年亩均毛用水量	10. 设计灌溉面积	11. 有效灌溉面积
宁夏	24							640946.02	7282.80	52.25	368.65
	宁夏青铜峡灌区	唐徕渠、汉延渠、惠农渠、西干渠、秦汉渠等	省属	青铜峡市、永宁、银川市、贺兰、平罗、惠农区、利通区、灵武市、农牧场	黄河	黄河流域	大型	445650.00	949.00	31.76	22.23
	宁夏卫宁灌区	中卫水务局，跃进渠、七星渠管理处	省属	中卫、中宁、青铜峡	黄河	黄河流域	大型	118300.00	1314.00	6.50	4.55
	宁夏固海扬水灌区	固海扬水管理处	省属	中宁、同心、海原、农场	黄河	黄河流域	大型	42700.00	479.80	5.40	4.45
	宁夏盐环定扬水灌区	盐环定扬水管理处	省属	灵武、盐池、同心	黄河	黄河流域	大型	7500.00	375.00	2.15	1.20
	宁夏红寺堡扬水灌区	红寺堡扬水管理处	省属	红寺堡开发区、同心、海原、原州区	黄河	黄河流域	大型	22600.00	426.00	3.70	2.30
	原州区张易灌区	张易水库管理所	县属	原州区张易镇	库水	黄河流域	小型	39.00	110.00	0.07	0.04
	原州区沈家河灌区	沈家河水库管理所	县属	原州区头营镇	库水	黄河流域	小型	284.00	330.00	0.23	0.22
	原州区彭堡灌区	彭堡镇	其他	原州区彭堡镇	机井	黄河流域	小型	260.00	100.00	0.23	0.19
	原州区三营灌区	彭堡镇	其他	原州区三营镇	机井	黄河流域	小型	120.00	280.00	0.18	0.17
	原州区二营灌区	沈家河水库管理所	县属	固原市原州区头营镇	库水、机井	黄河流域	小型	1.52	100.00	0.08	0.07
	原州区上店子灌区	上店子水库管理所	县属	固原市原州区中河乡	库水	黄河流域	小型	262.00	160.00	0.12	0.02
	西吉县夏寨灌区	吉强镇水利工作站	县属	西吉县	夏寨水库	黄河流域	中型	240.00	220.00	0.12	0.11
	西吉县马莲灌区	马莲水利工作站	县属	西吉	马莲水库	黄河流域	中型	319.80	423.00	0.10	0.08
	西吉县将台灌区	将台水管站	县属	西吉县	将台水库	黄河流域	中型	565.70	314.00	0.17	0.17
	西吉县什字灌区	什字水管站	县属	西吉	什字水库	黄河流域	小1型	268.00	440.00	0.13	0.08
	隆德县好水灌区	隆德县水务局	县属	隆德县	张银水库	黄河流域	小型	150.00	163.00	0.08	0.07
	隆德县桃山灌区	隆德县水务局	县属	隆德县	桃山水库、范家峡水库	黄河流域	小型	180.00	163.00	0.08	0.08
	隆德县三里店灌区	隆德县水务局	县属	隆德县	三里店水库	黄河流域	小(Ⅰ)型	320.00	163.00	2.50	0.15
	隆德县联财灌区	隆德县水务局	县属	隆德县	东光坝、高坪水库、李太平坝	黄河流域	小型	226.00	205.00	0.07	0.06
	彭阳县长城塬灌区	长城塬灌区灌溉管理所	县属	彭阳县	石头崾岘水库	黄河流域	中型	400.00	154.00	0.22	0.17
	彭阳县店洼灌区	店洼水库灌溉管理所	县属	彭阳	店洼水库	黄河流域	中型	300.00	154.00	0.13	0.08
	彭阳县乃河灌区	乃河水库灌溉管理所	县属	彭阳县	店洼水库	黄河流域	中型	260.00	260.00	0.12	0.09
	海原关桥灌区	海原县水务局	县属	海原县水务局	马湾水库	黄河流域	小(Ⅱ)型			0.10	0.08
	海原西安灌区	海原县水务局	县属	海原县	西安灌区	黄河流域	小(Ⅱ)型			0.27	0.23

宁夏水利科学研究所

中国工程院院士罗锡文指导科研工作

宁夏水利科学研究所成立于1959年2月，为宁夏水利厅厅属处级事业单位,2005年转制为财政全额拨款的非营利性科研机构。现有干部职工57名,其中,正高职高级工程师(研究员)8名、高级工程师6名、工程师11名、助理级6名;硕士研究生及以上学历14名(包括博士研究生1名)、大学本科学历20名、大学专科及以下5名。享受国务院特贴专家1名，享受自治区政府特贴专家2名,自治区“313”人才3名,“西部之光”访问学者2名。受聘自治区专家服务团专家3名。内设办公室、科研管理科、水资源与环境研究室、灌溉排水研究室、水土保持研究室、水利工程研究室、中国灌溉试验宁夏中心站7个科级机构。

主要承担节水灌溉、农田水利、盐碱地改良、水土保持、水资源利用、防洪抗旱减灾、大坝监测及重大水利工程项目前期研究与论证等公益性水利科学研究工作以及科技创新、科研成果和新技术推广应用等工作。

2005年以来,宁夏水利科学研究所主持国家科技重大专项“863”计划项目1项,参与“十一五”国家科技支撑计划项目1项,主持“十二五”国家科技支撑计划项目1项,主持水利部公益性行业专项经费项目2项,参与水利部公益性行业专项经费项目2项,主持水利部科技推广项目2项,承担自治区及水利行业科研项目47项、技术服务项目86项。获得国家科技进步二等奖1项,农业节水科技二等奖1项,大禹水利科学技术三等奖1项;获自治区科技进步二等奖2项、三等奖4项。

在承揽的各项水利科研项目中,宁夏水利科学研究所各级领导和科技人员,勇于探索创新,内引外联,大力推进“中国灌溉试验宁夏中心站”,水利部科技推广中心宁夏工作站、宁夏农业节水灌溉技术创新中心、宁夏黄河水沙研究与水资源高效利用院士工作站和水利专家工作站建设,加强横向联合,开展多边协作,引进高层次智力,不断加强基础设施和人才队伍建设,圆满完成各项水利科研项目,为宁夏水利科研事业发展做出了贡献。

自治区科技厅领导和专家检查国家“863”项目实施情况

研究所组织有关人员研究灌溉试验站规划

科研人员发明微灌系统首部枢纽装置

玻璃钢渠道推广试验

科研人员取土监测

土工格栅在河道治理工程中应用试验研究

科研试验基地

宁夏回族自治区
唐徕渠管理处

管理处党委书记李兵（左二）到基层慰问职工

宁夏回族自治区唐徕渠管理处成立于1970年，现有在岗职工362人，有各类专业技术人员139人。其中，各类高级职称9人、中级职称57人、助理级职称73人，占职工总数的38%；技术工人130人，占职工总数的35%；女职工126人，占职工总数的34%。下设7个职能科（室）和工会、团委2个群众组织以及11个基层管理所、3个处属企业。

唐徕渠始建于秦汉时期，距今已有两千多年的历史，是宁夏引黄灌区最古老、最大的自流灌溉渠道。渠道长度314公里，最大引水流量152立方米/秒，有各类建筑物1019座，承担着宁夏青铜峡（河西）灌区6个市县、34个乡镇、175个行政村、6个国营农场120多万亩农田的灌溉和艾伊河、星海湖、沙湖等湖泊生态湿地的补水任务，占宁夏引黄灌区总面积的1/5。灌区农作物以小麦、水稻、玉米为主，是全国重要的商品粮基地之一。唐徕渠素有“塞上乳管”之称。

在“世界水日”“中国水周”大张起鼓宣传水法规

“十一五”期间，管理处以科学发展观为指导，以水利服务于灌区农业发展为己任，积极争取灌区续建配套节水改造和水权转换项目，为渠道的安全输水奠定了坚实的物质基础；在灌域组建各级农民用水者协会177家；率先在全区水利系统中成立了第一家“维修养护大队”；重视新技术新设备的应用，DLP监控系统、ADCP流速仪、GPS等一批先进的技术设备被管理处领先应用。加大管理力度，推进节水模式，提高灌溉管理水平，确保了灌域120万亩农田的灌溉和艾伊河、星海湖等湖泊湿地的生态补水任务，为灌区经济社会发展和生态文明建设做出了积极贡献。近三年来，管理处先后被水利部、自治区授予“文明单位”、中国农林水工会“劳动奖状”、自治区“职工职业道德先进单位”、防汛抢险先进单位等多项荣誉称号。

唐徕渠续建砌护工程

精修通水的唐徕渠

表彰优秀党员

唐徕渠大庙沟涵洞施工现场

在建中的唐徕渠宝湖路桥至六盘山路桥砌护段工程

唐徕渠病险涵洞施工现场

改造一新的杨显桥管理所

唐徕渠中干沟涵洞在温棚中建设

唐徕渠灌域丰收的景色

管理处文艺宣传队在演出

宁夏回族自治区

西干渠管理处

宁夏回族自治区西干渠管理处成立于1979年,2004年9月之前隶属于宁夏农垦事业管理局,2004年10月纳入自治区水利厅属自收自支事业单位。全处现有职工218人,离退休职工174人。管理处设7个职能科室和6个基层管理所，一个工程公司,工、团群众组织健全。

西干渠于1959年冬开工,1960年春建成通水，设计引水流量70立方米/秒，设计灌溉面积4.7万公顷,干渠年引水总量5.98亿立方米。

西干渠由青铜峡河西总干渠引水,经青铜峡、永宁、银川、贺兰4县(市),尾水入第二农场渠,全长114公里。现有直开口、扬水站197座,有各类建筑物246座,现最大限制引水量60立方米/秒,承担着青铜峡河西灌区4个县(市)、8个农垦国有农场4万公顷农田的灌溉和生态补水及镇北堡拦洪库的管护任务。多年来,管理处坚持以科学发展观为统领,以全区水利大发展为契机,求真务实,拼搏创新,圆满完成了各项工作任务,为灌域农业丰收、农村发展、农民增收做出了积极贡献。先后荣获“全国水利系统模范职工之家”称号、自治区水利安全生产工作“先进单位”、水利厅“灌溉管理先进奖”。

团结务实创新的领导班子

管理处处长叶廷平(右二),副书记、副处长刘志强(左一)慰问水利基层职工

管理处党委书记高铁山(右二)带领有关人员到兰州军区某部慰问部队官兵

管理处党建暨党风廉政建设工作会议

校正水尺

测量放线

四小工程

灌区农业丰收

镇北堡拦洪库库区景色

宁夏回族自治区 惠农渠管理处

4月9日，党委书记周有寿(左一)，处长马德仁(右一)，纪委书记唐凤琴(左二)到渠道砌护工地检查工作

管理处工会干部学习座谈会

宁夏回族自治区惠农渠管理处成立于1970年，厅属自收自支的事业单位。现有职工313名，管理处设办公室、防汛工程科、灌溉管理科、组织人事科、计划财务科、水政科、监察审计室7个职能科室和8个渠道管理所、1个扬水管理所、1个工程公司，管理所下设32个管理段。惠农渠最大引水流量97立方米/秒，灌区控制总面积12.9万公顷，是宁夏引黄灌区主要渠道之一，渠道总长252公里，承担青铜峡、永宁、银川市兴庆区、贺兰、平罗、石嘴山市惠农区6县区、22个乡镇、168个行政村和17个农林牧渔场的7.5万公顷农田的灌溉任务。

近年来，管理处深入贯彻落实科学发展观，紧抓国家西部大开发和《中共中央 国务院关于加快水利改革发展的决定》政策的出台机遇，围绕可持续发展的治水思路和构建和谐水利的目标，全面落实党建、党风廉政建设责任制，弘扬"献身、负责、求实"的水利精神，大力倡导和形成"爱岗敬业、诚实守信、办事公道、服务人民、奉献社会"的职业道德风尚，培养锻炼了一支作风过硬的干部职工队伍，服务灌区、深化水利体制改革，创新机制，激发单位发展活力；实施项目带动战略，加快发展，夯实水利发展基础；着力落实工作责任，强化管理，保证了灌区的均衡受益，促进了管理处的经济发展，为灌区农民增收、农业增效做出了贡献。管理处先后荣获"全国水利系统'三五'普法""水利厅'五五'普法先进集体""水利厅先进单位""全区水利系统行风建设先进单位""银川市文明单位"等荣誉称号。

管理处第六届三次职工代表大会

强化素质建设，培育作风过硬的职工队伍

优质服务得到灌区受益单位的赞扬

红歌献给党

开展节水型社会建设宣传活动

加强干部队伍建设，提高干部队伍素质

惠农渠续建砌护工程正紧张施工

管理段小菜园

灌区新貌

古渠旧貌换新颜

宁夏回族自治区汉延渠管理处

管理处处长袁斌(左一)与副处长牛保安(右一)签订廉政建设责任书

管理处处长袁斌(左二)"五一"节慰问基层干部职工

管理处党委书记梁福贵(右一)带领有关人员检查岁修工程

宁夏回族自治区汉延渠管理处成立于1970年,是自治区水利厅直属的自收自支事业单位。全处现有在职职工233人,其中党员110人,科级干部39人。内设7个职能科室及工团组织。下设6个基层管理所(站),15个管理段。设立宁夏汉延水电工程有限公司、宁夏坤水园林绿化有限公司、华正监理中心汉延分公司和烘箱林业发展有限公司4个企业。

汉延渠是宁夏引黄灌区最古老的干渠之一,干渠全长88公里,自南向北流向,位于唐徕、惠农两大干渠之间,最大引水流量为80立方米/秒。各类闸、涵、槽大型建筑物等24座,直开口258座。承担着青铜峡市、永宁县、兴庆区、贺兰县的10个乡镇、80个行政村及4个国营农场的灌溉任务。灌域控制灌溉面积3.1万公顷,近年来因受汉延渠灌域农村产业结构调整、城镇化建设占地等因素影响,现有配水面积约1.93万公顷,年干渠引水量约5.17亿立方米,年供水收入约1300万元。

多年来,在水利厅党委的正确领导下,管理处始终坚持"安全第一、预防为主、综合治理"的方针,切实抓好安全生产工作,实现了干渠连续26年安全行水无事故及全方位安全;始终坚持节约用水,加强灌溉管理,服务灌区群众,实现了农业增产,农民增收;始终坚持"一个中心,两个支柱"的经济发展思路,抢抓机遇,多措并举,实现了管理处经济稳步发展;始终坚持构建和谐灌域的理念,抓行风、促效能,强化依法治水,实现了灌域和谐稳定。

近十年来,管理处荣获"全国水利系统文明单位""全国职工职业道德建设先进单位""自治区五一劳动奖状""自治区职工职业道德建设十佳单位""全区水利工作先进集体""宁夏水利科技进步二等奖""全区林业生态建设先进单位""银川市文明单位""水利厅安全生产先进单位""水利厅节水灌溉成绩突出单位""全区农业用水先进单位"等地厅级、省部级表彰奖励30余次,为灌区经济社会发展做出了贡献。

水利厅组织灌区工程检查

管理处 2010 年工作会议

管理处召开五届八次职工代表大会

水利厅组织人事与老干部处领导调研管理处离退休党支部工作

水利系统有关单位光临管理处调研综合经营工作

管理处开展防汛抢险演练

管理处参加水利厅纪念“三八”国际劳动妇女节 100 周年健身操比赛荣获一等奖

宁夏回族自治区渠首管理处

团结和谐的管理处领导班子

宁夏回族自治区渠首管理处成立于1970年4月，位于宁夏青铜峡市小坝镇永庆街121号，是自治区水利厅所属正处级经营性并承担一定公益性任务的自收自支型事业单位。

管理处现有正处级干部2人，副处级干部4人，科级干部13正18副，工、团群众组织健全。全处现有在职职工230人，离退休职工45人。内设7个职能科室、8个党支部、1个经济实体和5个基层管理所，19个管理段、8个管理点。管理渠道总长120.9公里(其中河西总干渠9.5公里，汉惠干渠13.4公里，惠农渠引水段29公里，大清渠、泰民渠69公里)各类渠道建筑物460座，黄河堤岸4公里，龙门桥退水沟道7.6公里；承担青铜峡灌区10大干渠进退水闸、卫宁灌区各干渠进水闸的工程设施管理、水量调度及水文测验；河西总干渠、唐徕渠、惠农渠、汉延渠、西干渠、东干渠测水断面以上干渠及大清渠、泰民渠的工程管理、维修养护和防汛安全；承担青铜峡市7个乡镇，1个国营农场和4个机关农场约1.33万公顷农田的灌溉供水管理及水费征收。

6月10日，管理处处长张建斌(左一)带领有关人员检查闸门启闭设备

近年来，在水利厅党委、水利厅的正确领导和全处干部职工的共同努力下，管理处以“一个中心、两个确保”(以水利经济建设为中心，确保安全生产，确保农业灌溉)为目标，按照“抓班子、带队伍、树正气、促工作”的思路，以“五个和谐建设”(领导班子和谐、干部队伍和谐、干群关系和谐、机关与基层和谐、供用水关系和谐)为抓手，以“强化管理树形象、奋力拼搏创辉煌”为目标，开拓进取、勇于创新，各项工作取得了显著成效。先后荣获了“黄河上中游农业节水先进单位”“黄河水量调度先进集体”“全国水利文明单位”等荣誉称号。

管理处组织科级干部到太阳山水务公司参观学习

管理处工作检查

自治区青年文明号考核组检查考核管理处青年文明号创建资料

廉政教育

安全生产知识竞赛

管理处副处长甄德隆(左二),副处长郝明辉(右一)带领有关人员检查春季植树造林工作

工程安全检查

闸门操作技能竞赛

宁夏回族自治区 秦汉渠管理处

宁夏回族自治区秦汉渠管理处成立于1964年，现有在职干部职工366人，其中王处级干部2人，副处级干部4人，正科级18人，副科级28人；现有工勤人员245人(其中技师31名，高级工94，中级工78名，初级工42名)，专业技术人员101名(其中副高12名，中级39名，初级50名)。管理处内设7个职能科室、2个群众组织，下设10个渠道管理所、1个工程公司、1个养护大队，47个管水段。担负着青铜峡河东灌区秦渠、汉渠、东干渠、马连渠4大干渠和农场渠、波浪渠2大支干渠共223公里长的渠道、1086座水工建筑物的运行管理，承担青铜峡、灵武、利通区和6个大型国营农场共110万亩农田的灌溉供水和防洪防汛任务，同时承担着盐环定扬水工程、太阳山工业园区、金积工业园区和吴忠城市水系的供水任务。

管理处处长张建桥(右一)与副处长哈斌(左一)签订安全生产责任书

管理处党委书记霍鹏喜(前排右一)，处长张建桥(前排左一)在水利工地指导工作

近年来，管理处坚持"抓班子带队伍、促和谐谋发展"的工作思路，积极提升职工素质、提高单位管理水平，为灌区社会稳定、经济发展和民族团结做出了积极贡献。先后荣获"全国水利系统职工文化建设先进集体""全国水利系统模范职工之家""自治区文明单位""自治区卫生先进单位"和"水利厅党委直属先进基层党组织""水利厅先进单位""全区农业灌溉节约用水先进单位""全区水利系统行风建设先进单位""全区水利财务工作先进集体"，被推荐为"全区依法治理示范单位"。管理处呈现出领导班子团结务实、职工素质明显提升、工作作风明显转变、工作环境不断改善、内外关系和谐融洽、中心任务顺利完成的良好态势。

召管理处开八届五次职工代表大会

管理处召开第二次党代会

管理处领导查看水情

管理处党委书记霍鹏喜(右一),处长张建桥(左四)检查马莲渠工程

管理处党委书记霍鹏喜(左三),副处长哈斌(左四)在管理处举办的烹饪培训班现场

管理处党委书记霍鹏喜(前排左一),处长张建桥(前排左二)在防汛演练现场指导演练

管理处党委书记霍鹏喜(左一),副处长张建勋(右一)带领有关人员实地查看综合经营示范园经营情况

灌区协会、群众送牌匾

东干渠放水

"三八"健身操比赛

宁夏回族自治区

七星渠管理处

宁夏回族自治区七星渠管理处成立于1978年,下设办公室、组织人事科、计划财务科、灌溉管理科、水政科、防汛工程科、监察审计室等7个科室,有工会和团总支两个群众组织,设有5个管理所,有宁夏七星水利工程有限公司、园林绿化开发公司和恒昇监理公司3个经营实体。全处现有在职职工165人,其中大专以上学历占职工人数的65%;具有初级策以上专业技术职称的人员占职工人数的52%;技术工人占职工人数的48%。

七星渠位于卫宁灌区的河南灌区,是一条古老的引黄渠道。由中卫申家滩黄河南岸开口引水,至青铜峡市峡口镇新田村入黄河,全长87.6公里,进口设计流量为61立方米/秒,流跨中卫市沙坡头区、中宁县、青铜峡市的9个乡(镇)。其主要支干渠高干渠,全长33公里,设计流量30立方米/秒。七星渠不仅是卫宁灌区经济和社会发展的基础设施,更是宁夏中部干旱带跨越式发展的重要支撑,担负着自流灌区2.16万公顷农日的灌溉,承担着固海扬水、红寺堡扬水、固海扩灌三大扬水灌区6.93万公顷农田灌溉及35万人、26万头牲畜饮水的供水任务。2011年,全年引水8.244亿立方米,其中,自流灌区引水3.57亿立方米,扬水灌区供水4.674亿立方米,创历史新高。干渠商品水率达86.2%。

多年来,在水利厅党委的正确领导下,管理处扎实做好灌溉管理,积极推进水利改革,全力服务灌区人民,有力地促进了水利事业又好又快发展。2004年管理处被自治区党委、政府命名为区级"文明单立",2005年获水利部大型灌区精神文明建设先进集体,2006年获自治区"五一劳动奖状",2007年被中央综治办、水利部授予"全国调处水事纠纷、创建平安边界先进集体"、被黄河上中游管理局评为2005~2007年黄河上中游流域取水许可管理先进集体;2005年至2009年连续五年被水利厅评为文明单位;2006年,处党委被自治区党委命名为全区先进基层党组织;2009年管理处争创为全国精神文明建设工作先进单位、处党委荣获水利厅党委"直属先进基层党组织"荣誉称号、档案管理达国家二级,有4个基层管理所获中宁县文明单位。2011年,管理处荣获全区水利工作先进集体。

管理处召开六五普法启动会

管理处召开第十一届职工运动会

管理处处长陈旭东(右二),副处长于洋(左二)检查施工进度

管理处组织参加水利厅第四届技能竞赛实测考试

管理处党委组织优秀共产党员、优秀党务工作者、预备党员在六盘山红军长征纪念馆开展党日活动

管理处举行"安全生产月"活动启动仪式

管理处开展防汛演练

管理处职工整修标准化渠堤

管理处办工人晋级培训

管理处青年突击队冒雪在高干渠梢段农场植树

管理处举办秋季职工运动会

宁夏回族自治区

固海扬水管理处

管理处处长和志国（左一）在干渠砌护工地检查工作

宁夏回族自治区固海扬水管理处机关设11个科室，基层设29个泵站和工程公司、检修队、灌溉试验站、管理所共33个科级单位。至2012年6月，管理处共有在职职工970人，其中处级干部6人，科级干部105人，少数民族职工334人。专业技术人员268人（其中高级19人，中级80人，初级169人，涉及水工、机电、机械、农艺等个8专业）。

固海扬水工程是宁夏建设最早、规模最大的大型生态扶贫性质的公益性扬黄提灌工程，由1975年兴建、1978年竣工的同心扬水工程，1978年兴建、1986年竣工的固海扬水工程和1999年兴建、2003年投入使用的固海扩灌扬水工程三个系统组成。目前，工程共运行泵站29座，机组240台套，总装机容量20.4万千瓦，总扬程862.07米。渠道总长446.36公里，各类水工建筑物1335座。总设计流量41.2立方米/秒，设计灌溉面积5.47万公顷。

同心扬水管理处于1978年成立，固海扬水管理处于1980年成立，1982年2月，同心扬水管理处和固海扬水管理处合并。2010年2月，固海扩灌扬水工程移交固海扬水管理处。

固海灌区位于宁夏中部干旱带少数民族聚居地区，包括吴忠市同心县、红寺堡开发区，中卫市沙坡头区、中宁县、海原县，固原市原洲区和国营长山头机械化农场、中卫山羊场。灌溉面积10万公顷，其中基本农田灌溉面积6万公顷，特色高效设施农业补灌面积4万公顷。灌区受益人口约61万，大家羊畜22万只。

固海扬水工程的兴建，打破了宁夏中部干旱带水资源的“瓶颈”制约，从根本上改善了雨养农业的被动局面，提高了区域粮食安全能力。加快了荒漠化治理步伐，有效改善了中部干旱带的生态环境面貌。提高了灌区群众的收入水平，加快了脱贫致富奔小康步伐。夯实了灌区可持续发展的基础，推进了贫困地区的民族团结、地区稳定和社会进步，促进了社会主义新农村的建设。为宁夏中部干旱带群众脱贫致富、灌区经济发展、民族团结和社会稳定做出了巨大贡献。

管理处召开职工代表大会

管理处召开灌溉座谈会

安全生产活动

新建成的生产调度中心

业务培训

机电设备检修

更新改造后的渠道养护点

农民淌水

渠道测流

在中宁汽车城建设的汽车维修及机械加工厂

职工广播操比赛

宁夏回族自治区
红寺堡扬水管理处

宁夏回族自治区红寺堡扬水管理处（原名宁夏红寺堡扬水工程筹建处，以下简称“管理处”）1998 年 8 月成立，是隶属于自治区水利厅的差额拨款正处级事业单位。核定定额补助事业编制 490 名、聘用编制 13 名；内设办公室、组织人事科、计划财务科、机电管理科、灌溉调度科、工程管理科、水政科、后勤保障科、监察审计室、工会、共青团，下设检修队、工程队（水利工程维修养护大队）、1 个水管所和 14 个泵站。主要负责红寺堡扬水系统渠道工程管理、维修养护和防汛安全；负责所属泵站及机电设备、通信设备的运行管理和维修养护；负责所辖灌区的灌溉管理、水费稽收，承担灌区及周边地区农业、人饮、生态、工业用水保障工作。

7 月 13 日，管理处处长赵欣（左一）查看泵站机电设备运行参数

红寺堡扬水工程设计流量 25 立方米每秒，设计灌溉面积 55 万亩，建设泵站 14 座，总装机容量 11.66 万千瓦，总扬程 305.8 米，干、支渠总长 149.67 公里，主要渠道建筑物 466 座。工程从黄河中宁段和高干渠 19 + 400 米处取水至红寺堡区，最终送水到同心县下马关镇。工程自 1998 年 9 月 16 日开机运行，截至 2011 年底，累计引水 18.19 亿立方米，灌溉面积 3.92 万公顷；灌区移民达 26.9 万人，累计产粮油 14.78 亿公斤，农林牧累计产值达 41.71 亿元，人均纯收入从 1999 年的 550 元增加到 2011 年的 4027 元。工程发挥了显著的经济效益、社会效益和生态效益。

精心管理　精心调度

建处以来，在水利厅党委的正确领导下，以扬水生产为中心，以安全工作为重点，以党的建设和精神文明建设为动力，全面深化管理工作，使红寺堡扬水工程发挥了显著效益，为加快全区扶贫攻坚步伐，保障中部干旱带人饮安全和粮食安全，促进灌区生态环境改善，推动区域经济快速发展，维护民族地区社会稳定做出了积极贡献。管理处先后荣获全国水利系统先进集体、全国水利系统和谐企事业单位、自治区文明单位、自治区民族团结进步先进集体、全区安全生产工作先进集体等 40 多项厅级以上荣誉称号，多次被水利厅考核评为年度工作先进单位。

管理处开展“安全宣誓活动”

精心维护设备

管理处举办职工运动会

管理处泵站运行人员进行倒闸操作

红寺堡扬水工程黄河泵站出水渡槽

红寺堡扬水工程泵站机组

管理处水工人员在精准测水

管理处庭院经济硕果累累

红寺堡扬水灌区移民采摘成熟的枸杞

红寺堡扬水工程一泵站生产厂房